SÉRIE
Antropologia & Educação

de **Método Moderno**
Tupi Antigo
A língua do Brasil dos primeiros séculos

Eduardo de Almeida Navarro

Método Moderno de *Tupi Antigo*
A língua do Brasil dos primeiros séculos

3ª edição revista e aperfeiçoada

© **Eduardo de Almeida Navarro, 2004**
2ª Edição, Vozes
3ª Edição, Global Editora, São Paulo 2005
4ª Reimpressão, 2021

Jefferson L. Alves – diretor editorial
Luiz Guasco – editor assistente
Flávio Samuel – gerente de produção
Ana Cristina Teixeira - assistente editorial
Almir Batista da Silva, Benigno Oruê, Célio Cardoso, Deolinda Oruê, Júlio César de Assunção Pedrosa e Roberta Kobayashi - revisão geral
Cláudia Eliana Aguena - revisão global
Eduardo Okuno - capa
Célio Cardoso - ilustração capa
Reverson R. Diniz - projeto gráfico

Obra atualizada conforme o
NOVO ACORDO ORTOGRÁFICO DA LÍNGUA PORTUGUESA.

CIP-BRASIL. CATALOGAÇÃO NA FONTE
SINDICATO NACIONAL DOS EDITORES DE LIVROS, RJ

N24M

    Navarro, Eduardo de Almeida
    Método moderno de tupi antigo : a língua do Brasil dos primeiros séculos / Eduardo de Almeida Navarro. – 3. ed. – São Paulo : Global, 2005.
    (Antropologia & Educação)

    ISBN 978-85-260-1058-1

    1. Língua tupi-guarani – Estudo e ensino. I. Título. II. Série.

12-2372
                               CDD: 498.3829
                               CDU: 811.87

Direitos Reservados

global editora e distribuidora ltda.
Rua Pirapitingui, 111 — Liberdade
CEP 01508-020 — São Paulo — SP
Tel.: (11) 3277-7999
e-mail: global@globaleditora.com.br

(g) globaleditora.com.br   (🐦) /globaleditora
(💬) blog.globaleditora.com.br   (📷) /globaleditora
(▶) /globaleditora   (in) /globaleditora
(f) /globaleditora

 Colabore com a produção científica e cultural.
Proibida a reprodução total ou parcial desta obra sem a autorização do editor.

Nº de Catálogo: **2605**

"O que é da terra é da terra e fala da terra."

(S. João, III, 31)

"A meus mestres Alfredo Bosi e Bruno Fregni Bassetto
dedico este livro."

Sumário geral

Prólogo 9
Introdução 11

lição 1 – CHEGAM OS PORTUGUESES
[os verbos da 1ª classe ou da 1ª conjugação; as transformações fonéticas; a
posposição em tupi: -pe, supé, pupé, suí; o adjetivo etá] 21

lição 2 – NA CARAVELA
[os pronomes pessoais; os adjetivos; os demonstrativos; a relação genitiva em tupi] 32

lição 3 – RERITIBA
[os possessivos; mais uma transformação fonética; nomes possuíveis e não possuíveis;
algumas transformações fonéticas; a interrogação em tupi; alguns pronomes e
advérbios interrogativos]..44

lição 4 – O MENINO PINDOBUÇU
[os verbos transitivos; mais transformação fonética; a colocação dos termos da oração
em tupi; as partículas abé, bé, -no, a'e; mais algumas transformações fonéticas] 58

lição 5 – EM UPANEMA
[as categorias de substantivo, adjetivo e verbo em tupi – síntese; algumas
transformações fonéticas; os verbos da 2ª classe ou da 2ª conjugação;
o verbo haver em tupi; mais alguns interrogativos em tupi] 70

lição 6 – A CHEGADA DO ABARÉ
[verbo irregular 'u; verbo irregular îur/ ur(a); o modo imperativo; formas
irregulares do imperativo; a conjugação negativa do modo indicativo;
mais uma regra de transformação fonética] 80

lição 7 – TUPÃ NHE'ENGA
[os substantivos pluriformes; alguns substantivos pluriformes irregulares;
os substantivos transitivos – revisão; os numerais; o modo permissivo]............88

lição 8 – ÎAGÛARA!
[o tempo nominal em tupi; transformações fonéticas com ram(a) e -pûer(a);
mais uma regra de transformação fonética; a forma substantiva do verbo;
os verbos pluriformes] 106

lição 9 – O CURUPIRA
[verbo irregular îub, ub(a) (t-, t-); os adjetivos pluriformes; os pronomes pessoais do
caso oblíquo; os graus do substantivo – aumentativo e diminutivo; mais uma regra de
transformação fonética; a conjunção mas em tupi] 120

lição 10 – AO PÉ DO FOGO
[o futuro; tema verbal incorporado; as posposições pluriformes; a forma negativa
com ruã; os usos predicativos do substantivo – considerações complementares 135

lição 11 – CANÇÃO DE AMOR
[os pronomes pessoais objetivos; o imperativo e o permissivo na forma negativa;
o sufixo e'ym com ideia de privação; alguns interrogativos] 146

lição 12 – A CAÇADA
[o gerúndio; morfologia do gerúndio; mais algumas regras de transformação fonética;
o gerúndio com verbos transitivos e intransitivos; o vocativo; os nomes de parentesco] 157

lição 13 – A PESCARIA
[o gerúndio dos predicados nominais – verbos de tema em consoante; os gerúndios dos verbos da 2ª classe; a forma negativa do gerúndio; a conjugação perifrástica com o gerúndio]..169

lição 14 – YBYRAPYTANGA
[verbo irregular 'ab; verbo irregular 'i / 'é; o modo indicativo circunstancial; morfologia; o verbo 'i / 'é, dizer, e suas particularidades; discurso direto e discurso indireto; as partículas é / aé]..185

lição 15 – É GUERRA!
[formas verbais propriamente ditas e formas nominais do verbo – síntese; alguns verbos irregulares já estudados – síntese; a voz causativa; transformações com mo-; o verbo 'i / 'é, como auxiliar; o pronome reflexivo em tupi – continuação; o indefinido opá (todos, tudo) e suas particularidades sintáticas].......................................204

lição 16 – I ÎUKÁ-PYR-AMA
[os deverbais com -ba'e; regra de transformação fonética 4 – complementação do §56; a voz causativo-comitativa; mais uma regra de transformação fonética; o verbo ikó (estar) com a posposição -(r)amo (como, na condição de)]...........................220

lição 17 – FAZENDO CAUIM
[verbo irregular eî (-îo- s-); os nomes derivados com -(s)ar(a); transformações fonéticas com -(s)ar(a); as orações subordinadas do português em tupi; as orações adverbiais temporais em tupi; a construção monhang + -(r)amo ou apó + -(r)amo; mais uma regra de transformação fonética].......................................234

lição 18 – ABÁ-PORU
[verbo irregular îar / ar(a) (t, t); os nomes derivados em emi-; transformações fonéticas com emi-; o uso adjetival dos verbos intransitivos; o uso de poro- e mba'e- como índices de forma absoluta; a partícula gûá (ou ybŷá, bŷá, ybá) – índice de indeterminação do sujeito]..248

lição 19 – A PAJELANÇA
[verbo irregular rung; outros usos da posposição esé (r-, s-); a partícula serã; a partícula amẽ; os nomes derivados em -pyr(a); o verbo ukar; os pronomes indefinidos mba'e e abá]...263

lição 20 – UM FUNERAL
[os significados das posposições esé (r-, s-) e ri – síntese; os nomes derivados com -(s)ab(a); sintaxe dos nomes derivados com -(s)ab(a); transformações fonéticas com -(s)ab(a); outros empregos dos nomes derivados com -(s)ab(a); os relativos]....................276

lição 21 – O MITO DE SUMÉ
[diferenças entre îabé e -(r)amo; verbo irregular manõ / e'õ (t); – verbo irregular îur / ur(a) (t, t); verbo irregular ikó / ekó (t); os deverbais em -(s)ab(a) com posposições; a negação com e'ym(a) – síntese; os verbos retransitivados]........................290

lição 22 – O BOITATÁ
[verbo irregular só; a expressão da causa em tupi; sentidos da posposição -(r)eme – síntese; transformações fonéticas com -(r)eme; a composição em tupi – síntese]............304

lição 23 – A TERRA SEM MAL
[verbo irregular 'i / 'é; verbo irregular iké / eîké (t); as orações subordinadas condicionais e os adjuntos adverbiais de condição em tupi; o modo condicional em tupi; o modo optativo; temas nominais com valor adverbial modal]...........................315

lição 24 – O PADRE POETA
[verbo irregular in / en(a) (t); verbo irregular îub / ub(a) (t, t); a reduplicação;
os deverbais em -bor(a); os deverbais em -sûer(a); notas sobre os deverbais e
nomes derivados; os deverbais com -tyb(a); formas verbais propriamente
ditas e formas nominais do verbo – os sistemas de derivação verbal em tupi –
síntese final; as posposições -pe, -bo e -i – comparação] 326

lição 25 – TUPÃ SY-ETÉ
[os usos de pora; a expressão da comparação em tupi; o sufixo -ẽ e a partícula nhẽ
com temas verbais]...342

lição 26 – O PAI-NOSSO
[o sufixo -sûar(a) [-ndûar(a)]; os sufixos com as composições].........................350

lição 27 – PITANGĨ-MORAÛSUBARA
[o prefixo número-pessoal îa- de 3ª pessoa] 357

lição 28 – COLÓQUIO DE CHEGADA AO BRASIL
[as partículas; particularidades do verbo pab; as particularidades do substantivo
tinga; interrogativas com marã – síntese] 366

lição 29 – COLÓQUIO DE CHEGADA AO BRASIL II
[outras partículas; partículas que podem levar o verbo para o gerúndio;
partículas com o verbo 'i / 'é, como auxiliar; alguns temas nominais especiais;
a negação em tupi – síntese; usos particulares de e'ym]...................................376

lição 30 – KARAIBEBÉ
[diferenças entre (a)pé (r-, s-) e piara; verbo irregular ityk / eîtyk(a) (t); outras
partículas; a expressão da finalidade em tupi – síntese; os numerais – complementação;
o sufixo -ygûar(a)/-ygûan(a)]..393

lição 31 – NA ALDEIA DE GUARAPARIM
[verbo irregular îar, ar(a) (t, t); o prefixo m- (mb-) de forma absoluta de substantivos;
os demonstrativos com função adverbial; o pronome pessoal recíproco;
a expressão da concessão em tupi]..402

lição 32 – NO HORTO
[o uso de pûer(a), ram(a) e rambûer(a) como predicativos; outros usos do
verbo ikó / ekó (t); usos particulares da posposição -bo]..................................415

lição 33 – MONÓLOGO DE GUAIXARÁ
[o uso dos sufixos -(g)ûasu e -usu com adjetivos e verbos; algumas partículas importantes] 424

lição 34 – A NEGAÇÃO DE PEDRO
[posposições reflexivas e recíprocas] 433

lição 35 – NA CORTE DO REI DA FRANÇA 440

lição 36 – CARTA DO ÍNDIO DIOGO CAMARÃO 445

BIBLIOGRAFIA 450

ÍNDICE DO VOCABULÁRIO (TUPI-PORTUGUÊS) 455

ÍNDICE DO VOCABULÁRIO (PORTUGUÊS-TUPI) 462

Prólogo

Este trabalho tem a finalidade básica de ensinar a língua indígena clássica do Brasil, a que mais importância teve na construção espiritual e cultural de nosso país, a velha *língua brasílica* dos primeiros dois séculos de nossa colonização, o *tupi antigo*. Essa foi a língua que os marinheiros de Cabral ouviram quando aqui chegaram em 1500. Essa foi a língua que falaram Tibiriçá, Caiobi, Araribóia, Felipe Camarão, Cunhambebe, Bartira, Paraguaçu, João Ramalho, Caramuru, Soares Moreno, Antônio Vieira, Bento Teixeira, nomes a todos nós familiares, língua que foi descrita por Anchieta, por Luís Figueira, língua que Gonçalves Dias e José de Alencar tentaram aprender para compor suas obras e afirmar uma literatura nacional, língua que deu origem, no século XVII, a línguas gerais: a Amazônica e a Meridional, faladas na maior parte do interior do Brasil nos dois séculos subsequentes, e a língua geral do sul da Bahia.

Em poucos países da América uma língua indígena teve a difusão que o tupi antigo conheceu. Foi, por dois séculos, a língua da maioria dos membros do sistema colonial brasileiro, de índios, negros africanos e europeus, contribuindo para a unidade política do Brasil. Forneceu milhares de termos para a língua portuguesa do Brasil, nomeou milhares de lugares no nosso país, esteve presente em nossa literatura colonial, no Romantismo, no Modernismo, foi a referência fundamental de todos os que quiseram afirmar a identidade cultural do Brasil. "O seu conhecimento, sequer superficial, faz parte da cultura nacional" (Lemos Barbosa, 1956).

Esta terceira edição sai aperfeiçoada e evidencia o interesse popular que existe no Brasil pela nossa língua indígena clássica, mormente por sua presença na toponímia e por sua importância histórica, o que não acontece com outras línguas indígenas brasileiras, cujas gramáticas nunca saem da primeira edição. As gramáticas estruturalistas do Kamayurá, do Tapirapé e muitas outras destinam-se a não ser lidas senão por meia dúzia de técnicos, sem interesse pela História e sem preocupação pela sobrevivência das línguas indígenas. A preocupação neopositivista de serem "científicas" faz tais obras serem tão áridas que quase ninguém se interessa em lê-las.

Procuramos conciliar a cientificidade do estudo com seu objetivo precípuo, que é o de vulgarizar o conhecimento do tupi antigo. Que não exprobrem o tom religioso que certas lições podem ter assumido: quase toda a literatura em tupi, em que nos fundamos para redigir as lições e donde tomamos os textos originais apresentados, quase toda ela é de cunho religioso, feita por missionários jesuítas. Contudo, soubemos explorar ao máximo textos não religiosos, como os de Léry, os de D'Abbeville, os dos índios Camarões e o que se pode respigar das obras de Cardim e de Staden. Alguns desses autores, que reproduziram diálogos ou apresentaram o que o próprio índio falou ou escreveu, desmentem afirmações apressadas daqueles que, nada sabendo de tupi antigo, propagam a ideia de que essa língua seja uma criação dos jesuítas, chegando até a chamá-la de *tupi jesuítico*. O que os missionários escreveram era o que os índios da costa falavam, mesmo que trabalhassem a língua literariamente. Basta ler o que escreveram os índios Camarões ou ler o discurso do índio Itapuku diante dos reis da França, em 1613, para se perceber isso.

Que bons frutos possa colher o leitor do estudo deste livro, fazendo crescer, assim, seu conhecimento de lídimas raízes da cultura brasileira.

Eduardo de A. Navarro

Introdução

Tupi, termo genérico e específico já no século XVI

Desde os primeiros tempos de colonização do Brasil, constatou-se que, na costa brasileira, desde o Pará até o sul do país, aproximadamente até o paralelo de 27 graus (segundo informações do cronista Pero de Magalhães Gândavo), falava-se uma mesma língua. Cardim nos diz que ela era falada por tupiniquins, potiguaras, tupinambás, temiminós, caetés, tabajaras, tamoios, tupinaés etc. Já no século XVI e, mais ainda, no século XVII, foi dado a ela pelos portugueses o designativo de *língua brasílica*. Ela tinha algumas variantes dialetais:

> *"A língua de que usam, toda pela costa, é uma, ainda que em certos vocábulos difira em algumas partes, mas não de maneira que se deixam uns aos outros de entender."*

> (Gândavo, *Tratado da Terra do Brasil*, p.122)

Qual teria sido o nome dado pelos índios a essa língua da costa? Os textos antigos não nô-lo esclarecem. Só no século XIX o termo *tupi* passou a ser corrente para designá-la.

Ora, o termo tupi tinha, já no século XVI, dois sentidos, um genérico e um específico. Como termo genérico, designava os índios da costa falantes da língua brasílica, apresentando o caráter de um *denominador comum*. Isso o prova o auto *Na Aldeia de Guaraparim*, de Anchieta, escrito entre 1589 e 1594, nos versos 183-189, onde um diabo, personagem do auto, diz:

– Paranagoaçu raçapa,	– Atravessando o grande mar,
ibitiribo guibebebo,	voando pela serra,
aço Tupi moangaipapa	vou para fazer os tupis pecarem.
(...)	

Um outro personagem pergunta:

– Bae apiaba paipó?   – Que índios são esses?

O primeiro personagem responde:

– Tupinaquijã que igoara   – Os tupiniquins, habitantes daqui.

Isto é, Anchieta está a reconhecer aí que *tupiniquim* é um termo compreendido no termo *tupi*, empregando este último como um genérico, como um termo de maior extensão. Ao fazer seu personagem perguntar *que índios são esses*, Anchieta deixa evidente que tupi designava mais de um grupo indígena. Simão de Vasconcelos corrobora tal ideia:

"... De tupi (que dizem ser o donde procede a gente de todo o Brasil) umas nações tomaram o nome de tupinambás, outras de tupinaquis, outras de tupigoaés e outra tupiminós."

Como termo específico, *tupi* designa os índios de São Vicente. O próprio Anchieta nô-lo confirma:

"Os tupis de São Vicente, que são além dos tamoios do Rio de Janeiro, nunca pronunciam a última consoante no verbo afirmativo.
Em lugar de **apab** *dizem* **apá**, *em lugar de* **asem** *e* **apen**, **asẽ** *e* **apẽ**, *pronunciando o til somente, em lugar de* **aîur**, *(dizem)* **aîu**."

Esse é o *tupi* em sentido específico, nome de nação indígena falante da língua brasílica, cujos componentes não pronunciavam a última consoante dos verbos afirmativos, segundo nos informa Anchieta.

É o mesmo que acontece com o termo *americano*, que significa tanto *o que nasce nos Estados Unidos da América* quanto *o que nasce em qualquer parte do continente americano*. Com o termo *tupi* aconteceu exatamente o mesmo: era-o, em geral, o índio da costa falante da língua brasílica e, especificamente, o da capitania de São Vicente.

Diz-nos também Anchieta que

"... desde os petiguares do Paraíba até os tamoios do Rio de Janeiro, pronunciam inteiros os verbos acabados em consoante, como **apab**, **asem**, **apen**, **aîur**." *(Arte,* 1v)

A variante dialetal dos petiguares, dos caetés, dos tupiniquins, dos tamoios e dos tupinambás era, assim, segundo Anchieta, usada num trecho muito maior da costa (desde o Nordeste até o Rio de Janeiro) que a variante tupi de São Vicente.

Aryon Rodrigues, alheio ao conteúdo dos versos do auto *Na Aldeia de Guaraparim* que citamos anteriormente (nunca sequer os mencionou nem os discutiu em seus artigos), viveu a propagar a ideia de que *tupi* e *tupinambá* são línguas diferentes e que a língua que Anchieta descreveu foi o tupinambá. Isso porque ele só concebe, contrariamente ao que rezam os textos antigos, que *tupi* era somente o habitante de São Vicente e textos quinhentistas provam que não o era. Aryon Rodrigues, influenciado pelas ideias de Alfred Métraux, é contraditado pelos textos coloniais em suas ideias sobre o tupi.

Além disso, os seguintes fatos afastam a possibilidade de se empregar o termo *tupinambá* como genérico, pelo menos como sinônimo de *língua brasílica*:

– A variante dialetal tupinambá apresentava aspectos diferenciados na costa brasileira: as gramáticas de Anchieta e Figueira mostram diferenças entre si, podendo-se dizer que Figueira descreveu uma outra variante dialetal, o *tupinambá do norte*. Assim, o termo *tupinambá* não possui extensão suficiente para ser aplicado à língua brasílica como um todo.

– *Tupi*, como vimos, é um termo que entra na composição de outros, todos nomes de povos falantes da língua brasílica: *tupinambá, tupiniquim, tupiguaé, tupiminó*. Sendo assim, é termo mais antigo que *tupinambá* e, pelo que nos sugeriu Simão de Vasconcelos, mais extenso.

– A poesia lírica e o teatro que Anchieta nos legou (ele que foi o maior escritor do século XVI no Brasil) estão, em grande parte, na variante de São Vicente, que ele aprendeu primeiro, quando viveu em São Paulo de Piratininga, de 1554 a 1562. Por muitas vezes, Anchieta empregou as duas variantes dialetais num mesmo texto, como que considerando irrelevantes suas diferenças, impossibilitando dizer-se que havia uma língua *tupinambá* e outra língua *tupi*. O próprio Aryon Rodrigues não apresenta coerência no uso de tais designativos. Por vezes chama a antiga língua da costa de *tupi* (em seus primeiros artigos), outras vezes diz que *tupinambá* designa o mesmo que *tupi antigo* e, finalmente, por vezes chega a dizer que são línguas diferentes...

Por outro lado, que não se chame o tupi antigo de *língua geral*. Esta última surgiu do desenvolvimento histórico daquela, a partir da segunda metade do século XVII. Seus principais documentos escritos vêm da Amazônia: vocabulários e textos da lavra de missionários, geralmente do século XVIII. Mas houve também uma língua geral paulista e outras possíveis variantes na costa leste, cujos textos não chegaram até nós, mas de cuja existência temos evidências indiretas. A que língua fazia menção Gregório de Matos, no final do século XVII, quando, falando dos caramurus da Bahia, a nobreza da terra, dizia que era

> *"Descendente de sangue de tatu,*
> *Cujo torpe idioma é cobepá?"*

Que outro *torpe idioma* poderia ser esse *cobepá* senão a língua geral?

Não se confunda, finalmente, o tupi antigo que estudaremos com o "tupi moderno", geralmente identificado com o nheengatu da Amazônia. As obras de Simpson, de Tastevin e outros, quando falam de *tupi*, referem-se ao nheengatu, língua viva no vale do Rio Negro, com alguns milhares de falantes. Ocorre assim, com o termo *tupi*, mais uma ambiguidade, como acontece com relação ao termo *grego*: tal termo designa tanto uma língua clássica (o grego de Platão) quanto uma língua moderna (o grego da Grécia atual).

Chave da pronúncia

Apresentamos, abaixo, os fonemas do tupi antigo, assim como suas variantes, que são os *alofones*, isto é, as diferentes maneiras de se realizarem, sem que isso resulte em diferenças de significado, como ocorre, por exemplo, em *tio*, pronunciado pelos portugueses como **tíu** [tʃw] e por muitos brasileiros como **tchíu** [tʃiw]. Assim, em português, **tch**, no exemplo considerado, é alofone de **t**, i.e., uma realização diferente de um mesmo fonema, que não muda o significado da palavra **tio**.

Os fonemas do tupi antigo são:

Vogais

a
Como em português *mala, bala, baú, lata*: **ka'a** – mata; **a-karu** – *(eu) como*; **taba** – *aldeia*.

e
Com timbre provavelmente aberto, como no português *pé, rapé, pétala*: **ere-ker** – (tu) dormes; **ixé** – *eu*; **pereba** – *ferida*.

i
Como no português *aí, caqui, dia*, nunca formando ditongo com outras vogais: **itá** – *pedra*; **pirá** – *peixe*; **maíra** – *francês*.

o
Com timbre provavelmente aberto, como no português *avó, pó, farol, nódoa*: **a-só** (leia *assó*) – *(eu) vou*; **oka** (leia *óca*) – *casa*.

u
Como no português *usar, tabu, paul*, nunca formando ditongo com outras vogais: **upaba** – *lago*; **sumarã** – *inimigo*; **puká** – *rir*; **a'ub** – *falsamente*.

y
Representaremos com **y** um fonema que não existe no português, mas existe no russo e no romeno. Em transcrições fonéticas, geralmente representa-se por ɨ: **ybytyra** [ɨβɨ'tɨra] – *montanha*; **'y** [ʔɨ] – *água*. É uma vogal média, intermediária entre **u** e **i**, com a língua na posição para **u** e os lábios estendidos para **i**. (Sugestão prática: diga *u* e vá abrindo os lábios até chegar à posição em que você pronuncia *i*.)

Todas as vogais acima têm suas correspondentes nasais (que são seus alofones):

ã   como no português *maçã, irmã, romã*: **akaûã** – *acauã* (nome de uma ave); **marã** – *mal, maldade*;
ẽ   **mokaẽ** – *moquear, assar como churrasco*; **nhaẽ** – *prato*
ĩ   **potĩ** – *camarão*; **mirĩ** – *pequeno*
õ   **potyrõ** – *trabalhar em grupo*; **manõ** – *morrer*
ũ   **irũ** – *companheiro*
ỹ   **ybỹia** – *parte interior, oco, vão*

Introdução

Consoantes e semivogais

'

O sinal ' representa a consoante oclusiva glotal, que não existe em português e corresponde ao *hamza* do árabe. Representa-se no Alfabeto Fonético Internacional por ʔ. **mba'e** [mba'ʔe] – *coisa*; **ka'a** [ka'ʔa] – *mata, floresta*; **kane'õ** [kane'ʔo] – *cansaço*; **'ab** [ʔaβ – *cortar, abrir*; **'aba** [ʔaβa] – *cabelo*. Tal fonema realiza-se com uma pequena interrupção da corrente de ar, seguida por um súbito relaxamento da glote.

b

Pronuncia-se como o **v** do castelhano em *huevo*. É um **b** fricativo e não oclusivo, i.e., para pronunciá-lo, os lábios não se fecham, apenas friccionam-se. Sua representação no Alfabeto Fonético Internacional é β, como em **abá** [a'βa] – *homem*; **ybyrá** [ɨβɨ'ra] – *árvore*; **tobá** [tɔ'βa] – *rosto*.

î

Como a semivogal **i** do português, em *vai, falai, caiar, boia, lei, dói*: **îuká** – *matar*; **îase'o** – *chorar*; **îakaré** – *jacaré*. Às vezes realiza-se em -nh-, quando estiver num ambiente nasal, ou como o **j** do português, em início de sílaba, se não houver fonema nasal na mesma palavra: **a-î-ybõ** (leia *aiy*βõ) ou **a-nh-ybõ** (leia *anhy*βõ) – *flecho-o*; **îetyka** (leia *ietyca* ou *jetyca*) – *batata-doce*.

nh

É um alofone de **î** e pronuncia-se como no português *ganhar, banha, rainha*: **kunhã** – *mulher*; **nhan** – *correr*; **nharõ** – *raiva, ferocidade*; **nhandu'î** – *aranha*.

k

Como o **q** ou o **c** do português antes de **a**, **o** ou **u**, como em *casa, colo, querer*: **ker** – *dormir*; **îuká** – *matar*; **paka** – *paca*; **ybaka** – *céu*.

m (ou mb)

Como em português *mar, mel, manto, ambos, samba*: **momorang** – *embelezar*; **mokaba** – *arma de fogo*; **moasy** – *arrepender-se*. Às vezes o **m** muda-se em **mb**, que é um alofone. Em **mb**, o **b** é *oclusivo*, devendo-se encostar os lábios para pronunciá-lo. [**Mb** é uma *consoante nasal oralizada* ou *nasal com distensão oral*: começa nasal (**m**) e termina oral (**b**).]

Ex.: **ma'e** ou **mba'e** – *coisa*; **moby-pe?** ou **mboby-pe?** – *quantos?*

Além de nasalizar a vogal que o precede, o **m** final deve ser sempre pronunciado, i.e., devem-se fechar os lábios no final da pronúncia da palavra, como no inglês *room*: **a-sem** – (eu) saio.

n (ou nd)

Como no português *nada, nicho, nódoa, andar, indo*: **nupã** – *castigar*; **nem** – *fedorento*; **nong** – *pôr, colocar*. Às vezes o **n** muda-se em **nd**, que é seu alofone. Em **nd** também temos uma consoante nasal oralizada (começa como nasal e termina como oral).

Ex.: **ne** ou **nde** – tu   **amã'-nd**ykyra – gotas de chuva

O **n** final deve ser sempre pronunciado: você deverá estar com a língua nos dentes incisivos superiores ao finalizar a pronúncia da palavra: **nha***n* – *correr*; **momara***n* – *fazer brigar*.

ng

Como no inglês *thing* – *coisa* ou *sing* – *cantar*. Representa-se no Alfabeto Fonético Internacional por ŋ: **monha***ng* [mɔñaŋ] – *fazer*; **nhe'***eng* [ñɛ'ʔɛŋ] – *falar*.

p

Como no português *pé, porta, pedra*: **potĩ** – *camarão*; **potar** – *querer*; **pepó** – *asa*.

r

É sempre brando, como no português *aranha, Maria, arado*, mesmo no início dos vocábulos: **ro'y** – *frio*; **aruru** – *tristonho*; **paranã** – *mar*; **ryryî** – *tremer*.

s

Sempre soa como no português *Sara, assunto, semana, pedaço* (nunca tem som de z): **a-só** (leia: *assó*) – *vou*; **sema** – *saída*. Às vezes, após i e î o s realiza-se como x (seu alofone): i **xy** – *mãe dele*; **su'u** – *morder*, a-î-**xu'u** – *mordo-o*.

t

Como em *antena, matar, tato*: **tutyra** – *tio*; **taba** – *aldeia*; **tukura** – *gafanhoto*.

û

Como a semivogal **u** do português em *água, mau, nau, audácia, igual*. Em início de sílaba pode ser pronunciado como g^û: **ûyrá** ou **gûyrá** – *pássaro*; **ûi-tu** ou **gûi-tu** – *vindo eu*; **ûatá** ou **gûatá** – *caminhar*.

x

Como o **ch** ou o **x** do português em *chácara, chapéu, xereta, feixe*: **ixé** – *eu*; t-**aîxó** – *sogra*; i **xy** – *sua mãe*.

ŷ

Como em **apŷaba** – *homem*, **abŷabo** – *transgredindo* e **kapŷaba** – *casa na roça*.

Observações importantes

Regras sobre as diferentes possibilidades de realização dos fonemas

1   m ou mb
     n ou nd

Quando uma sílaba com as consoantes **m** e **n** for seguida por uma sílaba tônica ou pré-tônica sem fonema nasal, **m** e **n** podem mudar-se em **mb** e **nd**, respectivamente.

Ex.:

temi-'u	ou	tembi-'u – comida
ma'e	ou	mba'e – coisa
moasy	ou	mboasy – arrepender-se
n'a-só-î	ou	nd'a-só-î – não fui

Em começo de sílabas tônicas sem fonemas nasais e não vindo depois outra sílaba com fonema nasal, **m** e **n** sempre se mudam em **mb** e **nd**, respectivamente. Ex.:

kam + 'y > **kamby** (e não *kamy*) – leite (lit., *líquido de seio*)

nhan + -ara > **nhandara** (e não *nhanara*) – corredor, o que corre

2   y ou yg

Quando uma sílaba terminada em **y** for seguida de outra iniciada por vogal, o **y** pode mudar-se em **yg** (ou seja, a mesma vogal seguida de uma consoante fricativa velar sonora [ɣ], semelhante ao **g** do português, mas não oclusiva como este), de modo a se evitar o hiato. Ex.:

yara > **ygara** [ɨ'ɣara] – canoa

yasaba > **ygasaba** [ɨɣa'saβa] – talha (de fazer cauim)

Uso de hífen, parênteses e apóstrofo

O uso do hífen, aqui, é essencialmente didático. Nos textos coloniais ele não era empregado. Ele o será aqui para que se possam reconhecer os elementos mórficos do tupi, sendo retirado progressivamente a partir da lição 18. Às vezes ele será omitido, às vezes será utilizado com uma mesma palavra. Evitaremos seu uso excessivo, empregando-o apenas quando a separação dos morfemas puder ser compreendida e quando isso for necessário. Enquanto o aluno não chegar à necessária explicação gramatical que o faça compreender por que usar hífens, não os utilizaremos. Ao fazer exercícios, o aluno poderá, se bem souber os morfemas componentes da palavra, omiti-los, usando-os apenas quando achar necessário.

Os parênteses [( )] e o apóstrofo (') terão aqui, também, uma finalidade didática, ou seja, a de orientar o aluno na leitura. Eles assinalam fonemas que caem:

Rerity(ba)-pe ou **Rerity'-pe** em Rerityba. Os parênteses ou o apóstrofo mostram que a sílaba *ba* cai. (Você não confundirá o apóstrofo em *Rerity'-pe* com uma consoante oclusiva glotal porque esta não aparece antes de uma outra consoante.)

17

O acento

– Todas as palavras terminadas em consoante, em semivogal, em vogal **i**, **u** e **y** ou qualquer vogal nasal **ã, ẽ, ĩ, õ, ũ, ỹ** são oxítonas.
Ex.:
a-gûapyk – (leia *aguapýk*)
karu – (leia *karú*)
r-upi (leia *rupí*)

As formas átonas que incidirem sobre um termo anterior fazem que este mantenha seu acento tônico e, foneticamente, constituem uma só palavra com ele. Tais formas são os sufixos átonos e as ênclises (**-a, -i, -û, -pe, -te, -ne, -mo, -no**), as posposições átonas [**-pe, -i, -bo, -(r)eme, -(r)amo**] e a vogal de ligação **-y-**.

Ex.:
Morubixaba-*pe* o-só? (leia *Morubixábape ossó?*)
mondó-*reme* (leia *mondóreme*)
îukáû (leia *iukáu*)
o-ker-*y-ne* (leia *okéryne*)
'ar*i* (leia *'árí*)
pytun-*y-b*o (leia *pytúnybo*)

Os sufixos **-(s)ab(a), -pyr(a), -(s)ar(a), -sûar(a)** etc. não terminam em vogal **a**, mas, neles, o **-a** é um outro sufixo. Eles são formas *tônicas*.
Ex.:
gûatasaba – (leia *guatassába*)
i îuká-pyra – (leia *ijukapýra* ou *i iukapýra*)

A vogal que segue uma consoante oclusiva glotal é sempre tônica. Só usaremos acento gráfico após oclusiva glotal em poucos casos (p.ex., com temas verbais formados por uma única vogal que segue uma oclusiva glotal).
Ex.:
so'o (leia *so'ó*)
poti'a (leia *poti'á*)

Usaremos, aqui, o acento agudo com os oxítonos e com os monossílabos tônicos terminados em **a**, **e** e **o**. Acentuaremos também o **i** tônico que não formar ditongo com vogal precedente, às vezes, também o **u** que for hiato tônico, quando isso for necessário para a clareza. Em poucos casos usaremos acento diferencial.
Ex.:
îuká; kysé, mondó, é
o-u – *(ele) vem* e **o-ú** – *vindo ele* (neste caso, o acento é diferencial)
a-ín – estou sentado
aíb – ruim
oúpa – estando ele deitado

Abreviaturas usadas

§	parágrafo
adapt.	adaptado
adj.	adjetivo
adv.	advérbio, adverbial
afirm.	afirmação,afirmativa
ag.	agente
aument.	aumentativo
caus.	causativo
circunst.	circunstancial
compar.	comparação
comp.	companhia
compos.	composição
compl.	complemento
concess.	concessivo
condic.	condicional
conj.	conjunção
cont.	continuação
delib.	deliberativo
des.	desejo
enfát.	enfático
ex.	exemplo(s)
excl.	exclusivo
expl. gram.	explicação gramatical
final.	finalidade
fut.	futuro
gen.	genitivo
ger.	gerúndio
h.	homem
i.e.	id est
ilustr.	ilustração
imper.	imperativo
incl.	inclusivo
ind.	indicativo
indef.	indefinido
infin.	infinitivo
instr.	instrumental
intens.	intensidade
interr.	interrogação, interrogativa
interj.	interjeição
intr.	intransitivo, intransitivado
intr. compl. posp.	intransitivo com complemento posposicionado
invisib.	invisibilidade
irreg.	irregular
lit.	literal, literalmente
loc. posp.	locução pospositiva
locat.	locativo
m.	mulher
mod.	modelo
n. poss.	não possuível
n. vis.	não visível
n.	não

neg.	negação, negativa
num.	numeral
num. ord.	numeral ordinal
núm. pess.	número-pessoal
obj.	objeto, objetivo
obj. dir.	objeto direto
obj. ind.	objeto indireto
obs.	observação
opt.	optativo
p.	página
pac.	paciente
part.	partícula
pass.	passado
perm.	permissivo
pess.	pessoa
p.ex.	por exemplo
pl.	plural
plurif.	pluriforme
posp.	posposição
poss.	possessivo possuível
pref. pes.	prefixo pessoal
pref. rel.	prefixo de relação
prep.	preposição
pres.	presente
pron.	pronome
pron. obj.	pronome objetivo
pron. pess.	pronome pessoal
ref.	referente
recípr.	recíproco
refl.	reflexivo
rel.	relativo
resp.	resposta
sing.	singular
sub.	subordinada
subst.	substantivo
suf.	sufixo
suj.	sujeito
T.	em tupi
temp.	temporal
trans.	transitivo
v.	ver
var.	variedade
vis.	visível
voc.	vocativo

Abreviaturas de nomes próprios e títulos de obras

Anch., *Arte*	José de Anchieta, *Arte de Gramática da Língua mais Usada na Costa do Brasil*
Anch., *Cat. Bras.*	José de Anchieta, *Catecismo Brasílico*
Anch., *Diál. Fé*	José de Anchieta, *Diálogo da Fé*
Anch., *Poesias*	José de Anchieta, *Poesias*
Anch., *Teatro*	José de Anchieta, *Teatro*
Araújo, *Cat. Líng. Bras.*	Antônio de Araújo, *Catecismo na Língua Brasílica (se se tratar da segunda edição, indicaremos o ano de 1686)*
Staden, *DVB*	Hans Staden, *Duas Viagens ao Brasil*
Fig., *Arte*	Luís Figueira, *Arte da Língua Brasílica*
Marc., *Hist. Nat. Bras.*	George Marcgrave, *História Natural do Brasil*
VLB	*Vocabulário na Língua Brasílica*

Preguiça (a'i)
Mamífero da família dos bradipodídeos; alimenta-se das folhas da embaúba e movimenta-se com extrema lentidão
(Marc., *Hist. Nat. Bras.*)

1 · Chegam os portugueses

(22 de abril de 1500)
"... E neste dia... houvemos vista de terra, isto é, primeiramente d'um grande monte mui alto e redondo... ao qual o capitão pôs nome Monte Pascoal e, à terra, Terra de Vera Cruz."

(23 de abril de 1500)
"... E dali houvemos vista d'homens que andavam pela praia..."

Pero Vaz de Caminha, *Carta a El Rey D. Manuel*

Desembarque de Cabral em Porto Seguro (Quadro de Oscar P. da Silva)

Peró o-îepotar. Peró-etá 'y kûâ-pe o-só.
Os portugueses chegaram. Muitos portugueses para a enseada do rio foram.
Abá 'y kûâ-pe o-îkó.
Os índios na enseada do rio estão.
Peró-etá ygarusu pupé o-pytá.
Muitos portugueses dentro dos navios ficaram.
Peró ygara suí o-sem. Abá o-syk. Abá peró supé o-nhe'eng.
Os portugueses da canoa saem. Os índios chegam. Os índios aos portugueses falam.
Abá-etá o-sykyîé.
Muitos índios têm medo.

(Perguntam a um português:)

– **Abá-pe endé? Mamõ-pe ere-îkó?**
– Quem (és) tu? Onde moras?

21

Vocabulário

Após cada texto e em cada série de exercícios, as palavras novas aparecerão num vocabulário. Se, ao fazer os exercícios, esquecer alguma palavra, consulte o Índice do Vocabulário (tupi-português e português-tupi), nas páginas 455-464. Lá você encontrará o número da página em que a palavra que você procura aparece neste livro.

nomes e verbos

abá – índio (em oposição ao europeu); homem (em oposição a mulher); ser humano (em oposição a animal irracional)

îepotar (intr.) – chegar (por mar ou por rio), aportar

ikó (intr.) – estar, morar

kûá – enseada, baía, reentrância litorânea

nhe'eng (intr. compl. posp.) – falar (rege a posposição supé – *para, a*). V. nota abaixo.

peró – português (tal termo origina-se do fato de ter sido muito comum o nome *Pero* entre os portugueses do século XVI (ex.: *Pero* Vaz de Caminha, *Pero* de Magalhães Gândavo etc.). O nome próprio tornou-se nome comum.

pytá (intr.) – ficar

sem (intr.) – sair

só (intr.) – ir

syk (intr.) – chegar, achegar-se, aproximar-se

sykyîé (intr.) – ter medo, temer

'y – rio; água

'y kûá – enseada do rio, baía onde deságua um rio

ygara – canoa

ygarusu – navio (lit. significa *canoão* ou *canoa grande*). É um termo usado para designar algo que os índios não conheciam antes da colonização europeia.

outras categorias

abá-pe (interr.) – quem?

endé (pron. pess.) – tu

etá (adj.) – muitos (-as)

mamõ-pe? (interr.) – onde?

-pe – v. § 14 e § 15

pupé – v. § 14 e § 18

suí – v. § 14 e § 17

supé – v. § 14 e § 16

1   O verbo **NHE'ENG** (falar) é intransitivo. Não dizemos *o que falamos*, mas somente *para quem falamos*. Ele vem com complemento regido pela posposição **supé**: A-nhe'eng peró supé – Falo *ao* português. Dizemos, assim, que esse verbo é intransitivo com complemento posposicionado (que abreviaremos nos vocabulários com *intr. compl. posp.*), que seria o equivalente a um verbo transitivo indireto. (V. no § 14 e seguintes as posposições do tupi.)

Veja a diferença:

2   **ÎEPOTAR** – chegar por mar ou por rio, aportar.
          SYK – chegar (em geral), aproximar-se.

lição 1 • Chegam os portugueses

Neste curso, quando não se disser se o chegar é *por mar* ou *por terra*, deve-se usar o verbo **syk**.

Explicação gramatical

Os verbos da 1ª classe ou da 1ª conjugação

3   O tupi apresenta duas *classes* de verbos ou duas *conjugações*.
Os verbos da 1ª lição são todos da *1ª classe* ou da *1ª conjugação*. Eles recebem *prefixos número-pessoais,* como você pode ver abaixo.

Estudamos nesta lição os verbos intransitivos (que deixaremos sempre indicados com a abreviatura *intr.*, nos vocabulários). Os verbos serão sempre indicados pelo seu tema.

4   Tema é a forma do vocábulo sem prefixos nem sufixos. Pode ser *tema nominal* (de substantivo ou adjetivo) ou *tema verbal.*
Ex.:

ygar-a – canoa   tema: **ygar**   (tema nominal)
peró – português   tema: **peró**   (tema nominal)
sem-a – sair, a saída   tema: **sem**   (tema verbal)
syk-a – chegar, a chegada   tema: **syk**   (tema verbal)

5   Indicaremos, neste livro, o verbo sempre por seu tema.

Modo indicativo de **syk** – *chegar, achegar-se, aproximar-se*

(ixé)	*a*-syk	(eu)	chego; (eu) cheguei
(endé)	*ere*-syk	(tu)	chegas; (tu) chegaste
(a'e)[1]	*o*-syk	(ele)	chega (ou melhor: *aquele* chega; *aquele* chegou)
(oré)	*oro*-syk	(nós)	chegamos (exclusivo)
(îandé)	*îa*-syk	(nós)	chegamos (inclusivo)
(peẽ)	*pe*-syk	(vós)	chegais; (vós) chegastes
(a'e)	*o*-syk	(eles)	chegam (ou melhor: *aqueles* chegam; *aqueles* chegaram)

[1] A'e, na verdade, é um demonstrativo que significa *aquele (a, es, as)*, *esse (a, es, as)* etc.

6   Inclusivo: inclui o ouvinte.
Exclusivo: exclui o ouvinte.
Se dissermos, em tupi, para um grupo de índios: *Nós somos portugueses* ou *Nós viemos de Portugal*, devemos usar o *nós exclusivo* (**ORÉ**) pois os índios não se incluem nesse *nós*. Se dissermos, porém, *Nós morreremos um dia*, incluem-se, aí, aqueles com quem falamos. Usa-se, então, a forma *inclusiva* (**ÎANDÉ**), que abrange a 1ª e a 2ª pessoas.

Outros exemplos:

NHE'ENG (*falar*)		IKÓ (*estar; morar*)	
a-nhe'eng	falo; falei	a-îkó	estou; estive; moro; morei
ere-nhe'eng	falas; falaste	ere-îkó	estás; estiveste; moras
o-nhe'eng	fala; falou	o-îkó	está; esteve
oro-nhe'eng	falamos (excl.)	oro-îkó	estamos; estivemos (excl.)
îa-nhe'eng	falamos (incl.)	ia-îkó	estamos; estivemos (incl.)
pe-nhe'eng	falais; falastes	pe-îkó	estais; estivestes
o-nhe'eng	falam; falaram	o-îkó	estão; estiveram

7   Com verbos da 1ª classe, os pronomes pessoais **IXÉ**, **ENDÉ** etc. só são usados quando se quer dar ênfase ao sujeito. Esses pronomes podem também ser usados sozinhos ou quando não são seguidos por outro termo.
Ex.:
– Abá-pe o-syk? – *Ixé*.   – Abá-pe o-só? – *Endé*.
– Quem chegou? – Eu.   – Quem foi? – Tu.

Observações importantes

8   O verbo tupi não expressa tempo.
Diz Anchieta (1595): "O Presente do Indicativo, posto que inclui em si os quatro tempos, contudo mais propriamente significa o pretérito perfeito". Falaremos, neste manual, mais de *modos verbais* que de tempos verbais. Já mostramos qual é o paradigma do modo indicativo da *1ª conjugação* ou *1ª classe verbal*. Em sua forma geral, aplica-se a qualquer tempo, mas é *mais comum traduzir-se pelo passado*.

9   Todo substantivo *sempre* termina em *vogal*. Também um verbo, quando é substantivado, deve terminar em vogal. Se seu tema acabar em consoante, na forma substantiva (infinitivo) ele recebe o sufixo -**A**.
Ex.:
só	infinitivo: **só**
sykyîê	infinitivo: **sykyîê**
syk	infinitivo: **syk**-*a*
nhe'eng	infinitivo: **nhe'eng**-*a*
sem	infinitivo: **sem**-*a*

Conforme você deve ter percebido
10   O infinitivo verbal em tupi é um perfeito substantivo.
Assim:
só	– o ir, a ida
sykyîê	– o temer, o temor
syk-a	– o chegar, a chegada
nhe'eng-a	– o falar, a fala
sem-a	– o sair, a saída

lição 1 • Chegam os portugueses

11   Como o -**A** final átono em tupi é sempre um sufixo substantivador, muitas vezes não usaremos o hífen para indicá-lo, para simplificar a ortografia que adotamos neste curso.

12   A 3ª pessoa do singular e a 3ª pessoa do plural não se diferenciam.
Ex.:
O-pytá – *Fica* ou *Ficam*.

As transformações fonéticas

Apresentaremos no decorrer deste curso as regras de transformações fonéticas mais importantes do tupi antigo, para que você as possa aprender de forma fácil e segura.
Regra 1
13   A vogal **I**, átona, após uma outra vogal, forma ditongo, tornando-se **Î** (semivogal).
Ex.:
A- + **ikobé** > **a-îkobé** (leia *aikobé*, formando ditongo no *ai*)
O- + **ikó** > **o-îkó** (forme um ditongo no *oi*)

A posposição em tupi

14   As preposições do português correspondem, em tupi, a *posposições*, porque aparecem após os termos que regem. Há posposições *átonas*, que aparecem ligadas por hífen, mas a maior parte delas é tônica, vindo separadas dos termos que regem.
Ex.:
15   **PE**   – em, para (geralmente locativo).
                É posposição átona.

'y kûá-pe   – na enseada do rio, para a enseada do rio
siri 'y-pe   – no rio dos siris, para o rio dos siris
îakaré 'y-pe   – no rio dos jacarés, para o rio dos jacarés
ygarusu-pe   – no navio, para o navio
tatu 'y-pe   – no rio dos tatus, para o rio dos tatus

16   **SUPÉ**   – para (dativo) – só para a 3ª pessoa.

peró supé   – para o português
abá supé   – para o índio
morubixaba supé – para o cacique
Pedro supé   – para Pedro

17   **SUÍ**   – de (proveniência, causa).

'y kûá suí   – da enseada do rio

îakaré 'y suí	– do rio dos jacarés
tatu 'y suí	– do rio dos tatus
Nhoesembé suí	– de Nhoesembé
	(antigo nome de Porto Seguro, BA)

18   PUPÉ   – dentro de.

ygarusu pupé	– dentro do navio
îagûara kûara pupé	– dentro da toca da onça
oka pupé	– dentro da casa

O adjetivo Etá

19   ETÁ (muitos, muitas) vem sempre posposto, formando uma composição com o substantivo. Faz cair o **-A** átono final do substantivo com o qual se compõe. (Usaremos sempre o hífen com as composições.)
Ex.:

pak(a)-*etá* > pak-etá	– muitas pacas
peró-*etá*	– muitos portugueses
abá-*etá*	– muitos índios
morubixab(a)-*etá* >morubixab-etá	– muitos caciques
ygarusu-*etá*	– muitos navios
gûyrá-ting(a)-*etá* > gûyrá-ting-etá	– muitas garças

Samburá
Cesto feito de vergas delgadas em que os índios recolhiam os caranguejos que apa-nhavam (Célio Cardoso)

Observações importantes

20   Em tupi não existe artigo definido nem artigo indefinido.
Ex.:

Os índios ficam na enseada do rio.	– **Abá o-pytá 'y kûá-pe.**
Uns índios ficam na enseada do rio.	– **Abá o-pytá 'y kûá-pe.**

Em tupi as duas frases ficam iguais. O contexto geralmente nos esclarece o sentido exato.

21   O adjetivo que qualifica um substantivo está sempre em composição com ele e é invariável em número. Também a composição de *substantivo* + *adjetivo* deve terminar sempre em vogal. Acrescentamos **-A** se o segundo termo da composição terminar em consoante.
Ex.:
Bonito em tupi é **porang**. Agora:
kunhã-porang-a – mulher bonita (ou mulheres bonitas)

Acrescentamos o sufixo **-A** porque o adjetivo termina em consoante.

lição 1 • Chegam os portugueses

Bom em tupi é **katu**. Então:
abá-katu – homem bom (ou homens bons). A composição termina em vogal (**u**). Assim, não acrescentamos o sufixo -**A**.

22 O substantivo tupi é invariável em número. Às vezes emprega-se **ETÁ** como se fosse morfema de flexão de plural.

Ex.:

O índio tem medo.	– *Abá* o-sykyîê.
Os índios têm medo.	– *Abá* o-sykyîê.
O português sai da canoa.	– *Peró* ygara suí o-sem.
Os portugueses saem da canoa.	– *Peró* ygara suí o-sem.
Aos santos falamos.	– *Santos-etá* supé oro-nhe'eng. (Anch., *Cat. Bras.*, adapt.)

23 O verbo *ser* do português muitas vezes não se traduz em tupi antigo.

Ex.:

Quem (és) tu?	– **Abá-pe endé?**
	(quem) (tu)
O menino é Pedro.	– **Kunumî Pedro.**
	(o menino) (Pedro)
Vós sois índios	– **Peẽ abá.**
	(vós) (índios)

Exercícios

I Conjugue os verbos do vocabulário abaixo em todas as pessoas, traduzindo as formas conjugadas. Conjugue-os com os pronomes pessoais entre parênteses, mostrados no § 5.

Vocabulário

verbos

gûapyk – sentar-se

gûatá – andar, caminhar

karu – almoçar, comer

ker – dormir

kuruk – resmungar

nhan – correr

pererek – pular, ir desordenadamente, ir saltitando

II Verta para o tupi:
1. Fico em Nhoesembé. 2. Vivo bem em São Vicente. 3. Saio da enseada do rio. 4. Ficamos (incl.) no rio dos siris. 5. Moramos (excl.) em Nhoesembé. 6. Ficas no navio. 7. Chego (por mar). 8. O navio chegou. 9. Saímos (incl.) da canoa. 10. Falaste aos índios. 11. Os índios falam a Maria. 12. Maria fala aos índios. 13. Falamos (excl.) aos portugueses. 14. Ficais em Nhoesembé. 15. Saístes da enseada do rio. 16. A canoa chegou. 17. Ficamos (incl.) dentro do navio. 18.

Muitos índios vão para o rio dos jacarés. 19. Muitos índios saem da canoa. 20. Muitos navios estão na enseada do rio. 21. Muitos portugueses falam aos índios. 22. Muitas pacas ficam na enseada do rio. 23. Muitas garças saem da enseada do rio. 24. Muitos caciques chegam. 25. Muitos índios moram em Nhoesembé. 26. O índio tem medo. 27. Vou para o rio dos tatus. 28. Pedro está dentro do navio. 29. Saímos (incl.) do navio. Vamos para a enseada do rio. 30. Maria vai para Ipauguaçu ('Ypa'ũgûasu – Ilha Grande). 31. Os índios vão para o navio. Têm medo. 32. Um português fala a um índio. 33. – Onde moras? – Moro em Ipauguaçu. 34. – Onde morais? – Moramos em Ipauguaçu. 35. – Onde estás? – Estou dentro do rio dos tatus. 36. – Onde ficais? – Ficamos dentro do rio dos jacarés. 37. – Quem é o português? – É Pedro. 38. – Quem é o cacique? – É Caiobi. 39. – Quem saiu? – Pedro saiu. 40. – Quem chegou (por mar)? – O português chegou (por mar). 41. – Quem falou ao português? – Pedro falou ao português. 42. – Quem está na enseada do rio? – Os portugueses estão na enseada do rio.

Senembi
Camaleão, réptil lacertílio da família dos iguanídeos, que vive em árvores e muda de cor (Marc., *Hist. Nat. Bras.*)

Vocabulário

nomes e verbos

cacique – morubixaba

Caiobi – Ka'ioby

canoa – ygara

chegar, achegar-se – syk

chegar (por mar ou por rio) – îepotar

enseada – kûá

enseada do rio – 'y kûá

estar – ikó

falar – nhe'eng (compl. com a posp. supé: falar a, falar para)

ficar – pytá

garça – gûyrá-tinga

índio – abá

ir – só

jacaré – îakaré

morar – ikó

navio – ygarusu

paca – paka

português – peró

rio – 'y

sair – sem

siri – siri

tatu – tatu

temer, ter medo – sykyîé

outras categorias

a – supé (pess.); -pe (lugar)

bem (adv.) – katu

de – v. § 17

dentro de – pupé

em – v. § 15

muitos, as – etá

onde? – mamõ-pe?

para – supé (pess.)

quem? (interr.) – abá-pe?

lição 1 • Chegam os portugueses

III   Responda às perguntas abaixo, conforme o modelo. Traduza as frases. (O vocabulário correspondente a estes exercícios está na série IV.)
Mod.:
– **Mamõ-pe ere-pytá?** – Onde ficas? ('Ypa'ũgûasu)
– **A-pytá 'Ypa'ũgûasu-pe.** – Fico na Ilha Grande.

– **Abá-pe o-só siri 'y-pe?** – Quem vai para o rio dos siris? (Pedro)
– **Pedro o-só siri 'y-pe.** – Pedro vai para o rio dos siris.

1. Mamõ-pe ere-pytá? (îakaré 'y) 2. Mamõ-pe pe-îkó? (Nhoesembé) 3. Mamõ-pe ere-só? (Paragûasu) 4. Mamõ-pe ere-îkó? ('Ypa'ũgûasu) 5. Abá-pe o-pytá São Vicente-pe? (Maria) 6. Abá-pe o-sem ygarusu suí? (peró) 7. Abá-pe o-pytá 'y kûá-pe? (abá) 8. Abá-pe o-îkó Nhoesembé-pe? (peró) 9. Mamõ-pe pe-pytá? (siri 'y) 10. Abá-pe o-sykyîé? (Maria)

IV   Traduza:
1. 'Ypa'ũgûasu-pe a-îkó-katu. 2. 'Ypa'ũgûasu-pe ere-pytá. 3. Nhoesembé suí a-sem. 4. Îakaré 'y-pe ere-só. 5. Siri 'y-pe oro-pytá. 6. Peró-etá supé a-nhe'eng. 7. Abá-etá supé ere-nhe'eng. 8. Ere-sykyîé. 9. Mamõ-pe ere-pytá? 10. Peró-etá supé pe-nhe'eng. 11. Pedro abá-etá supé o-nhe'eng. 12. Morubixab-etá supé pe-nhe'eng. 13. Ka'ioby abá. 14. Gûyrá-ting-etá 'y kûá suí o-sem. 15. Peró Pedro. 16. Îakaré o-sem 'y suí. 17. Pe-sem tatu kûara suí. 18. Ka'a-pe ere-só. 19. Tatu 'y-pe a-pytá. 20. Pe-sem ygarusu suí.

Vocabulário

gûyrá-tinga – garça (lit., *ave branca*)
îakaré – jacaré
ka'a – mata, floresta
Ka'ioby – Caiobi (nome próprio de h.)
katu – bom, bem (usado como adv. de modo)
kûara – toca, buraco, furo

morubixaba – cacique, chefe indígena
Nhoesembé – antigo nome de Porto Seguro, BA
paka – paca
Paragûasu – Paraguaçu
siri – siri
tatu – tatu
'Ypa'ũgûasu – Ilha Grande (nome de lugar do atual estado do Rio de Janeiro)

Jacupema
Ave galiforme da família dos cracídeos
(Marc., *Hist. Nat. Bras.*)

V   Forme substantivos a partir dos seguintes temas verbais, de acordo com a tradução ao lado. Siga o modelo.

VERBO	TRADUÇÃO	SUBSTANTIVO CORRESPONDENTE(INFINITIVO)	TRADUÇÃO
îebyr	voltar	îebyra	volta
nhan	correr		corrida
ker	dormir		dormida
îepotar	chegar (por mar)		chegada (por mar)
gûatá	caminhar		caminhada
pytá	ficar, permanecer		permanência
moasy	arrepender-se		arrependimento
só	ir		ida
pererek	ir aos saltos, pular		salto, pulo
sem	sair		saída
gûeîyb	descer		descida
petek	golpear		golpe

O tupi em nossa toponímia

Toponímia é o estudo sobre os nomes dos lugares. Ela é importante pois revela fatos históricos e geográficos de um local. O topônimo, o nome do lugar, é resultado de uma cultura e das condições do ambiente em que essa cultura se desenvolveu.

No Brasil, o maior número de nomes de lugares tem origem na língua portuguesa, nossa língua nacional. Em segundo lugar, estão os topônimos com origem no tupi ou nas línguas gerais coloniais, o que mostra que foram faladas por longo tempo no passado em nosso país. Além de nomes de lugares, há também milhares de termos dessa origem no léxico da língua portuguesa do Brasil, os quais diariamente utilizamos, muitas vezes sem o saber.

1   O termo tupi **kûá**, *baía, enseada, recorte litorâneo*, originou a forma **guá**, que ocorre na toponímia brasileira. Com o vocabulário que você já conhece, tente descobrir o que quer dizer:

Piraguá   Paranaguá   Iguape

2   Com base no vocabulário conhecido na lição 1, tente dar os significados dos seguintes nomes de lugares:
a. Sergipe; b. Guaratinguetá; c. Tatuí; d. Paquetá; e. Jacareí; f. Araraquara.

lição 1 • Chegam os portugueses

Leitura complementar

A carta de Pero Vaz de Caminha:
primeira descrição conhecida dos índios brasileiros

E dali houvemos vista d'homens que andavam pela praia, de 7 ou 8, segundo os navios pequenos disseram, por chegarem primeiro. Ali lançamos os batéis[1] e esquifes[2] fora e vieram logo todos os capitães das naus a esta nau do capitão-mor e ali falaram. E o capitão mandou no batel, em terra, Nicolau Coelho para ver aquele rio. E tanto que[3] ele começou para lá d'ir, acudiram pela praia homens, quando dois, quando três, de maneira que quando o batel chegou à boca do rio, eram ali 18 ou 20 homens, pardos, todos nus, sem nenhuma coisa que lhes cobrisse as suas vergonhas. Traziam arcos nas mãos e suas setas. Vinham todos rijos[4] para o batel e Nicolau Coelho lhes fez sinal que pusessem[5] os arcos e eles os puseram (...).

A feição deles é serem pardos, maneira d'avermelhados, de bons rostos e bons narizes, benfeitos. Andam nus, sem nenhuma cobertura, nem estimam[6] nenhuma coisa cobrir nem mostrar suas vergonhas. E estão acerca disso com tanta inocência como têm em mostrar o rosto. Traziam ambos os beiços de baixo furados e metido por eles um osso branco de comprimento de uma mão travessa[7] e de grossura de um fuso de algodão e agudo na ponta como furador. Metem-no pela parte de dentro do beiço e o que lhe fica entre o beiço e os dentes é feito como roque de xadrez;[8] e em tal maneira o trazem ali encaixado que não lhes dá paixão[9] nem lhes estorva a fala, nem comer, nem beber.[10] Os cabelos seus são corredios e andavam tosquiados de tosquia alta, mais que de sobrepente, de boa grandura e rapados até por cima das orelhas.

Carta a El Rey D. Manuel, pp. 34-39.

---

1. **batel** – canoa, pequeno barco; 2. **esquife** – tipo de barco menor que um batel, que servia para o desembarque de pessoas; 3. **tanto que** – logo que; 4. **rijos** – rijamente, correndo; 5. **pusessem** – baixassem, pusessem no chão; 6. **nem estimam** – nem se importam com; 7. **mão travessa** – mão de través; mão medida de lado; 8. **roque de xadrez** – peça de xadrez; 9. **paixão** – sofrimento; 10. **alusão ao adorno chamado** _tembetá_.

2 · Na caravela

"E tomou dois daqueles homens da terra, mancebos e de bons corpos... Trouxe-os logo, já de noite, ao capitão, onde foram recebidos com muito prazer e festa."

Pero Vaz de Caminha, *Carta a El Rey D. Manuel*

Caravela (Staden, *DVB*)

(O cacique diz a um português que desembarcou na costa:)

– **Kó abá tupinakyîa. Ixé morubixaba. Abá-pe endé?**
– Estes índios (são) tupiniquins. Eu (sou) o cacique. Quem (és) tu?
Aîpó peró o-nhemokyrirĩ. Abá nhe'enga o-îkoé-eté.
Aquele português cala-se. A língua dos índios é muito diferente.
Abá, a'e riré, peró ygarusu-pe o-só. Morubixaba abé
Os índios, depois disso, para o navio dos portugueses vão. O cacique também
akûeî karaíba irũnamo o-só.
com aqueles homens brancos vai.
Aîpó abá ygarusu-pe o-karu. Abá ygarusu-pe o-ker.
Aqueles índios no navio comeram. Os índios dormiram no navio.
Abá, a'e riré, o-îebyr.
Os índios, depois disso, voltaram.

Vocabulário

nomes e verbos

îebyr (intr.) – voltar, tornar

ikoé (intr.) – ser diferente, diferir

karaíba – homem branco

morubixaba – chefe indígena, cacique

nhe'enga – língua, idioma

nhemokyrirĩ (intr.) – calar-se

tupinakyîa – tupiniquim (nome de grupo indígena)

outras categorias

abé (adv.) – também

a'e – v. expl. gram.

aîpó – v. expl. gram.

akûeî – v. expl. gram.

eté (adv. intens.) – muito; bastante

irũnamo (loc. posp.) – com (de comp.)

ixé – v. expl. gram.

kó – v. expl. gram.

(r)iré (posp.) – após

Atenção!

24 A posposição **(R)IRÉ** se escreve com **R** após substantivos terminados em vogal tônica e sem **R** após substantivos terminados com o sufixo **-A**. Nesse caso, o sufixo **-A** cai.

Ex.:

abá só riré – após a ida do índio (temos, aqui, a forma nominal do verbo só: *ida*)

abá îebyr(a) (r)iré > abá îebyr'iré – após a volta do índio

Veja a diferença:

25 **ETÁ** – muitos (em número) **ETÉ** – muito (em intensidade).

Atenção!

26 Menino, em tupi antigo, é *kunumĩ*. A forma *kurumĩ* já é da língua geral (*O Caderno da Língua*, de Frei Arronches, de 1739, traz *coromim*).

Explicação gramatical

Os pronomes pessoais

27 Os pronomes pessoais que, em tupi antigo, servem como sujeito, dividem-se em duas séries:

primeira série			segunda série	
ixé	– eu		xe	– eu
endé	– tu		nde ou ne	– tu
a'e	– ele, ela		i	– ele, ela
oré	– nós (excl.)		oré	– nós (excl.)
îandé	– nós (incl.)		îandé	– nós (incl.)
peẽ	– vós		pe	– vós
a'e	– eles, elas		i	– eles, elas
asé	– a gente; nós todos			

28 Com adjetivos predicativos usamos preferencialmente os pronomes pessoais da segunda série. O pronome **I** de 3ª pessoa só se usa com eles.

Ex.:

xe porang – eu (sou) bonito; **nde porang** – tu (és) bonito; **i porang** – ele (é) bonito; **oré porang** – nós (somos) bonitos (excl.); **îandé porang** – nós (somos) bonitos (incl.); **pe porang** – vós (sois) bonitos; **i porang** – eles (são) bonitos.

29 Com substantivos servem as duas séries, menos o pronome **I**, que, na função de sujeito, só se usa com adjetivos. Podem vir antes ou depois do substantivo.

Ex.:

xe morubixaba	– eu (sou) o cacique
ixé morubixaba	– eu (sou) o cacique
morubixaba *ixé*	– o cacique (sou) eu
endé peró	– tu (és) português
nde peró	– tu (és) português
peró *endé*	– português (és) tu
a'e abá	– ele (é) índio (Nunca "i abá" porque **abá** é substantivo e **i** só se usa com adjetivos.)
abá a'e	– o índio (é) ele
peẽ abá	– vós (sois) índios
abá *peẽ*	– índios (sois) vós

30 O pronome pessoal **ASÉ** é usado quando queremos nos referir à 1ª, 2ª e 3ª pessoas, i.e. com o sentido do indefinido -se do português em: *Vive-se bem aqui* (i.e. *eu, tu* e *ele*, a *gente*, o *ser humano*, tomado em sentido universal). Se dissermos *nós morreremos um dia*, devemos usar a forma universal **ASÉ**, pois esse *nós* refere-se a todo o gênero humano (1ª, 2ª e 3ª pessoas). Com **ASÉ** o verbo fica na 3ª pessoa.

Assim: **ORÉ** – *eu* e *ele* (exclui o ouvinte)
ÎANDÉ – *eu* e *tu* (inclui o ouvinte)
ASÉ – *eu, tu* e *ele* (universal)

Ex.:

Asé o-îkobé, *asé* o-manõ. – A gente vive, a gente morre.
Asé o-karu-eté 'Ypa'ũgûasu-pe. – Come-se muito em Ipauguaçu.

lição 2 • Na caravela

31   **A'E**, na verdade, quer dizer *esse(-es), aquele(-es), essa(-as), aquela(-as)*, como o *ille*, do latim, que acabou originando *ele*, do português, mas que originalmente significava *aquele*. A forma plural, tanto para o masculino quanto para o feminino, é também **A'E**. Há também as formas menos usadas **ÃÛA** (ou **ÃGÛA**) e **ERIKA**, tanto para o singular quanto para o plural.
Ex.:
Peró o-îepotar. *A'e* **o-pytá 'y kûá-pe.** – Os portugueses chegaram. Eles ficaram na enseada do rio.

Os adjetivos

32   Os adjetivos podem ser *qualificativos* ou *predicativos*.
Ex.:

qualificativos	predicativos	
ta(ba)-*porang*-a – aldeia bonita	taba i *porang*	– a aldeia, ela (é) bonita
upa(ba)-*nem*-a – lago fedorento	upaba i *nem*	– o lago, ele (é) fedorento
'y-*pirang*-a – rio vermelho	'y i *pirang*	– o rio, ele (é) vermelho

Quando dizemos *casa bonita*, usamos um adjetivo qualificativo, porque ele se prende diretamente ao substantivo. Se dizemos *a casa é bonita*, usamos um adjetivo predicativo, porque ele se prende ao substantivo por meio de verbo de ligação. Neste último caso, nós afirmamos alguma coisa da casa (*que ela é bonita*). Na predicação, assim, usamos, em português, um verbo de ligação, que no exemplo acima é o verbo ser.
Se queremos dizer *menino bonito*, basta justapor **porang** ao substantivo, acrescentando o sufixo -A à composição formada. Dizemos, pois, **kunumî-porang-a**. Se quisermos dizer *o menino é bonito* teremos de usar o pronome pessoal de 3ª pessoa, *I*, dizendo assim: **kunumî i *porang*.** (Lit., *O menino, ele (é) bonito*.) Subentendemos o verbo ser, que em tupi não tem correspondente. Se quisermos dizer *eu sou bonito*, dizemos *xe porang*. Veja, assim, que:

33   Se o sujeito for substantivo, o adjetivo predicativo deverá vir sempre antecedido do pronome pessoal I, que é um sujeito pleonástico.
Ex.:
Kunhã *i* **katu.** – A mulher, *ela* (é) bondosa. **Kunhã** *i* **porang.** – A mulher, *ela* (é) bonita.

Assim, como já dissemos na lição 1:

34   Quando o adjetivo for qualificativo, o sufixo -A (usado com substantivos) vem depois do adjetivo se ele terminar em consoante. Esse -A refere-se não ao adjetivo, mas à composição formada pelo substantivo e pelo adjetivo. O adjetivo qualificativo sempre está em composição com o substantivo. Assim, sempre usamos hífen entre um substantivo e um adjetivo qualificativo.
Ex.:

taba + porang	> **tá-porang-*a***	– aldeia bonita
upaba + nem	> **upá-nem-*a***	– lago fedorento
'y + pirang	> **'y-pirang-*a***	– rio vermelho

35

Os demonstrativos

35 Em tupi, os demonstrativos distinguem-se conforme a *proximidade* e a *visibilidade* (i.e., variam, dependendo do fato de as coisas ou as pessoas serem vistas ou não). Podem mostrar os seres no espaço ou no texto somente, referindo-se ao que já foi dito antes.

Veja as ilustrações abaixo, acompanhando suas respectivas legendas pelos números:

1. ã kunumĩ – *este menino* – próximo e fora da vista (Veja que o menino está nas costas da mulher.)

2. ang mba'e – *esta coisa* – próxima e fora da vista (Veja que o cesto está na cabeça da menina, que não o vê.)

3. kó pirá – *este peixe* – próximo e visível

4. ebokûeî pirá – *esse peixe* – perto da pessoa com quem se fala e visível

5. kûeî kunhã – *aquela mulher* – distante e visível

6. akûeî kunumĩ – *aquele menino* – distante, ausente e fora da vista (Veja que a mulher está de costas para o menino e não o vê.)

7. kó uru – *esta vasilha* – próxima e visível (A vasilha está na mão da mulher.)

8. aîpó nhe'enga – *aquela voz* – de alguém que se ouve mas não se vê

36 Os demonstrativos que mostram algo no espaço são, principalmente:

mostrando seres visíveis
    kó ou ikó – este(a), estes(as)
    ebokûé, ebokûeî, eboûing, eboûĩ, ûĩ – esse(a), esses(as)
    kûeî, kûé – aquele(a), aqueles(as)

lição 2 • Na caravela

mostrando seres
não visíveis

ã, iã, ang, iang – este(a), estes(as). Também podem ser usados para mostrar seres visíveis, como **kó** e **ikó**
aîpó – esse(a), esses(as); aquele(a), aqueles(as)
a'e, akó, akûeî – aquele(a), aqueles(as); **a'e** também é usado
com seres visíveis, com o significado de *ele(a), eles(as)*

37   Os demonstrativos podem ser *adjetivos* (*adjetivos demonstrativos* – que só
acompanham o substantivo) ou *substantivos* (*pronomes demonstrativos* – que
substituem o nome). Quando forem pronomes demonstrativos, eles geralmen-
te vêm com o sufixo -A (**akûeî-*a***, **ebokûe-*a***, **eboûing-*a***, **ang-*a***, **iang-*a***, **kûe-*a***)
ou com o sufixo -BA'E (**kó-*ba'e***, **kûeî-*ba'e***, **aîpó-*ba'e***, **eboûî-*ba'e*** etc. Os
que terminam em vogal podem também aparecer sem sufixos quando forem
substantivos.

Ex.:

Kûeî kunhã o-só, akûeîa o-pytá. – <u>Aquela</u> mulher vai, <u>aquela</u> fica.
Acompanha   Substitui o
o substantivo   substantivo *kunhã*
kunhã

Ebokûé nde membyra, kunhã gûé! – <u>Esse</u> é teu filho, ó mulher! (Araújo, *Cat. Líng.*
Bras., 63)

A-î-kuab aîpó nhe'enga. – Conheço essa voz (que só ouço, sem ver quem fala).

Kó peró o-ker, kûeî-ba'e o-karu. – <u>Este</u> português dorme, <u>aquele</u> come.
adjetivo   pronome
demonstrativo   demonstrativo (substitui o substantivo *peró*)

Ã morubixaba o-nhe'eng, ebokûeî-ba'e o-nhemokyrirî
<u>Este</u> cacique fala, <u>esse</u> cala-se. (**Ebokûeî-ba'e** substitui o substantivo **morubixaba**.)

Îesus boîá ã ikó.
Eis que <u>este</u> é discípulo de Jesus. (Araújo, *Cat. Líng. Bras.*, 1686, 79)

38   As formas dos pronomes demonstrativos do tupi traduzem também *isto, isso*
ou *aquilo* do português. Alguns que já terminam em vogal podem ter um de
tais significados sem precisar de sufixos.

Ex.:

ISTO (vis.): kó, ikó, kó-ba'e, ikó-ba'e; (vis. ou n. vis.): ã, ã-ba'e, iã, iã-ba'e
ISSO (vis.): ebokûeîa, eboûinga, eboûî, ûî, ebokûeî-ba'e etc.; (não vis.): aîpó,
aîpó-ba'e
AQUILO (vis.): kûea, kûeîa, kûeî-ba'e; (n. vis.): akûea, akûeîa, akûé-ba'e, akó,
akó-ba'e, aîpó, aîpó-ba'e, a'e etc.

39 Quando os demonstrativos remetem àquilo que já foi dito antes, i.e. quando mostram alguma coisa dentro do texto e não no espaço, traduzem-se, geralmente, por *esse(a)*, *esses(as)*, *isso*. Todos os que mostramos no §36 podem ter essa função.

Ex.:
Kunumĩ o-nhan. Aîpó kunumĩ o-îkó Nhoesembé pupé.
O menino corre. Esse menino mora em Nhoesembé.
Veja que, no exemplo acima, **aîpó** não mostra o menino, mas só remete a ele, a alguém de quem já se falou. Mostra-se o menino no texto e não no espaço.

Abá, a'e riré, peró ygarusu-pe o-só.
Os índios, depois disso (a que já nos referimos antes), foram para o navio dos portugueses. (A'E, neste caso, não mostra nada no espaço, mas remete a algo que já foi dito.)

Abá-pe (...) ûî? – Quem eram esses (de que você falou)? (Anch., *Teatro*, 48, adapt.)

O-s-aûsu kó Tupã sy. – Amam essa mãe de Deus (i.e., de quem já se falou antes). (Anch., *Teatro*, 136)

N'a-î-kuab-i a'e abá. – Não conheço esse homem (de que você fala, que você mencionou). (Araújo, *Cat. Líng. Bras.*, 57)

A relação genitiva em tupi

40 Em tupi não existe posposição correspondente à preposição *de* do português, que exprime uma relação de posse como casa de Pedro, ou outras relações como faca de prata (relação de matéria) etc. Basta, para exprimi-las em tupi, juntar os dois substantivos em ordem inversa à do português, como faz o inglês, por exemplo, em *Peter's house* ("casa de Pedro") ou como faz o alemão em *Volkswagen* ("carro do povo").

Ex.:
mãe de Pindobuçu	– Pindobusu sy
rio do tatu	– tatu 'y
rio do jacaré	– îakaré 'y
enseada do rio	– 'y kûá
navio dos portugueses	– peró ygarusu
língua dos índios	– abá nhe'enga

Tembetás de lábios e de faces (Staden, *DVB*)

41 Tal relação que leva, em português, a preposição *de* entre dois substantivos e que exprime posse, pertença, origem, qualidade, atribuição de algo a alguém etc., é a que chamaremos *relação genitiva*. Chamaremos o primeiro termo da relação genitiva de *genitivo* ou *determinante*.

Outros exemplos:
menino de pedra – itá kunumĩ
                    (menino) (pedra)

prato de pedra   – itá nha'ẽ

(prato) (pedra)

Veja a diferença:

kunumĩ-nem-a – menino fedorento (agora: **kunumĩ nem-a** – *o fedor do menino* – sem hífen entre as duas palavras)
kunhã-porang-a – mulher bela (agora: **kunhã porang-a** – *a beleza da mulher* – sem hífen entre as duas palavras)

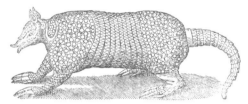

Tatu
Mamífero desdentado da família dos dasipodídeos; vive em galerias abertas no chão e tem hábitos noturnos (Marc., *Hist. Nat. Bras.*)

Exercícios

I   Traduza (v. os demonstrativos na explicação gramatical, §36):

1. A-só 'y kûá-pe Maria irũnamo. 2. Kûeî morubixaba o-syk kó peró irũnamo. 3. Aîpó abá Pedro supé o-nhe'eng. 4. Ikó abá o-sykyîé. 5. Ebokûeî karaíba o-îkó-katu nde irũnamo. 6. Ere-sem eboûî peró irũnamo. Ere-pytá 'y kûá-pe. 7. Pedro o-pytá aîpó ygarusu-pe xe irũnamo. 8. Ebokûeî ygara o-îkoé-eté aîpó suí. 9. A'e morubixaba o-îebyr. 10. Ang abá o-nhan-eté; ebokûeî-ba'e o-gûapyk. 11. Kó karamemûã o-îkoé aîpó suí. 12. Akûeî peró kó ygarusu-pe o-pytá. 13. Kó kunumĩ o-ker, kûeîa o-gûatá. 14. Ixé a-sykyîé-eté. 15. Ang abá ka'a-pe o-pytá. Akûeîa o-pytá ygarusu-pe. 16. A'e riré ixé abé a-nhemokyrirĩ. 17. Oré katu. 18. Ebokûeî gûyrá-tinga o-sykyîé. 19. Eboûî tatu o-îkoé-eté kó-ba'e suí. 20. Kûeî tatu o-nhan, anga o-pytá. 21. Asé o-karu-katu Paragûasu-pe. 22. Kó karaíba o-kuruk, akûea o-ker. 23. Ikó pirá o-manõ, kûea o-îkobé. 24. Ka'ioby sy o-îebyr. Pedro sy o-só. 25. Kûeî kunhã o-pererek, aîpó-ba'e o-gûatá. 26. Ka'ioby sy o-gûapyk.

Vocabulário

ikobé (intr.) – viver; **karamemûã** – caixa, cesto de taquara com tampa, baú; **katu** – bom; bem (adv.); **kunhã** – mulher; **kunumĩ** – menino; **manõ** (intr.) – morrer; **pirá** – peixe; **sy** – mãe

II   Para praticar o emprego da relação genitiva em tupi, verta as seguintes frases: (O vocabulário correspondente está na série III.)

1. Pedro dorme. A **canoa de Pedro** sai da **enseada de pedra**. 2. Maria come

com Pedro. O **prato de pedra de Maria** é diferente. 3. A **canoa do índio** sai do **rio dos tatus**. A **canoa dos portugueses** sai do **rio dos jacarés**. 4. O **navio dos portugueses** chegou de Nhoesembé. A **canoa dos índios** chegou do **rio dos tatus**. 5. A **mãe de Pedro** foi para a **enseada de pedra** com o cacique. 6. A **farinha de milho** é diferente da **farinha de peixe**. 7. A **língua do português** é diferente da **língua do índio**. 8. Fui para o **rio das cobras** contigo. Caiobi foi para o **rio dos jacarés**. 9. A **mãe do índio** vive em Nhoesembé. 10. Dormimos (incl.) dentro da **canoa do cacique** com os índios.

III   Para praticar o emprego dos pronomes pessoais, verta para o tupi:

1. Eu sou índio, tu és português.
2. Índio sou eu, português és tu.
3. Eu me calo, tu falas.
4. Eu como, vós dormis.
5. Nós somos homens brancos, tu és índio.
6. Ele é índio, eu sou português.
7. Índio é ele, português sou eu.
8. Nós (incl.) somos tupiniquins.
9. Tupiniquim sou eu. Tu és homem branco.
10. Eu sou cacique, vós sois portugueses.
11. Ele dorme, tu comes.
12. Ele come, tu dormes.
13. Ele sai, vós chegais.
14. Ele volta, eu saio.
15. Eles calam-se, nós (excl.) falamos.
16. Dorme-se no navio.
17. Come-se depois disso.
18. Chega-se (por mar) à enseada do rio.
19. A gente fala aos índios.
20. Fica-se no navio com os portugueses.
21. A gente sai da enseada de pedra.
22. Volta-se para São Vicente com o índio.
23. A gente cala-se depois disso.
24. A gente volta para o navio com o cacique.
25. Eu ando, tu corres.
26. Pedro sentou-se, tu corrreste.

Vocabulário

nomes e verbos

andar – gûatá

buraco – kûara

cacique – morubixaba

Caiobi – Ka'ioby

calar-se – nhemokyrirĩ

cobra – mboîa

comer – karu

correr – nhan

dormir – ker

estar – ikó

farinha – u'i

homem branco – karaíba

língua, idioma – nhe'enga

mãe – sy

mar – paranã

menino – kunumĩ

milho – abati

mulher – kunhã

pedra – itá

peixe – pirá

prato – nha'ẽ

sentar-se – gûapyk

ser diferente – ikoé

tupiniquim – tupinakyîa

voltar – îebyr

lição 2 • Na caravela

outras categorias

depois de – (r)iré

após – (r)iré

com (posp.) – iñunamo

IV   Com base no vocabulário dado abaixo, traduza para o tupi antigo as frases seguintes:

ADJETIVOS: alto – **puku**; bom – **katu**; bonito – **porang**; fedorento – **nem**; pequeno – **mirĩ**; sujo – **ky'a**; vermelho – **pirang**

SUBSTANTIVOS: aldeia – **taba**; árvore – **ybyrá**; Cunhambebe – **Kunhambeba**; homem – **abá**; menino – **kunumĩ**; mulher – **kunhã**; padre – **abaré**; Potira – **'Ybotyra**; Reritiba – **Rerityba**; rio – **'y**

1. O homem bom é fedorento.
2. O homem fedorento é bom.
3. O menino pequeno é bonito.
4. O menino bonito é pequeno.
5. O rio vermelho é sujo.
6. O rio sujo é vermelho.
7. O homem bonito é alto.
8. O homem alto é bonito.
9. A árvore pequena é vermelha.
10. A árvore vermelha é pequena.

V   Para praticar o uso dos substantivos predicativos em tupi, diferenciando-os dos adjetivos predicativos, verta as seguintes frases: (Atenção! Com substantivos predicativos nunca se usa I.)

1. Pedro é um padre.
2. Maria é uma mulher.
3. Maria é bonita.
4. Pedro é bom.
5. Aquela (vis.) aldeia é Reritiba.
6. Este (vis.) padre é bom.
7. Este (vis.) padre é Lourenço.
8. O menino é alto.
9. O menino é Cunhambebe.
10. A mulher é Maria.
11. A mulher é alta.
12. Este (vis.) homem branco é um português.
13. Pedro é um homem branco.
14. Pedro é português.
15. Pedro é bonito.
16. Potira é mulher bonita.
17. Potira é mulher.
18. Potira é bonita.

VI   Preencha as lacunas com o pronome pessoal I sempre que seu uso for exigido. (Lembre-se: com substantivo predicativo não se usa I.)

1. Pedro____katu. (bom) 2. Maria___puku. (alta) 3. Pedro___karaíba. (homem branco) 4. Nhoesembé___tá-poranga. (aldeia bonita) 5. Nhoesembé___ porang. (bonita) 6. Maria___marangatu. (bondosa) 7. Kunhã___Maria. 8. Maria___kunhã. (mulher) 9. Maria___kunhã-nema. (mulher fedorenta) 10. Maria___nem. (fedorenta)

VII   Para praticar o uso da posposição **(R)IRÉ**, verta para o tupi as frases abaixo, convertendo o verbo português num substantivo tupi, conforme o modelo:

41

Mod.:
Depois que Pedro chegou, fui para o navio. (i.e., *Após a **chegada** de Pedro, fui para o navio.*): **Pedro *syk'iré*, a-só ygarusu-pe.**

Depois que Pedro caminhou, eu voltei. (i.e., *Após a **caminhada** de Pedro, eu voltei.*): **Pedro *gûatá riré*, ixé a-îebyr.**

1. Depois que o índio falou, eu corri. 2. Depois que o cacique dormiu, eu saí. 3. Depois que o navio chegou, tu dormiste. 4. Depois que o português andou, nós (excl.) sentamos. 5. Depois que o menino se calou, nós (incl.) comemos. 6. Depois que a mulher comeu, nós (incl.) fomos para o navio. 7. Depois que Pedro dormiu, eu corri para a enseada do rio. 8. Depois que o índio ficou no navio, nós (excl.) dormimos. 9. Depois que o cacique foi para o navio, tu te calaste. 10. Depois que o português se calou, vós falastes.

VIII   Traduza:

1. Îagûara[1] ixé! (Staden, *DVB*, 132)
2. Xe îyboîa[2], xe sokó[3] (Anch, *Poesias*, 702)
3. Kó nipó[4] sarigûé[5]-nem-a? (Anch., *Poesias*, 704)
4. Karaí-bebé[6] a'e. (Anch, *Teatro*, 62)

Vocabulário

1. **îagûara** – onça; 2. **îyboîa** – jiboia; 3. **sokó** – socó (nome de ave); 4. **nipó** – talvez, porventura; 5. **sarigûé** – sariguê (espécie de gambá); 6. **karaí-bebé** – anjo

O tupi em nossa toponímia

I   Para aprender os significados de alguns nomes de lugares que contêm o étimo tupi **'Y**, *rio, água*, associe-os às significações apresentadas a seguir:

1. Camboriú; 2. Piraí; 3. Sergipe; 4. Corumbataí; 5. Aguapeí; 6. Tamanduateí; 7. Guaraí; 8. Acaraú; 9. Gravataí; 10. Tapiraí; 11. Jaguariúna; 12. Panambi

Significados:
( ) rio dos aguapés (T. – *agûapé*); ( ) rio dos carás (T. – *akará*); ( ) rio das andorinhas (T. – *taperá*); ( ) rio das borboletas (T. – *panama*); ( ) rio dos robalos (T. – *kamuri*); ( ) rio dos corumbatás (T. – *kurimbatá*); ( ) rio preto das onças (T. – *îagûara*); ( ) rio dos guarás (T. – *gûará*); ( ) rio dos gravatás (T. – *karagûatá*); ( ) rio dos peixes (T. – *pirá*); ( ) no rio dos siris (T. – *seri*); ( ) rio dos tamanduás-verdadeiros (T. – *tamandûá-eté*)

II   Com base no que já conhece, dê os significados dos seguintes nomes de lugares:
Itacolomi   Itaquara   Itanhaém   Ipiranga

lição 2 • Na caravela

Leitura complementar

O capitão, quando eles vieram, estava assentado em uma cadeira e uma alcatifa[1] aos pés por estrado[2] e bem-vestido, com um colar d'ouro muito grande ao pescoço. (...) Acenderam tochas e entraram e não fizeram nenhuma menção de cortesia nem de falar ao capitão nem a ninguém. Um deles, porém, pôs olho no colar do capitão e começou d'acenar com a mão para a terra e depois para o colar, como que nos dizia que havia em terra ouro. (...) Mostraram-lhes um papagaio pardo, que aqui o capitão traz, tomaram-no logo na mão e acenaram para a terra, como que os havia aí. Mostraram-lhes um carneiro, não fizeram dele menção. Mostraram-lhes uma galinha, quase haviam medo dela e não lhe queriam pôr a mão e depois a tomaram como espantados.

Deram-lhes ali de comer pão e pescado cozido, confeitos, fartéis,[3] mel e figos passados; não quiseram comer daquilo quase nada.

E então estiraram-se assim de costas na alcatifa, a dormir, sem ter nenhuma maneira de cobrirem suas vergonhas. (...)

Pero Vaz de Caminha, *Carta a El Rey D. Manuel.*

1. **alcatifa** – tapete; 2. **estrado** (fig.) – lugar de distinção para uma pessoa importante; 3. **fartel** – massa doce envolta em uma capa de farinha.

3 · Reritiba

"Vivem em aldeias, que fazem cobertas de palma e de tal maneira arrumadas que lhes fique no meio um terreiro onde se façam seus bailes e festas e se ajuntem de noite a conselho."

Frei Vicente do Salvador, *História do Brasil*

Aldeia missionária (Zacharias Wagener, século XVII)

(O índio Potĩ conversa com um estrangeiro que falava a sua língua:)

– Xe anama Rerity(ba)-pe o-îkó. Rerityba ta(ba)-
– Minha família mora em Reritiba. Reritiba (é) uma aldeia
-porang-a. Abá-etá aîpó taba pupé o-îkó.
bonita. Muitos índios moram naquela aldeia.
Amõ abaré abé xe taba pupé o-îkó.
Alguns padres também em minha aldeia moram.
– O-îkó-pe[1] nde sy Rerity'-pe?
– Mora tua mãe em Reritiba?
– Pá, xe sy akûeîpe o-îkó, o ok-ype.
– Sim, minha mãe mora ali, em sua própria casa.
– O-îkó-pe 'Ybotyra abé nde tá'-pe?[2]
– Mora Potira também em tua aldeia?
– Aan, i taba Nhoesembé.

lição 3 • Reritiba

– Não, sua aldeia (é) Nhoesembé.
- **Abá-pe 'Ybotyra membyra?**
– Quem é filho de Potira?
– **I memby'-porang-a Ka'ioby.**
– Seu belo filho (é) Caiobi.

[1] Partícula interrogativa, diferente da posposição -pe.
[2] O sinal ' aqui indica queda de uma consoante.

Vocabulário

Indicaremos, às vezes, com + os termos que foram criados ou que adquiriram sentido novo no período colonial brasileiro, pela ação dos missionários ou dos colonizadores.

nomes e verbos

abaré – padre

anama – parentes, raça, nação, família

membyra – filho ou filha (em relação à mãe)

oka – casa

porang – belo, bonito

'Ybotyra – Bartira, Potira, nome próprio de mulher (lit., *flor*)

Rerityba – nome de lugar do atual estado do Espírito Santo (lit., *ajuntamento de ostras*)

taba – aldeia

outras categorias

aan – não

akûeîpe (adv.) – ali (n. vis.) – v. § 43

amõ (part.) – algum, certo (pode ser anteposto ou posposto ao substantivo)

pá – sim (somente para h.)

Panama
Inseto lepidóptero diurno
(Marc., *Hist. Nat. Bras.*)

Atenção!

42   PUPÉ significa *dentro de*. Pode também significar *em* ou *para dentro de*.

Atenção!

43   Alguns demonstrativos têm também a função de *advérbios de lugar* ou *de tempo*, recebendo, muitas vezes, posposições.
Ex.:
kó – este (ou, também, *aqui, eis que, eis que aqui*)
akûeî – aquele (n. vis.)
a'e – esse, aquele

akûeîpe – ali (n. vis.) (Fig., *Arte*, 129)
a'epe – ali, lá (Fig., *Arte*, 129)
a'e riré – depois

45

44 Os pronomes pessoais podem também ser usados com as posposições e as locuções pospositivas.

Ex.:

O-sykyîê *nde suí* **Anhanga (...).** – O diabo tem medo de ti. (Anch., *Teatro*, 120)
(...) *nde irũnamo* **a-îkó (...)** – Contigo estou. (Anch., *Poemas*, 168, adapt.)

Explicação gramatical

45 Os possessivos

Em rigor, em tupi não existem pronomes possessivos nem adjetivos possessivos. Os possessivos são, na verdade, pronomes pessoais em relação genitiva (que se obtém, em tupi, invertendo-se o nome da coisa possuída e o nome do possuidor: *faca de Pindobuçu*: **Pindobusu kysé**).

Assim:

xe anama	– *família de mim*	**minha** família
nde ygara	– *canoa de ti*	**tua** canoa
ou *ne* ygara		
i taba	– *aldeia dele*	**sua** aldeia
o taba	– *aldeia dele próprio*	**sua** própria aldeia
oré anama	– *família de nós* (excl.)	**nossa** família (não inclui as pessoas com quem se fala)
îandé anama	– *família de nós* (incl.)	**nossa** família (i.e., inclui as pessoas com quem se fala)
asé anama	– família da gente	família **nossa** (minha, tua, dele). Refere-se a todas as pessoas (1ª, 2ª e 3ª)
pe tutyra	– *tio de vós*	**vosso** tio
i taba	– aldeia deles	**sua** aldeia
o taba	– *aldeia deles próprios*	**sua** própria aldeia

46 Em resumo, os possessivos em tupi são:

xe	– meu, minha, meus, minhas
nde ou ne	– teu, tua, teus, tuas
i	– seu, sua, seus, suas; dele, dela, deles, delas
o	– seu próprio, seus próprios, sua própria, suas próprias
oré	– nosso, nossa, nossos, nossas (exclusivo)
îandé	– nosso, nossa, nossos, nossas (inclusivo)
asé	– nosso, nossa, nossos, nossas (universal)
pe	– vosso, vossa, vossos, vossas

Veja, agora, a diferença entre **I** e **O**:

Ka'ioby o tá'-pe o-pytá. – Caiobi em *sua própria* aldeia fica. (*Sua* refere-se ao sujeito *Caiobi*. É um possessivo *reflexivo*.)
Ka'ioby i tá'-pe o-pytá. – Caiobi fica em *sua* aldeia (i.e., na aldeia de Potira, de uma outra pessoa. *Sua*, neste caso, não se refere ao sujeito *Caiobi*.)
Assim:

47 O reflete o sujeito da oração. É um possessivo reflexivo. I refere-se ao termo que não é o sujeito da oração.
Mais exemplos:
O sy o-gûerekó o irũnamo. – Tem sua mãe consigo. (Fig., *Arte*, 83)

Aqui, **sy** relaciona-se a **o**, que reflete o sujeito da oração (ele).

João falou ao *menino* e a seu *tio*. Como verter isso em tupi?
João falou ao tio dele próprio ou ao tio do menino? O tupi permite duas possibilidades:

Com o: **João kunumĩ supé o tutyra supé abé o-nhe'eng.**
    João falou ao menino e a *seu próprio* tio.
    Aqui, **tutyra** relaciona-se a **o**, que reflete o sujeito (João), o que falou.

Com i: **João kunumĩ supé *i* tutyra supé abé o-nhe'eng.**
    João falou ao menino e ao tio *dele* (i.e., do menino).
    Aqui, **tutyra** relaciona-se a **i**, que remete a **kunumĩ**, que não é o sujeito.

Mais uma transformação fonética

Regra 2
48 Se as vogais **O** ou **U** estiverem antes de uma outra vogal qualquer, pode aparecer entre elas um **Û** semivogal, que é representado nos textos antigos geralmente por **-G-** ou **-GÛ-**.
Ex.:
o uba ou **oû uba** ou ainda **og uba** – seu próprio pai:
Pedro o-îuká *og* uba. – Pedro mata seu próprio pai. (Anch., *Arte*, 16)

o oka ou **oû oka** ou ainda **og oka** – sua própria casa
o eté ou **oû eté** ou ainda **ogû eté** – seu próprio corpo
kuab ou **kuûab** ou ainda **kugûab** – saber, conhecer

Cuati, Quati
Carnívoro da família dos procinídeos
(Marc., *Hist. Nat. Bras.*)

Nomes possuíveis e não possuíveis

49   Em tupi os nomes podem ser *possuíveis* ou *não possuíveis*. Os não possuíveis devem ser usados sem possessivos (i.e., nunca se põe um **XE, NDE** etc. antes deles) e sem outro substantivo anteposto. Os possuíveis admitem ou até exigem tais possessivos ou a anteposição de um substantivo.

Ex.:

ybyrá – *árvore* (nome não possuível). Nesta língua, uma pessoa não pode possuir um elemento da natureza. Nunca se poderia dizer *xe ybyrá* – *minha árvore* ou **Pindobusu ybyrá**, *árvore de Pindobuçu*, pois isso é inconcebível em tupi.

xe pó – *minha mão* (nome possuível). A mão está no corpo e não pode ser pensada sem ele. O índio não diria somente *mão,* pois isso para ele seria inconcebível. A mão deve ser de alguém, necessariamente.

nde sy – *tua mãe* (nome possuível). O termo *mãe* está necessariamente em relação com algum outro vocábulo. Quem é *mãe* tem de ser, necessariamente, *mãe* de alguém. Em tupi não se pode dizer somente mãe, mas se tem de dizer *mãe de* mim, *mãe de Caiobi* etc. Assim:

50   *Nomes possuíveis* são os que designam pessoas e coisas que são tomadas como partes de um todo ou como membros de um sistema de relações. Eles podem ser *obrigatoriamente possuíveis* (p.ex., os que designam membros da família ou partes do corpo, das plantas, da paisagem etc.) ou *opcionalmente possuíveis* (utensílios, artesanato, produtos culturais etc.).

Ex.:

xe akanga	– minha cabeça (parte de um todo, i.e., meu corpo)
nde membyra	– teu filho (membro de um sistema de relações, a família)
tukana tî	– o bico do tucano (parte de um todo, o corpo)
yby kûara	– buraco da terra (parte de um todo, a paisagem)
abati potyra	– flor do milho (parte de um todo, a planta)
kunumî aoba	– roupa do menino (v. § 52)

51   *Nomes não possuíveis* são os que designam seres que não se concebem como posse de alguém. P.ex., os elementos naturais.

Ex.:

ybaka – céu (nunca **meu céu**)

pirá – peixe (nunca **teu peixe**)

ybyrá – árvore (nunca **tua árvore**)

52   Os nomes opcionalmente possuíveis podem, muitas vezes, ser usados sem determinante ou possessivo, indicando, porém, uma relação genérica com o ser humano se o substantivo designar um produto cultural ou algo que seja humano.

Ex.:

aoba – roupa (subentendendo-se *roupa de gente*). Poderíamos também dizer **xe aoba** – minha roupa.

taba – aldeia (subentendendo-se *aldeia de gente*). Poderíamos também dizer **nde taba** – tua aldeia.

53   Certos nomes não possuíveis podem tornar-se possuíveis se os seres que eles designam passarem a ser objetos culturais.
Ex.:
itá – pedra   ***xe* itá** – minha pedra (ao ser usada para se fazerem machados)

Naná
Ananás, abacaxi-branco, planta da família das bromeliáceas, cultivada ou selvagem (Marc., *Hist. Nat. Bras.*)

Algumas transformações fonéticas

A – Com a composição:

Regra 3
54   Numa composição (que envolve somente temas nominais ou verbais), geralmente desaparecem os sufixos e prefixos que estão na fronteira das palavras que entram em composição. Encontrando-se, então, duas consoantes, cai a primeira.
Ex.:
ybaka – céu   **pirang** – vermelho

Ficando essas duas palavras numa composição, acontecem as seguintes transformações:
1. *ybak(a)-pirang* > desaparece o sufixo **-a**, na fronteira das duas palavras >
2. *yba(k)-pirang* > cai a consoante **k** (o tupi não admite encontros consonantais) >
3. *ybá'-pirang + -a* > como a composição tem um valor substantivo e como os substantivos em tupi sempre terminam em vogal, acrescentamos o sufixo **-a** à composição formada. Ela fica, pois, **ybá'-pirang-a**.

ybaka – céu   **oby** – azul

Compondo-se essas duas palavras, resulta **ybak-oby** – *céu azul*. [Aqui não cai a consoante **k** de **ybak(a)**, pois o adjetivo **oby** começa com vogal. A composição não recebe, por sua vez, o sufixo **-a**, porque o segundo termo dela, i.e., **oby**, já termina em vogal.]

55   Quando houver queda de consoante, poderemos, por razões didáticas, indicar sua queda por **'** ou **( )**. Muitas vezes, porém, não os usaremos.
Ex.:
Rerity'-*pe* (não confunda **'** com o índice de oclusão glotal, como em *nhe'enga*)
upa(ba)-*pe* (leia *upápe*)

Outros exemplos:
membyra – (filho de m.)   **memby'-poranga** – filho bonito (de m.)
taba – aldeia   **ta'-poranga** – aldeia bonita
paka – paca   **pak-etá** – muitas pacas
o-ker – dorme   **o-ké'-katu** – dorme bem

49

B – Com partículas e ênclises:

Regra 4

56 Quando se juntam partículas que começam por consoante ou ênclises a um tema nominal ou verbal terminado também em consoante, não cai a consoante final desse tema, mas aparece aí um **-Y-** entre as duas consoantes. O **-A** átono do primeiro termo, se houver, se mantém.

Ex.:
xe tutyr-y gûé – ó meu tio! (**GÛÉ** é uma partícula – v. § 231)

îagûara-pe o-syk? – A onça chegou? (V. *A Interrogação em tupi*, § 60.)

57 A posposição átona **-PE** torna-se **-YPE** após um termo acabado em **-A** átono, fazendo cair o **-A**. As sílabas **MA** e **BA** caem antes da posposição átona **-PE**.

Ex.:
ybaka + -pe > ybak-*ype* – no céu
oka + -pe > ok-*ype* – na casa
arara kûara + -pe > arara kûar-*ype* – na toca das araras

com as sílabas **-BA** e **-MA**:
taba – aldeia   **tá-pe** – na aldeia
pirá-sykaba – lugar da chegada de peixes   **pirá-syká-pe** – no lugar da chegada de peixes

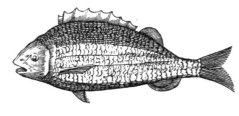

Acará-pinima
Peixe da família dos ciclídeos, também conhecido como *pargo-raiado* (Marc., *Hist. Nat. Bras.*)

Observações importantes

58 A relação genitiva pode ser *sem composição* (ideia específica) ou *com composição* (ideia genérica). Havendo composição, aplica-se a regra de transformação fonética 3, § 54.

Ex.:
arara kûara – a toca da arara (i.e., especificamente, de uma arara em particular)
ará'-kûara – toca de araras (i.e., genericamente, em sentido amplo)

marana irũ – o companheiro das guerras (i.e., determinado companheiro)
maran-irũ – aliado, companheiro de guerras (em sentido genérico, amplo)

îagûara membyra – o filhote da onça (i.e., de uma onça em particular)
îagûá'-membyra – filhote de onça (em geral)

59 As palavras oxítonas não sofrem alterações finais ao receberem adjetivos, posposições átonas, ênclises etc.

Ex.:

'y kûá-pe – na enseada do rio (Sendo tônica a vogal final, ela nunca cai.)
tatu-porang-a – tatu bonito
îakaré-puku – jacaré comprido (Não cai a vogal final de îakaré porque ela é tônica.)

A interrogação em Tupi

60 Para fazer perguntas, em tupi, junta-se, quase sempre, uma partícula de interrogação, que é geralmente **-PE**, que não se traduz, nesse caso. A partícula
interrogativa **-PE** pospõe-se ao termo sobre o qual recai a pergunta. Não se
nasaliza nem mesmo diante de nasais e também não provoca queda de sílaba
no termo sobre o qual incide. Não é um sufixo mas, sim, uma ênclise, i.e.,
somente se apoia foneticamente sobre uma outra palavra sem alterá-la e sem
se alterar. Depois de consoante, assume a forma **-YPE**.

Ex.:
Ere-sem-ype ygara suí? – *Saíste* da canoa? (ou entraste nela?)
Ygara suí-pe ere-sem? – *Da canoa* (é) que saíste? (e não do navio?)

Ere-nhe'eng-ype peró supé? – *Falaste* ao português? [Interessa-nos, aqui, indagar
sobre a ação, como que perguntando: – *Falaste* ao português? (ou só o viste?).]
Peró supé-pe ere-nhe'eng? – *Ao português* é que falaste? [Interessa-nos, aqui,
indagar sobre a pessoa a quem se falou, como que perguntando: – Falaste *ao
português?* (ou ao índio?).]

Morubixaba-pe o-só? – O cacique foi? (Veja que o **-PE** interrogativo não fez cair o
-**A** final de **morubixaba**, por não ser um sufixo, mas uma ênclise, que só se
apoia foneticamente sobre o vocábulo anterior.)

61 Assim, na palavra sobre a qual o **-PE** interrogativo incide é que se põe a ênfase na pergunta. A palavra à qual damos ênfase vem no início da frase.

Em tupi antigo, *sim* verte-se por **pá** ou **eẽ**. As mulheres somente dizem **eẽ**. *Não*,
advérbio de negação, verte-se por **aan** ou **aani**, seja homem ou mulher aquele que
responda à pergunta.

62 Alguns pronomes e advérbios interrogativos

Você encontrará em cada lição uma série de questões sobre o texto apresenta-
do. Damos, aqui, algumas informações que lhe permitirão compreender as questões
e respondê-las.
Uma frase interrogativa pode começar por um dos seguintes pronomes e advérbios interrogativos:

abá-pe?   – quem? (referindo-se a mais de uma pessoa: **abá-abá-pe?**)
abá supé-pe?   – para quem? a quem?
abá suí-pe?   – de quem? (origem, procedência)
abá mba'e-pe?   – de quem? (posse)

mba'e-pe?	– quê? que coisa? qual? (referindo-se a mais de um ser: **mba'e-mba'e-pe?** – quê? que coisas? quais?
mba'e suí-pe?	– de quê? (origem, procedência)
mamõ-pe?	– onde? aonde?
mamõ suí-pe?	– de onde?
umã-pe?	– onde?
umã-me-pe?	– onde?

Perceba que a ênclise **-PE** apareceu com todos os interrogativos. Raramente ela é omitida com eles.

Arapabaca
Planta da família das loganiáceas, catártica e vermífuga
(Marc., *Hist. Nat. Bras.*)

Exercícios

I   Responda em tupi às seguintes perguntas sobre o texto inicial desta lição:

(Daqui por diante, a primeira série de exercícios sempre será um questionário, em tupi, sobre o texto de base do capítulo correspondente ou sobre outros fatos. As respostas nunca deverão ser breves, p.ex., com um simples "sim" ou "não". Veja, por outro lado, a lista de interrogativos que apresentamos anteriormente.)

1. Abá-pe Rerity'-pe o-îkó? 2. Abá-pe Nhoesembé-pe o-îkó? 3. Umã-me-pe ere-îkó? 4. Ta(ba)-poranga-pe Rerityba? 5. O-îkó-pe Potĩ anama Rerity'-pe? 6. Ne anama irũnamo-pe ere-îkó? 7. O-îkó-pe 'Ybotyra Potĩ irũnamo? 8. O-îkó-pe abaré-etá Rerity'-pe?

Tapira
Mamífero roedor que ocorre em todo o Brasil, da família dos tapirídeos
(Marc., *Hist. Nat. Bras.*)

lição 3 • Reritiba

II Para praticar o uso dos possessivos em tupi, verta as frases abaixo:

1. Minha mãe mora em Reritiba. 2. Tua família fica contigo. 3. Ficamos em nossa (incl.) aldeia bonita. 4. A família dele saiu de Nhoesembé. 5. Pedro dormiu em sua própria aldeia com sua própria família. 6. Maria foi para sua aldeia (i.e., para a aldeia de Pedro) com sua família (i.e., com a família de Pedro). 7. Minha canoa chegou. 8. Tua mãe ficou no navio. 9. Minha mãe fala e tua mãe cala. 10. Maria fala a sua própria mãe. 11. Maria fala a nossa (incl.) mãe. 12. Moro na tua aldeia. 13. Caiobi mora em sua própria casa. 14. Morais em minha aldeia. 15. Tua família voltou de sua própria casa. 16. Nossa família (excl.) come em sua própria aldeia.

Vocabulário

nomes e verbos

aldeia – taba; **bonito** – porang; **casa** – oka; **família** – anama; **morar** (intr.) – ikó

III Para bem conhecer o emprego dos possessivos I e O em tupi, traduza as frases abaixo.

1. Maria o-îkó o taba pupé. 2. Maria o-îkó i taba pupé. 3. Ka'ioby i taba pupé o-ker. 4. Ka'ioby o taba pupé o-ker. 5. Pedro o taba suí o-sem. 6. Pedro i taba suí o-sem. 7. Tatu o kûara pupé o-ker. 8. Peró o ygarusu pupé o-ker. 9. Abá i tá'-pe o-só. 10. Abá o tá'-pe o-só.

IV Para praticar a formulação de perguntas em tupi, faça conforme o modelo, traduzindo as frases.

Mod.:

Abá peró ygarusu-pe *o-só.*

Os índios para o navio dos portugueses foram.

O-só-pe **abá peró ygarusu-pe?**

Foram os índios para o navio dos portugueses?

(Não confunda o **-pe** interrogativo com a posposição **-pe,** que significa *em.* A pergunta deverá incidir sobre os termos em negrito.)

1. Ne anama Rerity'-pe **o-îkó.**
2. **Aîpó abaré** kó ygarusu pupé o-pytá.
3. Ere-ker **ygarusu pupé.**
4. Kó peró supé **ere-nhe'eng.**
5. **Ebokûeî peró supé** ere-nhe'eng.
6. **Ygara suí** pe-sem.
7. 'Y kûá-pe ere-só **karaíba irũnamo.**
8. Aîpó kunhã **o-karu.**
9. **Peró** oré tá-pe o-ker.
10. Peró oré tá-pe **o-ker.**
11. 'Ybotyra akûeîpe **o-gûapyk.**
12. Nde sy Nhoesembé suí **o-îebyr.**
13. Ere-îebyr **Nhoesembé suí.**
14. Kûeî kunhã-porang-a **o-nhan.**
15. Ikó morubixaba **o-kuruk.**

V Para praticar o uso dos pronomes pessoais e dos possessivos, reescreva as frases na pessoa indicada entre parênteses, traduzindo as frases obtidas. Siga o modelo:

Mod.:

1. **Oré anama irũnamo oré oro-pytá.** – Com nossa família nós ficamos.
(2ª pess. sing.) *Nde anama irũnamo endé ere-pytá. Com tua família tu ficas.*
(1ª pess. sing.); (1ª pess. pl. incl.); (2ª pess. pl.)

2. **Nde sy supé endé ere-nhe'eng.**
(1ª pess. sing.); (1ª pess. pl. incl.); (1ª pess. pl. excl.); (2ª pess. pl.)

3. **Pe taba suí peẽ pe-sem.**
(2ª pess. sing.); (1ª pess. pl. excl.); (1ª pess. sing.); (1ª pess. pl. incl.)

4. **Îandé îa-pytá îandé ygarusu pupé.**
(1ª pess. pl. excl.); (1ª pess. sing.); (2ª pess. sing.); (3ª pess. sing. refl.); (2ª pess. pl.)

VI   Assinale a ocorrência de transformações com a posposição átona -*pe*, preenchendo as lacunas, conforme os exemplos:

'y kûá   *-pe > 'y kûâ-pe*   (na enseada do rio)
arara kûara *-pe > arara kûar-ype*   (para a toca da arara)

Pindamonhangaba _____ (em Pindamonhangaba)
ygara _____ (para a canoa)
ka'a _____ (para a mata)
ybytyra _____ (na montanha)
Pirasykaba _____ (em Piracicaba)
ygarusu _____ (para o navio)
ybytinga _____ (na névoa)
o oka _____ (para sua própria casa)
ybaka _____ (no céu)
Nhoesembé _____ (para Nhoesembé)
Rerityba _____ (em Reritiba)
okara _____ (para a ocara)
yby _____ (na terra)
upaba _____ (no lago)

VII   Para praticar o uso dos pronomes e advérbios interrogativos em tupi, faça as perguntas condizentes com as afirmações abaixo, conforme o modelo. Traduza as frases. (As perguntas deverão incidir sobre os termos em negrito.)

Mod.:
Ixé tupinakyîa.   **Abá-pe endé?**
Eu (sou) tupiniquim.   Quem (és) tu?

1. **Oré** peró.
2. **Nhoesembé-pe** a-îkó.
3. **Ygarusu** o-îepotar.
4. **Ixé** 'Ybotyra.
5. **A'e** Ka'ioby.

6. **Rerityba** suí a-syk.
7. **Abá-etá** 'y kûá-pe o-só.
8. **'Ybotyra supé** oro-nhe'eng.
9. A-só **tatu** 'y-pe.
10. Îakaré 'y pupé **oro**-pytá.

lição 3 • Reritiba

11. **Tatu 'y suí** oro-sem.
12. **Pedro supé** a-nhe'eng.
13. Endé **nde sy suí** ere-îkoé.
14. Kó kysé **Ka'ioby mba'e**.

15. **Ikó taba pupé** a-ker.
16. **Ka'ioby suí** a-îkoé.
17. Ebokûeî ygara **Ka'ioby mba'e**.
18. **Ikó kunumĩ** o-gûapyk.

Vocabulário

substantivos

kysé – faca; mba'e – coisa, riqueza

VIII   Coloque o possessivo **xe** (*meu, minha*) diante dos nomes abaixo relaciona-
dos que forem possuíveis:

_____py
_____tatu
_____tutyra
_____tĩ
_____îakaré
_____ka'a
_____karamemûã
_____pirá
_____anama
_____membyra
_____taba
_____gûyrá-tinga

_____paka
_____seri
_____ygarusu
_____abaré
_____kysé
_____nhe'enga
_____sy
_____paranã
_____pó
_____akanga
_____tupinakyîa

Vocabulário

substantivos

akanga – cabeça; paranã – mar; rio grande; pó – mão; py – pé; tĩ – nariz; tutyra – tio materno

IX   Escreva os adjetivos **porang** (*bonito*) e **eté** (*verdadeiro, muito bom*) em composição com os substantivos abaixo e mostre as possíveis transformações que
ocorrem. Faça conforme o modelo:
Mod.:
taba   **ta'-porang-a** – aldeia bonita   **tab-eté** – aldeia verdadeira

1. tera; 2. aoba; 3. abaré; 4. oka; 5. kunumĩ; 6. ybaka; 7. upaba; 8. ka'a; 9.
ybyrá; 10. morubixaba; 11. ygara; 12. tatu; 13. itá; 14. ybytyra; 15. u'uba

Vocabulário

aoba – roupa; **itá** – pedra; **tera** – nome; **u'uba** – flecha; **upaba** – lago; **ybaka** – céu; **ybyrá** – árvore;
ybytyra – morro, montanha

X   Traduza as frases abaixo:

1. O-sem-ype amõ abá ygarusu suí?
2. O-karu-pe kunhã-etá ikó ygar-ype?
3. Amõ kunhã ka'a-pe o-só.
4. O-ker-ype amõ abá kûeî ygarusu-pe?
5. Amõ kunumî ka'a-pe o-ker.
6. Abaré-etá ygara suí o-sem.
7. Abá supé-pe ere-nhe'eng?
8. Ygarusu suí-pe ere-sem?
9. O-nhe'eng-ype abaré amõ peró supé?
10. Morubixaba îandé suí o-sykyîé.
11. A-só nde irũnamo.
12. Nde suí a-îkoé.

XI   Traduza as frases abaixo:

1. O-nhe'eng-ype asé excomungados supé? (Anch., *Cat. Bras.*, I, 178); 2. – Abá-pe asé sumarã?[1] – Anhanga.[2] (Anch., *Cat. Bras.*, 188); 3. – Mba'e-pe asé 'anga[3] ky'a?[4] – Asé angaîpaba[5] (Anch., *Cat. Bras.*, 201); 4. – Mba'e-pe asé 'anga aoba?[6] (...) – Tekokatu[7]-eté[8] (Anch., *Cat. Bras.*, 204)

Vocabulário

1. **sumarã** – inimigo; 2. **Anhanga** – gênio mau, + diabo; 3. **'anga** – alma; 4. **ky'a** – sujeira; 5. **angaîpaba** – maldade, + pecado; 6. **aoba** – roupa; 7. **tekokatu** – virtude; 8. **eté** – verdadeiro, genuíno, muito bom

O tupi em nossa toponímia

A   O substantivo **tyba**, do tupi, forma muitos topônimos no Brasil. Ele significa "reunião", "ajuntamento", "ocorrência". Tal termo realiza-se, em português, de várias maneiras: -tiba, -tuba, -nduva, -ndiva, -tuva, -tiva, tiua. Para conhecer topônimos com tal forma, relacione os nomes abaixo aos seus respectivos significados apresentados a seguir:

( ) Araçatuba   ( ) Juquitiba   ( ) Taquacetuba   ( ) Pindotiba   ( ) Catanduva
( ) Guaratuba   ( ) Boituva   ( ) Nhandutiba   ( ) Itatiba   ( ) Sapetuba

1. Cidade paulista cujo nome significa *ajuntamento de sal* (sal: **îukyra**); 2. Cidade paulista cujo nome significa *ajuntamento de cobras* (cobra: **mboîa**); 3. Nome de localidade de Santa Catarina que significa *ajuntamento de araçás*; 4. Nome de localidade gaúcha que significa *ajuntamento de mata dura*, ou seja, de cerrado (duro: **atã**); 5. Nome de localidade de Minas Gerais que significa *reunião de emas* (ema: **nhandu**); 6. Nome de estrada de São Bernardo do Campo, SP, que significa *ajuntamento de taquara-faca* (faca: **kysé**); 7. Nome de rua de São Paulo que significa *ajuntamento de sapé*; 8. Nome de serra do Rio de Janeiro que significa *ajuntamento de palmeiras* (palmeira, i.e., uma var. dela: **pindoba**); 9. Nome de localidade do Paraná que significa *ajuntamento de guarás*; 10. Nome de localidade do Pará que significa *ajuntamento de pedras*.

B   Encontre dez nomes de lugares no Brasil com formas originárias do termo **tyba** do tupi.

Leitura complementar

Uma importante fonte de informação acerca da língua e dos costumes dos antigos índios falantes do tupi da costa (outro nome que se dá ao tupi antigo dos séculos XVI e XVII) é a literatura de viagens, produzida pelos cronistas portugueses, franceses e alemães que percorreram o Brasil naquela época. Entre eles destacam-se Pero de Magalhães Gândavo, Gabriel Soares de Sousa, Jean de Léry, André Thevet, Claude d'Abbéville, Yves d'Évreux, Fernão Cardim e Hans Staden.

Reproduzimos, abaixo, trechos da obra *Tratado da Terra do Brasil* (pp. 52-54), de Pero de Magalhães Gândavo, de 1570, em que ele expressa certas opiniões que foram muito correntes no século XVI:

A língua deste gentio toda pela costa é uma. Carece de três letras, a saber, não se acha nela F, nem L, nem R, coisa digna de espanto, porque assim não têm nem Fé, nem Lei, nem Rei e, desta maneira, vivem sem justiça e desordenadamente.

(...) Vivem todos em aldeias. Pode haver em cada uma sete, oito casas, as quais são compridas, feitas à maneira de cordoarias e cada uma delas está cheia de gente duma parte e doutra e cada um por si tem sua estância e sua rede armada em que dorme e, assim, estão todos juntos uns dos outros por ordem e pelo meio da casa fica um caminho aberto para se servirem. Não há, como digo, entre eles, nenhum Rei nem Justiça, somente em cada aldeia tem um principal que é como capitão, ao qual obedecem por vontade e não por força. Morrendo esse principal, fica seu filho no mesmo lugar. Não serve doutra coisa senão de ir com eles à guerra e aconselha-os como se hão de haver na peleja, mas não castiga seus erros nem manda sobre eles coisa alguma contra sua vontade. Este principal tem três, quatro mulheres. A primeira tem em mais conta e faz dela mais caso que das outras. (...) Não adoram coisa alguma nem têm para si que há na outra vida glória para os bons e pena para os maus. Tudo cuidam que se acaba nesta (vida) e que as almas fenecem com os corpos e, assim, vivem bestialmente, sem ter conta, nem peso, nem medida.

4 · O menino Pindobuçu

> *"Porque todos (esses índios) são iguais
> e em tudo tão conformes nas condições
> que ... vivem justamente e conforme à lei da natureza."*
>
> Pero de Magalhães Gândavo, *História da Província de Santa Cruz*

Índios em suas cabanas (Rugendas)

Pindobusu Rerity'-pe o-îkó. A'e kunumĩ-ngatu o-î-kuab.

Pindobuçu mora em Reritiba. Ele meninos bons conhece.

O irũ o-îo-su(b)-py'i. Pindobusu so'o-etá o-î-pysyk ka'a-pe.

Seus companheiros visita frequentemente. Pindobuçu muitos animais apanha na floresta.

A'e o kysé pupé o-îuká. Kunumĩ so'o-etá o-î-ybõ. O-î-monhang u'ub-etá.

Ele com sua faca mata-os. O menino flecha muitos animais. Faz muitas flechas.

A'e pirá o-î-kutuk 'y pupé. O u'uba o-îo-mim nhũ-me.

Ele espeta peixes dentro do rio. Suas flechas esconde no campo.

Pindobusu sy o anama supé tembi-'u o-î-apó.

A mãe de Pindobuçu para sua família fez comida.

Pindobusu o anama irũnamo o-karu. O-karu-eté o ambyasy ri.

Pindobuçu com sua família come. Come muito por causa de sua fome.

Vocabulário

nomes e verbos

ambyasy – fome

apó (trans.) – fazer (sinônimo de **monhang**). É usado com relação a comida: **A-î-*apó* minga'u**. – Fiz mingau. (*VLB*, II, 64)

irũ – companheiro

îuká (trans.) – matar

kuab (trans.) – conhecer, saber

kutuk (trans.) – espetar, furar, cutucar

mena – marido

mim (trans.) – esconder

monhang (trans.) – fazer (v. **apó**)

nhũ – campo

Pindobusu – nome próprio (lit. *palmeirão*)

pysyk (trans.) – capturar, apanhar, segurar

so'o – animal quadrúpede, caça

sub (trans.) – visitar

tembi-'u – comida

ybõ (trans.) – flechar

outras categorias

pupé (posp.) – com (instr.)

py'i (adv.) – frequentemente

ri (posp.) – por, por causa de

Atenção!

63   PUPÉ tem mais de um significado:
em, dentro de – **karamemũã pupé** – dentro da caixa, na caixa (Léry, *Histoire*, 342)
com (instrumental) – **itá *pupé*** – com uma pedra (*VLB*, I, 77)

Veja a diferença:

64   Em tupi, há palavras diferentes para traduzir a preposição *com*:
A-îkó Pero *irũnamo*. – Moro com Pero (companhia) (*VLB*, II, 41)
A-î-kytyk iraîty pupé. – Esfreguei-o com cera (instrumental) (*VLB*, I, 114)

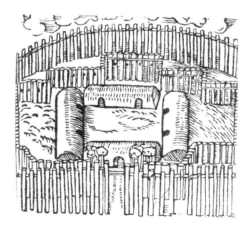

Aldeia fortificada
(Staden, *DVB*)

Explicação gramatical

65 Os verbos transitivos

Todo verbo transitivo em tupi pode levar o objeto a três posições diferentes:
a. Anteposto ao verbo
Mba'e a-î-kuab. – As coisas sei. (É a colocação mais comum do objeto em tupi.)

b. Incorporado no verbo
A-*mba'e*-kuab. – Sei as coisas. (Anch., *Arte*, 51). O objeto, neste caso, fica entre o prefixo **A-, ERE-, O-** etc. e o tema verbal. É o que chamaremos *objeto incorporado*. Aplica-se, aí, a regra de transformação fonética 3 (§ 54), a mesma usada para as composições:
Ex.:
A-kunumî-îuká. – Mato meninos. (Anch., *Arte*, 32v)

c. Posposto ao verbo
A-î-kuab *mba'e*. – Sei as coisas. (Fig., *Arte*, 122)

66 Quando o substantivo é um termo polissílabo e vem acompanhado por adjetivo ou complemento, a incorporação é rara.
Ex.:
Morubixa(ba)-katu a-î-kuab. – Conheço um cacique bom.
Não se diz: **A-*morubixá'-katu*-kuab.**
(O objeto é muito extenso para ser incorporado, neste último caso.)

67 Se o substantivo objeto não ficar incorporado no verbo, aí ficará *o pronome objetivo da 3ª pessoa* **Î**, mesmo que o substantivo correspondente ao objeto esteja presente na oração. O **-Î-** pode, às vezes, nasalizar-se em **-NH-** perto de nasais.
Ex.:
APÓ (fazer)

a-î-apó tembi-'u	faço; fiz comida
ere-î-apó tembi-'u	fazes; fizeste comida
o-î-apó tembi-'u	faz; fez comida
oro-î-apó tembi-'u	fazemos; fizemos comida (excl.)
îa-î-apó tembi-'u	fazemos; fizemos comida (incl.)
pe-î-apó tembi-'u	fazeis; fizestes comida
o-î-apó tembi-'u	fazem; fizeram comida

Timucu
Peixe-agulha, peixe da família dos belonídeos (Marc., *Hist. Nat. Bras.*)

lição 4 • O menino Pindobuçu

Veja bem! Literalmente **A-î-apó tembi'u** significa *faço-a a comida*, com um objeto pleonástico.

Outro exemplo: **KUAB** (conhecer; saber)

a-î-kuab abaré	conheço, conheci o padre
ere-î-kuab abaré	conheces, conheceste o padre
o-î-kuab abaré	conhece, conheceu o padre
oro-î-kuab abaré	conhecemos o padre (excl.)
îa-î-kuab abaré	conhecemos o padre (incl.)
pe-î-kuab abaré	conheceis, conhecestes o padre
o-î-kuab abaré	conhecem, conheceram o padre

Diz-se em português: *Faço a comida* ou, então: *Faço-a*; *Conheço os meninos* ou, então: *Conheço-os*. Em tupi, porém, se o substantivo objeto não estiver incorporado no verbo, dir-se-ia algo correspondente a *faço-a a comida* ou *conheço-os os meninos*, i.e., usa-se um objeto pleonástico.

Mais um exemplo: **YBÕ** (flechar)

A-î-ybõ (ou **a-nh-ybõ**) **paka.** (Em ambiente nasal, serve também a forma **-NH-**) – Flecho a paca; flechei a paca.

Observação importante

68   Com os verbos monossilábicos usa-se **-ÎO-**. Às vezes emprega-se também **-NHO-**, antes de nasais, como uma variante, mas isso não é obrigatório.
Ex.:
A-*îo*-mim (ou **a-*nho*-mim**) **u'uba.** – Escondo a flecha; escondi a flecha.
Asé 'anga ere-*îo*-sub. – Nossa alma visitas. (Anch., *Poemas*, 102)
Oro-*îo*-tym (ou **oro-*nho*-tym**) **itá.** – Enterramos a pedra.

Mais uma transformação fonética

Regra 5
69   Quando **Î** encontra outro **Î**, há a fusão dos dois num único **Î**.
Ex.:
a-î-îuká > a-îuká – mato-o   o-î-îuká > o-îuká – mata-o
a-î-îubyk > a-îubyk – enforco-o

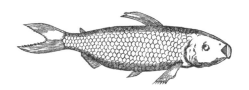

Corumbatá
Peixe da família dos caracídeos
(Marc., *Hist. Nat. Bras.*)

61

A colocação dos termos da oração em tupi

70 A ordem básica e mais comum de colocação dos termos da oração em tupi é sujeito-objeto-verbo (SOV).
Ex.:
São Pedro itangapema o-s-ekyî (...) – São Pedro a espada puxou. (Araújo, *Cat. Líng. Bras.*, 54v)
| | |
suj.   obj.   verbo

71 O complemento circunstancial e o adjunto adverbial vêm, muitas vezes, antes do verbo ou mesmo antes do sujeito, mas é comum também o sujeito e o verbo virem antes.
Ex.:
(...) *Kó taba pupé* a-îkó (...) – Morava nesta aldeia. (Anch., *Teatro*, 4)
(...) nha'uma suí i monhang-y-mbyra (...) – o que é feito de barro (Araújo, *Cat. Líng. Bras.*, 22)

72 As regras de colocação em tupi não são absolutas, mas somente indicam as tendências mais comuns na língua.

Como você viu na lição 1,

73 Em tupi, todo verbo pode tornar-se um substantivo. Se um verbo for transitivo, ele, tornando-se substantivo, exigirá um complemento nominal, que virá sempre antes de si. Esse complemento nominal equivale ao *objeto direto* de sua forma verbal, estando em relação genitiva com a forma nominal do verbo. A forma que corresponde ao sujeito do verbo transitivo, tornando-se ele substantivo, também fica em relação genitiva com sua forma nominal, repetindo-se o esquema SOV.
Ex.:
A-î-monhang oka. (*VLB*, I, 108)   oka monhanga
Fiz uma casa.   complemento nominal
                                        o fazer da casa, a feitura da casa

A-îo-sub abá koty. (Anch., *Teatro*, 8)
Visito os aposentos dos índios.

Pindobusu pirá o-î-kutuk.   Pindobusu pirá kutuka.
Pindobuçu espetou o peixe.   O espetar do peixe de Pindobuçu.

As partículas ABÉ, BÉ, -NO, A'E

74 As partículas **ABÉ** (ou **ABÉ-NO**), **BÉ** (ou **BÉ-NO**) ou somente **-NO** significam *também, mais, ainda, novamente, de novo*.

lição 4 • O menino Pindobuçu

Ex.:

Abá *abé*-pe o-syk? – Quem *mais* chegou? Quem chegou *também*?

Ka'ioby o-ker-y *bé*. – Caiobi dormiu *novamente*. (Veja que aparece aí -y- entre as consoantes **r** e **b**. Isso porque **bé** é uma partícula que se liga ao verbo. V. regra de transformação fonética 4, § 56.)

O-karu *bé*. – Come ainda. (*VLB*, I, 28)

Xe *abé* taîasugûaîa (...) – Eu também sou um porco. (Anch., *Teatro*, 44)

75   **ABÉ** e **BÉ** podem ser também usadas com o valor da conjunção *e* do português.

Ex.:

Maria, S. João *abé*, kunhã-angaturam-etá *abé*. – Maria e São João e muitas mulheres bondosas. (Anch., *Diál. Fé*, I, 190, adapt.)

O-só São Pedro, São João *abé*. – Foram São Pedro e São João. (Araújo, *Cat. Líng. Bras.*, 55)

76   **ABÉ** e **BÉ** podem também ser usados como posposições, tendo, então, outros significados (v. § 341).

77   A partícula **A'E** pode iniciar períodos com o valor da conjunção *e* do português, principalmente nas perguntas.

Ex.:

***A'e-pe* Tupã o-manõ?**

E Deus morreu? (Anch., *Cat. Bras.*, I, 167)

***A'e-p*'ikó?** – E este? (*VLB*, I, 153)

***A'e-p*'akó Santa Maria Virgem membyra?**

E esse é o filho da Santa Virgem Maria? (Anch., *Cat. Bras.*, I, 215)

***A'e-pe* miaûsuba n'o-s-apîar-i xûé o îara nhe'enga-ne?**

E os escravos não obedecerão às palavras de seus senhores? (Araújo, *Cat. Líng. Bras.*, 69)

Mais algumas transformações fonéticas

Regra 6

78   Quando uma consoante surda (**K, T, P, S**) vier após um fonema nasal numa composição ou numa afixação, ela se nasaliza, a não ser que já exista outro fonema nasal no vocábulo onde aparece a consoante surda. Nas ênclises não ocorrem mudanças. Já a posposição átona **-PE** torna-se **-ME**. Assim:

K torna-se **NG**

T torna-se **ND**

P torna-se **MB** ou **M**

S torna-se **ND**

Ex.:

kunumĩ+ katu > kunumĩ-*ngatu* – menino bom

nhũ + -pe > nhũ-me – no campo

mena + sy > men(a)-ndy > mendy – mãe de marido, sogra

Agora veja:

Kunumĩ-porang-a – *menino bonito*. Em **porang** já existe um fonema nasal (**ng**). Sendo assim, o **p** não se nasaliza diante do fonema nasal final de **kunumĩ**.
Tupã sy – *a mãe de Deus*. Não há composição aqui. Assim, o **s** não se nasaliza (v. § 58).
kunhã-kane'õ – *mulher cansada*. O **k** de **kane'õ** não se nasaliza porque já existe outro fonema nasal no vocábulo.
Kunumĩ-pe o-só? – *O menino foi?* Aqui, o **-pe** é uma ênclise (v. *A interrogação em tupi*, § 60). Sendo assim, a consoante **-p** não se nasaliza diante do **ĩ** (nasal).

Regra 7
79   Mesmo caindo o fonema nasal, a vogal anterior continua nasal.
Ex.:
tetama + -pe > teta(ma)-me > tetã-me – na região, na terra
nhe'enga + katu > nhe'e(nga)-ngatu > nhe'ẽ-ngatu – língua boa, fala boa

Amorepinima
Peixe da família dos gobídeos.
Pertence ao grupo das moreias ou
caramurus (Marc., *Hist. Nat. Bras.*)

Exercícios

Deixamos indicado nos vocabulários tupi-português se o verbo é intransitivo (com a abreviatura intr.) ou transitivo (com a abreviatura trans.). Se ele incorporar o pronome objetivo **-ÎO-** deixaremos isso indicado entre parênteses. Se ele for intransitivo com complemento posposicionado (i.e., transitivo indireto), usaremos a abreviatura intr. compl. posp.

I   Responda em tupi às seguintes perguntas sobre o texto inicial desta lição:

1. Abá-abá-pe Pindobusu o-î-kuab? 2. Mba'e-mba'e-pe o-îuká Pindobusu o kysé pupé? 3. Mba'e-mba'e-pe o-î-pysyk Pindobusu ka'a-pe? 4. O-îkó-pe Pindobusu ka'a-pe? 5. Mba'e-mba'e-pe Pindobusu o-î-kutuk? 6. Mba'e-pe o-î-apó Pindobusu sy? 7. O-îuká-pe Pindobusu so'o? Mba'e pupé-pe? 8. Nde sy-pe o-î-apó tembi-'u ne anama supé? 9. O-nho-mim-ype Pindobusu og u'uba? Umãme-pe? 10. Mba'e-mba'e-pe Pindobusu o-î-ybõ? 11. Abá-abá-pe Pindobusu o-îo-sub?

Pindoba
Palmeira da subfamília das
cocosoídeas, do gênero
Attalea, encontrada em
amplos palmeirais no Nordeste
e Centro do Brasil
(Marc., *Hist. Nat. Bras.*)

lição 4 • O menino Pindobuçu

II   Reescreva as frases, conjugando o verbo, conforme o modelo. (Ao objeto incorporado aplica-se a regra de transformação fonética 3, § 54.)
Mod.:
ka'a kuab (conhecer a mata)

a) *ka'a* a-î-kuab, *ka'a* ere-î-kuab etc.
b) a-*ka'a*-kuab, ere-*ka'a*-kuab, o-*ka'a*-kuab etc.
c) a-î-kuab *ka'a*, ere-î-kuab *ka'a*, o-î-kuab *ka'a* etc.

    1. **so'o îuká** (matar animais)
    2. **îagûara pysyk** (apanhar a onça)
    3. **u'uba 'ok (-îo-)** (arrancar a flecha)
    4. **itá mim (-îo-)** (esconder a pedra)
    5. **abati tym (-îo-)** (plantar milho)
    6. **so'o ybõ** (flechar o animal)

Vocabulário

nomes e verbos

abati – milho

îagûara – onça; + cão

'ok (-îo-) – arrancar; tirar

tym (-îo-) (trans.) – plantar; enterrar

III   Verta em tupi:

    1. Moro na mata. Conheço aqueles (vis.) meninos. 2. Este cacique (vis.) conhece muitos animais. Mata-os com sua faca. 3. Plantamos (excl.) mandioca e milho com nossa família. 4. Espetamos (excl.) muitos peixes com estas (vis.) flechas. 5. Fazemos (incl.) as flechas com nossas mãos. Espetamos os peixes com elas. 6. Qual menino visitas em Reritiba? 7. Qual menino escondeu a faca de Pindobuçu no campo? 8. Fazeis comida para a mãe do menino. 9. Os animais moram na mata. Escondem frutas dentro de suas tocas. 10. O marido de Potira planta milho na mata. Quem o conhece? 11. Os peixes saíram daquele (vis.) lago. Quem os espetou? 12. Pindobuçu apanha os animais no campo. 13. Muitos meninos flecharam pacas na mata. Quem são eles? 14. Visitamos (excl.) o marido de Potira em sua aldeia. 15. Ficamos (incl.) nesta aldeia por causa de ti. 16. Por causa de quem apanhaste a onça?

IV   Para praticar o uso de **BÉ, ABÉ (BÉ-NO, ABÉ-NO), A'E** (no começo dos períodos) como equivalentes a *e, mais, ainda, de novo* (§ 74-77), verta as orações abaixo:

1. Pedro conhece os meninos e as mulheres. 2. Eu apanho jacarés e tatus por tua causa. 3. O marido desta mulher faz flechas e facas. 4. Fizemos (excl.) as flechas e as facas por causa de Pedro. 5. E fica Pedro em Reritiba sempre? 6. E Potira fica em tua aldeia por causa de minha mãe? 7. Quem fez comida após a chegada de tua mãe? 8. Quem mais dormiu com Pindobuçu? 9. Escondeste de novo as flechas no campo por causa desse menino? 10. E Maria fala ainda a seu marido? 11. E Maria faz comida após tua ida? 12. Comi por causa de minha fome.

Vocabulário

nomes e verbos

animal (quadrúpede) – so'o

apanhar – pysyk

campo – nhũ

comida – tembi-'u

companheiro – irũ

conhecer – kuab

esconder – mim (-îo-)

espetar – kutuk

faca – kysé

fazer – monhang; apó

flecha – u'uba

flechar – ybõ

fome – ambyasy

fruta – 'ybá

lago – upaba

mandioca – mandi'oka

mão – pó

marido – mena

mata – ka'a

matar – îuká

plantar – tym (-îo-)

toca – kûara

visitar – sub (-îo-)

outras categorias

com (instr.) – pupé

dentro de – pupé

nosso, -a, -os, -as – v. § 45 e § 46

o, os, a, as (pron. obj.) – -î-

por causa de – ri

qual? – mba'e-pe? (para coisa); abá-pe? (para pessoa)

sempre – îepi

seu, sua, seus, suas – v. § 45 e § 46

V   Para bem empregar a posposição **pupé** (*com* – instrumental) e a locução pospositiva **irũnamo** (*com* – de companhia), faça conforme o modelo.

Mod.:
A-só Rerity'-pe. ('Ybotyra)
A-só Rerity'-pe 'Ybotyra *irũnamo*.
Vou para Reritiba *com* Bartira.

A-î-monhang u'uba. (xe kysé)
A-î-monhang u'uba xe kysé *pupé*.
Fiz flechas *com* minha faca.

1. A-ker. (xe anama) 2. Kó taba pupé ere-îkó. (nde sy) 3. So'o ere-îuká. (u'uba) 4. A-î-kutuk nde pó. (xe pindá) 5. Ikó taba pupé a-ker. (xe mena) 6. Tembi'u a-î-apó. (tatá) 7. Oro-karu. (oré pó) 8. A-î-apó tembi-'u. (Pindobusu sy) 9. 'Ybotyra mena tatu o-îuká. (mundé) 10. Pindobusu o-gûatá. ('Ybotyra membyra)

Vocabulário

nomes
mundé – armadilha que tomba com peso ou estalando

pindá – anzol

tatá – fogo

VI Para praticar o uso do pronome objetivo -î- ou -îO-, faça conforme o modelo. Traduza as frases obtidas.
Mod.:
ixé / kuab / kunumĩ
Ixé a-î-kuab kunumĩ

1. endé / tym / abati 2. oré / mim / u'uba 3. pe'ẽ / monhang / kysé 4. ixé / sub / abaré sy 5. a'e / pysyk / so'o 6. endé / ybõ / so'o 7. ixé / 'ok / u'uba 8. a'e / amĩ / akaîu 9. îandé / kuab / Pindobusu 10. endé / îuká / so'o

Vocabulário

nomes e verbos
akaîu – caju; amĩ (trans.) – espremer

Tamoios apanham cajus (Thevet)

VII Para praticar a aplicação das regras de transformação fonética (regras 3, 4, 6 e 7) verta para o tupi, com base no vocabulário especial dado para este exercício (que se repete em outras listas de vocabulário deste livro). Atenção! Certas construções abaixo, com relação genitiva, não são composições (v. § 58).

1. ajuntamento de cana-de-açúcar (canavial)
2. mulher cansada
3. no campo
4. na região
5. camarão vermelho
6. no canavial
7. enseada de mar
8. menino branco
9. na rede (de dormir)
10. barulho de passarinhos
11. o barulho do passarinho (sem compos.)
12. menino alto
13. no lugar de fazer anzóis
14. dança de mulher
15. fenda de mar
16. ossos de passarinho
17. mulher gorda

18. menino leproso
19. pião de menino
20. cabeça suja
21. ajuntamento de passarinhos
22. mãe de marido (sogra)
23. a mãe do marido (sem compos.)
24. nuvem bonita
25. na caixa
26. Conheço o menino. (incorpore o obj.)
27. Conheço a região. (incorpore o obj.)
28. ajuntamento de cerrado
29. prato comprido
30. hálito de mulher
31. o hálito da mulher (sem compos.)

32. marido bom
33. Quero camarão. (incorpore o obj.)
34. Quero fumo. (idem)
35. Quero a rede. (idem)
36. na nuvem
37. campo silencioso
38. na região bonita
39. na bica d'água
40. no fígado
41. gota de chuva
42. a gota da chuva (sem compos.)
43. a dança da mulher (sem compos.)
44. fígado de mulher
45. o fígado da mulher (sem compos.)

Vocabulário

ajuntamento – tyba

alto – puku

barulho – pu

bica d'água – 'y-tororoma

bom – katu

bonito – porang

branco – ting

cabeça – akanga

caixa – karamemûã

camarão – potĩ

campo – nhũ

cana-de-açúcar – takûar-e'ẽ

cansado – kane'õ

cerrado (tipo de vegetação do Brasil) – ka'a-atã

chuva – amana

comprido – puku

conhecer – kuab

dança – poraseîa

enseada – kûá

fenda – puka

fígado – py'a

fumo, tabaco – petyma

gordo – kyrá

gota – tykyra

hálito – pytu

leproso – piryty

lugar de fazer anzóis – pindá-monhang-aba

mãe – sy

mar – paranã

marido – mena

menino – kunumĩ

mulher – kunhã

nuvem – ybatinga

osso – kanga

passarinho – gûyrá-'ĩ

pião – pyryryma

prato – nha'ẽ

querer – potar

rede (de dormir) – inĩ

região – tetama

silencioso – kyrirĩ

sujo – ky'a

vermelho – pirang

O tupi em nossa toponímia

Após fazer os exercícios da série VII, você poderá descobrir o significado de muitos nomes de lugares do Brasil. Diga, assim, que significam os seguintes topônimos:

1. Taquarenduva   2. Mantiqueira   3. Itaipu   4. Pindamonhangaba
5. Pernambuco   6. Catanduva   7. Nuporanga

Leitura complementar

Da criação dos filhos

As mulheres parindo (e parem no chão) não levantam a criança, mas levanta-a o pai ou alguma pessoa que tomam por seu compadre e na amizade ficam como os compadres entre os cristãos. O pai lhe corta a vide[1] com os dentes ou com duas pedras, dando com uma na outra e logo se põe a jejuar até que lhe cai o umbigo, que é de ordinário até os oito dias e até que não lhe caia não deixa o jejum e, em lhe caindo, se é macho, lhe faz um arco com frechas e lho ata no punho da rede e, no outro punho, muitos molhos d'ervas, que são os contrários[2] que seu filho há de matar e comer e, acabadas essas cerimônias, fazem vinhos com que alegram a todos. As mulheres, quando parem, logo se vão lavar aos rios e dão de mamar à criança de ordinário ano e meio, sem lhe darem de comer outra coisa. Amam os filhos extraordinariamente e trazem-nos metidos nuns pedaços de redes que chamam tipoia *e os levam às roças e a todo o gênero de serviços às costas, por frios e calmas e trazem-nos como ciganas, escanchados no quadril e não lhes dão nenhum gênero de castigo. (...) Estimam mais fazerem bem aos filhos que a si próprios e agora estimam muito e amam os padres porque lhos criam e ensinam a ler, escrever e contar, cantar e tanger, coisas que eles muito estimam.*

Fernão Cardim, *Tratados da Terra e Gente do Brasil*, p.107.

1. **vide** – cordão umbilical; 2. **contrários** – inimigos

5 · Em Upanema

Canoa de índio (Rugendas)

Kûeî ygara i puku-eté. I tyb abá i pupé.
Aquela canoa é muito comprida. Há índios dentro dela.
Tatapytera, Pindobusu tutyra, o-'ar kûeî ygara pupé.
Tatapitera, o tio de Pindobuçu, embarcou naquela canoa.

(Um índio pergunta a ele:)

– **Mamõ-pe ere-îkó, xe irũ gûé?**
– Onde moras, ó meu companheiro?
(T.)* – **Rerityba pupé a-îkó xe anama irũnamo. Nde ma'enduar-ype xe anama resé?**
– Moro em Reritiba com minha família. Tu te lembras de minha família?
– **Xe ma'enduar nde sy resé. Nde sy i porang.**
– Eu me lembro de tua mãe. Tua mãe é bonita.
(T.) – **Ikó upaba i nem. A-îeguaru ikó upaba suí. Nde u'u-pe?**
– Este lago é fedorento. Tenho nojo deste lago. Tu tosses?
– **Aan, xe pytu-katu.**

lição 5 • Em Upanema

– Não, eu respiro bem.

(T.) – Kó upá-nema i ky'a.

– Este lago fedorento é sujo.

– Nde taba i porang. Mboby-pe abá akûeîpe?

– Tua aldeia é bela. Quantos (são) os índios ali?

(T.) – Abá-etá o-îkó akûeîpe.

– Há muitos índios ali.

– Kûeî ytu-poranga i-î ybaté. Ere-'ytab-ype ûîme?

– Aquela cachoeira bela é alta. Nadas ali?

(T.) – Aan. A-sykyîé kûeî ytu suí nhẽ.

– Não. Tenho medo daquela cachoeira.

*(T.) – Tatapitera

nomes e verbos

'ar – embarcar

i tyb – há, existem

îeguaru (intr. compl. posp.) – enojar-se, ter nojo (Leva complemento com a posposição **suí**: A-îeguaru nde *suí*. – Tenho nojo de ti.)

Upanema – nome de lugar [Lit., *lago* (**upaba**) *fedorento* (**nem**) ou *rio* ('**y**) *imprestável* (**panem**)]

ky'a – sujo

ma'enduar (xe) – lembrar-se [O complemento vem com a posposição **resé**: Xe ma'enduar nde *resé*. – Eu me lembro de ti. (Lit., *Eu tenho lembrança a respeito de ti.*)]

nem – fedorento

puku – comprido, longo; alto (neste caso, falando-se de pessoas)

pytu (xe) – respirar: Xe pytu. – Eu respiro.

Tatapytera – nome próprio de homem

u'u (xe) – tossir: Xe u'u. – Eu tusso.

ybaté – alto, elevado (falando-se de coisas ou lugares); a altura, as alturas, o alto

'ytab (intr.) – nadar

ytu – cachoeira

outras categorias

gûé (interj.) – ó, oh! Só é usada por homens. As mulheres dizem **îu!** ou **îó!** Vem sempre depois do vocativo.

mboby-pe? (interr.) – quantos? quantas vezes?

nhẽ (part. de ênfase) – com efeito, efetivamente

resé (posp.) – por, por causa de, para (final.), a respeito de etc. Posposição que acompanha muitos verbos em tupi e que tem vários significados. (v. § 381)

ûîme (adv.) – ali (vis.)

Vocabulário

Atenção!

80   SYKYÎÉ (intr. compl. posp.) – *ter medo* – Recebe complemento com a posposição

SUÍ: **Anhanga nde suí** *o-sykyîê*. – O diabo tem medo de ti. (Anch., *Poemas*, 144, adapt.)

Explicação gramatical

As categorias de substantivo, adjetivo e verbo em tupi (síntese)

81   Todo nome possuível em tupi pode converter-se em adjetivo, adquirindo a ideia de *ter algo*. Podemos falar, assim, que esses nomes têm uma forma *substantiva* e uma outra forma *adjetiva* ou de *predicado nominal*.

Ex.:

xe poranga – minha beleza

nde nema – teu fedor

Xe porang. – Eu sou belo, eu tenho beleza.

Nde nem. – Tu és fedorento, tu tens fedor.

82   Os substantivos transitivos (de tema verbal) exigem um complemento nominal antes de si e também para se tornarem adjetivos. Nesse caso, eles ficam adjetivos compostos.

kunumĩ îuká – a matança de meninos   **abá-kunumĩ-îuká** – homem matador de meninos (Anch., *Arte*, 32v)

83   Alguns substantivos podem assumir, além do valor de adjetivos (em predicados nominais), também o valor de verbos (em predicados verbais).

Ex.:

xe nhe'enga – minha fala

xe nhe'eng – eu (sou) falante   predicado nominal

a-nhe'eng – falo (Anch., *Arte*, 51)   predicado verbal

xe 'ytaba – meu nado

xe 'ytab – eu (sou) nadador   predicado nominal

a-'ytab – nado (Anch., *Arte*, 51)   predicado verbal

Como já vimos:

84   O **-A** final átono é um sufixo substantivador. A palavra que o tiver tem, geralmente, valor de substantivo. Perdendo esse **-A**, volta a ser adjetivo, verbo, adjetivo demonstrativo etc.

Ex.

xe ruba – meu pai

Xe *rub*. – Eu tenho pai, eu (sou) "paizado" (Fig., *Arte*, 67)

eboûing – esse (adjetivo demonstrativo)

eboûinga – isso (pronome demonstrativo): **O-gûerobîar-ype asé eboûinga?** – Acredita a gente nisso? (Anch., *Cat. Bras.* I, 220) Usamos o demonstrativo, neste último caso, como se fosse um substantivo, pois ele aparece sozinho, sem substantivo junto de si. Sem o sufixo **-A** ele é adjetivo demonstrativo, não substitui o substantivo (p.ex., *eboûing* abá – esse homem).

xe kera – meu dormir, meu sono
A-ker. – Durmo. (Fig., *Arte*, 106)
i ma'enduara – sua lembrança
I *ma'enduar*. – Ele é "lembrante", ele tem lembrança.

xe aoba – minha roupa
Xe *aob*. – Eu sou enroupado, eu tenho roupa.
(Anch., *Arte*, 48)

nde kó – tua roça
Nde *kó*. – Tu tens roça. (Fig., *Arte*, 67)

xe sy – minha mãe
Xe *sy*. – Eu tenho mãe [como se disséssemos *Eu (sou) "mãezado"*]. (Fig., *Arte*, 67)

85 Se o substantivo for oxítono, sua forma predicativa (adjetival ou verbal) é igual a ele. Se ele for paroxítono, cai a vogal final, que é sempre **-A** (*sufixo substantivador*).
Ex.:
gûatá – caminhada
Xe gûatá. – Eu (sou) caminhante.
A-gûatá. – Caminho. Ando. (Como **gûatá** é oxítono, a forma substantiva não se distingue da forma predicativa.)

ky'a – sujeira
Xe ky'a. – Eu (sou) sujo, eu tenho sujeira. (Sendo oxítono, **ky'a** não perde o **-a** final quando se torna adjetivo.)

Como você viu,

86 Em tupi antigo, o substantivo é a categoria mais abrangente. Todo substantivo possuível pode ser adjetivo e, às vezes, também verbo. Todo adjetivo ou verbo pode tornar-se um substantivo possuível. Os substantivos não possuíveis são sempre substantivos.
Ex.:
îagûara – onça (nunca se torna adjetivo ou verbo porque é substantivo não possuível)
kysé – faca (nunca se torna verbo, embora seja possuível)
gûatá – caminhar (torna-se adjetivo ou substantivo)

Esquematicamente, isso seria:

VERBOS

Algumas transformações fonéticas

Regra 8
87   Nos contatos I+I, I+Y insere-se um Î de ligação.
Ex.:
'Ytu *i-î* ybaté (leia *ijyßaté*). – A cachoeira é alta.
***i-î* ygara** (leia *ijygara*) – a canoa dele
***i-î* itá** (leia *ijytá*) – a pedra dele (como você vê, pedra é possuível desde que seja instrumento de trabalho, matéria-prima etc.)

Regra 9
88   Os fonemas I e Î, tendo S depois de si, transformam-no em **X**.
Ex.:

syryk – escorregadio	**i *xyryk*** – ele (é) escorregadio
sy – mãe	**i *xy*** – mãe dele
su'u – morder	**a-î-*xu'u*** – mordo-o
sema – saída	**i *xema*** – saída dele

89 Os verbos da 2ª classe ou da 2ª conjugação

Já vimos na lição 1 os verbos da primeira classe ou da primeira conjugação. Eles se conjugam com os morfemas **A-, ERE-, O-, ORO-** etc.

Vemos, agora, na lição 5, o verbo *lembrar-se* em tupi:
Xe ma'enduar nde sy resé.
Eu me lembro de tua mãe.

Veja que tratamos o verbo *lembrar-se*, do português, como se fosse um adjetivo, em tupi. A questão é que o tupi não concebe tal processo senão como um adjetivo, sente-o como adjetivo. Assim, literalmente, **xe ma'enduar nde sy resé** traduz-se, em português, por *eu (sou) lembrante a respeito de tua mãe*, (i.e., eu me lembro de tua mãe). Isso acontece com relação a outros verbos do português, que em tupi são tratados como se fossem adjetivos. Esses verbos são chamados *verbos predicativos*, pois se comportam como adjetivos predicativos, que já estudamos. Assim:

MA'ENDUARA – lembrança, memória

MA'ENDUAR (XE) – o (**xe**) indica que o verbo se conjuga com **xe, nde, i** etc., i.e., como qualquer outro adjetivo:

xe ma'enduar	*eu (sou) lembrante* ou *eu lembro* ou *eu tenho lembrança*
nde ma'enduar	*tu (és) lembrante* ou *tu lembras* ou *tu tens lembrança*
i ma'enduar	*ele (é) lembrante* ou *ele lembra* ou *ele tem lembrança*
oré ma'enduar	*nós (somos) lembrantes* ou *nós lembramos* etc. (excl.)
îandé ma'enduar	*nós (somos) lembrantes* ou *nós lembramos* etc. (incl.)

74

lição 5 • Em Upanema

pe ma'enduar *vós (sois) lembrantes* ou *vós lembrais* etc.
i ma'enduar *eles (são) lembrantes* ou *eles lembram* etc.
MA'ENDUARA – em tupi, significa *lembrança*, substantivo. Converteu-se, acima, num autêntico adjetivo predicativo ou, como poderíamos chamar, com fins didáticos, *verbo predicativo* ou *da 2ª classe* (que apresenta a ideia de *ter*, como vimos no § 81).

Assim, em resumo:

90 Os verbos da 2ª classe são os adjetivos tupis que, em português, são verbos. Nós os chamaremos de "verbos" somente por razões didáticas.

91 Os *verbos da 2ª classe* serão indicados sempre com (**xe**) entre parênteses, o que mostra que eles levam os pronomes pessoais **XE, NDE, I** etc. e nunca os prefixos pessoais **A-, ERE-, O-** etc., que somente se empregam com verbos da 1ª classe (verbos que o tupi trata realmente como verbos e não como adjetivos predicativos).

Outro exemplo:
PYTU (XE) – respirar

xe pytu *eu (sou) respirante*, eu respiro
nde pytu *tu (és) respirante*, tu respiras
i pytu *ele (é) respirante*, ele respira
oré pytu *nós (somos) respirantes*, nós respiramos (excl.)
îandé pytu *nós (somos) respirantes*, nós respiramos (incl.)
pe pytu *vós (sois) respirantes*, vós respirais
i pytu *eles (são) respirantes*, eles respiram

Os verbos que estiverem nos vocabulários deste livro sem o (**xe**) entre parênteses são da *1ª classe*, devendo ser conjugados com **A-, ERE-, O-** etc.

O verbo *haver* em tupi

92 O verbo *haver*, em tupi, pode formar-se com adjetivos predicativos, i.e., com *verbos da 2ª classe*:

TYBA – ajuntamento, jazida, existência, ocorrência
I TYB – há, existe(m)
Ex.:
I *tyb* kunhã ikó ok-ype.
Há mulheres nesta casa.

93 O verbo *haver* também pode ser vertido pelos verbos **IKÓ** e **IKÓBÉ**.
Ex.:
O-*îkobé* kó xe îybá...
Há estes meus braços... (Anch., *Teatro*, 154)
Abá-pe 'ara pora o-*îkó* nde îabé?
Que habitante do mundo há como tu? (Anch., *Poemas*, 116)

75

O-*îkobé*-pe amõ abá s-ekobîar-amo?
Há algum homem como seu substituto? (Araújo, *Cat. Líng. Bras.*, 50v)
94 Mais alguns interrogativos em tupi

Moby-pe? / Mboby-pe? / Mobyr-ype? – Quantos? Quantas?
Mba'e resé-pe? – Por quê?

Exercícios

I   Responda em tupi às seguintes perguntas sobre o texto inicial desta lição (nas perguntas dirigidas a você mesmo, responda sempre na afirmativa ou com o vocabulário que já conhece):

1. Abá-abá-pe o-îkó aîpó ygara pupé? 2. Nde u'u-py'i-pe? 3. Pindobusu tutyra anhõ-pe o-îkó Rerityba pupé? 4. Nde poxy-pe? 5. Nde ma'enduá-py'i-pe nde anama resé? 6. Nde pytu-katu-pe? 7. Ere-sykyîé-pe kururu suí? 8. Nde porang-ype? 9. Ere-îeguaru-pe so'o-nem-a suí? 10. Mboby kunhã-pe ere-î-kuab? 11. O-'ytab-ype Pindobusu tutyra ytu-pe? 12. Ere-'ytab-ype ytu-pe konipó upá'-pe?

nomes e verbos	**outras categorias**
anhõ – sozinho; só	konipó – ou
kururu – sapo	
poxy – mau, feio, nojento	

Vocabulário

II   Para praticar o uso dos adjetivos predicativos e dos demonstrativos em tupi, faça conforme o modelo, traduzindo as frases obtidas:
Mod.:
AOBA – porang – nem – pirang
Kó aoba i porang. Ebokûeî aoba i nem. Kûeî aoba i pirang.
Esta roupa é bonita. Essa roupa é fedorenta. Aquela roupa é vermelha.

1. YTU – nem – ybaté – ky'a   2. KURURU – pirang – kyrá – îub
3. KUNHÃ – porang – puku – panem   4. MORUBIXABA – nem – poxy – angaturam

Vocabulário

nomes e verbos

angaturam – bondoso; **îub** – amarelo; **kyrá** – gordo; **panem** – imprestável; **pirang** – vermelho

III   Para praticar o uso dos verbos da 2ª classe, diferenciando-os dos da 1ª classe,

lição 5 • Em Upanema

reescreva as sentenças a seguir, conjugando os verbos em todas as suas pessoas. Traduza as frases.

Mod.:

ma'enduar (xe) / Pedro resé (lembrar-se de Pedro)

Xe ma'enduar Pedro resé. – Eu me lembro de Pedro.
Nde ma'enduar Pedro resé.
I ma'enduar Pedro resé etc.

1. sykyîé / Maria suí
2. sub (-îo-) / morubixaba
3. u'u (xe) / upá'-pe
4. îuru'ar (xe) / Pedro resé
5. nhyrõ (xe) / Pedro angaîpaba resé

Vocabulário

nomes e verbos

angaîpaba – maldade, pecado

îuru'ar (xe) – falar mal (de ou a respeito de: com **ri** ou **resé**)

nhyrõ (xe) – perdoar, ser pacífico (pessoa a quem se perdoa: com **supé**; coisa perdoada: com **resé**. Ex.: **Xe nhyrõ 'Ybotyra supé i angaîpaba resé.** – *Eu perdoo Bartira por sua maldade*.

IV   Para praticar a transformação dos substantivos em adjetivos (incluindo a ideia de *ter algo*), faça conforme o modelo, traduzindo as frases:

Mod.:

Nde aoba (tua roupa) > **Nde aob.** – Tu és enroupado, tu tens roupa.

1. **xe pó** (minha mão); 2. **kunumĩ akanga** (a cabeça do menino) 3. **oré tutyra** (nosso tio) 4. **'Ybotyra mena** (o marido de Potira) 5. **nde anama** (tua família) 6. **oré kysé** (nossa faca) 7. **îandé akangatara** (nosso cocar) 8. **xe sy** (minha mãe) 9. **Pedro sy** (a mãe de Pedro) 10. **abá nhanduaba** (o penacho do índio) 11. **Pindobusu aoba** (a roupa de Pindobuçu) 12. **'Ybotyra membyra** (o filho de Potira) 13. **nde mba'e** (tuas coisas) 14. **pe poranga** (vossa beleza) 15. **Pedro pó** (a mão de Pedro) 16. **oré 'aba** (nosso cabelo) 17. **nde rãîa** (teu dente) 18. **xe akangaoba** (meu chapéu) 19. **oré karamemûã** (nossa caixa) 20. **upaba nema** (o fedor do lago)

V   Para praticar o uso dos verbos da 1ª e da 2ª classes, faça conforme o modelo, traduzindo as frases obtidas.

Mod.:

kuab / kunumĩ
a. **A-î-kuab kunumĩ.** – Conheço o menino.
b. **Pedro o-î-kuab kunumĩ.** – Pedro conhece o menino.

Conjugue os verbos na 1ª pessoa do singular e na 3ª pessoa do singular, usando o sujeito **Pedro**.
1. sub / morubixaba
2. sykyîê / kururu suí
3. pytá / Rerity'-pe
4. pytu-katu (xe)
5. tym (-îo-) / itá
6. u'u (xe) / upá'-pe
7. îuru'ar (xe) / Maria resé
8. îegûaru / so'o-nema suí
9. nhyrõ (xe) / peró supé
10. pysyk / so'o

Araguaguaí
Peixe-serra, peixe marinho das regiões tropicais, da família dos pristídeos; habita nas águas profundas, geralmente no estuário de grandes rios
(Marc., *Hist. Nat. Bras.*)

VI   Verta para o tupi:

1. Há sapos neste (vis.) lago. Quem tem medo de sapos?
2. Há índios matadores de mulheres nesta (vis.) aldeia. Tu tens medo dos índios?
3. Eu respiro bem; minha mãe tosse.
4. A mulher fazedora de comida lembra-se daquele (n. vis.) menino fedorento.
5. Há meninos naquela (n. vis.) aldeia.
6. Meus companheiros flechadores de animais conhecem o tio (materno) de Pindobuçu.
7. Aquele (vis.) sapo é fedorento. Tenho nojo dele.
8. Aquela (n. vis.) cachoeira é bonita. Nadamos (excl.) ali.
9. Este (vis.) animal é sujo. Aquele (vis.) animal é bonito.
10. Lembro-me de meu tio (materno). Tenho medo de minha mãe.
11. Há canoas naquela (vis.) enseada do rio. Os meninos embarcaram dentro dela.
12. Há lagos bonitos naquela (n. vis.) região. Os meninos nadam dentro deles.
13. Quantas cachoeiras conheces no rio dos tatus?
14. Há meninos altos ali. Tu te lembras daqueles (n. vis.) meninos?
15. Por que foste para o lago fedorento? Por que ficaste ali?
16. Vamos (incl.) para Reritiba por causa de Potira.
17. Quantos meninos visitaste, ó Caiobi? (*dito por mulher*)
18. Quantas flechas enterraste, ó Pindobuçu? (*dito por homem*)
19. Por que tens medo de cobras, ó Caiobi? (*dito por mulher*)
20. Por que tens nojo de sapo, ó Pedro? (*dito por homem*)

Taioba
Erva da família das aráceas, de grandes folhas que servem como verdura
(Marc., *Hist. Nat. Bras.*)

lição 5 • Em Upanema

Vocabulário

nomes e verbos

alto – puku (para pessoas) – ybaté (para coisas ou lugares)

cachoeira – ytu

embarcar – 'ar

enterrar – tym (-îo-)

fedorento – nem

lembrar-se – ma'enduar (xe)

nadar – 'ytab

região – tetama

respirar – pytu (xe)

sapo – kururu

sujo – ky'a

ter nojo – îegûaru (de algo: com suí)

tossir – u'u (xe)

outras categorias

ali (vis.) – ûĩme

ó (interj.) – gûê (para homem); îu (para mulher)

por causa de – ri, resé

quantos? – mboby-pe?

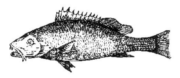

Acaraanha
Caranha, peixe-cão, peixe lutjanídeo, que ocorre em toda a costa brasileira
(Marc., *Hist. Nat. Bras.*)

VII   Tema de imitação (leia novamente o texto da lição 5 e verta para o tupi):

Na canoa comprida há muitos índios. Muitas mulheres também embarcaram dentro dela. Um índio fala ao tio de Pindobuçu. O tio de Pindobuçu mora em Reritiba com sua família. Ele se lembra de sua mãe. Sua mãe é uma mulher bonita. Aquele lago é fedorento. O tio de Pindobuçu tem nojo daquele lago. Ele tosse muito. O lago é muito sujo. O índio conhece a cachoeira alta. Ele tem medo das cachoeiras. Ele nada dentro do rio.

O tupi em nossa toponímia

1. Que fato geográfico explica o nome do município de Itu (SP)?
2. Qual é o significado do nome do município paulista de Taubaté?
3. O termo tupi **ygara** – *canoa* – deu origem a muitos topônimos brasileiros. Busque descobrir os significados dos seguintes, relacionando as significações aos topônimos a que se referem.

   a. Igarapava (T. – *ygar-upaba*)   ( ) canoa grande
   b. Igarapé (T. – *ygar-apé*)   ( ) ancoradouro de canoas
   c. Igaraçu (T. – *ygarusu*)   ( ) caminho de canoas

6 · A chegada do Abaré

Aldeia de tapuias (Rugendas)

(Chega a Reritiba o Padre Lourenço e é recebido por Cunhambebe, pai de Pindobuçu:)

– Ere-îur-ype?
– Vieste?
– Pá, a-îur.
– Sim, vim.
– Piratininga suí-pe ere-îur?
– Vieste de Piratininga?
– Aan, Iperu 'y suí a-îur.
– Não, vim de Iperoig (rio dos tubarões).
– E-gûapyk iké, Pa'i Rorẽso gûé! Pindobusu o-só ka'a-pe.
– Senta aqui, ó Padre Lourenço. Pindobuçu foi para a mata.
Amõ kunhã abaré îepotara ri o-îase'o.
Algumas mulheres choram por causa da chegada (por mar) do padre.

(Cunhambebe chama Pindobuçu:)

lição 6 • A chegada do Abaré

— E-îori, Pindobusu gûé! Abaré o-ur umã!
— Vem, ó Pindobuçu! O padre já veio!
Pindobusu o-gûasem tá-pe.
Pindobuçu chega (por terra) à aldeia.
— Ebokûeî kunumĩ n'a-î-kuab-i. Marã-pe nde rera?
— Esse menino não conheço. Qual (é) teu nome?
— Xe rera Pindobusu.
— Meu nome (é) Pindobuçu.

(O menino diz para sua mãe:)

— Umã-pe tembi-'u, xe sy gûé?
— Onde (está) a comida, ó minha mãe?
— E-gûapyk, Pindobusu îu! Ere-karu umã-pe, Pa'i Rorẽso?
— Senta, ó Pindobuçu. Já comeste, Padre Lourenço?
— Na xe ambyasy-î. Pirá-ka'ẽ a-'u.
— Eu não tenho fome. Comi peixe tostado.
— Ere-îuká-pe so'o-etá oîeí, Pindobusu îu?
— Mataste muitos animais hoje, ó Pindobuçu?
— Aan, so'o n'a-îuká-î. N'i tyb-i so'o ka'a-pe kó 'ara pupé.
— Não, não matei animais. Não há animais na mata neste dia.
— Pirá n'a-î-moka'ẽ-î oîeí. Minga'u nhote a-î-apó.
— Não moqueei peixes hoje. Fiz mingau somente.
E-î-pysyk nde ybyrá-nha'ẽ. E-karu!
Apanha teu prato de madeira. Come!

Índio fumando folha enrolada de tabaco
(Thevet)

Vocabulário

nomes e verbos

'ara – dia

ambyasy (xe) – ter fome, estar faminto

gûasem (intr.) – chegar (por terra)

îase'o (intr.) – chorar

Iperu'y – nome de lugar [significa *rio* ('y) dos *tuba-rões* (iperu). Também se usa escrever "Iperoig".]

îur / ur(a) – vir (verbo irreg. – v. § 99)

ka'ẽ – tostado

minga'u – mingau, papa

moka'ẽ (trans.) – moquear, assar como churrasco (sobre uma grelha)

nha'ẽ – prato

pa'i – senhor; padre (forma de respeito)

Piratininga – nome de lugar [significa *peixe* (pirá) *seco* (tining). Antigo nome da cidade de São Paulo.]

rera – nome

'u – ingerir (verbo irreg. – v. § 97)

ybyrá – madeira, árvore; arco

outras categorias

iké (ou ké) (adv.) – aqui

îu! (ou îó!) (interj.) – ó! (para m.)

marã-pe? – como? qual? por quê?

oîeí (adv.) – hoje (referindo-se ao tempo já passado)

pupé (posp.) – em (temp.)

umã (adv.) – já

Veja a diferença:

95   KARU – comer; almoçar (intransitivo)
       'U – ingerir; comer, beber (transitivo)

Ex.:

A-*karu*. – Comi. (VLB, I, 77)   Agora: **A-'u mba'eaíba**. – Comi veneno. (Anch., *Cat. Bras.*, II, 102, adapt.)

Ere-*karu*-pe? – Comeste?   Agora: **Ere-'u-pe yby?** – Comeste terra? (Anch., *Cat. Bras.*, II, 88)

96   gûasem – chegar por terra
       îepotar – chegar por mar ou rio, chegar a um porto
       syk   – chegar (em geral) ou aproximar-se, achegar-se

Atenção!

97 Verbo irregular 'U – *comer, beber, ingerir*

Não leva nunca pronome objetivo -Î-.

Ex.:

Pedro o-'u miapé. – Pedro come pão (e não "Pedro o-î-'u miapé"). (Anch., *Arte*, 36v)
Pedro pirá o-'u. – Pedro come peixe (e não "Pedro pirá o-î-'u"). (Anch., *Arte*, 36v)

lição 6 • A chegada do Abaré

98 O verbo **'U** não significa simplesmente *comer*, mas, sim, *ingerir, inalar, intro-duzir pela boca*. Assim os verbos tupis para beber e fumar (que implicam o ato de colocar algo na boca para que vá para dentro do organismo) incluem a forma **'U**.

Ex.:

A-petymb-u. – Fumei (Lit., *ingeri tabaco*); **A-'y-'u**. – Bebi água. (*VLB*, I, 53)

99 Verbo irregular ÎUR / UR(A) – *vir*

Na lição 6 aparece esse verbo irregular muito usado. Ele tem duas formas ou dois *temas* diferentes. É chamado, por isso, verbo *ditemático*. Conjuga-se assim:

a-îur	venho; vim
ere-îur	vens; vieste
o-ur	vem; veio
oro-îur	vimos; viemos (excl.)
îa-îur	vimos; viemos (incl.)
pe-îur	vindes; viestes
o-ur	vêm; vieram

Ex.:

A-*îur* xe kó suí.
Venho de minha roça. (Fig., *Arte*, 9)

Ybaka suí ere-*îur*.
Do céu vieste. (Anch., *Poemas*, 100)

Explicação gramatical

O modo imperativo

100 Forma-se o imperativo dos verbos da 1ª classe antepondo-se **E-** (2ª pess. sing.) ou **PE-** (2ª pess. pl.) ao tema verbal.

Ex.:

monhang (fazer)   *e-î*-monhang   – faze-o!   *pe-î*-monhang   – fazei-o!
pytá (ficar)   *e*-pytá   – fica!   *pe*-pytá – ficai!

101 Os verbos transitivos como **monhang** e **kutuk** sempre levam, no modo impe-rativo, o pronome objetivo de 3ª pessoa. Duas exceções são o verbo **ÎUKÁ** – *matar* (porque começa com **Î**) e o verbo **'U** – ingerir.

Ex.:

e-îuká – mata-o!   *e*-'u – come-o!

102 Os verbos da 2ª classe conjugam-se, no modo imperativo afirmativo, da mesma forma que no indicativo afirmativo.

Ex.:
ma'enduar (xe)   nde ma'enduar! – lembra!   pe ma'enduar! – lembrai!

Formas irregulares do imperativo

103 Dois verbos têm formas irregulares no imperativo: ÎUR / UR(A) e SÓ.

îur / ur(a) – vir: e-îori! – vem!   pe-îori! – vinde!
só – ir: e-kûãî! (ou e-kûá!) – vai!   pe-kûãî! (ou pe-kûá!) – ide!

A conjugação negativa do modo indicativo

104 Para se formar a conjugação negativa no modo indicativo, antepõe-se ao verbo a partícula **NA** (ou **NDA**) e se sufixa a ele -**I**. **NA** (ou **NDA**) perde o **A** antes de vogal.
Ex.:
SYK – chegar

conjugação afirmativa		conjugação negativa	
a-syk	chego, cheguei	n'a-syk-i	não chego, não cheguei
ere-syk	chegas etc.	n'ere-syk-i	não chegas etc.
o-syk	chega etc.	n'o-syk-i	não chega etc.
oro-syk	chegamos (excl.)	n'oro-syk-i	não chegamos (excl.)
îa-syk	chegamos (incl.)	n'îa-syk-i	não chegamos (incl.)
pe-syk	chegais etc.	na pe syk-i	não chegais etc.
o-syk	chegam etc.	n'o-syk-i	não chegam etc.

105 A negativa dos predicados nominais ou dos verbos da 2ª classe também se constrói com **NA...-I**.
Ex.:
porang
xe porang: **na** xe porang-i (*eu não sou belo*); nde porang: **na** nde porang-i (*tu não és belo*); i porang: **n'**i porang-i (*ele não é belo*) etc.

Mais uma transformação fonética

Regra 10
106 O fonema **I** depois de **Î** é absorvido por este se depois dele houver uma pausa.
Ex.:
poraseî – dançar   **n'a-poraseî** – não danço
O sufixo -**I** da forma negativa (**NA...-I**) encontra o **Î** do ditongo e é absorvido por ele.

Exercícios

I   Responda em tupi às seguintes perguntas sobre o texto inicial desta lição:

1. Marã-pe nde rera? Marã-pe nde sy rera? 2. Abá-pe Iperu 'y suí o-ur? 3. Onhe'eng-ype abaré Kunhambeba supé? 4. Umã-pe Pindobusu? 5. O-î-kuab-ype abaré Pindobusu? 6. Abá-abá-pe o-îase'o? 7. I ambyasy-pe Pa'i Rorẽso? 8. I ambyasy-pe Pindobusu? 9. O-îuká-pe Pindobusu so'o-etá ka'a-pe? 10. Mba'e-pe pa'i Rorẽso o-'u? 11. Mba'e tembi-'u-pe Pindobusu sy o-î-apó? 12. O-î-moka'ẽ-pe Pindobusu sy pirá o membyra supé? 13. Ere-karu umã-pe oîeí?

II   Reescreva as orações abaixo na forma negativa e na forma interrogativa (fazendo incidir a pergunta sobre o verbo), traduzindo-as:

1. Aîpó taba suí ere-îur. 2. Abaré o-gûapyk iké. 3. Pindobusu aîpó upá-pe kururu o-îuká. 4. Kunumĩ kûeî ka'a-pe pirá-ka'ẽ o-'u. 5. I tyb abá aîpó tá-pe. 6. I tyb minga'u aîpó ybyrá-nha'ẽ-me. 7. Pe ma'enduar kûeî abaré resé. 8. Xe sy pirá o-î-moka'ẽ abaré supé. 9. Oro-karu oré tutyra irũnamo. 10. Pe sy rera pe-î-kuab. 11. Xe sy gûé, nde marangatu! 12. Pe-îur pe taba suí. 13. Xe nhõ a-îur. 14. Nde nhõ ere-îur. 15. Abaré o-ur oîeí. 16. Mboîa kanga i puku. 17. Tugûy i pirang.

Vocabulário

nomes e verbos

kanga – osso; marangatu – bondoso, bom; mboîa – cobra; tugûy – sangue

outras categorias

nhõ – somente, só, apenas

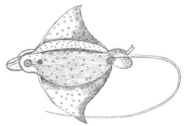

Narinari
Raia-pintada, peixe da família dos miliobatídeos
(Marc., Hist. Nat. Bras.)

III Traduza para o português:

1. Oro-îur Pindobusu taba suí. Oré ambyasy. 2. Abaré o-gûasem kó 'ara pupé. Pindobusu n'o-î-kuab-i. 3. Ebokûeî kunumĩ sy pirá o-î-moka'ẽ abaré supé. Abaré o-'u. 4. Kunumĩ so'o n'o-îuká-î. N'i tyb-i so'o ka'a-pe. 5. N'i tyb-i pirá-ka'ẽ kó nha'ẽ pupé. 6. Morubixaba o-ur kó 'ara pupé. N'o-gûapyk-i. 7. So'o o kûara pupé o-karu. 8. Îa-î-pysyk îandé ybyrá-nha'ẽ. Pirá îa-'u. 9. E-îori kunumĩ gûé, e-karu nde sy irũnamo! 10. Nd'i tyb-i tugûy nde pó-pe. 11. Morubixaba kó 'ara pupé so'o n'o-î-ybõ-î. So'o ka'a-pe o-nhan. 12. Abá pirá n' o-î-kutuk-i. U'uba n' i puku-î. 13. Kunumĩ upá-pe n'o-'ytab-i. Upaba n'i porang-i. 14. Aîpó abá ka'a suí n'o-îebyr-i. 15. Nde sy tembi-'u n'o-î-apó-î o mena supé. Nde sy n'i marangatu-î. 16. Abá n'o-gûasem-i. 17. N'a-îo-mim-i xe pindá kûeî so'o kûara pupé. 18. A'e-pe nde sy tembi-'u o-î-apó? 19. Kunumĩ n'o-'ar-i akûeî ygara pupé. A'e o-só 'ytu-pe. 20. N'a-îegûaru-î kó kururu suí. N'i poxy-î. 21. Ebokûeî abaré nhõ o-gûasem. 22. Nde mena o-ur o sy resé. 23. Kunhã-etá o-ur aîpó taba suí. 24. Ere-îur-ype aîpó nhũ suí?

IV   Para praticar o uso do modo imperativo, as interrogações com marã-pe? (como? qual? por quê?) e o verbo îur / ur(a) (vir), verta para o tupi (nas interrogações com por quê? verta das outras maneiras possíveis que você aprendeu):

1. Vem! 2. Sentai! 3. Como apanhaste a onça? 4. Comei! 5. Vinde! 6. Mata-o! 7. Fazei-o! 8. Nada! 9. Como nadas naquele (vis.) lago? 10. Fica! 11. Como vieste de Reritiba? 12. Como chegaste? 13. Enterrai-o! 14. Lembra-te de mim! 15. Como viestes de Nhoesembé? 16. Matai-o! 17. Come-o! 18. Por que fazes comida? 19. Lembrai-vos de mim! 20. Respira! 21. Vai para a mata, Pindobuçu! 22. Ide para a aldeia, ó (de m.) meus bons companheiros! 23. Vai para Reritiba, ó (de h.) minha mãe! 24. Vem comigo! 25. Ide com o padre, ó (de h.) meus companheiros! 26. Vai para a enseada do rio, ó minha mãe! (de m.) 27. Vinde, meus companheiros. Já fiz a comida. 28. Fala ao português! 29. Sai desta (vis.) aldeia! 30. Vem para minha aldeia. 31. Como conheceste a mãe de Pindobuçu? 32. Por que vieste para minha aldeia? 33. Por que mataste esta (vis.) paca? 34. Por que correste? 35. Por que dormes? 36. Por que resmungas? 37. Por que tens nojo dos sapos? 38. Por que viestes com o padre? 39. Por que vens com esse (vis.) homem branco? 40. Por que não moras nesta (vis.) aldeia?

Vocabulário

nomes e verbos

bom – katu; comer (trans.) – 'u; onça – îagûara (ou îagûareté);

padre – abaré; resmungar (intr.) – kuruk; vir – v. § 99

outras categorias

como? – marã-pe?; já – umã;

por quê? – marã-pe? marã-namo-pe? mba'e resé-pe?

Carnaúba
Caranaíba, palmeira do Norte do Brasil,
do gênero *Copernicia*
(Marc., *Hist. Nat. Bras.*)

O tupi em nossa toponímia e no português do Brasil

I   Na língua tupi têm origem muitos termos do português do Brasil relativos à culinária:

mingau, pirão, paçoca, pipoca, moquém

Tente descobrir de que termos tupis originam-se as palavras acima.

II   Dê a etimologia dos seguintes nomes: a. Avaré; b. Itapetininga; c. Peruíbe

Leitura complementar

A saudação lacrimosa

Entrando-lhe algum hóspede pela casa, a honra e agasalho que lhe fazem é chorarem-no. Entrando, pois, logo o hóspede na casa, o assentam na rede e, depois de assentado, sem lhe falarem, a mulher e filhas e mais amigas se assentam ao redor, com os cabelos baixos, tocando com a mão na mesma pessoa, e começam a chorar todas em altas vozes, com grande abundância de lágrimas e ali contam em prosas trovadas quantas coisas têm acontecido desde que se não viram até aquela hora e outras muitas que imaginam e trabalhos que o hóspede padeceu pelo caminho e tudo o mais que pode provocar a lástima e o choro. O hóspede, nesse tempo, não fala palavra, mas depois de chorarem por bom espaço de tempo, limpam as lágrimas e ficam tão quietas, modestas, serenas e alegres que parece (que) nunca choraram e logo se saúdam e dão o seu Ereîupe, *e lhe trazem de comer etc., e depois dessas cerimônias contam os hóspedes ao que vêm. Também os homens se choram uns aos outros, mas é em casos alguns graves, como mortes, desastres de guerra etc. Têm por grande honra agasalharem a todos e darem-lho todo o necessário para sua sustentação e algumas peças como arcos, flechas, pássaros, penas e outras coisas, conforme a sua pobreza, sem algum gênero de estipêndio.**

Fernão Cardim, *Tratados da Terra e da Gente do Brasil.*

* **estipêndio** – retribuição por algo feito

Saudação lacrimosa
dos índios tupinambás
(De Bry)

7 · Tupã nhe'enga

Padre Vieira a converter índios (Arquivo Ultramarino, Lisboa, Portugal)

– Marã-pe nde r-era?
– Como é teu nome?
– Aîmbiré.
– Aimbirê.
– T-e(ra)-porang-a!
– Nome bonito!
– T-uba, T-a'yra, Espírito Santo r-era pupé. Ere-î-kuab-ype
– Em nome do Pai, do Filho e do Espírito Santo. Conheces
opakatu Tupã asé r-ekomonhangaba?
todos os mandamentos de Deus à gente?
– **A-î-kuab mosapyr t-ekomonhangaba:**
– Conheço três mandamentos:

    T-ekomonhangab-ypy: E-î-moeté oîepé Tupã.
    Mandamento primeiro: Honra um (só) Deus.

88

lição 7 • Tupã nhe' enga

T-ekomonhangaba mokõîa: E-î-moeté domingo.

Mandamento segundo: Honra o domingo.

T-ekomonhangaba mosapyra: E-î-moeté nde r-uba nde sy abé.

Mandamento terceiro: Honra teu pai, tua mãe também.

– Mboby-pe a'e Tupã?

– Quantos são aquele Deus?

– Oîepé nhõ.

– Um somente.

– Abá-pe Tupã?

– Quem é Deus?

– Opakatu mba'e tetiruã monhangara.

– O criador de todas e quaisquer coisas.

– Marã-marã-pe a'e mosapyr abá-ybakygûara r-era?

– Quais são os nomes daquelas três pessoas celestiais?

– Tupã T-uba, Tupã T-a'yra, Tupã Espírito Santo.

– Deus Pai, Deus Filho, Deus Espírito Santo.

– O-î-kuab-ype nde r-a'yra Tupã asé r-ekomonhangaba?

– Teu filho conhece os mandamentos de Deus à gente?

– Pá. O-î-kuab.

– Sim. Conhece-os.

– Xe r-a'y'-katu gûé, e-î-monhang Îandé Îara r-emimotara!

– Ó meu bom filho, faze a vontade de Nosso Senhor!

Ta nde ma'enduar Tupã asé r-ekomonhangaba r-esé.

Que tu te lembres dos mandamentos de Deus à gente.

Asé r-embi-'u-eté Tupã nhe'enga.

A comida verdadeira da gente é a palavra de Deus.

(Finalmente o padre diz, rezando:)

– T'o-ur nde Reino! T'oro-î-monhang nde r-emimotara îepi.

– Que venha teu Reino! Que façamos tua vontade sempre.

T'oro-î-kuab t-ekokatu. Tupã t'o-îkó pe irũnamo.

Que conheçamos a virtude. Deus esteja convosco.

CATECISMO
NA LINGOA
BRASILICA, NO QVAL
SE CONTEM A SVMMA
DA DOCTRINA CHRIS-
tã. Com tudo o que pertence aos
Mysterios de nossa sancta Fe
& bõs custumes.

*Composto a modo de Dialogos por Padres
Doctos, & bons lingoas da Companhia de IESV.*

Agora nouamente concertado, ordenado, & acrescentado pello Padre
Antonio d'Araujo Theologo,
& lingoa da mesma
Companhia.

Com as licenças necessarias.

Em Lisboa por Pedro Crasbeeck. anno 1618.
A custa dos Padres do Brasil.

Vocabulário

nomes e verbos

a'yra (t-, t-) — filho (em relação ao h.)

ekokatu (t-) — bom proceder; +virtude

ekomonhangaba (t-) — lei; +mandamento

emimotara (t-) — vontade

era (t-) — nome

îara — senhor

moeté (trans.) — honrar

monhangara — fazedor; criador

nhe'enga — fala; palavra

Tupã — gênio do trovão e do raio; + Deus.

uba (t-, t-) — pai

ybakygûara — o habitante do céu (adj. — ybakygûar — celestial)

ypy — primeiro

outras categorias

îepi (adv.) — sempre

marã-marã-pe? — como? quais? (referindo-se a mais de um)

mokõîa (num.) — segundo

mosapyr (num.) — três

mosapyra (num.) — terceiro

oîepé (num.) — um, uma

opab; opá; opakatu (part.) — todo(-a), todos(-as); tudo

tetiruã (part.) — qualquer, quaisquer. Vem sempre posposto ao substantivo

107 T-A'YRA é o filho homem em relação ao pai.
Ex.:
Kunhambeba *r-a'yra* **Pindobusu.** — O *filho* de Cunhambeba é Pindobuçu.
(A filha em relação ao pai é **t-aîyra**.)

lição 7 • Tupã nhe' enga

MEMBYRA é o filho ou a filha em relação à mãe.
Ex.:
'Ybotyra *membyra* **Îasy.** – A *filha* de Potira é Jaci.
'Ybotyra *membyra* **Pindobusu.** – O *filho* de Potira é Pindobuçu.

Explicação gramatical

Os substantivos pluriformes

108 A maior parte dos substantivos, adjetivos, verbos e posposições tupis tem uma só forma de se expressar. Essas palavras se chamam *uniformes*.
Ex.:
aoba – roupa   **pindá** – anzol   **itá** – pedra

109 Existem, porém, palavras que apresentam várias formas de se expressar, recebendo diferentes *prefixos de relação* (**T-, R-, S-**): são os *pluriformes*. Tratamos aqui dos *substantivos pluriformes*.
Ex.:
era, t-era, r-era, s-era – nome

A forma **ERA**, acima, é o *tema*. Nos vocabulários deste livro, indicaremos um pluriforme sempre com seu tema, seguido por um **(t-), (t-, t-), (r- s-), ( ) (r-,s-)** ou **(s-, r-, s-)** entre parênteses, que indicam que tipo de pluriforme ele é.
A forma em **T-** (p.ex. **T-ERA**) se chama *forma absoluta*.

110 A forma absoluta é usada quando a palavra é independente como sujeito ou como objeto, sem exigir outra palavra para completar-lhe o sentido.
Ex.:
O nome é bonito!   **T-era i porang!** (Léry, *Histoire*, 341)

Se quisermos dizer, em tupi, *nome bonito*, de forma absoluta, sem relacionarmos o termo *nome* a algum substantivo ou possessivo, diremos **t-e(ra)-poranga**. Agora, se quisermos relacionar a palavra com um possessivo e dizer *meu nome*, diremos, em tupi, **xe** *r-era*. Se quisermos dizer *nome do menino*, verteremos por **kunumĩ** *r-era*. Se quisermos dizer *nome dele*, diremos **s-era**. As formas em **R-** e **S-** (p.ex., **R-ERA** e **S-ERA**) se chamam *formas relacionadas* ou *formas construtas*.

111 A forma relacionada em **R-** é usada quando o vocábulo pluriforme é imediatamente precedido por um possessivo de 1ª ou 2ª pessoas (singular ou plural) ou por um substantivo com o qual ele esteja em relação genitiva ou do qual ele dependa gramaticalmente.
Ex.:
t-emimotara   **xe r-emimotara**   **xe r-uba r-emimotara**
vontade   minha vontade   a vontade de meu pai

t-ekokatu	nde r-ekokatu	xe sy r-ekokatu
virtude	tua virtude	a virtude de minha mãe
	(i.e., a virtude de ti)	

t-ugûy – sangue	pe r-ugûy – vosso sangue	paka r-ugûy – o sangue da paca
t-eté – corpo	nde r-eté – teu corpo	abá r-eté – o corpo do índio

112   A forma relacionada em **S-** é usada quando se refere à 3ª pessoa sem substantivo. O **S-** é pronome de 3ª pessoa e equivale ao pronome I (usado com os substantivos uniformes) e significando *ele(s), ela(s), seu(s), sua(s)*.

Ex.:

com substantivo: **kunumĩ** *r-era* – o nome do menino (Anch., *Arte*, 9v)

com pronome: **Santa Maria** *s-era* (...) – Santa Maria é o nome dela. (Anch., *Poemas*, 88)

Assim:

o corpo dele: **s-eté**, mas **Pedro** *r-eté* – o corpo de Pedro (Anch., *Arte*, 12v)

o sangue dele: **s-ugûy**, mas **mba'e** *r-ugûy* – o sangue do ser bruto (*VLB*, II, 112)

113   Com o possessivo reflexivo **O** usa-se a forma do tema, sem prefixos **R-**, **S-** ou **T-**.

Ex.:

Og *uba* **anhõ-pe abá o-s-apîá?** (...) – A seu pai somente uma pessoa obedece? (Araújo, *Cat. Líng. Bras.*, 68v)

N'o-î-nupã-î xûé-te-pe abá o *a'yra*, **o** *embiaûsuba*-**ne?** – Mas não castigará o homem seu filho e seu escravo? (Araújo, *Cat. Líng. Bras.*, 69v)

Assim, se perguntarmos como se diz *nome* em tupi, a resposta deverá ser *t-era*. Nunca se poderia dizer simplesmente *era*. Desse modo, quando vemos nos vocabulários **era (t-)**, *nome*, isso significa que essa palavra é pluriforme e que sua forma absoluta é em **t-**.

Como diríamos em tupi: *Não havia sangue?* Sabendo-se que *sangue*, em tupi, é **ugûy (t-)**, pluriforme, devemos dizer assim:

      N'i tyb-i *t-ugûy*. (Anch., *Poemas*, 118)

Se quisermos relacionar *sangue* com *menino*, com *Pedro* ou com um pronome pessoal e dizer *sangue do menino* ou *sangue de Pedro* ou *sangue de ti* (ou *teu sangue*), fazendo uma relação genitiva, diremos:

      kunumĩ *r-ugûy* (sangue do menino)

      Pedro *r-ugûy* (sangue de Pedro)

      nde *r-ugûy* (teu sangue)

Agora o substantivo **ugûy (t-)** está na *forma relacionada* ou *construta*.

Observações

114   Os pluriformes, quando significam partes do corpo ou coisas que poderiam ser humanas, quando estiverem na forma absoluta (com **T-**) referem-se, geralmente, a seres humanos (Anch., *Arte*, 15).

Assim,
t-eté significa *corpo humano, corpo de gente* (Anch., *Arte*, 15)
t-esá significa *olho humano* (Anch., *Arte*, 15)
t-o'o significa *carne humana* (Anch., *Arte*, 15)
t-e'õmbûera significa *cadáver humano* (Anch., *Arte*, 15)
t-amũîa significa *avô de gente* (Anch., *Arte*, 15)

Agora:
t-ûaîa – rabo, cauda (O **t-**, aqui, não se refere a pessoa porque *cauda* não pode dizer respeito ao ser humano, mas só a animais. Assim, **t-ûaîa** é só uma forma absoluta, mas sem referência ao homem.)
t-y – água, sumo, caldo (Anch., *Arte*, 13) (O **t-**, aqui, expressa a forma absoluta, mas não faz referência ao ser humano. *Água* não pode ser obra humana.)

Desse modo:

115 O prefixo **T-** só se refere a seres humanos se o substantivo que ele acompanhar disser respeito a algo que possa ser humano. Não designando o substantivo algo que possa ser humano, o prefixo **T-** refere-se, de forma absoluta e genérica, a seres inferiores.

116 Na relação genitiva com composição, caem os prefixos de relação na fronteira entre as palavras (v. § 54 e § 58), além de caírem também os sufixos da palavra anterior (a que chamamos *determinante* ou *genitivo*).
Ex.:
Tupã r-oka – a casa de Deus   Agora: **Tupã-oka** – *casa de Deus, igreja*
                                    (em sentido genérico – veja que cai o prefixo **r-**)
tatu r-apé – o caminho do tatu Agora: **tatu-apé** – *caminho de tatus*
                                    (em sentido genérico – cai o prefixo **r-**)

Antiga igreja de Reritiba, no Espírito Santo (hoje, Anchieta), construída no século XVI

Alguns substantivos pluriformes irregulares

(O ☐ indica onde está a irregularidade.)

117 Tipo I **(T-, T-)** – Substantivos com *t-* em lugar do *s-* de 3ª pessoa:

uba – pai   t-uba – pai (forma absoluta)   **xe r-uba** – meu pai
☐t☐-uba – pai dele
o uba – pai dele próprio (ou **og uba** – v. § 48)

a'yra – filho   t-a'yra – filho (forma absoluta)
              xe r-a'yra – meu filho
              ☐t☐-a'yra – filho dele
              o a'yra – filho dele próprio

118 Indicaremos com (**t-,t-**) os nomes que tiverem *t-* como possessivo de 3ª pessoa, em lugar do *s-: uba (t-, t-), a'yra (t-, t-)* etc.

119 Tipo II **(R-, S-)** – Substantivos com a forma absoluta sem *t-* (igual ao tema):

oka – casa   ☐oka – casa (forma absoluta)
              xe r-oka – minha casa
              s-oka – casa dele
              o oka – casa dele próprio (ou **og oka** – v. § 48)

u'uba – flecha   ☐**u'uba** – flecha (absoluto)
                 xe r-u'uba – minha flecha
                 s-u'uba – flecha dele
                 o u'uba – sua própria flecha (ou **og u'uba** – v. § 48)

120 Tipo III ( ) **(R-, S-)** – Substantivos com a forma absoluta sem *t-* e diferente do tema:

(e)nha'ẽ – prato   ☐nha'ẽ – prato (absoluto)
                  xe r-enha'ẽ – meu prato
                  s-enha'ẽ – seu prato
                  o enha'ẽ – seu próprio prato

(a)pé – caminho   ☐pé – caminho (absoluto)
                 xe r-apé – meu caminho
                 s-apé – caminho dele
                 o apé – seu próprio caminho

121 Indicaremos os substantivos de tipo II e III com (**r-, s-**), mostrando que eles não levam *t-* na forma absoluta, mas somente *r-* e *s-* nas formas relacionadas. Indicaremos, com parênteses, os fonemas que caem na forma absoluta [tipo III: p.ex.: **(e)nha'ẽ**].

lição 7 • Tupã nhe' enga

122 Tipo IV (**S-, R-, S-**) – Substantivos com a forma absoluta em *s-*:

apó – raiz   **s̄-apó** – raiz (absoluto)
ybyrá r-apó – raiz da árvore
s-apó – sua raiz
o apó – sua própria raiz

123 Indicaremos com (**s-, r-, s-**) os substantivos que tiverem a forma absoluta em *s-*.

Há também alguns substantivos que apresentam irregularidades especiais e que não serão aqui mencionados.

124 Há muitos substantivos uniformes começados por *t*. O *t*, nesse caso, não é prefixo, mas faz parte do *tema* do substantivo. Os nomes de *animais*, *plantas* e *frutas* que começam por *t* são sempre uniformes.
Ex.:

Tupã – Deus	**taba** – aldeia
tatu – tatu	**tapiti** – coelho
tapi'ira – anta	**tinga** – brancura

Os substantivos transitivos (revisão)

Você já viu na lição 4 que um verbo transitivo, ao se tornar substantivo, fica sendo um *substantivo transitivo*. Assim,

125 Os substantivos também podem ser *intransitivos* ou *transitivos*.

Saída, beleza, chegada, roupa são *intransitivos*. Quando estiverem em relação genitiva, o determinante (ou genitivo) é o sujeito ou aquele que tem a posse:
    saída dele (*ele* é o sujeito), **roupa dele** (*ele* tem a posse)

Lembrança, amor, perdão, vista, ordem etc. são substantivos *transitivos*.

126 Em relação genitiva, os substantivos transitivos podem ter dois determinantes, um que será o sujeito (determinante [ou *genitivo*] ativo) e outro que será o objeto (determinante [ou *genitivo*] passivo).

Assim:
o ódio / de mim / de ti
    det.   *det.*

Há aqui dois determinantes, um ativo e outro passivo.

Essa construção, em português, tem duplo sentido: *Sou eu que te odeio* ou *és tu que me odeias?* Em tupi antigo, porém, não há ambiguidade:

127 Em tupi antigo, o determinante passivo vem imediatamente antes do substantivo com o qual ele está em relação genitiva e o determinante ativo vem antes do passivo.

Assim:

nde xe **amotare'yma** (Fig., *Arte*, 70) – o ódio de mim (genitivo passivo) de ti (genitivo ativo). I.e., és tu que me odeias.

Invertendo-se, agora, a posição dos pronomes, temos:

xe nde **amotare'yma** – o ódio de ti (genitivo passivo) de mim (genitivo ativo). – Agora sou eu quem te odeia.

No texto da lição 7 nós lemos:

Tupã asé **r-ekomonhangaba** – O mandamento de Deus da gente, o mandamento que Deus (genitivo ativo) dá para a gente (genitivo passivo). (Araújo, *Cat. Líng. Bras.*, 5)

Outros exemplos:

aûsuba (t-) – amor
xe Tupã r-aûsuba – meu amor a Deus (Fig., *Arte*, 70)
Tupã xe r-aûsuba – o amor de Deus a mim

Os numerais

128 Em tupi, somente se conta até quatro. Acima de quatro, fazem-se circunlóquios para se exprimirem os numerais.

Por exemplo, para dizer o correspondente a *dez*, os índios da costa diziam **xe pó** (*minhas mãos*). Para dizer *vinte*, diziam **xe pó xe py** (*minhas mãos e meus pés*), referindo-se, é evidente, aos dedos. Os missionários passaram a utilizar também os numerais do português em tupi:

Dez **Tupã asé r-ekomonhangaba**. – Dez são os mandamentos de Deus à gente. (Araújo, *Cat. Líng. Bras.*, 5)

Também se costumava dizer **nã** – *assim*, mostrando-se o número de dedos equivalente ao número que se desejava expressar. (*VLB*, II, 124)

129 O numerais cardinais em tupi são:
1 – **oîepé**   3 – **mosapyr**
2 – **mokõî**   4 – **[oîo]irundyk**

130 Os numerais ordinais são:
ypy – primeiro   **mosapyra** – terceiro
mokõîa – segundo   **[oîo]irundyka** – quarto

lição 7 • Tupã nhe' enga

131 Os numerais cardinais antepõem-se ou pospõem-se ao nome a que se referem. Ex.:

(...) *oîepé* **kunhã** ou **kunhã** *oîepé* – uma mulher (Anch., *Arte*, 9v)
mokõî apŷaba ou **apŷaba** *mokõî* – dois homens (Anch., *Arte*, 9v)
Mosapyr **abá o-ur**. (Anch., *Arte*, 9v) ou **Abá** *mosapyr* **o-ur**. – Três pessoas vieram.

132 Os numerais ordinais sempre se pospõem ao substantivo a que se referem. Ex.:

t-a'yr-*ypy* – primeiro filho (*VLB*, II, 84)
i îybá *mokõîa* – seu segundo braço (Araújo, *Cat. Líng. Bras.*, 62v)
'ara *mosapyra* – terceiro dia (Anch., *Arte*, 9v)
apŷaba *mosapyra* – o terceiro homem (Anch., *Arte*, 9v)

O modo permissivo

Na lição 7, aparecem verbos que se encontram no *modo permissivo*.

133 O modo permissivo constrói-se antepondo-se a partícula **TA** às formas do indicativo.
Ex.:

PYTÁ		MA'ENDUAR (XE)	
t'a-pytá	que fique	ta xe ma'enduar	que eu lembre
t'ere-pytá	que fiques	ta nde ma'enduar	que tu lembres
t'o-pytá	que fique	t'i ma'enduar	que ele lembre
t'oro-pytá	que fiquemos (excl.)	t'oré ma'enduar	que nós lembremos (excl.)
t'îa-pytá	que fiquemos (incl.)	t'îandé ma'enduar	que nós lembremos (incl.)
ta pe-pytá	que fiqueis	ta pe ma'enduar	que vós lembreis
t'o-pytá	que fiquem	t'i ma'enduar	que eles lembrem

KUAB	
t'a-î-kuab	que (eu) o saiba
t'ere-î-kuab	que (tu) o saibas
t'o-î-kuab	que (ele) o saiba
t'oro-î-kuab	que (nós) o saibamos (excl.)
t'îa-î-kuab	que (nós) o saibamos (incl.)
ta pe-î-kuab	que (vós) o saibais
t'o-î-kuab	que (eles) o saibam

134 Como se viu, **TA** perde o **A** antes de vogal e de Î.

135 O permissivo exerce algumas funções do presente do subjuntivo do português. Expressa uma deliberação da pessoa, como que pedindo permissão para que se façam as coisas ou como que permitindo que elas sejam feitas. Exprime, também, um desejo que se quer ver realizado.
Ex.:

T'o-manõ. – Que morra, isto é, *que possa morrer*. (Araújo, *Cat. Líng. Bras.*, 56v)

*T'*o-ur nde Reino. – Que venha teu Reino, i.e., que possa vir teu Reino, *que seja permitido que ele venha*. (Araújo, *Cat. Líng. Bras.*, 13v)

*T'*oro-î-monhang nde r-emimotara. – Que façamos tua vontade, ou seja, *que possamos fazer tua vontade*.

136 O permissivo também pode corresponder à 1ª e à 3ª pessoas do imperativo do português. Expressa mais um convite, uma exortação que uma ordem.

Ex.:
Vamos comigo! – *T'*îa-só xe irũmo! (1ª pess. pl.) (Anch., *Arte*, 23v)
Que Pedro me mate! – *Ta xe îuká Pedro!* (Fig., *Arte*, 152)
Deus esteja contigo. – **Tupã *t'*o-îkó nde irũnamo**. (Cardim, *Tratados da Terra e Gente do Brasil*, 184)

Oca
(C. Cardoso)

137 O permissivo pode também traduzir-se pelo presente do subjuntivo do português, antecedido de *para que*. É usado, assim, para formar o correspondente a *orações subordinadas adverbiais finais*, do português.

Ex.:
Traze peixe | para que o coma.
            oração sub. adv. final
E-ru pirá | t'a-'u-ne. (Anch., *Arte*, 23)

Arranca-te o nome | (...) para que sejas muito famoso.
            oração sub. adv. final
E-îerok | (...) ta nde r-erapûã-ngatu.
            (Anch., *Teatro*, 46)

138 Com o permissivo também se vertem para o tupi frases com o verbo *haver* ou *ir*, no sentido deliberativo, geralmente com a partícula **-NE** (que se pospõe ao verbo) e mais comumente com a 1ª pessoa.

Ex.:
*T'*a-só-ne. – Hei de ir. (Anch., *Arte*, 23)
*T'*a-î-ybõ-ne. – Hei de flechá-lo ou Vou flechá-lo. (Anch., *Teatro*, 32)
*T'*a-î-papá-ne i angaîpaba (...). – Hei de contar seus pecados. (Anch., *Teatro*, 34)

Exercícios

Nos vocabulários deste manual, indicaremos um substantivo pluriforme sempre por seu tema, seguido por um (t-), (t-, t-), (r-, s-) ou (s-, r-, s-) entre parênteses, que indicam que tipo de pluriforme ele é. Indicaremos com parênteses os fonemas que caem na forma absoluta (substantivos pluriformes irregulares do tipo III).

I   Responda em tupi às seguintes perguntas:

1. Ere-só-py'i-pe Tupãok-ype domingo 'ara pupé? 2. Marã e'i-pe* Tupã asé r-ekomonhangab-ypy? 3. Ere-î-monhang-ype opakatu nde r-uba r-emimotara? 4. O-î-moeté-pe opakatu t-a'yra og uba?

*marã e'i-pe – *como diz, como se enuncia*

Iaroba
Jaroba, arbusto escandente da família das bignoniáceas; seu fruto serve como cabaça (Marc., *Hist. Nat. Bras.*)

II Para praticar o uso dos substantivos pluriformes, verta para o tupi:

1. Meu pai é bondoso. Teu pai é bondoso. Potira honra seu próprio pai. O pai da mulher é bondoso. O pai dela é bondoso. O pai bondoso honra Potira.
2. Minha vontade, tua vontade, sua vontade, sua própria vontade, nossa (incl.) vontade, vontade de Deus, vontade boa.
3. Meu corpo é bonito. Teu corpo é bonito. Seu corpo é bonito. O corpo do índio é bonito. Vosso corpo é bonito. Corpo bonito!
4. Minha virtude, tua virtude, sua virtude, sua própria virtude, nossa (excl.) virtude, virtude do padre, virtude de minha mãe, virtude celestial.
5. Minha casa é comprida. Tua casa é comprida. Sua casa é comprida. A casa do padre é comprida. Casa comprida! Caiobi fez sua própria casa.
6. Meu nome é Pindobuçu. Teu nome é Pindobuçu. Seu nome é Pindobuçu. A mulher conhece seu próprio nome. Nosso (excl.) nome é bonito. O nome do menino é bonito. Nome bonito! O nome de minha mãe é bonito.
7. Esta (vis.) flecha é comprida. Tua flecha é comprida. A flecha dele é comprida. A flecha de Cunhambebe é comprida. Cunhambebe fez suas próprias flechas. Flecha comprida!
8. Como carne (humana). Tua carne é vermelha. A carne dele é vermelha. Carne vermelha!
9. Aquele (n. vis.) chefe é mau. Vosso chefe é mau. O chefe dele é mau. Caiobi matou seu próprio chefe. Chefe mau!
10. O caminho é difícil. O caminho do tatu é difícil. Caminho de tatu é difícil (v. § 116). O caminho da anta é difícil. Caminho de anta é difícil (v. § 116). O caminho da canoa é difícil. Caminho de canoa é difícil (v. § 116). O caminho deles é difícil. Meu caminho é difícil. Caminho difícil é este (vis.).
11. A fileira das pedras; fileira de pedras; a fila dos meninos; fila de meninos.
12. A casa do carijó; casa de carijós; a casa do papagaio; casa de papagaios; a casa do buriqui; casa de buriquis; casa de parentes; a vasilha das frutas; vasilha de frutas.

Vocabulário

nomes e verbos

bondoso – katu; angaturam
buriqui – mbyryki (var. de macaco)
caminho – (a)pé (r-, s-)
carne – o'o (t-)
carijó – kariîó (nome de grupo indígena)
casa – oka (r-, s-)
celestial – ybakygûar
chefe – ubixaba (t-, t-)
comprido – puku
corpo – eté (t-)
Cunhambebe – Kunhambeba
difícil – abaíb
fileira, fila – ysy (t-)
flecha – u'uba (r-, s-)
honrar – moeté
mau – aíb
nome – era (t-)
pai – uba (t-, t-)
papagaio – aîuru
parente – mũ
vasilha – uru (r-, s-)
virtude – ekokatu (t-)
vontade – emimotara (t-)

III Passe o verbo das orações abaixo para o modo permissivo, traduzindo as frases:

1. Ere-î-kuab opakatu Tupã asé r-ekomonhangaba. 2. Aîpó 'y pupé îa-'ytab. 3. Pe r-a'yra pe-îo-su'-py'i. 4. Xe r-uba irũnamo Rerity-pe a-pytá. 5. Xe sy mboîa o-îo-tym. 6. Ikó kunhã morubixaba tetiruã o-î-moeté. 7. Abaré akûeî taba suí o-ur 'ara mokõîa pupé. 8. T-embi-'u nhõ îa-î-apó. 9. Abá og uba o-î-moeté. 10. Xe r-emimotara nhõ pe-î-monhang. 11. Ere-îur domingo pupé. 12. Taba îara abá tetiruã o-î-kuab. 13. Ybyrá îara o-î-ybõ opakatu îagûara. 14. Abá-ybakygûar-a o-ur.

Araçari
Ave piciforme da família dos ranfastídeos, também conhecida como *tucaninho* (Marc., *Hist. Nat. Bras.*)

IV Coloque os substantivos em negrito em relação genitiva com o termo entre parênteses. Traduza.

Mod.:
T-uba i marangatu. (kunumĩ)   **Kunumĩ r-uba** i marangatu.
O pai é bondoso.   O pai do menino é bondoso.

100

lição 7 • Tupã nhe' enga

1. **T-a'yra** i porang. (xe)
2. **T-era** i porang-eté. (abaré)
3. Aîpó **t-ekomonhangaba** i katu. (asé)
4. **S-ugûy** i pirang. (paka)
5. **T-esá** i apu'a. (Pindobusu)
6. **T-eté** i nem. (nde)
7. **Oka** i ky'a. (îandé)

Vocabulário

nomes

apu'a – redondo (esférico)

esá (t-) – olho

eté (t-) – corpo

ugûy (t-) – sangue

V   Para praticar o uso do modo permissivo em orações subordinadas finais, faça conforme o modelo. Traduza as frases obtidas.
Mod.:

A-îur. Ere-ker.   **A-îur t'ere-ker.**
Vim. Dormes.   Vim para que durmas.

1. Ere-î-apó t-embi-'u. A-'u. 2. A-îuká so'o-ypy. Ere-î-moka˜e. 3. Oro-î-monhang kysé mosapyr Araryboîa supé. A'e o-îuká tatu mokôî. 4. Ere-nhe'eng peró mokôîa supé. A'e 'y kûâ suí o-ur. 5. Oro-îebyr. Pirá-ka'ē ere-'u. 6. Pe-î-pysyk pirá mosapyr. A-'u. 7. Kunumî o-ur. Oîoirundyk pirá a-î-moka'ē.

Vocabulário

mokôî (num.) – dois; oîoirundyk (num.) – quatro

VI   Verta para o tupi:

1. A mãe de Caiobi espeta quaisquer peixes.
2. O pai de Arariboia conhece todos os índios.
3. Faço tua vontade em nome de Deus.
4. Meu pai honra tua virtude.
5. Teu filho (de h.) honra nosso (incl.) pai.
6. Teu filho (de m.) honra tua virtude.
7. O nome daquele menino é muito bonito.
8. Olhos bonitos!
9. Os olhos dela são bonitos.
10. Vossa casa é vermelha.
11. O padre veio no terceiro dia com sua mãe.
12. Quais são os nomes daqueles meninos?
13. Quais são os anzóis de teu filho (de m.)?
14. Quais são as flechas do senhor da aldeia?
15. Eu me lembro da tua vinda.
16. Eu voltei por causa da vinda de Arariboia.

Vocabulário

nomes

anzol – pindá
Arariboia – Araryboîa
Caiobi – Ka'ioby
Deus – Tupã, Tupana
dia – 'ara
filho (de h.) – a'yra (t-, t-)
filho (de m.) – membyra
olho – esá (t-)
senhor – îara

terceiro – mosapyra
vinda – o verbo vir em tupi é îur, ur(a) (t-, t-), i.e., no infinitivo (forma substantiva) ele é pluriforme.

outras categorias

muito (adv.) – eté; katu
quais? – marã-marã-pe? /mba'e-mba'-pe?
qualquer, quaisquer – tetiruã
todo(a), todos(as) – opakatu; opá

VII Para diferenciar o uso dos pronomes **I** e **S-**, transforme as orações abaixo conforme o modelo. Traduza as frases.
Mod.:
Kunhã aoba i porang.   *I* **aoba i porang.** – A roupa dela é bonita.
Kunhã r-era i porang.   *S*-**era i porang.** – O nome dela é bonito.

(Atenção! Com certos pluriformes o pronome de 3ª pessoa é **T-** e não **S-**.)

1. Pindobusu r-oka i pirang. 2. Tatu r-apé i puku. 3. Pedro r-a'yra o-îkó iké. 4. Mboîa akanga i peb. 5. Ka'ioby r-ugûy i pirang. 6. Abaré r-esá i porang. 7. Kunumĩ r-eté i kyrá. 8. Maria r-era i porang. 9. Pindobusu o-î-moeté Pedro r-ekokatu. 10. Maria r-emimotara i katu. 11. Abá r-epuru i apu'a. 12. Tatu kûara i apu'a. 13. A-î-pysyk 'Ybotyra r-enha'ẽ. 14. Ka'ioby r-uba i angaîbar.

Vocabulário

nomes

(a)pé (r-, s-) – caminho
(e)nha'ẽ (r-, s-) – prato
(ep)uru (r-, s-) – vasilha, recipiente (em relação à pessoa que o possui – v. nota 20 do vocabulário da lição 35)

oka (r-, s-) – oca, casa indígena
peb – chato, achatado

Fabricação do cauim
(Staden, *DVB*)

lição 7 • Tupã nhe' enga

O tupi em nossa toponímia e no português do Brasil

Com base no vocabulário desta lição e das anteriores, responda às questões seguintes:

1. De onde vem a expressão *pare com este* **nhenhenhém**? Que significa ela?
2. Sabendo que **îara**, em tupi, significa *senhor, dono*, dê a etimologia de:

a. Tabajara   b. Ubirajara (*ybyrá* + *îara*)   c. Maiara (*mba'e* + *îara*)

3. O adjetivo tupi **porang** aparece em muitos nomes de lugares no Brasil. Você é capaz de mencionar cinco topônimos que contenham esse adjetivo (p.ex., Itaporanga)?

4. Sabendo que, em tupi, **t-etama** significa *terra, região*, explique, etimologicamente, o nome da localidade pernambucana de **Tupãretama**. Por que a palavra que designa *terra, região* assumiu, nesse nome, a forma **retama**?

5. Com base no vocabulário das lições e no que é dado abaixo, dê a etimologia dos seguintes vocábulos:

a. Tatuapé   b. Tapirapé   c. Ajuruoca   d. carioca   e. Itaici
f. Sapopemba   g. Bertioga   h. Mococa   i. Mooca

Vocabulário

mbyryki – buriqui (nome de macaco); **mokó** – mocó (var. de roedor); **mũ** – parente; **pem** – anguloso; **tapi'ira** – anta

Índios lançando flechas
(Debret)

Leitura complementar

O século XVI foi uma época de profundas transformações. A descoberta dos novos continentes abalaria concepções antigas do homem europeu, fossem elas geográficas, antropológicas ou religiosas. Como explicar a existência do homem na América? – Uma criação paralela de Deus? – Como entender os ensinamentos bíblicos sobre a criação do homem à luz da descoberta da existência de sociedades totalmente diferentes, de culturas absolutamente diversas? Como incorporar tais descobertas aos velhos esquemas de compreensão do homem e do mundo?

Paralelamente a isso, ocorria uma profunda divisão no seio da Cristandade, ocasionada pela Reforma Protestante. Desse modo, perdia-se a unidade religiosa do Ocidente. A Igreja Católica encontrava-se mergulhada em profunda crise.

O Concílio de Trento e a fundação da Companhia de Jesus viriam em resposta à situação de crise então vivida. A Igreja Católica, em meados do século XVI, recuperava forças e passava por profundas revisões internas, justamente para poder enfrentar o grande desafio representado pela Reforma Protestante. Com a descoberta da América, um vasto campo oferecia-se ao trabalho de expansão da religião. Toda a empresa colonizadora seria justificada como um instrumento de cristianização dos povos dos novos continentes. Nessa tarefa, a Companhia de Jesus, a última ordem da Igreja, teria papel essencial. Foi ela a grande força do Catolicismo durante a Idade Moderna.

Contudo, para converter os novos povos descobertos, era necessário aprender-lhes as línguas para se ministrar nelas a doutrina cristã. O Concílio de Trento não permitiu a tradução da Bíblia para as línguas europeias modernas, tampouco para as línguas extraeuropeias. Contudo, permitiu a tradução para quaisquer línguas do mundo do texto doutrinário básico da Igreja, o *Catecismo Romano*.

Apresentamos, a seguir, o prólogo do *Catecismo na Língua Brasílica*, do jesuíta Antônio de Araújo, publicado em 1618. É o mais longo texto publicado em tupi antigo e importante fonte de informações sobre essa língua, falada nos séculos XVI e XVII e que tão profundamente marcou a cultura brasileira.

PROLOGO
AO LEITOR.

E tão proprio dos filhos da Companhia de IESV occuparenſe na ſaluação das almas de ſeus proximos, quãto eſta ſua mãy lho declara, quando lhes poem por fim de ſua vocação, eſta tão heroica occupação: como ſe vee em muitos lugares de ſuas conſtituições, & mais em particular na ſegunda regra tirada do ſegundo §. do cap. 1. do exame, onde diz: *Finis huius ſocietatis est non ſolum ſaluti &c.* Que ſeu fim he occuparſe naõ ſómente na ſaluação das almas proprias com a diuina graça, mas tambem com a meſma procurar intenſamente ajudar a ſaluação, & perfeição dos proximos.

Suppoſto ɋ eſte he o fim, & o norte, que a Companhia quer que ſeus filhos ſigaõ deu ſe por obrigada a lhes offerecr os meyos neceſſarios pera␣a alcançarem, & deixando os muitos, que nas meſmas conſtituiçoens lhes propoem

O índio brasileiro visto por um missionário francês do século XVII

Em verdade, imaginava eu que iria encontrar verdadeiros animais ferozes, homens selvagens e rudes. Enganei-me, porém, totalmente. Nos sentidos naturais, tanto internos quanto externos, jamais achei ninguém – indivíduo ou nação – que os superasse.

Além de extremamente sóbrios e longevos, são vivos, principalmente quanto aos sentidos externos. Têm olfato tão perfeito como um cão: reconhecem a pista de um inimigo e discernem duas pessoas de nações diferentes. Durante nossa viagem de regresso, os índios que trazíamos conosco, muito antes de qualquer tripulante, percebiam os navios no horizonte, graças a sua vista maravilhosa. E quando os mais hábeis marujos pensavam ter descoberto terra, trepados no alto do grande mastro, os índios, sem sair do tombadilho, facilmente verificavam não se tratar de terra, porém de efeitos do horizonte ou de simples nuvens escuras.

São extremamente discretos, muito compreensivos a tudo o que se lhes deseja explicar, capazes de conhecer com rapidez tudo o que lhes ensinam. Mostram-se muito ansiosos por aprender e muito hábeis em imitar tudo o que veem fazer.

São tão serenos e calmos que escutam atentamente tudo o que lhes dizem, sem jamais interromper os discursos. Nunca perturbam os que estão falando, nem procuram falar quando alguém está com a palavra. São grandes oradores e mostram grande prazer em falar. Falam, às vezes, durante duas ou três horas em seguida, sem se cansar, revelando-se muito hábeis em tirar as necessárias deduções dos argumentos que se lhes apresentam.

Claude d'Abbeville, *História da Missão dos Padres Capuchinhos na Ilha do Maranhão e Terras Circunvizinhas.*

8 · Îagûara!

"Os selvagens temem essa fera, pois vive de presa como o leão e, quando pode agarrar algum índio, o mata, despedaça e devora."

Jean de Léry, *Viagem à Terra do Brasil*

Caçada de onça (Rugendas)

Pindobusu kûarasy sema resé o-ma'ẽ. A'e ybyrá-pûera 'ari
Pindobuçu olha para o sair do sol. Ele sobre uma árvore velha
o-gûapyk. I xy o-s-epîak. A'e o membyra o-s-aûsub-eté.
sentou-se. Sua mãe o vê. Ela ama muito seu filho.
Pindobusu o sy o-s-enõî. I xy o membyra irũnamo o-gûapyk.
Pindobuçu chama sua mãe. Sua mãe com seu filho sentou-se.
– **Xe sy gûé, a-î-potar nde ma'ẽ ybaka resé. Ybaka i pirang.**
– Ó minha mãe, quero que tu olhes para o céu. O céu está vermelho.
– **Îasytatá n'a-s-epîak-i.**
– Não vejo estrelas.

(Pindobuçu fica a apreciar o nascer do sol. De repente, uma onça urra na mata próxima da aldeia.)

lição 8 • Îagûara

– Îagûara nhe'enga a-s-endub. A-î-potar nde s-enduba.

– Ouvi o urrar da onça. Quero que tu a ouças.

– Mba'e-rama resé-pe? A-sykyîé i xuí. Ere-î-potar-ype îagûara syk-ûama xe

– Por quê? Tenho medo dela. Queres que a onça chegue

îuká-rama resé?

para me matar?

(A onça urra mais perto. A mãe de Pindobuçu corre e grita:)

– Îagûara! Îagûara!

– Onça! Onça!

– Abá og u'uba o-î-pysyk. Îagûara o-nh-ybõ.*

– Os homens pegam suas flechas. Flecham a onça.

– E-îori, xe sy gûé! Kûarasy o-sem umã! Abá îagûara o-îuká.

– Vem, ó minha mãe! O sol já saiu! Os homens mataram a onça.

(A mãe de Pindobuçu volta e lhe diz:)

– Pindobusu, ere-î-kuab-ype abaré só-rama kori?

– Pindobuçu, sabes que o padre irá hoje?

– N'a-î-potar-i i xó-rama. A-î-potar i pytá-rama ikó taba pupé.

– Não quero que ele vá. Quero que ele fique nesta aldeia.

– Ere-î-kuab-ype i kera morubixaba r-ok-ype?

– Sabes que ele dorme na casa do chefe?

– Pá, a-î-kuab. Xe ma'enduar abaré xe mbo'esa-gûera resé.

– Sim, sei-o. Eu me lembro do que o padre me ensinou.

– A-nh-andub* nde Pa'i Rorẽso r-aûsuba.

– Sinto que tu amas o Padre Lourenço.

*V. § 67.

Vocabulário

nomes e verbos

andub (trans.) – sentir, perceber (também serve -nh-
em lugar de -î: a-nh-andub)

aûsub (s) (trans.) – amar

endub (s) (trans.) – ouvir

enõî (s) (trans.) – chamar, nomear, chamar pelo nome

epîak (s) (trans.) – ver

eté – verdadeiro, genuíno, honrado

îagûara (ou îagûareté) – onça (v. § 139)

îasytatá – estrela

107

kûarasy – sol

ma'ẽ (intr. compl. posp.) – olhar (recebe complemento com a posposição resé) – *E-ma'ẽ* oré
resé! – Olha para nós! (Anch., *Teatro*, 120)

mbo'esaba – doutrina, ensinamento (v. § 140)

nhe'enga – urro (além da fala humana, também
designa os sons que os animais emitem)

potar (trans.) – querer

pûer(a) – v. § 143

ram(a) – v. § 143

ûam(a) – v. § 143

ybaka – céu

outras categorias

'ari (loc. posp.) – sobre

kori – hoje (referente ao tempo que ainda não chegou – v. o § 141)

mba'e-rama resé-pe – por quê? (referente a alguma
coisa futura)

139 Com a colonização, o cão foi trazido para o Brasil, passando a receber o
mesmo nome dado à onça, **îagûara**. Para se diferenciar um animal do outro,
passou-se a usar o adjetivo **eté** (*verdadeiro, genuíno*) com referência à onça (a
îagûara verdadeira), em oposição à simples **îagûara**, que era também o cão.

140 **Abaré xe mbo'esaba** – o ensinamento de mim (obj.) do padre (suj.), i.e., o
padre é que me ensina. Agora: **Xe abaré mbo'esaba**. – *O ensinamento do
padre (obj.) de mim (suj.)*, i.e., eu é que ensino o padre. (V. § 125, § 126 e § 127).

141 **KORI** – hoje (de agora até o final do dia)   **OÎEÍ** – hoje (horas já passadas)

Explicação gramatical

O tempo nominal em tupi

142 Em tupi, *o verbo não expressa tempo*. Isso acontece com muitas outras línguas
indígenas da América, entre as quais se inclui o hopi da América do Norte. O
mesmo acontece também com certas línguas semíticas, como o hebraico bíbli-
co, por exemplo.

143 Em tupi existe o tempo do substantivo. Para tanto, usam-se os adjetivos **RAM**
(*futuro, promissor, que vai ser*) e **PÛER** (*passado, velho, superado, que já foi*),
que recebem, na composição, o sufixo -A: **RAM-A, PÛER-A**. Eles são tratados, também, como se fossem sufixos, apresentando, então, as formas
-ÛAM(A) [*-AM(A)*] e **-ÛER(A)** [*-ER(A)*].
Ex.:
ybyrá – árvore
ybyrá-ram-a – *a futura árvore* ou *o que será árvore* (Diz-se, p.ex., de uma muda ou
de um arbusto.)
ybyrá-pûer-a – *a ex-árvore* ou *a árvore que foi* (Diz-se, p.ex., de um tronco seco
caído ou de uma árvore morta.)

lição 8 • îagûara

144 Há também composições das formas **RAM(A)** e **PÛER(A)**.
Ex.:

ybyrá-rambûera – *o que seria árvore* (mas não o foi). Diz-se de um arbusto que alguém cortou antes que se tornasse uma árvore.
ybyrá-pûerama – *o que terá sido uma árvore*. O composto **-pûeram(a)** é de uso raro.

Compare as frases abaixo:

A-î-apó *xe r-embi-'u-rama.* – Faço minha comida (que ainda não está pronta).
A-î-apó *xe r-embi-'u-pûera.* – Fiz minha comida (que já foi deglutida).
Kunumĩ o-'u *xe r-embi-'u-rambûera.* – O menino comeu o que seria minha comida.

145 Transformações fonéticas com RAM(a) e pûer(a)

A – Substantivos oxítonos (i.e., com tema terminado em vogal)

146 Com substantivos oxítonos, **RAM(A)** e **PÛER(A)** mantêm as consoantes **R-** e **P-**, respectivamente.
Ex.:
xe só-*rama* – minha futura ida   **xe só-***pûera* – minha passada ida

Mais uma regra de transformação fonética

Regra 11
147 A consoante **R**, quando posposta a uma vogal acentuada nasal, numa composição ou sufixação, geralmente nasaliza-se, tornando-se **N**.
Ex.:
nhũ – campo   **nhũ-nama** – futuro campo
kunumĩ – menino   **kunumĩ-nama** – o que será menino
irũ + ramo   **irũnamo** – como companheiro, na condição de companheiro (i.e., *com, na companhia de*)

148 Depois de nasais, **PÛER(A)** torna-se **MBÛER(A)** (v. regra de transformação fonética 6, § 78).
Ex.:
nhũ-*mbûera*   o que foi campo
kunumĩ-*mbûera*   o que foi menino

B – Substantivos paroxítonos
(i.e., com tema terminado em consoante)

Araponga
Guirapunga, pássaro da família dos cotingídeos; seu canto lembra os sons metálicos do bater de ferro em bigorna (Marc., *Hist. Nat. Bras.*)

149 Com substantivos paroxítonos, **RAM(A)** e **PÛER(A)** assumem formas com ditongo ou vogal iniciais: **ÛAM(A)**, **AM(A)**; **ÛER(A)**, **ER(A)**, respectivamente.

109

150 Em regra, os substantivos paroxítonos perdem o sufixo **-A** e juntam **-ÛAM(A)** ou **-ÛER(A)**.

Ex.:

anhanga – diabo   anhang-ûama – futuro diabo; anhang-ûera
– *o que foi diabo* ou *diabo velho*

oka – casa   ok-ûama – futura casa; ok-ûera – casa velha, o que foi casa

151 A labial **B** cai diante de **-ÛAM(A)** e **-ÛER(A)**. Antes da semivogal, nos diton-gos **-ÛA** e **-ÛE**, aparece frequentemente **G** (v. a regra de transformação foné-tica 2, § 48).

Ex.:

peasaba – porto   peasa-gûama – futuro porto
peasa-gûera – o que foi porto; porto velho

152 A consoante **M** geralmente cai antes de **-ÛAM(A)** e fica semioralizada (**MB**) diante de **-ÛER(A)**.

Ex.:

sema – saída   sẽ-gûama – a futura saída
semb-ûera – a antiga saída

153 Após **R** e **N**, a forma usada é **-AM(A)** e **-ER(A)** [às vezes **-ÛER(A)**]. O **N** fica semioralizado (**ND**) antes de **-ER(A)** e **-ÛER(A)**.

Ex.:

mena – marido   men-ama – futuro marido; mend-era – ex-marido,
o que foi marido (também mend-ûera) (Anch., *Teatro*, 8)

pira – pele   pir-ama – o que será pele; pir-era – o que foi pele
(i.e., um couro) (*VLB*, II, 70)

A forma substantiva do verbo

Na lição 8, aparecem exemplos de emprego da forma substantiva do verbo em tupi. Já falamos dela na lição 1. Como você se lembra, sua formação é simples:

154 Se o tema do verbo terminar em *vogal*, sua forma substantiva é igual a ele. Se terminar em *consoante*, sua forma substantiva constrói-se com o acréscimo de **-A**. Se terminar em ditongo decrescente, também se acrescenta **-A** para se obter a forma substantiva.

Ex.:

A-só	– Vou.	forma substantiva: **só** – ir
Ere-îuká	– Matas.	forma substantiva: **îuká** – matar
O-gûatá.	– Anda.	forma substantiva: **gûatá** – andar
A-î-monhang	– Faço-o.	forma substantiva: **monhanga** – fazer (Acrescenta-se **-a** porque o tema termina em consoante – v. § 9.)
Îa-î-kuab.	– Conhecemos.	forma substantiva: **kuaba** – conhecer
Ere-ker.	– Dormes.	forma substantiva: **kera** – dormir

O-kaî. – Queima.

forma substantiva: **kaîa** – queimar (Acrescenta-se -a porque o tema termina em ditongo decrescente.)

Guiraenoia
Ave da família dos cerebídeos, também conhecida como *chama-pássaros* e *saí-azul* (Marc., *Hist. Nat. Bras.*)

155 A forma substantiva verbal em tupi é um autêntico *substantivo*. O que prova isso é o fato de a forma substantiva do verbo receber os mesmos morfemas **PÛER(A)** e **RAM(A)** que expressam o tempo do substantivo.
Ex.:

A-î-potar nde só. (Anch., *Arte*, 27)	Quero que vás (lit., *Quero tua ida*).
A-î-potar nde só-rama.	Quero que vás futuramente (lit., *Quero tua futura ida*).
A-î-potar nde só-pûera.	Quis que fosses (lit., *Quis tua passada ida*).

Veja agora:

N'a-î-potar-i nde xe r-uba îuká.   Não quero que tu mates meu pai (lit., *teu matar de meu pai*). (Fig., *Arte*, 156)

No exemplo acima, **xe r-uba** é objeto de **îuká**. Deve, pois, antecedê-lo. Se quiséssemos substituir **xe r-uba** por um pronome pessoal, diríamos:

N'a-î-potar-i nde *i* îuká.   Não quero que tu o mates (lit., *não quero teu matar dele*).

156 Na verdade, sujeito e objeto estão em relação genitiva com a forma substantiva do verbo. Como vimos na lição 7 (§ 126 e § 127), uma relação genitiva pode ser ativa ou passiva.
Assim:

                       relação passiva (*o matar de meu pai*, i.e., meu pai é quem é morto)

N'A-Î-POTAR-I   NDE XE R-UBA ÎUKÁ. – Não quero que tu mates meu pai.
                                            (Lit., *não quero o matar de ti de meu pai.*)

                       relação ativa (*o matar de ti*, i.e., és tu quem matas)

Agora:

N'A-Î-POTAR-I   XE R-UBA NDE ÎUKÁ. – Não quero que meu pai te mate.
                       ag.   pac.   infin. (= subst.)

111

Outros exemplos:

Ere-î-kuab 'Ybotyra Ka'ioby moeté.
Sabes que Potira louva Caiobi. [Lit., *Sabes do louvar de Caiobi (obj.) de Potira (suj.).*]

Ka'ioby antecede imediatamente o verbo porque é o genitivo passivo (objeto) e **'Ybotyra** é o genitivo ativo (sujeito). Agora:

Ere-î-kuab Ka'ioby 'Ybotyra moeté. – Sabes que Caiobi louva Potira. [Lit., *Sabes do louvar de Potira* (genitivo passivo ou objeto) de *Caiobi* (genitivo ativo ou sujeito).]

Icicariba
Árvore da família das anacardiáceas; cheira muito bem e estila um óleo branco que se coalha
(Marc., *Hist. Nat. Bras.*)

157   Pode-se já perceber que, em tupi, com formas substantivas, o pronome pessoal do caso oblíquo, que funciona como objeto, é igual ao pronome pessoal do caso reto, que funciona como sujeito.
Ex.:
Xe ma'enduar. – *Eu* lembro. (Fig., *Arte*, 36)
N'a-î-potar-i nde *xe* îuká. – Não quero que tu *me* mates. (Fig., *Arte*, 155)
Nde nhyrõ (...). – Perdoa *tu*. (Anch., *Cat. Bras.*, I, 139)
Ere-î-potá-pe *nde* 'u? – Queres que (ele) *te* coma? (Anch., *Teatro*, 32)

Veja que **xe** significa tanto *eu* quanto *me* (pronome objetivo). **Nde** significa *tu* ou *te* (pronome objetivo). (V. § 206.)

158   Na negativa, a forma substantiva verbal recebe **E'YM(A)**.
Ex.:
N'o-î-potar-i-pe Tupã xe r-e'õ-*e'yma* (...)? – Não quer Deus que eu não morra? (D'Abbeville, *Histoire*, 351v)
A-î-kuab nde i îuká-pûer-*e'yma*. – Sei que tu não o mataste.
A-î-kuab nde i îuká-ram-*e'yma*. – Sei que tu não o matarás.

Os verbos pluriformes

159   Os verbos pluriformes recebem pronome objetivo **-S-** no indicativo, permissivo e imperativo.

lição 8 • îagûara

Ex.:   AÛSUB – amar
INDICATIVO

A-s-aûsub kunhã (ou a-kunhã-aûsub)	Amo a mulher.
Ere-s-aûsub kunhã (ou ere-kunhã-aûsub)	Amas a mulher.
O-s-aûsub kunhã (ou o-kunhã-aûsub)	Ama a mulher.
Oro-s-aûsub kunhã (ou oro-kunhã-aûsub)	Amamos a mulher (excl.).
Îa-s-aûsub kunhã (ou îa-kunhã-aûsub)	Amamos a mulher (incl.).
Pe-s-aûsub kunhã (ou pe-kunhã-aûsub)	Amais a mulher.
O-s-aûsub kunhã (ou o-kunhã-aûsub)	Amam a mulher.

IMPERATIVO		PERMISSIVO	
E-s-aûsub	ama-(o)	T'a-s-aûsub	que (o) ame
Pe-s-aûsub	amai-(o)	T'ere-s-aûsub	que (o) ames
		T'o-s-aûsub	que (o) ame etc.

160 Indicaremos os verbos pluriformes com (S) nos vocabulários deste livro.
Ex.:

aûsub (s)   epîak (s)   apek (s)

161 Na forma substantiva, os verbos pluriformes são substantivos pluriformes (com formas absolutas e relacionadas). Se forem transitivos, antes deles vem sempre o *genitivo passivo* (*objeto*). Antes do genitivo passivo vem o *genitivo ativo* (ou *sujeito*), como acontece com qualquer substantivo em dupla relação genitiva. Se forem intransitivos, o que vem antes deles é sempre o *sujeito* (*genitivo ativo*).
Ex.:

epîaka (t-) – a visão: **Pedro xe r-epîaka** – *a visão de mim de Pedro* (i.e., é Pedro quem me vê).
aûsuba (t-) – o amor: **'Ybotyra nde r-aûsuba** – *o amor de ti de Potira* (i.e., é Potira quem te ama).

162 As formas substantivas dos verbos pluriformes têm sua forma absoluta em **T-**. Nas formas relacionadas, levam os prefixos **R-** e **S-**, como qualquer pluriforme.
Ex.:

t-epîaka – o ver, a visão (de algo ou de alguém, objeto)
t-aûsuba – o amar, o amor (a algo ou a alguém, objeto)

Na forma relacionada, diz-se:

xe *r*-epîaka – ver-me, a visão de mim (passivo, i.e., eu é que sou visto)
s-epîaka – vê-lo, a visão dele (passivo, i.e., ele é que é visto)
abá *r*-epîaka – ver o índio, a vista do índio (i.e., o índio é que é visto)

Exemplos de emprego de formas substantivas de verbos pluriformes:

A-î-potar <u>nde</u> <u>xe</u> <u>*r-aûsuba*</u>. – Quero que tu me ames. (Lit., *quero teu amar de mim*.)
        suj. obj. infin.

113

Ere-î-kuab ixé Pedro r-enduba. – Sabes que eu ouço Pedro.
        suj.   obj.   infin.
N'a-î-potar-i abá s- eîara. (Anch., Teatro, 8) - Não quero que os índios a deixem.
        suj. obj. infin.
I katu s-epîaka. – É bom vê-lo. (Anch., Arte, 28)

Caraguatá
Gravatá, planta da família das
bromeliáceas (Marc., *Hist. Nat. Bras.*)

Observações

163   O verbo ÎUR / UR(A) (T-, T-), assim como outros verbos irregulares, é pluriforme apenas na sua forma substantiva.
Ex.:
(...) Pe-s-epîak irã (...) xe r-ura bé-ne. – Vereis, no futuro, de novo, minha vinda. (Araújo, *Cat. Líng. Bras.*, 56v)
-Nda Tupã Espírito Santo ruã, t-ura îekuapaba é. – Não era Deus Espírito Santo, mas um sinal da sua vinda. (Anch., *Cat. Bras.*, I, 170)

164   Com a posposição **RESÉ** e a forma substantiva do verbo, traduzem-se em tupi, muitas vezes, as orações subordinadas adverbiais finais do português.
Ex.:
A-îur nde r-epîak-ûama resé. – Vim para te ver (lit., *Vim para a futura visão de ti*). (Fig., *Arte*, 158)

Cuandu
Ouriço-cacheiro, mamífero roedor da
família dos eretizontídeos; vive sobre
árvores, tendo cauda preênsil
(Marc., *Hist. Nat. Bras.*)

Exercícios

I   Responda em tupi às seguintes perguntas sobre o texto inicial desta lição:

1. Abá-pe ybyrá-pûera 'ari o-gûapyk? 2. Abá-pe îagûara suí o-sykyîé? 3. Abá-pe kûarasy sẽ -gûama r-epîaka o-î-potar? 4. Ere-î-potar-ype îagûara nde îuká-rama? 5. Abá-pe îagûara nhe'enga o-s-endub? 6. Mba'e-mba'e-pe abá o-î-pysyk? 7. O-î-potar-ype Pindobusu abaré pytá-rama? 8. O-ker-ype abaré Pindobusu r-ok-ype? 9. O-s-epîak-ype Pindobusu îasytatá? 10. Ere-î-potar-ype nde anama nde r-aûsuba?

II Para praticar o uso da forma substantiva do verbo em tupi, transforme as orações abaixo, compondo um só período, conforme o modelo. Traduza as frases obtidas.
Mod.:
Kunumĩ o-ker. (Ixé a-î-kuab.) – O menino dorme. (Eu o sei.)
Ixé a-î-kuab kunumĩ kera. – Eu sei que o menino dorme.
'Ybotyra o-î-kuab Ka'ioby. (A-î-potar.) – Potira conhece Caiobi. (Quero-o.)
A-î-potar 'Ybotyra Ka'ioby kuaba. – Quero que Potira conheça Caiobi.

1. Kunhã kûarasy sema o-s-epîak. (A-î-potar.) 2. Pindobusu ybyrá-pûera 'ari o-gûapyk. (A-s-epîak.) 3. Ere-s-aûsub nde sy. (A-nh-andub.) 4. Abá u'uba o-î-pysyk. (Ere-î-potar.) 5. Abaré-rama o-ker itá 'ari. (A-s-epîak.) 6. Pindobusu r-uba o-syk. (A-î-kuab.) 7. Gûarinĩ-nama îaguara o-nh-ybõ. (Îa-s-epîak.) 8. Abaré o-só. (A-î-kuab.) 9. Pe-ma'ẽ îagûara resé. (A-î-kuab.) 10. Oro-nhe'eng oré irũnama supé. (Ere-î-potar.) 11. Pedro o ana(ma)-mbûera o-s-aûsubar. (A-nh-andub.) 12. Pe-s-apek taîasu pira. (A-s-epîak.) 13. Kunumĩ o sy o-s-apîar. (Oro-î-potar.) 14. Peró ka'a-pûera o-s-asab. (Pe-î-kuab.) 15. 'Ybotyra o-ur. (Ebokûeî kunhã o-î-potar.) 16. A-îur. (Ere-s-epîak.) 17. Oro-s-obaîxûar abaré nhe'eng-ûera. (Ere-s-endub.) 18. Morubixaba o-î-monhang oré pindá-rama. (Ka'ioby o-s-epîak.) 19. Ere-s-enõî nde irũ-mbûera. (A-î-kuab.) 20. 'Ybotyra o-pytá o men-ama irũnamo. (Pe-î-potar)

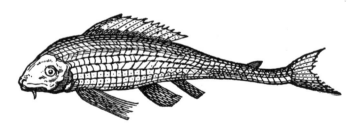

Guacari
Peixe loricarídeo, um avantajado cascudo de cor parda (Marc., *Hist. Nat. Bras.*)

Vocabulário

nomes e verbos

apek (s) (trans.) – sapecar, queimar levemente, chamuscar

apîar (s) (trans.) – obedecer

asab (s) (trans.) – atravessar, cruzar

aûsubar (s) (trans.) – compadecer-se de

gûarinĩ – guerreiro

obaîxûar (s) (trans.) – responder

pira – pele

taîasu – porco do mato

III   Passe as dez primeiras frases obtidas acima (exercício II) para o passado e para o futuro: (Cuidado com as transformações que ocorrem!)

Mod.:

Ixé a-î-kuab kunumî kera.   – Eu sei que o menino dorme.
Ixé a-î-kuab kunumî ker-ûera.   – Eu sei que o menino dormiu.
Ixé a-î-kuab kunumî ker-ama.   – Eu sei que o menino dormirá.

IV   Coloque as dez primeiras frases obtidas no exercício II na forma negativa, conforme o modelo. Traduza as novas frases.

Mod.:

Ixé a-î-kuab kunumî kera.
Ixé a-î-kuab kunumî ker-e'yma. – Eu sei que o menino não dorme. (Lit., *Eu sei (d)o não dormir do menino*.)

V   Conjugue os seguintes verbos em todas as pessoas do modo indicativo:
epîak (s) – ver; **aûsubar (s)** – compadecer-se de; **aûsub (s)** – amar; **apek (s)** – chamuscar; **asab (s)** – atravessar, passar; **apîar (s)** – obedecer; **obaîxûar (s)** – responder

VI   Traduza as seguintes frases (v. § 161):
1. A-îur Ka'ioby su-gûama resé. 2. A-î-potar nde kunhã r-enôîa. 3. Paranã r-epîak-ûama resé itá 'ari a-gûapyk. 4. Peró o-îepotar oré îuká-rama resé. 5. Ere-nh-andub ixé Ka'ioby r-aûsu-gûera. 6. Ere-ma'ẽ nde r-ok-ûama resé. 7. 'Ybotyra o membyra ker-ama o-î-potar. 8. Xe r-ubixa-gûera nde sẽ-gûama ikó taba suí o-î-potar. 9. Mba'e-rama resé-pe nde r-etã-mbûer-ype ere-pytá? 10. Kûarasy o-sem umã. I porang s-epîaka.

VII   Verta para o tupi (sobre os pronomes pessoais, v. § 157 e § 206):
1. Vim para que tu me vejas. 2. Sentei sobre a árvore velha para olhar para o sol. 3. Sabes que eu o amei. 4. Vês que Pedro virá. Sinto que Potira o ama. 5. Olhas para teu ex-marido. Sinto que tu o amas muito. 6. Sei que tu sentaste hoje sobre a velha casa para que eu te visse. 7. Quero que tu olhes para as estrelas. As estrelas são muito bonitas. 8. Pedro não ouve minha voz. Quero que Pedro me ouça. 9. – Por que apanhaste tua flecha hoje? – Apanhei-a para que Caiobi mate a onça. 10. Por que (fut.) vais para Reritiba? Não quero que vás hoje. 11. – Viste a onça? – Não. – Que vejas a onça! (v. § 135) 12. Ouve a voz de Arariboia! 13. Ama teus companheiros, ó Pindobuçu! (dito por m.) 14. Amai vossos filhos, ó mulheres! (dito por h.)

Vocabulário

nomes e verbos

amar – aûsub (s)

árvore – ybyrá

estrela – îasytatá

olhar – ma'ẽ (compl. com resé)

ouvir – endub (s)

querer – potar

saber – kuab

sentir – andub (-nh-)

sol – kûarasy

lição 8 • îagûara

velho (adj.) – pûer

ver – epîak (s)

voz – nhe'enga

outras categorias

ex- – pûer(a)

hoje (fut.) – kori; (pass.) – oîeí

não (na resp.) – aan

para (final.) – v. § 164

para que (final.) – v. § 137 e § 164

por quê? (fut.) – mba'e-rama resé-pe?

que (de des.) – v. § 135

sobre (prep.) – 'ari

VIII   Traduza:

1. Mba'e-katu asé Tupã r-aûsuba. Mba'e-katu asé s-aûsuba. (Fig., *Arte*, 72)
2. – E-î-mongetá[1] nde Tupã t'o-kûab[2] é[3] amanusu[4] îandé momarã[5]-e'yma resé. – O-kûab umã amanusu. (Staden, *DVB*, 84)
3. N'a-î-potar-i nde xe îuká. (Fig., *Arte*, 155)
4. N'a-î-potar-i nde xe r-uba îuká. (Fig., *Arte*, 156)
5. A-î-kuab xe resé nde ma'enduara. (Fig., *Arte*, 156)
6. Xe ma'enduar nde xe r-aûsuba resé. (Fig., *Arte*, 157)
7. Xe ma'enduar nde r-ura resé. (Fig., *Arte*, 157-158)
8. – Mba'e-pe t-e'õ?[6] – Asé r-eté[7] suí asé 'anga[8] sema. (Anch., *Cat. Bras.*, I, 168)
9. – Abá-pe erimba'e[9] s-eté-rama o-î-monhang? – Tupã Espírito Santo. (Anch., *Cat. Bras.*, I, 164)
10. – O-sem-ype erimba'e i 'anga s-eté suí? – O-sem. (Anch., *Cat. Bras.*, I, 168, adapt.)
11. – O-mendá[10]-pe abaré? – Nd'o-mendar-i. (Anch., *Cat. Bras.*, I, 224)
12. – O-s-epîak-ype asé o 'anga poranga? (...) – Nd'o-s-epîak-i. (Anch., *Cat. Bras.*, I, 201)
13. – Pitangî[11] abé-pe i angaîpab?[12] – Pitangî abé, îandé r-ub-ypy angaîpaba nhõ o-gû-erekó.[13] (Anch., *Cat. Bras.*, I, 201)
14. – Moby-pe (...) îandé 'anga posanongaba?[14] – Sete. – Abá-pe o-î-monhang? – Îandé Îara Jesus Cristo. (Anch., *Cat. Bras.*, I, 199)
15. (*Falando-se dos excomungados*:) – O-nho-tym-ype asé Tupã-ok-ype? – Nd'o-nho-tym-i. (Anch., *Cat. Bras.*, I, 179)
16. O-s-ypyî[15] bé-p' asé t-yby[16] 'y-karaíb-a[17] pupé? (Anch., *Cat. Bras.*, I, 191)
17. – Abá-pe Jesus Cristo? – Tupã-eté, apŷab[18]-eté abé. (Anch., *Cat. Bras.*, I, 185)
18. – Pitangî abé o angaîpa-gûera o-î-mboasy?[19] – Aan: eboûinga t-ekó-aíb-a[20] nd'o-î-kuab-i. (Anch., *Cat. Bras.*, I, 202, adapt.)
19. (...) A-nh-andub Anhanga r-atá-pe nde só-potara. (Araújo, *Cat. Líng. Bras.*, 112)

Vocabulário

1. **mongetá** (trans.) – falar a, pedir, + orar; 2. **kûab** (intr.) – passar; 3. **é** – mesmo, de fato; 4. **amanusu** – chuva grande, tempestade; 5. **momarã** (trans.) – prejudicar; 6. **e'õ** (t-) – morte; 7. **eté** (t-) – corpo; 8. **'anga** – +alma; 9. **erimba'e** – outrora; 10. **mendar** (intr.) – casar-se; 11. **pitangî** – criancinha, neném; 12. **angaîpaba** – maldade, +pecado; 13. **o-gû-erekó** – têm; 14. **posanongaba** – remédio; 15. **ypyî** (s) (trans.) – aspergir, aguar;

117

16. **yby (t-)** – sepultura; 17. **karaíb** – santo, bento; 18. **apŷaba** – homem, varão; 19. **mboasy** (trans.) – arrepender-se de; 20. **ekó-aíba (t)** – mau proceder, vício, +pecado

Curacaca
Ave ciconiforme da família dos tresquiornitídeos, de hábitos gregários e voo possante, encontrada nos brejos e pantanais
(Marc., *Hist. Nat. Bras.*)

O tupi em nossa toponímia e no português do Brasil

1   Com base no vocabulário já conhecido e no que apresentamos abaixo, diga o que significam os termos Iracema e piracema, Jaguariuna e Jaguaquara.

2   Relacione as colunas para saber a origem e o significado dos seguintes nomes:
   1. Ibirapuera   ( ) aldeia extinta
   2. Tabatinguera   ( ) ossada, osso fora do corpo
   3. Anhanguera   ( ) mata extinta
   4. Piaçaguera   ( ) diabo velho
   5. tapera   ( ) barreira branca esgotada
   6. capoeira   ( ) rio extinto
   7. quirera   ( ) porto extinto
   8. Pariquera   ( ) árvore velha
   9. Tipuera   ( ) o que foi grão, grânulo
   10. Canguera   ( ) barragem extinta

Vocabulário

tobatinga – barro branco como cal, barreira branca; **peasaba** – porto, embarcadouro; **kuruba** – bolota, grão, caroço; **pari** – canal para apanhar peixes; **t-y** – rio, líquido; **kanga** – osso (enquanto está no corpo)

Leitura complementar

(...) Do grande conhecimento que os tupinambás têm da terra

Têm os tupinambás grande conhecimento da terra por onde andam, pondo o rosto no sol, por onde se governam; com o que atinam¹ grandes caminhos pelo deserto por onde nunca andaram; como se verá pelo que aconteceu já na Bahia, de onde mandaram dois índios destes tupinambás, degredados pela justiça por seus delitos, para o Rio de Janeiro, onde foram levados por mar; os quais se vieram de lá, cada um por sua vez, fugidos, afastando-se sempre do povoado, por não ser sentidos por seus contrários; e vinham sempre caminhando pelos matos; e, desta maneira, atinaram com² a Bahia e chegaram à sua aldeia, de onde eram naturais, a salvamento,³ sendo caminho mais de trezentas léguas.

Costuma esse gentio, quando anda pelo mato, sem saber novas do lugar povoado, deitar-se no chão e cheirar o ar, para ver se lhe cheira a fogo, o qual conhecem pelo faro a mais de meia légua, segundo a informação de quem com eles trata mui familiarmente. E, como⁴ lhe cheira a fogo (...), sobem às mais altas árvores que acham, em busca de fumo, o que alcançam com a vista de mui longe, o qual vão seguindo, se lhes vem bem ir aonde ele está; e se lhes convém desviar-se dele, o fazem antes que sejam sentidos; e por os tupinambás terem esse conhecimento da terra e do fogo, se faz muita conta deles, quando se oferece irem os portugueses à guerra a qualquer parte, onde os tupinambás vão sempre adiante, correndo a terra por serem de recado⁵ e mostrando à mais gente o caminho por onde hão de caminhar e o lugar onde se hão de aposentar⁶ cada noite.

Gabriel Soares de Sousa, *Tratado Descritivo do Brasil em 1587*, pp. 319-320.

1. **atinam** – descobrem com tino, por raciocínio; 2. **atinaram com** – depararam; 3. **a salvamento** – a bom êxito, sãos e salvos; 4. **como** – quando; 5. **de recado** – prudentes, cautelosos, avisados; 6. **aposentar-se** – recolher-se, pousar

Dança ritual dirigida por pajés e caraíbas (De Bry)

9 · O Curupira

"É cousa sabida e pela boca de todos corre que há certos demônios a que os brasis chamam corupira, que acometem aos índios muitas vezes no mato, dão-lhes de açoites, machucam-nos e matam-nos."
Padre José de Anchieta, Cartas do Brasil

Índio diante do Curupira (Ilustração de C. Cardoso)

Ybaka s-oby. Kûarasy o-berab.
O céu está azul. O sol brilha.
Gûyrá-'î ybak-ype s-etá. Gûyrá-'î-etá ybak-ype o-bebé.
Os passarinhos no céu são muitos. Muitos passarinhos no céu voam.
I tyb tukur-oby itá 'arybo.
Há gafanhotos verdes sobre as pedras.
Kunumî s-oryb-eté. Kunumĩgûasu o-só ka'a-pe.
Os meninos estão muito felizes. Os moços vão para a mata.

(De repente ouve-se um grito que vem da mata. Pindobuçu diz:)

– **Gûyrapepó ka'a-pe s-asem. Ere-s-endub-ype?**
– Guirapepó gritou na mata. Ouviste-o?

lição 9 • O Curupira

Kunumî ka'a koty o-nhan. Kunumîgûasu o-ub yby-pe.

Os meninos na direção da mata correm. O moço está deitado na terra.

Nd'o-manõ-î, i aybu-te. Kunumî mosanga

Não morreu, mas está ofegante. Os meninos remédio

o-î-me'eng i xupé.

dão para ele.

– Abá-pe o-s-epenhan?

– Quem o atacou?

– Kurupira.

– O Curupira.

(Perguntam para Guirapepó:)

– Ere-s-epîak-ype Kurupira? O-nhe'eng-ype Kurupira ndebe?

– Viste o Curupira? Falou o Curupira a ti?

– Pá, a-s-epîak. Nda xe r-esaraî i xuí. O-nhe'eng-atã ixébe.

– Sim, vi-o. Eu não me esqueço dele. Falou duramente a mim.

(Um menino diz:)

– Gûyrapepó nd'o-manõ-î. Xe r-oryb.

– Guirapepó não morreu. Eu (estou) feliz.

Vocabulário

nomes e verbos

asem (r-, s-) – gritar

atã (r-, s-) – duro, firme; duramente (adv.)

aybu (xe) – ofegar, resfolegar

bebé (intr.) – voar

berab (intr.) – brilhar

epenhan (s) (trans.) – atacar

esaraî (r-, s-) – esquecer-se (de algo: compl. com suí)

etá (r-, s-) – muitos (-as)

gûyrá'î – passarinho

Gûyrapepó – nome próprio de homem [lit. *a asa* (pepó) *do pássaro* (gûyrá)]

îub / ub(a) (t-, t-) – estar deitado

kunumîgûasu – moço

Kurupira – Curupira, gênio da floresta

me'eng (trans.) – dar

mosanga – remédio

oby (r-, s-) – azul, verde – O tupi usa um mesmo termo para designar as duas cores

oryb (r-, s-) – alegre

tukura – gafanhoto

yby – terra, chão, solo

outras categorias

'arybo (loc. posp.) – sobre (v. § 165)

-gûasu (suf.) – v. § 178

-'i (suf.) – v. § 179

ixébe – v. § 175 e § 176

koty (posp.) – em direção a, para, na direção de

ndebe – v. § 175 e § 176

165 **'ARI** e **'ARYBO** significam *sobre*. **'ARI** expressa posição definida, pontual, e **'ARYBO** expressa posição imprecisa, difusa.

Ex.:

Abá momanhã-manhana, i *'ari* o-îkó-potá! – Ficando a espiar os homens, querendo estar sobre eles (i.e., em lugar definido). (Anch., *Teatro*, 152)

ybytinga *'arybo* (...) – sobre as nuvens (lugar amplo, impreciso). (Araújo, *Cat. Líng. Bras.*, 56v)

'ARI e **'ARYBO** são locuções pospositivas formadas com o substantivo **'ara** – *parte superior* e as posposições **-i** e **-bo** (v. lição 24). Em rigor, significam na *parte superior de*.

Chefes tupinambás (Staden, *DVB*)

166 Verbo irregular ÎUB / UB(A) (T-, T-) – *estar deitado*

Conjuga-se no indicativo com dois temas: îub e ub (*verbo ditemático*):

a-îub	– estou deitado
ere-îub	– estás deitado
o-*ub*	– está deitado
oro-îub (excl.)	– etc.
îa-îub (incl.)	
pe-îub	
o-*ub*	

lição 9 • O Curupira

No infinitivo, esse verbo é pluriforme [como **îur/ ur(a) (t-, t-)** – v. § 163].

Explicação gramatical

Os adjetivos pluriformes

167 Todo substantivo possuível, como vimos, assume a forma adjetiva. Os substantivos pluriformes, sendo todos possuíveis, também se transformam em adjetivos.

Ex.:

SUBSTANTIVO	ADJETIVO
t-oryba – alegria	
xe r-oryba – minha alegria	**Xe** *r-oryb* **nde só resé.** – Eu estou alegre por tua ida. (Anch., *Arte*, 27)
	S-oryb **(...) xe r-uba tupinakyîa.** – Está feliz meu pai tupiniquim. (Anch., *Poemas*, 110)
t-uba – pai	
xe r-uba – meu pai	**Xe** *r-ub*. – Eu sou "apadrado", eu tenho pai. (Fig., *Arte*, 67)
t-asy – dor	
Pero r-asy – a dor de Pero	*S-asy* **Pero supé.** – É doloroso a Pero. (*VLB*, I, 105)

t-eté – corpo: **Abá-pe erimba'e
a'e pitanga r-eté-rama o-î-monhang?**
Quem fez outrora o corpo daquela criança?
(Bettendorff, *Compêndio*, 44) **Na s-eté-î** – Não têm corpo (lit., *Não são corpóreos*). (Bettendorff, *Compêndio*, 43)

168 Quando os adjetivos pluriformes são qualificativos, assumem a forma do tema, sem prefixos **R-** ou **S-**, pois ficam em composição com o substantivo (v. § 21 e § 54). O sufixo nominal **-A** vai depois do adjetivo, se ele for terminado em consoante ou semivogal. Mas ele se refere *à composição formada pelo substantivo e pelo adjetivo* e não propriamente ao adjetivo.
Ex.:
kunhã-oryb-*a* – mulher alegre (Veja que alegre é **oryb**, mas na composição com o substantivo, o sufixo **-a** apareceu no final para marcar o valor substantivo da composição *kunhã + oryb.*)
gûyrá-oby – pássaro verde, gralha (*VLB*, I, 150) (Como **oby** já termina em vogal, não usamos o sufixo **-a** na composição nominal.)
mba'e-akub-*a* – coisa quente (*VLB*, II, 94)

Com *adjetivos predicativos,* teríamos:

123

S-*oryb* kunhã. – Está alegre a mulher (lit., *ela alegre, a mulher*).
Gûyrá s-*oby*. – O pássaro é verde (lit., *o pássaro, ele verde*).
Mba'e s-*akub*. – A coisa está quente (lit., *a coisa, ela quente*).

169 Indicaremos, neste livro, os adjetivos pluriformes regulares com (**R-, S-**).

Veja o uso deles com todos os pronomes pessoais:

ORYB (R-, S-) – alegre
xe **r-oryb** – eu (estou) alegre
nde **r-oryb** – tu (estás) alegre
s-oryb – ele (está) alegre
oré **r-oryb** – nós (estamos) alegres (excl.)
îandé **r-oryb** – nós (estamos) alegres (incl.)
pe **r-oryb** – vós (estais) alegres
s-oryb – eles (estão) alegres

OBY (R-, S-) – azul; verde
xe **r-oby** – eu (sou) azul etc.
nde **r-oby** – tu (és) azul
s-oby – ele (é) azul
oré **r-oby** – nós (somos) azuis (excl.)
îandé **r-oby** – nós (somos) azuis (incl.)
pe **r-oby** – vós (sois) azuis
s-oby – eles (são) azuis

170 Os verbos pluriformes da 2ª classe são, na verdade, substantivos pluriformes que assumiram a forma adjetiva.
Ex.:
t-esaraîa – esquecimento   **xe r-esaraîa** – meu esquecimento

Convertendo-se em adjetivo, temos:
xe **r-esaraî**   eu esqueço
nde **r-esaraî**   tu esqueces
s-esaraî   ele esquece
oré **r-esaraî**   nós esquecemos (excl.)
îandé **r-esaraî** nós esquecemos (incl.)
pe **r-esaraî**   vós esqueceis
s-esaraî   eles esquecem

Guaianum
Caranguejo terrestre gigantesco, da família dos gecarcinídeos (Marc., *Hist. Nat. Bras.*)

171 Indicaremos tais verbos pluriformes da 2ª classe (adjetivos pluriformes) também com (**R-, S-**).
Ex.:
esaraî (r-, s-) – esquecer, esquecer-se
asy (r-, s-)   – sofrer; ter dor

172 Na forma negativa os adjetivos pluriformes recebem também **NA...-I** (ou **NDA...-I**).
Ex.:
xe **r-oryb**   – *Na* xe **r-oryb**-*i*.   – Eu não sou feliz.
xe **r-ub**   – *Na* xe **r-ub**-*i*.   – Eu não tenho pai.

173 Assim, os verbos da 1ª classe podem ser uniformes ou pluriformes e os da 2ª classe também podem ser uniformes ou pluriformes.

lição 9 • O Curupira

174 Os verbos da 2ª classe serão indicados com (**xe**) entre parênteses, se forem uniformes, e (**r-,s-**) se forem pluriformes, como, p.ex., **ma'enduar** (**xe**) – *lembrar-
-se* e **esaraî** (*r-, s-*) – *esquecer-se*.

Os pronomes pessoais do caso oblíquo

175 As formas dos pronomes pessoais na função de objeto indireto são resultado
de transformações. A posposição **SUPÉ** também tem a forma reduzida **PÉ** (não
confunda com a posposição -**PE**, átona) e é nessa forma que ela acompanha
os pronomes pessoais de 1ª e 2ª pessoas. Na 3ª pessoa só serve a forma **SUPÉ**.
Ex.:

xe + pé	– para mim, me	**xebe**
nde + pé	– para ti, te	**ndebe**
i + supé	– para ele, lhe	**i xupé**
peẽ + pé	– para vós, vos	**peẽme** (diante de nasal, a posposição **pé** nasaliza-se em **me**)

Assim, temos:
176

ixébe, xebe	– **E-î-me'eng pindá** *ixébe*. – Dá anzóis para mim (Anch., *Arte*, 34)
endébe, ndebe	– **A-nhemombe'u** *ndebe*... – Confesso a ti. (Araújo, *Cat. Líng. Bras.*, 20v)
i xupé	– **Ta s-e'ẽ-ngatu Tupã nhe'enga** *i xupé*. – Que seja muito doce a palavra de Deus para ele. (Anch., *Cat. Bras.* I, 203)
orébe	– **Nde nhyrõ...***orébe*. – Perdoa tu a nós. (Anch., *Cat. Bras.*, I, 139)
îandébe	– **Kó 'ara o-î-me'eng** *îandébe*. – Este dia deu para nós. (Araújo, *Cat. Líng. Bras.*, 8v)
peẽme	– **Ixé aé ã a-'e umûã nakó** *peẽme*. – Eis que eu mesmo já vos disse isso. (Araújo, *Cat. Líng. Bras.*, 54v)
asébe	– **I nhyrõ-pe Tupã** *asébe*? – Perdoa Deus à gente? (Araújo, *Cat. Líng. Bras.*, 91)

177 Os pronomes pessoais de 1ª e 2ª pessoas também podem vir com a posposição -**BO** (v. lição 24).
Ex.:

orébo	– para nós (excl.)
ixébo, xebo	– para mim
îandébo	– para nós (incl.)
endébo, ndebo	– para ti
peẽmo	– para vós

Os graus do substantivo (aumentativo e diminutivo)

178 Em tupi, o grau aumentativo faz-se com os sufixos -**ÛASU** (-**GÛASU**) ou -**USU**.
-**ÛASU** (-**GÛASU**) é usado quando o substantivo é oxítono e -**USU** quando é
paroxítono. Este perde o sufixo -**A**, quando o tiver. (Para entender o uso do
G- em -**GÛASU**, reveja a *chave da pronúncia*, no início do livro.)

125

Ex.:

pará	– rio	para**gûasu**	– rio grande
kunumî	– menino	kunumî**gûasu**	– moço
ybytyra	– montanha	ybytyr**usu**	– montanhão, serra
pindoba	– palmeira	pindob**usu**	– palmeira grande, palmeirão

179 O grau diminutivo faz-se com os sufixos **-'Ĩ** e **-'I**. Cai o sufixo **-A** do substantivo, se ele existir. **Mirĩ** não é sufixo, mas o adjetivo *pequeno*.

Ex.:

itá	– pedra	ita**'ĩ**	– pedrinha
pitanga	– criança	pitang**ĩ**	– criancinha (v. § 180)
aoba	– roupa	aob**ĩ**	– roupinha

Agora, com **mirĩ**:

mboîa	– cobra	mboî-**mirĩ**	– cobra pequena
'y	– rio	'y-**mirĩ**	– rio pequeno

Mais uma regra de transformação fonética

Regra 12

180 A oclusiva glotal (') cai se seguir uma consoante numa composição ou sufixação.

Ex.:

pitang(a) + 'ĩ	pitangĩ – nenenzinho
a-petym(a) + 'u	A-petymbu. – Fumo.
tapi'ir(a) + 'y	tapi'ir-y – rio das antas

A conjunção *mas* em tupi

181 A conjunção adversativa *mas* verte-se, em tupi antigo, geralmente com as partículas **-TE** (que se põe como ênclise) ou **A'E**.

Ex.:

Peró-*te* t´o-só. (*VLB*, I, 36)
Mas que vá Pero.
Kûarasy o-berá (...), nde-*te* ere-berá i xosé. (Anch., *Poesias*, 146)
O sol brilha (...), mas tu brilhas mais que ele.
Abá-*te*-pe erimba'e Tupã T-uba o-î-monhyrõ? (Anch., *Cat. Bras.*, I, 164)
Mas quem outrora a Deus-Pai apaziguou?
A'e-*te* i angaîpá-ba'e supé t-ekó-aíba o-î-me'eng-y-ne. (Anch., *Cat. Bras.*, I, 193)
Mas ele dará a vida ruim ao que é mau.
A'e ko'y, xe resé, ó-mirĩ pupé ere-îkó. (Anch., *Poesias*, 601)
Mas agora, por minha causa, numa casinha estás.

Jundiá
Nhandiá, bagre de rio, peixe
da família dos pimelodídeos
(Marc., *Hist. Nat. Bras.*)

lição 9 • O Curupira

Exercícios

I   Responda em tupi às seguintes perguntas sobre o texto inicial desta lição:

1. Umã-pe gûyrá'î? 2. Umã-pe tukur-oby? 3. Abá-pe s-asem ka'a-pe? 4. Abá-abá-pe o-só ka'a-pe? 5. O-manõ-pe Gûyrapepó? 6. Abá-pe o-s-epenhan kunumîgûasu? 7. Mba'e-pe kunumî i xupé o-î-me'eng? 8. O-s-epîak-ype Gûyrapepó Kurupira? 9. Abá-pe s-oryb?

II   Use predicativamente os adjetivos pluriformes abaixo com todos os pronomes pessoais, traduzindo as frases obtidas. (Escreva *eu estou alegre, tu estás alegre, ele está alegre* etc.)

esãî (r-, s-)   – alegre
ygynõ (r-, s-)   – malcheiroso (da boca, das axilas etc.)
un (r-, s-)   – preto, escuro
e'õ'ar (r-, s-) – desmaiar
asem (r-, s-)   – gritar
asy (r-, s-)   – sofrer dor, doer

III   Verta para o tupi as seguintes frases, utilizando os adjetivos ao lado:

1. A mulher enroupada é alegre. 2. A mulher alegre é enroupada. 3. A casa azul é alta. 4. A casa alta não é azul. 5. O menino fedorento é feliz. 6. O menino feliz não é fedorento. 7. Os meninos são muitos. 8. Vós sois muitos. 9. O passarinho preto é bonito. 10. O passarinho bonito é preto. 11. O homem santo não é bonito. 12. O animal caudato não está ensanguentado. 13. O animal fedorento é dentado. 14. O animal dentado não é fedorento. 15. Eu sou preto, tu estás vermelho. 16. Eu sou alegre, tu és bonito. 17. Nós (excl.) estamos pretos, vós estais azuis. 18. Eu sou bonito, tu és feio. 19. Os meninos felizes são muitos. 20. Muitos meninos são felizes. 21. Os passarinhos pretos são muitos. 22. Muitos passarinhos são pretos. 23. Os gafanhotos verdes são muitos. 24. Muitos gafanhotos são verdes. 25. Nós (incl.) somos muitos.

Vocabulário

adjetivos

alegre – esãî (r-, s-)

alto (refer. a coisas) – ybaté

azul, verde – oby (r-, s-)

bonito – porang

caudato – ûaî (r-, s-)

dentado (que tem dentes) – ãî (r-, s-)

enroupado – aob

ensanguentado – ugûy (r-, s-)

fedorento – nem

feio – poxy

feliz, alegre – oryb (r-, s-)

muitos – etá (r-, s-)

preto – un (r-, s-)

santo – karaíb

vermelho – pirang

IV   Verta para o tupi:

Os gafanhotos são verdes. Os passarinhos são pretos.
– Ouves os passarinhos pretos e vês os gafanhotos verdes?
– Não. São muitos? – Sim, são muitos.
O céu azul brilha.
– Olha para o céu azul! Os passarinhos azuis no céu são muitos.
– Quem gritou? Ouvi a voz de Guirapepó!
– Vamos em direção à mata!
– Guirapepó, por que estás deitado?
– O Curupira atacou Guirapepó. Guirapepó viu o Curupira.
– Ouve o Curupira! O Curupira grita! Corramos!
– Eu estou feliz. Nosso companheiro não morreu.
– Nosso companheiro não morreu mas está ofegante. Vamos!

Vocabulário

nomes e verbos

atacar – epenhan (s)

azul – oby (r-, s-)

brilhar - berab

céu – ybaka

estar deitado – îub / ub(a) (t-, t-)

feliz – oryb (r-, s-)

gafanhoto – tukura

gritar – asem (r-, s-)

morrer – manõ

muitos, as – etá (r-, s-)

ofegante – aybu

passarinho – gûyrá'ĩ

preto – un (r-, s-)

verde – oby (r-, s-)

outras categorias

em direção a – koty

mas – te (v. § 181)

sim – pá (h.); eẽ (m.)

V   Para praticar o uso de **-TE** (*mas*), verta em tupi:

1. Não vi o Curupira, mas ouvi sua voz.
2. Esqueci-me de Potira, mas me lembro de Pindobuçu.
3. Não ouvi tua voz, mas ouvi a voz do Curupira.
4. Guirapepó não gritou, mas falou duramente.
5. Pindobuçu correu, mas tu voaste.
6. Eu dei remédio para ti, mas tu não estás feliz.
7. Não vi passarinhos vermelhos, mas vi muitos gafanhotos verdes.
8. O sol não brilha, mas no céu há muitos passarinhos.
9. Não há flores de árvores sobre as pedras, mas há pássaros na mata.
10. Eu fui em direção à mata, mas Caiobi foi em direção ao rio pequeno.
11. A onça o atacou, mas ele não morreu.
12. O moço não morreu, mas estava ofegante na terra.

lição 9 • O Curupira

Vocabulário

nomes e verbos

árvore – ybyrá

dar – me'eng

esquecer-se – esaraî (r-, s-)

moço – kunumîgûasu

pássaro – gûyrá

remédio – mosanga

terra, chão – yby

voar – bebé

outras categorias

duramente – atã

VI   Para praticar o uso dos pronomes pessoais em tupi, verta as frases seguintes (v. § 175, § 176 e § 177):

1. Eu já falei duramente a ti, mas tu não me deste os anzóis azuis.
2. Ele nos (excl.) fala duramente, mas não o ouvimos.
3. Maria já te deu as flechas. Dá as flechas para mim.
4. Maria fez comida para o moço, mas ele não está alegre.
5. Tua mãe fez comida para mim.
6. O padre te deu a roupa para que estejas feliz.
7. O padre deu-nos (incl.) a roupa para que não nos esqueçamos dele.
8. Meu companheiro já vos deu o remédio.
9. Minha mãe nos (incl.) fez roupas brilhantes.
10. Para ti dei mingau e para ele dei peixe.

Vocabulário

nomes e verbos

alegre – oryb (r-, s-)

brilhante – berab

mingau – minga'u

outras categorias

já – umã

para que (final.) – v. § 137

VII   Para observar o emprego do aumentativo e do diminutivo dos substantivos, traduza as seguintes frases (v. § 178 e § 179):

1. Kunumîgûasu pirá-'î resé o-ma'ẽ 'y-mirĩ pupé.
2. Morubixaba mboî-mirĩ o-îuká, nd'o-îuká-î-te mboîusu.
3. Kunhãmuku'î peró o-s-aûsub, nd'o-s-aûsub-i-te maíra.
4. Oro-îur ybytyrusu suí, pindobusu-etá nd'oro-s-epîak-i-te.
5. 'Y-mirĩ oro-s-asab kunhã-muku'î irũnamo. Itá'î s-etá.

Vocabulário

nomes e verbos

embiaûsuba (t-) – amado (a), querido (a)

kunhã-muku – moça

maíra – francês

pindoba – var. de palmeira

ybytyrusu – serra

VIII   Traduza:

(Sobre o nascimento de Jesus)
    E-îori, xe îarî gûé,
    ta s-oryb-eté xe 'anga
    nde 'aragûera[1] resé. (...)
    Xe nhy'ã[2]-me t'ere-îké[3] (...)
    (...)
    Opá ybaka ere-î-mopó,[4]
    paranã, yby abé.
    A'e ko'y,[5] xe resé,
    ó'-mirĩ pupé ere-îkó.
    E-îori t'ere-mondó[6]
    xe suí t-ekó-angaîpab-a. (...)

(Sobre Maria, sua virgindade e seu papel de intercessora)
    (...)
    N'i tyb-i t-ugûy
    nde membyrasá[7]-pe.
    Endé, nde îybá[8]-pe
    Îesu ere-s-upi[9] (...)
    (...)
    O-'a[10] nde r-ygé[11] suí
    pa'i Tupã-T-uba r-a'yra.
    T'a-rekó[12]-ne nde membyra
    xe py'a[13]-pe, Tupã sy. (...)
    (...)
    Oré 'anga i poreaûsu[14]
    pecado monhang'iré. (...)
    Nde t'ere-î-me'eng orébo
    nde memby-porang-a Îesu.
    (...)
    I membyra o-'ar[10] umã
    amõ putuna[15] resé,[16]
    pitangî-porang-eté.
    I xy na s-ugûy-î tiruã:[17]
    i aku'i,[18] n'i kûar-i, nhẽ.
    (...)

S-ory-katu xe ybỹîa[19]
I porã-ngatu resé.
S-oryb, xe îabé,[20]
xe r-uba Tupinakyîa. (...)
(...)
E-robak[21] oré koty
nde r-esá-poraûsubar-a[22]
t'o-só-pá[23] xe mara'ara[24]
kûepe[25] xe 'anga suí. (...)

Vocabulário

1. **'araba** – nascimento, tempo do nascer
2. **nhy'ã** – coração
3. **iké** (intr.) – entrar
4. **mopor** (trans.) – preencher, ocupar
5. **ko'y(r)** – agora
6. **mondó** (trans.) – fazer ir. Veja que não foi usado o pronome -î- incorporado. Isso era comum, no dialeto de São Vicente, com verbos que recebiam o prefixo **mo-** (v. § 288)
7. **membyrasaba** – tempo de nascer de filho, parto
8. **îybá** – braço
9. **upir** (s) (trans.) – levantar, erguer
10. **'ar** (intr.) – nascer (outros sentidos: *embarcar*, lição 5; *cair*, lição 10)
11. **ygé** (t-) – ventre
12. **(e)rekó** (trans.) – ter
13. **py'a** – coração (mais propriamente, *fígado*, que era considerado a sede das emoções)
14. **poreaûsub** – miserável, coitado
15. **putuna** – noite
16. **resé** pode também significar *em*, temporal ou locativo (v. § 381)
17. **tiruã** – nem mesmo, nem sequer
18. **aku'i** – enxuto, seco
19. **ybỹia** – interior
20. **îabé** – como (de compar.)
21. **(e)robak** (trans.) – virar, voltar
22. **poraûsubar** – compadecedor
23. **pá** – totalmente, completamente
24. **mara'ara** – doença
25. **kûepe** – fora; para fora

Expedição para pesca
(Staden, *DVB*)

O tupi em nossa toponímia e no português do Brasil

1 Com base no vocabulário da lição 9, dê o significado dos seguintes nomes de lugares com origem no tupi antigo ou nas línguas gerais coloniais:

Tucuruvi (bairro de São Paulo); **Uberaba** (município de Minas Gerais); **Ibiuna** (município paulista); **Toriba** (localidade de São Paulo); **Itaberaba** (município de Minas Gerais)

2 Dê os significados dos seguintes nomes: **Guaraci; Caubi; Pitangy; Ubiratã**

3 Os sufixos **-gûasu, -'î** e o adjetivo **mirî** aparecem em grande número de topônimos no Brasil e até em substantivos comuns. Dê os significados dos nomes abaixo:

a. Cataratas do Iguaçu; b. Itaim; c. Tijucuçu (v. tuîuka); d. Itapemirim (v. peb); e. Igaraçu; f. Itaguaçu; g. minhocuçu; h. guarda-mirim; i. Mboi-mirim; j. Imirim

4 Dê a etimologia da palavra **piranha**.

Leitura complementar

O Curupira

Segundo Câmara Cascudo (1954), o Curupira é "um dos mais espantosos e populares entes fantásticos das matas brasileiras. (...) É representado por um anão, cabeleira rubra, pés ao inverso, calcanhares para a frente". Anchieta fez a ele a mais antiga menção conhecida:

"É cousa sabida e pela boca de todos corre que há certos demônios, que os Brasis chamam curupira*, que acometem aos Índios muitas vezes no mato, dão- -lhes de açoites, machucam-nos e matam-nos. São testemunhas disso os nossos Irmãos, que viram algumas vezes os mortos por eles. Por isso, costumam os Índios deixar em certo caminho, que por ásperas brenhas vai ter ao interior das terras, no cume da mais alta montanha, quando por cá passam, penas de aves, abanadores, flechas e outras cousas semelhantes, como uma espécie de oblação, rogando fervorosamente aos curupiras que não lhes façam mal".*

Anchieta, *Cartas do Brasil.*

Hans Staden

Hans Staden foi um marujo alemão de Hessen que permaneceu nas costas do Brasil em meados do século XVI. Ele esteve por duas vezes no Brasil. O navio em que vinha pela segunda vez, naufragou na Capitania de São Vicente e ele passou a viver com os portugueses, até ser aprisionado pelos tupinambás de Bertioga, em 1554. Os tupinambás, inimigos dos portugueses, queriam sacrificá-lo num banquete antropofágico. Nessa época, os tupinambás tinham aliança com os franceses, que percorriam nossas costas para levar mercadorias da terra para a Europa. Depois de muitos meses em que ficou prisioneiro, passando os maiores perigos e temendo sua morte a cada momento, Staden foi resgatado por um navio francês, Catherine de Vetteville, no qual partiu de volta para sua pátria. Em 1557 publicou na Alemanha um livro sobre suas aventuras no Brasil, que o tornou mundialmente conhecido, tendo sido traduzido para diversas línguas.

O nome Ceci

Reproduzimos, abaixo, um passo de uma das maiores obras da literatura brasileira: *O Guarani*, de José de Alencar. Lemos, aí, que o índio Peri chamou a sua amada *Ceci*. Tal nome tem grande semelhança sonora com o tema nominal **asy (r-s-)** – *ter dor, doer* –, quando recebe o prefixo de relação s-: **S-ASY** (i.e., *dói, ele tem dor*). Alencar faz uma engenhosa alusão à dor do amor impossível, como era aquele que o índio Peri nutria por Ceci. Embora o termo SASY seja do tupi antigo, Alencar chama a seu romance de *O Guarani*. Isso se deve ao fato de que não havia ainda, no século XIX, um claro conhecimento das diferenças entre o tupi e o guarani. Com efeito, nem se sabia bem qual era o léxico do tupi antigo. Em rigor, em guarani, *dói* é **H-ASY** e não **S-ASY**.

"– Por que me chamas tu Ceci?
O índio sorriu tristemente.
– Não sabes dizer Cecília?
Peri pronunciou claramente o nome da moça com todas as sílabas; isto era tanto mais admirável quanto a sua língua não conhecia quatro letras, das quais uma era o L.
Mas então, disse a menina com alguma curiosidade, se tu sabes o meu nome, por que não o dizes sempre?
– Porque Ceci é nome que Peri tem dentro da alma.
– Ah! é um nome de tua língua?
– Sim.
– O que quer dizer?
– O que Peri sente.
– Mas em português?
– Senhora não deve saber.

A menina bateu com a ponta do pé no chão e fez um gesto de impaciência.

D. Antônio passava; Cecília correu ao seu encontro:

– Meu pai, dizei-me o que significa Ceci nessa língua selvagem que falais.

– Ceci?... – disse o fidalgo procurando lembrar-se. Sim! É um verbo que significa doer, magoar.

A menina sentiu um remorso; reconheceu a sua ingratidão; e lembrando-se do que devia ao selvagem e da maneira por que o tratava, achou-se má, egoísta e cruel.

– Que doce palavra! – disse ela a seu pai. – Parece um canto de pássaro.

Desde este dia foi boa para Peri; pouco a pouco perdeu o susto; começou a compreender essa alma inculta; viu nele um escravo, depois um amigo fiel e dedicado."

José de Alencar, *O Guarani*.

10 · Ao pé do fogo

> *"De noite entretêm permanentemente uma fogueira e também não gostam de sair fora das cabanas na escuridão, sem fogo, de tanto medo que têm do diabo, ao qual chamam Anhanga."*
>
> Hans Staden, *Duas Viagens ao Brasil*

Mulheres a descansar (Rugendas)

Abá t-atá o-î-mondyk-y-ne. Mba'e-rama r-esé-pe?
Os homens acenderão o fogo. Por quê?
O-'ar pytuna-ne. Pytuna i ro'y-ne.
Cairá a noite. A noite será fria.
Gûaîbĩ t-atá ypype o-gûapyk. Gûyrá-sapukaîa o-s-apek.
A velha senta-se perto do fogo. Sapeca uma galinha.
– Moxy! A-kaî t-atá pupé! Xe r-asy-eté!
– Maldição! Queimei-me no fogo! Eu tenho muita dor!
Gûaîbĩ o oka koty o-pererek. Gûaîbĩ i kuruk. O-ke(r)-potar.
A velha foi aos pulos em direção a sua casa. A velha é rabugenta. Quer dormir.
I py i pereb.
Seu pé está ferido.

Abá o-petymbu-ne. Kunhã mandubi o-'u-ne:

Os homens fumarão. As mulheres comerão amendoins:

– Ere-'u-potar-ype mandubi, Pindobusu?

– Queres comer amendoins, Pindobuçu?

– Aani, nd'a-'u-î xûé-ne. Ka'a r-upi a-gûatá-potar-y-ne.

– Não, não os comerei. Pela mata quererei andar.

'Y tororõ(ma)-me a-só-potar.

Quero ir para a bica d'água.

O-gûatá-ypy. Kunumĩ tatu îuká-rama r-esé ka'a-pe o-só.

Começa a andar. O menino vai para a mata para matar um tatu.

(A mãe de Pindobuçu diz para seu marido:)

– Marakanã o-nhe'eng-ypy.

– Um maracanã começou a piar.

– Nda marakanã ruã, kanindé-te.

– Não é um maracanã, mas um canindé.

Pindobusu o-nhan-ypy. O-syryk tuîuka pupé, nhẽ.

Pindobuçu começa a correr. Escorrega dentro do tijuco (lamaçal).

– Xe sy gûé, takûa'-kysé-tyba pupé Kurupira a-s-epîak.

– Ó minha mãe! Vi o Curupira dentro do taquaral (do tipo "faca").

Nd'a-ker-i xûé kori-ne. Xe ma'enduar s-esé-ne.

Não dormirei hoje. Lembrar-me-ei dele.

Kurupira xe r-obá o-î-petek.

O Curupira meu rosto esbofeteou.

Pindobusu sy o membyra o-î-posanong.

A mãe de Pindobuçu medicou seu filho.

I ky'a-eté. Pindobusu Kurupira r-esé i ma'enduar-y-ne.

Ele está muito sujo. Pindobuçu vai lembrar-se do Curupira.

Aratupinima
Crustáceo dos mangues, da família dos grapsídeos, que vive em árvores ou arbustos (Marc., *Hist. Nat. Bras.*)

Vocabulário

nomes e verbos

'ar (intr.) – cair

asy (t-) – dor

atá (t-) – fogo

gûaîbĩ – velha

gûyrá-sapukaîa – galinha (lit., *ave que grita*)

kaî (intr.) – queimar

kanindé – canindé (var. de ave)

kuruk – resmungão, rabugento

mandubi – amendoim

marakanã – maracanã, nome de ave

mondyk (trans.) – acender (o fogo)

nhe'eng (intr.) – piar, cantar (a ave); emitir som (um animal qualquer)

obá (t-) – rosto

pereba – ferida, chaga

petek (trans.) – esbofetear; bater (com mão espalmada)

petymbu (intr.) – fumar (lit., *ingerir tabaco*)

posanong (trans.) – curar, medicar

pytuna – noite

ro'y – frio

syryk (intr.) – escorregar, deslizar, escorrer (um líquido)

takûara – taquara, bambu

tororõma – jato, jorro, borbotão

tuîuka – tijuco, atoleiro; lamaçal

ypy (trans.) – começar

'y tororõma – bica d'água

outras categorias

aani – não, de modo algum

esé (r-,s-) (posp.) – esta posposição tem vários sentidos (v. § 381)

moxy! (interj.) – maldição! droga!

-ne – v. § 182 e § 183

nhẽ (part.) – com efeito (muitas vezes não se traduz)

ruã (part) – não (v. § 196 e § 198)

upi (r-, s-) (posp.) – Tem vários sentidos:

    1) através de, por (locat.):

    pé r-upi – pelo caminho (*VLB*, II, 81)

    2) ao longo de (temporal):

    'ara r-upi – ao longo dos dias (Araújo, *Cat. Líng. Bras.*, 7)

    3) de acordo com, conforme:

    xe r-uba r-upi – de acordo com meu pai (*VLB*, II, 115)

xûé – v. § 184

ypype (loc. posp.) – perto de, junto de

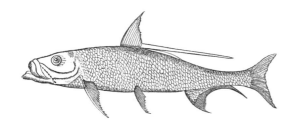

Camaripuguaçu
(Marc., *Hist. Nat. Bras.*)

Explicação gramatical

O futuro

182 A partícula **-NE**, enclítica, é usada para expressar o futuro em tupi. Sendo enclítica, não provoca a queda de fonemas, mas leva à inserção de **-Y-** (v. § 56). Tal partícula ocupa sempre o final do período.

Ex.:

1ª classe		2ª classe	
a-ker-y-ne	dormirei	xe ma'enduar-y-ne	eu lembrarei
ere-ker-y-ne	dormirás	nde ma'enduar-y-ne	tu lembrarás
o-ker-y-ne	dormirá	i ma'enduar-y-ne	ele lembrará
oro-ker-y-ne	dormiremos (excl.)	oré ma'enduar-y-ne	nós lembraremos (excl.)
îa-ker-y-ne	dormiremos (incl.)	îandé ma'enduar-y-ne	nós lembraremos (incl.)
pe-ker-y-ne	dormireis	pe ma'enduar-y-ne	vós lembrareis
o-ker-y-ne	dormirão	i ma'enduar-y-ne	eles lembrarão

Como já se disse, **-NE** aparece sempre no final do período, como nos exemplos seguintes:

A-só kori paranã-me-*ne*. — Irei hoje ao mar. (Anch., Arte, 22)

A-só kori ok-ype nde r-ur'iré-*ne*. — Irei hoje à casa após tua vinda. (Anch., *Arte*, 22)

A'eba'e Tupã o-s-epîak-y-*ne*. — Esses verão a Deus. (Araújo, *Cat. Líng. Bras.*, 19)

183 A ênclise **-NE** pode aparecer imediatamente após o verbo quando este estiver no modo permissivo no sentido deliberativo (§ 138) ou quando é somente uma partícula de realce, sem sentido de futuro. Nesses casos, produz a queda da consoante final do verbo.

Ex.:

T'a-î-papá-*ne* i angaîpaba. — Hei de contar as maldades dele. (Anch., *Teatro*, 54)

T'a-s-epîá-*ne* nde r-obá. — Hei de ver teu rosto. (Anch., *Poemas*, 98)

A-îu(r)-*ne* ixé, pe r-embi-'u-rama! — Venho eu, a vossa futura comida. (Staden, *DVB* 87)
— Aqui, **-NE** não tem sentido de futuro, mas é somente uma partícula de realce.

184 A forma negativa do futuro faz-se com **NA** (ou **NDA**)...**-I XÓ**...**NE** ou **NA** (ou **NDA**)... **-I XÛÉ**...**NE**.

Ex.:

Putuna *nd'*îa-î-andub-*i xûé-ne*. — A noite não perceberemos. (Araújo, *Cat. Líng. Bras.*, 167)

***N'*i ma'enduar-*i xûé-ne*.** — Eles não se lembrarão. (Fig., *Arte*, 40)

***N'*a-îuká-*î xûé-ne*.** — Não o matarei. (Fig., *Arte*, 34)

***N'*a-s-aûsu benhẽ-*î xûé* Anhanga-*ne*.** — Não mais amarei o diabo. (Araújo, *Cat. Líng. Bras.*, 86)

185 Na forma negativa do futuro, a partícula **XÛÉ** ficará sempre depois do sufixo -**I**, mesmo que a partícula -**NE** tenha de ficar separada dela, pois -**NE** coloca-se, geralmente, no final do período.

Tema verbal incorporado

186 Quando um verbo é objeto de um outro verbo que tenha o mesmo sujeito seu, ele geralmente se coloca entre o prefixo número-pessoal e o tema desse outro verbo. Se o verbo incorporado for transitivo, ele também trará seu objeto (substantivo ou pronome) incorporado. Haverá, então, dois objetos incorporados. A não incorporação do verbo, porém, é também possível.

Ex.:

Quero ir. – **A-*só*-potar**. (Anch., *Arte*, 27v)
               A-î-potar xe só. (Anch., *Arte*, 27v) (Neste exemplo não houve incorporação.)

Sei fazê-lo. – **A-î-<u>monhã'</u>-nguab.** (Fig., *Arte*, 157)
                obj.   obj.

Veja, no exemplo acima, que o -î- é o objeto incorporado de **monhang** e **monhang** é o objeto de **kuab**. Há, pois, dois objetos incorporados aí.

Outros exemplos:

O-*bebé*-berame'ĩ. – Parece voar. (*VLB*, II, 65)
Ere-*îuká*-potar é São Lourenço-angaturama. – Quiseste mesmo matar o bondoso São Lourenço. (Anch., *Teatro*, 90)
A-î-*monhang*-ypy. – Comecei a fazê-lo. (*VLB*, II, 13)

187 Na incorporação de um tema verbal aplicam-se as mesmas regras de transformação fonética já estudadas para a composição: a consoante final de um tema cai diante da consoante inicial de outro tema (v. § 54).
Ex.:
A-s-aûsu(b)-po'ir. – Deixei de amá-lo. (*VLB*, I, 96)

188 Se o tema verbal objeto tem sujeito diferente do verbo do qual é objeto, nunca há incorporação.
Ex.:
Quero que tu vás. (lit., *Quero tua ida*) – **A-î-potar nde só.** (Anch., *Arte*, 27)

O sujeito de **potar** é **ixé** (1ª pess.) e o de **só** é **nde**. Sendo assim, nesse caso não há incorporação do tema **só**.

Já no exemplo **A-só-potar,** tanto **só** quanto **potar** têm o mesmo sujeito (**ixé**). Nesse caso, deve haver a incorporação.

189 Se o objeto for um nome predicativo com sentido verbal (a que chamamos, neste curso, de *verbo da 2ª classe*), a conjugação se faz pelos pronomes pessoais **XE, NDE, I,** e não com os prefixos número-pessoais **A-, ERE-, O-** etc.

Ex.:
Xe r-esaraî-potar. – Eu quero esquecer, eu tendo a esquecer. (*VLB*, I, 127)

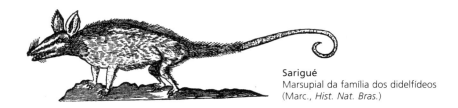

Sarigué
Marsupial da família dos didelfídeos
(Marc., *Hist. Nat. Bras.*)

190 As posposições pluriformes

Vimos nas três lições anteriores o que são os vocábulos pluriformes. Esses podem ser substantivos, adjetivos, verbos e também *posposições*. Vimos já duas delas:

191   ESÉ (R-,S-) – por (causa de); para (finalidade); com (companhia); em (temporal ou locativo); a respeito de.
Ex.:
E-îerok moxy *r-esé*.   – Arranca-te o nome por causa dos malditos (Anch., Teatro, 46)
E-îerok *s-esé*.   – Arranca-te o nome por causa deles.
(...) pytuna amõ *r-esé* – numa certa noite (Araújo, *Cat. Líng. Bras.*, 7)
atuá *r-esé*   – na nuca (Fig., *Arte*, 126)
Morubixaba a-î-mongetá nde *r-esé*. – Conversei com o chefe a respeito de ti.

192   Também com as posposições pluriformes não se usa I mas S- como pronome pessoal de 3ª pessoa.
Ex.:
Xe ma'enduar Maria *r-esé*.   – Eu me lembro *de* Maria.
Xe ma'enduar *s-esé*.   – Eu me lembro *dela*.

193   UPI- (R-, S-) – por, através de (locativo); conforme, segundo, ao longo de.
Ex.:
Tupã r-emimotara *r-upi* (...) – conforme a vontade de Deus. (Araújo, *Cat. Líng. Bras.*, 23v)
Nhũ *r-upi* a-gûatá.   – Caminhei *pelo* campo. (Fig., *Arte*, 123)
S-upi a-gûatá.   – Caminhei *por* ele.

Outras posposições pluriformes em tupi são:

194   ENONDÉ (R-, S-) – adiante de, à frente de, antes de (locativo).

Ex.:

O-só xe *r-enondé*. – Foi à *frente de* mim. (Anch., *Arte*, 45)

Îandé manhana (...) t'o-só îandé *r-enondé*. – Nosso espião vá à nossa *frente*.
(Anch., *Teatro*, 20)

T'îa-rasó s-*enondé* kó musurana. – Levemos *antes deles* esta muçurana. (Anch.,
Teatro, 138)

195   OBAKÉ (R-, S-) – na frente de, diante de, perante
Ex.:
Aîmbiré, e-îori xe r-*obaké*. – Aimbiré, vem diante de mim. (Anch., *Teatro*, 58)

A forma negativa com RUÃ

Vimos na lição 6 que, quando temos um predicado nominal como **xe porang**
– *eu (sou) bonito*, fazemos sua forma negativa antepondo **NA** (ou **NDA**) ao sujeito e
sufixando **-I** ao predicado: **na xe porang-i** – *eu não sou bonito*.

196   Se a forma que se negar for um substantivo, um pronome ou um advérbio,
não usamos o **-I** sufixado, mas a partícula **RUÃ**, que vem, geralmente, entre o
sujeito e o predicado.
Ex.:
So'o endé. – Tu (és) bicho.   ***Na* so'o *ruã* endé.** – Tu não és bicho.

Outros exemplos:
***Na* Tupã *ruã*-te-pe a'e?** – Mas ele não era Deus? (Anch., *Cat. Bras.*, I, 167)
***Na* abaré *ruã* ixé.**   – Eu não sou padre. (Anch., *Arte*, 46v)
***Na* emonã *ruã*.**   – Não é assim. (*VLB*, II, 47)
***Nda* ixé *ruã* a-só.**   – Não sou eu que vou. (Anch., *Arte*, 47v)

Os usos predicativos do substantivo: considerações complementares

197   Se tratarmos um tema nominal como *adjetivo predicativo* (e, portanto, com a
ideia de *ter*), na forma negativa ele deve também se comportar como adjetivo.
Ex.:
Xe r-ub. – Eu (tenho) pai. (Fig., *Arte*, 67) – ***Na* xe r-ub-*i*.** – Eu não tenho pai, eu
não sou "apadrado", se fosse possível assim dizer.
Xe pindá. – Eu tenho anzol. – ***Na* xe pindá-*î*.** – Eu não tenho anzol. (Anch., *Arte*, 48)
Xe aob. – Eu tenho roupa. – ***Na* xe aob-*i*.** – Eu não tenho roupa. (Anch., *Arte*, 48)
Xe porombo'esar. – Eu tenho mestre. – ***Na* xe porombo'esar-*i*.** – Eu não tenho
mestre. (Anch., *Arte*, 48)
(Tupã) *na* tub-*i*, *na* t-amỹî. – (Deus) não teve pai, não teve avós. (Anch., *Cat. Bras.*, I, 93)

198   Se tratarmos um tema nominal como *substantivo predicativo*, ele faz a
negativa com **RUÃ**, que deve ir entre o sujeito e o predicado, como vimos no §196.

Ex.:
Ixé abaré. – Eu sou padre. – ***Na* ixé *ruã* abaré.** – Eu não sou padre. (Anch., *Arte*, 46v)

Kagûara ixé. – Eu sou um beberrão. – **Na kagûara ruã ixé.** – Eu não sou um beberrão. (Anch., *Arte*, 47)
Na xe r-emiaûsuba ruã (...) **a'e.** – Ela não é minha escrava. (Araújo, *Cat. Líng. Bras.*, 95)
Nda Tupã Espírito Santo ruã, t-ura îekuapaba é. – Não era Deus Espírito Santo, mas um sinal da sua vinda. (Anch., *Cat. Bras.*, I, 170)

Exercícios

I   Responda em tupi às seguintes perguntas sobre o texto inicial desta lição:

1. Mba'e-pe o-s-apek gûaîbî? 2. S-asy-pe gûaîbî? Mba'e r-esé-pe? 3. I kurukype gûaîbî? 4. O-petymbu-pe kunhã-ne? 5. O-gûapyk-ype Pindobusu kunhã irũnamo-ne? 6. O-só-pe kunumĩka'a-pe-ne? 7. Mba'e gûyrá-pe o-nhe'eng-ypy? 8. Abá-pe o-s-epenhan Pindobusu? Abá-pe s-obá o-î-petek? 9. Abá-pe Pindobusu o-î-posanong?

II Para praticar o uso do tema verbal objetivo incorporado, verta para o tupi:

1. Sei acender o fogo para ti. 2. Quero acender o fogo para ele. 3. O filho de Caiobi começou a falar. 4. Começas a ir aos pulos, com efeito. 5. Começamos a fumar. 6. Queremos sapecar a galinha. 7. Deixo de esbofetear a cara do Curupira. 8. Deixo de andar perto de ti. 9. Queres escorregar dentro do lamaçal. 10. Os meninos começam a comer amendoins. 11. A velha parece ir em direção à bica d'água. 12. O menino deixa de esbofetear minha cara. 13. O índio pensa ver o Curupira. 14. O português sabe falar ao índio. 15. Começo a falar ao índio. 16. A mata começou a queimar. 17. O menino voltou a andar. 18. O índio voltou a fumar. 19. A velha voltou a escorregar. 20. Volto a curar tuas feridas.

Fazendo fogo (Staden, *DVB*)

lição 10 • Ao pé do fogo

Vocabulário

nomes e verbos

acender – mondyk

amendoim – mandubi

andar – gûatá

bica d'água – 'y tororõma

cara, rosto – obá (t-)

começar – ypy

curar – posanong

deixar (cessar) de – po'ir

esbofetear – petek

escorregar – syryk

filho (de h.) – a'yra (t-, t-)

fogo – atá (t-)

fumar – petymbu

galinha – gûyrá-sapukaîa

ir aos pulos – pererek

lamaçal – tuîuka

parecer – berame'ĩ

pensar – mo'ang

queimar (-se) – kaî

sapecar – apek (s)

velha – gûaîbĩ

outras categorias

com efeito – nhẽ

perto de – ypype

III Passe as frases seguintes para o futuro, nas formas afirmativa e negativa, traduzindo-as:

1. Gûaîbĩ o-ké'-potar. 2. Kunhã o-pererek-ypy. 3. Aîpó ka'a r-upi a-gûatá. 4. Nde r-ok-ype t-atá ere-î-mondyk. 5. Pytuna i ro'y. 6. Gûaîbĩ t-atá ypype o-gûapy'-potar. 7. Taîasu pira ere-s-apek. 8. Nde py i pereb. 9. Marakanã o-nhe'eng. 10. Kunumĩ o-nhan-ypy. 11. Nde r-oka o-kaî. 12. Abá-kuruka Kurupira r-esé o-ma'ẽ. 13. Pindobusu r-obá a-î-petek. 14. Mosanga ere-î-me'eng xebe. 15. Tuîuka pupé oro-syryk. 16. A-só-potar 'y tororõ'-me. 17. Gûaîbĩ t-atá pupé o-'ar. 18. Kunumĩ yby-pe o-'ar. 19. Nde pereba a-î-posanong. 20. Pytuna o-'ar.

IV Para praticar o uso predicativo do substantivo e do adjetivo nas formas afirmativa e negativa, verta para o tupi (v. § 197 e § 198):

1. O menino é uma pedra. O menino não é uma pedra. 2. Eu sou o chefe. Eu não sou o chefe. 3. Eu tenho companheiros. Eu não tenho companheiros. 4. Tu és um animal. Tu não és um animal. 5. Pedro é pai. Pedro não é pai. 6. Pedro tem pai. Pedro não tem pai. 7. Pedro é um menino. Pedro não é um menino. 8. Maria tem mãe. Maria não tem mãe. 9. Potira tem filhos. Potira não tem filhos. 10. É um peixe. Não é um peixe.

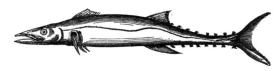

Guarapucu
Cavala, peixe da família dos escombrídeos
(Marc., *Hist. Nat. Bras.*)

V   Para praticar o uso das posposições pluriformes em tupi [**esé, upi, obaké, enondé (r-, s-)**], reescreva as frases seguintes, substituindo o substantivo pelo pronome **s-**. Siga o modelo.

Mod.:

Ka'a r-upi a-gûatá.
Pela mata caminho.

S-upi a-gûatá.
Por ela caminho.

1. **'Ybotyra r-esé a-îur.** (Vim por causa de Potira.) (Diga: *Vim por causa dela*.)
2. **Xe ma'enduar Ka'ioby r-esé.** (Eu me lembro de Caiobi.)
3. **Pedro r-enondé ere-só.** (Foste adiante de Pedro.)
4. **Nde r-uba r-obaké a-pytá.** (Fiquei na frente de teu pai.)
5. **Nde sy r-enondé ere-îur.** (Vieste adiante de tua mãe.)
6. **Paranã r-upi oro-só.** (Vamos através do mar.)
7. **Nde r-emimotara r-upi a-nhe'eng.** (Falei segundo tua vontade.)
8. **Ka'ioby o-mendar 'Ybotyra r-esé.** (Caiobi casou-se com Potira.)
9. **Kó kunhã r-esé îa-îebyr.** (Por causa desta mulher voltamos.)
10. **Taba r-obaké pe-îkó.** (Na frente da aldeia morais.)

VI   Traduza:

1. – Tupã Espírito Santo anhê[1] a'e t-atá? – Nda Tupã Espírito Santo ruã, t-ura îekua paba[2] é. (Anch., *Cat. Bras.*, I, 170)
2. – O-ur-y bé-pe irã[3] Jesus Cristo ybaka suí-ne? – O-ur-y bé-ne. – O-îkobé[4]-îebyr-ype asé a'e riré-ne? – O-îkobé-îebyr. (Anch., *Cat. Bras.*, I, 172)
3. – O-s-a'ang[5]-ype abaré missa s-obaké? – Nd'o-s-a'ang-i. (Anch., *Cat. Bras.*, I, 179)
4. (Tupã) nd'i xy-î, na s-eté-î ipó,[6] nd'i ypy[7]-î ipó. (Anch., *Cat. Bras.*, I, 185)
5. T'a-î-monhyrõ[8]-ne kori Tupã.(...) T'o-sem-y-te[9] anhanga nde suí, t'ere-îkó-po'ir[10] s-emiaûsub-amo.[11] (Anch., *Cat. Bras.*, I, 196)
6. S-etá-katu nde angaîpaba. (...) Nd'i nhyrõ-î xûé Tupã endébe-ne...(Anch., *Cat. Bras.*, I, 220)
7. Nda s-emirekó[12]-amoaé[13]-î xûé-pe abá-ne? (...) (Anch., *Cat. Bras.*, I, 226)
8. Nde akanga îuká[14] a-î-potá kori-ne. (Staden, *DVB*, 176)
9. Tupã r-ekó[15] r-upi a-îkó. (Fig., *Arte*, 123)
10. Nhũ r-upi a-gûatá. (Fig., *Arte*, 123)
11. Tapi'ira o-só oka koty. (Fig., *Arte*, 124-125)
12. Xe-pe a-só-ne? (Fig., *Arte*, 166)
13. A-só-pe ixé-ne? (Fig., *Arte*, 166)

Vocabulário

1. anhê – realmente, de verdade

2. îekuapaba – sinal, marca

3. irã – futuramente

4. ikobé – viver

5. a'ang (s) – +celebrar

6. ipó – certamente

7. ypy – começo, início

8. monhyrõ – apaziguar, aplacar

9. -te – partícula usada com o permissivo, quando é empregado no sentido de deliberação (v. § 138)

10. po'ir – deixar de, cessar de

11. **embiaûsuba (t)** – o escravo (mantido na aldeia até ser devorado). Também significa amado(a); **embiaûsub-amo** – como escravo

12. **emirekó (t-)** – esposa

13. **amõaé** – outro(a)

14- **îuká** – também significa *quebrar*

15. **ekó (t-)** – lei

O tupi em nossa toponímia e no português do Brasil

Com base no vocabulário já conhecido, responda às perguntas abaixo:

1   Que é uma velha *coroca*? Donde se origina tal termo?
2   Quando se mata um porco, deve-se *sapecá-lo* para se comer sua pele. Que significa isso?
3   *Peteca* é o nome de uma brincadeira, de um jogo muito tradicional no Brasil. Em que consiste e por que tem esse nome?
4   Leia a cantiga folclórica brasileira que reproduzimos em seguida:

> *"Eu fui no* ***itororó***
> *Beber água e não achei*
> *Achei bela morena*
> *Que no* ***itororó*** *deixei.*
> *Aproveitem, minha gente,*
> *Que uma noite não é nada*
> *Quem não dormir agora*
> *Dormirá de madrugada."*

Que significa a palavra *itororó*? De que palavras tupis origina-se?

5   Que significa o nome do município paulista de *Guataporanga*?
6   Que significa o nome do município paulista de *Itapecirica* (**peb** – *achatado*)?
7   Por que a *perereca* recebe esse nome?
8   Em Minas Gerais, no século XVIII, viveu a famosa Chica da Silva, mulher do homem mais rico do Brasil colonial, João Fernandes de Oliveira, contratador de diamantes. Vivia ela na região do **Ybyty'-ro'y**. Que significa isso em português? Qual o nome atual da localidade em que ela viveu?

11 · Canção de amor

(Versão adaptada para o tupi da guarânia *Lejania*)

(Ilustração de Altermar Domingos)

Martim Fernandes Lisboa suí o-ur. O-s-aûsub 'Ybotyra,
Martim Fernandes veio de Lisboa. Ama Potira,
Araryboîa r-endyra. Martim i aruru. Mba'e r-esé-pe?
irmã de Arariboia. Martim está tristonho. Por quê?
S-emiaûsuba mamõygûara r-esebé taba suí o-kanhem. O-nhe'engar.
Sua amada com um forasteiro sumiu da aldeia. Canta.

"**Oro-epîak-a'ub, xe r-embiaûsubĩ.**
"Tenho saudades de ti, meu amorzinho.
Mamõ-pe ere-só akó karuka pupé?
Aonde foste naquela tarde?
Kunhãmuku'ĩ gûé, nde angaîpab umẽ.
Ó mocinha, não sejas má.
E-îori, e-îebyr t'a-îe-mooryb.
Vem, volta para que eu me alegre.
A'e karuka pupé, xe r-eîar îepé iké.
Naquela tarde, deixaste-me tu aqui.

146

lição 11 • Canção de amor

A-îase'o: xe sye'ym, i abaíb xe r-apé.

Choro: eu estou órfão, é difícil meu caminho.

Îuatĩ xe kutuk; xe aruru, xe kangûer.

Os espinhos me furam; eu estou tristonho, eu estou descarnado.

Xe py'a-kaî nde só-reme

Eu tive o coração queimado por ocasião de tua ida

Akó 'ara pupé."

Naquele dia."

Vocabulário

nomes e verbos

abaíb – difícil, árduo, íngreme

angaîpab – mau, maldoso

aruru – triste, tristonho

eîar (s) (trans.) – deixar, abandonar

embiaûsuba (t-) – amado(a), querido(a)

endyra (t-) – irmã mais velha (do h.)

epîak-a'ub (s) (trans.) – ter saudades de, ver na ima-ginação

îe-mooryb (refl.) – alegrar-se

îuatĩ – espinho

kangûer – ossudo, descarnado

kanhem (intr.) – sumir

karuka – tarde

kunhãmuku'ĩ – mocinha (de doze até quinze anos)

mamõygûara – forasteiro, morador de fora

mooryb (trans.) – alegrar

nhe'engar (intr.) – cantar

py'a – fígado (em sentido figurado também significa *coração*)

sye'ym – órfão, sem mãe

outras categorias

esebé (r-, s-) (posp.) – com (comp.)

îepé – v. expl. gram., § 209

oro- (pron. obj.) – v. expl. gram., § 204

-reme (posp. átona) – por ocasião de, quando

umẽ – v. expl. gram., § 213

---

199 A'UBA significa *fantasia, ficção, imaginação, falsidade, mesquinhez, má von-tade*. Como advérbio de modo, perde o **-A** final: *na fantasia, na imaginação, falsamente, de mentira, em vão, sem resultado, de má vontade.*

Assim:

A-s-epîak-*a'ub* xe r-uba. – Vejo na imaginação meu pai, i.e., *tenho saudades de meu pai*. (Fig. *Arte*, 138)

A-só-*a'ub*. – Vou de má vontade. (Fig., *Arte*, 138)

200 Para os antigos índios da costa do Brasil, o órgão do corpo que concentrava as emoções e os sentimentos era o *fígado* e não o coração. Traduzimos **py'a** por

147

coração somente em sentido figurado, porque para nós é o coração o órgão das emoções e dos sentimentos. *Coração*, propriamente dito, é **nhy'ã**.

201 Após infinitivos terminados em vogal tônica, **RIRÉ** e **-REME** mantêm o **r-** inicial: **nde só riré** (*após tua ida, depois que tu foste*); **nde só-reme** (*por ocasião de tua ida, quando tu foste*).
Após infinitivos com o sufixo nominal *a*, cai esse sufixo e cai também o r̲ de **RIRÉ** e **-REME**: **nde syk'iré** (*após tua chegada*); **nde syk-eme** (*por ocasião de tua chegada*); **nde îebyr'iré** (*após tua volta*); **nde îebyr-eme** (*por ocasião de tua volta*).
Se a última consoante do tema verbal for *m*, *b* ou *î*, ela faz cair a vogal inicial de **-EME**. As consoantes *b* e *m* caem também: **kaî-me** (*quando queima, por ocasião da queimada*); **sem-me > sẽ-me** (*por ocasião da saída, quando saí*); **pab-me > pá-me** (*por ocasião do acabar, quando acaba*). Às vezes não cai a vogal inicial de **-EME** diante de *m* ou *b*: **sem-eme**; **pab-eme**.

Explicação gramatical

202 Os pronomes pessoais objetivos

Aprendemos na lição 4 que os verbos transitivos da 1ª classe em tupi conjugam--se com os prefixos **A-**, **ERE-**, **O-**, **ÎA-**, **ORO-** ou **PE-** e com os pronomes objetivos **-Î-**, **-ÎO-** ou **-S-** (se eles forem pluriformes). Ex. **a-î-kutuk**, **ere-î-kutuk** etc.
Veja que devemos usar **-Î-** entre o prefixo pessoal **A-**, **ERE-**, **O-** etc. e o tema; isso porque o verbo **kutuk** é transitivo. Esse **-Î-** que interpomos é pronome pessoal objetivo de 3ª pessoa e equivale ao *o, a, os, as* do português em *furo-o, furo-a, furo--os, furo-as*.

Veja agora:

Kunhã o-î-mooryb. – A mulher o alegra. (O prefixo **o-** mantém-se porque o prono-me objetivo **-î-** é de 3ª pessoa.)

Mas:

Kunhã ⊗îandé mooryb. – A mulher nos alegra. (Cai o prefixo **o-** do verbo porque o pronome objetivo **îandé** é de 1ª pessoa do plural.)

Outros exemplos:

Pindobusu ⊗ xe kutuk.	Pindobuçu me fura.
Pindobusu ⊗ nde kutuk.	Pindobuçu te fura.
Ixé ⊗ oro-kutuk.	Eu te furo.
Kunumĩ ⊗ oré kutuk.	O(s) menino(s) nos fura(m).
Ixé ⊗ opo-kutuk.	Eu vos furo.
Kunumĩ ⊗ pe kutuk.	O(s) menino(s) vos fura(m).

lição 11 • Canção de amor

203 Todos os pronomes pessoais objetivos de 1ª e 2ª pessoas fazem cair os prefixos número-pessoais do verbo (**A-, ERE-, O-** etc.), com exceção dos reflexivos (v. § 211).

204 O pronome objetivo de 2ª pessoa varia de acordo com o *sujeito da oração*. Se quem *te* fura sou *eu* ou somos *nós,* o pronome objetivo é **ORO-**. Se é *ele* quem *te* fura, o pronome objetivo é **NDE**. (O mesmo para a 2ª pessoa do plural: **OPO-** e **PE**, respectivamente.)

Outros exemplos:

*Xe oro-*tym.	–	Eu te enterro. (suj. de 1ª pess.) (Fig., *Arte*, 154)
Nde îuká *xe îara.*	–	Mata-te meu senhor. (suj. de 3ª pess.) (Anch., *Arte*, 12v)
*Oré oro-*îuká.	–	Nós te matamos. (suj. de 1ª pess.) (Fig., *Arte*, 9)
*Oré opo-*îuká.	–	Nós vos matamos. (suj. de 1ª pess. do pl.) (Anch., *Arte*, 12)
Pe îuká *xe îara.*	–	Mata-vos meu senhor. (suj. de 3ª pess.) (Anch., *Arte*, 12v)

205 Perceba que **ORO-** e **OPO-** vão sempre ligados ao verbo como prefixos, enquanto **NDE** e **PE** são independentes.

Não confunda **oro-kutuk** (*furo-te*) com **oro-î-kutuk** (*furamo-lo*). No primeiro caso, **ORO-** é pronome pessoal objetivo. No segundo caso, é prefixo número-pessoal.

206 Assim, os pronomes pessoais objetivos em tupi são:

português

tupi

me   **xe**
te   **oro-** (quando a 1ª pessoa é sujeito)
               nde (quando a 3ª pessoa é sujeito)
o, a   **-î-, -s-, -îo-** (ou ainda **-nho-, -nh-**)
nos   **îandé** (incl.)
               oré (excl.)
vos   **opo-** (quando a 1ª pessoa é sujeito)
               pe (quando a 3ª pessoa é sujeito)

os, as   **-î-, -s-, -îo-** (ou ainda **-nho-, -nh-**)

reflexivo   **-îe-** (para todas as pessoas)

207 Os verbos pluriformes, vindo com pronomes objetivos de 1ª e 2ª pessoas, recebem **R-**, exceto com **ORO-** e **OPO-**.

Ex.:

*Oro-*epîak.	Vejo-te. [verbo **epîak (s)** – *ver*]
Nde *r-*epîak kunhãmuku.	Viu-te a moça.
Xe *r-*epîak kunhãmuku.	Viu-me a moça.
Oro-aûsub.	Amo-te. [verbo **aûsub (s)** – *amar*]
Nde *r-*aûsub kunhãmuku.	Ama-te a moça.

Xe r-aûsub kunhãmuku. Ama-me a moça.
Oré r-aûsub oré sy. Ama-nos a nossa mãe.
Oro-eîar. Deixei-te. [verbo **eîar (s)** – *deixar*]
Oré opo-eîar. Nós vos deixamos.
Nde r-eîar kunhãmuku. Deixou-te a moça.
Xe r-eîar kunhãmuku. Deixou-me a moça.
Pe r-eîar pe sy. Deixou-vos a vossa mãe.

208 Com a forma nominal dos verbos nunca se usam **ORO-** e **OPO-**.
Ex.:
Pe-î-kuab ixé pe r-aûsuba (e não "pe-î-kuab ixé opo-aûsuba").
Sabeis que eu vos amo.

Observe agora o seguinte:
Xe kutuk
Îandé kutuk ⎤ Como saber se o sujeito é *ele* ou *tu*?
Oré pysyk   ⎦

Guainumbi
Beija-flor, ave da família dos
troquilídeos, de bela plumagem
e de voo extremamente rápido
(Marc., *Hist. Nat. Bras.*)

209 Em se tratando de sujeito de 2ª pessoa e objeto de 1ª, usa-se **ÎEPÉ** (*tu*) ou **PEÎEPÉ** (*vós*), sempre após o verbo, que, assim, fica tanto no indicativo como no imperativo.
Ex.:
Xe îuká îepé. – Tu me matas (ou *mata-me tu!*). (Anch., *Teatro*, 76)
Xe îuká peîepé. – Vós me matais (ou *matai-me vós!*). (Anch., *Arte*, 37)
Oré moingobé îepé. – Tu nos fazes viver (ou *faze-nos tu viver!*). (Anch., *Poemas*, 82)
Xe mongaraíb îepé! – Batiza-me tu! (Anch., *Cat. Bras.*, I, 203)

210 A ausência de **ÎEPÉ** e **PEÎEPÉ** indica que o sujeito, nesses casos, é de 3ª pessoa (*ele* ou *eles*). Pode-se, então, repetir o pronome pessoal objetivo.
Ex.:
Xe r-epîak. – Vê-me (ele). (Anch., *Arte*, 37v)   **Xe r-epîak îepé.** – Tu me vês.
Xe tym. – Enterra-me (ele). (Anch., *Arte*, 37v) **Xe tym îepé.** – Tu me enterras.
Xe kuab. – Conhece-me (ele). (Anch., *Arte*, 37v) **Xe kuab peîepé.** – Vós me conheceis.

Nde nde îuká. – A ti te matam (eles). (Anch., *Arte*, 11v)
Peẽ pe îuká. – A vós vos matam (eles). (Anch., *Arte*, 11v)

lição 11 • Canção de amor

211 O pronome pessoal reflexivo em tupi é **-ÎE-** para todas as pessoas, mantendo-
-se os prefixos número-pessoais.

Ex.:

Xe a-*îe*-îuká.	– Eu me mato. (Fig., *Arte*, 82)
Oré oro-*îe*-îuká.	– Nós nos matamos. (Fig., *Arte*, 82)
A-*îe*-aûsub.	– Amo-me. (Fig., *Arte*, 82)
A-*îe*-'u.	– Como-me. (Anch., *Arte*, 35)
E-*îe*-pe'a.	– Afasta-te. (Anch., *Teatro*, 32)
E-*îe*-apirõ.	– Lamenta-te. (Anch., *Teatro*, 42)

212 Síntese

obj. de 3ª pess.: usam-se os prefixos **A-**, **ERE-**, **O-** etc., com **-Î-**, **-ÎO-** ou **-S-** incorporados.

obj. de 1ª pess. ou 2ª pess. e suj. de 3ª pess.: cai o prefixo número-pessoal **O-** do
verbo.

obj. de 1ª pess. e suj. de 2ª pess.: caem os prefixos **ERE-** e **PE-** do verbo. Usam-se
ÎEPÉ e **PEÎEPÉ** pospostos, respectivamente.

obj. de 2ª pess. e suj. de 1ª pess.: usam-se **ORO-** e **OPO-** prefixados, sem **A-**, **ÎA-** etc.

O imperativo e o permissivo na forma negativa

213 O modo imperativo e o permissivo fazem sua forma negativa com o uso de
UMẼ (ou **YMẼ**), que vem, geralmente, posposto ao verbo.

Ex.:

E-por-apiti *umẽ*! – Não mates gente! (Araújo, *Cat. Líng. Bras*, 69v)

Xe pe'a *umẽ* îepé! – Não me desterres tu! (Anch., *Poemas*, 102)

T'o-s-epîak-y bé *umẽ* kûarasy. – Que não vejam mais o sol. (Anch., *Teatro*, 60)

Nde nhõ *umẽ* e-îuká! – Não o mates tu sozinho! (Anch., *Arte*, 22v)

Îori anhanga mondyîa, ta xe momoxy *umẽ*. – Vem para espantar o diabo, para
que não me dane. (Anch., *Poemas*, 132)

Xe r-enõî *umẽ* îepé (...). – Não me chames pelo nome. (Anch., *Teatro*, 30)

O sufixo -E'YM com ideia de privação

214 O sufixo **-E'YM** expressa negação e forma nomes que incluem em si a ideia de
privação, de falta. Pode aparecer em substantivos ou em adjetivos.

Ex.:

Com substantivos (com o sufixo nominal **-A**):

sy – mãe	**sye*'yma*** – o sem-mãe; o órfão (*VLB*, II, 59)
taba – aldeia	**tabe*'yma*** – o deserto, o ermo (lit., *sem aldeias*) (*VLB*, I, 100)
membyra – filho	**membyre*'yma*** – a sem-filhos, a estéril (*VLB*, II, 31)
mba'e – coisa	**mba'ee*'yma*** – ausência de coisas, pobreza (Araújo, *Cat. Líng. Bras.*, 18v)
t-era – nome	**t-ere*'yma*** – o paganismo, a falta de nome (cristão). (Araújo, *Cat. Líng. Bras.*, 95v)

Com adjetivos:

(...) **kunhã-marangatu-*membyre'ym*-a** – mulher bondosa e estéril (Araújo, *Cat. Líng. Bras.*, 95v)
Kó t-etama i *tabe'ym*. – Esta região é deserta (lit., *sem aldeias*).
Yby-*tabe'yma* i porang. – A terra deserta é bonita. (Neste caso, usamos o adjetivo como qualificativo e não como predicativo. O sufixo **-A** nominal refere-se à composição *subst. + adj.* e não ao adjetivo em si.)
Abá-*ere'yma* o-syk. – O índio sem nome chegou. (Recorde que, se o adjetivo for qualificativo, acrescenta-se o sufixo **-A** à composição formada se o adjetivo tiver tema terminado em consoante.)

Guajá
Espécie de crustáceo, caranguejo de água salgada que vive debaixo das pedras (Marc., *Hist. Nat. Bras.*)

215 Alguns interrogativos

moîrã-pe? (ou somente **moîrã?**) – quando? – referindo-se só ao futuro
erimba'e-pe? – quando? – referindo-se ao passado ou ao futuro

mba'e-reme-pe?
mba'e-mba'e-reme-pe?
marã-neme-pe?
– Em que ocasião? Em que ocasiões? Por ocasião de quê? Quando? Em que horas? – referindo-se a fatos habituais. P. ex.: **Mba'e-mba'e-reme-pe endé ere-nhe-mombe'u-ne?** – Quando tu te confessarás? (i.e., *Em que ocasiões tu te confessarás de costume?*) (Araújo, *Cat. Líng. Bras.*, 90v-91, adapt.)

Exercícios

I   Responda em tupi às seguintes perguntas sobre o texto inicial desta lição (quando as perguntas forem a seu respeito, responda sempre na negativa):

1. Abá-pe o-kanhem 'Ybotyra irũmo? 2. Abá-pe o emiaûsuba o-s-eîar? Erimba'e-pe? 3. 'Ybotyra o-kanhem. Mamõ suí-pe? 4. Abá-pe o-nhe'engar? 5. Ere-s-epîak-ype nde r-emiaûsuba oîeí? 6. Ere-îase'o-pe îuatî nde kutuk'iré?

lição 11 • Canção de amor

7. Nde py'a-kaî-pe nde r-emiaûsuba r-epîak-eme? 8. Ere-s-epîá-potar-ype nde r-emiaûsuba kori?

Sauiá-sobaia
Mamífero da família dos cavídeos
(Marc., *Hist. Nat. Bras.*)

II Para praticar o uso dos pronomes pessoais objetivos e subjetivos em tupi, verta as frases abaixo (com a 1ª pessoa do plural, use sempre a forma exclusiva):

1. Eu te vejo. Eu me vejo. Eu os vejo. Eu o vejo. [ver: **epîak(s)**]
2. Eu te amo. Eu o amo. Eu me amo. Eu vos amo. Vós nos amais. Vós vos amais. [amar: **aûsub(s)**]
3. Tu me furas. Tu o furas. Tu te furas. Tu nos furas. [furar: **kutuk**]
4. Ele me mata. Ele nos mata. Ele te mata. Ele se mata. Tu me matas. Tu nos matas. Tu te matas. [matar: **îuká**]
5. Nós te deixamos. Nós o deixamos. Nós vos deixamos. [deixar: **eîar(s)**]
6. Eu te conheço. Eu vos conheço. Eu o conheço. Nós te conhecemos. Nós nos conhecemos. Nós o conhecemos. Nós vos conhecemos. [conhecer: **kuab**]
7. Tu me visitas. Tu nos visitas. Tu o visitas. [visitar: **sub(îo)**]
8. Ele nos sapeca. Ele se sapeca. Ele me sapeca. Ele te sapeca. [sapecar: **apek(s)**]
9. Eu te alegro. Pedro me alegra. Tu me alegras. Eu me alegro. Eu vos alegro. Vós me alegrais. [alegrar: **mooryb**]
10. Tu me atacas. Ele me ataca. Nós o atacamos. Eles nos atacam. Eu te ataco. [atacar: **epenhan (s)**]

III Traduza:

1. Ixé oro-moîasuk[1] T-uba, T-a'yra, Espírito Santo r-era pupé. (Anch., *Cat. Bras.*, I, 200)
2. Îandé r-aûsubá-katu Tupã sy (...). (Anch., *Poesias*, 669)
3. Santa Cruz r-a'angaba[2] r-esé, oré pysyrõ[3] îepé, Tupã Oré Îar, oré amotare'ymbara[4] suí. (Anch., *Cat. Bras.*, I, 13)
4. – Abá-pe îandé r-enõî-ne? – Karaí-bebé.[5] (Anch., *Cat. Bras.*, I, 172)
5. Ta xe pysyrõ Tupã mba'e-aíba[6] (...) suí. (...) Ta xe pe'a[7] Tupã t-ekó-angaîpaba asé nhy'ã suí (...). (Anch., *Cat. Bras.*, I, 187)
6. T'o-îebyre'ym Anhanga. (...) (Anch., *Cat. Bras.*, I, 203)
7. – Nda t-ub-i-te-pe (Jesus Cristo)? – Nda t-ub-i, o-nhe-monhang é o sy (...) r-ygépe. (Anch., *Cat. Bras.*, I, 186)
8. Nde r-o'o[8] xe moka'ẽ[9] serã[10] 'are'ym,[11] iré. (Staden, *DVB*, 176)
9. Ta xe îuká Pedro! (Fig., *Arte*, 152)
10. Pa'i Îesu xe posanga,[12]
    xe py'a, xe r-ekobé,
    xe pe'a[13] umẽ îepé. (Valente, *Cantigas*, in Araújo, *Cat. Líng. Bras.*, 1618)

153

11. *Da assunção*
(...)
T'oro-aûsu[14]-ne, Tupã sy.
(...)
Nde r-eîar erimba'e
kó yby-pe nde membyra.
(...)
Xe îara r-epîá'-poranga
Xe 'anga t'o-î-momotá.[15]
T'a-s-epîá-ne nde r-obá,
t'i apysy'-katu[16] xe 'anga.

12. *Pitangî*
Oré r-aûsubá îepé,
pitangî, pa'i Îesu.
T'oro-îkó-pabē-ngatu[17]
nde r-ekokatu[18] pupé.
(...)
Tupã sy, xe sy abé,
a-roŷrõ[19] t-ekó-poxy.
A-s-aûsub nde membyrī.
Xe pe'a umē îepé.

13. *Trilogia*
(...)
Tupã sy-porang-eté,
xe anama nde r-aûsu.
T'o-s-arõ[20] pa'i Îesu

xe r-etama, nde abé.
(...)
Xe Tupinambagûasu.
Pa'igûasu irū-ndyba,[21]
opakatu karaíba
xe momba'eté[22]-katu.

14. *Pitangî-porang-eté*
Pitangî-porang-eté,
oro-gû-erobîá[23]-katu.
Xe îarī, pa'i Îesu,
xe moingokatu[24] îepé,
nde anhõ[25] t'oro-aûsu.
(...)
E-îori t'ere-mondó
xe suí t-ekó-angaîpaba.
Kó[26] xe 'anga, nde r-u-saba,[27]
nde r-upab[28]-amo[29] t'o-îkó.
(...)
Adão, oré r-ub-ypy,
oré mokanhem[30]-eté,
Anhanga r-atá-pe nhē
oré kaî-á'-ûama ri.[31] (...)
E-îori, t'o-îe-pe'a
t-ekó-aíba xe suí.

(Anch., *Poemas*, 1997)

Vocabulário

1. **moîasuk** (trans.) – lavar, +batizar

2. **a'angaba (t-)** – sinal, marca

3. **pysyrõ** (trans.) – livrar, libertar

4. **amotare'ymbara** – inimigo

5. **karaí-bebé** – +anjo

6. **aíb** – mau, ruim

7. **pe'a** (trans.) – afastar

8. **o'o (t-)** – carne

9. **moka'ē** – moquém

10. **serã** – talvez, provavelmente

11. **'are'yma** – fim do dia (enquanto a escuridão não chega)

12. **posanga** – remédio

13. **pe'a** (trans.) – desterrar, repelir

14. **aûsu** = aûsub

15. **momota(r)** (trans.) – atrair

16. **apysyk (xe)** – fartar-se, consolar-se

17. **pabē-ngatu** – completamente

18. **ekokatu (t)** – virtude

19. **(e)roŷrõ** (trans.) – detestar

20. **arõ (s)** (trans.) – guardar

21. **Pa'igûasu irū-ndyba** (*irū* + *tyba*) – o conjunto dos companheiros do bispo ou do provincial (+*pa'igûasu*)

lição 11 • Canção de amor

22. **momba'eté** – honrar, valorizar

23. **(e)robîa(r)** (trans.) – crer, acreditar

24. **moingokatu** (trans.) – fazer estar bem, fazer proceder bem, fazer viver bem

25. **anhõ** – somente, sozinho

26. **kó** – neste caso significa *eis que*

27. **u-saba (t-, t-)** – lugar da vinda, lugar aonde se vem

28. **upaba (t-, t-)** – lugar do pouso, pousada

29. **-(r)amo** – como, na condição de

30. **mokanhem** (trans.) – fazer perder-se

31. **oré kaî-á'-ûama ri** – para nos queimarmos

O tupi em nossa toponímia e no português do Brasil

1. Com base no vocabulário aprendido na lição 11, dê os significados dos seguintes nomes de lugares:

Piacatu – nome de município paulista

Piracaia – nome de município paulista

2. Que sentido tem o verbo *cutucar* em português? Ele mantém o mesmo sentido que tem o verbo **kutuk**, em tupi?

3. Que significa dizer que uma pessoa está *jururu*? Que termo tupi originou tal palavra?

Leitura complementar

As línguas gerais no Brasil colonial

Na lição 11, vemos um português (Martim Fernandes) a dirigir versos de amor a sua amada índia, que fugiu com outro homem, e que o faz na língua indígena. Com efeito, no século XVI o tupi antigo passou a ser falado não só por índios tupis (nome genérico para os potiguaras, os tupinambás, os caetés, os tupiniquins etc.), mas também por portugueses e por africanos trazidos para o Brasil como escravos.

No sul da colônia, na Capitania de São Vicente, também se desenvolveu um poderoso tráfico de escravos índios. Os paulistas tornaram-se os principais devassadores do sertão, com suas bandeiras que partiam em busca de escravos e também de ouro, prata e pedras preciosas. As famílias paulistas passaram a contar com muitos escravos indígenas que falavam a língua tupi em suas casas. Além disso, a miscigenação foi muito intensa e o número de mamelucos, filhos naturais, tornou-se muito grande. Desenvolveu-se uma língua geral meridional, que os paulistas levariam para os atuais estados de Minas Gerais, Mato Grosso, Goiás e para os estados sulinos. Essa língua também tinha influência do guarani no vocabulário, pela escravização dos índios das missões do Paraguai. Palavras como *congonhas*, *pitar*, *curi* (donde *Curitiba*), são de origem guarani e passaram a fazer parte da língua geral meridional.

Em 1615, com a expulsão dos franceses do Maranhão e com a fundação de Belém do Pará em 1616, a colonização portuguesa começou na Amazônia. A criação de aldeamentos missionários jesuítas, carmelitas, mercedários e franciscanos ao longo dos grandes rios amazônicos, com o descimento de índios de diversas etnias, levou à criação da língua geral amazônica. Também a escravização desenraizou centenas de milhares de índios de diferentes línguas, que passaram a falar a língua geral, aquela que possibilitava comunicação entre si. Quase toda a população da Amazônia, de fins dos séculos XVII até o penúltimo quartel do século XIX a falou. Só com o Ciclo da Borracha é que o português passaria a predominar naquela região do Brasil. Hoje a língua geral amazônica é falada no alto Rio Negro, no Amazonas, recebendo também o nome de *nheengatu*, que vem desde o século XIX.

Também na Bahia houve língua geral no período colonial brasileiro.

Assim, as línguas gerais coloniais e o nheengatu são diferentes fases de desenvolvimento histórico do tupi antigo e, com esta, tiveram importante papel na formação da civilização brasileira.

A língua indígena, mais falada que a portuguesa

É certo que as famílias dos portugueses e índios de São Paulo estão tão ligadas hoje umas às outras, que as mulheres e os filhos se criam mestiça e domesticamente, e a língua que nas ditas famílias se fala é a dos índios, e a portuguesa a vão os meninos aprender à escola...

Padre Antônio Vieira, *Obras Várias*, p. 249.

12 · A caçada

"*Os outros animais que na terra se acharão, todos são bravos de natureza e alguns estranhos, nunca vistos em outras partes.*"
(Pero de Magalhães Gândavo, *História da Província de Santa Cruz*)

Caçada de onça (Rugendas)

(Pindobuçu conversa com Cunhambebe, seu pai.)

(P.) — **Mamõ-pe ere-só, xe r-ub-y gûé?**
— Aonde vais, ó meu pai?

(C.) — **A-só ka'a-pe so'o îukábo. E-îori e-gûatábo xe irũnamo.**
— Vou à mata para matar animais. Vem para caminhar comigo.
A-só paka îuká-rama r-esé. N'i tyb-i t-embi-'u îandé r-ok-ype.
Vou para matar pacas. Não há comida em nossa casa.
T'îa-só, xe r-a'yr-y gûé!
Vamos, ó meu filho!

(P.) — **Ere-só-pe 'ye'ẽ apóbo?**
— Vais para fazer um fojo?

(C.) – Pá. Îagûara îandé apitîabo o-ur. O-gûatá okara r-upi,
– Sim. Uma onça veio para nos matar. Caminhou pela ocara,
îandé anama mosykyîébo. O-ur îandé gûabo.
assustando nossa família. Veio para nos comer.
A-só 'ye'ẽ apóbo. Îagûara i pupé a-î-mo'a(r)-potar.
Vou para fazer um fojo. A onça quero fazer cair dentro dele.

(P.) – N'a-só-potar-i. A-só 'y-embe'yba r-upi gûi-gûatábo-ne.
– Não quero ir. Irei pela beira do mar, andando.

(C.) – E-sykyîé umẽ. Nde r-yke'yra îandé irũmo o-só-ne.
– Não tenhas medo. Teu irmão irá conosco.

(Os índios vão para o mato.)

(P.) – E-ma'ẽ, xe r-yke'yr! Îandé r-uba o-gûatá o ybyrapara porûabo.
– Olha, meu irmão! Nosso pai caminha usando seu arco.
Îagûara o-î-ybõ-ne.
Flechará a onça.

(C.) – Moxy! Îagûara o-îabab!
– Droga! A onça fugiu!

(Os índios voltam. Ao chegarem à aldeia, a mãe de Pindobuçu diz:)

– Xe membyr-y îu! Pe-îori pe-karûabo!
– Ó meus filhos! Vinde para comer!

Vocabulário

nomes e verbos

apiti (trans.) – matar, fazendo grande estrago, trucidar

îabab (intr.) – fugir

mo'ar (trans.) – fazer cair

mosykyîé (trans.) – assustar

okara – terreiro aberto entre as ocas; praça

'y-embe'yba – margem de rio, beira do mar (VLB, II, 60)

poru (trans.) – usar

ybyrapara – arco

'ye'ẽ – armadilha para animais, fojo (buraco que se cobria com gravetos e folhas para disfarce)

yke'yra (t-, t-) – irmão mais velho

Jacurutu
Ave estrigiforme da família dos estrigídeos; é a maior espécie de coruja da América
(Marc., *Hist. Nat. Bras.*)

lição 12 • A caçada

216 Segundo o *Vocabulário na Língua Brasílica*, há diferenças de sentido entre o verbo **monhang** e o verbo **apó**. O primeiro deveria significar *produzir, fabricar, criar* e o segundo *realizar, executar, proceder*. Percebe-se, porém, que, nos textos antigos, eles são muitas vezes usados indistintamente, como sinônimos.

Explicação gramatical

O gerúndio

O gerúndio, em tupi antigo, pode ter quatro sentidos básicos. Temos, assim, *o gerúndio final*, o *gerúndio contemporâneo*, o *gerúndio aditivo* e o *gerúndio causal*.

217 O *gerúndio final* expressa a finalidade de um processo indicado por outro verbo.
Ex.:
E-îori oré r-esé nde membyra *mongetábo*. – Vem para conversar com teu filho a respeito de nós. (Anch., *Poemas*, 82)

218 O *gerúndio contemporâneo* exprime um processo realizado simultaneamente com outro processo.
Ex.:
Anhanga nde moabaîté, nde suí *o-sykyîébo*. – O diabo te agasta, de ti tendo medo. (Anch., *Poemas*, 144)

219 O *gerúndio aditivo* exprime um processo realizado pelo mesmo sujeito que já realizou outro processo, mas não ao mesmo tempo. É como se usássemos a conjunção *e*.
Ex.:
O-só kó 'ara pupé, îandé *moingobébo*. – Vai neste dia, fazendo-nos viver (i.e., *vai, neste dia e nos faz viver*). (Anch., *Poemas*, 94)

220 O gerúndio causal exprime a causa de algo.
Ex.:
– **Mba'e-pe cristãos îekuapaba?** – **Santa Cruz.** – **Marã-namo-pe?** – **I pupé o-*manõmo* Îandé Îara Îesus Cristo (...).** – Qual é o sinal dos cristãos? – A Santa Cruz. – Por quê? – Por nela morrer Nosso Senhor Jesus Cristo. (Anch., *Cat. Bras.*, 186)

Morfologia do gerúndio

221 O gerúndio dos verbos de tema terminado em vogal constrói-se com o sufixo **-ABO**. O dos verbos de tema terminado em consoante veremos na lição 13.
Ex.:
poru: porûabo   apiti: apitîabo   îegûaru: îegûarûabo

Curuatá-pinima
Peixe da família dos tunídeos
(Marc., *Hist. Nat. Bras.*)

159

Variações

Mais algumas regras de transformação fonética

Regra 13
222 A vogal **A** dos sufixos **-ABO** e **-ABA** (v. lição 20) torna-se igual à vogal precedente se esta for **-E** ou **-O**, ocorrendo, então, uma contração.
Ex.:
sykyîé + -abo > sykyîé + -ebo > **sykyîébo**
mondó + -abo > mondó + -obo > **mondóbo**

Regra 14
223 As vogais **I**, **U** e **Y** tornam-se **Î**, **Û** e **Ŷ** se forem seguidas por uma vogal tônica. A vogal **O**, seguida por uma vogal tônica, torna-se **Û** se tiver, antes de si, uma outra vogal ou uma oclusiva glotal.
Ex.:
apiti + -abo > **apitîabo** (leia *apitiábo*, formando ditongo no *ia*)
karu + -abo > **karûabo** (leia formando ditongo em *ua*)
karu + -aba > **karûaba**
'u + -ara > 'ûara (ou gûara)*
so'o (*convidar*) + -abo > so'ûabo (ou sogûabo)*
su'u (*morder*) + -abo > su(g)ûabo*
a'o (*injuriar*) + -abo > a(g)ûabo*

* Nos textos antigos frequentemente colocava-se um **G** antes de um ditongo iniciado por **Û**. V. regra de transformação fonética 2, § 48.

Regra 15
224 A consoante **B** do sufixo **-ABO**, de gerúndio, nasaliza-se se o sufixo estiver após uma vogal acentuada nasal.
Ex.:
nupã (açoitar) + -abo   > nupã*mo*
manõ (morrer) + -abo   > manõ*mo*
kytĩ (cortar) + -abo   > kytĩ*amo*

225 Assim, temos o seguinte esquema prático:

Verbos de tema terminado em vogal:

lição 12 • A caçada

226 Escreveremos neste curso o sufixo de gerúndio sem separá-lo com hífen do tema verbal.

O gerúndio com verbos transitivos e intransitivos

227 Regra geral: Os verbos transitivos, no gerúndio, trazem seu objeto sempre imediatamente antes de si.

Ex.:

O-só Pedro *îagûara* îukábo. – Vai Pedro para matar a onça. (Fig., *Arte*, 155)
            objeto

E-îori (...) *nde membyra* mongetábo. – Vem para conversar com teu filho. (Anch.,
            objeto   *Poemas*, 82)

Pe-îori *pitanga* gûabo. – Vinde para comer a criança. (Anch., *Poemas*, 87)
         objeto

Kó oro-îkó (...) *nde* moetébo. – Aqui estamos para te honrar. (Anch., *Poemas*, 172)
                  objeto

E-s-arõ oré r-etama, *s*-apekóbo. – Guarda nossa terra, frequentando-a. (Anch.,
                      objeto   *Poemas*, 172)

228 Com verbos intransitivos, o gerúndio recebe prefixos número pessoais que indicam o sujeito.

Ex.:

gûi-gûatábo ou *ûi*-gûatábo	caminhando eu; para eu caminhar
e-gûatábo	caminhando tu; para tu caminhares
o-gûatábo	caminhando ele; para ele caminhar
oro-gûatábo	caminhando nós (excl.); para nós caminharmos
îa-gûatábo	caminhando nós (incl.); para nós caminharmos
pe-gûatábo	caminhando vós; para vós caminhardes
o-gûatábo	caminhando eles; para eles caminharem

O vocativo

229 Vocativo é o termo da oração usado para indicar apelo, chamado.
Ex.:
Pe-îori, *apŷab-etá!* – Vinde, homens! (Valente, *Cantigas*, in Araújo, *Cat. Líng. Bras.*, V)

230 Se o substantivo for paroxítono (i.e., com o sufixo nominal **-A**), ele perde esse -A sufixado no vocativo. O mesmo ocorre se se tratar de uma composição ou de um termo na função de aposto: no vocativo, eles também perdem o sufixo -A.

Ex.:

mbo'esara – mestre > Xe *mbo'esar* gûy! – Ó meu mestre! (Araújo, *Cat. Líng. Bras.*, 1686, 74)

t-a'yra – filho > Xe *r-a'yr*, Tupã t'o-só nde irũnamo. – Meu filho, Deus vá contigo! (Cardim, *Tratados*, 184)

Mba'e-nem-y îu! – Ó coisa fedorenta! (Anch., *Poesias*, 306)

Karaí-bebé, xe r-aroan, xe pe'a mba'e-aíba suí! – Anjo meu guardião, afasta-me das coisas ruins! (Anch., *Cat. Bras*, I, 190)

Como você já viu (nas lições 5 e 6),

231 No vocativo, a partícula **GÛÉ!** (ou **GÛY!**) – **Ó!** – só é empregada por homens. As mulheres usam **ÎU!** ou **ÎÓ!** Se vierem após consoante, geralmente intercala-se **-Y**.

Ex.:
xe îarĩ *gûé*! – Ó meu senhorzinho! (dito por homem) (Anch., *Poemas*, 130)
Xe r-ub-y *gûé*! – Ó meu pai! (dito por homem) (Fig., *Arte*, 9)
Pero *îu*! – Ó Pero! (dito por mulher) (VLB, II, 60)
Xe sy *îu*! – Ó minha mãe! (dito por mulher) (Fig., *Arte*, 9)

232 Terminando o tema de um substantivo com as consoantes **R** ou **B**, podem estas, no vocativo, mudar-se para **T** ou **P**, respectivamente.

Ex.:
Xe r-ub! (ou xe r-u*p*!) – Meu pai! (Anch., *Arte*, 8v)
Xe r-a'yr! (ou xe r-a'y*t*!) – Meu filho! (Anch., *Arte*, 8v)
Xe r-ybyr! (ou xe ryby*t*!) – Meu irmão! (Anch., *Teatro*, 46)

Os nomes de parentesco

233 Era muito comum, entre os antigos índios da costa do Brasil, chamarem-se as pessoas pelo nome de parentesco ou de relação social (i.e., *meu pai! meu irmão! minha mãe!*).

Ex.:
Xe r-a'yrĩ ! – Meu filhinho! (Araújo, *Cat. Líng. Bras.*, 220)

234 Os nomes de parentesco, em tupi, são mais numerosos que em português. Isso porque os índios consideram, muitas vezes:

– o sexo da pessoa e o sexo de seu parente
– se o parente é paterno ou materno
– se o parente é mais velho ou mais novo

Ex.:
pai	– uba (t-, t-)	
mãe	– sy	
avô	– amỹia (t-, t-)	de homem
avó	– aryîa	ou de mulher
tio paterno	– uba (t-, t-)	
tio materno	– tutyra	
tia paterna	– aîxé	
tia materna	– sy'yra	

Apeíba
Árvore da família das tiliáceas; no Norte do Brasil, é mais conhecida como *pau-de-jangada*
(Marc., *Hist. Nat. Bras.*)

lição 12 • A caçada

irmão mais velho (de homem)	– yke'yra (t-, t-)
irmã mais velha (de homem)	– endyra (t-)
irmão mais novo (de homem)	– ybyra (t-, t-)
irmã mais nova (de homem)	– endyra (t-)
irmão mais velho (de mulher)	– kybyra
irmã mais velha (de mulher)	– ykera (t-, t-)
irmão mais novo (de mulher)	– kybyra
irmã mais nova (de mulher)	– pyky'yra
filho (do homem)	– a'yra (t-, t-)
filha (do homem)	– aîyra (t-, t-)
filho (da mulher)	– membyra
filha (da mulher)	– membyra
sogra (do homem)	– aîxó (t-)
sogra (da mulher)	– mendy (mena + sy – *mãe de marido*)
sogro (do homem)	– atu'uba (t-)
sogro (da mulher)	– menduba (mena + t-uba – *pai de marido*)
marido	– mena
esposa	– emirekó (t-)

Exercícios

I   Responda em tupi às seguintes perguntas sobre o texto inicial desta lição:

1. Abá-pe o-só-potar ka'a-pe? 2. Mba'e-mba'e-pe o-îuká Kunhambeba ka'a-pe-ne? 3. O-só-potar-ype Pindobusu og uba r-esebé? 4. O-só-pe Kunhambeba 'ye'ẽ apóbo? Mba'e-rama r-esé-pe? 5. Abá-pe o-îe-mosykyîé îagûara r-ura r-esé? 6. Mba'e-pe o-î-potar îagûara? 7. Abá-pe o-só Kunhambeba irũnamo-ne? 8. Mba'e-pe o-î-poru Kunhambeba o-gûatábo? 9. O-îuká-pe Kunhambeba îagûara? Mba'e r-esé-pe?

II   Transforme as orações abaixo, usando o gerúndio, conforme o modelo. Traduza as frases obtidas.
Mod.:

Xe r-ok-ype a-îur. A-pytá.   **Xe r-ok-ype a-îur *gûi-pytábo*.**
Vim para minha casa. Fiquei.   Vim para minha casa para ficar.

(Atenção! Com verbos intransitivos como **pytá**, *ficar*, você deverá usar o prefixo que indica sujeito: **gûi-, e-, o-** etc.)

Mod.:

Ka'a-pe a-só. Paka a-îuká.   **Ka'a-pe a-só paka *îukábo*.**
Fui para o mato. Matei a paca.   Fui para o mato para matar a paca.

(Não se esqueça! Com verbos transitivos como **îuká** (*matar*), o objeto vem sempre antes deles, se tais verbos estiverem no gerúndio.)

1. Iperu 'y-pe a-só. A-manõ-ne. 2. Ere-gûasem. Ere-gûatá. 3. Abá o-gûasem. Nde anama o-î-apiti. 4. Ere-só tá'-pe. Kunumĩ ere-î-apiti. 5. Îagûara o-ur. Xe anama o-î-mosykyîé. 6. A-î-pysyk xe ybyrapara. A-î-poru. 7. Kunhã o-ur. 'Ye'ẽ o-î-apó. 8. Ere-î-pysyk nde ybyrapara. Îagûara ere-nh-ybõ. 9. 'Y-embe'yba r-upi a-gûatá. Pirá a-'u. 10. Abá o-ur. Kunumĩ o-î-nupã. 11. Abá o kysé o-î-pysyk. Xe py o-î-kytĩ. 12. Abaré o-só Tupãok-ype. Tupã sy o-î-moeté. 13. Ka'a r-upi a-gûatá. Morubixaba a-î-xo'o. 14. Îagûara o-ur. Kunumĩ o-î-xu'u. 15. Kunhã a-s-epîak. A-puká. 16. Mamõygûara o-îabab. Kunhã o-î-mosykyîé. 17. Okara r-upi ere-gûatá. Ere-karu. 18. Îagûareté 'ye'ẽ pupé pe-î-mo'ar. Pe-îuká. 19. Oro-î-mosykyîé kunhã. Oré ybyrapara oro-î-poru. 20. T-embi-'u a-î-apó. A-'u.

Vocabulário
nomes e verbos

kytĩ (trans.) – cortar

nupã (trans.) – castigar

puká (intr.) – rir

so'o (trans.) – convidar

su'u (trans.) – morder

Tupãoka – +igreja

III   Para praticar o emprego do gerúndio em tupi, verta as frases abaixo:

1. A onça veio para te comer. 2. Ele caminhou, assustando-me. 3. Não vou para a mata para caminhar. Vou para fazer um fojo. 4. Teu pai chegou andando. 5. O índio veio para me trucidar. 6. Ó meu pai, vieste da aldeia andando? 7. Ó meu filho (de m.), vieste para ficar? 8. O índio fugiu, flechando meu irmão (mais velho). 9. Usando esta flecha, morrerás. 10. Vieste para morrer. 11. O menino, com seu arco, flechou a paca, matando-a. 12. Fiz cair a onça dentro do fojo, assustando-a. 13. Fui para a mata com meu pai para usar o arco. 14. Ó meu tio (materno), vieste para a ocara para fazer o arco? 15. O inimigo veio para trucidar nossa (incl.) família. 16. O passarinho veio voando. 17. As mulheres chegaram chorando. 18. Tendo nojo de sapos, fugi. 19. Olhando para a ocara, vi uma onça. 20. Moqueando eu peixes, minha mão queimou.

Vocabulário
nomes e verbos

assustar – mosykyîé

chorar – îase'o

fazer – apó; monhang

fazer cair – mo'ar

fojo – 'ye'ẽ

fugir – îabab

inimigo (da nação) – obaîara (t)

irmão (mais velho) – yke'yra (t-, t-)

moquear – moka'ẽ

ocara – okara

trucidar – apiti

usar – poru

IV   Reescreva as frases abaixo, conjugando os verbos, que estão em itálico, em todas as pessoas, conforme o modelo, traduzindo as frases obtidas. Coloque os possessivos nas mesmas pessoas do sujeito.

Mod.:
A-gûatá gûi-pukábo. – Caminho, rindo.

Ere-gûatá e-pukábo, o-gûatá o-pukábo, oro-gûatá oro-pukábo, îa-gûatá îa-pukábo, pe-gûatá pe-pukábo, o-gûatá o-pukábo.
Caminhas rindo, caminha rindo, caminhamos rindo (excl.), caminhamos rindo (incl.), caminhais rindo, caminham rindo.

1. *A-îur* xe r-ok-ype *gûi-manõmo.* 2. *Gûi-gûatábo, a-só* Rerity'-pe. 3. Iké *gûi--pytábo,* xe r-yke'yra supé *a-nhe'eng.* 4. *Gûi-karûabo,* abá-kuruka *a-s-epîak.*

V   Para praticar o uso do vocativo e dos nomes de parentesco em tupi, faça conforme o modelo, traduzindo as frases obtidas. (Preste atenção para o sexo do *eu* que fala, sempre que ele puder ser conhecido e use a partícula exclamativa correta. Se qualquer uma for possível, deixe isso indicado.)
Mod.:
tutyra / apó / 'ye'ẽ
Xe tutyr-y gûé (ou **îu**), **eî-apó umẽ 'ye'ẽ!**
Ó meu tio, não faças o fojo!

t-uba	– mo'ar	– îagûara
t-a'yra	– apiti	– t-obaîara
t-aîxó	– mosykyîê	– kunhataĩ
t-aîxó-poranga	– îabab	– taba suí
membyra	– poru	– ybyrapara
t-amỹîa	– gûatá	– 'y-embe'yba r-upi
t-emirekó-nema	– ma'ẽ	– xe r-esé
sy	– 'u	– minga'u
tutyra	– ybõ	– so'o
t-a'yr-angaturama	– ker	– iké
aîxé-kuruka	– endub (s)	– Kurupira nhe'enga
pyky'y-panema	– apek (s)	– taîasu

Vocabulário

nomes e verbos

aîxé – tia paterna

aîxó (t-) – sogra (de h.)

amỹîa (t-, t-) – avô

emirekó (t-) – esposa

kunhataĩ – menina

obaîara (t-) – inimigo da nação

pyky'yra – irmã mais nova (de m.)

VI   Para praticar o emprego dos nomes de parentesco e do vocativo em tupi, verta as frases abaixo, prestando atenção ao sexo de quem faz a exortação.

Caiobi diz:
- A. Ó meu irmão (mais velho), assusta a mulher na ocara!
- B. Ó meu irmão (mais novo), foge da aldeia comigo!
- C. Ó meu filho, vem comigo!
- D. Ó minha filha, faze a comida!
- E. Ó minha sogra, faze cair o tatu!
- F. Ó minha irmã, não tenhas medo!
- G. Ó minha esposa, não fujas!

Potira diz:
- H. Ó meu irmão (mais novo), flecha a onça!
- I. Ó meu filho, sai da aldeia!
- J. Ó minha sogra, vem para andar comigo!
- K. Ó minha filha, fala a Pindobuçu!
- L. Ó minha irmã (mais velha), anda pela aldeia!
- M. Ó minha irmã (mais nova), vem para olhar para o sol!
- N. Ó meu marido, dá-me tua roupa!

Jaçanã
Ave encontradiça nos alagados, da família dos parrídeos
(Marc., *Hist. Nat. Bras.*)

VII Traduza:

1. Ene'ĩ,¹ oré îeruresar,² eboûĩ nde r-esá (...) e-robak oré koty. (Anch., *Cat. Bras.*, I, 148)
2. O-îké-îebyr asé 'anga s-e'õmbûera³ pupé i moingobébo⁴-ne. (Anch., *Cat. Bras.*, I, 172)
3. Karaí-bebé xe r-arõan,⁵ xe pe'a îepé mba'e-aíba suí, kori, Tupã r-emimotara r-upi xe moingóbo.⁶ (Anch., *Cat. Bras.*, I, 190)
4. T'o-îkó xe pyri,⁷ Tupã nhe'enga mombegûabo⁸ ixébe. (Anch., *Cat. Bras.*, I, 222)
5. Xe r-a'yr, Tupã t'o-îkó nde irũnamo. (Cardim, *Tratados*, 184)
6. Gûi-xóbo, a-s-obaîtĩ⁹ nde r-yke'yra. (Fig., *Arte*, 124)

7. *Cantiga por "O Sem Ventura"*
a Nossa Senhora (adaptada)
  Tupã sy-porang-eté,
  oro-pab¹⁰ oro-manõmo.
  Oré moingobé îepé,
  nde membyra monhyrõmo,
  i nongatûabo,¹¹
  oré r-arõmo,
  oré 'anga pysyrõmo.

  E-îori, oré r-esé
  nde membyra mongetábo, (...)
  anhanga r-aûsu'-pe'abo;
  i momosema,¹²
  i momoxŷabo,¹³
  i angaîpaba momburûabo¹⁴
  (...)

8. *Cantiga por "El Sin Ventura"*
  (...)
  E-îori, Pa'i Tupã,
  xe 'anga moingó-katûabo!
  T'a-roŷrõ¹⁵ t-ekó-memûã,¹⁶
  anhanga r-aûsu'-pe'abo,
  t'oro-aûsu-ne,
  nde mombegûabo,
  nde nhõ, nde moeté-katûabo!

9. *Pitangĩ-moraûsubara*
  (...)
  T'îa-só îa-îerurébo¹⁷
  Santa Maria supé
  ta s-ekate'ym¹⁸ umẽ,
  îandé 'anga moingobébo.
  T'o-î-me'eng kori îandébo
  Pitangĩ-moraûsubara,¹⁹
  îandé r-uba, îandé îara.

166

lição 12 • A caçada

10. *Da Conceição de Nossa Senhora* (adaptado)

> Ave Maria-porang,
> karaí-bebé sosé,
> Nd'o-îkó-î abá nde îabé.
> Kori ere-nhe-monhang[20]
> Santa Ana r-ygé pupé.
> (...)
> Anhanga nde moabaîté,[21]
> nde suí o-sykyîébo.
> Xe mopŷatã[22] îepé,
> t'a-pu'am[23] muru[24] r-esé,
> aûîerama[25] i moaûîébo.[26]

11. *Tupana kuapa*

> (...)
> Îandé moingobé,
> t-e'õ porarábo,[27]

anhanga pe'abo
t-e'õ r-esebé.[28]
Aîpó r-esé nhẽ,
ko'y a-s-aûsu
xe îara Îesu.

12. *Pitangĩ-porang-eté*

> (...)
> O-'a nde r-ygé suí
> pa'i Tupã-T-uba r-a'yra.
> T'a-rekó-ne nde membyra
> xe py'a-pe, Tupã sy.
> Xe xe 'anga a-î-momoxy,
> xe îara nhe'enga abŷabo.[29]
> Îori[30] xe moingó-katûabo
> nde r-ekokatu r-upi.

(Anch., *Poesias*, 1989)

Vocabulário

1. **ene'ĩ** – eia! vamos!

2. **îeruresara** – suplicadora, +advogada

3. **e'õmbûera (t-)** – cadáver

4. **moingobé** – fazer viver

5. **arõana (t-)** – guardião

6. **moingó** – fazer estar

7. **pyri** – junto a, perto de

8. **mombe'u** – narrar, contar, anunciar

9. **obaîtĩ (s)** – encontrar

10. **pab** – acabar, chegar ao fim

11. **nongatu** – amansar, pacificar

12. **momosem** – perseguir, acossar; **i momosema** – *perseguindo-o*. O gerúndio dos verbos de tema terminado em consoante é geralmente igual a sua forma substantiva (v. § 237)

13. **momoxy** – arruinar, danar

14. **momburu** – desafiar, amaldiçoar, atentar contra

15. **eroŷrõ** – odiar, detestar

16. **memûã** – mau, ruim

17. **îeruré** (intr. compl. posp.) – pedir, rogar; + rezar

18. **ekate'ym (r-, s-)** – avaro, parcimonioso

19. **moraûsubar** – compadecedor

20. **nhe-monhang** – fazer-se, gerar-se

21. **moabaîté** – irar, agastar

22. **mopŷatã** – fazer valente, tornar corajoso

23. **pu'am** (intr. compl. posp.) – assaltar, atacar [o complemento vem com a posposição **esé** (r-, s-)]

24. **muru** – maldito, tinhoso

25. **aûîerama** – para sempre

26. **moaûîé** – vencer, derrotar

27. **porará** – sofrer, suportar

28. **esebé (r-, s-)** – com (de comp.)

29. **aby** – transgredir

30. **îori = e-îori** – vem (imper.)

O tupi em nossa toponímia
e no português do Brasil

I O termo **ka'a** do tupi, que significa *mata*, *floresta*, tem muitas ocorrências na toponímia brasileira e no léxico do português do Brasil. Tente descobrir os significados dos seguintes nomes que contêm aquele étimo tupi:

1. Nome de entidade mitológica que significa *habitante da mata*. (habitante: **pora**)
2. Nome de município paulista que significa *passagem de mata*. (passagem: **asapaba**)
3. Nome de vegetação do sertão nordestino que tem aspecto esbranquiçado na seca. (branco: **ting**)
4. Nome de município paulista que significa *mata queimada*.
5. Termo que designa uma ilha, um intervalo de mata em meio a um descampado. (intervalo: **pa'ũ**)
6. Cidade de São Paulo cujo nome significa *boca da mata*. (boca: îuru)
7. Povoação de São Paulo cujo nome significa *ajuntamento de matas verdadeiras*.
8. Nome de localidades da Bahia e do Rio de Janeiro que significa *muitas matas*.
9. Vila de Minas Gerais cujo nome significa *mata imprestável*. (imprestável: **panem**)
10. Termo que designa uma clareira em meio a uma floresta. (i.e., *o que foi mata*)

II Com base no vocabulário da lição 12, tente explicar o significado do nome do bairro paulistano do **Jabaquara**, sabendo que pode ter havido ali um quilombo, i.e., um esconderijo de escravos fugidos.

13 · A pescaria

> *"Entrando inteiramente despidos na água doce
> ou salgada, acertam o peixe com suas flechas,
> no que são muito destros."*
> André Thevet, As Singularidades da França Antártica

Tupinambás a pescar (Staden, *DVB*)

(Tatamirim vai visitar Jaguanharõ:)

(J.)   – Ere-îu-pe?*
       – Vieste?

(T.)   – Pá, a-îur. Nde supa a-îur.
       – Sim, vim. Vim para te visitar.

(J.)   – Xe r-oryb nde r-ura ri.
       – Eu estou alegre por causa da tua vinda.

(T.)   – Mba'e-mba'e-pe ere-î-monhang e-îkóbo?
       – Que estás fazendo? (lit., *Que fazes estando?*)

(J.)   – Pindá a-î-monhang gûi-t-ekóbo.
       – Estou fazendo anzóis. (lit., *Anzóis faço estando.*)

(T.)   – Ere-só-pe 'ygûasu-pe pirá r-ekyîa-ne?
       – Irás para o rio grande para pescar peixes?

(J.)   – Pá. Pirá r-ekyîa-pe xe irũmo ere-îur?

         – Sim. Vieste para pescar peixes comigo?

(T.)   – Aan. Gûi-nhe'enga ndebe ixé a-gûasem.

         – Não. Para falar a ti eu cheguei.

(J.)   – T'îa-só îa-îeporaká. E-gûatábo, ere-nhe'eng-y-ne.

         – Vamos para pescar (com rede). Caminhando, falarás.

(Os índios vão para o rio. À margem dele dorme o índio Poti. Jaguanharõ diz:)

– Potĩ r-esé xe ma'enduaramo a-îur. Xe irũ r-epîaka a-só.

– Vim lembrando-me de Poti. Vou para ver meu companheiro.

Potĩ kûeî ybyrá gûyrybo o-ker o-upa.

Poti está dormindo embaixo daquelas árvores (lit., *Poti embaixo daquelas árvores dorme, estando deitado*).

(Aproximam-se de Poti, que dorme. Ele acorda e os vê. Diz:)

– Xe r-epîaka pe-îur! Xe r-epîaka pe-îur!

– Viestes para me ver! Viestes para me ver!

– Mba'e r-esé-pe ere-ker e-îupa iké?

– Por que estás dormindo aqui? (lit., *Por que dormes aqui, estando deitado?*)

– Gûi-îeporaká iké a-ker gûi-t-upa. Kûesé, 'y-embe'y'-pe

– Para pescar (com rede), aqui estou dormindo. Ontem, à margem do rio

gûi-ké a-îur. Xe irũ ũîme o-pindá-îtyk o-îkóbo.

vim para dormir. Meu companheiro ali está pescando (lit., *ali lança o anzol, estando*).

– Mba'e-mba'e pirá-pe o-s-ekyî o-îkóbo?

– Que peixes está ele pescando?

– Îundi'a, kurimatá, kamuri, piraîuba, piaba, pirá-bebé...

– Jundiás, curimbatás, robalos, dourados, piaus, peixes-voadores...

(Jaguanharõ diz para Poti:)

– Pinda'yba potaba bé e-î-me'eng ixébe. A-gûapyk gûi-t-ena iké-ne.

– Vara de pescar e isca dá para mim. Estarei sentado aqui.

170

lição 13 • A pescaria

(Tatamirim diz:)

– A-só pari-pe-ne. Pirá timbó pupé o-gûaîu-ne.

– Irei para o pari. Os peixes se entorpecerão com timbó.

Potĩ pirá o-nh-ybõ o-îkóbo. O-îeporakar og orybamo.

Poti está flechando os peixes. Pesca (com rede), estando alegre.

(Jaguanharõ diz:)

– Îareré a-îtyk. Pirá abé o-ur o-îkóbo, o embi-'u potá.

– A rede (para camarões) lancei. Os peixes também estão vindo, querendo sua comida.

T'îa-só i kutuka!

Vamos para arpoá-los!

*Ere-îu-pe? (ou Ere-îur-ype?) – Nas perguntas, era comum a queda das consoantes *R* e *B* finais dos temas verbais.

Vocabulário

(Os verbos que traduzem *estar* estão na explicação gramatical.)

nomes e verbos

ekyî (s) (trans.) – pescar (com linha e anzol)

Îagûanharõ – nome próprio de homem (lit., *onça brava*)

îareré – rede de pesca para apanhar camarões grandes, jereré

îeporakar (intr.) – pescar com rede

îundi'a – jundiá (nome de peixe)

kamuri – camuri, robalo

kurimatá – curimbatá (nome de peixe)

gûaîu (intr.) – ficar entorpecido (com sumo de timbó lançado na água)

pari – canal para apanhar peixes

piaba – piaba, piau (nome de peixe)

pinda'yba – vara de pescar

pirá-bebé – peixe-voador

piraîuba – dourado (lit., *peixe amarelo*)

potaba – isca

Potĩ – nome próprio ou comum (lit., *camarão*)

Tatá-mirĩ – nome próprio de homem (lit., *fogo pequeno*)

timbó – planta que possui uma substância que, quando lançada nos rios, entorpece ou mata os peixes

outras categorias

gûyrybo – embaixo de, sob

irũmo – com (de comp. – o mesmo que **irũnamo**)

kûesé – ontem

formas verbais no gerúndio

e-gûatábo (2ª pess. sing. do ger. de **gûatá**) – caminhando tu

171

e-îupa [2ª pess. sing. do ger. de îub, ub(a) (t-, t)] – estando tu deitado

ekyîa [ger. de ekyî (s)] – pescando

epîaka [ger. de epîak (s)] – vendo, para ver

gûi-îeporaká (1ª pess. sing. do ger. de îeporakar) – pescando eu, para eu pescar (com rede)

gûi-ké (1ª pess. sing. do ger. de ker) – dormindo eu, para eu dormir

gûi-nhe'enga (1ª pess. sing. do ger. de nhe'eng) – falando eu, para eu falar

gûi-t-ekóbo [1ª pess. sing. do ger. de ikó / ekó (t)] – estando eu

gûi-t-ena [1ª pess. sing. do ger. de in, en(a) (t-)] – estando eu sentado

gûi-t-upa [1ª pess. sing. do ger. de îub, ub(a) (t-, t-)] – estando eu deitado

îa-îeporaká (1ª pess. pl. do ger. de îeporakar) – pescando nós (com rede)

kutuka (ger. de kutuk) – furando, arpoando, para arpoar

og orybamo [3ª pess. do ger. de oryb (r-, s-)] – estando ele(s) alegre(s)

o-îkóbo [3ª pess. do ger. de îkó / ekó (t-)] – estando ele(s)

o-upa [3ª pess. do ger. de îub / ub(a) (t-, t-)] – estando ele(s) deitado(s)

potá (ger. de potar) – querendo

supa (ger. de sub) – visitando

xe ma'enduaramo [1ª pess. sing. do ger. de ma'enduar (xe)] – lembrando-me eu

---

235 Verbo irregular **ITYK / EÎTYK(A) (T-)** (trans.) – *atirar, lançar, jogar fora.* Tem dois temas. Na forma nominal ou substantiva é pluriforme:

A-*îtyk* ygara. – Lanço a canoa (à água). (*VLB*, II, 48)
N'a-î-potar-i abá s-*eîtyka*. – Não quero que ninguém a lance fora. (Anch., *Teatro*, 6)

236 **ESÉ (R-, S-)** e **RI** têm o mesmo sentido. Mas **RI** não se emprega nunca com pronomes da 3ª pessoa (não se diz nunca "i ri").

Explicação gramatical

O gerúndio dos verbos de tema terminado em consoante

237 A lição 13 traz o gerúndio dos verbos que têm seu tema terminado em consoante. O gerúndio de tais verbos é, geralmente, igual a sua forma substantiva (i.e., com o sufixo nominal **-A**), com poucas exceções. Os pluriformes, tendo objeto expresso, levam os prefixos **R-** ou **S-** (3ª pessoa).

TEMA VERBAL	GERÚNDIO
mim – esconder	mima – escondendo, para esconder: Xe r-arõ-ngatu îepé, nde py'a pupé xe *mima*. Guarda-me bem, em teu coração escondendo-me. (Anch., *Poemas*, 133)
gûapyk – sentar-se	gûapyka – sentando-se, para sentar-se: Nde pó-pe o-*gûapyka*, o-só kunumĩ.

lição 13 • A pescaria

Sentando-se em tuas mãos, vai o menino.
(Anch., *Poemas*, 120)

epîak (s) – ver | **epîaka** – vendo, para ver:
(...) **A-îu Tupã sy *r-epîaka*.**
Vim para ver a mãe de Deus.
(Anch., *Poemas*, 110)

Exceções

238 Os verbos terminados em **-B** fazem o gerúndio em **-PA**.

Ex.:
kuab – conhecer, saber | **kuapa** – conhecendo, sabendo; para conhecer,
para saber:
Tupana *kuapa*, ko'y a-s-aûsu xe Îara Îesu.
Conhecendo a Deus, agora amo meu senhor Jesus.
(Anch., *Poemas*, 106)

sub – visitar | **supa** – visitando, para visitar:
O-ur kó xe yby *supa* (...).
Veio para visitar esta minha terra.
(Araújo, *Cat. Líng. Bras.*, 9v)

239 Os verbos terminados em **-R** perdem tal consoante no gerúndio.

Ex.:
potar – querer | **potá** – querendo, para querer:
Ere-só-pe Tupãok-ype kunhã amõ anhẽ r-epîá-
potá?
Vais para a igreja querendo, na verdade, ver alguma mulher?
(Anch., *Cat. Bras.*, II, 85)

ekar (s) – procurar, buscar | **eká** – procurando, para procurar:
O-u t-ubixá-katu mamõ suí nde *r-eká*.
Veio um grande chefe de longe para procurar-te.
(Anch., *Poemas*, 138)

aûsubar (s) – compadecer-se | **aûsubá** – compadecendo-se, para se compadecer:
E-îori, Santa Maria, xe anama *r-aûsubá*!
Vem, Santa Maria, para se compadecer de minha família.
(Anch., *Poemas*, 112)

O gerúndio dos predicados nominais (verbos da 2ª classe)

240 Os predicados nominais fazem o gerúndio com a posposição **-RAMO**, que se
acrescenta ao tema. **-RAMO** é uma posposição átona que significa *como, na*

173

condição de. Formando gerúndios, não se traduz e não usaremos hífen para separá-la do termo precedente. Quando ela tiver o sentido de *como, na condição de,* usaremos, geralmente, o hífen.

-RAMO assume a forma -AMO quando o tema nominal ou verbal precedente termina em consoante. Se terminar em nasal, assume a forma -NAMO.

Ex.:

ma'enduar (xe) – lembrar-se	ma'enduar*amo* – lembrando-se, para lembrar-se: (...) mba'e-poxy r-esé nde ma'enduar*amo*. (...) lembrando-te de coisas nojentas. (Anch., *Cat. Bras.*, II, 92)
katu – bom	xe katu*ramo* – sendo eu bom nde katu*ramo* – sendo tu bom o katu*ramo* – sendo ele bom (Anch., *Arte*, 29)

241 Os verbos da 2ª classe, mesmo sendo pluriformes, sempre recebem, como pronome de 3ª pessoa, O com o gerúndio (nunca I ou S-). Isso porque o gerúndio sempre se refere à pessoa do sujeito, assim como o pronome O, que é reflexivo.

Ex.:

(...) Ybak-ype Tupã i moeté-katu r-esé o *ma'enduaramo*.
(...) Lembrando-se de que Deus os honra muito no céu. (Araújo, *Cat. Líng. Bras.*, 24)
Marã o-îkóbo-te-pe asé Anhanga r-embiaûsub-amo s-ekóû? – O *angaîpabamo*.
Mas procedendo de que modo nós estamos como amigos do diabo? – Sendo maus.
(Araújo, *Cat. Líng. Bras.*, 26v, 27)
Tatá-mirĩ o-gûatá og *orybamo*. (Pode-se usar *-g-* entre *o...o* - v. § 48.)
Tatamirim caminha, *estando alegre.*
(Não se diria nunca "o-gûatá s-orybamo", pois o gerúndio deve referir-se ao próprio sujeito.)

O-î-aby-pe abá aîpó-ba'e o *mba'easyramo* é, missa r-endube'yma? – Transgride o homem esse (mandamento), estando doente de fato, não ouvindo missa?
(Anch., *Diál. Fé*, 202)

A forma negativa do gerúndio

242 A forma negativa do gerúndio é obtida acrescentando-se -E'YM(A) ao tema dos verbos da 1ª ou da 2ª classes. Os verbos da 2ª classe levam -(R)AMO após -E'YM(A).

Ex.:

O-nhe'eng-atã-atã ahẽ o sy supé, i nupã*e'yma* nhõ.
Fala muito duramente a sua mãe, somente não batendo nela. (*VLB*, II, 103)
(...) Anhanga o îar-amo s-ekó-potar*e'yma*.
(...) Não querendo que o diabo esteja como seu senhor. (Araújo, *Cat. Líng. Bras.*, 26v)

Observações importantes

243 Um verbo só vai para o gerúndio quando tiver o mesmo sujeito do verbo da oração principal.
Ex.:
A-nhe'eng gûi-xóbo.
Falo, indo. (Anch., *Arte*, 28v) (O sujeito de *falar* e de *ir* é o mesmo: **eu**.)
Agora:

Indo tu, falo. (O sujeito de *ir* é **tu** e o sujeito do verbo da oração principal, *falo*, é **eu**. Assim, não se pode usar o gerúndio com uma frase como essa. Nesse caso, usamos **-(r)eme** (*quando, por ocasião de*):

A-nhe'eng nde só-*reme*. – Falo quando tu vais. (Lit., *falo, ao ires tu, falo por ocasião de tua ida.*) (Anch., *Arte*, 28v)

244 É comum a incorporação de temas verbais em outros verbos no gerúndio. Se o primeiro tema verbal da composição formada for transitivo, a composição verbal será transitiva. Se o primeiro tema verbal for intransitivo, a composição será também intransitiva. Na incorporação seguem-se as mesmas regras de transformação fonética da composição (v. § 54).
Ex.:
Nde irũnamo *oro-îkó-potá*, oro-î-monhang nde r-okûama.
Querendo nós estarmos contigo, fazemos tua casa. (Anch., *Poemas*, 172)
A-rur-etá kó reri, i pupé nde *poî-potá*.
Trouxe muitas destas ostras, querendo alimentar-te com elas. (Anch., *Poemas*, 150)

245 Com o gerúndio nunca se usam os pronomes pessoais **ORO-, OPO-, ÎEPÉ, PEÎEPÉ**.
Ex.:
T'oro-aûsu-ne...*nde* moingóbo xe py'a-pe.
Hei de amar-te, fazendo-te estar em meu coração. (Anch., *Poemas*, 94)

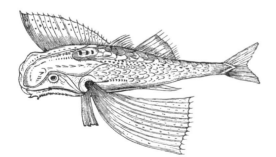

Pirabebé
Peixe-voador, da família
dos exocetídeos
(Marc., *Hist. Nat. Bras.*)

A conjugação perifrástica com o gerúndio

246 Conjugação perifrástica é um sintagma verbal formado por um verbo principal, no infinitivo ou gerúndio, e um verbo auxiliar, que vem conjugado num certo modo (tempo), número e pessoa.

Ex.:
Estamos pescando. **Estou** falando.
verbo auxiliar verbo verbo verbo principal no gerúndio
(1ª pess. pl. principal auxiliar
do pres. do no gerúndio (1ª pess. sing.
indicativo) do pres. do
 indicativo)

247 Em tupi, a conjugação perifrástica que traduz *Estamos pescando*, *Estou falando* leva o verbo auxiliar para o gerúndio e o verbo principal conjuga-se no indicativo. A ordem em que aparecem o verbo auxiliar e o verbo principal é inversa à do português.

Ex.:
Estou dormindo.   **A-ker *gûi-t-upa*.**
                           Lit., *Durmo, estando (deitado)*.
Estou fazendo anzóis.   **Pindá a-î-monhang *gûi-t-ekóbo*.**
                           Lit., *Faço anzóis estando (em movimento)*.
Estou pescando.   **A-îeporakar *gûi-t-ena*.**
                           Lit., *Pesco estando (sentado)*.
Estou vendo o índio.   **Abá a-s-epîak *gûi-'ama*.**
                           Lit., *Vejo o índio, estando (em pé)*.

Como você observou, o verbo auxiliar é que vai para o gerúndio e depois do verbo principal, que vem conjugado no indicativo. Além disso, o verbo auxiliar varia conforme a posição do sujeito: *em pé, sentado* ou *quieto, deitado* ou *em movimento*. Se em português digo *Estou pescando*, sem me preocupar em definir se o faço sentado, em pé etc., em tupi devo esclarecer isso com o verbo *estar* no gerúndio. Vários verbos traduzem, em tupi, o verbo *estar* do português. Exceto **'AM** (*estar em pé*), todos os outros são irregulares, tendo, quase todos, dois temas, sendo um deles pluriforme.

248 ÎKÓ / EKÓ (T-) – estar em geral, principalmente com verbos de movimento

INDICATIVO   GERÚNDIO
a-îkó   estou   **gûi-t-ekóbo**   estando eu
ere-îkó   estás   **e-îkóbo**   estando tu
o-îkó   está   **o-îkóbo**   estando ele
oro-îkó   estamos (excl.)   **oro-îkóbo**   estando nós (excl.)
îa-îkó   estamos (incl.)   **îa-îkóbo**   estando nós (incl.)
pe-îkó   estais   **pe-îkóbo**   estando vós
o-îkó   estão   **o-îkóbo**   estando eles

Jaquirana
Cigarra, inseto homóptero da família dos cicadídeos, cujos machos são providos de órgãos musicais e que geralmente morrem cantando
(Marc., *Hist. Nat. Bras.*)

lição 13 • A pescaria

249 ÎUB / UB(A) (T-, T-) – estar deitado, estar estendido, estar por baixo

INDICATIVO		GERÚNDIO	
a-îub	estou deitado	gûi-t-upa	estando eu deitado
ere-îub	estás deitado	e-îupa	estando tu deitado
o-ub	está deitado	o-upa	estando ele deitado
oro-îub	estamos deitados (excl.)	oro-îupa	estando nós deitados (excl.)
îa-îub	estamos deitados (incl.)	îa-îupa	estando nós deitados (incl.)
pe-îub	estais deitados	pe-îupa	estando vós deitados
o-ub	estão deitados	o-upa	estando eles deitados

250 IN / EN(A) (T-) – estar quieto, estar sentado, estar preso

INDICATIVO		GERÚNDIO	
a-ín	estou quieto, estou sentado	gûi-t-ena	estando eu quieto
ere-ín	estás quieto, estás sentado	e-ína	estando tu quieto
o-ín	etc.	o-ína	etc.
oro-ín		oro-ína	
îa-ín		îa-ína	
pe-ín		pe-ína	
o-ín		o-ína	

Na forma nominal ou substantiva, tais verbos são pluriformes e seu tema é o que leva (**t**), entre parênteses:
A-robîar Tub-amo _s-ekó_. – Creio estar ele na condição de Pai; **A-î-poûsub ikó mundé-pe xe** _r-ena_. – Temo estar preso nesta armadilha. (Araújo, _Cat. Líng. Bras._, 165)

251 'AM – estar em pé

INDICATIVO		GERÚNDIO	
a-'am	estou em pé	gûi-'ama	estando eu em pé
ere-'am	estás em pé	e-'ama	estando tu em pé
o-'am	etc.	o-'ama	etc.
oro-'am		oro-'ama	
îa-'am		îa-'ama	
pe-'am		pe-'ama	
o-'am		o-'ama	

252 KUB ou KÛAB – estar, em geral (só se conjuga no plural)

INDICATIVO		GERÚNDIO	
oro-kub	estamos (excl.)	oro-kupa	estando nós (excl.)
îa-kub	estamos (incl.)	îa-kupa	estando nós (incl.)
pe-kub	estais	pe-kupa	estando vós
o-kub	estão	o-kupa	estando eles

253   IKÓ e KUB (ou KÛAB) têm o sentido de *estar em geral*, i.e., são usados sempre que não se saiba a posição exata em que um ser esteja ou quando não há interesse em se definir a sua posição.

Ex.:
Pa'i Tupã t'o-îkó pe irũnamo.
O Senhor Deus esteja convosco. (Camarões, *Cartas*, inédito)
(...) Anhanga o-ryryî o-kûapa. – O diabo está tremendo. (Anch., *Poemas*, adapt.)
Oro-kub ikó. – Eis que aqui estamos. (*VLB*, I, 128)
(**Kub** tem o mesmo sentido de **ikó**, mas só se conjuga no plural.)
Tupã sy opabenhẽ mba'e o-î-kuab o-îkóbo.
A mãe de Deus todas as coisas está sabendo. (Anch., *Poesias*, 616)
O-*îkó*-po'i-pe i tupã s-e'õmbûera pupé?
Deixou de estar sua divindade em seu cadáver? (Araújo, *Cat. Líng. Bras.*, 44)

Veja agora esta frase:
Nde pó gûyrybo pabẽ t'oro-nhe-nong oro-*îupa*, nde membyr-amo oro-*kupa*.
Sob tuas mãos todos estejamo-nos colocando, como teus filhos estando. (Anch., *Poemas*, 148)

Quem se coloca sob as mãos de alguém está por baixo dele, daí o uso de **îub / ub(a)** (t-, t-) no primeiro caso. Por outro lado, quem está como filho de alguém, não se entende numa determinada posição no espaço, daí o uso de **kub**, no segundo caso.

254   Veja, agora, a diferença entre:

A-îub gûi-ké. – Estou deitado, dormindo. (ênfase no *estar deitado*)
A-ker gûi-t-upa. – Durmo, estando deitado [ou *Estou dormindo (deitado)*]. (ênfase no *dormir*)

Se quisermos verter a frase *estou dormindo* para o tupi, deveremos usar a segunda forma (**a-ker gûi-t-upa**) porque em *estou dormindo* a ênfase é dada ao verbo *dormir* e não ao auxiliar *estar*. O verbo no indicativo é o principal (aquele em que se põe a ênfase) e o verbo no gerúndio é o auxiliar.
Outro exemplo:
Estou dormindo (em pé). – O verbo *dormir* fica no indicativo, com outro verbo auxiliar (estar em pé):
A-ker gûi-'ama. – Durmo, estando em pé ou *estou dormindo* (em pé).
Agora:
A-'am, gûi-ké. – *Estou em pé, dormindo.* – A ênfase, neste caso, é dada a *estar em pé*.

Kunhã abati o-îo-sok o-îkóbo.
– A mulher está pilando milho.
[lit., *A mulher pila milho, estando* (em movimento).]

(Ilustração de C. Cardoso)

lição 13 • A pescaria

Abá o-manõ o-upa. –
O homem está morrendo.
[lit., *O homem morre, estando* (deitado).]

(Ilustração de De Bry)

Kunhã t-atá o-s-epîak o-ína.
– A mulher está vendo o fogo.
[lit., *A mulher o fogo vê, estando* (sentada, quieta).]

(Ilustração de C. Cardoso)

Kunhã o-nhe'eng o-'ama. –
A mulher está falando.
[lit., *A mulher fala, estando* (em pé).]

(Ilustração de C. Cardoso)

Exercícios

I   Responda em tupi às seguintes perguntas sobre o texto inicial desta lição:

1. Abá-pe o-gûasem o-îkóbo? 2. Mba'e-mba'e-pe Îagûanharõ o-î-monhang o-îkóbo? 3. O-pirá-ekyî-potar-ype Îagûanharõ? Mamõ-pe? 4. Abá-pe Îagûanharõ supé o-nhe'eng o-ína? 5. O-só-pe T-atá-mirĩ Îagûanharõ irũmo-ne? 6. Abá-pe ybyrá gûyrybo o-ker o-upa? 7. Mba'e-mba'e pirá-pe Potĩ irũ o-s-ekyî o-îkóbo? 8. Mba'e-mba'e-pe o-î-potar Îagûanharõ, pirá r-ekyîa? 9. Abá-pe pari-pe o-só-potar? 10. Mba'e-mba'e-pe Îagûanharõ 'ygûasu-pe o-îtyk?

II Use a conjugação perifrástica (verbo principal + verbo *estar* no gerúndio) com as frases abaixo, conforme o modelo. Traduza as frases obtidas.

Mod.:
Potĩ o-ker.   **Potĩ ybyrá gûyrybo o-ub.**
Poti dorme.   Poti embaixo das árvores está deitado.

Potĩ ybyrá gûyrybo o-ker o-upa. – Poti está dormindo embaixo das árvores. (lit., *Poti embaixo das árvores dorme, estando deitado.*)

1. A-nhe'eng. T-atá ypype a-ín. 2. Pindá ere-î-monhang. Ere-îub iké. 3. Potĩ, xe irũ, o-îeporakar. Potĩ ybyrá-pûera 'ari o-ín. 4. Pirá o-gûaîu. Pirá o-ub 'y-pe. 5. T-atá-mirĩ pinda'yba xebe o-î-me'eng. O-ub. 6. Pirá a-î-kutuk. 'Ygûasu pupé a-'am. 7. Ere-manõ-ne. Ybyrá gûyrybo ere-îub-y-ne. 8. Pe-nhe'eng orébe. T-atá ypype pe-ín. 9. Îareré a-îtyk. Paranã pupé a-îkó. 10. Abá 'ygûasu suí kamuri o-s-ekyî. Abá ybyrá gûyrybo o-ín. 11. Ere-gûatá. Ka'a-pe ere-îkó. 12. Nde r-uba ere-s-epîak. Ere-ín. 13. Kunumĩ pirá r-o'o o-'u. Kunumĩ o-'am. 14. So'o o-îabab. So'o xe r-apé-pe o-îkó. 15. A-nhe'eng. Xe r-ok-ype a-îub. 16. Îundi'a oro-s-ekyî. 'Y pupé oro-'am. 17. Ybyrá gûyrybo pe-ker. Pe-îub. 18. Îandé sy îa-s-epîak. Îa-'am. 19. T-atá a-î-mondyk. Xe sy ypype a-ín. 20. Ere-petymbu. T-atá ypype ere-îub.

Socoí
Ave ciconiforme ardeídea, a maior das espécies brasileiras, chamada também *joão-grande, maguari, jabiru, jaburu* (Marc., *Hist. Nat. Bras.*)

III Reescreva as orações abaixo, usando o gerúndio, conforme o modelo. Traduza as frases obtidas.

Mod.:
A-só paranã-me. A-îeporakar. – Vou ao mar. Pesco (com rede).
A-só paranã-me *gûi-îeporaká*. – Vou ao mar para pescar (com rede).

Ere-gûapyk. Ere-kuruk. – Sentaste. Resmungaste.
E-kuruka, **ere-gûapyk.** – Resmungando, sentaste.

1. Ere-îur Rerityba suí. Ere-nhe'eng xebe. 2. A-só. Abá a-î-pysyk-y-ne. 3. Rerity-pe a-só. Morubixaba a-îo-sub. 4. Îareré oro-îtyk. Potĩ-etá oro-î-potar. 5. A-îabab. Îagûara nhe'enga a-s-endub. 6. Pe r-oka suí pe-îebyr. T-embi-'u pe-î-potar. 7. Pirá a-'u. A-gûapyk. 8. Nde r-ok-ype a-só. A-nhe'eng ndebe. 9. Pirá o-guaîu. Pirá o-manõ. 10. Taîasu a-nh-ybõ ka'a-pe. Taîasu a-s-apek. 11. Kunhataĩ ere-î-mooryb. Ere-îebyr. 12. Pe-îepotar. Kunhataĩ pe-s-epîak. 13. Ybyrá gûyrybo a-ker. A-gûasem. 14. Pirá o-guaîu. Paranã-me o-só. 15. Ybyrá suí ere-gûeîyb. Xe r-epîak îepé-ne. 16. Pe-puká. Xe mosykyîé peîepé. 17. A-îebyr. Pedro a-s-aûsubar. 18. A-îur. Paranã a-s-asab. 19. Pe-só. Kunhã pe-s-ekar. 20. A-îur. Oro-epîak.

Vocabulário

nomes e verbos

ekar (s) (trans.) – procurar

gûeîyb (intr.) – descer

lição 13 • A pescaria

IV Traduza:

1. Xe anama poepyka[1] ké ixé a-îur. (Staden, *DVB*, 176)

Alguns excertos da poesia lírica de Anchieta (in *Poemas*, 1997)

2. *Cantiga por "El Sin Ventura"*
   A-só-potá nde r-etã'-me
   nde porã'-ngatu r-epîaka.
   E-îké kori xe nhy'ã-me,
   xe ker-anama[2] mombaka,[3]
   xe moma'ẽmo,[4]
   xe moobá-ybaka,[5]
   nde koty xe r-erobaka.

3. *Da assunção*
   (...)
   O-só, kó 'ara pupé,
   Tupã r-orypá-pe[6] o-sema,
   îandé r-e'õ mokanhema,
   îandé moingobébo nhẽ.

   Nde membyra r-orypá-pe
   ere-só, kó 'ara ri.
   T'oro-aûsu-ne, Tupã sy,
   nde moingobó xe py'a-pe.
   (...)
   Nde r-epîaka potá nhẽ,
   îa-îu kûepe[7] suí.
   Nde r-ekó-poranga ri
   o-îe-momotá memẽ.
   (...)
   T'a-(e)roŷrõ-ngatu Anhanga,
   xe r-ekó-poxy pe'abo,
   nde nhõ nde r-aûsu-katûabo,
   nde r-ekokatu r-a'anga[8].

4. *Dança*
   Kó oro-îkó oro-poraseîa[9]
   nde moetébo, Tupã sy.
   E-ma'ẽ kó taba ri,
   oré 'anga poxy[10] r-eîa.[11]

   Nde r-esé oro-îerobîá,[12]
   oro-îe-kok[13] nde r-esé.
   Oré r-aûsubá îepé,
   nde membyr-amo[14] oré r-á.[15]

Nde irũnamo oro-îkó-potá,
oro-î-monhang nde r-ok-ûama.
E-s-arõ oré r-etama,
s-apekóbo,[16] s-aûsubá.

Nde pó gûyrype[17] oro-îkó,
nde r-esé oro-îe-koka.
E-îori oré mong[18]-oka,[19]
Tupã pyri t'oro-só.

S-ory pabẽ[20] nde boîá,[21]
nde 'ara moeté-katûabo,
t-ekó-pûera moasŷabo,[22]
ndebo o-nhe-me'enga[23] mbá.[24]

Oro-î-momburu Anhanga,
nde nhõ nde r-apîar-etébo.
Kó[25] oro-îkó oro-îerurébo:
"E-î-pysyrõ oré 'anga!" (...)

N'i apor-i[26] oré sumarã
îepinhẽ[27] oré r-a'anga.
E-îori i moporará-a'anga[28]
t'oro-îtyk[29] s-ekó-memûã.

E-î-moingó-puku-katu[30]
kó taba Tupã r-esé.[31]
Ybytyrygûara bé
oré pyri t'ere-ru.[32]

5. *Da Conceição de Nossa Senhora (I)*
   Pe-îori, xe irũ-etá,
   t'îa-só Maria supa,
   i nhe'ẽ-porang-endupa,
   îandé aíba t'o-î-pe'a.

   Ene'î, t'îa-só taûîé,[33]
   i xupé îa-îerurébo
   t'o-î-me'eng kori îandébo
   o memby-porang-eté.

181

I poraûsubá-katu
Tupã sy, Santa Maria.
Emonãnamo,[34] a-s-aûsu,
s-esé gûi-nhe-moryryîa.[35]

Maria i katu-eté;
n'o-nh-andu-î[36] moropotara.[37]
O-nhe-monhang îandé îara
s-ygé-poranga pupé. (...)

A-s-aûsu-katu-potá
xe îarĩ pa'i Îesu
t'i ma'enduá-katu
xe r-esé, xe r-aûsubá.

6. *Da Conceição de Nossa Senhora (II)*
Anhanga nde momburu,
nde r-obá r-epîá-poûsupa.[38]
Oro-amotá[39]-katu,
xe py'a-pe nde r-aûsupa.
(...)

Nde pó gûyrybo pabẽ
t'oro-nhe-nong oro-îupa,
nde membyr-amo oro-kupa.
Ybaté[40] t'oro-basẽ,[41]
aûîerama nde r-aûsupa.

Guiranheenguetá
"Pássaro de muitos pios", ave da família dos
tiranídeos que imita o piado de vários pássaros
(Marc., *Hist. Nat. Bras.*)

Vocabulário

1. **poepyk** (trans.) – vingar, revidar
2. **anam** – pesado, denso
3. **mombak** (trans.) – acordar
4. **moma'ẽ** (trans.) – fazer ver
5. **moobá-ybak** (trans.) – fazer erguer o rosto
6. **orypaba (t-)** – lugar de alegria, de felicidade; +paraíso
7. **kûepe** – outra parte, fora
8. **a'ang (s-)** (trans) – imitar, experimentar, provar
9. **poraseî** (intr.) – dançar
10. **poxy** – maldade
11. **eî (-îo-s-)** (trans.) – lavar
12. **îerobîá(r)** (trans.) – confiar [compl. com **esé (r-, s-)** – confiar *em*]
13. **îe-kok** (intr.) – apoiar-se
14. **-(r)amo** – como, na condição de
15. **îar / ar(a) (t-, t-)** (trans.) – tomar
16. **apekó (s-)** (trans) – frequentar, visitar frequentemente
17. **gûyrype** – sob, embaixo de
18. **monga** – visgo, grude
19. **'ok (-îo-)** (trans.) – arrancar, tirar
20. **pabẽ** – todo (s, a, as)
21. **boîá** – servo, discípulo
22. **moasy** (trans.) – arrepender-se de
23. **nhe-me'eng** (intr.) – entregar-se
24. **mbá** – todo (s, a, as)
25. **kó** – eis que
26. **apor (xe)** – desistir
27. **îepinhẽ** – sempre
28. **moporará-a'ang** (trans.) – fazer provar sofrimentos, torturar
29. **ityk** (trans.) – lançar fora
30. **e-moingó-puku-katu** – fazer estar muito longamente

lição 13 • A pescaria

31. **Tupã r-esé** – em Deus. **Esé (r-, s-)** tem sentido locativo não geográfico (v. § 381)

32. **Ybytyrygûara t'ere-ru** – ybytyrygûara é o habitante da montanha, da serra, o serrano; com relação a **t'ere-ru**, temos, aí, o verbo **erur**, *trazer* (v. § 309)

33. **taûîê** – rapidamente, logo

34. **emonãnamo** – portanto, assim sendo

35. **nhe-moryryî** (intr.) – preocupar-se, interessar-se

[compl. com a posposição **esé (r-, s-)**: *com, a respeito de*]

36. **andu** – o mesmo que **andub** (-nh- ou -i-)

37. **moropotara** – desejo sensual

38. **poûsub** (trans.) – temer, recear

39. **amota(r)** (trans.) – querer bem

40. **ybaté** (adv.) – às alturas, ao alto

41. **basem** (intr.) - o mesmo que **gûasem** – chegar

O tupi em nossa toponímia
e no português do Brasil

1. Há uma velha canção, de autoria de Joubert de Carvalho e de Olegário Mariano, cuja letra é a seguinte:

> *"Não quero outra vida, pescando no rio de **jereré**, de **jereré**
> Lá tem peixe 'bão', tem **siri** patola que dá com o pé.   (BIS)
> Quando no terreiro faz noite de luar
> E vem a saudade me atormentar
> Eu me vingo dela, tocando viola de papo pro ar."*

Entre as várias redes de pesca cujo uso foi-nos legado pelos antigos indígenas da costa do Brasil está o **jereré**, que aparece na letra da canção acima. Faça uma pesquisa e apresente as características de tal rede.

2. A canção *Canoeiro*, de autoria de N. Caporrino, Alocin e Zé Carreiro e interpretada por Sérgio Reis, faz alusão ao **timbó**:

> *"Pra pegar peixe dos bons
> Dá trabalho, a gente soa* (i.e., sua)
> *Eu jogo **timbó** na água
> Com isso o peixe atordoa
> Jogo a rede e dou um grito
> Ai, ai, o dourado amontoa."*

Faça uma pesquisa sobre tal planta, de nome **timbó**, conhecida pelos antigos pescadores.

3. Com base no vocabulário da lição 13, tente dar os significados dos seguintes nomes de lugares:

a. Camboriú
b. Pari
c. Corumbataí
d. Jundiaí
e. Piauí
f. Paranapiacaba
g. Parati

183

4. Entre as várias expressões populares que contêm termos de origem tupi está a expressão *estar numa pindaíba*. Que sentido tem ela?

5. O termo tupi **pirá**, *peixe*, aparece em numerosos nomes de lugares no Brasil. Relacione os topônimos abaixo aos significados que vêm em seguida:

Nome do lugar

a. **Piracema** (*pirá + sema*) (localidade de Minas Gerais); b. **Piraí** (*pirá + 'y*) (localidade do Rio Grande do Sul); c. **Piracicaba** (*pirá + syk-aba*) (município paulista); d. **Piraim** (*pirá +'ĩ*) (localidade do Mato Grosso); e. **Pirapé** (*pirá + apé*) (rio do Paraná); f. **Pirapitanga** (*pirá + pytang*) (rio de Minas Gerais); g. **Pirapanema** (*pirá + panem*) (localidade de Minas Gerais); h. **Pirapora** (*pirá + pora*) (localidade do Acre); i. **Piraquara** (*pirá + kûara*) (localidade do Paraná); j. **Piratininga** (*pirá + tining*) (antigo nome de São Paulo); k. **Piratuba** (*pirá + tyba*) (localidade de Santa Catarina); l. **Pirassununga** (*pirá + sununga*) (município paulista)

Significado

( ) caminho de peixes   ( ) pulo dos peixes   ( ) ajuntamento de peixes
( ) rio dos peixes   ( ) peixe seco   ( ) peixinho
( ) saída de peixes   ( ) chegada de peixes   ( ) buraco de peixe
( ) barulho de peixes   ( ) peixe imprestável   ( ) peixe rosado

Leitura complementar

Dos rios d'água doce e cousas que neles há

Os rios caudais de que esta província é regada são inumeráveis e alguns mui grandes e mui formosas barras, não falando nas ribeiras, ribeiros e fontes de que toda a terra é muito abundante. São as águas, de ordinário, mui formosas, claras e salutíferas e abundantes de infinidade de peixes de várias espécies, dos quais há muitos de notável grandura e de muito preço e mui salutíferos e dão-se aos doentes por medicina. Estes peixes pescam os índios com redes, mas o ordinário é a linha com anzol. Entre estes, há um peixe real de bom gosto e sabor que se parece muito com o solho de Espanha; este se chama jaú. São de quatorze e quinze palmos e, às vezes, maiores e muito gordos e deles se faz manteiga. Em alguns tempos, são tantos os peixes que engordam os porcos com eles. Em os regatos pequenos há muitos camarões e alguns de palmo e mais de comprimento e de muito bom gosto e sabor.

Fernão Cardim, *Tratados da Terra e Gente do Brasil*, p. 63.

14 · Ybyrapytanga

> *"Essa árvore, a que os selvagens chamam araboutan, engalha como o carvalho das nossas florestas e algumas há tão grossas que três homens não bastam para abraçar-lhes o tronco."*
>
> Jean de Léry, *Viagem à Terra do Brasil*

Corte e transporte de pau-brasil (Thevet)

Mokõî ygarusu peasaba koty o-ur. Abá ygarusu-pe kûeîa?
Dois navios vieram em direção ao porto. Navios de quem são aqueles?
Maíra ygarusu. O-ur ybyrapytanga r-eká. Korite'ĩ i xuí mosapyr maíra semi.
Navios dos franceses. Vieram para procurar pau-brasil. Logo, deles três franceses saem.

(Um índio vê os franceses e cumprimenta um deles:)

– **Ere-îu-pe?**
– Vieste?
– **Pá, a-îur.**
– Sim, vim.
– **Marãngoty-pe kûeî ygarusu sóû-ne?**
– Em que direção aqueles navios irão?
– **Oîrã Karioka koty oré sóû-ne. Ko'yr oré ybyrapytanga potari.**
– Amanhã rumo à (aldeia da) Carioca nós iremos. Agora nós queremos pau-brasil.
Oro-î-potar peẽ ybyrapytanga me'enga orébe.
Queremos que vocês nos deem pau-brasil.
– **A-s-enõî xe irũ-ne.**
– Chamarei meus companheiros.

(O índio conversa com seus companheiros:)

– **Ybyrapytanga potá, maíra îepotari.** *"Ko'yr oré ybyrapytanga potari"*

– Querendo pau-brasil, os franceses chegaram. *"Agora nós queremos pau-brasil"*

e'i maíra ixébe. T'îa-só ybyrapytanga me'enga i xupé.

disseram-me os franceses. Vamos para dar pau-brasil para eles.

– **Erimba'e-pe i îepotari?**

– Quando eles chegaram?

– **Ko'yr é i îepotari, *"oîrã Karioka koty oré sóû-ne"*, o-'îabo.**

– Agora mesmo eles chegaram, dizendo: *"Amanhã rumo à Carioca nós iremos"*.

– **Îandé porabyky riré, maíra kysé arugûá abé me'engi îandébe-ne.**

– Após nós trabalharmos, os franceses facas e espelhos darão para nós.

– **Ko'yr xe r-orybi.**

– Agora eu estou contente.

Ka'a koty abá gûatáû, ybyrapytanga potá. Korite'î abá

Rumo à mata os índios caminham, querendo pau-brasil. Logo os índios

a'e ybyrá r-epîaki. O-ybyrá-'ab. Ygarusu pupé abá

veem aquelas árvores. Cortam as árvores. Dentro do navio os índios

t-opytá moúbi. A'e riré, maíra Karioka koty i xóû.

põem deitadas as toras. Depois disso, os franceses vão rumo à Carioca.

Vocabulário

nomes e verbos

arugûá – espelho

ekar (s) (trans.) – procurar, buscar [o gerúndio é eká
(v. § 239): xe r-eká – *procurando-me*]

maíra – homem branco; francês

moúb (trans.) – pôr deitado; fazer ficar deitado

o-'îabo – v. § 257

opytá (t-) – tora, tronco cortado

peasaba – porto; desembarcadouro

porabyky (intr.) – trabalhar

ybyrapytanga – pau-brasil (lit., *madeira rosada*)

outras categorias

erimba'e? – quando?

korite'î – logo, depressa

ko'yr – agora

ko'yr é – agora mesmo

marãngoty? – em direção de quê? em que direção?

oîrã – amanhã

lição 14 • Ybyrapytanga

255 KARIOKA (lit., *casa de carijós*) era o nome de uma aldeia que estava situada na Baía da Guanabara, próxima da Cidade de S. Sebastiam (a atual cidade do Rio de Janeiro, fundada na época da presença francesa naquela região do Brasil, i.e., em meados do século XVI). De nome de lugar, passou a designar os habitantes dele.

256 Verbo irregular 'AB – *cortar, abrir, rachar, fender*

O verbo **'AB** é irregular porque não admite pronome objetivo -ÎO- (que é uma forma do pronome objetivo com os temas monossilábicos – v. § 68). Conjuga-se com substantivo ou pronome reflexivo incorporados.

Ex.:

A-ybyrá-'ab. – Corto madeira. (Fig. *Arte*, 145) (Não se diria nunca "A-îo-'ab ybyrá".)

A-yby-'ab. – Abro a terra. (Fig., *Arte*, 145)

257 Verbo irregular 'I / 'É – *dizer*

INDICATIVO		IMPERATIVO	
a-'é	digo	er-é	dize tu
er-é	dizes	pe-îé	dizei vós
e'i	diz		
oro-'é	dizemos (excl.)	PERMISSIVO	
îa-'é	dizemos (incl.)		
pe-îé	dizeis	t'a-'é	que diga
e'i	dizem	t'er-é	que digas
		t'e'i	que diga etc.

258 O verbo falar, em tupi, pode ser traduzido por:

NHE'ENG (quando intransitivo) – com complemento com a posposição **supé**.

'I / 'É (quando transitivo) – significa, também, *dizer*, como você viu no § 257.

Ex.:

Morubixaba (...) o-*nhe'eng* memẽ i xupé. – Os chefes falam sempre a eles. (Anch., *Teatro*, 34)

E-*nhe'eng* nde r-uba supé. – Fala a teu pai. [I.e., *Dirige a palavra a teu pai* (sem se declarar o que deve ser falado).] (Fig., *Arte*, 6)

– "S-etá-katu nde angaîpaba" e'i. – Fala que são muitos teus pecados. (Agora se declara o que ele fala.) (Anch., *Cat. Bras.*, I, 220)

259 Para se verter, em tupi, o interrogativo *de quem*?, faz-se uma relação genitiva com o interrogativo **ABÁ? –** quem?: ***Abá r-a'yra*-pe nde?** – Filho de quem és tu? (*VLB*, I, 87); ***Abá ygarusu*-pe kûeîa?** – Navios de quem são aqueles? De quem são aqueles navios?

187

Explicação gramatical

O modo indicativo circunstancial

260 Circunstância (do latim *circum + stans – o que está em torno*) é aquilo que está em torno do processo verbal, aquilo que envolve o ato verbal, mas que não é essencial para ele. Expressa-se por um adjunto adverbial ou por uma oração subordinada adverbial.

Veja o círculo das circunstâncias (embora existam mais do que estas). Elas estão *em torno* da oração PEDRO MATOU A VACA, mas não são essenciais para sua compreensão.

261 Quando se expressa, antes do verbo de uma oração absoluta ou principal, uma circunstância (tempo, lugar, modo, causa, instrumento etc.) evidenciada pela presença de *advérbio, posposição* ou *verbo no gerúndio*, aquele verbo deve ir para o *modo indicativo circunstancial,* que é uma forma nominal dele (v. § 284).

Compare as frases abaixo:

O-îuká ko'yr. – Mata-o hoje.
Se antepusermos o adjunto adverbial **ko'yr** (circunstância de tempo) ao verbo, deveremos dizer:
Ko'yr i îukáû. – Agora o mata. (Anch., *Arte*, 39v)

Xe r-a'yra o-ker xe porupi. – Meu filho dorme ao longo de mim.
Se pusermos o adjunto adverbial **xe porupi** (circunstância de lugar) antes do verbo, deveremos dizer:
Xe porupi xe r-a'yra keri. – Ao longo de mim meu filho dorme. (Fig. *Arte*, 123)

188

lição 14 • Ybyrapytanga

A-kanhem koromõ. – Sumo logo.
Se pusermos o adjunto adverbial **koromõ** antes do verbo, a frase pode alterar-se (v. § 269) para:
Koromõ *xe kanhemi.* – Logo eu sumo. (Anch., *Arte*, 39v)

A-s-epîak maíra kûesé. – Vi o francês ontem.
Se pusermos o advérbio **kûesé** antes do verbo, a frase fica:
Kuesé ixé maíra r-epîaki. Ontem eu vi o francês.

Morfologia

Verbos da 1ª classe

262 Com o modo indicativo circunstancial não se usam os prefixos número pessoais **A-, ERE-, O-** etc., mas os próprios pronomes pessoais. Se o verbo tiver tema terminado em consoante, põe-se o sufixo **-I**. Se seu tema terminar em vogal, põe-se o sufixo **-Û**. **-I** e **-Û**, nesse caso, são sempre átonos. O modo indicativo circunstancial não é usado com as 2ᵃˢ pessoas (*tu* e *vós*).
Ex.:
Com verbo intransitivo:

gûasem – chegar

xe gûasemi*	eu cheguei; eu chego
i gûasemi	ele chegou; ele chega
oré gûasemi	nós chegamos (excl.)
îandé gûasemi	nós chegamos (incl.)
i gûasemi	eles chegaram; eles chegam

*Leia "guassémi", com acento tônico em "e". O sufixo **-I** nunca forma sílaba tônica.

pytá – ficar

xe pytáû	eu fiquei; eu fico
i pytáû	ele ficou; ele fica
oré pytáû	nós ficamos (excl.)
îandé pytáû	nós ficamos (incl.)
i pytáû	eles ficaram; eles ficam

Com verbo transitivo:
kutuk – furar

xe (obj.) **kutuki**	eu (o) furei; eu (o) furo
i (obj.) **kutuki**	ele (o) furou; ele (o) fura
oré (obj.) **kutuki**	nós (o) furamos (excl.)
îandé (obj.) **kutuki**	nós (o) furamos (incl.)
i (obj.) **kutuki**	eles (o) furaram; eles (o) furam

Com verbo pluriforme:

in / en(a) (t-) – estar (sentado) (intransitivo)

xe r-eni	eu estou (sentado)
s-eni	ele está (sentado)
oré r-eni	nós estamos (sentados) (excl.)
îandé r-eni	nós estamos (sentados) (incl.)
s-eni	eles estão (sentados)

epîak(s) – ver (transitivo)

xe (obj.) **r-epîaki**	eu (obj.) vi; eu (obj.) vejo
a'e (obj.) **r-epîaki**	ele (obj.) viu; ele (obj.) vê
oré (obj.) **r-epîaki**	nós (obj.) vimos (excl.); nós (obj.) vemos
îandé (obj.) **r-epîaki**	nós (obj.) vimos (incl.); nós (obj.) vemos
a'e (obj.) **r-epîaki**	eles (obj.) viram; eles (obj.) vêem

O pronome objetivo de 3ª pessoa com os pluriformes no modo indicativo circunstancial será sempre **S-**: **xe s-epîaki** (*eu o vi, eu o vejo*); **oré s-epîaki** (*nós o vimos, nós o vemos*).

Como já dissemos, quando o verbo estiver na 2ª pessoa (do singular ou do plural), não se usa o modo indicativo circunstancial.

Ex.:

Ere-só kori.	**Kori ere-só**.
Vais hoje.	Hoje vais. (Anch., *Arte*, 39v)

Pe-só kori.	**Kori pe-só.**
Ides hoje.	Hoje ides. (Anch., Arte, 39v)

Nestes últimos exemplos, mesmo tendo-se posto a circunstância de tempo (**kori**) antes do verbo principal (**ere-só** e **pe-só**, respectivamente), este não vai para o modo indicativo circunstancial porque está na 2ª pessoa.

lição 14 • Ybyrapytanga

Verbos da 2ª classe

263 Se o verbo for da 2ª classe, ele se conjugará no modo indicativo circunstancial com a posposição -(R)AMO, exatamente como se fosse um gerúndio (v. § 240). No tupi do norte (de Pernambuco, p.ex.) usavam-se com os verbos da 2ª classe os mesmos sufixos empregados para os verbos da 1ª classe.
Ex.:
ma'enduar (xe) – lembrar-se

xe ma'enduari	ou	xe ma'enduaramo
		eu me lembrei; eu me lembro
i ma'enduari	ou	o ma'enduaramo*
		ele se lembrou; ele se lembra
oré ma'enduari	ou	oré ma'enduaramo (excl.)
		nós nos lembramos
îandé ma'enduari	ou	îandé ma'enduaramo (incl.)
		nós nos lembramos
i ma'enduari	ou	o ma'enduaramo*
		eles se lembraram; eles se lembram

*Observe que usamos, aqui, o pronome reflexivo **O** e não mais o pronome I. Leia *o ma'enduáramo*.

Sintaxe

264 Com o modo indicativo circunstancial:
  – Se o verbo for intransitivo, o sujeito vem imediatamente antes dele.
  – Se for transitivo, imediatamente antes dele virá o objeto e, antes do objeto, o sujeito.
Ex.:

Kûesé <u>Pedro</u> <u>sóû</u>.
    suj.   verbo (intr.)
Ontem Pedro foi. (Fig., *Arte*, 95)

Kûesé nde r-esé <u>Pedro</u> <u>ma'enduari</u>.
              suj.   verbo (2ª classe)
Ontem de ti Pedro se lembrou. (Fig., *Arte*, 95)

Xe porupi <u>xe r-a'yra</u> <u>keri</u>.
          suj.   verbo (intr.)
Ao longo de mim meu filho dorme. (Fig., *Arte*, 123)

(...) Korite'î <u>Pedro</u> <u>i</u> <u>mongetáû</u>.
                suj. obj. verbo (trans.)
Logo Pedro conversou com ele. (Fig., *Arte*, 96)

Kûesé <u>paîé</u> <u>mba'easybora</u> <u>subani</u>.
        suj.   obj.   verbo (trans.)
Ontem o pajé sugou o doente. (Fig., *Arte*, 96)

265 Assim, no modo indicativo circunstancial temos a seguinte colocação (que é a que caracteriza a sintaxe tupi – v. § 70):
Com verbo intransitivo: SUJEITO – VERBO (SV)
Com verbo transitivo: SUJEITO – OBJETO – VERBO (SOV)

Forma negativa

Piracoaba
(Marc., *Hist. Nat. Bras.*)

266 A forma negativa do modo indicativo circunstancial é feita substituindo-se os sufixos -I ou -Û por -E'YMI (ou -E'YMAMO, com os verbos da 2ª classe.
Ex.:
Kori xe îukáû. – Hoje me mata.
Kori xe îukae'ymi. – Hoje não me mata. (Anch., *Arte*, 39v)
Marã-pe xe sóû? – Por que eu fui?
Marã-pe xe soe'ymi? – Por que eu não fui? (Fig., *Arte*, 98)
Koromõ xe r-orybamo. – Logo eu me alegrei. (Anch., *Arte*, 40)
Koromõ xe r-orybe'ymamo – Eu não me alegrei logo. (Anch., *Arte*, 40)

Observações importantes

267 Se o sujeito do verbo da oração absoluta ou principal estiver antes da circunstância, pode-se usar tanto o modo indicativo quanto o modo indicativo circunstancial.
Ex.:
Abá-pe oîeí o-só? – Quem hoje foi? (Anch., *Arte*, 39v)

Tupã aé, o karaíba pupé, i 'anga s-eté o-î-monhang (ou **Tupã aé o karaíba pupé i 'anga s-eté monhangi**). – O próprio Deus, com sua santidade, as almas e os corpos deles fez. (Anch., *Teatro*, 28)

268 Um gerúndio anteposto ao verbo da oração principal não o leva obrigatoriamente ao modo indicativo circunstancial.
Ex.:
Ybaka r-asapa o-só, nde r-eîá. – Atravessando o céu, foi, deixando-te. (Anch., *Poesias*, 599)

Xe r-esé o-îerobîá, o-î-monhang kó Tupãoka. – Em mim confiando, fizeram esta igreja. (Anch., *Teatro*, 40)

lição 14 • Ybyrapytanga

269 Com as 1ᵃˢ pessoas, o uso do modo indicativo circunstancial é facultativo.
Ex.:
Korite'î *xe sóû* ou **Korite'î** *a-só.* – Logo eu fui. (Fig., *Arte*, 166)

Nhũr-upi *xe gûatáû* ou **Nhũ r-upi** *a-guatá.* – Ando pelo campo. (Fig., *Arte*, 123)

270 Também com verbos que incorporam temas verbais há o modo indicativo circunstancial.
Ex.:
Opá-pe asé *i mombe'u-îebyri*-**ne?** – Todos (os erros) a gente voltará a confessar? (Anch., *Cat. Bras.*, I, 211)

271 Se o tema verbal terminar em **Î** ou **Û,** nenhum sufixo se acrescenta no modo indicativo circunstancial.
Ex.:
kaî	– queimar	**xe kaî, i kaî** etc.
ekyî (s)	– puxar	**xe (obj.) r-ekyî, s-ekyî** etc.
mongaraû	– desconjuntar	**xe (obj.) mongaraû** etc.

272 Se o sujeito substantivo estiver separado do verbo intransitivo, usa-se o pronome de 3ª pessoa antes do verbo (**I** ou **S-**) de forma pleonástica.
Ex.:
Mba'e supé bé-pe <u>**asé**</u> **graça** *i* **'eû?** – A que coisa chamamos graça? (Araújo, *Cat. Líng. Bras.*, 31)

sujeito separado do verbo / usa-se o o pronome I, repetindo-se o sujeito

O verbo 'I / 'É – *dizer* e suas particularidades

273 O verbo **'I / 'É** do tupi (v. § 257), apesar de transitivo, não admite objeto entre o prefixo número-pessoal e o tema.
Ex.:
Aîpó a-'é. – Digo isso (nunca "a-aîpó-'é" nem "a-î-'é aîpó")

274 Se não explicitarmos o que se diz, usamos, geralmente, **aîpó** *(isso, aquilo).*
Ex.:
"O-só ipó re'a" **a-'é.** – Digo que ele deve ter ido. (*VLB*, II, 86) ou
Aîpó **a-'é.** – Digo isso.
"A-îebyr-y-ne" **a-'é.** – Digo que voltarei. (lit., *"Voltarei" digo.*)
Aîpó **er-é.** – Dizes isso. (Araújo, *Cat. Líng. Bras.*, 56)

275 Quando o verbo **'I / 'É** for usado na forma substantiva ou no modo indicativo circunstancial, o objeto vem, geralmente, antes do sujeito, ao contrário dos outros verbos tupis. Pode, contudo, vir depois do verbo.

Ex.:

A-î-potar aîpó nde 'é.
         obj. suj. forma substantiva do verbo
Quero que tu digas isso.

A-î-potá-katu _nde_ 'é Tupã nhõ mba'e-eté.
              |
        sujeito do verbo _dizer_
Quero muito que tu digas as coisas verdadeiras de Deus somente. (Valente, _Cantigas_, in Araújo, _Cat. Líng. Bras._, 1618)

Se fosse um outro verbo, o sujeito viria, nesse caso, antes do objeto:

N'a-î-potar-i nde xe îuká. – Não quero que tu me mates. (Fig., _Arte_, 155)
       | | |
   sujeito objeto forma substantiva do verbo

O gerúndio do verbo 'I / 'É

276   O verbo 'I / 'É, apesar de transitivo, tem no gerúndio os prefixos pessoais que só têm os verbos intransitivos.

Ex.:

Aîpó gûi-'îabo	dizendo eu isso
Aîpó e-'îabo	dizendo tu isso
Aîpó o-'îabo	dizendo ele isso
Aîpó oro-'îabo	dizendo nós isso

etc.

Observações importantes

277   Quando se interroga sobre algo que se disse, usa-se o interrogativo **MARÃ**: – _Marã_ e'i-pe? – _Como_ disse? (e não "Que disse?")

Ex.:

Marã e'i-pe asé karaí-bebé o arõana mongetábo?
Como a gente diz, conversando com o anjo seu guardião? (Araújo, _Cat. Líng. Bras._, 23v)

Marã e'i-pe Îandé Îara i xupé?
Como disse Nosso Senhor para ele? (Araújo, _Cat. Líng. Bras._, 1686, 82)

278   Em tupi, quando se deseja saber o sentido de uma palavra ou o significado de uma expressão, usa-se o verbo 'I / 'É duas vezes, de uma forma especial.

Ex.:

Marã _e'i_-pe asé o py'a-pe Tupã supé "Oré Rub" o-'îabo?
Como diz (i.e., _que quer dizer, significar_) a gente em seu coração, dizendo "Pai Nosso" para Deus? (Anch., _Diál. Fé_, 220)

_194_

Marã o-'îabo-bé-pe asé "t'o-ur nde Reino" e'i?
Dizendo também o que a gente diz "Venha teu Reino"? (Anch., *Diál. Fé*, 225)

Taioia
Trepadeira herbácea da família das cucurbitáceas
(Marc., *Hist. Nat. Bras.*)

Discurso direto e discurso indireto

279 Suponha que seu tio lhe diga: – Eu vou amanhã para a aldeia.
Se você quiser contar isso para sua mãe, poderá fazê-lo de duas formas:

1 – **Meu tio me disse: – Eu vou amanhã para a aldeia.**
Reproduz-se, aqui, exatamente o que ele disse, com suas próprias palavras. É o que se chama *discurso direto*.
2 – **Meu tio me disse que irá amanhã para a aldeia.**
Neste caso, não se reproduz exatamente o que disse o tio. Quem conta o fato reelabora o discurso. É o chamado *discurso indireto*.
Se quiséssemos verter isso para o tupi, teríamos de usar a primeira forma porque

280 Em tupi não existe o discurso indireto.

Ex.:

Vou para Reritiba.

Disse o padre: "– Vou para Reritiba".

(Ilustração de Célio Cardoso)

(Ilustração de Célio Cardoso)

As partículas É, AÉ

281 As partículas **É** e **AÉ** dão ênfase a verbos, substantivos, pronomes etc. Significam *mesmo, o próprio, é que, bem, por si mesmo.*

Ex.:
Endé é aîpo er-é. – Tu mesmo dizes isso. (Araújo, *Cat. Líng. Bras.*, 56)
Tupã *aé* **i 'anga s-eté monhangi.** – O próprio Deus fez as almas e os corpos deles. (Anch., *Teatro*, 28)
Kori é. – Hoje mesmo. (Anch., *Arte*, 54)
Moraseîa é i katu. – A dança é que é boa. (Anch., *Poesias*, 691)
Cristãos r-ubixaba nhe'enga r-upi é (...). – Bem de acordo com as palavras do chefe dos cristãos. (Araújo, *Cat. Líng. Bras.*, 12v)
A-îur é. – Vim por mim mesmo (sem me mandarem). (Anch., *Arte*, 53v)

282 Não confunda:
a'e	– aquele, aquela, ele, ela; mas
a-'é, a-'e	– digo
aé	– mesmo, é que

Exercícios

I   Responda em tupi às seguintes perguntas sobre o texto inicial desta lição:

1. Umãme-pe abá maíra r-epîaki?
2. Mboby maíra-pe ygarusu suí i xemi?
3. Mba'e-rama r-esé-pe maíra îepotari?
4. Marãngoty-pe maíra sóûne?
5. Mba'e-rama r-esé-pe maíra supé abá ybyrapytanga me'engi-ne?
6. Marã e'i-pe abá o irũ mongetábo?
7. Erimba'e-pe maíra îepotari?
8. Abá-abá-pe o-ybyrá-'ab?
9. Mba'e r-esé-pe abá o irũ r-enõî?
10. Umãme-pe abá t-opytá moúbi?

II   Coloque os verbos das orações abaixo no modo indicativo circunstancial. As palavras em negrito na oração dada deverão vir no início da oração em que você utilizará o modo indicativo circunstancial. Traduza as frases obtidas.
Mod.:
A-îuká kururu **gûi-gûatábo.** – Matei o sapo, andando.
Gûi-gûatábo ixé kururu îukáû. – Andando, eu matei o sapo.

lição 14 • Ybyrapytanga

A-sem **ygarusu suí**. – Saí do navio.
***Ygarusu suí* xe semi**. – Do navio eu saí.

Socó
Ave ciconiforme da família dos ardeídeos que vive em lugares pantanosos ou perto de rios ou lagoas (Marc., *Hist. Nat. Bras.*)

1. O-porabyky **kûesé**.
2. Kunhã i ma'enduar **s-esé**.
3. Maíra ybyrapytanga o-î-potar **ko'yr**.
4. Maíra mokõî abá o-s-epîak **ka'a-pe**.
5. Abá o-gûatá **ka'a koty**.
6. Ybaka s-oby **kûesé**.
7. Maíra **ygarusu pupé** t-opytá o-î-moúb.
8. Maíra aîpó e'i ixébe **kûesé**.
9. Xe katu **nde r-ur'iré**.
10. Maíra **abá supé** arugûá o-î-me'eng.
11. Abá **ko'yr** o irũ o-s-enõî
12. Ygarusu **peasaba koty** o-só.
13. Kunhã s-asy **abá o ybõ-mbûera r-esé**.
14. Abá **îy pupé** o-ybyrá-'ab.
15. Abá **ka'a-pe** ybyrapytanga o-s-epîak.
16. Abá **ka'a-pe** ybyrapytanga o-s-ekar.
17. Abaré **korite'î** 'ygûasu o-s-asab.
18. Xe ambu **xe r-ok-ype**.
19. Kûarasy o-berab **ko'yr**.
20. Mamõygûara **ko'yr** é maíra o-s-eîar.
21. Kunhã **'y-embe'y-pe** maíra nhe'enga o-s-endub.
22. Kunumĩ a-s-epenhan **takûá-kysé-tyba pupé**.
23. Oré nem **kûesé**.
24. Kunhã **t-atá pupé** taîasu o-s-apek.
25. Maíra o-ur **peasaba koty**.
26. Xe r-esaraî **nde r-era suí**.
27. Morubixaba **korite'î** xe nhe'enga o-s-obaîxûar.
28. Ygarusu Karioka koty **oîrã** o-só-ne.
29. A-porabyky **gûi-pukábo**.
30. Xe pytu **ko'yr**.

31. Abá **maíra irũnamo** ybyrapytanga o-s-ekar.
32. Oré r-oryb **nde r-ura r-esé.**
33. "*A-só*" e'i maíra **kunhã supé.**
34. Kunhataî oro-s-epîak-a'ub **oro-îasegûabo.**
35. Kunhataî o-kanhem **taba suí.**
36. Îandé r-asem **t-obaîara r-ura ri.**

Vocabulário

îy – machado

III Passe as dez primeiras frases obtidas no exercício anterior para a forma negativa, conforme o modelo.

Mod.:

Ygarusu suí xe semi.   – Do navio eu saí.

Ygarusu suí xe sem**e'ymi**.   – Do navio eu não saí.

IV Para praticar o uso do discurso direto em tupi, verta as frases abaixo.

1. O índio disse que foi para ver o porto.
2. O francês chegou dizendo que tu foste para Reritiba ontem.
3. Pindobuçu, dize a Maria que ela é bonita.
4. O português veio, dizendo que amanhã o navio chegará.
5. O padre disse que os franceses vieram para procurar pau-brasil.
6. Cheguei, dizendo que agora os índios fazem anzóis.
7. Pindobuçu, dize ao chefe que ele é nojento.
8. Dize a Pindobuçu que ele não venha.
9. O chefe me disse que eu trabalho bem.
10. Pindobuçu, Itajibá te diz que virá.
11. Foste para o rio grande, dizendo para Pedro que fizesse anzóis.
12. Tatamirim, dize para o chefe que vá para a aldeia.

Vocabulário

nomes e verbos

dizer – v. § 257, § 273 e § 279

francês – maíra

Itajibá – Itaîybá (lit., *braço de pedra*)

nojento – poxy

pau-brasil – ybyrapytanga

porto – peasaba

procurar – ekar (s)

Tatamirim – T-atá-mirĩ

trabalhar – porabyky

outras categorias

agora – ko'yr

amanhã – oîrã

V Para praticar o uso de 'I / 'É – *dizer* – com a forma substantiva dos verbos, faça conforme o modelo, traduzindo as frases obtidas. (Atenção! Com o verbo 'I / 'É o esquema de colocação é o-s-v.)

lição 14 • Ybyrapytanga

Mod.:
Aîpó a-'é xe sy supé. (Xe irũ o-î-potar.)
Xe irũ o-î-potar aîpó xe 'é xe sy supé.
Meu companheiro quer que eu diga isso a minha mãe.

1. Abá aîpó e'i maíra supé. (a-î-potar)
2. *"A-só"* a-'é xe r-uba supé. (ere-î-kuab)
3. *"Maíra o-îepotar"* e'i abá ixébe. (ere-î-kuab)
4. *"Ybyrapytanga a-s-ekar"* e'i maíra ndebe. (a-î-kuab)
5. *"A-ybyrá-'ab"* er-é ixébe. (maíra o-î-kuab)
6. Aîpó e'i Pedro ndebe. (a-î-potar)
7. Aîpó oro-'é peême. (Pedro o-î-potar)
8. *"A-só"* er-é nde sy supé. (a-î-kuab)

VI Para praticar o uso do gerúndio com o modo indicativo circunstancial, faça conforme o modelo. Traduza as frases obtidas.
Mod.:

Maíra o-îepotar.   **Maíra o-nhe'eng abá supé.**
O francês chega (por mar).   O francês fala ao índio.

O-îepotá, **maíra abá supé** *i nhe'engi*.
Chegando, o francês fala ao índio.

1. Abá t-opytá o-î-moúb. Abá ka'a-pe o-só.
2. Aîpó a-'é. Karioka koty a-só.
3. A-porabyky-ypy. Aîpó a-'é.
4. Aîpó e'i maíra. Maíra ygarusu suí o-sem.
5. Aîpó oro-'é. Ybyrapytanga i xupé oro-î-me'eng.
6. Aîpó e'i xe irũ. Xe irũ o-î-moúb ybyrapytanga ygarusu pupé.
7. Aîpó er-é. Nde r-ok-ype ere-só.
8. Ere-gûasem. Ybyrapytanga ere-s-ekar.
9. Ybyrapytanga ere-s-ekar. Xe r-etã'-me ere-só.
10. Ka'a-pe a-só. A-î-me'eng ybyrapytanga i xupé.

VII Para praticar o uso das partículas de reforço **É** e **AÉ**, verta para o tupi:

1. Eu mesmo procuro pau-brasil.
2. Os franceses é que chegaram.
3. O pau-brasil é que é duro.
4. Eu vi este índio mesmo na mata.
5. Tu mesmo dizes isso.
6. Esta mulher é que é bonita.
7. Nós (incl.) mesmos trabalhamos.
8. Agora mesmo o navio chegou.

9. Ele mesmo chamou os índios.
10. O espelho é que é pequeno.
11. Senta aqui mesmo.

Vocabulário

nomes e verbos

chamar – enõî (s)

duro – atã (r-,s-)

espelho – arugûá

pequeno – mirĩ

outras categorias

mesmo – v. § 281

VIII Faça perguntas a respeito do que vai sublinhado, usando os interrogativos, conforme o modelo. (Atenção para o uso do modo indicativo circunstancial.)

Mod.:

Pedro Rerity'-pe o-só. – Pedro vai para Reritiba.

Mamõ-pe Pedro sóû? – Para onde Pedro vai?

1. Maíra Karioka suí o-îepotar.
2. Karamuru Ka'ioby supé o-nhe'eng.
3. Ararybóia o-gûasem ybyrapytanga r-eká.
4. Itaîybá o-pytá nde r-epîakûama r-esé.
5. Îagûanharõ o-gûasem o-gûatábo.
6. 'Ybotyra Rerity-pe o-ker.
7. Abá ka'a koty o-só.
8. Pedro ygara kûeîa.
9. Pedro Ka'ioby suí o-sykyîé.
10. Pedro o-só kûarasy sẽ-me.

IX Traduza:

1. – Mba'e supé-pe "Tupã" îa-'é? – Opakatu mba'e tetiruã monhangara supé. (Anch., *Cat. Bras.*, I, 133)
2. – Marã-pe erimba'e (Tupã ikó 'ara) monhangi? – O nhe'enga pupé nhẽ – Abá supé-pe i monhangi? – Îandébe. (Araújo, *Cat. Líng. Bras.*, 37)
3. Mamõ-pe a'e i boîá sóû a'e riré? (Anch., *Cat. Bras.*, I, 170)
4. Marã-namo-pe[1] asé "Tupã-eté" i 'éû i xupé? (Anch., *Cat. Bras.*, I, 185)
5. Marã e'i-p'asé o îe-obasapa?[2] (Anch., *Cat. Bras.*, I, 187)
6. – Mba'e-mba'e suí-pe (karaí-bebé) asé r-arõû? – Anhanga suí, t-ekó-angaî-paba suí, mba'e-aíba suí. (Anch., *Cat. Bras.*, I, 190)
7. Kûesé, ka'a r-upi o-gûatábo, Pedro r-opari.[3] (Fig., *Arte*, 95)
8. Kûesé nde r-esé Pedro ma'enduari. (Fig., *Arte*, 95)
9. Korite'î Pedro xe r-uba mongetáû. (Fig., *Arte*, 96)
10. Mba'e tetiruã asé s-aûsuba sosé, asé Tupã r-aûsubi. (Fig., *Arte*, 96)
11. A-yby-'ab. (Fig., *Arte*, 145) O-îe-'ab oka. (Fig., *Arte*, 145) O-îe-'ab mbotyra.[4] (Fig., *Arte*, 139)
12. Erimba'e-pe ere-îur? (Fig., *Arte*, 166)

13. – A'e-pe Îandé Îara supé marã e'i o-îerurébo? "– *Nde ma'enduar xe r-esé, nde r-orypá'-pe*" (...) e'i. – Marã e'i-pe Îandé Îara i nhe'eng-obaîxuá?[5] "– *Kori ere-îkó xe r-orypá-pe, xe pyri-ne.*" – Abá-abá-pe o-'am cruz ypype erimba'e? – I xy, S. João abé, kunhã-angaturam-etá abé. – Marã e'i-pe Îesu o sy supé? "– *Ebokûé nde membyra, kunhã gûé*" e'i, S. João me'enga i membyr-amo.[6] – A'e-pe São João supé, marã e'i? "– *Ebokûé nde sy*" e'i, i xy-ramo o sy me'enga. (Anch., *Diál. Fé*, 190)

14. *Cantiga por "Querendo o Alto Deus"*

Îandé kanhem[7]'iré, îandé r-aûsupa,
Tupã amõ kunhã-ngatu monhangi.
Abá sosé pabẽ i momorangi,[8]
t-ekokatu r-esé i moîekosupa[9],

"*Xe sy-ramo*[10]*-ngatu t'o-îkó*" o-'îabo,
amõ kunhã suí i moingoébo,[11]
s-aûsuba r-erekóbo,[12] i moetébo,
i angaturã-ngatu moeburusûabo.[13]

"*Santa Maria*" s-era, anhang-upîara,[14]
Tupã r-endab[15]-eté, Tupã r-aîyra.

Tupã sy-rama ri i monhang-y-mbyra,[16]
t-e'õ r-upîara nhẽ, t-ekobé îara.
(...)
T'îa-s-aûsu pabẽ Santa Maria,
îandé py'a pupé s-ekó mondepa,[17]
t'o-pûar[18] anhanga ri, mburu[19] mombepa,[20]
s-ekó-poxy suí îandé r-eîyîa.[21]

15. *Tupana kuapa*

Tupana kuapa,
ko'y a-s-aûsu
xe îara Îesu.
(...)
Opá[22] og ugûy
me'engi, o-manõmo,
îandé pysyrõmo
Anhanga suí.

Aîpó-ba'e ri,
ko'y a-s-aûsu
xe îara Îesu.

Pe-îó[23] pabẽ nhẽ
Îesu momoranga,
s-aûsuba r-a'anga
xe irũnamo bé.
Îesu, mba'e-eté,[24]
pe'î,[25] pe-s-aûsu!
Xe îara Îesu,
xe r-uba Îesu!

16. *Pitangî-porang-eté*

(...)
Îori xe moîekosupa,
nde r-ekokatu me'enga.
T'a-î-mopó-ne[26] nde nhe'enga
xe py'a-pe nde r-aûsupa.

S-ory karaí-bebé,
ikó 'ara momoranga.
E-îori, xe îarî gûé,
ta s-oryb-eté xe 'anga
nde 'aragûera r-esé.

Akûeîme a-îkotebē,[27]
xe r-ekó-poxy purûabo.[28]
T'a-îtyk pá koty,[29] i pe'abo,
xe nhy'ā-me t'ere-îké,
xe py'a moingatûabo.[30]

Oro-aûsu-potá-katu,
oro-nhe-me'enga endébo.
Nde t'ere-î-me'eng orébo
nde memby-poranga, Îesu.

(Anch., *Poemas*)

Vocabulário

1. **marã-namo-pe?** – por quê?

2. **obasab (s)** – +benzer (lit., *cruzar o rosto*)

3. **opar (r-, s-)** – perder-se, errar o caminho

4. **mbotyra** – flor; o mesmo que **'ybotyra**

5. **obaîxûar (s)** – responder

6. **i membyr-amo** – como seu filho

7. **kanhema** – perdição

8. **momorang** – embelezar; festejar

9. **moîekosub** – fazer regozijar-se

10. **xe sy-ramo** – como minha mãe

11. **moingoé** – diferenciar, tornar diferente

12. **(e)rekó** – ter

13. **moeburusu** – engrandecer

14. **upîara (t-)** – adversário

15. **endaba (t-)** – pouso, estância, sede

16. **i monhang-y-mbyra** – a que é feita

17. **mondeb** – pôr, colocar

18. **pûar** – bater

19. **mburu** – o mesmo que **muru**

20. **mombeb** – achatar, esmagar

21. **eîyî (s)** – afastar, desviar

22. **opá** – todo (-os, -a, -as)

23. **pe-îó** – o mesmo que **pe-îori** – vinde

24. **mba'e-eté** – coisa verdadeira, verdade

25. **pe'î** – eia! vamos (2ª pess. pl.)

26. **mopor** – cumprir

27. **ikotebē / ekotebē (t-)** – afligir-se, estar aflito

28. **puru** – o mesmo que **poru** – usar, utilizar, praticar

29. **koty** – armadilha

30. **moín** – fazer estar

O tupi em nossa toponímia e no português do Brasil

O termo **ybyrá** – *árvore, madeira, arco*, está muito presente na onomástica do Brasil. Para aprender o significado de alguns nomes que o contenham, relacione-os aos significados apresentados a seguir:

Nomes: a. Ibirapuera (bairro de São Paulo); b. Ubirajara (nome de pessoa); c. braúna (nome de árvore); d. ibirarema (outro nome do pau-d'alho); e. Ibiranga (localidade de Pernambuco); f. ibiraobi (nome de árvore); g. Ubiraçaba (localidade da Bahia); h. Ibiracatu (localidade de Minas Gerais); i. Ubiratã (nome de pessoa)

Significados:

( ) árvore fedorenta   ( ) lugar de árvores   ( ) sombra de árvores
( ) o que foi árvore   ( ) madeira dura, firme   ( ) senhor do arco
( ) madeira verde   ( ) madeira boa   ( ) madeira escura

Leitura complementar

Uma lição de vida

Os nossos tupinambás muito se admiram de os franceses e outros estrangeiros se darem ao trabalho de ir buscar o seu arabutan (pau-brasil). Uma vez, um velho perguntou-me:

– Por que vindes vós outros, maíras e perós (franceses e portugueses) buscar lenha de tão longe para vos aquecer? Não tendes madeira em vossa terra?

Respondi que tínhamos muita, mas não daquela qualidade, e que não a queimávamos, como ele o supunha, mas dela extraíamos tinta para tingir, tal qual o faziam eles com os seus cordões de algodão e suas plumas.

Retrucou o velho imediatamente:

– E porventura precisais de muito?

– Sim – respondi-lhe – pois no nosso país existem negociantes que possuem mais panos, facas, tesouras, espelhos e outras mercadorias do que podeis imaginar e um só deles compra todo o pau-brasil com que muitos navios voltam carregados.

– Ah! – retrucou o selvagem – tu me contas maravilhas, acrescentando, depois de bem compreender o que eu lhe dissera:

– Mas esse homem tão rico, de que me falas, não morre?

– Sim – disse eu –, morre como os outros.

Mas os selvagens são grandes discursadores e costumam ir, em qualquer assunto, até o fim. Por isso, perguntou-me de novo:

– E quando morrem, para quem fica o que deixam?

– Para seus filhos se os têm – respondi; na falta destes, para os irmãos ou parentes mais próximos.

– Na verdade – continuou o velho, que, como vereis, não era nenhum tolo – agora vejo que vós outros maíras sois grandes loucos, pois atravessais o mar e sofreis grandes incômodos, como dizeis quando aqui chegais, e trabalhais tanto para amontoar riquezas para vossos filhos ou para aqueles que vos sobrevivem! Não será a terra que vos nutriu suficiente para alimentá-los também? Temos pais, mães e filhos a quem amamos; mas estamos certos de que, depois da nossa morte, a terra que nos nutriu também os nutrirá. Por isso, descansamos sem maiores cuidados.

Jean de Léry, *Viagem à Terra do Brasil*, pp.169-170.

15 · É guerra!

> "Estes índios... têm sempre grandes guerras uns contra os outros; nunca se acha neles paz... porque umas nações pelejam contra outras e matam-se muitos deles..."
>
> Pero de Magalhães Gândavo, *Tratado da Terra do Brasil*

Os tupiniquins atacam a aldeia de Ubatuba (Staden, *DVB*)

Tupinakyîa kûeî taba o-îo-pîar. S-era U'ubá-tyba.
Os tupiniquins cercaram aquela aldeia. Seu nome é Ubatuba.
O-î-mosykyîê opakatu, abá-etá îukábo. Pitanga kunhã abé e'i
Assustaram a todos, matando muitos índios. As crianças e as mulheres
okar-ype o-pytábo. Opakatu i îase'oû. Gûaîbĩ o oka pupé
ficam na ocara. Todas elas choram. As velhas dentro de suas casas
o-nhe-mim.
escondem-se.
T-obaîara oka supé t-atá-u'uba o-îtyk. S-oka suí a'e
Os inimigos lançam flechas de fogo contra as casas. De suas casas
gûaîbĩ mosemi. Kunhã morubixaba r-ok-ype pitanga o-î-moingé.
eles fazem sair as velhas. As mulheres na casa do chefe as crianças fazem entrar.

lição 15 • É guerra

Gûarinî e'i t-obaîar-etá îukábo. O obaîara r-u'uba o-î-moîebyr.

Os guerreiros matam muitos inimigos. Fazem voltar as flechas dos seus inimigos.

T-obaîar-etá e'i o-manõmo. Gûarinî n'o-îe-mosykyîé-î. O-î-mokanhem

Muitos inimigos morrem. Os guerreiros não se assustam. Fazem sumir

opá t-obaîara.

todos os inimigos.

Gûarinî posema pitangî o-î-mombak. Kunhã o ok-ype o-îké. Pitangî

Os gritos dos guerreiros acordam o neném. A mulher entra na sua casa. O neném

o-îase'o-po'ir. Kunhã pitangî o-î-monger.

para de chorar. A mulher faz dormir o neném.

Gûarinî o obaîara o-î-moîar, i pysyka. Gûarinî supé t-obaîara

Os guerreiros encurralam seus inimigos, capturando-os. Aos guerreiros os inimigos

nhe-me'engi.

entregam-se.

Gûarinî ybyrapema pupé t-obaîara akanga o-îo-ká mu'amba(ba)-pe.

Os guerreiros com o tacape a cabeça dos inimigos quebram, no lugar do assalto.

Gûarinî e'i o tá-pe o-îeby. O-îe-er-ok.

Os guerreiros voltam para sua aldeia. Tiram-se os nomes.

Amõ abá paranã-me o-îe-îtyk o-'ytapa.

Alguns índios lançam-se no mar para nadar.

Vocabulário

nomes e verbos

atá-u'uba (t-) – flecha incendiária

îe-erok (intr.) – tirar-se o nome, tomar novo nome (Sempre que o guerreiro matava alguém, quebrando-lhe a cabeça, ele tirava seu nome, por medo da vingança da alma do morto.)

ká (-îo-) (trans.) – quebrar

moîar (trans.) – encurralar

moîebyr (trans.) – fazer voltar, devolver

moingé (trans.) – fazer entrar

mokanhem (trans.) – fazer sumir

mombak (trans.) – fazer acordar

monger (trans.) – fazer dormir

mosem (trans.) – fazer sair

mosykyîé (trans.) – assustar

mu'ambaba – lugar de assalto; campo de batalha

nhe-me'eng (intr.) – entregar-se

nhe-mim (intr.) – esconder-se

pîar (-îo-) (trans.) – cercar, sitiar

pitanga – criança

pitangî – neném; criancinha

po'ir (trans.) – parar de; cessar de (com outro verbo incorporado)

posema – grito de guerra

U'ubá-tyba – nome de lugar (lit., *ajuntamento de u'ubá*, cana-ubá, variedade de planta da qual se faziam flechas)

ybyrapema – tacape

283 Verbo irregular IKÉ / EÎKÉ (T-) – *entrar*
Tem dois temas. No indicativo usa-se o primeiro deles:
a-îké – entro; ere-îké – entras; o-îké – entra etc.

Na forma substantiva do verbo e nas outras formas nominais usa-se o tema eîké (t-):
A-î-potar nde *r-eîké*. – Quero que tu entres (lit., *Quero tua entrada*).

Explicação gramatical

Formas verbais propriamente ditas e formas nominais do verbo (Síntese)

284 O verbo tupi tem formas com prefixos número pessoais (formas verbais propriamente ditas) e formas sem prefixos número pessoais (formas nominais).
Ex.:

Formas verbais propriamente ditas
(com prefixos número pessoais)

> O indicativo
> (a-î-kutuk – furo-o
> ere-îké – entras)
>
> O imperativo
> (e-î-kutuk – fura-o!
> e-îké-entra!)
>
> O permissivo
> (t'a-î-kutuk – que o fure
> t'ere-îké – que entres)
>
> O gerúndio dos verbos intransitivos
> (e-îkébo – entrando tu)

Formas nominais
(sem prefixos número pessoais)

> A forma substantiva ou "infinitivo"
> (*kutuka* – furar, ato de furar)
> t-eîké – entrar, entrada)
>
> O gerúndio dos verbos transitivos
> (xe kutuka – furando-me)
>
> O modo indicativo circunstancial
> (xe kutuki – furou-me)

> As formas do verbo com pronomes
> objetivos tônicos
> (**Xe** *kutuk* **Pedro**. – Furou-me Pedro.
> **Asé** *r-erok* amõ abá. –
> Batizam-nos outras pessoas.

Alguns verbos irregulares já estudados (síntese)

285 Quase todos os verbos irregulares em tupi têm dois temas; um é o tema verbal propriamente dito e o outro é o tema nominal. Às vezes eles se alternam no indicativo [ÎUR / UR(A) (T-, T-), *vir*; ÎUB / UB(A) (T-, T-), *estar deitado*; 'I / 'É, *dizer*]. Nas formas nominais, eles são pluriformes, com exceção de 'I / 'É. Apresentaremos, neste livro, os temas nominais dos verbos ditemáticos com o sufixo **-A** se aqueles terminarem em consoante.

São eles:

'i / 'é	– dizer
iké / eîké (t-)	– entrar
ikó / ekó (t-)	– estar (em geral)
in / en(a) (t-)	– estar sentado, estar parado
ityk / eîtyk(a) (t-)	– lançar, jogar
îub / ub(a) (t-, t-)	– estar deitado
îur / ur(a) (t-, t-)	– vir
manõ / e'õ (t-)	– morrer

O verbo ÎAR / AR(A) (T-, T-), *tomar*, será estudado na lição 18.

Compare o emprego de tais verbos na forma substantiva e no modo indicativo circunstancial (que são formas nominais do verbo):

Ere-î-potar xe *r-ura*.	– Queres que eu venha (lit., *Queres minha vinda*).
Korite'ĩ xe *r-uri*.	– Logo eu vim.
A-î-potar nde *r-uba*.	– Quero que tu estejas deitado.
Ko'yr xe *r-ubi*.	– Agora eu estou deitado.
A-î-potar *s-ekó* **s-ok-ype**.	– Quero que ele esteja em sua casa.
O ok-ype *s-ekóû*.	– Em sua própria casa ele está.
Ere-s-epîak oré *r-eîké* **oré r-ok-ype**.	– Vês que entramos em nossa casa (lit., *Vês a entrada de nós em nossa casa*).
Oré r-ok-ype oré *r-eîkéû*.	– Em nossa casa nós entramos.
A-î-kuab Pedro u'uba *r-eîtyka*.	– Sei que Pedro lança flechas.
Kûesé Pedro u'uba *r-eîtyki*.	– Ontem Pedro lançou flechas.

A-î-potar nde *r-e'õ*.   – Quero que tu morras.
Kûesé Pedro *r-e'õû*.   – Ontem Pedro morreu.

A-î-potar aîpó i 'é.   – Quero que ele diga isso.
Kûesé aîpó i 'éû.   – Ontem ele disse isso.

A voz causativa

    Veja estas duas frases:
    a. **Gûarinĩ o-sem o taba suí.**
    O guerreiro saiu de sua aldeia.

    b. **Gûarinĩ o-î-*mo-sem* gûaîbĩ o taba suí.**
    O guerreiro fez a velha sair da sua aldeia.

Como você pode perceber, na frase *b* o sujeito (**gûarinĩ**) faz alguém praticar uma ação, em vez de ele mesmo praticá-la, como na frase *a*. Na frase *b*, o guerreiro fez a velha sair. A velha é o *agente imediato* e o guerreiro é o *agente mediato*. A isso chamamos de *voz causativa*, ou seja, aquela em que alguém causa uma ação ou um processo, mas não os realiza. Quem os realiza é outra pessoa.

286   Em tupi, a voz causativa é formada antepondo-se o prefixo **MO-** a verbos intransitivos, substantivos, adjetivos, partículas etc.

287 Exemplos com verbos

sem – sair   mo-sem – fazer sair (Fig., *Arte*, 81)
îebyr – voltar   mo-îebyr – fazer voltar, devolver (Araújo, *Cat. Líng. Bras.*, 5)

Veja que os verbos **sem** e **îebyr**, intransitivos, tornaram-se transitivos em **mosem** e **moîebyr**, passando, assim, a exigir *objeto*.

288   Todos os verbos que começam com o prefixo **MO-** são transitivos, mas o uso do pronome objetivo de 3ª pessoa -**Î**- não é obrigatório com eles. No tupi de São Vicente ele não era geralmente usado.
Ex.:
Xe 'anga o-*monem* t-ekó-angaîpaba   **Kori é t'*oro-mondó*-ne**
(ou **Xe 'anga o-î-*monem* t-ekó-angaîpaba**).   (ou **Kori é t' *oro-î-mondó*-ne**).
O pecado minha alma fez feder.   Hoje mesmo havemos de fazê-lo ir.
(Anch., *Poemas*, 106)   (Anch., *Teatro*, 32)

Iaguacatiguaçu
(Marc., *Hist. Nat. Bras.*)

lição 15 • É guerra

289 A forma **MBO-** é menos usada que **MO-**. Ocorre, principalmente, antes de monossílabos tônicos e de sílabas tônicas orais.
Ex.:
mbo-ur   – fazer vir
mbo-'é   – ensinar (lit., *fazer dizer*)

290   Exemplos com adjetivos

eté – verdadeiro, honrado, legítimo   *mo-eté* – honrar; louvar (*VLB*, II, 143)
akub – quente   *mo-akub* – esquentar (Anch., *Teatro*, 122)

Eté e akub são adjetivos. Com a anteposição de **MO-** tornam-se verbos transitivos:

Pe-î-*mo-eté* Pa'i Îesu. – Honrai o Senhor Jesus. (Anch., *Teatro*, 54)
(...)Tupã asé 'anga *mo-akubi*. – Deus aquece a alma da gente. (Anch., *Cat. Bras.*, I, 221).

Outro exemplo:
mirĩ – pequeno   *mo-mirĩ* – fazer pequeno:
O-nhe-*mo-mirĩ* Tupã. – Deus fez-se pequeno. (Anch., *Poemas*, 162)

291   Exemplos com substantivos

abaré   – padre   *mo-abaré* – tornar padre, fazer ser padre
                                A-î-mo-abaré Pedro. – Faço Pedro ser padre.
                                (Anch., *Arte*, 48v)

aoba   – roupa   *mo-aob* – fazer ter roupa, vestir
                                A-î-mo-aob Pedro. – Visto Pedro. (Anch., *Arte*, 48v)
                                Ikatupendûara *mo-aoba* – Vestir os nus
                                (Araújo, *Cat. Líng. Bras.*, 18)

endy (t-)   – luz   *mo-endy* – iluminar, acender
                                E-*mo-endy* t-atá. – Acende o fogo. (Léry, *Histoire*, 367)

Transformações fonéticas com MO-

292 MO- é sílaba nasal. Produz nasalização das consoantes **K, T, P** e **S** (v. regra de transformação fonética 6, § 78).
Ex.:
mo- + pak (acordar)   > mo-*mbak* – fazer acordar
mo- + ker (dormir)   > mo-*nger* – fazer dormir
mo- + tykyra (gota)   > mo-*ndykyr* – fazer gotejar, destilar
mo- + só (ir)   > mo-*ndó* – fazer ir

Atenção!

293 Em todo verbo que se inicia com a sílaba **MO**, esse **MO** é prefixo causativo. Assim, não usaremos, de agora em diante, o hífen entre **MO-** e o tema, para simplificar a ortografia.

O verbo 'I / 'É como auxiliar

Na lição 15, vemos o emprego do verbo **'I / 'É**, *dizer*, com um sentido diferente daquele que você viu na lição 14.

T-obaîar-etá *e'i* o-manõmo. – Muitos inimigos morrem (lit., *Muitos inimigos mostram-se morrendo*).
Gûarinĩ *e'i* o taba koty o-gûatábo. – Os guerreiros caminham em direção à aldeia deles (lit., *Os guerreiros mostram-se caminhando em direção à aldeia deles*).

294 O verbo **'I / 'É** com outro verbo no gerúndio não tem o sentido de *dizer*, mas é somente um auxiliar que reforça o sentido do verbo principal que está no gerúndio. Nós o traduziremos por *mostrar-se*, *estar* ou *fazer*.

É semelhante ao inglês em frases como:
　　I **do** speak English. – Eu *falo* inglês.
　　You **do** love Mary. – Tu *amas* Mary.

Combate de franceses e tupinambás
contra um pequeno navio português
na Baía da Guanabara (Staden, *DVB*)

Você percebeu que não se traduziu a forma *do* nesses casos. Ela somente reforça o sentido dos verbos *speak* (falar) e *love* (amar), dando-lhes ênfase: Eu *falo* inglês (e não somente o leio).

295 É interessante observar que, no indo-europeu, língua da qual se originaram o latim e o grego, o mesmo verbo que significa *dizer* também significa *mostrar*:
Ex.:
deik ⎡ – originou, no latim, *dico* – "dizer" (e também *indicare* – "mostrar", "indicar")
　　　⎣ – originou o verbo grego *deiknumi* – "mostrar"

296 Também em guarani antigo, língua irmã do tupi antigo (embora não sejam línguas indo-europeias), o verbo **'I / 'É** significa tanto *dizer* quanto *mostrar-se* ou *fazer*.
Ex.:
Îasy e'i (em guarani antigo). – A lua se mostra (i.e., *faz luar*). (Montoya, *Tesoro*, 185v)
Ro'y e'i (em guarani antigo). – Faz frio. (Montoya, *Vocabulario*, 286)

lição 15 • É guerra

Isso é mais uma evidência do fenômeno que ocorre em tupi antigo.

Assim:
A-'é s-epîaka. (Anch., *Arte*, 56)
Mostro-me vendo-o (ou *estou vendo-o*, com ênfase no ato de ver).
A-'é umã ûi-xóbo. (Anch., *Arte*, 56v)
Já vou (ou *mostro-me já indo*, com ênfase no ato de ir).

297   Com o verbo **'I / 'É** temos a composição **'IKATU / 'EKATU** (*mostrar-se bem,
estar bom* e, por extensão, *poder*). O verbo principal fica sempre no gerúndio.
Ex.:
Pedro e'ikatu o-sóbo. – Pedro pode ir. (Fig., *Arte*, 160)
E'ikatu-pe asé iké bé s-epîaka? – Pode a gente vê-lo aqui também? (Anch., *Cat.
Bras.*, I, 158)
A-'ekatu mba'e monhanga. – Posso fazer as coisas. (Fig., *Arte*, 160)
T'e'ikatu nde kuapa xe r-uba Tupinambá. – Que possa conhecer-te meu pai tupi-
nambá. (Anch., *Poemas*, 114)

O pronome reflexivo em tupi (continuação)

298   O pronome reflexivo "reflete" um termo da oração: penteio-*me*, banhas-*te*, vi
o menino pentear-*se*, entregou-*se*, Maria calou-*se*. Como vimos na lição 11,
em tupi o pronome reflexivo é **-ÎE-** para todas as pessoas. Antes de nasal, pode
assumir a forma nasalizada **-NHE-**.
Ex.:

ityk	*lançar, jogar*	**mim**	*esconder*
a-îe-îtyk	lanço-me	**a-nhe-mim**	escondo-me
ere-îe-îtyk	lanças-te	**ere-nhe-mim**	escondes-te
o-îe-îtyk	lança-se	**o-nhe-mim**	esconde-se
etc.		etc.	

299   Em tupi, o pronome reflexivo tem também, às vezes, como em português, o
valor de possessivo.
Ex.:
îe-aob-ok – tirar-se a roupa. (Marc., *Hist. Nat. Bras.*, 277): **A-îe-aobok**. – Tirei-*me* a
roupa, tirei *minha* roupa.
îe-py-petek – bater-se os pés, sapatear: **A-îe-py-petek**. – Bati-*me* os pés, bati *meus*
pés. (*VLB*, I, 66)
Nd'o-îe-er-ok-i erimba'e. – Não se tirou o nome (não tirou *seu* nome) outrora.
(Anch., *Teatro*, 164)
(Cai, aqui, a oclusiva glotal de **'OK** – *tirar, arrancar* – v. regra de transformação fonética 12, § 180.)

300   Incorpora-se o reflexivo com o objeto principalmente quando este é nome de
parte do corpo, do *vestuário* ou de algo intimamente ligado ao sujeito.

301   Com **-ÎE-** (ou **-NHE-**) pode-se usar **MO-** duas vezes com o mesmo verbo.

Ex.:

mo-nhe-monhang (trans.) – fazer transformar-se, fazer gerar-se: ... **Og ugûy-ramo i** *monhemonhanga*... – Fazendo-o transformar-se em seu próprio sangue... (Araújo, *Cat. Líng. Bras.*, 84v)

mo-nhe-moŷrõ (trans.) – fazer irritar-se, fazer irar-se, fazer indignar-se: **A-î-***monhe--moŷrõ*. – Faço-o irritar-se. (*VLB*, II, 11)

O indefinido OPÁ (*todo, a, os, as, tudo*) e suas particularidades sintáticas

302 O indefinido **OPÁ** (ou **OPAB**) (e seus compostos **OPAKATU, OPABẼ , OPABI--NHẼ, OPABẼNGATU** etc.) – *todo, a, os, as, tudo* –, embora não exprima uma circunstância (tempo, lugar, modo, instrumento etc.), pode levar o verbo para o *modo indicativo circunstancial* se vier como sujeito ou antes do sujeito da oração. Quando é o sujeito da oração, não pode ligar-se diretamente ao verbo. Pode ser substantivo (substituindo o nome) ou adjetivo (qualificando o nome).

Ex.:

O-îuká *opá* **abá.**
Matou todos os homens.
O-î-mondyk *opabẽ* **taba.**
Abrasou todas as aldeias.
O-só *opá* **abá.**
Foram todos os homens.

Opá **abá îukáû.**
Todos os homens matou. (Anch., *Arte*, 54v)
Opabẽ **taba mondyki.**
Todas as aldeias abrasou. (Valente, *Cantigas*, V)
Opá abá *sóû.*
Todos os homens foram. (Anch., *Arte*, 54v)

Opá i îeakypûereroîebyri. – Todos eles voltaram para trás. (Araújo, *Cat. Líng. Bras.*, 1686, 75)

(**Opá** é o sujeito, mas não se liga diretamente ao verbo.)

Exercícios

I Responda em tupi às seguintes perguntas sobre o texto inicial desta lição:

1. Abá-abá-pe taba o-îo-pîar? 2. Mba'e r-esé-pe opakatu i îe-mosykyîéû? 3. Abá-abá-pe e'i o-îasegûabo? 4. Marã-pe aîpó taba r-era? 5. Umã-pe pitangî r-ubi? 6. Mba'e-mba'e-pe t-obaîara o-îtyk oka supé? 7. Abá-abá-pe oka pupé o-nhe-mim? 8. E'i-pe gûarinî o-îe-mosykyîébo? 9. Abá-abá-pe e'i o-kanhema? 10. Mamõ-pe kunhã pitanga moingéû? 11. Mba'e-mba'e-pe pitangî o-î-mombak? 12. Mba'e r-esé-pe pitangî îase'o-po'iri? 13. Mba'e-mba'e-pe gûarinî o-îo-'ok? 14. Mba'e r-esé-pe gûarinî îe-eroki? 15. Mamõ-pe amõ abá îe-îtyki, mu'ambaba suí o îebyr'iré?

II Passe os verbos das orações abaixo para a voz causativa, conforme o modelo. Traduza as frases obtidas.

Mod.:

A-pytá xe tá'-pe. (Fico em minha aldeia.) (**kunhã**)
A-î-mombytá kunhã xe tá'-pe. – Faço a mulher ficar em minha aldeia.

lição 15 • É guerra

1. Ere-ker nde r-ok-ype. (pitangĩ) 2. A-pak ko'ẽ-me. (gûarinĩ) 3. Kûesé oro-îebyr. (gûaîbĩ) 4. T-obaîara o-îase'o. (opakatu) 5. A-sem morubixaba r-oka suí. (kunhã) 6. Îa-îké aîpó taba pupé. (morubixaba) 7. T-obaîara o-kanhem. (abá) 8. Kunhã o-îe-mosykyîé. (pitanga) 9. Gûaîbĩ o-nhe-mim o oka pupé. (kunhataĩ) 10. T-obaîara o-nhe-me'eng gûarinĩ supé. (aîpó abá) 11. Pitanga o-îase'o. (o yke'yra) 12. A-nhe-mim xe r-ok-ype. (gûarinĩ) 13. Gûaîbĩ o-gûapyk t-atá ypype. (kunumĩ) 14. A-gûatá okara r-upi. (abá) 15. Ere-îkó Rerity-pe. (nde sy)

Paru
Peixe da família dos estromateídeos
(Marc., *Hist. Nat. Bras.*)

Vocabulário
nomes e verbos

ko'ema – manhã (ko'ẽme – de manhã)

pak (intr.) – acordar

III Transforme as orações abaixo, utilizando o verbo 'I / 'É como auxiliar com o gerúndio, conforme o modelo. Traduza as frases obtidas.
Mod.:
A-îuká t-obaîara. – Mato o inimigo.
A-'é t-obaîara *îukábo.* – *Mato* o inimigo (enfático). (Ou *mostro-me matando o inimigo.* Não se esqueça! Antes de verbo transitivo, no gerúndio, vem sempre o objeto.)

1. Tupinakyîa kûeî taba o-îo-pîar. 2. T-obaîara opakatu o-î-mosykyîé. 3. Kunhã o membyra o-s-aûsub. 4. A-îase'o. 5. S-oka suí gûaîbî ere-î-mosem. 6. Oré r-ok-ype pitanga oro-î-moingé. 7. Îa-îebyr mu'ambaba suí. 8. A-kanhem xe r-uba irũmo. 9. Karamuru nde r-uba o-s-epîak. 10. Kunhã o-pak. 11. Ybyrapytanga a-s-ekar. 12. Nde nhe'enga a-s-obaîxûar. 13. Gûaîbĩ gûarinĩ o-s-enõî. 14. Gûarinĩ pitangĩ o-î-mombak. 15. U'uba pe-nho-mim. 16. Taîasu ere-s-apek. 17. Kunhã o-îe-mosykyîé. 18. Xe îybá ere-î-xu'u. 19. Paranã a-s-asab. 20. Pitangĩ o-îase'o-ypy. 21. Gûarinĩ o obaîara o-î-moâr. 22. T-obaîara akanga ere-îo-ká. 23. Pe r-obaîara pe-s-aûsubar. 24. Pitangĩ oro-î-monger. 25. Abati a-'u. 26. Araryboîa pindá o-s-ekyî. 27. Kunhataĩ pe-s-eîar. 28. Ere-manõ. 29. Pitanga nhe'enga oro-s-endub. 30. Abá a-î-apiti.

Vocabulário

Karamuru – nome próprio de homem. Significa *lampreia*.

IV   Verta para o tupi:

1. Assusto-me por causa da onça. 2. Caiobi atira-se no rio. 3. Entregou-se ao inimigo. 4. Quebro tua cabeça. Quebras-me o braço. 5. Vi-me no espelho. 6. Furaste a orelha do inimigo. Furei-me a orelha. 7. Tirei-me o nome. 8. Quebrei a cabeça da onça. 9. O moço se torna padre. O índio se torna pajé. 10. Todas as crianças fugiram por causa da entrada do inimigo. 11. Toda mulher sabe o nome dele. 12. Todas as meninas viram a onça. 13. Todos amam o chefe. 14. Todos se assustaram. Todos voltaram. Todos morreram. 15. Comi tudo. Fiz tudo.

Vocabulário

nomes e verbos

criança – pitanga

entrada – eîké (t-)

entregar – me'eng

furar – mombuk

menina – kunhataĩ

orelha – nambi

quebrar – ká (îo)

tirar – 'ok (îo)

tornar padre – moabaré

tornar pajé – mopaîé

outras categorias

também – abé; bé

todo (a, os, as) – v. § 302

tudo – v. § 302

V   Verta para tupi, formando verbos a partir de adjetivos e substantivos dados, conforme o modelo.

Mod.:

ting – branco – Branqueio meu pé: A-î-*moting* xe py.

1. **un (r-, s-)** – preto – Pretejas tua cara. 2. **pirang** – vermelho – Avermelhas tua cabeça. 3. **pereba** – ferida – Firo-me o pé. 4. **atã (r-, s-)** – duro – A terra se endurece. 5. **ro'y** – frio – Esfriamos (incl.) a água. 6. **oryb (r-, s-)** – alegre – Alegrais minha casa. 7. **aoba** – vestimenta, roupa – Vestes aqueles (vis.) índios. 8. **oby (r-, s-)** – azul – O céu azulou-se. 9. **angaturam** – bom – Tornei bom aquele (vis.) menino. 10. **porang** – belo – Quero embelezar esta (vis.) mulher.

Vocabulário

água – 'y

VI   Para praticar o uso dos verbos irregulares de dois temas em tupi, faça conforme o modelo, traduzindo as frases obtidas.

Mod.:

A-îké nde r-ok-ype. (Ere-î-potar)
Entro em tua casa. (Queres)

Ere-î-potar *xe r-eîké* nde r-ok-ype.
Queres que eu entre em tua casa.
Nde r-ok-ype *xe r-eîkéû*.
Em tua casa eu entrei.

lição 15 • É guerra

(Você escreverá duas novas frases: a primeira começará com o verbo entre parênteses e a segunda deverá iniciar-se com o que está em negrito.)

1. T-atá-mirî o-ub **iké**. (A-î-kuab) 2. Ka'ioby o-ín **itá 'ari**. (A-s-epîak) 3. Ere- pindaîtyk **paranã-me**. (A-î-potar) 4. A-îké **nde r-ok-ype**. (Ere-î-potar) 5. Îagûanharõ o-ur **Rerityba suí**. (A-î-kuab) 6. Pedro o-ur **ko'yr**. (A-î-potar) 7. A'e o-îkó **nhû -me**. (A-î-potar) 8. A-îkó **nde tá'-pe**. ('Ybotyra o-î-kuab) 9. Aîpó a-'é **Pedro supé**. (Ere-s-endub) 10. Ka'ioby t-atá-u'uba o-îtyk **ko'yr**. (A-î-potar) 11. Oro-ín **îagûara kûar-ype**. (Kunhã o-î-kuab) 12. Pedro o-ub **itá 'ari**. (Ere-s-epîak) 13. A'e o **ok-ype** o-îké. (A-î-kuab) 14. Pedro o-manõ **ko'yr**. (A-î-potar)

Vocabulário

pindaîtyk / pindaeîtyka (t-) (intr.) – pescar (com linha e anzol): Xe pindá-porang-eté t'o-pindaîtyk-y-ne endébo. – Meu anzol muito eficaz há de pescar para ti. (Anch., *Poemas*, 152)

Apereá (preá)
Roedor da família dos
caviídeos
(Marc., *Hist. Nat. Bras.*)

VII   Traduza:

1. Er-ékatu xe pe'abo Anhanga r-ekó suí. (Valente, *Cantigas*, *apud* Araújo, *Cat. Líng. Bras.*, 1686)
2. Nd'e'ikatu-î abá o-sóbo ybak-ype, Tupã pyri, o-nhe-mongaraíbe'yma[1]. Emonãnamo, 'y pupé asé abá 'apiramõû[2] i mongaraípa, ybak-ype i xó îanondé.[3] (Anch., *Cat. Bras.*, I, 131)
3. – O-î-mbour[4]-ype mba'e-katu amõ erimba'e ybaka suí o boîá-etá supé? – O-î-mbour. – Mba'e-pe o-î-mbour? – Tupã Espírito Santo. (Anch., *Cat. Bras.*, I, 170)
4. Opakatu-pe abá 'angûera[5] r-uri ybaka suí, purgatório suí, anhanga r-atá suí, o e'õmbûera moingobébo-ne? (Anch., *Cat. Bras.*, I, 172)
5. (Sobre o limbo, lugar para onde vão os não batizados): – Umãme-pe a'e putunusu r-ekóû? – Yby apyter[6]-ype. – O-s-epîak-ype Tupã, a'epe o-îkóbo-ne? – Nd'o-s-epîak-i xûé-ne. (Anch., *Cat. Bras.*, I, 176)
6. – Nd'e'ikatu-îpe asé s-erobiá'-po'i? – Nd'e'ikatu-î. (Anch., *Cat. Bras.*, I, 180)
7. Tupana o-îkóbo, nda s-eté-î; nd'e'ikatu-î abá s-epîaka ikó 'ara[7] pupé. (Anch., *Cat. Bras.*, I, 194)
8. – Opakatu-pe asé angaîpaba 'oki asé suí? – Opakatu. (Anch., *Cat. Bras.*, I, 201)
9. Aîpó maír-angaîpaba ybytugûasu[8] o-mour. (Staden, *DVB*, 113)
10. A-'ekatu mba'e monhanga. (Fig., *Arte*, 160)
11. Nd'a-'ekatu-î gûi-xóbo. (Fig., *Arte*, 160)
12. A-'é umã gûi-xóbo. (Fig., *Arte*, 160)
13. Korite'î Pedro r-ur-i. (Fig., *Arte*, 160)

215

14. *Trilogia*
   Paranãgûasu r-asapa
   a-îu, nde r-epîá-potá.
   E-îori, oré r-aûsubá!
   T'e'ikatu nde kuapa
   xe r-uba Tupinambá![9]

15. *A Nossa Senhora*
   Rerityba, xe r-etama,
   i xuí xe r-uri ké.
   "Xe r-apixarî[10] *pabẽ,
   'aretê*[11]*-angaturama
   t'a-s-epîá'-ne!"* ûi-'îabo nhẽ.
   A-rur-etá[12] kó reri,[13]
   i pupé nde poî[14]-potá.
   Pé ku'a[15]-pe, kunumĩ
   pu'am-a'ubi xe ri,
   xe suí i gûabo pá.

16. *Pitangî-porang-eté*
   Anhanga xe moaîu,[16]
   ko'arapukuî[17] xe r-a'anga,[18]
   t-ekó-poxy momoranga,
   xe py'a pobu-pobu.[19]
   Kunumĩ-porang Îesu,
   xe r-aûsu-katu îepé.
   Ta xe momotar-eté
   nde r-obá-porã'-ngatu. (...)
   Nde moangaturam[20]-eté
   pa'i Tupã, *Virgem Maria.*
   Îori anhanga mondyîa[21]
   ta xe momoxy umẽ.
   Xe r-arõ-ngatu îepé,
   nde py'a pupé xe mima.
   Nde poropotare'yma[22]
   t'o-îakatu[23] xe r-esé. (...)
   Tupã sy-ramo ere-îkó,
   i pitangî mokambûabo.[24]
   E-îori xe poî-katûabo:

nde membyr-amo t'a-îkó.
(...) Oré 'anga i poreaûsu,
pecado monhang'iré.
Îori s-ekyîa taûîé
i py[25] suí serubu.[26]
Oro-aûsu-potá-katu,
oro-îe-me'enga endébo.
Nde t'ere-î-me'eng orébo
nde memby-poranga, *Îesu.*

17. *Rerityba, xe r-etama*
   Xe Parati 'y suí
   a-îu, rainha r-epîaka,
   xe akanga moîegûaka,[27]
   i moesãîûama[28] ri. (...)
   I porang, erimba'e,
   Mia'y,[29] xe r-etãmbûera.
   Xe Îetu'u[30] r-a'yrûera,
   a-nhe-monhang i pupé.
   Akûeîme,[31] rakó,[32] pirá
   a-s-ekyî-marangatu:
   ku'uka,[33] gûarapuku,[34]
   kamuri, gûatukupá.[35]
   Xe pindá-porang-eté
   t'o-pindaîtyk-y-ne endébo,
   kunapu[36] r-ekyî-etébo,
   gûaraobanhan-eté.[37] (...)
   Xe Gûaraparî suí
   rainha r-epîaka a-îu.
   Xe r-oryb-eté-katu
   'ar-angaturama ri.
   Akûeîme, ere-s-apekó
   oré r-etama, s-aûsupa.
   A'epe, missa r-endupa
   'aretê-reme ere-só.
   Akûeîme, a-pytá memẽ
   nde pyri, ybytyr-apûá-pe.[38]

   Dança (...)

lição 15 • É guerra

T'o-pytá pa'i Îesu
nde irũmo bé xe nhy'ã-me.
T'a-s-epîá'-ne, pe r-etã-me,
pe r-obá-porã-ngatu. (...)
E-robak oré koty
nde r-esá-poraûsubara,
t'o-só-pá xe mara'ara[39]
kûepe xe 'anga suí.
T'oro-aûsu-katu gûi-tekóbo

xe r-ekobé îakatu.[40]
Xe îekyî-me,[41] t'ere-îu
ybaté[42] xe r-erasóbo.(...)
A-î-momba'eté nde r-oka,
i pupé gûi-poraseîa.
E-îori xe 'anga r-eîa,
i motinga,[43] i poxy[44] 'oka.
(Anch., Poemas)

Cucuri
Cação-frango, peixe da família
dos galeorrinídeos
(Marc., Hist. Nat. Bras.)

Vocabulário

1. **mongaraíb** – tornar santo; +batizar
2. **'apiramõ** – molhar; molhar a cabeça de
3. **îanondé** – antes de
4. **mbour** – fazer vir
5. **'angûera** – alma (fora do corpo)
6. **apytera** – meio, centro (de coisa esférica)
7. **'ara** – mundo
8. **ybytugûasu** – ventania
9. **Tupinambá** – nome de grupo indígena
10. **apixara** – o colega, o próximo, o semelhante
11. **'areté** – dia muito bom, +feriado
12. **a-rur-etá** – trouxe em grande número
13. **reri** – ostra
14. **poî (-îo-)** – alimentar
15. **ku'a** – meio, metade
16. **moaîu** – importunar
17. **ko'arapukuî** – sempre, o dia todo
18. **a'ang (s)** – tentar
19. **pobu-pobur** – ficar a revirar; perturbar
20. **moangaturam** – fazer bondoso, tornar bondoso
21. **mondyî** – espantar
22. **poropotare'yma** – o não desejar de gente, a pureza

23. **îakatu** – igualar-se, ser igual
24. **mokambu** – amamentar (mo- + kamby + 'u)
25. **py** – interior, parte de dentro
26. **serubu** – maldade; o diabo
27. **moîegûak** – enfeitar
28. **moesãî** – alegrar
29. **Mya'y** – nome de uma aldeia indígena: Miaí
30. **Îetu'u** – nome de aldeia: Jetuú
31. **akûeîme** – antigamente
32. **rakó** – eis que, na verdade
33. **ku'uka** – nome de peixe: garoupa
34. **gûarapuku** – nome de peixe: cavala
35. **gûatukupá** – nome de peixe: corvina
36. **kunapu** – nome de peixe: mero
37. **gûaraobanhana** – nome de peixe: olho-de-boi
38. **apûá (t-)** – ponta, extremidade, pico
39. **mara'ara** – doença
40. **îakatu** – por todo, a, os, as
41. **îekyî** – morrer
42. **ybaté (adv.)** – para o alto, para as alturas
43. **moting** – branquear
44. **poxy** – maldade, ruindade

O tupi em nossa toponímia

1. Explique o nome da vila cearense de **Ubajara**.
2. Sabendo que **akanga**, em tupi, significa cabeça, procure dar o significado do topônimo **Jacareacanga**, nome de localidade do Pará.
3. Tendo visto na lição 15 o verbo **iké**, dê a etimologia do topônimo **Piraquê** (curso d'água do estado do Rio de Janeiro) e do nome da vila cearense de **Uruquê**.

Leitura complementar

De como estes selvagens fazem guerra uns contra os outros

(...) Estes selvagens da América vivem em pé de guerra com seus vizinhos. (...) Como não conhecem outra maneira de apaziguar suas querelas, batem-se com bravura e sem tréguas. O número dos combatentes sobe, às vezes, a seis mil, a dez mil, ou até mesmo a doze mil homens, quando lutam aldeias contra aldeias. Mas os índios também se matam uns aos outros, quando se encontram casualmente. O mesmo costume prevalece entre peruanos e canibais.

Antes de empreenderem alguma grande empresa, seja de guerra ou outra qualquer, os silvícolas primeiramente reúnem-se em assembleias conduzidas pelos anciãos, nas quais não tomam parte as mulheres e as crianças. Nelas, os índios procedem com urbanidade e discrição. Sucedem-se os oradores uns após os outros: todos são atentamente escutados. Terminada a arenga, cada orador passa a palavra ao seguinte, e assim por diante. Os ouvintes ficam todos sentados no chão, exceto alguns poucos que, em virtude de algum privilégio proveniente de sua linhagem ou seja lá do que for, se conservam sentados em suas redes.

(...) Um estranho costume dos americanos é o de jamais acertarem entre si qualquer trégua ou acordo. Nisto não se assemelham a outras nações, mesmo em se tratando das mais cruéis e bárbaras, quais sejam as dos turcos, mouros e árabes. (...)

Eles empregam certos ardis de guerra para surpreender os inimigos. Alguns são semelhantes aos que também se usam alhures. E como a inimizade entre as tribos americanas é profunda e perpétua, os índios defrontam-se frequentemente, lutando entre si o mais furiosamente que podem. Em vista disso, tanto os de um lado quanto os de outro são obrigados a fortificar suas aldeias com pessoal e armas.

Reúnem-se os índios em grande número para seus ataques de surpresa, preferindo empreendê-los à noite. Em contrapartida, também tomam suas providências para que os inimigos não os surpreendam. Fincam, ao redor de seus abrigos, numa distância de um arremesso de arco, uma infinidade de agudíssimas cavilhas de

lição 15 • É guerra

madeira, de tal maneira que quase não se podem ver suas pontas que saem do chão (...). Seu objetivo é ferir os pés dos selvagens, sempre nus, como o resto do corpo. Com isso, frustram a surpresa do assalto e os atacantes acabam por ser mortos ou aprisionados.

Os selvagens prestam grandes honras àqueles que saem de sua aldeia para atacar os inimigos dentro de seu próprio território. Se eles, porventura, conseguem voltar, trazendo muitos prisioneiros, maiores ainda serão as festas e honrarias que lhes serão dispensadas, passando a ser tratados como reis ou grão-senhores, especialmente os que fizeram maior número de vítimas.

André Thevet, *As Singularidades da França Antártica*, pp. 123-124.

16 · I îuká-pyr-ama

"O prisioneiro, cuja morte anseiam,
Sentado está.
O prisioneiro, que outro sol no ocaso
Jamais verá!"
Gonçalves Dias

Aldeia do chefe Cunhambebe (Staden, *DVB*)

Marana o-pab umã. O-manõba'e-pûera mu'ambá-pe o-ub.
A guerra já acabou. Os que morreram jazem no lugar do assalto.
Gûarinĩ mu'amagûera o-î-pysyk. O-î-pysykyba'e-pûera s-oryb.
Os guerreiros apanharam prisioneiros. Os que os apanharam estão contentes.
Gûarinĩ abá o-gû-erur o tá-pe-ne.
Os guerreiros trarão os homens para sua aldeia.

(Um guerreiro diz:)

"– A-(e)ro-îebyr kó t-obaîara xe tá-pe" e'i. **"– A-(e)ro-îké**
"– *Volto com este inimigo para minha aldeia*", diz. "– *Farei entrar comigo*
kó t-obaîara xe tá-pe-ne" e'i. **"– A-(e)r-ekó kó t-obaîara-ne"** e'i.
este inimigo em minha aldeia", diz. "-*Farei estar comigo este inimigo*", diz.

A'e r-eroŷrõmo, gûarinĩ mu'amagûera r-erasóû. Korite'ĩ i gûasemi.
Detestando aquele, o guerreiro leva o prisioneiro. Logo eles chegam.
O-uryba'e mu'amagûera r-esé o-ma'ẽ o-ína.
Os que vêm estão olhando para o prisioneiro.

(Um índio diz para um dos prisioneiros:)

"– Morubixaba t-emirekó o-gû-erur ndebe. Nde r-emirekó-ramo s-ekóû-ne", e'i.
"– O chefe trouxe uma esposa para ti. Como tua esposa ela estará", diz.
"– A-(e)ro-ker kó mu'ambagûera-ne", e'i. *kunhãmuku.* *"– T-embi-'u a-rur*
"– Farei dormir comigo este prisioneiro", diz a moça. *"– Trarei comida*
i xupé-ne" e'i. *"-Xe r-ok-ype kó abá a-(e)ro-îké-ne"*, e'i.
para ele", diz. *"– Em minha casa farei entrar comigo este homem"*, diz.
O-manõba'e-rama e'i taba pupé o-îkóbo. O-nhe-mongyrá o-îkóbo aîpó tá-pe.
O que morrerá mora na aldeia. Está engordando naquela aldeia.
Mu'ambagûera o-îkó morubixaba T-atamirĩ s-eryba'e r-oka pupé.
O prisioneiro mora na casa do chefe, o que tem nome Tatamirim.
Mu'ambagûera n'o-îase'o-î: *"– Na abaeté ruã o-îase'oba'e"*, e'i.
O prisioneiro não chora: *"– Não é um homem honrado aquele que chora"*, diz.

Vocabulário

nomes e verbos

abaeté – homem honrado, homem livre

emirekó (t-) – esposa, mulher

erasó (trans.) – fazer ir (consigo), levar

erekó (trans.) – fazer estar (consigo), ter

eroîebyr (trans.) – fazer voltar (consigo), devolver

eroîké (trans.) – fazer entrar (consigo)

eroker (trans.) – fazer dormir (consigo)

eroŷrõ (trans.) – detestar

erur (trans.) – fazer vir (consigo), trazer

i îuká-pyr-ama – o que será morto

marana – guerra, batalha

mu'amagûera ou mu'ambagûera – prisioneiro de guerra

nhe-mongyrá (intr.) – tornar-se gordo, engordar

pab (intr.) – acabar, terminar

outras categorias

-ramo (posp.) – como, na condição de

Caapeba
Planta trepadeira da família das menispermáceas
(Marc., *Hist. Nat. Bras.*)

Explicação gramatical

Os nomes derivados com -BA'E

303 Acrescentando-se o sufixo **-BA'E** a um verbo na 3ª pessoa do indicativo ou a um adjetivo predicativo na 3ª pessoa, obtemos um nome derivado com o valor de uma oração subordinada relativa (i.e., que se traduz em português com ... *que...*, *... o que...*).

Ex.:

O-só.	– Vai.
O-*soba'e*	– o que vai (Anch., *Arte*, 30v)
Kunhataĩ o-s-aûsub.	– Ama a menina.
kunhataĩ o-s-aûsuby*ba'e*	– o que ama a menina
O-mendar	– Casa-se.
o-mendary*ba'e*	– o que se casa (Araújo, *Cat. Líng. Bras.*, 94v)
I aob.	– Ele tem roupa. [lit., *Ele (está) enroupado.*]
i ao*ba'e*	– o que tem roupa [lit., *o que (está) enroupado*]
S-er.	– Ele tem nome.
Gûaîxará s-ery*ba'e*	– o que tem nome Guaixará.
	[lit., *O que é nomeado Guaixará*] (Anch., *Teatro*, 6)
O-porabyky domingo pupé.	– Trabalha no domingo.
(...) Domingo pupé	– o que trabalha no domingo
o-porabyky*ba'e* (...)	(Araújo, *Cat. Líng. Bras.*, 68)
A'e o-îuká.	– Ele o mata.
o-îuka*ba'e*	– o que o mata (Anch., *Arte*, 30v)
O-gû-erasó og ok-ype.	– Leva-o para sua casa.
Og ok-ype o-gû-eraso*ba'e*	– o que o leva para sua casa (Araújo, *Cat. Líng. Bras.*, 72v)

Observe nas orações acima que

304 O complemento vem sempre antes do nome com **-BA'E**.

Outros exemplos:

(...) *kunhã* o-î-momosem*ba'e* (...) – os que perseguem mulheres (Anch., *Teatro*, 36)

(...) *mosanga* o-'u*ba'e* (...) – o que bebe remédio (Anch., *Diál. Fé*, 209)

Você também deve ter observado que

lição 16 • I îuká-pyr-ama

305 O derivado com **-BA'E** é um autêntico substantivo e pode receber as formas de tempo nominal que o substantivo recebe.

Ex.:

o-pyt*aba'epûera*	– o que ficou (Araújo, *Cat. Líng. Bras.*, 134)
o-sob*a'erama*	– o que irá (Araújo, *Cat. Líng. Bras.*, 84v)

306 Os derivados com **-BA'E** formam sua negativa com **-E'YM**.

Ex.:

(...) O-pá-ba'e-ram-e'*ym-a*	– o que não acabará (Anch., *Cat. Bras.*, I, 142)
(...) s-er-e'*ym*-ba'e	– o que não tem nome, o não batizado (Anch., *Cat. Bras.*, II, 89)
(...) o-î-kuab-e'*ym*-ba'e	– o que não o conhece (Bettendorff, *Compêndio*, 103)

Regra de transformação fonética 4 (complementação do § 56)

307 Entre **B**, **P** e **M** (bilabiais) de temas verbais e nominais e os sufixos começados por **-B** ou **-P** pode inserir-se o **-Y-** entre as consoantes, ou a consoante final do tema pode cair.

Ex.:

o-s-aûsub-y-ba'e ou o-s-aûsu-ba'e	o que ama
o-î-kuab-y-ba'e ou o-î-kuá-ba'e	o que conhece

A voz causativo-comitativa

Podemos dizer em tupi: **A-î-mosem kunhataî**. – *Faço sair a menina*. Entendemos aqui que a menina saiu sozinha e eu não saí com ela. Se dissermos, porém: **A-ro-sem kunhataî** – *Faço sair comigo a menina* – deixamos claro que o sujeito causou a ação e participou dela. Assim:

A-î-mo-nger xe r-a'yra.	– Fiz dormir meu filho.
A-ro-ker xe r-a'yra.	– Fiz dormir comigo meu filho (ou *Dormi com meu filho*). (Anch., *Arte*, 48v)
A-mo-manõ t-ekokatu.	– Faço morrer a virtude.
A-ro-manõ t-ekokatu.	– Faço morrer comigo a virtude (ou *Morro com virtude*). (Anch., *Arte*, 49)

308 Quando o sujeito participa da ação do objeto, usamos o prefixo **ERO-**, que indica a *voz causativo-comitativa* (*causativa* porque o sujeito causa a ação do objeto e *comitativa* porque participa dela).

Constrói-se assim:

309 O prefixo causativo-comitativo **ERO-** perde a vogal inicial **E-** depois dos prefixos número-pessoais **A-** e **ÎA-**. Depois dos prefixos **ERE-** e **PE-** ela é absorvida. Depois de **O-** e **ORO-** aparece frequentemente **-Û-**, que os textos antigos assinalam com **-GÛ-** (v. regra de transformação fonética 2; v. § 48).

Ex.:

A-roker aoba.	Durmo com roupa. (Anch., *Arte*, 48v)
Ere-roker aoba.	Dormes com roupa.
O-eroker (ou *o-gûeroker*) aoba.	Dorme com roupa.
Oro-eroker (ou *oro-gûeroker*) aoba.	Dormimos (excl.) com roupa.
Îa-roker aoba.	Dormimos (incl.) com roupa.
Pe-roker aoba.	Dormis com roupa.
O-eroker (ou *o-gûeroker*) aoba.	Dormem com roupa.

310 Os verbos que têm o prefixo **ERO-** nunca recebem pronome objetivo -**Î**-, -**S**- ou -**ÎO**-.

311 Na forma substantiva e nas outras formas nominais do verbo (modo indicativo circunstancial, gerúndio, formas com pronomes objetivos tônicos), os verbos em **ERO-** são pluriformes. Assim, nas formas nominais do verbo aparecem os prefixos **R-** ou **S-**.

Ex.:

A-î-potar <u>nde</u> <u>xe</u> <u>*r-erokera*</u>. – Quero que tu me faças dormir contigo.
      suj. obj. infin. na
                forma relacionada

A-î-kuá-katu Tupã (...) nde *r-erekokatu*. – Bem sei que Deus te tem consigo. (D'Abbeville, *Histoire*, 350)

Com o modo indicativo circunstancial temos:

Mamõ-pe gûá Îandé Îara *r-erosyki*? – Aonde chegaram com Nosso Senhor? (Araújo, *Cat. Líng. Bras.*, 1686, 89)

Com o gerúndio temos:

Îa-ro'a t-atá pupé, *s-erokaîa*. – Caiamos com ele no fogo para queimar conosco. (Anch., *Teatro*, 164)

Com os pronomes objetivos tônicos:

Na xe *r-eroŷrõ-î* îepé. – Não me detestas tu. (Anch., *Poemas*, 96)
N'asé *r-eroki* bé-pe amõ abá (...)? – Não nos batizam também outras pessoas? (Araújo, *Cat. Líng. Bras.*, 82)
A'e aé ipó xe *r-erekó*. – Ele mesmo me guarda (i.e., *tem-me consigo*). (Araújo, *Cat. Líng. Bras.*, 25v)

Mais uma regra de transformação fonética

Regra 16

312 As consoantes **B** e **R** podem nasalizar-se, tornando-se **M** e **N**, respectivamen-te, se depois delas vier uma vogal oral seguida por uma vogal nasal, separadas

ou não por consoante. É o que se chama *nasalização à esquerda*, pois o fonema que produz a nasalização vem depois de **B** ou **R**.
Ex.:
erosem ou **enosem** – fazer sair consigo
eroín ou **enoín** – fazer estar sentado consigo
ebonã ou **emonã** – assim, desse modo

313   Algumas irregularidades

Alguns verbos têm formas irregulares na voz causativo-comitativa:

ikó / ekó (t-) – estar   **er-ekó** (recebe somente **er-**) – ter, fazer estar consigo
îur / ur(a) (t-, t-) – vir   **er-ur** – trazer, fazer vir consigo
îub / ub(a) (t-, t-) – estar deitado   **er-ub** – fazer estar deitado consigo
só – ir   **era-só** (recebe **era-**) – levar, fazer ir consigo

Observações importantes

314   Os adjuntos adverbiais de modo que levem a preposição *com* em português, que não têm, então, o sentido de companhia (p. ex., *ele morreu com sua crença, ele veio correndo com seu tacape, ele dormiu com roupa*), traduzem-se, em tupi, não com **irũnamo** ou **esé (r-, s)**, mas com o verbo na voz causativo-comitativa.
Ex.:
S-erobîara bé-pe asé o-gû-eromanõ-ne? – A gente morrerá com sua crença também? (Araújo, *Cat. Líng. Bras.*, 51)
O-ur ygapema r-enonhana. – Veio correndo com seu tacape (ou *Veio, fazendo correr consigo seu tacape*). (Anch., *Poesias*, 620, adapt.)

315   Certos verbos que levam **ERO-** ou **ENO-** não podem mais ser desprendidos desse prefixo, pois não se conhece mais o sentido original do tema verbal. Outros têm um sentido especial com tal prefixo.
Ex.:
A-*robîar* Tupã-T-uba. – Creio em Deus Pai. (Araújo, *Cat. Líng. Bras.*, 14v)
(...) Îandé r-ekó o-gû-*eroŷrõ*... – Detestam nossa lei. (Anch., *Teatro*, 16)

Capivara
Mamífero da família dos hidroquerídeos
(Marc., *Hist. Nat. Bras.*)

316 Nunca usaremos, neste curso, hífen entre o prefixo **ERO-** (ou suas outras formas **ER-**, **ERA-** etc.) e o tema do verbo por ser isso desnecessário para identificá-lo.

O verbo IKÓ (*estar*) com a posposição -(R)AMO (*como, na condição de*)

317 Em tupi não existe um verbo que corresponda ao verbo *ser* do português. O verbo **IKÓ** (*estar*), com termo regido pela posposição átona **-RAMO** (*como, na condição de*) corresponde, aproximadamente, ao sentido do verbo *ser* do português.

Ex.:

Ixé t-ub-*amo a-îkó*-ne. — Eu serei pai dele (lit., *Eu como pai dele estarei*). (Fig., *Arte*, 121)

Xe sy-*ramo*-ngatu *t'o-îkó* (...) — Que seja minha mãe, de fato. (Anch., *Poemas*, 86)

318 Com temas terminados em consoante, usa-se a forma **-AMO**. Com temas terminados em vogal, usa-se **-RAMO**. Após nasal, **-NAMO** (v. regra de transformação fonética 11, § 147).

Outros exemplos:

Pitangî-*namo ere-îkó*. És uma criancinha. (Anch., *Poemas*, 100)

Nde manhan-*amo t'o-îkó*-ne! Há de ser teu espião! (Anch., *Teatro*, 32)

Exercícios

(Se você quiser procurar um verbo que esteja na voz causativo-comitativa nos vocabulários deste livro, lembre-se de que ele aparecerá sempre na sua *forma temática*, precedida pelo prefixo **ERO-**. Lembre-se de que ele perde o **E-** inicial diante de **A-**, **ERE-**, **ÎA-**, e **PE-**. Assim, se você quiser saber o significado do verbo da frase *A-rasó pitanga*, procure o verbo na forma *erasó*, com **E-** inicial.)

I Responda em tupi às seguintes perguntas sobre o texto inicial desta lição:

1. Umã-pe o-manõba'epûera r-ubi? 2. Abá-abá-pe gûarinî o-î-pysyk? 3. Mamõ-pe gûarinî mu'amagûera r-erasóû? 4. Abá-pe o-gû-eroŷrõ t-obaîara? 5. Marãnamo-pe morubixaba kunhãmuku r-eruri? 6. Abá-pe o-gûeroker mu'amagûera-ne? 7. Umã-pe o-manõba'erama r-ekóû? 8. Mba'e-rama r-esé-pe mu'amagûera nhe-mongyráû-ne? (Use o modo permissivo na resposta. Diga: *Engordará para que os índios o comam.*) 9. Mba'e r-esé-pe aîpó mu'amagûera îase'o-e'ymi?

II Conjugue no modo indicativo os verbos abaixo, em todas as pessoas. Traduza as frases obtidas.

pitanga erogûatá — fazer andar consigo a criança (Ex., *A-rogûatá pitanga, ere-rogûatá pitanga* etc.)

kunhã erogûeîyb — fazer descer consigo a mulher
t-embi-'u erasó — fazer ir consigo (i.e., *levar*) a comida
abá erur — fazer vir consigo (i.e., *trazer*) o índio
peró enosem — fazer sair consigo (i.e., *retirar*) o português

III   Para praticar o emprego dos deverbais em **-BA'E**, converta as orações abaixo, conforme o modelo, traduzindo-as:

Mod.:
Abá o-manõ. – O índio morre. (passado: use **-pûer**)
O-manõba'epûera abá. – O que morreu foi o índio.
O-manõe'ymba'epûera abá. – O que não morreu foi o índio.

1. Marana o-pab. (futuro: use **-ram**) 2. Gûarinĩ t-obaîara o-î-pysyk. (irreal: use **-rambûer**) 3. Mu'ambagûera o-îebyr. (passado) 4. T-obaîara o-gûasem. (futuro) 5. Morubixaba o-pytá. (irreal) 6. T-atá-mirĩ o-îase'o. (passado) 7. Abá o-nhemongyrá. (futuro) 8. T-emirekó t-embi-'u o-gû-erur. (passado) 9. Kunhataĩ o-sem. (futuro) 10. Kunumĩ o-gûatá. (irreal) 11. Xe r-era Pindobusu. (presente) 12. Nde ma'enduar xe r-esé. (presente).

Abacatuaia
Peixe da família dos carangídeos, também conhecido como *peixe-galo-do-brasil*
(Marc., *Hist. Nat. Bras.*)

IV   Para praticar o uso dos deverbais com **-BA'E**, verta para o tupi as seguintes frases:

1. O que veio é índio.
2. O que morrerá é teu companheiro.
3. O que chegaria (por terra) seria Pindobuçu.
4. O que traz comida é teu pai.
5. O que falou a Tatamirim é o padre.
6. O que caminhará pela mata será o chefe.
7. O que tem nome Pindobuçu és tu.
8. O que acabou foi a guerra.
9. Vi o que chegou (por terra).
10. O que dorme não conhece o prisioneiro.
11. Não vi o que entrou na aldeia.
12. Não conheço o que fez entrar consigo o menino.
13. Comeremos (excl.) o que engordará.
14. Não conheço o que detesta o chefe.

Vocabulário

nomes e verbos

acabar – pab

chegar (por terra) – gûasem

detestar – eroŷrõ

engordar – nhe-mongyrá

entrar – iké / eîké (t-)

fazer entrar consigo – eroîké

guerra – marana

prisioneiro – mu'ambagûera

trazer – erur

V   Para praticar o emprego dos prefixos **MO-** (causativo) e **ERO-** (causativo-comitativo), transforme as orações abaixo conforme o modelo, traduzindo as frases obtidas.

Mod.:

Ere-îabab. – Foges. (kunumî)

Ere-î-moîabab kunumî. – Fazes fugir o menino.

Ere-roîabab kunumî. – Fazes fugir contigo o menino.

1. Ere-gûasem. (kunhataî) 2. Pedro xe r-ok-ype o-só. (kunhã) 3. Mu'ambaba suí oro-îebyr. (t-obaîara) 4. Okar-ype îa-pytá. (abaré) 5. Îagûara kûar-ype ere-îké. (kunhã) 6. Pedro peasaba suí o-sem. (maíra) 7. Kunhã ybytyra suí o-gûeîyb. (sygûasu) 8. Morubixaba o-gûatá. (gûarinî) 9. Ybyrá-pûera 'ari ere-ker. (peró) 10. Pedro akûeîpe o-îkó. (kunumî)

Vocabulário

sygûasu – veado

VI   Para praticar o uso da forma substantiva do verbo nas diferentes vozes verbais (ativa, causativa e causativo-comitativa), transforme as orações abaixo conforme o modelo, traduzindo as frases obtidas:

Mod.:

Ere-îabab ko'yr. – Foges agora. (a-î-potar)

A-î-potar nde *îababa* **ko'yr.** – Quero que tu fujas agora.

Ere-roker pitanga. – Fazes dormir contigo a criança. (a-î-kuab)

A-î-kuab nde pitanga *r-erokera*. – Sei que tu fazes dormir contigo a criança.

1. Ixé mu'ambagûera a-rogûeîyb ybytyra suí. (ere-î-potar)
2. Pedro o ok-ype mu'ambagûera o-gûerasó.(oro-î-kuab)
3. Oré t-obaîara oro-gûeroîké tá'-pe. (Pedro o-î-potar)
4. Pedro gûaîbî o-î-moingé korite'î. (a-î-kuab)
5. T-obaîara o-nhe-mongyrá iké. (a-s-epîak)
6. Morubixaba t-obaîara o-gû-erub o ok-ype. (a-î-kuab)
7. Ixé t-embi'u a-rasó t-obaîara supé. (ere-s-epîak)

lição 16 • I îuká-pyr-ama

8. Oré oro-gûeroîebyr kunumĩ ko'yr. (Maria o-î-kuab)
9. Morubixaba a-roŷrõ erimba'e. (ere-î-kuab)
10. Pinda'yba a-rekó xe pó-pe. (ere-s-epîak)

Vocabulário

verbos

erogûeîyb – (trans.) fazer descer consigo, descer com

erub (trans.) – fazer estar deitado consigo, estar deitado com

outras categorias

erimba'e – antigamente, outrora

VII   Reescreva as frases da série anterior, pondo os verbos no modo indicativo circunstancial, conforme o modelo. Comece pelo adjunto adverbial ou complemento circunstancial.
Mod.:
1. Ybytyra suí *ixé mu'ambagûera r-erogûeîybi*.

2. O ok-ype... 3. Tá'-pe... 4. Korite'ĩ... 5. Iké... 6. O ok-ype...
7. T-obaîara supé... 8. Ko'yr... 9. Erimba'e... 10. Xe pó-pe...

VIII   Para praticar o uso do gerúndio com verbos na voz causativo-comitativa, faça conforme o modelo, traduzindo as frases obtidas.
Mod.:
A-rasó t-obaîara. – Faço ir comigo o inimigo.   A-îur t-obaîara *r-erasóbo*. – Vim para fazer ir comigo o inimigo.

1. A-rur abá. **A-só**... 2. Mu'amagûera ere-roîebyr. **Ere-îur**... . Kó t-obaîara a-roîké. **A-îur**... 4. Kunhãmuku mu'amagûera o-gû-eroker. **Kunhãmuku o-ur**... 5. Kunhataĩ o-gû-erur t-embi'u. **Kunhataĩ o-só**... 6. Mu'amagûera a-rekó xe tá'-pe. **A-só**... 7. Ere-rasó mu'amagûera nde r-ok-ype. **Ere-îur**... 8. Morubixaba mu'amagûera o-gûeroîebyr. **Morubixaba o-só**... 9. Kunhataĩ mu'amagûera o-gû-erekó. **Kunhataĩ o-só**...

IX   Para praticar o uso dos verbos na voz causativo-comitativa com os pronomes pessoais objetivos tônicos e com substantivos na função de objeto, substitua o termo grifado pelos que estão entre parênteses, conforme o modelo. Traduza as frases criadas.
Mod.:
1. **Kunhã pitanga o-gûeroker**. (xe); (nde); (o sy); (og uba); (pe); (oré)
Kunhã xe r-eroker. – A mulher me faz dormir consigo.

2. **Morubixaba kunhã o-gûeroŷrõ**. (xe); (pe); (xe r-a'yra); (nde); (mu'amagûera);
3. **Mu'amagûera kunhãmuku o-gûerur**. (xe); (kunhataĩ); (îandé); (pitanga); (pe)
4. **Kunumĩ o sy o-gûerekó**. (nde); (kunhataĩ); (og uba); (xe); (oré)

X Traduza:

1. A-robîar Tupã-T-uba, opakatu mba'e tetiruã monhanga e'ikatuba'e, ybaka yby abé monhangara. A-robîar Îesu Cristo abé, T-a'yra oîepé-ba'e,[1] asé Îara. (...) A-robîar T-ub-amo s-ekó. A-robîar T-a'yr-amo s-ekó. A-robîar Espírito Santo-ramo s-ekó. (...) (Araújo, *Cat. Líng. Bras.*, 1686, 3-4)
2. Opakatu-pe abá 'angûera r-uri ybaka suí, purgatório suí, Anhanga r-atá[2] suí ogû eté-pûera moingobébo-ne? (...) I porã'-ngatu-pe i angaturam-ba'e r-eté-ne? (Araújo, *Cat. Líng. Bras.*, 1686, 61)
3. – Abá-pe cristãos-angaturama r-ubixab[3]-amo s-ekóû? – Jesus Cristo. – O-îkobé-pe amõ abá, ikó 'ara pupé, s-ekobîar[4]-amo? – O-îkobé: abarégûasu[5] *Papa* s-eryba'e. (...) – Abá-pe Santa Igreja r-erekoar[6]-amo s-ekóû? – Tupã Espírito Santo. – (...) S-erobîara[7]-pe bé asé o-gûeromanõ[8]-ne? -A'e abé. (Anch., *Cat. Bras.*, I, 179-180)
4. – Asé r-arõan[9]-amo-te-pe karaí-bebé r-ekóû? – Asé r-arõan-amo. (...) – Mba'e-rama r-esé-pe Tupã i me'engi asébe? – Asé sumarã suí asé r-arõa(ba)[9]-ûama r-esé. – Mba'e-mba'e suí-pe asé r-arõû? – Anhanga suí, t-ekó-angaîpaba[10] suí, mba'e-aíba suí bé. (Araújo, *Cat. Líng. Bras.*, 1686, 18)
5. – Mba'e-pe asé o-gû-eroŷrõ ra'e[11]-ne? – Anhanga, s-ekó-angaîpaba abé. T-ekó-angaîpaba pupé o-îkóbo, Anhanga r-emiaûsub-amo asé r-ekóû (...). (Anch., *Cat. Bras.*, I, 203-204)
6. (Cristo disse:) "*T'o-îkó xe r-eté i 'anga r-emi'u-ramo.*" (Anch., *Cat. Bras.*, I, 215)
7. (Aquele que se casa deve desejar o seguinte:) "*– Ta xe r-a'yr, Tupã r-ekó r-upi o-îkó-ba'e-rama, ybak-ype o só-rama r-esé.*" (Anch., *Cat. Bras.*, I, 227)
8. – O-îkó-pe abaré asé r-ub-amo? – O-îkó. (Anch., *Cat. Bras.*, I, 224)
9. A-romanõ xe angaturama. (Fig., *Arte*, 92)
10. Ixé t-ub-amo aîkó-ne. (Fig., *Arte*, 121)

11. *Conversa de diabos* (Anchieta, *Teatro, 136-150*)

Diabo 3
– Koromõ[12]
ké-ygûara,[13] temiminõ[14]
moaûîébo, a-s-apekó-ne.
Diabo 1
– Aã! Nd'ere-îtyk-i[15] xó-ne.
I porã-ngatu s-ekó.
Nde r-eroŷrõ, nde mombó[16]-ne.
O-s-aûsu kó Tupã sy,
i membyra r-erobîá.
Nd'e'ikatu-î nde r-apîá.
O-nhe-mote'õ'a[17] moxy,[18]
Nde monhegûasẽ[19]-motá.[20]
(...)
Diabo 3
– E-nhambé![21]
T'o-u-te, muru, ranhẽ.[22]

o nharõ[23] r-erobasema.[24]
S-akypûera[25] r-upi é,
îa-só kó taba monema[26]
moropotara pupé.
Diabo 1
– To, ahẽ![27]
Abá-pe ké s-obasẽ,[28]
kûybõ[29] o-ma'ẽ-nhemima[30]?
Diabo 3
– Moroupîarûera[31] a'e. (...)

– Xe ikó[32] a-îkó nde supa.
A-îu nde momorandupa[33]
xe porapiti[34] r-esé.
Paranãgûasu r-asapa,
ybytyr-ybo[35] gûi-bebébo,
a-só tupi moangaîpapa,[36]
a'e ré, muru mombapa,[37]
xe r-atá-pe s-eroîkébo.
(...)

lição 16 • I îuká-pyr-ama

Diabo 4
A'ebé,[38] kori, abá
xe îusan[39]-yme i mbo'a[40]-ne,
pecado monhang-uká[41]-ne,
s-e'õ ré, s-eîtyka pá
xe r-atá-pe, s-ero'á[42]-ne.

Diabo 2
– Nde apysy'[43]-katu-pipó,[44]
oré nhe'enga r-endupa?
Diabo 1
– Xe apysy'-katu gûi-t-upa.

Diabo 2
– Pene'î, rõ,[45] t'îa-só
ké îa-gûapyka îa-kupa.
Pe-ru(r) apykaba[46] amõ;
mbegûé[47] îa-îo-mongetá[48]
t'o-nh-andu umẽ abá.
(...)
Diabo 3
– Abaré nd'o-gûerobîar-i,
putuna r-upi o-kagûabo,[49]
Tupana r-aûsu-pe'a-bo.
Kunhã ri i nhe-momotari,[50]
"A-î-potá-te mã"[51] o-'îabo.

Vocabulário

1. t-a'yra oîepé-ba'e – o que é filho único dele
2. Anhanga r-atá – fogo do diabo, +inferno
3. ubixaba (t) – chefe
4. ekobîara (t-) – substituto
5. abaregûasu – bispo; provincial de ordem religiosa
6. erekoara (t-) – guardião
7. erobîara (t-) – crença
8. eromanõ – fazer morrer consigo, morrer com
9. arõ (s-) – guardar, donde **arõana** (t-) – guardião e **arõaba** (t-) – tempo, lugar, modo, instrumento etc., de guardar; guarda, proteção
10. ekó-angaîpaba (t-) – pecado, mau proceder, lei pecaminosa
11. ra'e – na verdade, de fato
12. koromõ – logo, em breve
13. ké-ygûara – os habitantes daqui, os daqui
14. temiminõ – nome de grupo indígena, _temiminó_
15. ityk / eîtyk(a) (t-) – vencer, derrotar
16. mombo(r) – fazer pular (fora), expulsar
17. mote'õ'ar – desfalecer, desmaiar; estar sem interesse
18. moxy – maldito
19. monhegûasem – afugentar
20. motar – forma nasalizada de **potar** – querer
21. (nh)ambé – esperar (só usado no imper.)
22. ranhẽ – primeiro
23. nharõ – raiva, ferocidade
24. erobasem (trans.) – fazer chegar consigo, chegar com
25. akypûera (t-) – pegada, rastro
26. monem (trans.) – fazer feder
27. To, ahẽ – ah, upa (interj.)
28. obasem (r-, s-) – aparecer, dar a cara
29. kûybõ – para cá
30. nhemim (adv.) – escondido, às escondidas
31. Moroûpiarûera – nome próprio (lit., _antigo adversário das pessoas_)
32. ikó – eis que
33. momorandub – avisar, informar
34. porapiti – matança de gente
35. ybytyr-ybo – pelas montanhas, pelos montes
36. moangaîpab (trans.) – fazer pecar
37. mombab (trans.) – destruir
38. a'ebé – logo, então. Leva os verbos que o seguem para o gerúndio.
39. îusana – laço
40. mbo'a(r) – o mesmo que **mo'a(r)** – fazer cair (**mo-**, pref. caus. + **'ar** – cair)
41. uka(r) – obrigar, mandar
42. ero'ar – fazer cair consigo, cair com
43. apysyk (xe) – ficar satisfeito, fartar-se, consolar-se
44. pipó? – porventura?
45. rõ – pois
46. apykaba – assento, cadeira
47. mbegûé – devagar; baixo (tratando-se de fala, de conversa)
48. îo-mongetá – conversar um com o outro
49. ka'u – beber cauim
50. nhe-momotar (intr.) – atrair-se
51. -te mã – ah! oh!

O tupi em nossa toponímia

A posposição -PE nos topônimos de origem tupi

Muitos nomes de lugares no Brasil trazem consigo a posposição átona **-PE** do tupi (*em, para*), que se sonoriza, às vezes, em **-BE**. Para conhecer alguns desses topônimos, relacione as colunas abaixo:

1. Sergipe
2. Iguape
3. Jaguaribe
4. Capibaribe
5. Jacuípe
6. Itaípe
7. Inhambupe
8. Piragibe

( ) no rio das pedras
( ) no rio dos peixes
( ) no rio dos siris
( ) no rio dos inhambus
( ) na enseada do rio
( ) no rio das capivaras
( ) no rio das onças
( ) no rio dos jacus

Cuieté
Árvore bignoniácea que dá cuias, cabaças ou cuietés, também conhecida como *cabaceiro* (Marc., *Hist. Nat. Bras.*)

Leitura complementar

O tratamento dado aos prisioneiros

Se fazem prisioneiros, amarram-nos e levam-nos em triunfo para suas aldeias, onde as mulheres e, principalmente, as velhas, os recebem com imensa alegria, batendo com a mão na boca e dando gritos de satisfação. Se entre os prisioneiros há velhos, comem-nos antes que emagreçam; quanto aos jovens, libertam-nos e os alimentam muito bem para que engordem; e dão-lhes suas filhas e irmãs por mulheres.(...)

Embora lhes seja possível fugir, à vista da liberdade de que gozam, nunca o fazem, apesar de saberem que serão mortos e comidos dentro em pouco. E isso porque, se um prisioneiro fugisse, seria tido em sua terra por cuave eim, *isto é, "poltrão", "covarde", e morto pelos seus entre mil censuras por não ter sofrido a tortura e a morte junto dos inimigos, como se os de sua nação não fossem suficientemente poderosos e valentes para vingá-lo.*

Embora os índios tratem bem seus prisioneiros e lhes deem por mulheres suas filhas e irmãs, as quais os tratam como maridos e cuidam de sua casa e roças, e

lição 16 • I îuká-pyr-ama

tenbam deles filhos a que amam ternamente, matam os mais gordos quando lhes dá na cabeça, por ocasião de qualquer festividade ou cauim. (...)

Claude d'Abbeville, *História da Missão dos Padres Capuchinhos na Ilha do Maranhão e Terras Circunvizinhas*, pp. 230-231.

Os prisioneiros e as mulheres que lhes dão

(...) Dão a cada um por mulher a mais formosa moça que há na sua casa, com quem se ele agasalha todas as vezes que quer, a qual moça tem cuidado de o servir e de lhe dar o necessário para comer e beber, com o que cevam cada hora e lhe fazem muitos regalos. E se esta moça emprenha[1] do que está preso, como acontece muitas vezes, como pare[2] cria a criança até idade que se pode comer, que a oferece para isso ao parente mais chegado, que lho agradece muito, o qual lhe quebra a cabeça em terreiro, (...) onde toma o nome; e como a criança é morta, a comem assada com grande festa, e a mãe é a primeira que come dessa carne, o que tem por grande honra.

Gabriel Soares de Sousa, *Tratado Descritivo do Brasil em 1587*, p. 325.

---

1. **emprenha** – engravida; 2. **como pare** – quando pare, quando dá à luz

17 · Fazendo cauim

> "Este gentio é muito amigo do vinho, o qual faz de todos os seus legumes... Mas o seu vinho principal é de uma raiz a que chama aipim."
>
> Gabriel Soares de Sousa, *Tratado Descritivo do Brasil em 1587*

Fabricação do cauim (De Bry)

(Um português conversa com Tatamirim, o morubixaba:)

— **Abá-abá-pe kûeî kunhã?**
— Quem são aquelas mulheres?
— **Kaûî aposara.**
— As fazedoras de cauim.
— **Marã-neme-pe kûeî kunhã kaûî apóû?**
— Por ocasião de que aquelas mulheres fazem cauim?
— **Pitanga 'ar-eme, maran-y îanondé, maran'iré,**
— Por ocasião do nascer de uma criança, antes das guerras, após as guerras,
oré amõ t-obaîara îuká-reme, kunumî r-embé mombuka îabi'õ.
quando nós matamos algum inimigo, a cada furar de lábios dos meninos.

234

lição 17 • Fazendo cauim

– Marãngatu-pe kunhã kaûî apóû?
– De que maneira as mulheres fazem cauim?
– Akaîu kytĩana unguá pupé o-î-sosok. O pó pupé
– A cortadora de cajus com o batedor soca-os. Com suas mãos
konipó tepiti pupé, a'e t-y amĩû.
ou com a prensa, ela espreme o caldo.
A'e riré, ygasaba pupé kunhãmuku t-ypûera moíni.
Após isso, dentro de uma talha a moça põe o caldo (extraído).
– A'e-pe aîpĩ abé kaûî-namo kunhãmuku i apóû?
– E as moças fazem cauim de aipim também?
– Pá. Kunhãmuku aîpĩ o-î-xu'u-su'u. Ygasaba o-îo-s-eî,
– Sim. As moças mastigam o aipim. Lavam a talha,
t-ypûera r-esé i mopó. I mopor'iré, i pupé i nomuni.
enchendo-a com o caldo. Após enchê-la, dentro dela elas cospem.
– Abá-abá-pe kûeî kunhã, t-ypûera mopupusara?
– Quem são aquelas mulheres, as que fervem o caldo (extraído)?
– Morubixaba r-emirekó. Akaîu sosokara Ka'ioby sy.
– As esposas do cacique. A socadora de cajus é a mãe de Caiobi.
Pysaré t-obaîara îukasarama poraseî, o-nhe'engá.
A noite toda, os futuros matadores dos inimigos dançam, cantando.
Abá ko'yr o-ka'u o-ína. Kaûî me'engara kunhãmuku-poranga.
Os homens estão bebendo cauim agora. As que dão cauim são as moças bonitas.
Abá ka'u pukuî i karue'ymi.
Durante o beber de cauim dos homens, eles não comem.
– E'ikatu-pe kunhã o-kagûabo?
– Podem as mulheres beber cauim?
– Aan. Kagûara apyaba nhõte. A'e aso'îaba akangatara bé-no o-î-mondeb.
– Não. Os bebedores de cauim são só os homens. Eles vestem mantos e cocares.
O ka'u abé, opakatu i xabeypori.
Logo após beberem eles o cauim,
   todos eles embebedam-se.

Acangatara
Canitar, cocar, usado pelos tubixabas
nas festas de danças; cobria a cabeça
até as orelhas
(C. Cardoso)

Vocabulário

nomes e verbos

aîpĩ – aipim

akangatara – cocar

apŷaba – homem, varão; índio

'ar (intr.) – nascer

aso'îaba – manto de penas

embé (t-) – beiço inferior, lábio inferior

ka'u (intr.) – beber cauim (kauĩ + 'u). O gerúndio é kagûabo (v. § 223).

kaûĩ – cauim; +vinho

moín (trans.) – pôr, colocar

mombuk (trans.) – furar

mondeb (trans.) – pôr, enfiar, vestir. Ex.: **A-î-aó'-mondeb.** – Vesti a roupa nele. (*VLB*, II,144)

mopor (trans.) – encher

mopupur (trans.) – ferver

nomun (intr.) – cuspir

poraseî (intr.) – dançar

sabeypor (intr.) – embebedar-se

sosok (trans.) – socar, pilar, bater (muitas vezes)

su'u-su'u (trans.) – mastigar

tepiti – prensa para retirar o sumo das plantas; espremedor

unguá – socador, batedor de pilão

y (t-, t-) – sumo, caldo, líquido; rio

ygasaba – talha de fazer cauim

outras categorias

abé – v. § 341

îanondé – v. § 338

îabi'õ – v. § 342

marã-neme? – por ocasião de quê? em que ocasiões? quando? a que horas?

marãngatu? – como? de que maneira?

pukuî – v. § 340

pysaré – a noite toda, toda a noite

Americima
Pequeno lagarto da família dos teídeos
(Marc., *Hist. Nat. Bras.*)

Atenção!

319 Verbo irregular EÎ (-ÎO-S-) – *lavar*

É pluriforme, mas leva antes do -S- também -ÎO- (pronome objetivo de 3ª pessoa com verbos monossilábicos). Recebe, assim, dois pronomes objetivos incorporados no indicativo. Ex.: **A-îo-s-eî** (*lavo-o*), **ere-îo-s-eî**, **o-îo-s-eî** etc. Nas formas nominais do verbo, comporta-se como um pluriforme comum:

... **og ugûy pupé xe r-eî**. – ... com seu sangue me lavou. (Anch., *Teatro*, 172)
E-îori xe 'anga r-eîa. – Vem para lavar minha alma. (Anch., *Poemas*, 170)

236

lição 17 • Fazendo cauim

Veja a diferença:

320   'Y (*rio, água*) pode assumir, também, a forma **Y** (**T-, T-**):
      t-y-eté – *rio verdadeiro*; **t-y-îuka** – *rio podre*

Também existia a forma **ÎY** (principalmente no Nordeste do Brasil): **potĩ îy** – *rio dos camarões*; **pirá îy** – *rio dos peixes*; **akuti îy** – *rio das cotias*.
Y (**T-, T-**) significa também *líquido, sumo* etc. Enquanto está na fruta, dizemos **t-y** (*o sumo*). Depois que a fruta foi espremida, dizemos **t-ypûera** (*o sumo extraído, o caldo*).

Explicação gramatical

Os nomes derivados com -(S)AR(A)

321   O sufixo **-(S)AR(A)** forma substantivos derivados que têm quase o mesmo sentido que os derivados em **-BA'E**. Em **-(S)AR(A)**, o **-A** final também é um sufixo. Apresentamo-lo nessa forma por razões didáticas.
      Ex.:
      o-îukaba'e   – o que mata (o prefixo **O-** manteve-se)
      îukasara   – o matador (o prefixo **O-** caiu, neste caso)

322   Os derivados com **-(S)AR(A)** não levam o prefixo número pessoal **O-**, de 3ª pessoa, que os deverbais em **-BA'E** recebem.
      Ex.:
      O-î-pysyk.   – Segura-o, prende-o.
      pysyk*ara*   – o prendedor, o que segura

      O-î-kutuk.   – Fura-o, espeta-o.
      kutuk*ara*   – o furador, o que espeta

323   A forma **-SAR(A)** é usada sempre com verbos de temas terminados em **A** e, às vezes, com verbos de temas terminados com outras vogais. A forma **-AR(A)** é usada com verbos de temas terminados em consoante ou em vogal, exceto **A**.
      Ex.:
      monhang*ara*   – o fazedor, o criador
      îukas*ara* (nunca "îukaara")   – o matador
      t-eîke*ara* ou **t-eîkes*ara*** – o que entra

324   O sufixo **-(S)AR(A)** geralmente é usado quando se quer dar a ideia de *hábito, profissão, continuidade*. É bem traduzido em português pelos substantivos derivados terminados em **OR** ou **DOR**. Os derivados com **-(S)AR(A)** recebem as formas **-PÛER(A)**, **-RAM(A)**, **-RAMBÛER(A)**, que expressam o tempo nominal.
      Ex.:
      o-îukaba'e   – o que mata (ocasionalmente)
      îukasara   – o matador (por profissão, por hábito, continuamente)

pindá o-î-monhangyba'pûera — o que fez anzóis (por uma vez ou ocasionalmente)
pindá monhangarûera — o fazedor de anzóis (que os fez sempre, por profissão)

325 O sufixo -(S)AR(A) é usado, preferencialmente, com os verbos transitivos e -BA'E com os intransitivos, mas tal regra não é absoluta.
Ex.:
(...) ybak-ype o-*soba'*erama... ou (...) ybak-ype *soa*rama...
...os que irão para o céu ...os que irão para o céu
(Araújo, *Cat. Líng. Bras.*, 84v) (Araújo, *Cat. Líng. Bras.*, 31v)

326 O complemento nominal do derivado com -(S)AR(A) (que corresponde ao objeto do verbo do qual ele se origina) deve vir sempre antes dele. O mesmo ocorre com relação aos derivados em -BA'E. Os nomes derivados com -(S)AR(A) de verbos pluriformes levam os prefixos R- ou S-.
Ex.:
yby *sosokara* — o que soca terra (i.e., o que faz paredes de barro) (*VLB*, II, 123)
(...) îandé r-ekobé *me'engara* — o doador de nossa vida (Anch., *Poemas*, 90)
(...) t-ekokatu *potasara* (...) — a que deseja a virtude (Valente, *Cantigas*, V)
(...) îandé 'anga *îukasara* (...) — o matador de nossa alma (Anch., *Poemas*, 90)
nde *r-aûsupara* — a que te ama (Valente, *Cantigas*, III, IV)
(...) s-*aûsupara* (...) — os que os amam (Anch., *Teatro*, 52)
...Tupã r-*epîakar*-etá... — os muitos que veem a Deus (Araújo, *Cat. Líng. Bras.*, 134)
...îandé *r-ekasara*... — os que nos procuram (Léry, *Histoire*, 9)

Observe, agora, em que outros aspectos -(S)AR(A) diferencia-se de -BA'E:

327 Quando o objeto é de 1ª ou 2ª pessoas (**XE, NDE, ORÉ, ÎANDÉ, PE**) usa-se sempre o sufixo -(S)AR(A), em vez de -BA'E.
Ex.:
(...) nde *îukasar*-ûera (...) — os que te mataram (Anch., *Teatro*, 122)
(...) xe *îubykar*-ûera (...) — meu antigo enforcador (Anch., *Teatro*, 62)

Transformações fonéticas com -(S)AR(A)

328 Com verbos terminados em nasais, -(S)AR(A) pode mudar-se em -AN(A). Contudo, pode manter-se o **S** mesmo diante de nasais (exceção à regra 6, segundo a qual o **S** se torna **ND** diante de nasal, na sufixação – v. §78).
Ex.:
kytĩ kytĩ*sara* (ou kytĩ*ana*) — o cortador
pysyrõ pysyrõ*sara* (ou **pysyrõ***ana*) — o salvador

329 **M** e **N** assumem as formas **MB** e **ND** antes de -(S)AR(A). (V. a introdução deste livro.)

Ex.:
tym + -ara	> tymbara	– o que enterra, o enterrador
mosem + -ara	> mosembara	– o que faz sair
nhan + -ara	> nhandara	– o que corre, o corredor
suban + -ara	> subandara	– o que suga, o sugador

330 B torna-se P diante de -(S)AR(A).
Ex.:
kuab + -ara	> kuapara	– o que sabe, o sabedor
mooryb + -ara	> moorypara	– o que alegra, o alegrador

331 R cai antes de -(S)AR(A).
Ex.:
potar + -sara	> potasara	– o que quer

Conforme o que você já viu na regra de transformação fonética 14 (§223):

332 As vogais I, U e Y tornam-se Î, Û e Ŷ antes de -AR(A). A vogal O torna-se Û se tiver antes de si uma vogal ou uma oclusiva glotal.
Ex.:
'u + -ara	> 'ûara (ou gûara)	– o comedor
so'o + -ara	> so'ûara (ou sogûara)	– o que convida

Anhinga
Ave pelicaniforme da
família dos anhingídeos
(Marc., *Hist. Nat. Bras.*)

Mais uma regra de transformação fonética

Regra 17
333 Entre um Î final de um tema e um A acentuado de um sufixo, insere-se -T-, que pode nasalizar-se em -ND- após um fonema nasal.
Ex.:
kaî + -ara	> kaîtara	– o queimador, o incendiador
poî + -ara	> poîtara	– o alimentador
enõî + -ara	> enõîndara	– o que chama, o convocador

334 As orações subordinadas do português em tupi

Em tupi existem poucas espécies de orações subordinadas. Na maior parte dos casos, o que é verbo na oração subordinada do português torna-se, em tupi, um substantivo. A oração subordinada passa a fazer parte da oração principal.

Em português, dizemos:	Em tupi, isso equivaleria a dizer:
Quando ele veio, saí.	Ao vir dele, saí. Por ocasião da vinda dele, saí.
Desejo que tu saias.	Desejo teu sair. Desejo tua saída.
A onça que prendo é grande.	A onça, a minha presa, é grande.
O homem que come pão é teu tio.	O homem, o comedor de pão, é teu tio.
É bom que tu venhas.	É bom teu vir. É boa tua vinda.
Sou eu quem fala.	O falador sou eu.
Eu voltei porque ele morreu.	Eu voltei por causa da morte dele.
Falarei depois de ele chegar.	Falarei após a chegada dele.
Falei antes que ele chegasse.	Falei antes da chegada dele.
Falei enquanto ele vinha.	Falei durante a vinda dele.

Nos exemplos dados acima, à direita, o verbo converteu-se num autêntico substantivo: *Desejo teu sair* (*tua saída*), *é bom teu vir* (*tua vinda*) etc., i.e., o que é uma oração subordinada em português, tendo um verbo por base (ou seja, o que é um *sintagma verbal*), verte-se, muitas vezes, em tupi, por uma construção que tem por base um substantivo, ou seja, torna-se um *sintagma nominal*. Deixa de existir a oração subordinada, que passa a ser parte da oração principal. Assim:

Desejo <u>que tu venhas</u>.
      oração subordinada
    substantiva objetiva direta

– Em tupi isso equivale a dizer:

Desejo <u>tua vinda</u>.
     obj. dir.
(parte integrante da oração cujo verbo é *desejar*)

335 As orações subordinadas adverbiais temporais em tupi

Na lição 17, aparecem construções que, em português, corresponderiam, no seu sentido, a orações subordinadas adverbiais temporais. Em tupi, elas são somente *adjuntos adverbiais de tempo*:

Kunhã o-î-apó kaûî pitanga 'ar-eme.
As mulheres fazem cauim quando nasce uma criança.
(Lit., *As mulheres fazem cauim <u>por ocasião do nascimento de uma criança</u>*.)

Como você vê, o período português *as mulheres fazem cauim quando nasce uma criança*, que é composto e tem duas orações centradas nos verbos *fazer* e *nascer*, verte-se, em tupi, por um período simples, com um verbo só, uma vez que o outro verbo, *nascer*, converteu-se num *substantivo* e passou a fazer parte da outra oração (que, em português, seria a principal). Outros exemplos, com diferentes posposições, que dão a ideia de tempo:

336   com -(R)EME – *por ocasião de, quando*
Ex.:
Nde r-ory-pe abá nde abyky-*reme*?

lição 17 • Fazendo cauim

Tu te alegras quando um homem te apalpa (i.e., *por ocasião de apalpar-te um homem*)? (Araújo, *Cat. Líng. Bras.*, 234)

337   com -(R)IRÉ (ou ainda ROÎRÉ e RÉ) – *após, depois de*

Ex.:
São Lourenço îuká *ré*, t'o-kaî nde r-atá pupé.
Após matarem a São Lourenço, que queimem em teu fogo. (Anch., *Teatro*, 60)
O ekó moasy *riré*, abá sóû îe-mombegûabo.
Após arrependerem-se de seu proceder, os índios vão confessar-se. (Anch., *Teatro*, 38)
(Lit., *Após o arrependimento de seu proceder...*)
Xe só *roîré*, t'ere-só.
Após minha ida, hás de ir. (Fig., *Arte*, 125)

Você já viu na lição 11 as transformações fonéticas que acontecem com **(R)IRÉ E -(R)EME** (§201).

338   com E'YMEBÉ ou ÎANONDÉ – *antes de*

Ex.:
Îa-s-epenhan (...) i apysyk' *e'ymebé*. – Atacamo-los antes que se consolem. (Anch., *Teatro*, 66)
O-poraseî pysaré (...) t-atá-pe o só *îanondé*. – Dançaram a noite toda, antes de irem para o fogo. (Anch., *Teatro*, 14)

339   ÎANONDÉ é usada quando a ação ou o processo realizam-se, depois, necessariamente. Já **E'YMEBÉ** indica que eles podem realizar-se ou não. **E'YMEBÉ** e **ÎANONDÉ** fazem cair o sufixo **-A. ÎANONDÉ** provoca aparecimento de **-Y-** entre si e o tema nominal ou verbal (v. regra de transformação fonética 18, §344).
Ex.:
I kuab'*e'ymebé*, îa-só muru r-erasóbo.
Antes que ela o saiba, vamos para levar os malditos. (Anch., *Teatro*, 130)
(I.e., ela poderá ficar sabendo ou não...)
I kuab-y *îanondé*, îa-só muru r-erasóbo.
Antes que ela o saiba, vamos para levar os malditos.
(I.e., ela ficará sabendo necessariamente...)

340   com REMEBÉ ou PUKUÎ – *durante, no decorrer de, enquanto*

Ex.:
Nd'e'ikatu-î s-esé o-mendá mimbá'-pe s-erekó *pukuî*. – Não pode com ela casar-se enquanto a mantiver em esconderijo. (Araújo, *Cat. Líng. Bras.*, 128v)
O sy r-ygé-pe s-ekó *remebé*, Tupã i mongaraíbi. – Durante a estada dele no ventre de sua mãe, Deus o santificou. (Araújo, *Cat. Líng. Bras.*, 6)

341   com UPIBÉ (R-, S-), ou ABÉ (ou BÉ) – *logo após, logo que, logo depois de, assim que*

ABÉ e BÉ também significam *desde*; UPIBÉ (R-, S-) deriva de UPI (R-, S-) (v. §193).
Ex.:
(...) **o-sóbo** *bé* (...) – tão logo indo ele. (Anch., *Arte*, 45v)
S-er-enduba *r-upibé* (...), xe nhe-mimi. – Logo que ouço o nome dela, eu me escondo. (Anch., *Teatro*, 126)
Nde r-era r-enduba *abé*, anhanga ryryî o-kûapa. – Tão logo ao ouvir teu nome, o diabo está tremendo. (Anch., *Poesias*, 211)
Xe só *abé*, t-uri. – Tão logo indo eu, ele veio. (Anch., *Arte*, 46)

342   com ÎABI'Õ – *a cada, por ocasião de cada, cada vez que*

Ex.:
(...) **s-esé o ma'enduara** *îabi'õ* – a cada lembrança dela (ou *cada vez que se lembra dela*) (Araújo, *Cat. Líng. Bras.*, 71v)
– **Mba'e-mba'e-reme-pe** asé nhemombe'uû-ne?... – T-e'õ suí o nheangu *îabi'õ*-ne. – Em que ocasiões a gente se confessará? – Cada vez que tiver medo da morte. (Araújo, *Cat. Líng. Bras.*, 91)

Um pote, um maracá e uma panela de barro (Staden, *DVB*)

A construção MONHANG + -(R)AMO ou APÓ + -(R)AMO

343   Para traduzir *fazer de, feito de, transformar em* (ex.: Ele <u>faz</u> pão <u>de</u> mandioca, esta roupa <u>é feita de</u> lã, ele <u>transforma</u> a pedra <u>em</u> faca), usamos o verbo **MONHANG** (ou **APÓ**) com a posposição -(R)AMO (após nasal, -(N)AMO).
Ex.:
A-î-monhang itá pindá-*ramo*. – Faço anzol de ferro (lit., *Transformo o ferro em anzol*.) (Anch., *Arte*, 43v)
So'o r-agûera aob-*amo* îa-î-*monhang*. – Fazemos roupa de lã. (lit., *A lã em roupa transformamos*.) (VLB, I, 136)
Mba'e-pe erimba'e o-î-monhang 'ar-*amo*? – De que fez o mundo? (lit., *Que transformou em mundo outrora?*) (Anch., *Cat. Bras.*, I, 159)

Anchieta empregou, no seguinte exemplo, em vez do verbo **MONHANG**, o verbo **APÓ**:

Emonãnamo-pe Tupã îandé r-ub-ypy arukanga nhẽ *apóû* s-emirekó-*ramo*? – Portanto, Deus da costela de nosso pai primeiro (i.e., Adão) fez sua esposa? (lit., *Portanto, Deus transformou a costela de nosso pai primeiro em sua esposa?*) (Anch., *Cat. Bras.*, I, 228)

lição 17 • Fazendo cauim

Mais uma regra de transformação fonética

Regra 18

344 Se um Î aparecer depois do sufixo -A, no início do segundo termo de uma composição ou no início de uma posposição, o sufixo -A pode ser substituído por -Y.

Ex.:

nhe'enga + îara > nhe'eng-y-îara – senhor da fala, o que domina o idioma (epíteto dado pelos índios a Anchieta; in Viotti, 1980)

Marã-pe s-erekóû i tym-y îanondé? – Que fizeram com ele antes de o enterrarem? (Anch., *Diál. Fé*, 192)

Exercícios

I   Responda em tupi às seguintes perguntas sobre o texto inicial desta lição:

1. Mba'e-pe kunhã o-î-apó o-îkóbo? 2. Mba'e pupé-pe kunhã akaîu sosoki? 3. Marãngatu-pe kunhã t-y amîû? 4. Mamõ-pe kunhã t-ypûera moíni? 5. Abá-pe akaîu sosokara? 6. Abá-abá-pe pysaré o-poraseî, t-obaîara îuká îanondé? 7. O-karu-pe abá o ka'u pukuî? 8. E'ikatu-pe pitanga o-kagûabo? 9. Mba'e-mba'e-pe abá o-î-mondeb o ka'u îanondé? 10. Abá-abá-pe kaûî o-î-me'eng abá supé?

Vocabulário

marãngatu? – como, de que maneira?

mba'e pupé? – com quê?

II   Para praticar o uso dos derivados em **-(S)AR(A)**, faça conforme o modelo. Traduza as frases obtidas.

Mod.:

Kunhã kaûî o-î-apó. (A mulher faz cauim.)

Kaûî aposara kunhã. – A fazedora de cauim é a mulher.

1. T-obaîara ere-îuká. 2. Abá kunhã o-s-aûsub. 3. Akaîu ere-î-kytî. 4. Kunhã akaîu o-îo-sok. 5. Kunhãmuku maíra o-s-aûsubar. 6. Kunhãmuku aîpî o-î-xu'u-su'u. 7. Mamõygûara kunhãmuku o-s-eîar. 8. Kunhã t-y-pûera o-î-mopupur. 9. Abá aîpî o-'u. 10. Oré irũ oro-s-epîak. 11. Ixé oro-kutuk. 12. Endé abaré nhe'enga ere-s-obaîxûar. 13. Kunumî r-embé a-î-mombuk. 14. Kurupira kunumîgûasu o-s-epenhan. 15. Ygasaba ere-î-mopor. 16. Ixé îagûara nhe'enga a-s-endub. 17. Aoba a-î-monhang. 18. Kunhãmuku kaûî o-î-me'eng. 19. Endé ybyrapytanga ere-s-ekar. 20. Kunhã o-t-y-amî.

III Para praticar o uso das posposições **(R)IRÉ, ÎANONDÉ** e **-(R)EME**, faça conforme o modelo, traduzindo as frases obtidas, literalmente e também segundo a forma mais comum em português.

243

Mod.:

A-nhe'engar. – Cantei. – **A-só**. – Fui.

Xe só riré a-nhe'engar. – Cantei depois que fui. (i.e, *Após minha ida, cantei.*)

Xe só îanondé a-nhe'engar. – Cantei antes de ir. (i.e., *Antes de minha ida, cantei.*)

Xe só-reme a-nhe'engar. – Cantei quando fui. (i.e., *Por ocasião de minha ida, cantei.*)

1. A-poraseî. Mandubi a-'u. 2. A-ker. Ere-gûasem. 3. Ere-'ytab. Oro-karu. 4. O-gûatá. A-karu. 5. Pindá a-î-monhang. Ere-îebyr. 6. Oro-karu. Morubixaba oro-îo-sub. 7. A-îebyr. Xe r-emiaûsuba ere-s-epîak. 8. A-îase'o. Îuatî pupé pe-îe-kutuk. 9. Kunhãmuku o-kanhem. Kunumîgûasu o-nhe'engar. 10. Kunumîgûasu s-oryb. Kunhãmuku o-gûasem.

IV   Para praticar a construção **MONHANG (APÓ) + -(R)AMO** em tupi, verta as frases abaixo:

1. De caju aquela (vis.) mulher fez cauim. 2. Deus fez o homem do barro. 3. De algodão Potira fez estas (vis.) roupas bonitas para ti. 4. Da madeira dura eu fiz este (vis.) arco. 5. Deus fez o mundo do nada. 6. De que maneira Potira faz roupas de algodão? 7. Como a mulher faz cauim de aipim? 8. De que tipo de algodão Potira faz roupa?

Vocabulário

nomes e verbos

algodão – amynyîu

atravessar – asab (s)

barro – nhau'uma

espremer – amî

homem (i.e., o ser humano) – abá

madeira – ybyrá

mundo – 'ara

Potira – 'Ybotyra

outras categorias

nada – na mba'e ruã

V   Traduza:

1. – Abá-pe erimba'e Tupã o-î-monhang-ypy[1] yby por[2]-amo? – Asé r-ub-ypy-rama. – Mba'e-pe o-î-monhang s-eté-ramo? – Yby anhẽ .(...) – Mba'e-pe Tupã o-î--monhang asé r-ub-ypy r-emirekó r-eté-ramo? – I arukanga[3] nhẽ. – Marã s-ekó-reme-pe[4] i monhangi? – I ker-eme. – Marã-pe îandé r-ub-ypy r-era? – Adão. – Marã-pe s-emirekó r-era? – Eva. – Marã e'i-pe Tupã îandé r-ub-ypy supé s-eko-monhanga?[5] – E-'u ymẽ ikó 'ybá,[6] e'i. (Anch., *Cat. Bras.*, I, 161-162)

2. – S-etá-pe erimba'e s-erobîasara? – S-etá. (Anch., *Cat. Bras.*, I, 165)

3. – Abá-pe erimba'e ikó 'ara o-î-monhang? – Tupã. – Mba'e-pe erimba'e o-î-monhang 'ar-amo? – Ndamba'eruã.[7] (...) – Nd'o-îkó-î-pe mba'e amõ Tupã 'ara monhang' e'ymebé? – Nd'o-îkó-î. – Marã-pe erimba'e i monhangi? – O nhe'enga pupé nhẽ. – Abá supé-pe i monhangi? – Îandébe. (Anch., *Cat. Bras.*, I, 159)

4. – Asébe abaré nhyrō-neme-pe, i nhyrō bé-pe Tupã? – I nhyrō bé. – Nd'i nhyrō-î-pe Tupã abaré nhyrōe'ȳ'-me?[8] – Nd'i nhyrō-î. (Anch., *Cat. Bras.*, I, 210)

5. – O-îkó-po'ir-ype erimba'e Tupã-namo a'e pitang-amo o-nhe-monhanga? – Nd'o-îkó-po'ir-i: Tupã-eté-ramo o-îkobo bé, apȳab-eté-ramo i nhe-monhangi. (Anch., *Cat. Bras.*, I, 165)

6. – Abá o angaîpagûera moasy-katu-e'ȳ'-me, i nhyrō-pe Tupã? – Nd'i nhyrō-î. – I nhyrō-pe Tupã abá o angaîpagûera r-eroîeby-potar-eme? – Nd'i nhyrō-î. (...) – A'e-pe o angaîpagûera suí asé r-esaraî-me, i nhyrō-pe Tupã? – I nhyrō. (Anch., *Cat. Bras.*, I, 211)

7. – I ma'enduá'-katu-pe asé o angaîpagûera ri o-îe-mombe'u[9] îanondé? – I ma'enduá' – katu. (Anch., *Cat. Bras.*, I, 211)

8. *Cantiga por "El sin Ventura"*
Îandé r-ub-eté, Îesu,
îandé r-ekobé me'engara,
o-î-momboreaûsu'-katu[10]
îandé amotare'ymbara,

Anhang-aíba,
morapitîara,[11]
îandé 'anga îukasara.
(Anch., *Poemas*, 90)

9. *À Virgem Santíssima*
Tupã sy-angaturama,
Santa Maria, xe Îara,
nde r-esá-poraûsubara
xe r-ekokatuagûama.[12]
(...)
Karaí-bebé pûaîtara,[13]
ybaka pora mborypara,[14] (...)
Anhanga momosembara (...),
Tupã sy-angaturama.
Er-ékatu xe pe'abo
Anhanga r-ekó suí.
(...)
Xe îekyî-me bé kori

e-mokanhem xe r-a'angara;
xe 'anga, nde r-aûsupara,
e-rasó, s-eroîeupi.[15]

Santa Maria, xe îara,
Abá-pe, nde r-enōîndara,
o-só tenhē[16] nde suí?
E-nhe-mosaînan[17] xe ri,
moreaûsuba[18] r-erekoara: (...)
s-e'yî[19] nhē nde r-ekasara.
O-tî[20] kûarasy o-sema
nde beraba r-obaké;
îasytatá kûepe[21] é
i nhe-mim-i; nde ko'ema,
'ara r-orypab-eté.[22]
(...)
Xe angaîpabor-amo[23] abé
a-î-poûsu-eté-eté[24] xe Îara.
Îori, xe pysyrōsara,
xe moîekosub îepé. (...)

(Cristóvão Valente, *Poemas Brasílicos*)

Vocabulário

1. **ypy** – o tema nominal pode compor-se com verbos, passando a ser, então, um advérbio de modo. Assim, **ypy** significa *primeiro* ou *primeiramente*

2. **pora** – habitante

3. **arukanga** – costela

4. **Marã s-ekó-reme...?** – Como estava ele? (lit., *Por ocasião de estar ele como?*)

5. **ekomonhang (s)** – ordenar, governar, fazer leis para

6. **'ybá** – fruto

7. **ndamba'eruã** – nada

8. **nhyrõ-e'ỹ'-me** – v. § 201

9. **îe-mombe'u** – confessar-se

10. **momboreaûsub** – mo- + **poreaûsub** – fazer penar, fazer sofrer, fazer miserável

11. **morapiti** (intr.) – trucidar gente

12. **ekokatûaba (t-)** – objeto da virtude, razão da virtude

13. **pûaî** – ordenar

14. **mboryb** – o mesmo que **mooryb**

15. **eroîeupir** – fazer elevar-se consigo; elevar-se com

16. **tenhẽ** – em vão, debalde

17. **nhe-mosaînan** – preocupar-se

18. **moreaûsuba** – aflito, miserável

19. **e'yî (r-s-)** – numerosos, muitos

20. **tĩ** (intr.) – envergonhar-se

21. **kûepe** – longe; ao longe, alhures

22. **orypaba (t)** – causa de alegria

23. **angaîpabora** – pecador

24. **eté-eté** – muitíssimo

O tupi em nossa toponímia e no português do Brasil

I   Grande número de plantas brasileiras têm nomes com origem no tupi antigo, nas línguas gerais coloniais e no nheengatu. Muitas delas terminam com IBA, IVA, UBA, UVA, IUA (do tupi antigo **'yba** ou do nheengatu **íua**, *pé, pau, planta*). Muitas vezes vêm numa composição, mostrando a espécie animal que se alimenta daquela planta, que nela faz ninho, que se parece com ela etc. Nas palavras abaixo, tente descobrir as suas etimologias, conforme o modelo dado:

1. Cabreúva: **kaburé** + **'yba**: *árvore do caburé* (var. de coruja)
2. Jacareúva:
3. Jataíba:
4. Araraúba:
5. Siriúba:
6. Jaguaraíva:

II   Com base no que você aprendeu no § 320 sobre as formas que assume o termo *água* em tupi, diga que significam os seguintes nomes:

1. Cotegipe   2. Piragibe   3. Potengi   4. Tietê
5. Tijuca   6. Serigy

Leitura complementar

O cauim

Voltando ao meu assunto, antes de falar nas carnes, peixes, frutas e outros mantimentos bem diversos dos da Europa, direi qual a bebida que usam os selvagens _e o modo de fazê-la. Cumpre, desde logo, notar que os homens não se envolvem de maneira alguma na preparação da bebida, a qual, como a farinha, está a cargo das mulheres. As raízes de aipim e mandioca, que servem de principal alimento aos selvagens, são também utilizadas no preparo de sua bebida usual. Depois de as cortarem em rodelas finas, como fazemos com os rabanetes, as mulheres as fervem em grandes vasilhas de barro cheias de água, até que amoleçam; tiram-nas, então, do fogo e as deixam esfriar. Feito isso, acocoram-se em torno das vasilhas e mastigam as rodelas, jogando-as depois em outra vasilha, em vez de as engolir, para uma nova fervura, mexendo-as com um pau até que tudo esteja bem cozido. Feito isso, tiram do fogo a pasta e a põem a fermentar em vasos de barro de capacidade igual a uma meia pipa de vinho de Borgonha. Quando tudo fermenta e espuma, cobrem os vasos e fica a bebida pronta para o uso. Esses vasos têm o feitio das grandes cubas de barro nas quais vi fazer-se a lixívia em alguns lugares do Bourbonais e da Auvergne; são, entretanto, mais estreitos no alto que no bojo._

Fazem o mesmo com o avati, a fim de preparar uma bebida de milho. São as mulheres, como já disse, que tudo fazem nessa preparação, tendo os homens a firme opinião de que, se eles mastigarem as raízes ou o milho, a bebida não sairá boa. Consideram tão indecente ao seu sexo meter-se nesse trabalho quanto nós consideraríamos indecente que os camponeses seminus da Bresse ou de outras regiões pegassem na roca para fiar. Os selvagens chamam a essa bebida cauim; é turva e espessa como borra e tem como que o gosto do leite azedo. Há cauim branco e tinto tal qual o vinho.

Jean de Léry, Viagem à Terra do Brasil.

A festa do cauim

Nada ocorria de importante na vida social ou religiosa dos tupinambás que não fosse seguido de vasto consumo de certa bebida fermentada, conhecida pelo nome de cauim. Essa bebedeira tinha lugar em determinadas ocasiões, ou sejam, o nascimento da criança, a primeira menstruação da moça, a perfuração do lábio inferior do mancebo, as cerimônias mágicas que precediam a partida para a guerra ou que sucediam em seu retorno, o massacre ritual do prisioneiro, o trabalho coletivo da tribo na roça do chefe e, em geral, em todas as assembleias destinadas à discussão de assuntos importantes, os quais jamais seriam levados a bom termo se, precedentemente, não fabricassem os índios o seu cauim para dele beberem até não mais poder.

O fato mesmo de se impor a absorção de bebidas fermentadas, todas as vezes que estava em jogo o interesse da comunidade, prova que esse ato se revestia de caráter religioso.

Alfred Métraux, A Religião dos Tupinambás.

18 · Abá-poru

"Todos comem carne humana e têm-na pela melhor iguaria de quantas pode haver."

Pero de Magalhães Gândavo, *Tratado da Terra do Brasil*

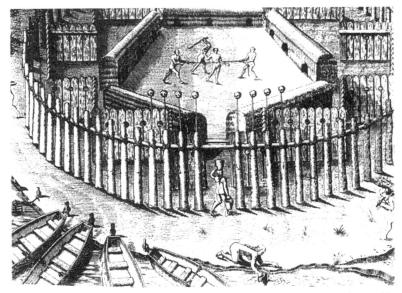

Execução de um prisioneiro (De Bry)

(O cacique Tatamirim diz:)

– Nde r-emi-epîaka oré r-obaîar-amo o-îkó. A'e xe r-embi-ar-ûera
– O que tu vês é nosso inimigo. Ele é o que eu apanhei
marana remebé, a'e xe r-emi-îuká-rama kori.
durante a guerra, ele é o que eu matarei hoje.
– Abá-pe kûeî apŷaba, o-nhanyba'e?
– Quem é aquele homem, o que corre?
– Xe r-emi-mondó-pûera taba amõaé-pe. O-îebyr o-îkóbo.
– O que eu mandei para outras aldeias. Está voltando.

(T-emi-mondó o-syk.)
(O enviado chega.)

"– O-'u-potar-y gûá nde r-emi-îuká-rama", e'i. *"– A-î-xo'o opá abá"*, e'i.

"– Querem comer o que tu matarás", disse. *"– Convidei todos os homens"*, disse.

(Os índios das outras aldeias chegam para o ritual. O chefe diz:)

– Pe-îur-ype t-obaîara r-o'o gûabo?

– Viestes para comer a carne do inimigo?

"– Pá. Îandé poro-îuká, îandé por-u, îandé karu-eté", e'i.

"– Sim. Nós matamos gente, nós comemos gente, nós somos muito comilões", dizem.

– T'îa-só îa-kagûabo.

– Vamos para beber cauim.

Abá o-ka'u. Abá i nhe'eng-etá o ka'u remebé.

Os homens bebem cauim. Os homens têm muitas palavras enquanto bebem cauim. (lit., ... *durante seu beber de cauim*.)

Mu'amagûera o-kanhẽ-mbotar. Mu'amagûera o-î-popûar-y gûá.

O prisioneiro quer fugir. Amarram as mãos do prisioneiro.

Mu'amagûera abá suí t-embi-'u o-gûar.

O prisioneiro recebe comida dos índios.

O-manõba'erama nd'e'i o arururamo.

O que irá morrer não está tristonho.

(Chegada a hora do massacre, Tatamirim lhe diz:)

– Ere-îuká-pe oré anama, oré irũ abé?

– Mataste nossos parentes e nossos companheiros?

"– Pá. Xe r-atã, a-îuká, opabẽ a-'u", e'i. *– Xe anama*

"– Sim. Eu sou forte, matei-os, comi-os todos", disse. *"– Minha família*

xe r-e'õnama r-esé xe r-epyk-y-ne", e'i. *"– Xe anama e'ikatu pe îukábo"* e'i.

por minha futura morte vingar-me-á", disse. *"– Minha família pode matar-vos"*, disse.

Abá musurana pupé mu'amagûera o-î-apytĩ.

Os índios amarram o prisioneiro com uma muçurana.

Gûarinĩ o ybyrapema pupé mu'amagûera o-î-akangá. Kunhã amõ

O guerreiro com seu tacape quebra a cabeça ao prisioneiro. Algumas mulheres

s-eté-pûera o-î-moka'ẽ. Gûaîbĩ s-etymã-mbûera o-'u.

seu corpo moqueiam. As velhas comem suas pernas.

Abá amõaé i nhy'ã-mbûera o-'u.

Outras pessoas comem seu coração.

Vocabulário

nomes e verbos

akangá (trans.) – quebrar a cabeça a [composição de **akanga** – cabeça e **ká** (-îo-) – quebrar]

apytĩ (trans.) – amarrar, atar

atã (r-, s-) – forte, rijo, duro

e'õ (t-) – morte

epyk (s) (trans.) – vingar [o objeto é sempre uma pessoa (vingar alguém): **Nd'ere-îur-i xe r-epyka?** – Não vens para me vingar? (Anch., *Teatro*, 50)]

etymã (t-) – perna

mondó (trans.) – mandar, fazer ir

musurana – corda para o sacrifício ritual, muçurana

nhy'ã – coração

poru – comedor de gente, antropófago

popûar (trans.) – atar, amarrar as mãos a

outras categorias

amõ – outro (-a, -os, -as), certo (a-, -os, -as), vários (-as)

amõaé – outro (a, -os, -as)

emi – v. § 348

embi – v. § 350 e § 351

gûá – v. § 363

poro – v. § 355 e seguintes

Atenção!

345 Verbo irregular ÎAR / AR(A) (T-, T-) – *tomar, apanhar, pegar, receber*

Alternam-se, no indicativo, os temas **ÎAR** e **AR**. Pode inserir-se **Û** entre **O** e **A** (v. regra de transformação fonética 2, § 48). No infinitivo é pluriforme do tipo **(t-, t-)**.

a-îar (a-î-îar > a-îar – v. § 69)
ere-îar
o-ar ou o-ûar (ou ainda o-gûar)
oro-ar ou oro-ûar (ou ainda oro-gûar)
îa-îar
pe-îar
o-ar ou o-ûar (ou ainda o-gûar)

346 No encontro **PORO-** + **'U**, *comer gente, comedor de gente*, cai a oclusiva glotal: > **POR-U** (v. regra de transformação fonética 12, § 180).

347 **AMÕ** (ou **AMBÓ**) pode ser pronome ou adjetivo. Na afirmativa significa *algum, certo, outro, alguém*. Quando é adjetivo, pode ser anteposto ou

lição 18 • Abá-poru

posposto ao substantivo: **AMÕ ABÁ** ou **ABÁ AMÕ** – alguma(s) pessoa(s), certa(s) pessoa(s), outra(s) pessoa(s).

Ex.:

(...) T'a-me'ẽ-ne *amõ* **endébo** (...) – Hei de dar algumas para ti. (Anch., *Teatro*, 46)

Amõ **abá abé mokõî r-obaké o-mendare'ymba'e n'o-mendar-i.** – Não estão casados os que não se casam diante de duas outras pessoas também. (Araújo, *Cat. Líng. Bras.*, 128)

Explicação gramatical

348   Os nomes derivados com -EMI-

Observe as seguintes frases, em português:

O que eu faço é o *meu feito*.
O que tu escreves é o *teu escrito*.
O que ele escolhe é a *sua escolha*.
O que eu crio é a *minha cria*.
O que eles desejam é o *seu desejo*.

Veja que, em português, os substantivos acima destacados (feito, escrito, escolha, cria, desejo) são substantivos derivados de verbos, *deverbais*. Correspondem ao resultado de uma ação verbal: o *feito* é o resultado de um fazer, o resultado de escrever é o *escrito* etc. Tais substantivos são deverbais *pacientes*, porque são *resultado* e não causa. Um deverbal agente seria, por exemplo, *escrevente* – o que escreve, *criador* – o que cria, *fazedor* – o que faz. O escrevente é a causa da escrita, o criador é a causa da criação, e assim por diante.

Nós já vimos deverbais agentes nas lições 16 e 17 [deverbais em **-BA'E** e em **-(S)AR(A)**]. Na lição 18 temos os deverbais pacientes em **-EMI-**, que, em tupi, são obtidos de forma sempre igual, i.e., antepondo-se tal afixo à forma substantiva dos verbos. P.ex.:

monhanga	– o fazer, a feitura
t-emi-monhanga	– o feito (de algo ou alguém)
xe r-emi-monhanga	– o que eu faço, meu feito
Pedro r-emi-monhanga	– o que Pedro faz, o feito de Pedro
s-emi-monhanga	– o que ele faz, o feito dele
o emi-monhanga	– o que ele próprio faz, seu próprio feito
aûsuba (t-)	– o amar
t-emi-aûsuba	– o amado (de alguém)
'Ybotyra r-emi-aûsuba	– o que Potira ama, o amado de Potira
nde r-emi-aûsuba	– o que tu amas, teu amado
s-emi-aûsuba	– o que ele ama, seu amado
o emi-aûsuba	– o que ele próprio ama, seu próprio amado

Outros exemplos:

nde r-emi-epîaka	– o que tu vês, a tua visão
oré r-emi-îuká	– o que nós matamos
xe r-emi-erokera	– o que eu faço dormir comigo
	(verbo na voz causativo-comitativa)
nde r-emi-erasó	– o que tu fazes ir contigo
	(verbo na voz causativo-comitativa)
oré r-emi-moeté	– o que nós louvamos

Você já deve ter percebido que

349 Os deverbais em **-EMI-** são pluriformes, tendo formas absolutas (com **T-**) e formas relacionadas (com **R-**, **S-**). O afixo **-EMI-** não forma ditongo com as vogais que o seguem.

Outros exemplos:

XE R-	**EMI-**	**MONHANGA**
prefixo	afixo de	forma substantiva do verbo
de	deverbal	
relação	paciente	

T-	**EMI-**	**MONHANGA**
prefixo	afixo de	forma substantiva do verbo
de	deverbal	
relação	paciente	

350 O deverbal em **-EMI-** (ou **-EMBI-**) é um autêntico substantivo. Recebe, assim, os morfemas **PÛER(A)**, **RAM(A)**, **RAMBÛER(A)**, que indicam o tempo nos substantivos.

Ex.:

xe r-emi-monhanga
o que eu faço, meu feito

xe r-emi-monhang-*ûama*
o que farei, meu futuro feito

xe r-emi-monhang-*ûera*
o que eu fiz, meu feito passado

xe r-emi-monhang-*ûambûera*
o que eu faria, meu frustrado feito

351 Pode ocorrer a forma em **-EMBI-** antes das sílabas tônicas não nasais. Começando o verbo com nasal, usa-se sempre **EMI-**. (V. a introdução deste livro.)

Ex.:

t-embi-'u ou **t-emi-'u**
t-emi-ara ou **t-embi-ara**
t-emi-monhanga e não "t-embi-monhanga" (*mo* é nasal)
t-emi-nupã e não "t-embi-nupã" (*nu* é nasal)

352 Às vezes, o deverbal em **-EMI-** pode ser usado absolutamente sem o índice de classe superior em **T-**, caindo o **E-** do prefixo **-EMI-**.

lição 18 • Abá-poru

Ex.:

forma absoluta	forma construta

mi-nga'u – o que é feito papa, a papa
[**emi + ka'u** (empapar)]

xe r-emi-nga'u
o que eu empapo, minha papa

mi-tyma – a plantação, o horto

nde r-emi-tyma
o que tu plantas, tua plantação,
teu horto

mbi-ara – o que alguém prende (a caça
ou o pescado); a presa

xe r-embi-ara
o que eu prendo, caço, pesco;
meu pescado, minha presa

Outros exemplos:

mbi-aûsuba (ou **t-embi-aûsuba**)	– o amado; o escravo
mbi-'u (ou **t-embi-'u**)	– a comida
mi-mõîa	– o cozido
mi-apé	– o pão
mi-xyra	– o assado
mi-mby	– a flauta (de **py** – *soprar*)

Transformações fonéticas com -EMI-

353   -EMI- e -EMBI-, por conterem fonema nasal, provocam as mesmas transformações fonéticas que provoca o prefixo causativo **MO-** (v. § 292 e § 78).
Ex.:

emi- + ka'u (empapar)	**(e)mi-nga'u**	– o que alguém empapa
t-emi- + su'u (morder)	**t-emi-ndu'u**	– o que alguém morde
t-emi- + potar (querer)	**t-emi-motara**	– o que alguém quer, *a vontade*
emi- + tym (plantar)	**(e)mi-tyma**	– o que alguém planta, *a plantação* (aqui não há nasalização de **t** porque já existe uma nasal no tema verbal **tym**.)

O uso adjetival dos verbos intransitivos

Você já viu nas lições 1, 4 e 5 que todo verbo pode assumir forma substantiva
ou adjetiva.

354   Todo verbo (intransitivo ou transitivo) em tupi pode ser usado como adjetivo
(qualificativo ou predicativo). Ele passa, então, a transmitir a ideia de *hábito,
estado permanente, conhecimento* ou *capacidade*.
Ex.:

A-'ytab.   – Nado.

Xe 'ytab. – Eu sou nadador (eu costumo
nadar, eu sei nadar, eu posso nadar).
(Anch., *Arte*, 51v)

253

A-nhe'eng.   – Falo.

Xe nhe'eng. – Eu sei falar (eu posso falar, eu costumo falar, eu sou falador). (Anch., *Arte*, 51)

A-karu.   – Como.

Xe karu. – Eu sou comilão (eu costumo comer, eu posso comer, eu sei comer). (*VLB*, I, 77)

O uso de PORO- e MBA'E- como índices de forma absoluta

355   Em tupi, nenhum verbo transitivo pode ser usado sem complemento.

Em português podemos dizer:
Eu mato.
A cobra morde.
Eu sei.

Em tupi, porém, não se poderiam deixar verbos correspondentes a *matar, morder* ou *saber* sem complemento. Em português nós subentendemos em *eu mato* que eu mato pessoas. Deixamos o objeto implícito, subentendido. Em *a cobra morde*, fica implícito que ela morde pessoas ou animais. Em *eu sei*, subentende-se que eu sei as coisas. Em tupi, porém, não podemos deixar isso subentendido. O tupi exige que se declare o que é que se mata, o que é que se morde, o que é que se sabe. Se não quisermos dizer exatamente o que se mata, o que se morde, o que se sabe etc., devemos, pelo menos, dizer se se trata de *gente* ou de *coisa* ou *animal*. Se o objeto for gente, usa-se **PORO-** incorporado no verbo. Se for coisa ou animal, usa-se **MBA'E-**.

Assim:
A-*poro*-îuká.   – Mato (gente). (Fig., *Arte*, 86)
Mboîa o-*poro*-su'u.   – A cobra morde (gente). (Fig, *Arte*, 6)
A-*mba'e*-kuab.   – (Eu) sei (as coisas). (Anch., *Arte*, 51v)

Completando o que você já viu na lição 4,

356   Todo verbo transitivo que receber antes de si **PORO-** e **MBA'E-** ou um substantivo como objeto, pode ser tratado como intransitivo (dizemos que é, agora, *intransitivado*) e pode, portanto, ser usado adjetivalmente.

Ex.:
A-*kunumĩ*-îuká.   **abá-*kunumĩ*-îuká**
Mato meninos. (Anch., *Arte*, 32v)   homem matador de meninos (Anch., *Arte*, 32v)

(Veja que tratamos **kunumĩ-îuká**, neste último exemplo, exatamente como um adjetivo.)

A-*por*-apiti.   **abá-*por-apiti***
Assassino gente. (*VLB*, II, 33)   homem assassino (Anch., *Arte*, 32)

lição 18 • Abá-poru

Ere-*por*-u-pe?
Comeste gente?
(Araújo, *Cat. Líng. Bras.*, 102v)

A-*mba'e*-kuab nde sosé.
Sei as coisas mais que tu.
(Anch., *Arte*, 51v)

Xe îagûareté-*por*-u.
Eu sou uma onça comedora de gente.
(Anch., *Teatro*, 66)

Xe *mba'e-kuab*.
Eu sou sabedor das coisas.
(*VLB*, II, 110)

357 Os verbos podem tornar-se substantivos, que passam a ser usados absolutamente. Podem, então, receber **MBA'E-** e **MORO-** (e não **PORO-**), se não se especificar o genitivo ou o complemento. O **M-** de **MORO-** é, na verdade, um prefixo de forma absoluta (v. lição 31.)
Ex.:
sem – sair
potar – querer, desejar

moro-sema – a saída (de gente) (Anch., *Arte*, 50)
moro-potara – desejo de gente, o desejo sensual (*VLB*, II, 11)
mba'e-potara – avidez, desejo de coisas (*VLB*, I, 62)

Preparando o mingau com
a carne da cabeça do
prisioneiro morto (Staden, *DVB*)

358 Se **PORO-** estiver prefixado a termo que receba um complemento, um genitivo, ou se estiver na função de complemento verbal incorporado, não assume a forma **MORO-**.
Ex.:
A-*poro*-mondó. – Mando gente. (Fig., *Arte*, 86)
Kûeîsé kó a-*por*-apiti. – Eis que ontem trucidei gente. (Anch., *Teatro*, 66)
nde *poro*-potare'yma – tua pureza, teu não desejar de gente (Anch., *Poemas*, 132)

359 Os substantivos, os gerúndios e os derivados em -(S)AR(A) ou -(S)AB(A) podem receber **MBA'E-** e **MORO-** quando não se deseja especificar o genitivo, o agente ou o complemento nominal. Os adjetivos podem receber **PORO-** ou **MORO-**.
Ex.:
mor-ubixaba   – chefe (de gente) (D'Abbeville, *Histoire*, 341v)
moro-sumarã   – inimigo (de gente) (Araújo, *Cat. Líng. Bras.*, 89)
mba'e-kagûera   – gordura ou banha (de animal) (*VLB*, I, 117)
mor-apitîara   – trucidador (de gente), o que trucida (gente) (Anch., *Teatro*, 26)
mba'e-tymbaba   – horta, plantação (de coisas) (*VLB*, I, 153)

Nde r-esá-*por-aûsubara* e-robak ixé koty. – Teus olhos misericordiosos (de gente) volta em minha direção. (Anch., *Poesias*, 303)
T'o-îe-'ok ixé suí xe r-esá-*poro-potara*. – Que se arranquem de mim meus olhos desejosos (de gente). (Anch., *Poesias*, 303)
Anhã'-*poro-mombaba* (...) – Diabo destruidor (de gente) (Anch., *Poesias*, 309)
pitangî-*mor-aûsubara* (...) – neném compadecedor (Anch., *Poesias*, 343)

360   PORO- e MORO- são também usados com posposições.
Ex.:
S-osang *por-esé*. – Ele sofre pela gente. (Anch., *Poesias*, 109)

361   Com verbos no gerúndio, usa-se PORO- com os prefixos pessoais subjetivos ou MORO- sem tais prefixos.
Ex.:
gûi-poro-îukábo – matando eu (gente)
moro-mbo'ebo – ensinando gente (eu, tu ele etc.) (Anch., *Arte*, 29)

Transformações fonéticas

362   Geralmente PORO- perde a última vogal diante de outra vogal.
Ex.:
por-u – comer (gente)

Ambuá
Centopeia ou lacraia,
artrópode quilópode
(Marc., *Hist. Nat. Bras.*)

A partícula GÛÁ (ou YBŶÁ, BŶÁ, YBÁ), índice de indeterminação do sujeito

363   Colocando-se a partícula GÛÁ (ou YBŶÁ ou BŶÁ ou YBÁ) com um verbo, expressamos a indeterminação do sujeito desse verbo.
Ex.:
O-î-aob-ok serã *ybŷá*? (...) – Por acaso arrancaram sua roupa? (Araújo, *Cat. Líng. Bras.*, 59v)
Marã-pe *ybŷá* s-erekóû aîpó i 'é-reme? (...). – Como o trataram quando ele disse isso? (Araújo, *Cat. Líng. Bras.*, 55v)
Mamõ-pe *gûá* Îandé Îara r-erobasemi ko'yté? (...) – Aonde, enfim, chegaram com Nosso Senhor? (Anch., *Diál. Fé*, 188)
Ké *bŷá* Îesus nongi s-er-amo. – Assim, puseram *Jesus* como nome dele. (Araújo, *Cat. Líng. Bras.*, 3)

Exercícios

(Nestes exercícios e nos das lições seguintes eliminaremos às vezes os hífens que vimos usando até agora, para que você se acostume a ler textos sem eles.)

lição 18 • Abá-poru

I   Responda em tupi às seguintes perguntas sobre o texto inicial desta lição:

1. Abápe Tatamirĩ rembiarûeramo oîkó? 2. Mamõpe apŷaba onhanyba'e soû? Marã e'ipe morubixaba supé? 3. Abá-abápe our tobaîara ro'o gûabo? 4. Mba'epe abá o'u tobaîara îuká îanondé? 5. I arurupe tobaîara, Tatamirĩ remiîukarama? 6. Marã e'ipe mu'amagûera morubixaba supé? 7. Marãnamope musurana pupé abá mu'amagûera apytĩ û? 8. Abápe e'ikatu mu'ambagûera repyka se'õnama resé? 9. Marãngatupe gûá aîpó mu'amagûera akangáû? 10. Marãnamope kunhã tatá mondyki? 11. Mba'epe gûaîbĩ remi'u?

Mulheres e crianças sorvendo o mingau (Staden, *DVB*)

II Faça perguntas sobre as frases abaixo, usando os deverbais em **-EMI-**, conforme o modelo. Traduza as perguntas que você formular.
Mod.:
Aîmonhang pindá. (Faço anzóis.)
Mba'epe xe remimonhanga? – Que é o que eu faço?

1. Tobaîara asepîak. 2. Mu'amagûera ereîuká. 3. Morubixaba abá amõ taba koty oîmondó. 4. Mu'amagûera retymãmbûera a'u. 5. Minga'u ereîpotar. 6. Kunhã tatá oîmondyk. 7. Kunhã tobaîara retepûera oîmoka'ẽ. 8. Nde robaîara erenhapytĩ. 9. Abá aîmogûeîyb. 10. Gûaîbĩ amõ Pindobusu oîmosem. 11. Pedro nhe'enga asendub. 12. Pedro Maria osaûsub. 13. Kunhã kaûî oîapó. 14. Kunhãmuku ygasaba o-î-mopor. 15. Akaîu ere-î-kytĩ. 16. Mandi'oka ereka'u. (Atenção! O verbo **ka'u**, aqui, não significa *beber cauim*.) 17. Ereroŷrõ mu'amagûera amõ. (Atenção! O verbo desta frase e os das frases seguintes estão na voz causativo-comitativa. No infinitivo, começam com **ERO-**: **eroŷrõ** etc.) 18. Orogûerasó tembi'u i xupé. 19. Pe aoba perur. 20. Kunumĩ ereroîebyr. 21. Pedro pitanga amõ ogûeroker. 22. Aroîké amõ kunhãmuku xe rokype.

Vocabulário

nomes e verbos

ka'u (trans.) – empapar, fazer papa de

mandi'oka – mandioca

mogûeîyb (trans.) – fazer descer

III   Para praticar o uso dos verbos intransitivos ou intransitivados como adjetivos, transforme as orações abaixo conforme o modelo, traduzindo as frases obtidas.

Mod.:
Mu'amagûera okanhem.   **Mu'amagûera onhan.**
O prisioneiro fugiu.   O prisioneiro correu.
Mu'amagûekanhema onhan.   – O prisioneiro fugido correu.

Abá oporu. Abá osyk. – O homem come gente. O homem chegou.
Abaporu osyk. – O homem comedor de gente chegou.

1. Morubixaba oker. Morubixaba i katu. 2. Kó pirá obebé. Pirá i pepó. (Fazemos referência, aqui, ao peixe-voador.) 3. Abá oporoîuká. Abá ybyrá suí ogûeîyb. 4. Kunhã oporu. Kunhã setymãmbûera o'u. 5. Gûaranî oporogûar. Gûaranî o obaîara oîuká. 6. Morubixaba oporoaûsub. Morubixaba tobaîara nd'o'uî xûé-ne. 7. Abá pindá oîmonhang. Abá oîme'eng ixébe. 8. Abá kunumî oîuká. Abá okanhem. 9. Kunumî pirá oîkutuk. Kunumî i ambyasy.

Vocabulário

pepó – asa

Macucaguá
Ave da família dos tinamídeos, no passado muito comum em várias partes do Brasil
(Marc., *Hist. Nat. Bras.*)

IV   Verta para o tupi:

1. O que come muito quer matar o que eu capturei. 2. Ama (gente)! Não mates (gente)! 3. O mingau, que eu fiz, é doce. 4. O que eu plantei foi mandioca. O que tu comerás será milho. 5. O que eu vejo é minha flauta. Onde está a flauta do menino? 6. O que tu fizeste eu comi. O que eu levarei para minha mãe ela o comerá. 7. Teu pão é doce. O pão que eu faço é amarelo. 8. O que eu capturei fugiu. O que eu amarrei com a corda não fugirá. 9. Os índios que amam gente não matam gente para comê-la. 10. O que tua esposa quer é o assado.

V   Para praticar o uso das partículas **GÛÁ** e **YBŶÁ** (ou ainda **BŶÁ, YBÁ**) como índices de indeterminação do sujeito, verta para o tupi as seguintes frases:

1. Mataram alguns inimigos (da nação). 2. Enviaram o menino para outras aldeias. 3. Convidaram outros índios. 4. Quiseram comer nossos (excl.) companheiros. 5. Correm muito aqui. 6. Come-se bem em algumas aldeias. 7. Trouxeram o outro prisioneiro para a aldeia. 8. Fizeram cauim. Encheram as outras talhas. 9. Cuspiram dentro do prato de pedra. 10. Ferveram o caldo (extraído). Beberam cauim.

Vocabulário

nomes e verbos

amarrar – apytĩ

assado – mixyra

capturar – îar / ar(a) (t-, t-) – verbo irregular (v. § 345)

convidar – so'o

corda (para amarrar o prisioneiro que será morto) – musurana

cuspir – nomun

doce – e'ẽ (r, s)

enviar – mondó

flauta – mimby

gente – poro- (prefixo) (v. § 355)

levar – erasó

pão – miapé

outras categorias

algum, -a, -uns, -umas – amõ (v. § 347)

outro, a, os, as – amõaé; amõ

VI   Traduza:
1. Arobîar tekoangaîpaba resé moroupé[1] Tupã nhyrõ. (Anch., *Cat. Bras.*, I, 142)
2. Salve Rainha, moraûsubara[2] sy, tekobé, se'ẽ[3]ba'e, oré îerobîasaba,[4] salve! (Anch., *Cat. Bras.*, I, 148)
3. – Oporombo'e[5]pe (Jesus) erimba'e oîkóbo, apŷaba motekokuapa?[6] – Oporombo'e. (Anch., *Cat. Bras.*, I, 165)
4. A'e o kakuab[7]'iré (...), o porombo'e ré,[8] îandé resé gû[9]e'õpotá, i nheme'engi apŷabaíba supé. (Anch., *Cat. Bras.*, I, 194)
5. – Abápe oporomongaraíb? – Abaré. (Anch., *Cat. Bras.*, I, 200)
6. – Oporoaûsubakaturamo, Îandé Îara Jesus Cristo amõ îandé 'anga posangûama monhangi. Marãpe sera? – Nhemombe'u.[10] (Anch., *Cat. Bras.*, I, 209)
7. – I nhyrõpe Tupã abá amõ o angaîpaba kuaku'me?[11] – Nd'i nhyrõî. – Asé remikuakuba supé nhõpe Tupã nd'i nhyrõî konipó opá asé angaîpagûera supé? – Opá asé angaîpagûera supé.[12] (...) – Omombe'upe abaré asé remimombe'upûera abá supé? – Nd'oîmombe'uî. (Anch., *Cat. Bras.*, I, 211-212)
8. Mba'e resépe gûá iraîtytataendy[13] me'engi asé pópe, asé re'õ mo'ang[14]eme? (Anch., *Cat. Bras.*, I, 221)
9. – Abápe oporomomendá?[15] – Abaré. (Anch., *Cat. Bras.*, I, 226)
10. Mboîa oporosu'u. (Fig., *Arte*, 6)
11. Aporoîuká. Xe poroîuká. (Fig., *Arte*, 90)

Vocabulário

1. moro-upé – v. § 360
2. moraûsubara – compaixão, misericórdia
3. e'ẽ (r-, s-) – doce
4. îerobîasaba – esperança
5. mbo'e (trans.) – ensinar
6. motekokuab (trans.) – fazer conhecer as coisas, os fatos
7. kakuab (intr.) – crescer
8. ré – o mesmo que riré
9. gû – v. § 48
10. nhemombe'u – confissão
11. kuakub (trans.) – esconder; calar; negar
12. supé – às vezes é usado tanto em relação à pessoa a quem se perdoa quanto com relação à coisa perdoada
13. iraîtytataendy – vela
14. mo'ang (trans.) – pensar, supor; imaginar
15. momendar (trans.) – fazer casar

Moqueando carne humana (De Bry)

O tupi em nossa toponímia e no português do Brasil

Sabendo que, em tupi, um verbo intransitivo pode ser usado como adjetivo, construa, com base no vocabulário dado, palavras que estão em nossa toponímia e no léxico do português do Brasil.

lição 18 • Abá-poru

VERBOS INTRANSITIVOS

desenhar – **kûatiar**
dormir – **ker**
estourar – **pok**
fazer barulho, soar – **sunung**
fender – **bok**
levantar-se, erguer-se – **byr**
queimar, arder – **kaî**
retinir – **sining**
romper-se, rasgar-se – **sorok**

SUBSTANTIVOS

cobra – **mboîa**
pedra – **itá**
peixe – **pirá**
pele – **pira**
terra – **yby**

1. município mineiro cujo nome significa *pedra levantada*
2. outro nome dado à cobra cascavel, que, por ter um chocalho numa extremidade, é *a cobra que retine*
3. nome de município paulista que significa *peixes barulhentos* (ou também *barulho dos peixes*)
4. espécie de erosão provocada pelas chuvas (lit., *terra rompida*)
5. bairro de São Paulo cujo nome significa *pedra dormente*
6. nome de vários acidentes geográficos brasileiros, que significa *pedra desenhada*
7. nome de uma comida que se faz estourando-se a pele do milho (lit., *pele estourada*)
8. termo que designa um lugar ruim, distante, mal frequentado (lit., *terra fendida*)
9. município de São Paulo cujo nome significa *peixe queimado*

Leitura complementar

O ritual antropofágico

Pela manhã, bem antes do alvorecer, vêm eles, dançam e cantam em redor do tacape com que o querem executar, até que o dia rompa. Tiram, então, o prisioneiro para fora da pequena choça e derrubam-na, fazendo um espaço limpo. Em seguida, desatam-lhe a muçurana do pescoço, passam-lha em volta do corpo, retesando-a de ambos os lados. Fica ele, então, no meio, bem amarrado. Muita gente segura a corda nas duas extremidades. Assim o deixam ficar algum tempo e põem-lhe perto pequenas pedras para que possa lançá-las nas mulheres que lhe correm em redor, mostrando-lhe, com ameaças, como o pretendem comer. As mulheres estão pintadas e têm o encargo, quando for ele cortado, de correr em volta das cabanas com os primeiros quatro pedaços. Nisso encontram prazer os demais.

Fazem, então, uma fogueira, a dois passos mais ou menos do escravo, de sorte que este necessariamente a vê, e uma mulher se aproxima correndo com a maça, o ibirapema, ergue ao alto as borlas de pena, dá gritos de alegria e passa correndo em frente ao prisioneiro a fim de que ele o veja. Depois um homem toma o tacape, coloca-se com ele em frente do prisioneiro, empunhando-o, para que o aviste. Entrementes, afasta-se aquele que o vai matar, com outros treze ou quatorze, e pintam os corpos de cor plúmbea, com cinza.

Quando retorna ao prisioneiro, com seus companheiros, para o pátio, entrega-lhe o tacape que com ele se acha em pé, em frente ao capturado; vem então o principal da cabana, toma a arma e mete-lha entre as pernas. Consideram isso uma honra. A seguir, retorna o tacape aquele que vai matar o prisioneiro e diz: "– Sim. Aqui estou eu; quero matar-te, pois tua gente também matou e comeu muitos dos meus amigos". Responde-lhe o prisioneiro: "– Quando estiver morto, terei ainda muitos amigos que saberão vingar-me". Depois golpeia o prisioneiro na nuca, de modo que saltam os miolos, e imediatamente levam as mulheres o morto, arrastam-no para o fogo, raspam-lhe toda a pele, fazendo-o inteiramente branco, e tapando-lhe o ânus com um pau, a fim de que nada dele se escape.

Depois de esfolado, toma-o um homem e corta-lhe as pernas, acima dos joelhos, e os braços junto ao corpo. Vêm, então, as quatro mulheres, apanham os quatro pedaços, correm com eles em torno das cabanas, fazendo grande alarido, em sinal de alegria. Separam depois as costas, com as nádegas, da parte dianteira. Repartem isso entre si. As vísceras são dadas às mulheres. Fervem-nas e, com o caldo, fazem uma papa rala que se chama mingau, que elas e as crianças sorvem. Comem essas vísceras, assim como a carne da cabeça. O miolo do crânio, a língua e tudo o que podem aproveitar, comem as crianças. Quando o todo foi partilhado, voltam para casa, levando cada um o seu quinhão.

Quem matou o prisioneiro recebe ainda uma alcunha e o principal da choça arranha-lhe os braços, em cima, com o dente de um animal selvagem. Quando essa arranhadura sara, veem-se as cicatrizes, que valem por ornato honroso. Durante esse dia, deve o carrasco permanecer numa rede em repouso. Dão-lhe um pequeno arco, com uma flecha, com que deve passar o tempo, atirando num alvo de cera. Assim procedem para que seus braços não percam a pontaria com a impressão da matança.

Tudo isso eu vi e a isso assisti.

Hans Staden, *Duas Viagens ao Brasil.*

19 · A pajelança

> "E estas pobres criaturas são de tal modo iludidas
> pelos falsos dons de seus profetas, que não deixam
> de chamá-los sempre que estão doentes..."
>
> André Thevet, As Singularidades da França Antártica

Tratamento de um doente (Thevet)

Abá, i kûatiar-y-pyra iké, mba'easybora. A'e mboîa r-esé o-py-rung.
O homem, o que está desenhado aqui, é um doente. Ele pôs o pé numa cobra.
A'e i xu'u-pyr-ûer-amo o-îkó.
Ele é o que foi mordido.
Paîé moroposanongar-amo o-îkó. Mba'easybora paîé supé
O pajé é curandeiro. O doente ordena ao pajé
o-nhemotimbó-timbor-ukar.
que o fique defumando.
O-î-xuban i xuí mba'easy r-enosema. Paîé i îuru-pe amynyîu r-enimbó
Suga-o para a doença retirar dele. O pajé na boca dele um fio de algodão
o-î-mondeb-ukar.
manda enfiar.

263

Naabaruã mba'easybora o-î-mongetá. Paîé amõ abá supé akuti-ãîa
Ninguém com o doente conversa. O pajé a certo índio um dente de cotia
o-gûerur-ukar i kutuka.
ordena trazer para escarificá-lo.
I posanong-y-mbyra o asy suí s-asemi. Paîé i îybá o-î-motimbor-ukar.
O que é tratado grita por causa de suas dores. O pajé seu braço manda defumar.
I motimbor-y-pyra o-'ar yby-pe. Paîé mba'easybora o-s-upir-ukar,
O que é defumado cai no chão. O pajé manda levantar o doente,
"– I 'anga s-asem o-îkóbo" o-'îabo.
dizendo: "– Sua alma está gritando".

(Fora da oca onde está o doente, um índio conversa com um francês:)

– I arybé serã i mba'easy?
– Será que melhorou sua doença?
– Mba'easybora i iuká-pyr-am-amo o-îkó-ne. Paîé n'o-î-mopûerab-i xûé-ne.
– O doente é o que será morto. O pajé não o curará.
– Paîé, 'ara îabi'õ, t-akuba, t-eikûarugûy, u'u o-î-moarybé-ukar amẽ.
– O pajé, a cada dia, faz cessar, de costume, a febre, a diarreia, a tosse.

Mba'easybora o-manõ nhẽ. Paîé okara koty o-gûerasó-ukar abá supé.
O doente morreu, com efeito. O pajé em direção à ocara manda aos homens levá-lo.
S-erasó-pyr-ûera inĩ pupé o-ub. Moroapirõsara o-manõba'epûera o-s-apirõ.
O que foi levado jaz na rede. As carpideiras pranteiam o que morreu.

Inĩ, rede de dormir (Staden, *DVB*)

lição 19 • A pajelança

Vocabulário

nomes e verbos

ãîa (t) – dente

akuba (t) – febre

akuti – cotia

amyníîu ou amynyîu – algodão

'anga – sombra, +alma

apirõ (s) (trans.) – prantear, chorar (por alguém que morreu ou por alguém que chega, como forma de saudação)

'ar (intr.) – cair

arybé (xe) – aquietar-se; estar melhor (a dor, a doença etc.), aplacar-se, melhorar

asy (t) – dor

eikûarugûy (t) – diarreia

(e)nimbó (r-, s-) – fio (plurif. irreg.). Forma absoluta: nimbó ou inimbó; Formas construtas: abá r-enimbó – fio do índio; xe r-enimbó – meu fio; s-enimbó – seu fio

enosem (trans.) – fazer sair consigo, retirar

iní – rede de dormir

îuru – boca

îybá – braço

kûatiar (trans.) – desenhar; pintar, +escrever

kutuk (trans.) – escarificar, furar a pele para fazer sair os elementos nocivos

mba'easy – doença

mba'easybora – doente

moarybé (trans.) – fazer cessar, abrandar (doença)

mongetá (trans.) – conversar [em tupi esse verbo é transitivo direto: **Korite'î Pedro xe r-uba** *mongetáû.* – Logo Pedro com meu pai conversou. (Fig., *Arte*, 96)]

mopûerab (trans.) – curar

moroapirõsara ou moroapirõana – carpideira, mulher que chora em funerais

motimbor (trans.) – defumar (de **mo-**: prefixo causativo + **timbor** – fumegar, esfumaçar)

paîé – pajé, feiticeiro

posanongara – curandeiro

rung – v. § 364

suban (trans.) – sugar, chupar (os doentes, em ritual, para arrancar-lhes a doença)

upir (s) (trans.) – levantar, erguer

u'u – tosse

yby – chão

outras categorias

amẽ (part.) – v. § 367

naabaruã – ninguém

-pyr(a) – v. § 368

serã – v. § 366

suí (posp.) – por causa de

-ukar – v. § 375

Atenção!

364 Verbo irregular: RUNG – *pôr, arranjar, assentar, estabelecer*

RUNG somente é usado com o objeto incorporado nas suas formas verbais propriamente ditas. Nas formas nominais, é usado como qualquer outro verbo regular.

Ex.:

A-î-kó-*rung* xe r-uba. – Arranjei a roça de meu pai. (Fig., *Arte*, 145)

A-tab-ypy-*rung*. – Pus começo à aldeia (i.e., fundei a aldeia). (*VLB*, II, 84)
T'îa-só mundé *runga*. – Vamos para pôr armadilhas. (Fig., *Arte*, 145)

Outros usos da posposição ESÉ (R-, S-)

365 **ESÉ (R-, S-)** significa também *em* (locativo), geralmente quando estiver posposto a algo que não tenha um significado geográfico (como as partes do corpo, um ser vivo, um objeto etc.).
Ex.:
nde ku'a *r-esé* – na tua cintura (Fig., *Arte*, 126)
Tupana *r-esé* – em Deus (Fig., *Arte*, 166)
ybyrá-îoasaba *r-esé* – na cruz (Araújo, *Cat. Líng. Bras.*, 59v)

Sendo um lugar geográfico, usa-se -**PE** ou **PUPÉ**:

xe r-etama *pupé* – em minha terra (Anch., *Teatro*, 28)
karaíb-ok-y*pe* – em casa de cristãos (Anch., *Teatro*, 46)

366 A partícula SERÃ

SERÃ é uma partícula interrogativa como -**PE**. É traduzida por *será que?*, em português. É colocada depois da palavra sobre a qual recai a ênfase da pergunta (v. § 60 e § 61). Pode ser usada também na afirmativa, com o sentido de *talvez*.
Ex.:
Mamõ *serã* xe sóû-ne? – Para onde será que eu irei? (Anch., *Cat. Bras.*, I, 221)
Abá *serã* o-gûeru? – Quem será que a trouxe? (Anch., *Teatro*, 4)
Xe pysy'-potar-y bé *serã* kó gûyragûasu. – Talvez queira agarrar-me novamente este pássaro grande. (Anch., *Teatro*, 58)

367 A partícula AMẼ

A partícula **AMẼ** expressa *hábito* ou *necessidade* na realização do processo descrito pelo verbo.
Ex.:
Marã er-é-p'*amẽ* e-poro-mbo'ebo? – Que dizes, de costume, ensinando as pessoas? (Araújo, *Cat. Líng. Bras.*, 55v)
Moby-pe *amẽ* abá r-emirekó-eté? – Quantas são, necessariamente, as esposas legítimas de um homem? (Araújo, *Cat. Líng. Bras.*, 94v)

Explicação gramatical

Os nomes derivados com -PYR(A)

368 Acrescentando-se o sufixo -**PYR(A)** [forma nasal: -**MBYR(A)**] ao tema de um verbo transitivo, precedido pelo pronome pessoal **I** ou **S-** (este com os verbos pluriformes), obtemos um deverbal passivo, que pode servir como substantivo ou adjetivo.

lição 19 • A pajelança

Ex.:

Kunhã mboîa o-îuká.............................Mboîa i *îuká-pyra*.
A mulher matou a cobra   A cobra (é) a morta. (Fig., *Arte*, 8)
Abá mo'yr-obyeté n'o-s-epîak-i............Mo'yr-obyeté *s-epîak-y-pyr-e'yma*
O índio não viu os colares azuis   Colares azuis não vistos (Léry, *Histoire*, 346)
Îagûara o-'u îasy..................................Îasy mba'e *i'u-pyra*.
A onça comeu a lua   A lua é a coisa comida. (*VLB*, I, 108)
A'e o-î-monhang Tupã sy-rama ri........Tupã sy-rama ri *i monhang-y-mbyra*.
Ele a fez para futura mãe de Deus   Para futura mãe de Deus ela é feita.
                                      (Anch., *Poemas*, 88)

369 Em tupi antigo, a voz passiva é pouco comum (v. a nota 3 de *Comentários* ao texto, da lição 26). O deverbal em **-PYR(A)**, mesmo sendo passivo, não substitui a voz passiva.

Assim, em tupi, não se podem verter frases como
A *cobra* é morta *por ti*.
sujeito   agente da passiva

     Em tupi, diríamos o correspondente a *a cobra (é) a que é morta* (e não dizemos por quem).

Veja:
A cobra é morta.
     ↓
     verbo na voz passiva

A cobra (é) a morta.
     ↓
     predicativo do sujeito

É o mesmo que dizer *a cobra é o objeto do matar, a cobra é o animal morto*.
Tal frase deveria ser vertida em tupi por **mboîa i îuká-pyra**. (Fig., *Arte*, 8)

370 Um deverbal em **-PYR(A)** também inclui a ideia de *dever*.
Ex.:
A'e anhõ opakatu i *potar-y-pyra* sosé. – Ele somente está acima de tudo o que deve ser desejado. (Anch., *Cat. Bras.*, I, 173)
Ixé *s-erobîar-y-pyra*. – Eu sou aquele em quem se deve acreditar. (Anch., *Teatro*, 6)

371 O deverbal em **-PYR(A)** é um substantivo. Admite, por isso, os nomes que expressam o tempo nominal: **PÛER(A)**, **RAM(A)**, **RAMBÛER(A)**.
Ex.:
i îuká-pyra   – o que é morto   i îuká-pyr-ûera – o que foi morto
                                i îuká-pyr-ama – o que será morto
                                i îuká-pyr-ambûera – o que seria morto

s-aûsub-y-pyra – o que é amado   s-aûsub-y-pyr-ûera – o que foi amado
s-aûsub-y-pyr-ama – o que será amado
s-aûsub-y-pyr-ambûera – o que seria amado

372   A negativa dos deverbais em **-PYR(A)** se faz com **-E'YM(A)**.
Ex.:
i îuká-pyra – o que é morto   i îuká-pyr-*e'ym-a* – o que não é morto
i îuká-pyr-ama – o que será morto   i îuká-pyr-am-*e'ym-a* – o que não será morto

s-aûsub-y-pyra – o que é amado   s-aûsub-y-pyr-*e'ym-a* – o que não é amado
s-aûsub-y-pyr-ûera – o que foi amado s-aûsub-y-pyr-ûer-*e'ym-a* – o que não foi amado

Transformações fonéticas com -PYR(A)

373   Com verbos de consoante final nasal, o sufixo **-PYR(A)** nasaliza-se e torna-se **-MBYR(A)** (v. regra de transformação fonética 6, § 78).
Ex.:
momanõ – fazer morrer   **i momanõ-mbyra** – o que é feito morrer
(Anch., *Arte*, 3)

374   Diante de **-PYR(A)** ou caem o **-B** ou o **-P** finais do verbo ou se usa a vogal de ligação **-Y-** (v. regra de transformação fonética 4 – complementação, § 307).
Ex.:
I kuab + -pyra > I kuá-pyra ou I kuab-y-pyra
S-aûsub+ -pyra> S-aûsu-pyra ou S-aûsub-y-pyra

O verbo UKAR

375   **UKAR** é um verbo que incorpora outros verbos. Assim como o prefixo de voz causativa **MO-**, ele expressa causa de uma ação ou processo, mas o verbo com o qual **UKAR** aparece é sempre transitivo. Desse modo, faz com que alguém pratique ação sobre outro ser. O prefixo **MO-** já não indica isso.
Ex.:
A-poro-mbo'e-*ukar* Pedro supé. – Faço a Pedro ensinar gente. (Fig., *Arte*, 146)

Veja que o verbo **mbo'e** é transitivo. Faço Pedro praticar uma ação sobre outro ser. Compare agora:

A-î-monger. – Faço-o dormir. (*VLB*, I, 22)
MO- é usado com verbos intransitivos como **ker**. Faço alguém praticar uma ação, mas não sobre outro ser.

Muçurana e tacape
(Staden, *DVB*)

lição 19 • A pajelança

376   UKAR, além de fazer, significa também *deixar, permitir, ordenar, mandar*.

A-rasó-*ukar*. – Deixo-o levar. (*VLB*, I, 92)
Abá-abá-pe Tupã r-era o-î-moeté-*ukar*. – Quem manda louvar o nome de Deus?
(Araújo, *Cat. Líng. Bras.*, 60v)
A-îe-apin-*ukar*. – Mandei tosquiar-me. (Fig., *Arte*, 146)
Oré mo'ar-*ukar* umẽ îepé tentação pupé. – Não nos deixes tu fazer cair em ten-
tação. (Araújo, *Cat. Líng. Bras.*, 13v)

377   Usa-se também UKAR com verbos *transitivados* (i.e., que se tornaram transi-
tivos, como é o caso dos verbos que estão na voz causativa com MO-).
Ex.:
E-î-*moîar-ukar* ybyrá-îoasaba r-esé (...) – Manda pregá-lo na cruz. (Araújo, *Cat.
Líng. Bras.*, 60v)

378   Aquele a quem se ordena, a quem se faz fazer algo aparece com a posposição
SUPÉ. O complemento com SUPÉ não precisa aparecer necessariamente na
frase.
Ex.:
A-îuká-ukar îagûara Pedro *supé*. – Fiz a Pedro matar uma onça. (Fig., *Arte*, 146)
Akó îukyra so'o monem-ukar-e'yma îabé, akûeîa îabé. – Assim como este sal não
deixa tornar fétida a carne, aquele também (não deixa). (Anch., *Cat. Bras.*, I, 203)

Os pronomes indefinidos MBA'E e ABÁ

379   MBA'E e ABÁ também significam *algo* e *alguém*, respectivamente, com verbo
na afirmativa e interrogativa e *nada* e *ninguém*, respectivamente, com verbo
na negativa. Podem vir acompanhados do indefinido AMÕ.
Ex.:
Ké *abá* r-ekóû nhẽ. – Aqui alguém está, na verdade. (Anch., *Teatro*, 26)
Mba'e n'a-î-kuab-angá-î! – Não sei absolutamente nada! (Anch., *Poesias*, 309)
N'i tyb-i *mba'e*-memûã – Não há nada errado. (Anch., *Poesias*, 316)
N'o-pytá-î *amõ abá* maraná'-pe. – Não ficou ninguém no lugar da batalha. (Anch.,
Teatro, 20)
N'a-î-potar-i *abá* s-eîara. – Não quero que ninguém os deixe. (Anch., *Poesias*, 139)
O-î-porará-pe *mba'e* amõ a'epe o-îkóbo-ne? – Sofrerão algo, estando ali?
(Araújo, *Cat. Líng. Bras.*, 48)

380   *Nada* e *ninguém* também se traduzem com as formas negativas NA MBA'E
RUÃ e NA ABÁ RUÃ, respectivamente. Nesse caso, o verbo vem na afirmati-
va. A partícula AMÕ pode acompanhar MBA'E e ABÁ.
Ex.:
Na mba'e ruã o-î-monhang asé 'ang-amo. – Do nada fez nossa alma. (Araújo, *Cat.
Líng. Bras.*, 25)
– Abá-pe erimba'e a'e pitanga r-eté-rama o-î-monhang? – *Na amõ abá ruã.*
– Quem gerou outrora o corpo daquela criança? – Ninguém. (Bettendorff,
Compêndio, 44)

Exercícios

I   Responda em tupi às seguintes perguntas sobre o texto inicial desta lição:

1. Abápe moroposanongaramo oîkó? 2. Abápe oîxuban mba'easybora? 3. Mba'epe paîé mba'easybora îurupe oîmondebukar? Mba'erama resépe? 4. Marãba'e nimbópe i îurupe kunhã i mondebi? 5. Mba'erama resépe paîé akutiãîa rerurukari? 6. E'ikatupe kunhã mba'easybora mongetábo? 7. Marãnamope mba'easybora rasemi? 8. Marã e'ipe paîé mba'easybora 'ar'iré? 9. Umãpe omanõba'epûera rubi? 10. Abá-abápe omanõba'epûera osapirõ?

II   Para praticar o uso dos deverbais em **-PYR(A)**, transforme as orações abaixo conforme o modelo, traduzindo-as.

Mod.:
Paîé aîkûatiar.   **Paîé i kûatiarypyra.**
Desenho um pajé.   O que é desenhado é um pajé. (Não queira verter
                              o agente da passiva *por mim* porque o tupi não o admite.)

1. Kunumĩ ereîposanong.
2. Paîé nde motimbor.
3. Kunhã mba'easybora oîxuban.
4. Kûesé Ka'ioby nde sy reruri.
5. Akutiãîa arur.
6. Xe retymã ereîkutuk.
7. O'aryba'epûera asupir.
8. Paîé mba'easybora oîuká.
9. Xe sy pitangĩ ogûeroker.
10. Okara koty kunhã seté rerasóû.
11. Moroapirõana omanõba'epûera osapirõ.
12. Îagûareté nhe'enga eresendub.
13. Kunumĩ xe mondó.
14. Morubixaba abaetá oîxo'o.
15. Xe anama asaûsub.
16. Oîuká gûá nde mena.
17. Pe roka peîmomorang.
18. Kurupira xe repenhan.
19. Nde mena orosenõî.
20. Paîé xe repîak.

Staden prepara-se para amparar os doentes que chegam; alguns, porém, morreram e são enterrados em covas junto às ocas (Staden, *DVB*)

lição 19 • A pajelança

III   Transforme as orações abaixo conforme o modelo, traduzindo as orações obtidas.
Mod.:
Paîé mboîa oîkûatiar. (kunhã) – O pajé desenha uma cobra.
Paîé mboîa oîkûatiarukar kunhã supé. – O pajé ordena desenhar uma cobra à mulher.

1. Aîkutuk nde îybá. (kunumî) 2. Kunhã kunumî oîposanong. (paîé) 3. Paîé mba'easybora oîxubanypy. (nde) 4. Paîé ereîmongetá. (ixé) 5. Akutiãîa arur. (peẽ) 6. Sasemyba'e ereîuká. (kunhã) 7. Kunhã pitangî oîmonger. (gûaîbî) 8. Omanõba'epûera arasó. (nde) 9. Omanõba'epûera eresapirõ. (moroapirõana) 10. Nde îybá aîmotimbor. (moroposanongara)

Enena
Inseto da ordem dos coleópteros
(Marc., *Hist. Nat. Bras.*)

IV   Para praticar o uso de **ukar** com o gerúndio e com o modo indicativo circunstancial, traduza as frases abaixo:

1. Mba'easybora rupiruká abá supé, paîé o mba'easy renosemi. 2. Osyka, kunhã supé paîé akutiãîa rerurukari. 3. Nde mogûapykuká kunhã supé, paîé nde kutuki. 4. Xe moingeuká, ndebe paîé xe mogûapykukari. 5. Ogûasema, moroposanongara kunhã supé tembi'u apó-ukari.

V   Para praticar o uso das partículas **SERÃ**, **ÎABI'Õ** e **AMẼ** e dos indefinidos **MBA'E** e **ABÁ**, verta para o tupi:

1. Será que os que são mortos voltam para nos (excl.) atacar? 2. Pedro matará, talvez, a cobra. 3. Quem será que curou o doente? 4. O que é sugado pôs o pé, talvez, numa cobra. 5. Será que o que foi trazido costuma prantear os que foram mortos? 6. Eu, de costume, pranteio os que morreram. 7. Eu, de costume, punha um fio de algodão em tua boca. 8. Caiobi, de costume, grita por causa de sua dor. 9. Tu, de costume, cais enquanto eu te defumo. 10. A cada dia os doentes são levados. 11. Cada um de vós costuma estar deitado na rede. 12. Cada índio trouxe o que foi desenhado. 13. Não fiz nada hoje. Nada fiz hoje. 14. Não vi nada. Nada vi. 15. Não comi nada. Nada comi. 16. Não vi ninguém. A ninguém vi.

Vocabulário
nomes e verbos

cair – 'ar

costumar – amẽ (part.) (geralmente após o verbo)

defumar – motimbor

desenhar – kûatiar

doente – mba'easybora

fio – (e)nimbó (r, s)

pôr o pé; pisar – pyrung

prantear – apirõ (s)

rede (de dormir) – inĩ

sugar (doente) – suban

outras categorias

cada – îabi'õ

cada um – îabi'õ

de costume – amẽ

nada – v. § 379 e § 380

ninguém – v. § 379 e § 380

por causa de – suí

será que? – serã?

talvez – serã

VI   Para praticar o uso dos deverbais em **PYR(A)**, verta para o tupi, conforme o modelo.

Mod.:

O que conhece

O verbo aqui é transitivo. Você deve usar **MORO** ou **MBA'E** porque não há objeto declarado e o tupi exige um objeto.

será conhecido.

Em tupi a voz passiva é pouco comum. Temos de converter o verbo num nome deverbativo: *o que será conhecido, o objeto do conhecer, o conhecido*.

Assim, dizemos:

Morokuapara i kuabypyrama. – Lit., *O que conhece gente (é) o que será conhecido*.

1. O que me ama será amado. 2. O que te desenha foi desenhado. 3. O que nos (excl.) fura será furado. 4. O que te suga foi sugado. 5. O que levanta foi levantado. 6. O que mata será morto. 7. O que cura foi curado. 8. O que nos (incl.) pranteia será pranteado. 9. O que me trouxe será trazido. 10. O que te retirou foi retirado.

Vocabulário

nomes e verbos

levantar – upir (s)

retirar – enosem

VII   Traduza (usaremos alguns hífens para facilitar a leitura):

1. Tupã aé i mongaraíb-y-pyr-angaturama o-erasó ybakype aûîeramanhẽ[1]-ne. A'e i mongaraíb-y-pyre'yma oîmondó anhanga ratápe aûîeramanhẽ -ne. S-erok[2]-y-pyra i angaîpá-ba'e abé anhanga ratápe s-eîtyk-y-ne. (Anch., *Cat. Bras.*, I, 131)
2. – Marã e'ipe Tupã îandé rubypy supé, sekomonhanga?[3] "– *E'u ymẽ ikó 'ybá*" e'i. (...) – O'u nhẽ-pe a'e 'ybá? – O'u nhẽ. – Abá resépe i 'uû? – O emirekó resé. (...)

lição 19 • A pajelança

– A'epe abá o'u-ukar semirekó supé? – Anhanga. – A'ereme[4] bépe erimba'e Tupã abá raûsu'– po'iri? – A'ereme bé. (...) – A'e îandé rubypy angaîpagûera resé serã amē abá 'angûera amõ[5] soe'ymi ybakype erimba'e? – A'e resé. (Anch., *Cat. Bras.*, I, 162-163)

3. – Mba'erama ri-pe asé nhemongaraibukari? – Ybakype tekopuku-pe o só-rama resé. (Anch. *Cat. Bras.*, I, 202)

4. – Marãpe Jesus Cristo resé i îukapyrûera rera? – Mártires. (Anch., *Cat. Bras.*, I, 207)

5. – Marã e'ipe asé nhe'enga asé mara'areme? "– *Jesus, Maria, arobîar Tupã Tuba*" e'i. – 'Ykaraíba abépe asé ogûerur-uká-ne? – 'Ykaraíba abé. (Anch., *Cat. Bras.*, I, 221-222)

6. Kûesé paîé mba'easybora subani. (Fig., *Arte*, 96)

7. T'îasó mundé runga! (Fig., *Arte*, 145)

8. Aîuká-ukar îagûara Pedro supé. (Fig., *Arte*, 146)

9. A-îe-îuká-ukar Pedro supé. (Fig., *Arte*, 146)

10. Aporombo'eukar Pedro supé. (Fig., *Arte*, 146)

11. Pe-îe-aûsub-uká i xupé, saûsupa, sekó potá. (Anch., *Teatro*, 56)

12. Ema'enã[6]ngatu xe ri, xe mbo'ar-e'ym-uká. (Anch., *Poemas*, 142)

13. Xe poî-uká-te îepé, kûesé bé[7] mba'e n'a'u-î. (Anch., *Poemas*, 150)

14. – Mamõpe Anás Îandé Îara rerasó-ukari? – Morerekoara[8] Caifás seryba'e supé. – Marã e'ipe Judeus i xupé i mombegûabo?[9] – Onhe'ē '-monhã'-monhang[10] tenhē[11] o emo'emamo[12] i îuká-uká potá nhē. (...) – Marã e'ipe Judeus a'ereme? "*-Îa-îuká*[13] (...) *aîpó îara*" e'i, "*-t'omanõ*" e'i. (Araújo, *Cat. Líng. Bras.*, 56-56v)

Vocabulário

1. **aûîeramanhē** – para sempre

2. **erok (s)** – arrancar o nome, +batizar

3. **ekomonhang (s)** – fazer lei para, orientar

4. **a'ereme** – por ocasião disso

5. **abá 'angûera amõ** – v. § 379

6. **ma'enan** – vigiar, velar

7. **kûesé bé** – v. § 341

8. **morerekoara** – guarda, chefe, +príncipe

9. **mombe'u** – acusar

10. **nhe'ē-monhãmonhang** – ficar a fabricar falas, discursos, ficar a dar falso testemunho

11. **tenhē** – falsamente

12. **emo'em (r, s)** – mentir

13. **îaîuká** (em vez de **t'îaîuká**) – é comum a omissão de **ta**, do modo permissivo, com a 1ª pessoa do plural. Às vezes cai também o **a** de **îa-**: t'i-îuká

O tupi em nossa toponímia e no português do Brasil

I   O termo tupi **MBOÎA**, *cobra*, deu origem a muitos termos portugueses e a muitos nomes geográficos no Brasil. Conheça alguns deles, relacionando os vocábulos abaixo aos significados apresentados em seguida:

1. Mboimirim   2. Mogi-guaçu   3. Boim   4. boicuatiara   5. boiobi
6. Boiçucanga   7. boipeba   8. boiuna   9. Mogi-mirim   10. Mogiquissaba

( ) Nome de município paulista que significa *riozinho das cobras*
( ) *Cobra pintada*
( ) *Cobra verde*
( ) *Cobra chata*
( ) Nome de localidade da Bahia que significa *rio em que as cobras dormem*
( ) *Cobra preta*
( ) Nome de localidade do Pará que significa *cobrinha*
( ) Nome de município paulista que significa *rio grande das cobras*
( ) Nome de localidade do Pará que significa *esqueleto de cobra grande*
( ) Nome de estrada de São Paulo que significa *cobrinha*

II   Com base no vocabulário que você já conhece, procure dar os significados dos
       seguintes nomes:

a. Cajuru (cidade de São Paulo)   d. Itajuru (localidade da Bahia)
b. Juruna (nome de povo indígena)   e. Jupira (nome de pessoa)
c. Timbira (nome de povo indígena)   f. Juraci (nome de pessoa)

Leitura complementar

O tratamento das doenças

Como todas as moléstias eram causadas por sortilégio, cabia aos feiticeiros o seu tratamento. Os mesmos conduziam-se exatamente como os médicos feiticeiros em geral das regiões equatoriais da América do Sul, começando por soprar energicamente o doente, fumigá-lo em seguida e, enfim, sugar a parte molesta para extrair-lhe o mal.

Yves d'Évreux descreve muito vivamente os seus métodos: "Vê-lo-eis sugar pela boca, tanto quanto lhes é possível, o mal do paciente, mal esse que, segundo dizem, fazem passar para a sua boca e garganta; isso, inchando muito as bochechas e repelindo, de um só jato, com estampido igual ao de um tiro de pistola, o vento aí contido. Em seguida, escarram com muita força, dizendo ser isso o mal extraído e assim se esforçando por fazê-lo crer ao doente". De ordinário, os feiticeiros mostravam alguns objetos, lascas de osso ou de madeira que diziam terem sido introduzidos no corpo do paciente por algum inimigo. Após o doente ser "soprado" e sugado, pintavam-no de jenipapo. Se o mesmo gritava ou estertorava, era a sua alma, diziam os tupinambás, que estava a gemer.

"As mulheres", afirma-o Thevet, *"agem diferentemente, isto é, introduzem um fio de algodão, do comprimento de dois pés, na boca do paciente, pelo qual, depois, chupam, esperando assim extrair o mal do doente".*

Para afastar as moléstias, recorriam os índios, também, a escarificações, praticadas por intermédio de dentes de cutia ou de piranha. Qualquer que fosse o tratamento, o doente deveria permanecer em quarentena e privado dos alimentos. Ninguém podia dirigir-lhe a palavra.

Se alguém feria a outrem, estava ele obrigado a sugar-lhe a chaga, até que sobreviesse a cura. Em ambos os casos, culpado e vítima deviam, então, observar alguns tabus alimentares.

Alfred Métraux, *A Religião dos Tupinambás.*

20 · Um funeral

> *"Para estas mortes e choros chamam os vizinhos e parentes e, se é o principal, ajunta-se toda a aldeia a chorar."*
>
> Fernão Cardim, *Tratados da Terra e Gente do Brasil*

Funerais de índios tupinambás (De Bry)

Abá o-manõ-ba'e-pûera o inĩ pupé o-ub. S-ekó-aba Paragûasu-pe.

O homem, o que morreu, na sua rede está deitado. O lugar da morada dele é em Paraguaçu.

Yby sorok-a(ba)-pe, t-obaîara i îukáû. Yby kûara, so'o nhe-mimb-aba,

No lugar do romper da terra, o inimigo matou-o. A toca, lugar do esconder-se dos animais,

i nhe-mimb-ag-ûer-amo o-îkó. Kûesé 'Ypa'ũgûasu suí i îepotar-ag-ûera.

foi o lugar do esconderijo dele. Ontem foi o tempo da chegada dele da Ilha Grande.

Peasag-ûera suí pirá syk-a(ba)-pe i xóû o-îeporaká.

Do antigo porto foi para o lugar do chegar dos peixes para pescar (com rede).

Ka'a-asap-aba r-upi i kûab'iré, t-obaîara i-î ybõû. O-îuká Ka'ioby abé,

Após passar pelo lugar de atravessar a mata, o inimigo flechou-o. Matou também Caiobi,

lição 20 • Um funeral

i gûatá-sag-ûera. U'uba i îuká-sag-ûera ûîme o-ub.

seu ex-companheiro de caminhada. As flechas, instrumentos da matança deles, ali jazem.

(Alguém pergunta para o índio Caramuru:)

– **Ere-î-kuab-ype abá o-îuká-ba'e-pûera?**

– Conhecias o índio, o que o matou?

– **Aan, a-î-kuab-y-te i nhe'eng-aba: tapy'yîa a'e.**

– Não, mas conheço o modo de falar dele: ele é tapuia.

– **Mamõ-pe i xó-ag-ûera?**

– Onde é o lugar da (passada) ida dele? (i.e., onde é o lugar aonde foi?)

– **O-só paranã-epîak-a(ba)-pe. T-obaîara i îuká riré, xe r-a'yra**

– Foi para o lugar de se ver o mar. Após matá-lo o inimigo, meu filho

sapukaî "– *a-s-epîak mokõî abá nhand-aba*", o-'îabo.

gritou, dizendo: "– *vejo dois homens a correr*".

Abá i îuká-pyr-ûera s-apirõ-mbyr-amo o-îkó. Kunhã i mendá-sag-ûera

O homem, o que foi morto, é o que é pranteado. As mulheres com quem se casou

o-s-apirõ o-ína, "– *xe r-emi-motar-ûera mã!*", o-'îabo.

estão-no pranteando, dizendo: "– *ah, meu querido!*".

T-a'yra abé o-s-apirõ: "– *Oré r-ub, oré irũ mã!*", o-'îabo.

Seus filhos também pranteiam-no, dizendo: "– *Ah, nosso pai, nosso companheiro!*".

Tapy'yîa, abá îuká-sar-ûera, i îuká-pyr-am-amo o-îkó-ne.

O tapuia, o matador do índio, é o que será morto.

(Perguntam a Caramuru:)

– **Ere-s-epîak-ype t-e'õmbûera tymb-ag-ûama-ne?**

– Verás o enterro dos cadáveres?

– **Pá, ixé a-s-epîak-y-ne.**

– Sim, eu o verei.

Vocabulário

nomes e verbos

e'õmbûera (t-) – cadáver

kûab (intr.) – passar, atravessar.

Ex.: **Kûarasy...o-berá putunusu** *kûab*'iré. – O sol brilha após passar a grande noite. (Anch.,

Poemas, 142). Não confunda com **kuab**, transitivo, que significa *conhecer, saber*.

mendar (intr.) – casar-se [emprega-se com a posposição esé (r-, s). Ex.: **Abá o-*mendar* kunhã r-esé.** – Um homem casa-se com uma mulher. (Fig., *Arte*, 124)] (v. § 381)

peasaba – porto

sapukaî (intr.) – gritar

sorok (intr.) – romper-se

tapy'yîa – estrangeiro, bárbaro, tapuia (era o índio que não falava o tupi da costa)

outras categorias

mã! (part.) – ah! oh!

-(s)ab(a) – v. § 382 e seguintes

-(s)ag-ûam(a) – v. § 385

-(s)ag-ûer(a) – v. § 385

381 Os significados das posposições ESÉ (R-, S-) e RI (síntese)

ESÉ (R-, S-) e RI são posposições tupis com muitos significados. Têm os mesmos sentidos. Alguns deles são:

1. *por causa de*: **Xe r-oryb nde só *r-esé*.** – Eu estou feliz por causa de tua ida. (Anch., *Arte*, 27); **Pe r-ory, xe r-a'yr-etá, xe *ri*.** – Alegrai-vos, meus filhos, por minha causa. (Anch., *Teatro*, 50)
2. *em* (locativo não geográfico): **E-nho-nong nde itaingapema nde ku'a *r-esé*.** - Põe tua espada na tua cintura. (Fig., *Arte*, 125); ... **Marã-pe xe *ri* ere-pûá?** – Por que bates em mim? (Anch., *Teatro*, 32)
3. *em* (temporal – o mesmo que **pupé**): **(...) putuna amõ *r-esé* (...)** – numa certa noite (Araújo, *Cat. Líng. Bras.*, 7); **Ere-só, kó 'ara *ri*.** – Vais, neste dia. (Anch., *Poemas*, 94)
4. *com* [companhia – às vezes com a partícula **bé**: **esebé (r-, s-)**]. Neste sentido, leva o verbo para o plural: **Nde *r-esé* memê oro-îkó.** – Contigo sempre estou. (Lit., *Contigo sempre estamos*.) (Anch., *Poemas*, 84); ... **Nde r-emimbûaîa *ri* t'oro-îkó.** – Que estejamos com teus súditos. (D'Abbeville, *Histoire*, 342)
5. *para* (finalidade): **(...) Tupã moeté-ag-ûama *r-esé*.** – Para honrar a Deus. (Araújo, *Cat. Líng. Bras.*, 24); ... **T'oîeme'eng apŷabangaturama oré retama pora *ri*...** – Que se deem homens bons para habitantes de nossa terra. (D'Abbeville, *Histoire*, 342)
6. *(a respeito) de*: **Ma'e *r-esé* îandé nhomongetá?** – A respeito de que será nossa conversa? (Léry, *Histoire*, 358); ... **Nde *ri* xe nhemboryryîa.** – Ocupando-me de ti. (Anch., *Poemas*, 98)

Explicação gramatical

382 Os nomes derivados com -(S)AB(A)

Observe as seguintes frases:

lição 20 • Um funeral

Abá *îuká-saba* r-upi xe kûabi. – Passo pelo lugar em que se mata o índio.
(Lit., *Passo pelo lugar de matar o índio.*)

'Ara, abá *îuká-saba*, n'o-syk-i. – O dia em que se mata o índio não chegou.
(Lit., *O dia, tempo de matar o índio, não chegou.*)

U'uba abá *îuká-saba* i puku. – A flecha com que se mata o índio é comprida.
(Lit., *A flecha, instrumento de matar o índio, é comprida.*)

Ka'ioby, Pedro abá *îuká-saba*, i porang. – Caiobi, com quem Pedro mata o índio, é bonito.
(Lit., *Caiobi, companhia de matar o índio de Pedro, é bonito.*)

Kunhã abá *îuká-saba* o-s-aûsub. – A mulher, pela qual se mata o índio, ama-o.
(Lit., *A mulher, causa de matar o índio, ama-o.*)

Abá *îuká-saba* nde r-epyk-ûama. – *A finalidade de matar* o índio é vingar-te.

Abá *îuká-saba* n'a-î-kuab-i. – *O modo de matar* o índio não conheço.

Observe mais estas frases:

Taba pindá *monhang-aba* i porang. – A aldeia em que se fazem anzóis é bonita.
(Lit., *A aldeia, lugar de fazer anzóis, (é) bonita.*)

'Ara pindá *monhang-aba* n'o-syk-i. – O dia de fazer anzóis não chegou.
(Lit., *O dia, tempo de fazer anzóis, não chegou.*)

Itá xe pindá *monhang-aba* i puku. – O metal com que eu faço anzóis é comprido.
(Lit., *O metal, meu instrumento de fazer anzóis, (é) comprido.*)

Oré pindá *monhang-aba* pirá r-ekyîa nhõ. – Nossa *finalidade de fazer* anzóis é só pescar peixes.

Assim, ÎUKÁ-SABA e **MONHANG-ABA** podem ter muitos sentidos diferentes:

ÎUKÁ-SABA
{
lugar de matar
tempo de matar
instrumento de matar
companhia de matar
causa de matar
finalidade de matar
modo de matar
efeito de matar

279

	lugar de fazer
	tempo de fazer
	instrumento de fazer
	companhia de fazer
MONHANG-ABA	causa de fazer
	finalidade de fazer
	modo de fazer
	efeito de fazer

383 Podemos sufixar **-(S)AB(A)** ao tema de qualquer verbo, formando, assim, um substantivo que pode ter muitos sentidos diferentes, geralmente expressando *circunstâncias*.

384 Para se saber o sentido exato que um nome derivado com o sufixo **-(S)AB(A)** tem, é preciso ver o contexto ou o objeto a que ele se refere. De acordo com o contexto, com o objeto a que se refere ou com o substantivo que o antecede, o nome com **-(S)AB(A)** pode expressar diferentes circunstâncias do processo verbal, circunstâncias de *lugar*, de *tempo*, de *instrumento*, de *companhia*, de *modo*, de *causa*, de *finalidade* etc.

Assim, se um substantivo expressar um **lugar**, o nome com **-(S)AB(A)** relacionado a ele deve expressar também o *lugar* em que algo aconteceu.
Ex.:
(...) *Xe 'anga*, **nde** *r-u-saba*, **nde r-upab-amo t'o-îkó**. (Anch., *Poemas*, 128)
Minha alma, à qual tu vens, há de ser teu leito. (Lit., *Minha alma, lugar de tua vinda...*)

Se um substantivo expressar **tempo**, o nome com **-(S)AB(A)** que se relacionar a ele expressará o tempo em que algo aconteceu.
Ex.:
'*Ara* mba'e *tymb-aba* ikó îandu. – O dia em que se planta, de costume, é este (lit., *O dia, tempo de plantar as coisas, é este, de costume*). (inspirado em Montoya, *Tesoro*, 134v)

Se um substantivo expressar **instrumento**, o nome com **-(S)ABA** que se relacionar a ele também deverá expressar o instrumento com o qual uma ação é praticada.
Ex.:
Îy xe *porabyky-saba* i puku. – O machado com que trabalho é comprido (lit., *O machado, instrumento de meu trabalhar, é comprido*). (inspirado em Montoya, *Tesoro*, 134v)

385 Os nomes derivados com **-(S)AB(A)**, sendo substantivos, recebem as formas que marcam o tempo nominal: **PÛER(A)**, **RAM(A)**, **RAMBÛER(A)**.
Ex.:
S-ekó-aba **Kariok-ype**.   A morada dele é na Carioca

lição 20 • Um funeral

Agora:
S-ekó-ag-ûera Kariok-ype.   A antiga morada dele era na Carioca.
S-ekó-ag-ûama Kariok-ype.   A futura morada dele será na Carioca.
S-ekó-ag-ûambûera Kariok-ype.   A morada que seria dele é na Carioca.

386 A forma negativa dos nomes derivados com o sufixo -(S)AB(A) (assim como a negativa dos derivados com outros afixos) faz-se com -E'YM(A), que pode ser anteposto ou posposto àquele sufixo.
Ex.:
îuká-saba   îuká-sab-*e'yma* ou îuká-*e'ymb*-aba
monhang-aba   monhang-ab-*e'yma* ou monhang-*e'ymb*-aba

Sintaxe dos nomes derivados com -(S)AB(A)

387 Se o verbo do qual deriva o nome com -(S)AB(A) for transitivo, o objeto (que para o derivado é um genitivo passivo) o antecede. O sujeito (genitivo ativo) vem antes do objeto (genitivo passivo). Assim:

GEN. ATIVO + GEN. PASSIVO + DERIVADO EM -(S)AB(A)

Ex.:
A-s-epîak kunumî kanindé îuká-sag-ûera. – Vi o lugar em que o menino matou
       /   \\   os canindés.
  genitivo   genitivo   (Lit., *Vi o lugar da passada matança dos*
  ativo   passivo   *canindés do menino*.)

388 Se o verbo do qual deriva o nome com -(S)AB(A) for intransitivo, o sujeito (genitivo ativo) o antecede.
Ex.:
A-î-kuab nde *syk-aba*. – Conheço teu *modo de chegar, tempo de chegar, lugar de chegar* etc. Só o contexto pode esclarecer o sentido exato.

Transformações fonéticas com -(S)AB(A)

389 As transformações fonéticas que ocorrem com o sufixo -(S)AB(A) são quase as mesmas que ocorrem com o sufixo -(S)AR(A) (v. § 329 e seguintes): **tymb-aba, suband-aba, kuap-aba, potá-saba, sug-ûaba, poî-t-aba, enõî-ndaba** etc. O **S** de -(S)AB(A) pode manter-se diante de nasais (exceção à regra 6, segundo a qual **S** se torna **ND** diante de nasal, na sufixação. V. § 78.)

390 Com as formas que marcam o tempo nominal, PÛER(A), RAM(A), RAMBÛER(A), as transformações fonéticas são as seguintes:

-(s)aba + pûera> -*(s)a-ûera* ou -*(s)ag-ûera*
-(s)aba + rama > -*(s)a-ûama* ou -*(s)ag-ûama*
-(s)aba + rambûera > -*(s)a-ûamb-ûera* ou -*(s)ag-ûamb-ûera*

391 É comum cair o **S-** de **-(S)AB(A)**, principalmente no passado e no futuro.
Ex.:
îuká-sag-ûera ou îuká-*ag*-ûera   îuká-sag-ûama ou îuká-*ag*-ûama
t-ekó-aba (e não "t-ekó-saba")

Outros empregos dos nomes derivados com -(S)AB(A)

392 Os nomes derivados com **-(S)AB(A)** podem também empregar-se no lugar da forma substantiva do verbo.
Ex.:
A-î-potar nde *pytá*   ou   A-î-potar nde *pytá-saba*. – Quero tua permanência.
O-î-potar xe *só*   ou   O-î-potar xe *só-aba*. – Quer minha ida.

393 No passado e no futuro, os derivados com **-(S)AB(A)** são mais usados que a forma substantiva do verbo:
Ex.:
A-î-potar nde pytá-rama ou, preferencialmente,
A-î-potar nde *pytá-sag-ûama*. – Quero que tu permaneças futuramente.
    (Lit., *Quero tua futura permanência.*)

A-î-kuab Pedro i îuká-pûera ou, preferencialmente,
A-î-kuab Pedro i *îuká-sag-ûera*. – Sei que Pedro o matou.

Camará-îapó
(Marc., *Hist. Nat. Bras.*)

394 Com verbos intransitivos que recebem complemento posposicionado (i.e., *os transitivos indiretos*) ou com verbos da 2ª classe (de tema nominal), **-(S)AB(A)** pode também indicar o objeto do processo verbal, formando derivados equivalentes aos derivados em **-EMI-**, em seu sentido. Até mesmo com verbos transitivos isso pode ocorrer.
Ex.:
E-î-poru nde *nhembo'e-ag*-ûera. – Pratica o que tu aprendeste (lit., *Pratica o objeto de tua passada aprendizagem*). (*VLB*, I, 131)
Ta xe pysyrõ Tupã *ma'enduá-sab*-aíba suí. – Que me livre Deus das lembranças más (lit., *dos maus objetos da lembrança*). (Araújo, *Cat. Líng. Bras.*, 21)
Xe *mendá-sab*-eté r-esé nhõ t'a-îkó-ne. – Hei de ter relações com minha esposa verdadeira (lit., *com o verdadeiro objeto de meu casar*) somente. (Araújo, *Cat. Líng. Bras.*, 95)

395 **-(S)AB(A)** pode sufixar-se também a substantivos.
Ex.:
poxŷ-aba – maldade, torpeza: (...) o nhe'enga *poxŷ-ag*-ûera – a maldade de suas palavras (Araújo, *Cat. Líng. Bras.*, 90)
katû-aba – excelência, boa qualidade, virtude, bondade: ... E-îerurébo oré *katû-ag*-ûama ri! – Rogando por nossa virtude! (Valente, *Cantigas*, III)

lição 20 • Um funeral

Os relativos

396 Em tupi não existem pronomes relativos *que, quem, o qual, cujo, do qual, com quem* etc. Uma frase em português que tenha pronome relativo é vertida, em tupi, por um nome derivado em -BA'E, -(S)AR(A), -PYR(A), -EMI- ou -(S)AB(A), de acordo com seu sentido.
Ex.:
N'a-î-kuab-i ikó pytuna o-'a-ba'e-rama pupé xe r-e'õ-nama...
Não sei se morrerei nesta noite que cairá.
(Lit., *Não sei se morrerei nesta noite, a que cairá.*) (Araújo, *Cat. Líng. Bras.*, 76v)

397 Assim, em vez de uma oração com pronome relativo, o tupi usa um nome derivado na função de *aposto*. O nome derivado que traduz oração com pronome relativo é sempre um aposto.
Ex.:
Pitanga mokõî ro'y o-moaûîê-ba'e... – As crianças que completam dois anos...
(lit., *As crianças, as que completam dois anos*...) (Araújo, *Cat. Líng. Bras.*, 139, 1686)

Aposto, porque explica o nome anterior.

(...) Îesu, îandé r-ekobé me'eng-ara, o-î-momboreaûsu-katu...
Jesus, que dá a nossa vida, afligiu-o muito.
(lit., *Jesus, o doador de nossa vida, afligiu-o muito.*) (Anch., *Poemas*, 90)

aposto

Pe-kûãî Anhanga supé, i monhã'-mbyr-ûera t-atá r-erekó-ar-amo.
Ide para junto do diabo, que foi feito como guardião do fogo.
(Lit., *Ide para junto do diabo, o feito como guardião do fogo.*) (Araújo, *Cat. Líng. Bras.*, 162v)

aposto

T'o-î-kuab ybaka piara, Tupana r-emi-monhanga.
Que conheça o caminho do céu, que Deus faz.
(Lit., *Que conheça o caminho do céu, o feito de Deus.*) (Valente, *Cantigas*, VI)

aposto

E-î-py-tybyr-ok xe r-oka, nde pytá-saba îepi. (Valente, *Cantigas*, VIII)
Tira a poeira dos pés de minha casa, em que tu permaneces sempre.
(Lit., *Tira a poeira dos pés de minha casa, lugar de tua permanência sempre.*)

Aposto, pois explica o termo anterior, **xe r-oka**, *minha casa.*

Kó xe 'anga nde r-usaba nde r-upab-amo t'o-îkó. (Anch., *Poemas*, 128)
Eis que minha alma, à qual tu vens, há de estar como teu leito.
(Lit., *Eis que minha alma, lugar de tua vinda, há de estar como teu leito.*)

Exercícios

I   Responda em tupi às seguintes perguntas sobre o texto inicial desta lição:

1. Umãpe omanõba'epûera rubi? 2. Umãpe omanõba'epûera rekoagûera? 3. Umãpe tobaîara aîpó abá îukáû? 4. Umãpe tobaîara nhemimi aîpó abá îuká îanondé? 5. Erimba'epe omanõba'epûera îepotari? 6. Mamõpe i xóû o îepotar'iré? 7. Abápe omanõba'epûera gûatasagûera? 8. Marãngatupe tobaîara aîpó abá îukáû? 9. Abá-abápe omanõba'epûera osapirõ? 10. Abápe tobaîara aîpó abá oîukaba'epûera? 11. Mamõpe tobaîara sóû aîpó abá îuká riré? 12. Marã e'ipe Karamuru ra'yra aîpó abá îukasara repîakeme? 13. Marã e'ipe kunhã i mendaragûera o mendera repîakeme? 14. Osepîakype Karamuru te'õmbûera tymbagûamane?

II Para praticar o uso dos derivados em -(S)AB(A) e de outros derivados com o sentido de orações relativas, verta para o tupi: (Damos, entre parênteses, elementos para facilitar a versão.)

1. O homem que foi morto (lit., *o que foi morto*) jaz na rede.
2. A aldeia em que moro (lit., *lugar de meu morar*) é a Carioca.
3. O dia em que chegou o menino (lit., *tempo da passada chegada do menino*) foi ontem.
4. O caminho em que eu atravesso a mata (lit., *lugar da minha travessia da mata*) é comprido.
5. O tapuia que matou o índio (lit., *o matador do índio*) é o que será morto.
6. A aldeia para onde ele foi (lit., *lugar da passada ida dele*) é Paraguaçu.
7. Moro na aldeia em que se vê o mar (lit., *lugar da visão do mar*).
8. O campo em que o homem corre (lit., *lugar de correr do homem*) é bonito.
9. O homem pelo qual a mulher chora (lit., *causa do chorar da mulher*) é seu ex-marido.
10. O tapuia com quem eu fui (lit., *companhia de minha passada ida*) para Paraguaçu é o que morrerá.

Vocabulário

nomes e verbos

Carioca – Karioka (nome de antiga aldeia indígena tamoia na Baía da Guanabara)

jazer – îub / ub(a) (t-, t-)

Paraguaçu – Paragûasu

tapuia – tapy'yîa

outras categorias

cujo – v. expl. gram., § 396, § 397

que – v. expl. gram., § 396, § 397

Ipecu
Pica-pau, ave da família dos picídeos; habita a mata e o cerrado e faz ninhos nos ocos dos paus ou em buracos que abre
(Marc., *Hist. Nat. Bras.*)

lição 20 • Um funeral

III   Faça conforme o modelo, traduzindo as frases:
Mod.:
A-só tá'-pe.   **Taba i porang.**
Vou para a aldeia.   A aldeia é bonita.
Taba xe só-aba i porang. A aldeia para onde vou é bonita.
                                (Lit., *A aldeia, lugar de minha ida, é bonita.*)

1. Ikó 'ara resé agûasem. 'Ara sakub. 2. Kysé pupé tobaîara ereîuká. Kysé i puku. 3. Îagûara yby kûarype onhemim. Yby kûara i ro'y. 4. Orogûatá Tatamirĩ resé. Tatamirĩ omanõ. 5. Aîeporakar paranãme. Paranã soby. 6. Pedro abá rapé rupi ka'a osasab. Pé i puku. 7. Pedro Maria resé omendar. Maria i porang. 8. Kunumĩ tá-pe osó. Taba iî ybaté. 9. Nhũme tapy'yîa retepûera oronhotym. Nhũ i potyr. 10. Nde ma'enduar nde remimotara resé. Nde remimotara i marangatu. (Diga aqui: *Tua amada, objeto de tua lembrança, é bondosa.*)

Vocabulário

nomes

akub (r-, s-) – quente

emi-motara (t) – amado, desejado

nhũ – campo

potyr – florido

IV   Passe as frases resultantes do exercício anterior para o passado e para o futuro, conforme o modelo:
Mod.:
Taba xe soaba i porang.   passado: **Taba xe soagûera i porang.**
                               futuro: **Taba xe soagûama i porang.**

V   Verta para o tupi:

1. A rede em que estou deitado rompeu-se. 2. O dia em que cheguei estava bom. 3. A flecha com que matei o animal jaz ali (vis.). 4. A finalidade da ida de Pedro é a guerra. 5. O menino com quem caminho caiu. 6. O lugar em que a terra racha é bonito. 7. O índio que te flechou é teu inimigo (pessoal). 8. O índio que é visto corre. 9. A mulher, cujo marido morreu, pranteia-o. 10. A mulher que eu vejo é tua mãe.

Vocabulário

finalidade – v. -(s)ab(a), § 384

ida – só

inimigo (pessoal) – sumarã

lugar – v. -(s)ab(a), § 384

rachar – bok

romper-se – sorok

Guará
Ave pernalta aquática da família dos ibidídeos
(Marc., *Hist. Nat. Bras.*)

285

VI   Transforme as orações abaixo conforme o modelo, traduzindo as orações resultantes:

Mod.:

Abá o-manõ. – O índio morreu. **Abá inĩ pupé o-ub**. – O índio jaz na rede.
Abá o-manõ-ba'e-pûera inĩ pupé o-ub. – O índio que morreu jaz na rede.
(Lit., *O índio, o que morreu, jaz na rede*.)

1. Yby osorok. Yby i porang. 2. Tobaîara anhybõ. Tobaîara onhan. 3. Erepytá tápe. Taba i porang. 4. Oroîuká abá. Abá oub ûĩme. 5. Yby kûarype anhemim. Yby kûara i puku. 6. Abá tapy'yîa oîuká. Abá osapukaî. 7. Kunhã osapirõ. Kunhã oub. 8. Kunhã asapirõ. Kunhã omanõ. 9. Maria mena omanõ. Maria osapirõ. 10. Kunhambeba osapirõ gûá. Kunhambeba omanõ. 11. Tapy'yîa retepûera anhotym. Tapy'yîa i poxy. 12. Tapy'yîa oîuká gûá. Tapy'yîa nd'onhani.

VII   Traduza (manteremos somente os hífens que forem necessários para a melhor compreensão do texto):

1. Aîmongetá Tupã nde resé. (Fig., *Arte*, 156)
2. Asó xe ruba repîakûama resé. (Fig., *Arte*, 158)
3. – Mba'epe asé omombe'une? – Mba'epoxy resé o ma'enduaragûera, o nhe'engaibagûera (...), Tupã rekó abŷagûera. (Anch., *Cat. Bras.*, I, 211)
4. – Abápe amẽ asé osenõî oîkótebẽmo? – Îesus osenõî. (Anch., *Cat. Bras.*, I, 189)
5. Eîkuá-katueté angiré[1] Tupã, a'e nde raûsubá-ag-ûera, anhanga pó suí nde renosemagûera. (Anch., *Cat. Bras.*, I, 196)
6. – Marãnamope asé 'anga sykyîéû-eté-katu? – Jesus Cristo robaké o sorama resé, *"mamõ serã xe sóune, konipó ybakype, konipó anhanga ratápe-ne?"* o'îabo. (Anch., *Cat. Bras.*, I, 221)
7. Abá omendar kunhã resé. (Fig., *Arte*, 124)
8. Xe angekoaíb[2] nde resé. (Fig., *Arte*, 124)
9. Na xe resaraî nde resé. (Fig., *Arte*, 124)
10. Apûar[3] nde resé-ne. (Fig., *Arte*, 124)
11. Apokok[4] mba'e resé. (Fig., *Arte*, 124)
12. Tupana[5] resé aîkó. (Fig., *Arte*, 166)
13. Okarype senosemi *cruz* nonga i ati'yba[6]
     r-esé. (Anch., *Diál. Fé*, 187)
14. A-robîá nde só-aûama. (Anch., *Arte*, 27)

15. *Dança*
Saraûaî[7]-amo oroîkó,
ka'ape oroîemonhanga.
Oroîu nde momoranga,
oré aíba reropó.[8]
(...)
Ka'a pytera[9] suí
aîu, nde rura repîaka.
Eîori xe rerobaka
nde rekokatu koty.
Ko'y, nde rura resé,

xe aíba aîtyk-y pá-ne.
Arobyk[10] Tupãeté,
i nhe'enga rerobîá-ne.
(...)
Aseîar umã ka'a
nde rerapûana[11] resé.
Xe raûsukatu îepé
xe poxy reîtyka pá.

(Anch., *Poesias*, 582-583)

lição 20 • Um funeral

Vocabulário

1. angiré – de agora em diante, doravante
2. angekoaíb – aflito
3. pûar (intr.) – bater
4. pokok – tocar
5. Tupana – o mesmo que Tupã, +Deus
6. ati'yba – ombro
7. saraûaîa – + selvagem
8. eropo(r) – despedir, mandar embora
9. pytera – meio, centro
10. erobyk – juntar-se a, aproximar-se de
11. erapûana (t-) – fama

O tupi em nossa toponímia

I Conforme você viu na lição 20, os topônimos do Brasil que possuem o sufixo **-(S)ABA** do tupi (realizando-o nas formas **-ÇABA, -AVA, -NDAVA, -NDABA, -ABA, -ÇAVA, -GUABA** e também **-GUAVA**) são muito numerosos. Relacionando as duas colunas, você conhecerá o significado de alguns deles:

NOME DO LUGAR	SIGNIFICADO
Guarapuava	( ) porto antigo, o que foi porto
Abarequeçaba	( ) lugar onde estão as flores
Potirendaba	( ) lugar de gafanhotos
Urubuqueçaba	( ) lugar do barulho dos lobos-guarás
Pindamonhangaba	( ) lugar onde estão as pedras
Igarapava	( ) lugar de lama
Paranapiacaba	( ) lugar de dormir do padre
Piaçaguera	( ) lugar de dormir dos guarás
Guaraqueçaba	( ) lugar de fazer anzóis
Piracicaba	( ) lugar de atravessar a mata
Itarendaba	( ) lugar de dormir dos urubus
Tucurava	( ) lugar de estarem as canoas
Tujuguaba	( ) lugar de se ver o mar
Caçapava	( ) lugar da chegada dos peixes

II Sabendo que, em tupi, **kûara** significa *toca, buraco*, diga que significam os seguintes nomes de lugares (entre parênteses estão as siglas dos estados brasileiros onde se situam):

a. Jacarecoara (MA)
b. Jericoaquara (CE)
c. Urubuquara (AM)
d. Jaguaquara (BA)

Pitanguá-açu
Bem-te-vi, pássaro da família
dos tiranídeos
(Marc., *Hist. Nat. Bras.*)

Vocabulário

îurukûá – designação comum às tartarugas marítimas da família *Cheloniidae*.

Leitura complementar

Cerimônias funerárias

Quando, entre esses selvagens, falece algum chefe de família, quer na guerra, quer na velhice ou por acidente, suas mulheres cortam o cabelo bem rente, depois de arrancar-lhe parte com horríveis choros e piedosos lamentos, que prosseguem, não por dois ou três dias, mas por espaço de metade do ano. Todavia, o luto pesado dura apenas os quatro ou cinco dias após o traspasse. É horrível ouvi-los gritar por ocasião desses lamentos, harmonia tão agradável quanto o barulho feito por gatos e cães se pegando uns com os outros. Vereis então, deitados uns em suas redes, outros acocorados, abraçarem-se reciprocamente, fazendo mil gestos de tristeza, enquanto as mulheres exclamam Chérémimotarouére ymen *(esse* ymen *é pronunciado em cerca de quatro ou cinco tons), depois do que suspiram assim:* Eh hé héhé hé heh; *em seguida:* Éh hé, heh, heh, heh *(também em dois tons e meio, aproximadamente, sendo que, pela quarta vez, o hé é cantado em um tom e meio). E tais prantos e lamentos, se fossem traduzidos em nossa língua, significariam:* Ó, aquele a quem tanto amei! *Os filhos e os demais parentes exclamam, do mesmo modo:* Ó, morreu nosso pai e amigo! Era homem de bem, tão valente na guerra! Ele, que dizimou tantos inimigos! Que era tão possante e forte! Que cuidava tão bem dos campos e apanhava tanta caça e tanto peixe para o nosso sustento! Foi-se; não o veremos mais, a não ser depois que morrermos, quando, então, iremos para a sua companhia, para a região da qual nos falam os nossos pajés! *Enfim, empregam os selvagens inúmeros desses choros, tão longos que não é possível descrevê-los todos, repetindo-os mil vezes, sem parar, por espaço de cinco dias. E só então põem o defunto em sua cova (...).*

Quando morre o marido, ou a esposa, ou outro qualquer parente, pais, mães, tios ou irmãos, os selvagens curvam-no, dentro da própria rede onde falece, dando-lhe a forma de um bloco ou saco, à semelhança da criança no ventre materno; depois, assim envolvido, ligado e cingido com cordas de algodão, metem-no em um grande vaso de barro, cobrindo-o com a gamela onde o defunto costumava lavar-se, receando, segundo dizem, que o morto ressuscite, se não está bem amarrado, temor, aliás, muito grande, pois creem que isso já aconteceu a seus avós, motivo pelo qual convieram em tomar tal precaução. Feito isso, deitam o cadáver em

lição 20 • Um funeral

determinada cova, redonda como um poço, pouco mais ou menos da altura de um homem, pondo-lhe junto fogo e farinha, pois temem a aproximação dos espíritos malignos. Julgam, também, que, se a alma tiver fome, não lhe deve faltar comida. Em seguida, cobrem tudo com a terra tirada do fosso. Em se tratando de um chefe de família, enterram-no em casa, no próprio local onde costumava dormir; se é uma criança, o morto é sepultado fora e atrás da oca. Alguns o são nas plantações e outros nos sítios de sua preferência. E isso é bastante para dar ideia do atraso e simplicidade dessa gente.

André Thevet, *As Singularidades da França Antártica.*

21 · O mito de Sumé

> "Também lhes ficou dos antigos notícias de uns dois
> homens que andavam entre eles, um bom e outro mau.
> Ao bom chamaram Çumé, que deve ser o apóstolo São Tomé."
>
> Padre José de Anchieta, *Informação do Brasil e de suas Capitanias*

(Ilustração de C. Cardoso)

Conta a lenda que, há muito tempo, passou pela terra dos tupinambás um velho de barbas longas e brancas, vestido como um profeta, que muitos, depois, afirmaram ser o próprio apóstolo São Tomé, que teria estado na América para ensinar aos índios a doutrina cristã, tendo ido, em seguida, para a Índia. Um velho tupinambá do Maranhão narra essa história:

"Karaíba Sumé seryba'epûera our erimba'e oré rekoá-pe.
"Um homem branco que tinha nome Sumé veio outrora aonde nós moramos.
Oré 'anga raûsupá-pe turi. Sumé sendybaab. Sendybaaba i puku.
Por amar nossa alma veio. Sumé tinha barba. Sua barba era comprida.
Sumé i aob nde îabé, nde nhe'engaba îabé onhe'enga.
Sumé tinha roupa como tu, falando como teu modo de falar.
Sumé rureme "– pe mbo'esagûama resé xe ruri", i 'éû orébe.
Quando Sumé veio, disse para nós: "– Para vos ensinar eu vim".

lição 21 • O mito de Sumé

"– Abá xe remimotara oîmonhang-e'ym-ba'e oîkobé-poxy.
"– A pessoa que não faz o que eu quero vive mal.
Na sorybi tekokatu resé i mbo'epyr-e'yma", e'i.
O que não é ensinado na boa lei não é feliz", disse.

Sumé pytasaba pukuî oré irũnamo, mandi'oka tymbaba resé a'e oré mbo'eû,
Durante a permanência de Sumé conosco, a plantar mandioca ele nos ensinou,
"– abá a-î-kó-me'eng-y-ne", o'îabo.
dizendo: *"– Darei roças aos índios".*

(Os tupinambás, porém, não aceitaram a Sumé:)

"– Oroîpotar nde rekoagûam-e'yma iké. Oroîpotar nde r-e'õagûama", e'i.
"– Queremos que tu não mores aqui. Queremos tua morte (futura)", disseram.
Osaûsub-e'ym-ba'epûera oîmomosem. Sumé ybõnama oîpotaryba'epûera
Os que não o amavam perseguiram-no. Os que queriam flechar Sumé
i-î ybõmbyrûer-amo sekóû nhẽ. Abá-ugûy-syryka oîabab.
são os que foram flechados, com efeito. Os índios de sangue escorrido fugiram.
Sumé paranã osasab onhemoakyme'yma. 'Y-embe'ype, sepîakypyr-amo
Sumé atravessou o mar, não se molhando. Na praia, o que é visto
i pypora sekóû.
são suas pegadas.
"– Ixé aîebyryne", e'i, amõaé tetama koty osóbo.
"– Eu voltarei", disse, indo em direção a uma outra região.

Baseado em textos de Nóbrega (séc. XVI) e d'Évreux (séc. XVII)

Vocabulário

nomes e verbos

endybaaba (t-) – barba (lit., *pelos do queixo*)

etama (t-) – região, terra (em que se habita), pátria

kó – roça

mbo'e (trans.) – ensinar [a pessoa ensinada é o objeto e a coisa ensinada vem, geralmente, com a posposição esé (r-, s-) ou com o gerúndio]. Ex.: (...) nhembo'esaba resé i mbo'ebo... – Ensinando-o sobre a doutrina. (Araújo, *Cat. Líng. Bras.*, 127-127v)

moakym (trans.) – molhar

momosem (trans.) – perseguir, acossar

pypora – pegada, marca de pé

Sumé – nome de entidade mitológica dos antigos índios da costa do Brasil

'y-embe'yba – praia, margem de rio

outras categorias

îabé – como, assim como

Piquitinga
Peixe da família dos engraulídeos
(Marc., *Hist. Nat. Bras.*)

Diferenças entre ÎABÉ e –(R)AMO

398 ÎABÉ (ou ainda ÎÁ, ÎABENHẼ, ÎAKATU significa *como* em comparações: **Maria onhe'eng kunumĩ îabé**. – *Maria fala como um menino* (i.e., ela não é um menino, mas, quando fala, parece um).

–(R)AMO – significa *como*, no sentido de *na condição de*: **Pindobusu onhe'eng kunumĩ-namo**. – *Pindobuçu fala como um menino* (i.e., na condição de menino que ele realmente é). -(R)AMO é uma posposição átona, como -PE e -(R)EME.

399 KOTY tem uma forma nasalizada **NGOTY**, que só se usa com partículas. **Marã-ngoty-pe?** – *Em que direção?* (Fig., *Arte*, 127)

Como posposição, fica sempre na forma **KOTY**, mesmo após nasais: **Peîori pebaka Tupã *koty*. (...)** – *Vinde para vos voltardes para Deus.* (Anch., *Teatro*, 56)

Verbos irregulares

Na lição 21 aparecem verbos irregulares. Nas suas *formas nominais* (v. § 284 e § 285), eles são pluriformes. Nas suas *formas verbais propriamente ditas*, geralmente o tema é outro. São, assim, *verbos ditemáticos*. Vários deles são intransitivos, não tendo, desse modo, algumas formas deverbais (em **-EMI-** e em **-PYR(A)** p.ex.).

400 Verbo MANÕ / E'Õ (T-) – *morrer*

Formas verbais propriamente ditas (originadas do tema **manõ**):
indicativo: **a-manõ, ere-manõ, o-manõ** etc.
imperativo: **e-manõ!** – morre! **pe-manõ!** – morrei!
permissivo: **t'a-manõ, t'ere-manõ, t'o-manõ** etc.
gerúndio: **gûi-manõmo, e-manõmo, o-manõmo** etc.
deverbais: **o-manõ-ba'e** – o que morre

Formas nominais [originadas de **e'õ (t-)**]:
infinitivo (*forma absoluta*): **t-e'õ** – o morrer; a morte (*formas relacionadas*): **xe r-e'õ** – meu morrer, minha morte, **nde r-e'õ** – teu morrer, tua morte, **s-e'õ** – seu morrer, sua morte, **o e'õ** – seu próprio morrer, sua própria morte
modo indicativo circunstancial: **xe r-e'õ-û, s-e'õ-û, oré r-e'õ-û** etc.
deverbais: **e'õ-saba (t-)** – lugar de morrer, tempo de morrer, modo de morrer etc.

401 Verbo ÎUR / UR(A) (T-, T-) – *vir*

Formas verbais propriamente ditas (originadas do tema **îur**, às vezes com alternância com o tema **ur***):
indicativo: a-îur, ere-îur, o-ur*, îa-îur, oro-îur, pe-îur, o-ur*
imperativo: e-îori! (ou îori! ou ainda e-îor!) – vem! pe-îori! (ou pe-îor!) – vinde!
permissivo: t'a-îur, t'ere-îur, t'o-ur* etc.
gerúndio: gûi-t-u*, e-îu, o-ú*, îa-îu, oro-îu, pe-îu, o-ú* – vindo eu, vindo tu etc.
deverbais: o-ur-y-ba'e* – o que vem

Formas nominais [originadas do tema **ur(a)** (t-, t-)]:
infinitivo (*forma absoluta*): t-ura – vir, vinda; (*formas relacionadas*): xe r-ura – meu vir, minha vinda, nde r-ura – teu vir, tua vinda, t-ura – seu vir, sua vinda, og ura –, seu próprio vir, sua própria vinda etc.
modo indicativo circunstancial: xe r-ur-i, t-ur-i, oré r-ur-i, îandé r-ur-i, t-ur-i
deverbais: u-saba (t-) – lugar de vir, tempo de vir, modo de vir etc.

402 Verbo IKÓ / EKÓ (T-) – *estar*

Formas verbais propriamente ditas (originadas do tema **ikó** – às vezes com alternância com o tema **ekó***):
indicativo: a-îkó, ere-îkó, o-îkó, oro-îkó etc.
imperativo: e-îkó! – está! pe-îkó! – estai!
permissivo: t'a-îkó, t'ere-îkó, t'o-îkó etc.
gerúndio: gûi-t-ekóbo*, e-îkóbo, o-îkóbo etc. (estando eu, estando tu, estando ele etc.)
deverbais: o-îkó-ba'e – o que está

Formas nominais [originadas de **ekó** (t-)]:
infinitivo (*forma absoluta*): t-ekó – estar; (*formas relacionadas*): xe r-ekó – meu estar, nde r-ekó – teu estar, s-ekó – seu estar; o ekó – seu próprio estar etc.
modo indicativo circunstancial: xe r-ekó-û, s-ekó-û, oré r-ekó-û, îandé r-ekó-û, s-ekó-û
deverbais: ekó-ara (t-) ou ekû-ara (t-) – o que está, o "estador"
ekó-aba (t-) ou ekû-aba (t-) – lugar de estar, tempo de estar, modo de estar etc.

Sagui
Pequeno símio de cauda longa
da família dos hapalídeos
(Marc., *Hist. Nat. Bras.*)

Explicação gramatical

403 Os deverbais em -(S)AB(A) com posposições

As posposições mais comuns que acompanham os deverbais em -(S)AB(A) e que delimitam seu sentido (como você se lembra, um deverbal em -(S)AB(A) pode ter muitos sentidos) são:

-PE

locativo: Ogûeîy îandé rekoá(ba)-pe.
Desceu ao lugar em que moramos. (Anch., *Poemas*, 160)
Osó o mondoá(ba)-pe.
Vai ao lugar aonde o mandam. (Fig., *Arte*, 84)

temporal: (...) Nde rura andupá(ba)-pe, opó-oporĩ.
Ao perceber tua vinda, ficou pulando. (Anch., *Poemas*, 118)
Xe anama gûatasá-pe, nde morerekoá sesé.
Ao caminhar minha família, tu a guardavas. (Anch., *Poemas*, 154)

causal: Îesu nde rupiri nde moetesá-pe.
Jesus fez-te ascender por te honrar. (Anch., *Poemas*, 126)
Ta sory Tupã o pysyrõsá-pe.
Que se alegrem por Deus os salvar. (Anch., *Teatro*, 56)

final: Ybaka suí ere-îur xe 'anga pysyrõsá-pe.
Vieste do céu para salvar minha alma. (Anch., *Poemas*, 100)

Guatucupá
Corvina, peixe da família dos otolitídeos
(Marc., *Hist. Nat. Bras.*)

ESÉ (R-, S-) ou RI

causal: Oro-moeté-katu (...) nde xe pysyrõagûera resé.
Louvo-te muito por me teres salvado. (Araújo, *Cat. Líng. Bras.*, 87v)

final: Marãpe asé rekóû Tupã remimotara moporagûama resé?
Como a gente procede para cumprir a vontade de Deus? (Araújo, *Cat. Líng. Bras.*, 74v)
Asé sumarã suí asé rarõagûama resé. – Para nos guardar dos nossos inimigos. (Araújo, *Cat. Líng. Bras.*, 23v)

-(R)AMO

Îarekópe mosanga amõ îandé pûerasab-amo?
Temos outro remédio como meio de nossa cura? (Araújo, *Cat. Líng. Bras.*, 79)
(...) Anhanga mondyîtab-amo.
...como modo de espantar o diabo. (Araújo, *Cat. Líng. Bras.*, 93)
Mba'e-eté anhẽ nhemombe'u (...) Tupã remimonhangûera ikó 'ara pupé o monhyrõsab-amo, ybakype asé soab-amo.

Coisa muito boa, verdadeiramente, é a confissão, que Deus fez neste mundo como modo de aplacar a si, como modo de a gente ir para o céu. (Anch., *Cat. Bras.*, 220)

Piabuçu
Peixe de água doce da
família dos caracídeos
(Marc., *Hist. Nat. Bras.*)

A negação com E'YM(A) (síntese)

Você já viu em lições anteriores três diferentes maneiras de se fazer a negação do verbo em tupi: com **NA...-I** (com o indicativo), com **UMẼ** (com o imperativo e com o permissivo) e com **-E'YM(A)** (com as outras formas do verbo e com os deverbais). Sintetizemos, agora, todos os usos de **-E'YM(A)** já estudados:

404 O sufixo **-E'YM(A)** faz a negativa da forma substantiva, do gerúndio, do modo indicativo circunstancial, dos nomes derivados e deverbais. Pode também ser usado com o indicativo, mas tal emprego é raro. É a forma de negação de uso mais amplo.
Ex.:
com a forma substantiva do verbo (ou "infinitivo"):
N'oîpotarype Tupã xe r-e'õ-e'yma (...)? – Não quer Deus que eu não morra? (D'Abbeville, *Histoire*, 351v)

com o gerúndio:
(...) O îar-amo sekó potar-e'yma. – Não querendo que ele seja seu senhor. (Araújo, *Cat. Líng. Bras.*, 26v)

com o modo indicativo circunstancial:
Pysaré kó i ker-e'ymi. – A noite toda eis que ele não dormiu. (Anch., *Teatro*, 32)

com os deverbais:
Tekokatu-eté rerekoara onheran-e'ym-ba'e. – O que tem a bem-aventurança é o que não agride. (Araújo, *Cat. Líng. Bras.*, 18v-19)
Abá angaîpá-nhemima i kuapar-e'yma supé mombegûabo... – Contando as maldades escondidas de alguém para quem não as conhece. (Araújo, *Cat. Líng. Bras.*, 1618, 73v)
Ere'upe so'o i gûab-e'yma pupé? – Comeste carne no tempo de não a comer? (Anch., *Cat. Bras.*, II, 107)

405 Com os derivados em **-BA'E**, **-E'YM** vem anteposto ao sufixo nominalizador; com os demais deverbais vem posposto.
Ex.:
(...) o-nheran-e'ym-ba'e – o que não agride (Araújo, *Cat. Líng. Bras.*, 18v-19)
(...) s-epîak-pyr-e'yma – o que não é visto, o não visto (Léry, *Histoire*, 346)

(...) **Ere-îakasó, missa rendupab-*e'yma*.** – Mudaste de aldeia, razão pela qual não ouviste missa. (Anch., *Teatro*, 166)

Os verbos retransitivados

406 Certos verbos, quando incorporam um substantivo como objeto, criam um novo significado e o substantivo incorporado funde-se ao verbo, formando uma unidade de sentido com ele e fazendo surgir um novo verbo transitivo, a que podemos chamar de *verbo retransitivado* (i.e., que continuou sendo transitivo, mas com novo sentido trazido pelo substantivo incorporado).

Ex.:

A-îo-'ok <u>mboîa akanga</u>. – Arranco a cabeça da cobra.

           objeto

Se incorporarmos, agora, o substantivo **akanga** no verbo **'ok**, criaremos um novo verbo, o verbo **akangok**, transitivo, que significa *decapitar*, e que passa a exigir novo objeto: decapitar *quem*?

Diríamos assim:

A-î-*akangok* <u>mboîa</u>. – Decapito a cobra. (Fig., *Arte*, 88)

           objeto

O pronome -**î**- indica que o novo verbo criado exige complemento, pois é transitivo. O -**î**-, pronome, fica no lugar do objeto nominal, que é **mboîa** (e não mais *mboîa akanga*, como na primeira frase). Cria-se um novo verbo transitivo, mas com sentido diferente.

407 O substantivo pluriforme perde seu prefixo **T**- (da forma absoluta) quando estiver incorporado e fazendo parte de um verbo retransitivado. Nesse caso, o pronome objetivo será aquele que ele levar na 3ª pessoa (-**S**- ou -**T**-).

Ex.:

A-t-u(ba)-îuká Francisco. – Matei o pai de Francisco. (Fig., *Arte*, 88) (Lembre-se de que com **uba (t, t)** o pronome de 3ª pessoa é **t: t-uba**, pai dele.)

Mais um exemplo:

E-îo-'ok nde karamemûã aso'îaba. – Arranca a tampa da tua caixa.

Veja que, em português, *arrancar a tampa* equivale a dizer *destampar*. O tupi também tem recursos para formar um verbo como *destampar*, que funde a ideia de *arrancar* e a de *tampa*. Assim, diz-se:

E-î-aso'îabok nde karamemûã... – Destampa tua caixa. (Léry, *Histoire*, 346)

Forma-se, assim, o verbo **aso'îabok**, *destampar*, que é transitivo. Desse modo, ao conjugá-lo, usa-se o pronome objetivo de 3ª pessoa, que nesse caso é -**î**-. Então:

a-î-aso'îabok	destampo
ere-î-aso'îabok	destampas
o-î-aso'îabok	destampa etc.

lição 21 • O mito de Sumé

408 A incorporação com a formação de novo verbo transitivo (ou *retransitivado*) é comum quando o objeto estiver numa relação genitiva.

"A-îo-'ok mboîa akanga" e **"e-îo-'ok nde karamemûã aso'îaba..."** exemplificam a afirmação acima. Outros exemplos:

A-î-kutuk i pira. – Furo a pele dele.
Agora:
A-î-pikutuk. – Furo-lhe a pele. (Anch., *Arte*, 8)

Não há um verbo em português que possa fundir as duas ideias (a de *furar* e a de *pele*). Em tupi, porém, as duas ideias estão fundidas num único verbo: **pikutuk**.

409 Já vimos que, quando o objeto, numa relação genitiva, vier com possessivo da mesma pessoa do sujeito, pode-se incorporar o objeto precedido de reflexivo **-ÎE-** (ou **-NHE-**, antes de nasal).
Ex.:
A-îo-'ok xe pyaoba. – Arranquei meus calçados.
Agora:
A-îe-pyaobok.– Descalcei-me, arranquei-me os calçados. (*VLB*, I, 96)
A-î-petek xe py. – Bati meus pés.
Então:
A-îe-pypetek. – Bati-me os pés. (*VLB*, I, 66)

Exercícios

I   Responda em tupi às seguintes perguntas sobre o texto inicial desta lição:

1. Abápe Sumé? 2. I pukupe Sumé rendybaaba? 3. Mba'erama resépe Sumé ruri? 4. Marã e'ipe Sumé abá supé? 5. I aobype Sumé? 6. Oîmbo'epe Sumé abá, sekoápe oú? 7. Osaûsubype Sumé abá? Mba'epe abá oîpotar? 8. Onhybõpe Sumé oîuká-potaryba'epûera? 9. Onhemoakymype Sumé, paranã rasapa? 10. Umãpe Sumé pypora rekóû? 11. Marãngotype Sumé sóû? 12. Marã o'îabope Sumé abá supé i nhe'engi, osóbo?

II   Para praticar o uso da forma substantiva do verbo na negativa e também com verbos irregulares, faça conforme o modelo, traduzindo as frases obtidas:
Mod.:
Sumé o-ur. (A-î-potar)
A-î-potar Sumé r-ura. – Quero que Sumé venha. (Lit., *Quero a vinda de Sumé.*)
A-î-potar Sumé r-ur-e'yma. – Quero que Sumé não venha. (Lit., *Quero o não vir de Sumé.*)

1. Abá omanõ. (Aîkuab) 2. Sumé paranã osasab. (Asepîak) 3. Sumé oîkó taba pupé. (Aîpotar) 4. Ereîebyr. (Aîkuab) 5. Anhemoakym. (Eresepîak) 6. Ereúr. (Sumé oîpotar) 7. Eremanõ. (Aîpotar) 8. Aîkó iké. (Eresepîak) 9. Sumé oré raûsub. (Aîkuab) 10. Abá oîmomosem Sumé. (Aîpotar)

Caracará
Carcará, ave da família dos falconídeos da América do Sul oriental
(Marc., *Hist. Nat. Bras.*)

III Os deverbais em -(S)AB(A) podem substituir a forma substantiva do verbo (§ 392). No exercício anterior, substitua-a por forma com -(S)AB(A), colocando-a, em seguida, na negativa, conforme o modelo.

Mod.:
Sumé o-ur. (A-î-potar)
A-î-potar Sumé r-u-saba. – Quero que Sumé venha. (Lit., *Quero a vinda de Sumé*.)
A-î-potar Sumé r-u-sab-e'yma. – Quero que Sumé não venha.

IV Passe as frases abaixo para o modo indicativo circunstancial, colocando-as, em seguida, na forma negativa, conforme o modelo. (Os termos destacados deverão mudar de ordem.) Traduza as frases apresentadas.

Mod.:
Sumé o-ur *erimba'e*. – Sumé veio antigamente.
Erimba'e **Sumé r-uri**. – Antigamente Sumé veio.
Erimba'e **Sumé r-ur-e'ym-i**. – Antigamente Sumé não veio.

1. Karaíba omanõ **oré rekoá-pe**. 2. Abá oîkó **'yembe'y-pe**. 3. Aîur **nde pytasaba suí**. 4. Oropytá **Sumé pytasá-pe**. 5. Ka'ioby oroîuká **yby soroká-pe**. 6. Sumé oîabab **amõaé tetama koty**. 7. Îaîkó **paranã-me**. 8. Sumé our **ybaka suí**. 9. Our **ka'a rasapaba suí**. 10. Omanõ **xe rekoá-pe**. 11. Karamuru our **paranã suí**. 12. Oromanõ **paranã-me**-ne. 13. Aîkó **ygara pupé**. 14. Îamanõ **iké**-ne. 15. Pedro our **paranã suí**.

Paranacaré
Espécie de crustáceo decápodo anomuro
(Marc., *Hist. Nat. Bras.*)

V Verta para o tupi as frases abaixo com base nas frases já dadas, praticando o uso dos derivados em -(S)AB(A) com posposições. Faça conforme o modelo:

Mod.:
A-îur. (Vim.)   **Sumé o-îepotar.** (Sumé chegou.)
Vim porque Sumé chegou.   **Sumé îepotasaba** *resé* **aîur**
                    (Lit., *Por causa da chegada de Sumé vim.*) ou
                    Sumé îepotasá-*pe* aîur.
                    (Lit., *Ao chegar Sumé, vim.*)

(Às vezes haverá possibilidade de emprego de mais de uma posposição.)

1. **Karaíba our.** (O homem branco veio.) **Orogûasem.** (Chegamos.)
   Chegamos quando o homem branco veio.
2. **Sumé our.** (Sumé veio.) **Sumé oré raûsub.** (Sumé nos ama.)
   Sumé veio porque nos ama.
3. **Sumé akûeîpe oîkó.** (Sumé está ali.) **Asó.** (Vou.)
   Vou para onde Sumé está.
4. **Mandi'oka anhotym.** (Planto mandioca.) **Sumé xe mbo'e.** (Sumé ensinou-me.)
   Planto mandioca porque Sumé me ensinou.
5. **Apytá.** (Fiquei.) **Morubixaba asepîak.** (Vejo o cacique.)
   Fiquei para ver o cacique.
6. **Sumé oîabab.** (Sumé fugiu.) **Abá oîmomosem.** (Os índios o perseguiram.)
   Sumé fugiu quando os índios o perseguiram.
7. **Abá omanõ.** (O índio morreu.) **Apytá.** (Fiquei.)
   Fiquei no lugar em que o índio morreu.
8. **Aîur.** (Vim.) **Sumé asepîak.** (Vejo Sumé.)
   Vim para ver Sumé.
9. **Abá ogûasem.** (O índio chegou.) **Abá i pypora osepîak.** (O índio vê suas pegadas.) – *O índio chegou para ver suas pegadas.*
10. **'Ybotyra xe r-enõî.** (Potira me chamou.) **Ixé a-îur.** (Eu vim.)
    Ao me chamar Potira, eu vim.

VI   Para praticar o uso dos verbos com objeto incorporado, faça conforme o modelo. Traduza a primeira frase.

Mod.:

A-îo-'ok îagûara nambi. – Arranco a orelha da onça.

A-î-nambi'ok îagûara. – Desorelho a onça.

1. Ybyrá r-apó aîkytî. 2. Abá gûarinî ru'uba oîmonhang. 3. Kunhã py ereîkutuk. 4. Kunumî supé aoba aîme'eng. (*Supé* não aparecerá na frase a ser construída.) 5. Kunumî îybá oro-s-upir. 6. Xe ruba kó peîmonhang. 7. Gûyrá resá ereîkutuk. 8. Kunumî pindá aîmonhang. 9. Îagûara akanga pe-î-kytî . 10. Aîo'ok kururu akanga.

Vocabulário

apó (s, r, s) – raiz

nambi – orelha

VII   Traduza:

1. A-î-kó-monhang xe ruba. (Fig., *Arte*, 87)
2. A-t-u-îuká Francisco. (Fig., *Arte*, 88)
3. A-î-akangok mboîa. (Fig., *Arte*, 88)
4. A-î-tapuî[1]-mongaturõ[2] xe sy. (Fig., *Arte*, 88)

5. A-s-apé-monhang amana.[3] (Fig., *Arte*, 88)
6. A-îuru-mopen[4] nhe'engixûera.[5] (Fig., *Arte*, 88)
7. A- t-a'y-nupã xe atûasaba.[6] (Fig., *Arte*, 88)
8. Pedro o kó-pe sekóû. (Fig., *Arte*, 83)

9. *Da assunção*
(...)
Nde poraûsubá-katûá[7]-pe,
na xe reroŷrõ-î îepé.
Nde ma'enduá memẽ[8]
xe resé, xe raûsupá-pe.

Nde reîar erimba'e
kó ybype nde membyra.
Nde resé serosypyra[9]
i apysykatueté.
(...)
Tupana repîaka'upá-pe,
ereîase'o îepi.

Nde reroîeupi[10] kori
nde membyra og orypá-pe.
Kori, karaibebé
nde robá-porang-epîaka.[11]
E-îori, xe moîegûaka
nde rekokatu pupé!
(...)
Ne'î,[12] taûîé, xe reîyîa,
t'oro-akypûer-eká.
Ta xe mondó sapy'a[13]
nde ri xe nhemboryryîa.[14]

(Anch., *Poemas*, 96-98)

10. – O-s-emirekó-monhang-ype erimba'e Tupã îandé rub-ypy? – Osemirekó-
monhang. (Anch., *Cat. Bras.*, I, 162)
11. A'e[15] suí turi omanõba'epûera pabẽ, oîkobeba'e rekomonhanga[16]-ne. (Anch., *Cat.
Bras.*, I, 142)
12. – Ybyrá-îoasaba[17] resé i moîari.[18] Abá resé-pe se'õû? – Îandé resé. (Anch., *Cat.
Bras.*, I, 167)
13. – O-îkobé-îebyrype a'e o e'õ ré? – Oîkobeîebyr. (Anch., *Cat. Bras.*, I, 169)
14. O emimotara rupi nhẽ-pe mba'e tetiruã porarábo s-e'õ-motar-i abá ogû erobîara
potá? (Anch., *Cat. Bras.*, I, 171)
15. – Moîrã turi-ne (Jesus Cristo)? – Yby kaî-pab'iré. – A'e-pe opab irã kaî-ne? – Opab.
(...) – Marã-p'irã turine? – Ybytinga[19] 'arybo. – Abápe irûnamo[20] turine? –
Opakatu ybaka pora rurine. (Anch., *Cat. Bras.*, I, 172-173)
16. – Mamõpe i mongaraíb-y-pyr-e'yma sóû (...)? – Anhanga ratápe. (Anch., *Cat.
Bras.*, I, 175)
17. – S-etá-pe Papa? – Oîepé nhõ. – A'e-pe s-e'õ-neme, marã?[21] – Amõaé oîkó seko-
bîar-amo. (Anch., *Cat. Bras.*, I, 180)
18. – Mba'epe cristãos îekuapaba? – Santa Cruz. – Marãnamo-pe? – I pupé omanõmo
îandé Îara Îesu Cristo, îandé repyme'engagûera[22] resé, anhanga ratá suí îandé
pysyrõagûera resé. (Anch., *Cat. Bras.*, I, 186)

19. *Cantiga*
Ta sory îandé ra'yra
Tupã o pysyrõsá-pe!
Gûaîxará[23] t'o-só t-atá-pe! . . .
Gûaîxará t'osó tatápe! . . .
Gûaîxará, Aîmbiré,[24] Saraûaîa[25]

t'osó tatápe...

Volta
Ta soryb, oîkó-katûabo,
tekopoxypûera tyma,

lição 21 • O mito de Sumé

Tupã mokanheme'yma,
Anhanga raûsupe'abo.
Ta soryb, oputugûabo,[26]
Tupã o pysyrõsá-pe!
Gûaîxará t'osó tatápe!

Gûaîxará t'osó tatápe!...
Gûaîxará, Aîmbiré, Saraûaîa
t'osó tatápe...

(Anch., *Teatro*, 56-58)

Vocabulário

1. **tapuîa** – choupana

2. **mongaturõ** (trans.) – arranjar

3. **amana** – chuva

4. **mopen** (trans.) – quebrar

5. **nhe'engixûera** – o que costuma falar, tagarela

6. **atûasaba** – +compadre

7. **poraûsubá-katûaba** -- muita compaixão

8. **memẽ** – sempre

9. **erosyk** (trans.) – aproximar-se, acercar-se

10. **eroîeupi (r)** (trans.) – fazer elevar-se consigo

11. **nde robá-porang-epîaka** – o verbo **epîak** foi, aqui, substantivado e intransitivado (v. § 356)

12. **ne'ĩ** – o mesmo que **ene'ĩ**

13. **sapy'a** – de repente; logo

14. **nhemboryryî** – interessar-se, mostrar-se acolhedor

15. **a'e** – aqui tem sentido locativo, espacial: *ali*

16. **ekomonhang (s)** (trans.) – julgar

17. **ybyrá-îoasaba** – madeiras cruzadas uma com a outra, +cruz

18. **moîar** (trans.) – pregar

19. **ybytinga** – nuvem

20. **irũnamo** – o pronome pessoal i é assimilado pela vogal *i* inicial de *irũ: i irũnamo > irũnamo*

21. **marã?** – marã é usado interrogativamente, em final de sentenças, sem o enclítico **-pe**, significando *que acontece? como se faz?*

22. **epyme'eng (s)** (trans.) – resgatar

23. **Gûaîxará** – nome de um diabo

24. **Aîmbiré** – nome de um diabo

25. **Saraûaîa** – nome de um diabo

26. **putu'u** (intr.) – descansar

O tupi em nossa toponímia

Existem muitos nomes geográficos no Brasil que têm origem no termo tupi PARÁ ("*mar*" ou "*rio grande*"), nos termos PARANÁ, da língua geral (significando "*rio*") e PARANÃ, do tupi antigo, significando "*mar*". Quatro estados brasileiros têm nomes com origem em tais palavras: **Pará, Paraná, Pernambuco** e **Paraíba**. Relacionando as duas colunas, você poderá descobrir os significados de alguns desses topônimos:

Nome geográfico

1. Paranapuã
2. Pernambuco
3. Paranapanema
4. Paranaguaçu
5. Paratinga
6. Paracatu
7. Parauna

Significado

( ) rio imprestável
( ) entrada do mar
( ) rio branco
( ) buraco do mar
( ) rio bom
( ) rio preto
( ) fenda do mar

8. Paranaquara ( ) mar levantado
9. Paraíba ( ) mar grande
10. Paraquê ( ) rio ruim

Prisioneiro amarrado com a muçurana, prestes a morrer (De Bry)

Leitura complementar

A lenda de São Tomé

Dizem eles que São Tomé, a quem eles chamam Zomé, passou por aqui, e isto lhes ficou por dito de seus antepassados e que suas pisadas estão sinaladas junto de um rio; as quais eu fui ver por mais certeza da verdade e vi com os próprios olhos quatro pisadas mui sinaladas com seus dedos, as quais algumas vezes cobre o rio quando enche; dizem também que, quando deixou estas pisadas, ia fugindo dos índios, que o queriam flechar, e chegando ali se lhe abrira o rio e passara por meio dele a outra parte sem se molhar, e dali foi para a Índia. Assim mesmo contam que, quando o queriam flechar os índios, as flechas se tornavam para eles, e os matos lhe faziam caminho por onde passasse: outros contam isso como por escárnio. Dizem também que lhes prometeu que havia de tornar outra vez a vê-los. (...)

Dele contam que lhes dera os alimentos que ainda hoje usam, que são raízes e ervas e com isso vivem bem; não obstante, dizem mal de seu companheiro, e não sei por que, senão que, como soube, as flechas que contra ele atiravam voltavam sobre si e os matavam.

Manuel da Nóbrega, "Cartas", in Serafim Leite,
Cartas dos Primeiros Jesuítas do Brasil.

Sabemos como se propagou entre os brancos a lenda segundo a qual o após-tolo São Tomé teria vindo evangelizar as Índias Ocidentais. Os guaranis, diz Montoya, sabem por tradição ancestral que São Tomé, a quem eles chamam Zumé, viveu outrora em suas terras. A mesma crença é atribuída aos tupis. (...) Sumé é o herói civilizador a quem os tupis atribuem, em especial, o conhecimento que têm da agricultura e sua organização social. Sumé, por conseguinte, ensinou outrora aos homens as artes da civilização: certas pegadas impressas em rochedos constituíam, para os tupis, a prova ainda visível da sua passagem. (...) Essa histó-ria de pegadas miraculosas viria a conhecer um sucesso inesperado entre os cris-tãos, contribuindo, sem dúvida, em grande parte, para a formação da lenda. Para eles, finalmente, o mito podia ser compreendido assim: a essas terras recentemen-te descobertas viera, outrora, uma personagem, a quem os índios deviam tudo o que de civilização possuíam. Acrescentemos a isso a semelhança dos dois nomes Sumé e Tomé e a fé nas Sagradas Escrituras que afirmavam que a palavra dos apóstolos correria toda a Terra: já bastava isso para que a lenda ganhasse consis-tência. Graças a isso, a percepção do mundo índio se tornará coerente: será possí-vel atribuir à pregação do apóstolo as parcelas de verdade que se crê identificar cá e lá no discurso indígena. (...)

Desde os primeiros tempos da conquista, os brancos apreenderam e relataram as crenças tupis-guaranis: delas retendo apenas os motivos que, nos termos da sua própria religião, eles podiam reinterpretar.

Hélène Clastres, *Terra sem Mal*, pp. 30-32.

22 · O boitatá

"Há também outros fantasmas (...) nas praias, que vivem a maior parte do tempo junto do mar e dos rios e são chamados baetatá, que quer dizer 'cousa de fogo'. (...) Acometem rapidamente os índios e matam-nos como os curupiras. O que seja isso ainda não se sabe com certeza."
Padre José de Anchieta, *Cartas do Brasil*

Diabo a açoitar índio (De Bry)

(A mãe de Pindobuçu fala com seu filho:)

– Pindobusu, mba'e r-esé-pe ere-nhan e-îkóbo?
– Pindobuçu, por que estás correndo?
– Mba'etatá gûatá-reme. Xe momosem a'e.
– Porque o boitatá caminha. (Lit., *Por causa do caminhar do boitatá*.) Perseguiu-me ele.
– E-kûãî tauîê ké suí. Nde kane'õ-eté.
– Vai logo daqui. Tu estás muito cansado.

Pindobusu py i pereb. Marãnamo-pe?
O pé de Pindobuçu está ferido. Por quê?
I nhandagûera r-esé. O-îe-py-kutuk. Kunumî-mby-asy n'o-ker-i,
Por causa de sua corrida. Espetou-se o pé. O menino do pé dolorido não dormiu,

lição 22 • O Boitatá

o-gûapyk-y-te t-atá ypype.

mas sentou-se perto do fogo.

Abá-tĩgûasu mba'etatá r-esé i xupé o-porandub:

O índio narigudo a respeito do boitatá (a coisa-fogo) para ele perguntou:

– Mba'e r-esé-pe ere-nhan?

– Por que correste?

– Mba'etatá xe mosykyîé-reme xe nhani.

– Corri porque me assustou o boitatá.

– Marãnamo-pe mba'etatá nde îukae'ymi?

– Por que o boitatá não te matou?

– Itá-ty'-pe xe pytasagûer-eme.

– Porque eu fiquei na pedreira. (Lit., *Por minha passada permanência na pedreira*.)

– Mba'e r-esé-pe nde py pereb-i*?

– Por que teu pé está ferido?

– Xe gûatasagûera ri.

– Por causa de minha caminhada.

(Finalmente, o homem diz aos meninos que estão perto do fogo:)

– Pe-kûãî pe r-ok-ype, kunumĩ gûé! Pytuna i ro'y-katu.

– Ide para vossas ocas, ó meninos. A noite está muito fria.

*Usou-se, aí, uma forma possível do modo indicativo circunstancial (v. § 263)

Vocabulário

nomes e verbos

kane'õ – cansaço; cansado

porandub (intr. compl. posp.) – perguntar (exige **supé** para a pessoa a quem se pergunta e **esé** (r- s-) para a coisa ou pessoa pela qual se pergunta): A-porandub Peró *supé* t-uba *r-esé*. – Pergunto a Pero a respeito de seu pai. (*VLB*, II, 84)

tĩ – nariz, focinho, bico (de ave)

Ibijaú
Ave da família dos caprimulgídeos, de hábitos noturnos; seu canto era considerado um agouro
(Marc., *Hist. Nat. Bras.*)

Atenção!

410 Verbo irregular: SÓ – *ir*

Somente no modo imperativo é irregular:

E-KÛÃÎ! (ou **E-KÛÁ!**) – vai!   **PE-KÛÃÎ!** (ou **PE-KÛÁ!**) – ide!

Veja a diferença:

411   MOSEM – *fazer sair*   **MOMOSEM** – *perseguir*

Temos, aqui, um caso raro de reduplicação do prefixo causativo **MO-**, que intensifica a ação expressa pelo verbo.

Explicação gramatical

412 A expressão da causa em tupi

As orações subordinadas adverbiais causais do português correspondem em tupi, geralmente, a *adjuntos adverbiais de causa* (v. § 334 e § 335). Como já vimos anteriormente,

413   As orações subordinadas adverbiais causais podem verter-se, em tupi, pelos deverbais em **-(S)ABA** com as posposições **-PE** ou **-ESÉ** (**R-, S-**) e **RI** (v. § 403).
Ex.:
Oro-moeté-katu (...) nde xe *pysyrõagûera r-esé*. – Louvo-te muito por me teres salvado. (Araújo, *Cat. Líng. Bras.*, 87v)
Kó oro-îkó oro-nhemborypa nde 'ara *momorangá-pe*. – Eis que aqui estamos alegrando-nos por festejarmos teu dia. (Anch., *Teatro*, 118)

414   A posposição **-(R)EME** também expressa causa.
Ex.:
Pedro o-só o mondó-*reme*. – Pedro foi por o mandarem. (Fig., *Arte*, 84)

415   As orações subordinadas adverbiais causais do português também podem verter-se, em tupi, com o gerúndio, se o sujeito dos verbos for o mesmo. Nesse caso, temos autênticas orações subordinadas. Tal emprego, porém, é mais raro. (V. § 220)

Sentidos da posposição -(R)EME (síntese)

416   Em resumo, a posposição **-(R)EME** pode significar:
por causa de, porque, uma vez que, como, por

por ocasião de, quando – v. § 336
no caso de, se – v. § 428

Desse modo, a frase **Pedro o-só o mondó-reme** (Fig., *Arte*, 84) pode significar:

Pedro foi *por* o mandarem (ou Pedro foi *porque* o mandaram).
Pedro foi *por ocasião de* o mandarem (ou Pedro foi *quando* o mandaram).
Pedro vai *no caso de* o mandarem (ou Pedro vai *se* o mandarem).

Só o contexto esclarece o sentido exato.

Veja:

O-syka (...), i 'apira *mondoki*.
Chegando, cortaram seu prepúcio.

Nesse caso, os dois verbos têm o mesmo sujeito.
Agora:
(...) **Oito 'ara** *syk-eme* **(...), i 'apira** *mondoki*. – Ao chegar o dia oito, cortaram seu
prepúcio. (Araújo, *Cat. Líng. Bras.*, 3)
Nesse caso, sendo os sujeitos diferentes, não podemos usar o gerúndio.

Exemplos de emprego de **-(R)EME**:

O-manõ o îuká-*reme*.
Morre porque o matam. (Fig., *Arte*, 84)
Kó taba r-eny-*reme*, **pe pyri nhẽ xe rekóû.**
Por esta aldeia luzir, perto de vós eu estou. (Anch., *Teatro*, 50)
Nd'i nhyrõ-î-pe Tupã abaré nhyrõe'ỹ-*me*?
Não perdoa Deus quando o padre não perdoa? (Anch., *Cat. Bras.*, I, 210)
A'e-pe o angaîpagûera suí asé r-esaraî-*me*, **i nhyrõ-pe Tupã?**
E no caso de esquecer a gente dos seus pecados passados, Deus perdoa? (Anch., *Cat.
Bras.*, I, 211)

417   **-(R)EME** é uma posposição átona como **-PE**. O acento tônico, assim, fica sempre no termo anterior.
Ex.:
...*Oito 'ara* **syk-eme** (leia *sýkeme*) (Araújo, *Cat. Líng. Bras.*, 3)
...**'areté-***reme* (leia *aretéreme*) (Anch., *Poemas*, 154)

Transformações fonéticas com -(R)EME

418   Depois de sílaba tônica com fonema nasal: **-NEME** (v. regra de transformação
fonética 11, § 147).
Ex.:
(...) **I kambu-***neme*, **s-ory.** – Quando ele mama, ela se alegra. (Anch., *Poemas*, 162)
   emonã-*neme* – se for assim (*VLB*, II, 114)

307

As outras transformações fonéticas com **-(R)EME** já foram apresentadas na lição 11 (§ 201).

A composição em tupi (síntese)

419 Composição é a reunião de dois ou mais temas nominais ou verbais para formar novos termos. Realiza-se uma íntima ligação entre os termos formadores. Numa composição existe um determinante (termo modificador ou especificador) e um determinado (termo modificado).

Ex.:
pirá-nhandy – óleo de peixe (*VLB*, I, 49)

determinante determinado

O termo *óleo* (**nhandy**) é modificado pelo termo *peixe* (**pirá**), que especifica, define, *determina* de que tipo é o óleo. Assim, **nhandy** é o determinado e **pirá** é o determinante.

pirá-ãî-a – peixe "dentado" (i.e., *a piranha*) (Marc., *Hist. Nat. Bras.*, 164)

determinado determinante

Agora, *peixe* (**pirá**) é o *determinado*, o termo sobre o qual incide uma especificação [*dentado* (**ãî**)], que define de que tipo de peixe se trata. Tal especificação é o *determinante*.

420 A composição de nomes pode ser:
1. composição com relação genitiva
2. composição atributiva (substantivo + atributo)

Ex.:
Tupãoka – casa de Deus, igreja (há, aqui, uma relação genitiva: **Tupã** – *Deus*, **oka** – *casa*).
mba'etatá – coisa-fogo (*tatá* é o atributo de *mba'e*, não está em relação genitiva com este termo).
gûyrá-oby – pássaro verde, a gralha (*oby* é atributo de *gûyrá*). (*VLB*, I, 150)

421 Na composição com relação genitiva, caem os sufixos e prefixos que existirem entre os temas. O sentido do termo composto criado é genérico (v. § 58).
Ex.:
Tupãoka – igreja (genericamente falando). (Araújo, *Cat. Líng. Bras.*, 24) Agora:
Tupã *r-oka* – a casa de Deus (sem composição, não se formando um único termo, como na composição).
îaguar-a'yra – filhote de cão (em sentido genérico). (*VLB*, I, 62) É uma composição, formando-se um único termo. Desaparecem o sufixo **-a** de *îagûar-a* e o prefixo **r-** de *r-a'yra*. Agora:
îagûara *r-a'yra* – o filhote do cão (os termos estão especificados. Não há composição, não se formando, assim, um novo termo).

lição 22 • O Boitatá

422   Na composição atributiva, o segundo termo pode ser um substantivo (*aposto*) ou um adjetivo qualificativo (*de tema nominal ou verbal*).
Ex.:

'ybá-<u>kamusi</u> – fruta-pote (Marc., *Hist. Nat. Bras.*, 141)
substantivo aposto (explica ou especifica o termo anterior).

kunhã-<u>ngatu</u> – mulher bondosa (Anch., *Poemas*, 86)
adjetivo de tema nominal

pirá-<u>bebé</u> – peixe-voador (é uma variedade de peixe)
adjetivo de tema verbal: **bebé**, voar   (Marc., *Hist.*, 162)

ybyrá-<u>pytang</u>-a – madeira parda, madeira rosada (é o *pau-brasil*, o *pau-rosado*)
adjetivo de tema nominal   (*VLB*, I, 59)

îagûá'-<u>gûyrá</u> – cão-ave (Anch., *Arte*, 9)
substantivo aposto

423   Quando o atributo for um substantivo aposto pluriforme, ele vem na forma absoluta (geralmente com o prefixo **T-**). Sendo um adjetivo qualificativo pluriforme, caem os sufixos e os prefixos entre os temas (v. § 34 e § 54).
Ex.:
mba'e-*t-atá* – coisa-*fogo*, *coisa que é toda fogo* (**T-atá** é substantivo aposto.) Agora:
mba'e-*atá* – coisa *fogosa*, coisa que tem fogo (adjetivo qualificativo) (Anch., *Arte*, 9)
pirá-*aî-a* – peixe *dentado* (**Ãî** é adjetivo qualificativo.)
Tupã-*T-a'yra* – Deus-*Filho* (**T-a'yra** é substantivo aposto.) (Araújo, *Cat. Líng. Bras.*, 21v)

Não existe composição em **mba'e r-atá**, o fogo da coisa, **pirá r-ãîa**, o dente do peixe, **Tupã r-a'yra**, o filho de Deus.

424   Muitas vezes o atributo já é também um composto.
Ex.:
kunhã-*pyatã*   – mulher "pé-firme", mulher corajosa (Anch., *Poemas*, 126)
ypeka-*tĩapu'a* – pato do bico redondo (Marc., *Hist. Nat. Bras.*, 218)
abá-*esatinga* – homem de olhos claros (*VLB*, II, 131)

425   Pode haver também composição do tipo predicado + atributo, a formar um único adjetivo predicativo.
Ex.:
Kunhã i pyatã.   – A mulher é pé firme, é corajosa.
Ypeka i tĩapu'a.   – O pato tem bico redondo.
Abá s-esating.   – O homem tem os olhos claros.

Já nos exemplos abaixo, não existe composição:
Kunhã py s-atã.   – O pé da mulher é firme.
Abá r-esá ting.   – Os olhos do homem são claros. (v. § 488)

Exercícios

I Responda em tupi às seguintes perguntas sobre o texto inicial desta lição:

1. Mba'epe oîmomosem Pindobusu? 2. Marã e'ipe Pindobusu sy o membyra supé? 3. Mba'e resépe i py-perebi? (Usou-se aqui o modo indicativo circunstancial – v. § 263.) 4. Umãpe Pindobusu gûapyki? 5. Oîmonhangype Pindobusu o sy remimotara, tatá ypype opytábo? 6. Abápe oporandub Pindobusu supé? 7. Mba'e resépe mba'etatá Pindobusu îukae'ymi? 8. Marã e'ipe abá-tîgûasu opakatu kunumĩ supé?

II Para praticar o uso de -(R)EME com valor causal, faça conforme o modelo. Traduza as frases obtidas.
Mod.:
Kunumĩ onhan. (Mba'etatá ogûatá.)
O menino corre. (O boitatá caminha.)
a. **Mba'e resépe kunumĩ nhani?** Por que o menino corre?
b. **Kunumĩ onhan mba'etatá gûatá-reme.** O menino corre porque o boitatá caminha. (Lit., ... *por causa do caminhar do boitatá*.)

1. Kunhataĩ soryb. (Gûarinĩ ogûasem.) 2. Pindobusu i kane'õ. (Onhan.) 3. Pindobusu n'okeri. (Onhemosykyîé.) 4. Mba'etatá Pindobusu oîmomosem. (Pindobusu ogûatá anhõ.) 5. Abá-tîgûasu oporandub Pindobusu supé. (Pindobusu tatá ypype ogûapyk.) 6. Kunumĩ so'o oîuká. (Oîmoka'ẽ-mbotar.) 7. Kunhã oîkó 'yembe'y-pe. (I mena oker.) 8. Kunhã kunumĩ supé onhe'eng. (Kunumĩ n'okeri.) 9. Mba'etatá kunumĩ n'oîukáî. (Kunumĩ opytá itaty-pe.) 10. Kunumĩ onhemosykyîé. (Mba'etatá osepenhan.)

III Para praticar o uso de -(R)EME com o sentido de *porque, por causa de* e também o uso dos termos compostos, verta para o tupi as frases abaixo:

1. – Por que a coisa-fogo perseguiu o menino? – Porque ele corre. 2. – Por que o homem chegou? – Porque seu filho quer comida. 3. – Por que Deus-Pai fez a gente? – Porque ama a gente. 4. – Por que o menino-cabeça-chata foi? – Porque sua mãe gritou. 5. – Por que o menino-cabeção sentou-se? – Porque não quer dormir. 6. – Por que correste? – Porque o homem-aranha me assusta. 7. – Por que ficaste? – Por causa do cansaço dela. 8. – Por que furaste o pé do menino dos olhos grandes? – Porque ele quer fugir. 9. – Por que o homem da cara preta correu? – Porque a onça vem.

Muçum
Peixe da família dos simbrânquios,
de hábitos noturnos
(Marc., *Hist. Nat. Bras.*)

lição 22 • O Boitatá

IV   Para diferenciar o uso de verbos no gerúndio do uso de verbos com -(R)EME, faça conforme o modelo. Traduza as frases obtidas:

Mod.:

Karamuru osó.   **Karamuru 'Ybotyra osepîak.**
Caramuru foi.   Caramuru viu Potira.
O-sóbo, Karamuru 'Ybotyra repîaki.
Indo (i.e., *quando foi*), Caramuru viu Potira.

Mod.:

Karamuru osó. – Caramuru foi. **Ixé asepîak.** – Eu o vi.
Karamuru só-reme, ixé sepîaki. – Quando Caramuru foi, eu o vi.
(Lit., *Por ocasião da ida de Caramuru, eu o vi.*)

Você só usará o gerúndio se o sujeito das duas orações for o mesmo. Em caso contrário, deverá usar **-(R)EME**.

1. Ixé pitangî aroker. Morubixaba ogûasem. 2. Ixé pitangî aroker. Morubixaba asendub. 3. Anhanga aroŷrõ. Asó Tupãokype. 4. Anhanga aroŷrõ. Tupã xe raûsub. 5. Aoba ererur. Endé ereîme'eng ixébo. 6. Aoba ererur. Asepîak. 7. Nde raûsub 'Ybotyra. 'Ybotyra nde resé omendá-potar. 8. Nde raûsub 'Ybotyra. Sesé eremendaryne. 9. Ka'a asasab. Nde retã-me asó. 10. Ixé ka'a asasab. Kurupira xe repenhan.

V   Traduza:

(Dia de São Tomé, apóstolo, que teria estado presente na América e na Índia)
1. Kó 'ara pupé São Tomé r-e'õagûera îa-moeté, Apóstolo, Cristo boîá. (...) Kó santo supé bŷá *"O-ur kó xe yby*[1] *supa rimba'e*[2]*"* i '*éû. "Anhē serã*[3] *îa-s-epîak îaby*[4] i *pypora,*[5]*"* 'îaba.[6] Ké[7] suí serã i asabi[8] Índia tapyîtinga[9] r-etã'-me. S-e'yî[10] ebapó[11] s-emierok-ûera; Tupã o-gû-erobîar. Ebapó bé[12] apŷ aba i îukáû Tupã r-esé. (Araújo, *Cat. Líng. Bras.*, 9v)
2. O-manõ o îuká-reme. (Fig., *Arte*, 84)
3. Nde r-uba r-e'õ-neme, xe poreaûsub. (Fig., *Arte*, 164)
4. – Marã s-ekó r-esé-pe[13] abá Tupã-eté-ramo s-ekó kuabi? – T-e'õmbûera moingó[14]-îebyr-eme, mba'easybora mombûerá'[15]-me, mba'e tetiruã moabaíbe'ŷ'-me.[16] (Anch., *Cat. Bras.*, I, 165)
5. – Marã-pe i mongaraíb-y-pyra r-enõîndab[17]-eté? – Cristãos. – Marãnamo-pe? – Cristo Îandé Îara r-erobîasar-amo s-ekó-reme, s-ekó[18] mombegûar-amo s-ekó-reme. (Anch., *Cat. Bras.*, I, 185)
6. – Marã o-'îabo-pe eiratytataendy me'eng-i asé pó-pe? – *"T'o-gûeb*[19] *ymē nde Tupã r-erobîará'-pysasu*[20] *nde 'anga suí"*, o-'îabo. (Anch., *Cat. Bras.*, I, 204)
7. Endébe oro-nheangerur,[21] oré poasemamo,[22] (...) oro-îasegûabo ikó ybytygûaîa[23] îasegûaba pupé. (Anch., *Cat. Bras.*, I, 148)
8. – Mba'e-pe o-î-mbour? – Tupã Espírito Santo. – O-s-epîak-ype i boîá t-ura? – Nd'o-s-epîak-i, s-eté-e'ŷ'-me. – Mba'e anhõ-te-pe o-s-epîak? – T-atá-endy[24]-etá asé apekū[25]-abŷare'yma[26] nhē o-s-epîak. (Anch., *Cat. Bras.*, I, 170)

311

Vocabulário

1. **xe yby** – o termo **yby**, *terra*, em sentido físico, natural [em oposição a **etama (t-)**, que significa *terra* em sentido cultural, social], pode, às vezes, ser considerado um substantivo possuível, passando a ser praticamente sinônimo de **etama (t-)**
2. **rimba'e** – o mesmo que **erimba'e**
3. **anhẽ serã** – certamente
4. **îaby** – de costume; costumeiramente, frequentemente
5. **pypora** – pegada
6. **'îaba** – o dito, o que se diz. O verbo **'i / 'é**, *dizer*, não origina deverbal em **-emi-**. Substitui-o seu deverbal em **-(s)aba**.
7. **ké** – aqui
8. **asab** – o verbo **asab**, quando é transitivo, é pluriforme [ex.: **paranãgûasu** r-*asapa* (...) – *atravessando o oceano*) (Anch., *Teatro*, 140)]; se for intransitivo, é uniforme, não recebendo, então, os prefixos de relação **r-** e **s-** (Ko'yr Rerity'-pe xe asab-i. – *Agora passo para Reritiba*.)
9. **tapyîtinga** – +indiano (lit., *o tapuia branco*)
10. **e'yî (r-, s-)** – numerosos, muitos
11. **ebapó** – ali, aí
12. **bé** – também
13. **marã s-ekó r-esé-pe...?** – por proceder ele como...?
14. **moingó** – o mesmo que **moingobé** – fazer viver
15. **mombûerab** (trans.) – curar
16. **moabaibe'ym** – tornar sem dificuldade, tornar fácil; +fazer milagres
17. **enõîndaba (t-)** – modo de chamar
18. **ekó (t-)** – aqui significa lei
19. **gûeb** – apagar
20. **pysasu** – novo
21. **nheangerur** (intr.) – suspirar
22. **poasem (xe)** – gemer
23. **ybytygûaîa** – vale
24. **endy (t-)** – luz
25. **apekũ** – língua
26. **abŷare'ym** – não diferente de, semelhante a, parecido com

Guaperuá
(Marc., *Hist. Nat. Bras.*)

O tupi em nossa toponímia

Um dos termos tupis que mais originaram topônimos no Brasil é **itá**, pedra. Com base no vocabulário dado abaixo e nos seus conhecimentos atuais, diga os nomes geográficos que correspondem aos significados apresentados:

1. Município paulista cujo nome significa *pedra bonita*
2. Nome de rio de Minas Gerais que quer dizer *pedra brilhante*
3. Nome de localidade do Amazonas que significa *pedra desenhada*
4. Nome de famoso pico brasileiro que significa *pedra pontuda*
5. Localidade do Pará cujo nome significa *pedra redonda*

6. Nome de localidade de São Paulo que quer dizer *pedra chata*
7. Ilha do Rio de Janeiro cujo nome significa *cruz de pedra*
8. Ribeirão de Goiás cujo nome quer dizer *pedra rachada*
9. Localidade da Bahia cujo nome significa *buraco de pedras amarelas* (i.e., *mina de ouro*)
10. Nome de arroio do Rio Grande do Sul que significa *muitas pedras*

Vocabulário

buraco – kûara	rachar – bok (intr.)
cruz – kurusá	redondo – apu'a
pontudo – atîaî	

Leitura complementar

O mito do boitatá

Boitatá, Baitatá, Batatá, *no Centro-Sul*, Biatatá *na Bahia*, Batatal *em Minas Gerais*, Bitatá *em São Paulo*, Jean de la Foice *ou* Jean Delafosse *em Sergipe e Alagoas*, João Galafuz *em Itamaracá*, Batatão, *no Nordeste; de* mba'e *(...), o agente, a coisa, e* tatá, *fogo, (...) a coisa do fogo, um dos primeiros mitos registrados no Brasil. O Padre José de Anchieta, a 31 de maio de 1560, informara:* "Há também outros (fantasmas), máxime nas praias, que vivem a maior parte do tempo junto do mar e dos rios, e são chamados baetatá, que quer dizer cousa de fogo, o que é o mesmo como se se dissesse o que é todo fogo. Não se vê outra cousa senão um facho cintilante correndo para ali; acomete rapidamente os índios e mata-os, como os curupiras; o que seja isto, ainda não se sabe com certeza" *(128-129,* Cartas, Informações, Fragmentos Históricos *etc., do Padre José de Anchieta, Rio de Janeiro, 1933). Couto de Magalhães (*O Selvagem, *Rio de Janeiro, 1876) arquitetou uma teogonia ameríndia, dando hierarquia aos mitos dos indígenas. Sobre o Boitatá escreveu:* "Mboitatá *é o gênero que protege os campos contra aqueles que os incendeiam; como a palavra o diz,* mboitatá *é cobra-de-fogo; as tradições figuram-na como uma pequena serpente de fogo, que de ordinário reside n'água. Às vezes transforma-se em um grosso madeiro em brasa, denominado* méuan, *que faz morrer por combustão aquele que incendeia inutilmente os campos" (...)*

Certo que nos escapa a interpretação exata dada pelos indígenas do Brasil colonial ao Boitatá, fundamentando a impressão pessoal do General Couto de Magalhães. O Boitatá é, para todo o Brasil, o fogo-fátuo, correspondendo à ronda-dos Lutinos na França e Flandres, a Inlicht, a luz-louca da Alemanha, onde minúsculos anões correm com archotes, tal qual os sul-americanos "Iacãundis, que quiere decir cabeza encendida", ensina Mayntzhusen, o fogo-dos-druidas, *o* fogo-de-Helena, *antepassados do santelmo que os romanos identificavam como a presença de Cástor e Pólux; é o* Jack with a lantern *dos ingleses, que se passou, com a forma de um fantasma que guiava, com uma lanterna, os viandantes através de charcos e lamaçais alemães; é o sinistro* Moine des Marais, *com ocupações idênticas. Por toda parte veem-se luzes loucas, azuladas e velozes, assombrando. Em Portugal são as alminhas, as almas dos meninos pagãos, a alma que deixou dinheiro enterrado, não se salvando enquanto o tesouro estiver inútil, almas em penitência (...).*

No Brasil, na maioria absoluta das informações, o Boitatá é uma alma penada, purgando os pecados: a) Castigo de união incestuosa ou sacrílega. O fogo purificador ocorre universalmente nesse tipo de mito. Nalgumas lendas astrais, o sol e a lua foram irmãos que se amaram, lenda da tapera da lua no Brasil (Antologia do Folclore Brasileiro, 394); *b) Alma de menino pagão; c) A explicação ameríndia desapareceu e resta apenas a tradição do fogo-fátuo europeu, com suas superstições.*

Luís da Câmara Cascudo, *Dicionário do Folclore Brasileiro.*

23 · A terra sem mal

Após a destruição de sua raça pelos *perós*, o diabo, Jurupari, apareceu aos tupinambás na forma de um de seus antepassados. Falou-lhes sobre os sofrimentos dos índios e da forma de se chegar ao paraíso terrestre, a *Terra sem Mal*. Um velho índio do Maranhão conta o fato:

(Ilustração de C. Cardoso)

"– O-nhe'ẽ'-porang. Îurupari oré r-amyîpagûama o-gûerekó-katu. A'e riré,
"– Falou bonito. Jurupari tratou bem nossos antepassados. Depois disso,
oré ramyîpagûama o ekó-rama resé i xupé i porandubi:
nossos antepassados a ele perguntaram a respeito de seu futuro proceder:
– *Oroîkobé-puku-mo Yby-marã-e'ỹ-me orosóbo-mo?*
– *Viveríamos longamente indo para a Terra sem Mal?*
– *Aûîeramanhẽ-mo peîkobé-mo.*
– *Para sempre viveríeis.*
– *Oîporará-pe-mo asé te'õ konipó mba'e-aíba Yby-marã-e'yma pupé oîkóbo-mo?*
– *Sofreria a gente a morte ou coisas más na Terra sem Mal morando?*
– *N'oîporaráî xûé-mo.*
– *Não sofreria.*

– Asepîak-ype-mo xe ra'yra omanõba'epûera Yby-marãe'ỹ-me gûixóbo-mo?

– Veria meu filho que morreu indo eu para a Terra sem Mal?

– Eresepîak-y-mo.

– Verias.

– Asepîak-y-mo xe ra'yra omanõba'epûera mã!

– Ah, quem me dera ver meu filho que morreu!

– Xe irũmo-mo pe rur-eme-mo, a'epe peîké-mo.

– Se vós viésseis comigo, ali entraríeis.

– T'îasó Yby-marãe'ỹ-me, îandé anambûera rekoá-pe!

– Vamos para a Terra sem Mal, para onde moram nossos parentes antigos!

Abá-etá aîpó tuîba'e resé osó. 'Ygûasu rasapa, abá-etá re'õû.

Muitos índios com aquele velho foram. Ao atravessarem o rio grande, muitos índios morreram.

A'epe omanõe'ymba'epûera sumarã i pysyki. Amõaé abá tabe'ỹ-me

Os que não morreram ali, o inimigo os apanhou. Outros índios para um deserto

s-erasó-pyr-ûer-amo oîkó Îurupari boîá-ramo oporaseîa".

foram levados para dançar como servos de Jurupari".

Baseado em texto de Yves D'Évreux (séc. XVII)

Vocabulário

nomes e verbos

aíb – ruim, estragado, impraticável

amyîpagûama (t-) – antepassado

boîá – servo, súdito, discípulo

erekó (trans.) – tratar (significa também *ter*, conforme vimos na lição 16)

iké / eîké (t-) (intr.) – entrar (verbo irreg. – v. § 427)

Îurupari – nome de entidade sobrenatural dos índios; +diabo

marã – mal, maldade

porará (trans.) – sofrer, padecer

sumarã – inimigo (pessoal)

tuîba'e – velho, ancião

outras categorias

a'epe – ali; aí

aûîeramanhẽ – para sempre

e'ym – v. § 214

mã! – ah!; oh!

-mo – v. § 430

temõ – v. § 435

lição 23 • A terra sem mal

Verbos irregulares

426 Verbo 'I / 'É – *dizer*

Formas verbais propriamente ditas:
indicativo: **a-'e, eré, e'i** etc.
permissivo: **t'a-'e, t'eré, t'e'i** etc.
imperativo: **er-é!** – dize! **pe-îé!** – dizei!
gerúndio: **gûi'îabo**, dizendo eu, **e'îabo**, dizendo tu, **o'îabo**, dizendo ele etc.
deverbais: **e'iba'e** – o que diz

Formas nominais:
infinitivo: **'é** – dizer
indicativo circunstancial: **xe 'éû, i 'éû, oré 'éû, îandé 'éû** (eu digo, ele diz etc.)
deverbais:
'îara ou **e'îara** – o que diz
'îaba ou **'esaba** – tempo, lugar, modo etc. de dizer. Substitui as formas em -EMI-:
   aquilo que alguém diz e em -PYR(A): *o que é dito, o chamado*. Ex.: **Oîepé
   nhõ îandé monhangara...,** *Tupã 'îaba*. – Um só é nosso criador, o chamado
   Deus. (Anch., *Cat. Bras.*, I, 193); (...) **Apŷaba seté-e'ymba'e... karaibebé
   'îaba**. – Os homens que não têm corpo, os chamados *anjos*. (Anch., *Cat. Bras.*
   I, 193)

427 Verbo IKÉ / EÎKÉ (T-) – *entrar*

Formas verbais propriamente ditas (originadas de **iké**, com alternância com o
   tema **eîké***):
indicativo: **aîké, ereîké, oîké** etc.
imperativo: **eîké!** – entra! **peîké!** – entrai!
permissivo: **t'aîké, t'ereîké, t'oîké** etc.
gerúndio: **gûiteîkébo*** (ou **gûikébo**), **eîkébo, oîkébo, oroîkébo, îaîkébo, peîké-
   -bo, oîkébo** (entrando eu, entrando tu, entrando ele etc.)
deverbais: **oîkeba'e** – o que entra

Formas nominais [originadas de **eîké** (t-)]:
infinitivo (forma absoluta): **teîké** – entrar; (formas relacionadas): **xe reîké** – minha
   entrada, **nde reîké** – tua entrada, **seîké** – sua entrada, **o eîké** – sua própria
   entrada etc.
indicativo circunstancial: **xe reîkéû, seîkéû, oré reîkéû** etc. (eu entro, ele entra etc.)
deverbais:
teîkesara ou **teîkeara** – o que entra, o "entrador"
teîkesaba ou **teîkeaba** – lugar de entrar, tempo de entrar, modo de entrar, causa de
   entrar etc.

317

Explicação gramatical

As orações subordinadas condicionais e os adjuntos adverbiais de condição em tupi

428 As orações subordinadas adverbiais condicionais do português são formadas, em tupi, com a posposição **-(R)EME** ou com o gerúndio.
Ex.:
Pedro osó og uba o mondó-*reme*.
Pedro vai se seu pai o mandar. (Anch., *Arte*, 16v)
Nde ruba re'õ-*neme*, xe poreaûsub.
Se teu pai morrer, eu me aflijo. (Fig., *Arte*, 164)
Abá o angaîpagûera moasykatue'ỹ-*me*, i nhyrõ-pe Tupã?
No caso de a pessoa não se arrepender bem de seus pecados passados, perdoa Deus?
(Anch., *Cat. Bras.*, 211)

429 Só se usa o gerúndio se os dois verbos tiverem o mesmo sujeito. Nesse caso, pode-se também usar **-(R)EME** (uso raro).
Ex.:
***Gûixóbo*, asobaîtî nde ryke'yra.**
Eu <u>indo</u>, <u>encontro</u> teu irmão. (Fig., *Arte*, 164)
suj.– **eu**   suj.– **eu**
Os sujeitos são o mesmo: *eu* (**xe**)

Xe só-*reme*, eresobaîtî nde ryke'yra.
Eu <u>indo</u>, <u>encontras</u> teu irmão. (Lit., *No caso de minha ida, encontras teu irmão.*)
suj.– **eu**   suj.– **tu**
Os sujeitos, no exemplo acima, são diferentes. Não se pode, pois, usar o gerúndio.

O modo condicional em tupi

430 *Modo condicional* é o que indica estar o processo verbal em dependência de uma condição. Para se formar o modo condicional, usa-se a partícula enclítica **-MO**, que vem após o verbo (v. também § 433).
Ex.:
Asó-*mo* kori. – Iria hoje. (Anch., *Arte*, 25)
(...) Aîuká umûã-*mo*. – Já o teria matado. (Anch., *Arte*, 22)

431 Se usarmos o verbo no modo condicional, empregaremos **-MO** também com a condição apresentada [expressa com **-(R)EME** ou com o gerúndio].
Ex.:
Xe mondó-reme-*mo*, asó-*mo*. – Se me mandasse, iria. (Anch., *Arte*, 25)
Esykyîébo-*mo*, ereîkó-katu-*mo*. – Tendo medo, agirias bem. (Araújo, *Cat. Líng. Bras.*, 112)

432 O condicional passado faz-se com **BEÉMO** ou **MEÉMO**.

Ex.:
Asó *meémo* kori... – Se eu tivesse ido hoje... (Anch., *Arte*, 25v)
Îaîuká umã *beémo*. – Já o teríamos matado. (Fig., *Arte*, 19)

433   O enclítico -**MO** e as partículas **BEÉMO** e **MEÉMO** podem vir após partículas ou substantivos que antecedem o verbo. -**MO** pode repetir-se na mesma frase após o verbo.
Ex.:
Kori *meémo* asó... – Se tivesse ido hoje... (Anch., *Arte*, 25v)
Herodes *meémo* ikó oîme'eng te'õ supé i angaîpaba kuapa.
Herodes teria entregado este à morte, conhecendo seu pecado.
        (Araújo, *Cat. Líng. Bras.*, 59v)
... kûarasy-*mo* oîké îepé-*mo*. – ... ainda que o sol se pusesse.
    (Anch., *Teatro*, 38)
Asó-*mo* kori-*mo*. – Iria hoje. (Anch., *Arte*, 25)

Camará
Arbusto da família das verbenáceas, que pode chegar a 2 metros de altura, muito disseminado no Brasil (Marc., *Hist. Nat. Bras.*)

434   A forma negativa do condicional faz-se com **NA** (ou **NDA**)...-**I XÛÉ-MO** (ou **NA**...-**I XÓ-MO**). Na interrogativa, o enclítico -**PE** muitas vezes antepõe-se a -**MO**.
Ex.:
N'orogûerur-*i xûé-mo* ndebe i angaîpabe'ÿ-me-*mo*.
Não o traríamos a ti se ele não tivesse pecado. (Araújo, *Cat. Líng. Bras.*, 58)
Nd'îasóî *xûé-te-pe-mo* ybakype se'õe'ÿ-me-*mo*?
Mas não iríamos para o céu se ele não morresse? (Araújo, *Cat. Líng. Bras.*, 43v)

O modo optativo

435   O optativo é um modo que expressa o desejo de quem fala (do latim *optare* – "desejar"). Forma-se com as partículas -**MO** (ênclise) ou **TEMÕ**, colocadas depois do primeiro termo independente da frase, e com a partícula **MÃ**, no final do período. No optativo passado, usa-se **ME'Ĩ** ou **ME'ĨMO**.
Ex.:
Xe *temõ* i mba'e-katu arekó *mã*! – Ah, quem me dera eu tivesse as boas coisas dele! (Anch., *Cat. Bras.*, II, 102)
Asó *temõ* ybakype *mã*! – Ah, se eu fosse para o céu! (Anch., *Arte*, 24)
Aîuká-*mo mã*! – Ah, quem me dera o matasse! (Anch., *Arte*, 18)
Aîuká *me'ĩ mã*! – Ah, quem me dera o tivesse matado! (Anch., *Arte*, 18)
Asó *me'ĩmo* ybakype *mã*! – Ah, se eu tivesse ido para o céu! (Anch., *Arte*, 24)

436   -**MO**...**MÃ**! e **TEMÕ**...**MÃ**! podem também aparecer com partículas.
Ex.:
Anheté-*mo* turi *mã*! – Ah, se, de fato, ele viesse! (*VLB*, II, 59)

437   Na forma negativa do modo optativo, coloca-se **XÛÉ** ou **XÓ** após **N(D)A**...-**I**.

Ex.:

***N*'aîabyî *xûé* temõ erimba'e nde nhe'enga mã!** – Oxalá eu não tivesse transgredido antigamente tua palavra! (Araújo, *Cat. Líng. Bras.*, 141v)

***N*'aîukáî *xûé* temõ mã!** – Oxalá não o mate. (Fig., *Arte*, 27)

Temas nominais com valor adverbial modal

438   Um tema nominal pode ser usado, em tupi, com valor de um advérbio de modo. Ele se pospõe ao verbo que modifica, ficando em composição com ele.

Ex.:

porang – bonito, belo   **Emonã serekó-pyra (...) abá obasẽ-*porang*.** – Assim tratada, uma pessoa chega *bem*. (Araújo, *Cat. Líng. Bras.*, 85v)

atã – forte, duro   **Anhe'eng-*atã*.** – Falei *duramente*. (*VLB*, I, 40)

katu – bom   **Aîkó-*katu*.** – Vivo bem. (Anch., *Arte*, 10v)

poxy – nojento, mau   **Aîkó-*poxy*.** – Vivo mal. (Anch., *Arte*, 10v)

marangatu – bom   **Pirá asekyî-*marangatu*.** – Pescava bem os peixes. (Anch., *Poemas*, 152)

439   Os temas nominais com função de advérbio de modo podem também ser usados com posposições, partículas etc., i. e., com temas que não são nem nominais nem verbais.

Ex.:

Xe mosẽ memẽ taba suí abaré, kûepe-*katu* xe mondóbo.

Expulsa-me sempre da aldeia o padre, para bem longe me mandando. (Anch., *Teatro*, 126)

Exercícios

I   Responda em tupi às seguintes perguntas sobre o texto inicial desta lição:

1. Marãngatupe Îurupari abá ramyîpagûama supé i nhe'engi? 2. Marãngatupe Îurupari tamyîpagûama rerekóû? 3. Oîpotarype Îurupari abá rekobé-puku? 4. Abá-abá-pe oîkó Yby-marãe'yma pupé? 5. Abá-abá-pe Îurupari resé osó? 6. Osyk-ype tamyîpagûama Yby-marãe'ỹ-me? 7. Mamõpe Îurupari tamyîpagûama rerasóû? 8. Oîporarápemo abá mba'eaíba Îurupari irũnamo oîkóbomo?

II   Para praticar o uso do modo condicional em tupi, faça conforme o modelo. (Se os verbos tiverem o mesmo sujeito, use também o gerúndio. A primeira oração expressa a condição e a segunda, a consequência. Nas frases que você elaborar, a condição poderá ser expressa antes ou depois da oração principal.) Traduza as frases obtidas.

Mod.:

A-só Yby-marãe'ỹ'-me. A-îkobé-puku.

Vou para a Terra sem Mal (condição). Vivo longamente. (consequência)

lição 23 • A terra sem mal

A-îkobé-puku-mo Yby-marãe'ỹ-me xe só-reme-mo.
Viveria longamente   se fosse (i.e., no caso de minha ida) para a Terra sem Mal.
(oração principal)   (oração sub. adv. condicional)

Yby-marãe'ỹ-me gûixóbo-mo, aîkobé-puku-mo.
Indo eu para a Terra sem Mal,   viveria longamente.
(oração sub. adv. condicional) (oração principal)

1. Îurupari oîké. Onhe'ẽ-porang. 2. Îurupari resé orosó. Yby-marãe'yma oro-sepîak. 3. Abá 'ygûasu osasab. Abá omanõ. 4. Abá tabe'ỹ-me osó. Sumarã abá oîpysyk. 5. Tamyîpagûama osó tuîba'e resé. Tamyîpagûama te'õ oîporará. 6. Asó tabe'ỹ-me. Aporaseî. 7. Sumarã our. Sumarã abá oîpysyk. 8. Îurupari aîpó e'i. Oré ramyîpagûama ogûerobîar. 9. Boîá oporaseî. Îurupari opuká. 10. Yby-marãe'ỹ-me aîké. Aûîeramanhẽ aîkobé.

III   Passe os verbos que estão no modo condicional, nas frases obtidas nos cinco pri-meiros exercícios da série anterior, para a forma negativa, conforme o modelo:
Mod.:
Aîkobé-puku-mo Yby-marãe'ỹ-me xe só-reme-mo.
N'aîkobé-puku-î *xûémo* Yby-marãe'ỹ-me xe **só-reme-***mo*.
Não viveria longamente se eu fosse para a Terra sem Mal.

IV   Verta para o tupi (o vocabulário está na série V):

1. Oxalá ele fale bonito! 2. Oxalá vivamos (incl.) longamente na Terra sem Mal! 3. Oxalá os índios atravessem o rio grande! 4. Oxalá ele vá para dançar (use o gerúndio) como servo de Jurupari! 5. Oxalá ele veja seu filho que morreu! 6. Oxalá vós sofrais a morte!

V   Para praticar o uso do condicional, verta para o tupi as frases abaixo. (Lembre-se: condicional passado com **beémo** ou **meémo**). Pratique também os temas nomi-nais com sentido adverbial modal. (Assim, para saber como é o advérbio *bem* em tupi, procure saber, primeiro, como é o adjetivo *bom* e assim por diante.)

1. Se Jurupari falasse belamente, eu iria para a Terra sem Mal.
2. Se Jurupari tivesse falado belamente, eu teria ido para a Terra sem Mal.
3. Dirias isso se visses Jurupari.
4. Terias dito isso, vendo Jurupari.
5. Viverias bem se fosses para a Terra sem Mal.
6. Terias vivido longamente indo para a Terra sem Mal.
7. Sofreríamos (incl.) coisas más se fôssemos com o velho.
8. Teríamos (excl.) sofrido duramente coisas más indo com o velho.
9. Veria meu filho (de m.) se eu chegasse à Terra sem Mal.
10. Teria visto meu filho (de h.), chegando eu à Terra sem Mal.
11. Entraríamos (incl.) na Terra sem Mal se ele viesse.
12. Morreríeis se vós fôsseis com Jurupari.
13. O inimigo apanharia os índios se eles atravessassem o rio grande.

14. Dançarias bem como servo de Jurupari se o velho te levasse.
15. O inimigo te apanharia se os índios morressem.

Vocabulário

nomes e verbos

belo – porang
Jurupari – Îurupari
longo – puku
morte – e'õ (t-)
servo – boîá
sofrer – porará

Terra sem Mal – Yby-marã-e'yma

velho (subst.) – tuîba'e

outras categorias

oxalá! – temõ...mã!
se – (r)eme

Jaburu
Grande ave ciconiforme da família dos ciconídeos; vive em bandos, alimentando-se de peixes e de animais aquáticos (Marc., *Hist. Nat. Bras.*)

VI Para praticar o uso dos verbos **'I / 'É** (*dizer*) e **IKÉ / EÎKÉ (T-)** (*entrar*), verta para o tupi as frases abaixo:

1. Quero que tu entres ali (n. vis.). 2. Quero que Pedro entre ali (n.vis.). 3. Entrei ontem. Ontem entrei. 4. Eu viveria longamente se eu entrasse ali. 5. Os que entram na Terra sem Mal são felizes. 6. O dia em que entrei na aldeia estava belo. 7. A aldeia em que entrei é Reritiba. 8. Entrando, tu viste Jurupari. 9. O que te matará é o que diz: "– Eu sou teu avô". 10. Dizendo isso, Jurupari os matou. 11. Quero que tu digas isso. 12. O dia em que tu disseste isso estava belo. 13. Ontem ele disse isso. Disse isso ontem. 14. Sei que tu disseste que Pedro vai. (Atenção! Em tupi não existe discurso indireto. V. § 279 e § 280.) 15. Dizendo que dormiria, eu entrei.

VII Traduza:

1. – Osó nhẽ-mo-pe asé ybakype o nhemongaraíb-í-[1]reme? – O-só nhẽ-mo. (...) – Nd'osoî xûé-te-pe-mo asé ybakype onhemongaraibe'ymamo? – Nd'osoî xûé-mo. (Anch., *Cat. Bras.*, I, 201-202)
2. – Abaré supé-pe asé "eîmongetá Tupã xe resé" asé 'eû îepi? – Abaré supé. (Anch., *Cat. Bras.*, I, 224)
3. Aûîeté[2] a'e îandé rub-ypy, "e-'u umẽ ikó 'ybá" îagûera. (Anch., *Cat. Bras.*, I, 193)
4. (Sobre a morte de Cristo): – Nd'îasoî xûé-te-pe-mo ybakype se'õe'ỹ-me-mo? – Nd'îasoî xûé-mo. – Nd'e'ikatuî xûé-mo-te-pe abá o angaîpagûera repyme'enga (...)? – Nd'e'ikatuî xûé-mo a'e îandé îara re'õe'ỹ-me-mo. (Anch., *Cat. Bras.*, I, 167)
5. – Nd'i apysyk[3]-i xûé-mo-pe Cristo rerobîasar-amo o py'a-pe nhõte serobîá-mo? – Nd'i apysyki xûé-mo. (Anch., *Cat. Bras.*, I, 185)

Vocabulário

1. ... o nhe-mongaraíb-í-reme? – ... tão somente por se batizar? (V. sufixos -'**ĩ** e -'**i** com verbos no § 473)

2. **aûîeté** – embora, ainda que (v. § 539)
3. **apysyk (xe)** – além dos outros sentidos já vistos, significa também *bastar, ser suficiente*. Leva o verbo que a ele se relaciona para o gerúndio.

O tupi em nossa toponímia

Sabendo que **yby**, em tupi, significa *terra*, busque dar o significado dos seguintes nomes de lugares do Brasil:

a. Ibiúna – município de São Paulo
b. Ibiguaçu – município do Ceará
c. Ibiquera – localidade da Bahia
d. Ibitinga – cidade de São Paulo
e. Ibiapina[1] – serra do Ceará
f. Ibicatu – localidade do Ceará
g. Ibicoara – localidade da Bahia
h. Ibipeba – localidade da Bahia
i. Ibicuí[2] – lugar do Rio Grande do Sul
j. Ibipira[3] – localidade da Bahia
l. Ibiporanga – cidade de São Paulo

Vocabulário

1. **apin** – rapado, pelado
2. **ku'i** – farelo, pó
3. **byr** – erguido, levantado

Fabricação do cauim (De Bry)

Leitura complementar

A terra sem mal

A Terra sem Mal é esse lugar privilegiado, indestrutível, em que a terra produz por si mesma os seus frutos e onde não há morte.

Os cronistas só lhe fazem breves alusões e ainda a reduzem a proporções compreensíveis para eles: um "além" para onde vão as almas depois da morte. Seria de esperar que, como aconteceu com o resto, esse tema fosse assimilado ao tema cristão do paraíso. Curiosamente, nada disso aconteceu. Fernão Cardim garante-nos que os tupis não tinham a menor preocupação em saber se existia recompensa ou castigo depois da vida. Contudo, diz ele, acreditam na imortalidade das almas, que supõem que "vão a uns campos onde há muitas figueiras ao longo de um formoso rio e todas juntas não fazem outra cousa senão bailar". Segundo Léry, esse lugar de delícias, longe de ser acessível a todos, era a recompensa reservada aos melhores: "... acreditam na imortalidade das almas, mas também crêem firmemente que, após a morte dos corpos, as almas dos que viveram virtuosamente, isto é, segundo eles, que bem se vingaram e comeram muitos dos seus inimigos, vão para trás das montanhas altas e dançam em belos jardins com as almas dos avós". A mesma informação nos dão Claude d'Abbeville e Yves d'Évreux: ascender à terra de "além das montanhas" era reservado aos mais ferozes desses canibais.

Para todos esses cronistas, em todo caso, a Terra sem Mal nada invoca que não seja pagão: são os "campos elísios dos poetas". Por que os cristãos não se apossaram também dessa crença e por que, mais geralmente, por ela manifestaram tão pouco interesse? Pode-se supor, em primeiro lugar, que essa concepção dionisíaca de uma vida futura inteiramente composta de danças e bebedeiras devesse parecer ímpia aos brancos. Que também os chocasse a ideia de se atribuir ao paraíso uma localização geográfica precisa: pois os tupis-guaranis situavam a Terra sem Mal no seu espaço real, às vezes a leste, outras vezes a oeste. Com maior frequência a oeste, aparentemente, pelo menos para os tupis do litoral: as informações dadas por Yves d'Évreux e Claude d'Abbeville confirmam Thevet: é "além das montanhas" (d'Évreux é até mais preciso: "além das montanhas dos Andes"), portanto numa tal direção do espaço que possa ser preservada a ideia de um lugar acessível. Nenhuma informação disponível, a esse respeito, sobre os antigos guaranis: mas talvez as migrações que haviam conduzido os chiriguanos aos pés dos Andes já estivessem, pelo menos em parte, ligadas à procura da Terra sem Mal; sugere-o o nome Candire, que deram ao Império Inca. Seja como for, talvez exista uma razão mais profunda para o curioso desdém por essa crença; é preciso notar que ela foi singularmente banalizada, a ponto de ficar reduzida a um lugar das almas depois da

lição 23 • A terra sem mal

morte. Morada dos ancestrais, sem dúvida, a Terra sem Mal também era um lugar acessível aos vivos, aonde era possível, "sem passar pela prova da morte", ir de corpo e alma. Se tivessem prestado atenção, os cristãos não teriam deixado de perceber que eram uma única coisa a terra de "além das montanhas", morada das almas, esse outro lugar em que a terra produz sem semeadura e não há morte, que os profetas prometiam aos índios. Teriam sido confrontados, então, com o que não poderia deixar de lhes aparecer como escândalo ou incompreensível loucura: uma religião em que os próprios homens se esforçam por se tornarem semelhantes aos deuses, imortais como eles.

Hélène Clastres, *A Terra sem Mal.*

24 · O padre poeta

*"És tu essa alma a quem lavou límpida linfa
e o peito te refez qual um cristal de ninfa?
Que o Espírito de amor com seu fogo celeste
caldeou e, pura assim, todo ouro te fizeste?"*

Padre José de Anchieta, *Poema da Virgem*

Anchieta na praia
(Quadro de Cândido Portinari)

Em 1563, Anchieta, ainda um irmão jesuíta, apresenta-se diante dos índios tamoios, inimigos dos portugueses, e oferece-se como refém, até que houvesse um acordo entre eles, única forma de impedir uma guerra de terríveis consequências.

Abá sepîakypyra ãme Anchieta seryba'e. Morepy-ramo Iperu 'y-pe sekóû.
O homem que é visto ali é o que tem nome Anchieta. Como refém ele está em Iperoig.
Abá-etá peró amotare'ymbar-amo oîkó. Anchieta marana n'oîpotari.
Muitos índios são inimigos dos portugueses. Anchieta não quer a guerra.
Morubixab-etá São Vicente-pe peró supé o-nhe'ẽ'-nhe'eng. Anchieta
Muitos caciques em São Vicente estão falando aos portugueses. Anchieta
morubixaba oîebyryba'erama o-s-arõ-s-arõ.
fica esperando os caciques que voltarão.

Abaré-rama ybyku'i 'arybo o-mba'e-kûatiá'-tiar. A'e 'yembe'y(ba)-bo

O futuro padre sobre as areias fica escrevendo coisas. Ele pelas praias

i gûatá-sûer, Tupã mongetábo. Semikûatiá-tyba Tupã sy oîmoeté.

é o que costuma andar, rezando. O que ele costuma escrever honra a mãe de Deus.

Abá o oka suí osẽ'-sem abaré-rama kûatiara r-epîaka.

Os índios de sua oca saem, um a um, para ver os escritos do futuro padre.

I kûatiara resé i xupé abá porandubi.

A respeito dos seus escritos a ele os índios fazem perguntas.

(Dizem os índios:)

– Ereîkuabype oré nde îukasagûama?

– Sabes que nós te mataremos?

Abaré-rama, moraûsu-bora, i nhe'enga osobaîxûar, o arururamo,

O futuro padre, amoroso, a suas palavras responde, estando tristonho,

"– Kó 'ara pupé pe-puká-puká;

"– Neste mundo ficais rindo;

Pe re'õ riré pe-îase'o-se'o-ne", o'îabo.

Após vossa morte ficareis chorando", dizendo.

Abá oîebyr. A'e o okype o-sy'-syk, mbegûé-mbegûé oîkébo.

Os índios voltam. Eles chegam a sua oca, um a um, entrando devagarinho.

Abá i ma'enduar Anchieta 'éagûera resé.

Os índios lembram-se do que Anchieta disse.

Anchieta itá rendá-pe o-ín. Itá-peba 'ari seni.

Anchieta está sentado no lugar em que há pedras. Sobre a pedra achatada está sentado.

Anchieta ygapenunga resé oma'ẽ. Pytunybo, ybyrá gûyrybo tubi.

Anchieta olha para as ondas. De noite, sob as árvores está deitado.

Abaré-rama kesa(ba)-tyba sosé gûyrá'ĩ bebéû.

Sobre o lugar costumeiro de dormir do futuro padre os passarinhos voam.

Og upa(ba)-pe, Anchieta Tupã mongetáû.

Em seu leito, Anchieta conversa com Deus (i.e., reza).

Vocabulário

nomes e verbos

amotare'ymbara – inimigo

'ara – mundo

arõ (s) (trans.) – esperar; guardar

mongetá (trans.) – conversar; **Tupã mongetá** – conversar com Deus; +rezar

morepy – refém

peb – chato, achatado

upaba (t-, t-) – leito (lit., *lugar de estar deitado*)

ybyku'i – areia [lit., *farinha* (ku'i) *da terra* (yby)]

ygapenunga (r-, t-) – onda (v. § 441)

outras categorias

āme – ali (vis.)

'arybo – sobre (ponto indefinido – v. § 440)

-bo – v. § 465

-bor(a) – v. § 452

mbegûé – devagar

pytun-y-bo – às noites, pelas noites, de noite

sosé (posp.) – acima de, sobre

-sûer(a) – v. § 454

-tyb(a) – v. § 458

---

440   Em tupi antigo há posposições de sentido locativo pontual ou difuso:

ybyrá *gûyrype* (ou ybyrá *gûyri*) – sob a árvore (ponto definido e preciso)
ybyrá *gûyrybo* – sob as árvores (em lugar indefinido, em sentido difuso)

itá *'arype* (ou itá *'ari*) – sobre a pedra (ponto preciso, definido)
itá *'arybo* – sobre pedras (de maneira indefinida, difusa, sem estar somente sobre uma pedra em particular)

441   Alguns substantivos irregulares especiais são do tipo (**R-**, **T-**), i.e., na forma absoluta não recebem prefixos, sendo que, na forma relacionada de 3ª pessoa o prefixo é **T-**.

Verbos irregulares

442   Verbo IN / EN(A) (T-) – *estar sentado, estar quieto, estar (sem movimento)*

Formas verbais propriamente ditas [originadas de **in**, com uma alternância com o tema **en(a) (t-)**, assinalada com *]:
<u>indicativo</u>: **a-ín, ere-ín, o-ín** etc.
<u>imperativo</u>: **e-ín!** – está sentado! **pe-ín!** – estai sentados!
<u>permissivo</u>: **t'a-ín, t'ere-ín, t'o-ín** etc.
<u>gerúndio</u>: **gûi-t-ena*, e-ína, o-ína, oro-ína** (excl.), **îa-ína** (incl.), **pe-ína, o-ína** (estando eu sentado, estando tu sentado etc.)
<u>deverbais</u>: **o-ín-y-ba'e** – o que está sentado

Formas nominais [originadas de **en(a) (t-)**]:
<u>infinitivo</u> (forma absoluta): **t-ena** – estar sentado, estar quieto; (formas relacionadas):

lição 24 • O padre poeta

xe r-ena – meu estar sentado; **nde r-ena** – teu estar sentado; **s-ena** – seu estar sentado; **o ena** – seu próprio estar sentado
indicativo circunstancial: **xe r-en-i, s-en-i, oré r-en-i, îandé r-en-i, s-en-i** (eu estou sentado, ele está sentado etc.)
deverbais:
end-ara (t-) – o que está sentado
end-aba (t-) – lugar de estar sentado, tempo de estar sentado, modo de estar sentado etc.

443   Verbo ÎUB / UB(A) (T-, T-) – *estar deitado, jazer*

Formas verbais propriamente ditas [originadas do tema **îub**, com algumas alternâncias com o tema **ub(a)**, assinaladas com *]:
indicativo: **a-îub, ere-îub, o-ub*, oro-îub** (excl.), **îa-îub** (incl.), **pe-îub, o-ub***
imperativo: **e-îub!** – está deitado! **pe-îub!** – estai deitados!
permissivo: **t'a-îub, t'ere-îub, t'o-ub*** etc.
gerúndio: **gûitupa*, e-îupa, o-upa*, oro-îupa** (excl.), **îa-îupa** (incl.), **pe-îupa, oupa*** (estando eu deitado, estando tu deitado, estando ele deitado etc.)
deverbais: **o-u'-ba'e** – o que está deitado

Formas nominais [originadas de **ub(a) (t-, t-)**]:
infinitivo (forma absoluta): **t-uba**; (formas relacionadas): **xe r-uba** – meu estar deitado, **nde r-uba** – teu estar deitado, **t-uba** – seu estar deitado, **og uba** – seu próprio estar deitado
indicativo circunstancial: **xe r-ub-i, xe r-u-î,** ou **xe u-î** – eu estou deitado, **t-ub-i** ou **t-u-î** – ele está deitado; **oré r-ub-i, oré r-u-î** ou **oré u-î** (excl.) – nós estamos deitados; **îandé r-ub-i, îandé r-u-î** ou **îandé u-î** (incl.) – nós estamos deitados; **t-ub-i** ou **t-u-î** – eles estão deitados
deverbais: **up-aba (t-)** – tempo de estar deitado, lugar de estar deitado, modo de estar deitado etc.

Explicação gramatical

A reduplicação

444   Os substantivos, os interrogativos, os indefinidos, os adjetivos, os temas nominais com sentido adverbial, os numerais e os verbos podem ser reduplicados em tupi: repete-se a sílaba tônica e a pretônica, acrescentando-se novos sentidos ao vocábulo formado. Chamamos as sílabas que se repetem de *núcleo dissilábico*.
Ex.:

445 Se o vocábulo terminar em consoante ou semivogal, estas caem no final do primeiro núcleo dissilábico, se vier uma outra consoante ou semivogal no início do 2º núcleo dissilábico. Se terminar em **M**, **N** ou **NG**, caem tais consoantes e nasalizam a vogal anterior. Aplicam-se, assim, as mesmas regras já vistas nos § 54 e § 79.

Ex.:

o-î-kutuk	o-î-*kutu'-kutuk*
a-î-monhang	a-î-*monhã'-monhang*

446 Com substantivos, interrogativos e indefinidos, a reduplicação expressa o plural, o coletivo, a extensão ou a continuidade.

Ex.:

substantivos

ybytyra – monte	*ybyty'-bytyra* – serra, serrania (*VLB*, II, 60)
nhe'enga – fala, palavra	*nhe'ẽ'-nhe'enga* – discurso, sermão (Araújo, *Cat. Líng. Bras.*, 12)
mytá – andaime, estrado	*mytá-mytá* – escada (*VLB*, II, 132)

interrogativos

Marã-pe nde rera?	*Marã-marã*-pe **Santíssima Trindade rera?**
Qual é teu nome?	Quais são os nomes da Santíssima Trindade?
(Léry, *Histoire*, 341)	(Anch., *Cat. Bras.*, I, 157)

indefinidos

O-î-moeté bé asé amõ 'ara.	**O-î-moeté bé asé** *amõ amõ* **'ara (...).**
A gente honra também outro dia.	A gente honra também outros dias.
	(Araújo, *Cat. Líng. Bras.*, 12v)

447 Com adjetivos e temas nominais com sentido adverbial, a reduplicação dá a ideia de superlativo.

Ex.:

adjetivos

pytun – escuro	I *pytũ '-pytun* 'ara. – O dia está muito escuro. (*VLB*, I, 71)

temas nominais com sentido adverbial

Sobaké suí mbegûé i xóû.	**Sobaké suí** *mbegûé-mbegûé* **i xóû.**
De diante deles ele foi devagar.	De diante deles ele foi bem devagar.
	(Araújo, *Cat. Líng. Bras.*, 4v)
O-'u-eté ahẽ mba'e.	**O-'u-*eté-eté* ahẽ mba'e.**
Ele comeu muito.	Ele comeu demasiadamente. (*VLB*, II, 118)

448 Com os numerais, a reduplicação torna-os distributivos.

Ex.:

Kunhã o-îké mokõ'-mokõî.	As mulheres entraram duas a duas.
Kunumĩ o-gûatá *mosapy'-sapyr*.	Os meninos caminham de três em três.

449 Com verbos, a reduplicação pode ser de duas sílabas (reduplicação dissilábica) ou de uma só sílaba (reduplicação monossilábica). Neste último caso, redupli-

ca-se somente a sílaba tônica.
Ex.:
Reduplicação dissilábica
Kó 'ara pupé pe-puká. **Kó 'ara pupé pe-*puká-puká*.**
Neste mundo vós rides.   Neste mundo vós ficais rindo.
                         (Ferreira França, *Crestomatia*, 147)

Reduplicação monossilábica
Oro-syk.   **Oro-sy'-syk.** – Chegamos sucessivamente.
                          (*VLB*, I, 72)

450 Na reduplicação dissilábica, dá-se a ideia de repetição, duração ou continuidade (*várias vezes* ou *continuamente*). Se o verbo for monossilábico, repete-se a última sílaba do prefixo ou do pronome que o precede (ou todo ele, se for também constituído de uma única sílaba).
Ex.:
A-gûatá.   **A-*gûatá-gûatá* tenhẽ.**
Ando.   Fico andando à toa (*VLB*, II, 140)
E-î-nupã moxy!   **E-î-*nupã-nupã* moxy!**
Castiga os malditos!   Fica castigando os malditos! (Anch., *Poemas*, 156)
A-îo-pyk.   **A-*îo-py'-îo-pyk*.**
Apertei-o.   Fiquei-o apertando. (*VLB*, I, 68)
E-îori i mosykyîébo.   **E-îori (...) i *mosykyîé-kyîébo*.**
Vem para amedrontá-lo.   Vem para o ficar amedrontando.
                           (Anch., *Teatro*, 26)

Jetica
Batata-doce, planta herbácea americana, da família das convolvuláceas
(Marc., *Hist. Nat. Bras.*)

451 Repetindo-se somente a sílaba tônica, dá-se a ideia de ação sucessiva (*um depois do outro*), de processo verbal subdividido (*um por um*). Neste caso, ou o sujeito ou o objeto deve ser plural. A reduplicação monossilábica só ocorre com alguns verbos.
Ex.:
Kunhã o-syk.   As mulheres chegaram.
Kunhã o-sy'-syk. As mulheres chegaram uma após a outra, sucessivamente.

Compare:

1– **A-î-mokon itá'ĩ.** ⟶
Engoli a pedrinha.   AÇÃO PONTUAL

2 – Com reduplicação dissilábica:
A-î-*mokõ-mokon* xe rendy.➤
Fico engolindo minha saliva.   **AÇÃO REPETIDA**
(Continuamente.)   **OU CONTÍNUA**

O(s) mesmo(s) sujeito(s) repete(m) continuamente a ação e o(s) mesmo(s) objeto(s) (se houver) a recebe(m) continuamente.

3 – Com reduplicação monossilábica:
A-î-*mokõ-kon* abati ra'ŷîa.
Engulo os grãos de milho, um por um.➤
(Um depois do outro, distintamente.)   **AÇÕES SUCESSIVAS, DISTINTAS**
                                (SUBDIVISÃO DO PROCESSO VERBAL)

Mais de um sujeito a realizar ações sucessivas, distintas, ou mais de um objeto a recebê-las.

Caaetimaí
Variedade de erva
(Marc., *Hist. Nat. Bras.*)

Outro exemplo: **Abá o-sem**. – O índio saiu (uma só vez).

Reduplicação dissilábica: **Abá *o-sẽ'-o-sem*.** – O(s) índio(s) fica(m) saindo. (I.e., o índio sai várias vezes ou *os índios saem várias vezes*. Quer dizer, o mesmo índio sai várias vezes ou os mesmos índios saem várias vezes, ficam saindo continuamente.)

Reduplicação monossilábica: **Abá *o-sẽ'-sem*.**
Os índios saíram um por um. (I.e., diferentes índios saíram, em tempos diferentes, um após o outro, sucessivamente, sem repetir a ação.)

Os deverbais em -BOR(A)

452 Acrescentando-se o sufixo **-BOR(A)** aos temas de certos verbos intransitivos ou intransitivados, formamos um nome deverbal que expressa um agente habitual.
Ex.:
kanhem – sumir, fugir   **kanhem-*bora*** – o fujão (Anch., *Arte*, 15)
mor-aûsub – amar gente   **mor-aûsu'-*bora*** – o amoroso, o que ama habitualmente

332

lição 24 • O padre poeta

453   **-BOR(A)** sufixa-se também a temas nominais.
Ex.:
ambyasy – fome   ambyasy-*bora* – faminto (Araújo, *Cat. Líng. Bras.*, 18)
miraíba – varíola, bexigas   miraí'-*bora* – o que tem varíola, o bexigoso (Anch., *Arte*, 31)

Os deverbais em -SÛER(A)

454   Acrescentando-se o sufixo -SÛER(A) a temas de verbos intransitivos ou intransitivados, forma-se um nome deverbal que indica propensão ou inclinação para
realizar o processo descrito pelo verbo do qual se originou. Após nasal, o sufixo assume a forma -NDÛER(A) (v. regra de transformação fonética 6, § 78). Se
o tema verbal terminar em consoante, o sufixo assume a forma -IXÛER(A).
Ex.:
îeruré – pedir, rogar   îeruré-*sûer*-a – o que tem inclinação para pedir, o
                                         pedinte
nhe-moŷrõ – enraivecer-se   nhe-moŷrõ-*ndûer*-a – o que tem inclinação a
                                         enraivecer-se
nhe'eng – falar   nhe'eng-*ixûer*-a – o falador (Anch., *Arte*, 51v)

Notas sobre os deverbais e nomes derivados

Encerramos nesta lição o estudo sistemático dos nomes derivados e deverbativos em
tupi. Os afixos nominalizadores que formam nomes derivados e deverbativos em tupi são:

-BA'E, -(S)AR(A), -EMI-, -PYR(A), -(S)AB(A) , -BOR(A), -SÛER(A)

455   Conforme já se viu em lições anteriores, a negação com os deverbais exprime-
-se sempre com o sufixo -E'YM(A).
Ex.:
o-puká-ba'e   o que ri
o-puká-*e'ym*-ba'e   o que não ri

gûatá-sara   o caminhador
gûatá-sar-*e'ym*-a ou gûatá-*e'ymb*-ara   o não caminhador, o que não caminha

xe r-emi-motara   o que eu quero
xe r-emi-motar-*e'ym*-a   o que eu não quero

456   Alguns nomes derivados e deverbais podem ser adjetivos. Nesse caso, perdem
o -A átono final, que é um sufixo nominal.
Ex.:
<u>Kagûara</u> ixé. – Eu sou um bebedor   Xe <u>kagûar</u>. – Eu sou bebedor. (Anch., *Arte*, 47)
       ↓   ↓
substantivo   adjetivo

Xe nhemoŷrõ-ndûer. – Eu sou irritadiço. (Anch., *Arte*, 51v)

Os deverbais com TYB(A)

457 O substantivo **TYBA**, como já se sabe, significa *ajuntamento, reunião, jazida*.
Ex.:
reri-*tyba* – ajuntamento de ostras
itá-*tyba* – ajuntamento de pedras

458 **TYBA** pode também ser usado com a forma substantiva dos verbos e com os deverbais em **-(S)AR(A)**, **-(S)AB(A)** e **-EMI-**, acrescentando-lhes a ideia de *hábito, constância, frequência*.
Ex.:
xe remi'u-tyba – o que eu como costumeiramente (*VLB*, I, 78)
xe pindaeîtyka-tyba – lugar costumeiro de minha pescaria (*VLB*, II, 75)

Formas verbais propriamente ditas e formas nominais do verbo – os sistemas de derivação verbal em tupi (síntese final)

Você viu na lição 15 que o verbo tupi tem formas verbais propriamente ditas e formas nominais. Completaremos, agora, as informações daquela lição.

459 As formas verbais propriamente ditas são as que recebem prefixos pessoais subjetivos (**A-, ERE-, O-, GÛI-, ÛI-, E-** etc.).
São elas:
(Tomemos como exemplo o verbo **pytá**, *ficar*.)

– o indicativo	*a*-pytá
– o imperativo	*e*-pytá
– o permissivo	t'*oro*-pytá
– o gerúndio dos verbos intransitivos	*gûi*-pytábo; *îa*-pytábo
– os deverbais em **-ba'e**	o-pytá-ba'e

460 Embora o futuro (**A-PYTÁ-NE**) e o condicional (**A-PYTÁ-MO**) também se constituam de formas verbais propriamente ditas, eles são, formalmente, o próprio indicativo com as ênclises **-NE** e **-MO**, que podem, inclusive, separar-se do verbo. O mesmo ocorre com o modo optativo, que é formado com partículas (v. § 435).

461 As formas nominais do verbo são as que nunca recebem prefixos pessoais subjetivos.
São elas:
(Tomemos como exemplo o verbo **epîak (s)**, *ver*, e, novamente, o verbo **pytá**, *ficar*.)

– o infinitivo	**xe r-epîaka** – ver-me
	xe pytá – minha permanência
– o gerúndio dos verbos transitivos	**xe r-epîaka** – vendo-me
– o indicativo circunstancial	**xe r-epîaki** – vê-me
	xe pytáû – eu fico, eu permaneço

lição 24 • O padre poeta

– as formas do verbo com
pronomes objetivos tônicos

xe repîak – vê-me
nde repîak – vê-te

– os deverbais em –(s)ar(a),
    -(s)ab(a), -sûer(a),
    -pyr(a), -bor(a) e -emi-

xe repîakara – o que me vê
xe repîakaba – tempo, lugar etc. de me ver
xe r-emiepîaka – o que eu vejo
s-epîakypyra – o que é visto
xe pytasaba – tempo, lugar etc. de eu ficar

Conforme vimos no exemplo acima, com **epîak (s)**,

462 As formas nominais dos verbos pluriformes recebem **R-** diante de **XE, NDE, ORÉ, ÎANDÉ, PE** (i.e., diante dos pronomes pessoais de 1ª e 2ª pessoas) e diante de substantivos, sempre que estiverem em relação genitiva com eles ou sempre que forem transitivas (exigindo, portanto, objeto).

Outros exemplos:

xe *r*-aûsubi	amou-me (indicativo circunstancial)
xe *r*-aûsupa	amando-me, para amar-me (gerúndio)
kunumĩ *r*-aûsupa	amando o menino, para amar o menino (gerúndio)
nde *r*-aûsub	amou-te (verbo com pronome objetivo tônico)
nde *r*-aûsupara	o que te ama [deverbal em **-(s)ara**]
kunumĩ *r*-aûsupara	o que ama o menino
pe *r*-aûsupaba	o tempo de amar-vos, o lugar de amar-vos etc.
xe *r*-emiaûsuba	o amado de mim, o que eu amo

463 O prefixo de relação de 3ª pessoa é, nesses casos, sempre **S-**.
Ex.:

s-epîaki	viu-**o** (indicativo circunstancial)
s-epîaka	vê-**lo** (infinitivo), vendo-**o**, para vê-**lo** (gerúndio)
s-epîakara	o que **o** vê
s-epîakaba	o tempo, o lugar, o modo etc. de vê-**lo**
s-emiepîaka	a visão **dele**, o que **ele** vê

As posposições -PE, -BO e -I (comparação)

As posposições átonas **-BO** e **-I** têm também sentido locativo como **-PE** (*em, para*). As diferenças são as seguintes:

464 **-PE** tem sentido locativo *pontual, preciso, definido.*
Ex.:

kó-*pe*	na roça (lugar definido e preciso)
Rerity'-*pe*	em Reritiba (lugar definido)

335

465 -**BO** tem sentido locativo (ou temporal) *difuso*. Expressa *indeterminação, extensão, pluralidade*. Forma também locuções.

Ex.:

kó-*bo* – pelas roças (lugar impreciso)   **pytun-y-*bo*** – pelas noites, às noites

'ar-y-*bo* – na parte de cima, sobre (difuso)   **gûyr-y-*bo*** – na parte de baixo, sob (difuso)

466 -**I** tem sentido locativo *partitivo*. Refere-se ao que é *parte de um lugar* ou *parte do corpo*. Usa-se com poucos termos, formando também locuções como -**BO**. Em lugar de -**I** também se empregam, às vezes, com o mesmo sentido, -**PE** ou -**ESÉ (R-, S-)**.

Ex.:

com partes do corpo:

aîura – pescoço   **aîur-i** (leia *aiúrî*) – no pescoço

aseîa – costas   **aseî** – às costas

pytá – calcanhar   **pytá-î** – no calcanhar

ku'a – cintura   **ku'a-î** – na cintura

atuá – cerviz, nuca   **atuá-î** – na nuca (ou, por extensão, *atrás de*: **Xe** *atuá-î* **turi**. – Atrás de mim ele veio.) (Anch., *Arte*, 41v)

com partes do lugar, do espaço:

'ara – parte de cima, parte superior   **'ar-i** – em cima de

apyra – extremidade, ponta, cume   **apyr-i** – na extremidade de, no cume de

pytera – centro (de uma área)   **pyter-i** – no centro de, no meio de

akypûera (t-) – parte de trás   **akypûer-i (r-, s-)** – atrás de, após

apytera – centro (de coisa esférica)   **apyter-i** – no centro de

eseîa (t-) – parte da frente   **eseî (r-, s-)** – na frente de

pyra – parte próxima   **pyr-i** – na parte próxima de, perto de

ybyra – margem, ourela   **ybyr-i** – ao longo de

puku – extensão, longitude   **puku-î** – ao longo de, durante

gûyra – parte inferior, fundo   **gûyr-i** – sob, embaixo de, abaixo de

Exercícios

I   Responda em tupi às seguintes perguntas sobre o texto inicial desta lição:

1. Marãnamope Anchieta Iperu 'ype sekóû? 2. Umãpe morubixaba peró supé i nhe'engi? 3. Abá-abá-pe Anchieta osarõsarõ? 4. Umãmepe Anchieta mba'e kûatiá-tiári? 5. Marãnamope abá o oka suí i xẽ'-semi? Mba'e resépe abá abaré supé i porandubi? 6. Marã o'îabo-pe Anchieta abá nhe'engatã robaîxûari? 7. Marãngatupe abá o okype seîkéû? 8. Umãmepe Anchieta reni? 9. Umãpe pytunybo abaré-rama rubi?

II Para praticar a reduplicação em tupi, verta a frase que está entre parênteses com base na que já está apresentada.

Mod.:
Nhũ rupi agûatá. – Pelo campo caminho.
(Pelo campo fico caminhando.): *Nhũ rupi agûatá-gûatá*.

1. **Oronhe'eng**. – Falamos. (Ficamos falando.)
2. **Xe rendub kunumĩ**. – Ouve-me o menino. (Fica-me ouvindo o menino.)
3. **Oropuká**. – Rimos. (Ficamos rindo.)
4. **Abaré ogûatá**. – O padre caminha. (O padre fica caminhando.)
5. **A'e riré i gûatáû**. – Depois disso, ele andou. (Depois disso, ele ficou andando.)
6. **Kunumĩ ereîmongetá**. – Conversas com os meninos. (Ficas conversando com os meninos.)
7. **Aîur gûinhe'enga**. – Vim para falar. (Vim para ficar falando.)
8. **Îandé roka suí îasem**. – Saímos de nossa casa. (Ficamos saindo de nossa casa. Saímos de nossa casa um por um.)
9. **Abá i xupé oporandub**. – Os índios fazem perguntas a ele. (Os índios ficam fazendo perguntas a ele.)
10. **Gûyrá'ĩ sendá-pe osó**. – Os passarinhos vão para onde ele está sentado. (Os passarinhos vão, um a um, para onde ele está sentado.)
11. **Nde rupá-pe eresó eké**. – Para tua cama vais para dormir. (Para tua cama vais para ficar dormindo.)
12. **E-karu, kunumĩ gûé!** – Come, ó menino! (Fica comendo, ó menino!)
13. **Pindobusu pindá oîmonhang**. – Pindobuçu faz anzóis. (Pindobuçu fica fazendo anzóis.)
14. **Ko'yr oré paranã rasabi**. – Agora nós atravessamos o mar. (Agora nós ficamos atravessando o mar.)
15. **Kunhã morubixaba osarõ**. – A mulher esperou o cacique. (A mulher fica esperando o cacique.)

III   Para praticar os verbos irregulares **IN / EN(A) (T-)** e **ÎUB / UB(A) (T-, T-)**, as posposições **-I** e **-BO** e as locuções formadas com elas, verta as orações abaixo para o tupi:

1. O padre quer que tu estejas sentado sobre a pedra. 2. O padre quer que tu estejas deitado sobre a pedra. 3. Queremos (excl.) que ele esteja deitado (fut.) perto de nós. 4. Na frente de nós o padre está sentado. 5. Atrás de nós o índio está deitado. 6. Estou deitado perto de onde estão as flores das árvores (i.e., *do lugar de estar das flores das árvores*). 7. Vou para o lugar em que o índio está deitado. 8. A mulher trouxe o neném às costas. 9. Pus meu colar no pescoço. 10. Estai deitados em cima de vossas casas! 11. Estando sentados no meio de nossas (excl.) casas, conversamos com o menino. 12. O que está sentado na frente de vossa casa não viu o menino. 13. Estando eu sentado sobre a pedra chata, olho para o céu. 14. Vimos (excl.) o lugar em que Potira está sentada. 15. Junto ao fogo Caramuru está deitado.

Vocabulário

nomes e verbos

colar – po'yra
conversar – mongetá (trans.)
neném – pitangĩ
pescoço – aîura; no pescoço – v. § 466
pôr (roupa ou adorno no corpo) – mondeb

outras categorias

às costas – v. § 466
atrás de – v. § 466
em cima de – v. § 466
junto a – v. § 466
na frente de – v. § 466
no meio de – v. § 466
perto de – v. § 466
sobre – v. § 466

Anchieta e os guarás

(A. Paim, 1948, Bertioga, SP)

* Frase que Anchieta dirigiu a uma ave, um guará, no canal de Bertioga, quando ele e seus companheiros atravessavam-no num dia de sol muito forte. Pediu-lhe que fosse chamar outras aves para cobrirem o barco, fazendo sombra sobre ele. Segundo testemunhas, o guará obedeceu à ordem de Anchieta e trouxe muitos outros guarás, que fizeram sombra sobre o barco, acompanhando-o até a margem para a qual ele se dirigia. O significado da frase é *fica com teus suditozinhos junto de nós* (in Viotti, 1980).

IV   Traduza:

1. (*Os diabos sentam-se e tratam sobre quem prenderão:*)

Diabo 1
   Pe ratãngatu[1] resé
   gûîîekoka[2] asó-potá(r)
   taba pobu[3]-pobu pá,
   kó xe îusana pupé
   abá 'anga amõ mbo'a.[4]

Ne'ĩ, nde, Tatapyter:[5]
abápe îaru(r) kori-ne?

lição 24 • O padre poeta

Diabo 2
Îaîpysyk amõ gûaîbĩ-ne:
i angaîpá pá, i nhemoŷrõ[6]-ndûer.
Tatá pupé îasapy[7]-ne.

N'opyki[8] i nhe'eng-atã,
memẽ nhẽ o-poro-agûabo.[9]
I nhe'ẽ-memûã-memûã,
mo'ema[10] kó omopu'ã[11]
abá momoxy-moxŷabo.
(Anch., *Teatro*, 146-148)

2. Asó ka'a-bo. (Fig., *Arte*, 7)
3. Aîkó xe ramỹîa rekó-bo. (Fig., *Arte*, 7)
4. E-nho-nong nde itaingapema[12] nde ku'aî.[13] (Fig., *Arte*, 125)
5. Asó xe ruba pyri. (Fig., *Arte*, 126)
6. Tapi'ira[14] osó ogû apixara pyri. (Fig., *Arte*, 126)
7. Asó-mo Tupana pyri mã! (Fig., *Arte*, 142)
8. T'aîkó[15] umẽ xe remirekó-eté-e'yma resé. (Anch., *Cat. Bras.*, I, 227)
9. – Ogûenonhẽ[16]-nonhẽ-pe abá ogû emirekó, tekokatu resé sekó-e' ỹ'-me-ne? – O gûenonhẽ-nonhẽ-ne. (Anch., *Cat. Bras.*, I, 228)
10. – Marãnamo-pe asé îobasab[17]-etá-etáû-ne? – *Ta xe pysyrõ Tupã xe sumarã suí* (...) o'îabo. (Anch., *Cat. Bras.*, I, 187)
11. – Pitanga i angaîpabe'ymba'e rapixar-amo nhẽ-pe asé rekóû, abaré asé moîasuk 'iré? – Pitanga rapixar-amo nhẽ. (Anch., *Cat. Bras.*, I, 201)
12. O-îe-pyse'õ'-se'ong-ype[18] Îesus Cristo reté abaré hóstia kauî[19] abé moîa'ok-a'ok[20]-eme? (Anch., *Cat. Bras.*, I, 216)

Vocabulário

1. **atãngatu (t-)** – força, poder

2. **kok (-îo-) (trans.)** – escorar, apoiar, encostar

3. **pobur (trans.)** – revirar, revolver

4. **mbo'a** – gerúndio de mbo'ar (= mo'ar)

5. **Tatapytera** – nome próprio (lit., *chupa-fogo*)

6. **nhe-moŷrõ (intr.)** – enraivecer-se

7. **apy (s) (trans.)** – queimar

8. **pyk (intr.)** – cessar, parar

9. **a'o (trans.)** – injuriar (v. § 223)

10. **(e)mo'ema (r-, s-)** – mentira

11. **mopu'ã ou mopu'am (trans.)** – levantar, erguer

12. **itaingapema** – espada de ferro

13. **ku'a** – cintura

14. **tapi'ira** – anta; vaca, boi

15. **ikó / ekó (t-) [com esé (r-, s-)]** – ter relações sexuais

16. **enonhen** (verbo na voz causativo-comitativa) (trans.) – repreender, corrigir

17. **îobasab (-îe- + obá + asab** – lit., *cruzar-se o rosto*) – fazer o sinal da cruz, benzer-se

18. **pyse'ong (trans.)** – repartir em pedaços

19. **kaûî** – +vinho

20. **moîa'ok (trans.)** – repartir

339

Leitura complementar

Anchieta, primeiro gramático da língua brasílica

José de Anchieta nasceu nas Ilhas Canárias, território pertencente à Espanha, bem próximo às costas da África, em 1534. Tendo recebido desce cedo boa formação humanística, foi enviado para o recém-fundado Colégio das Artes de Coimbra, em Portugal. Ingressou na Companhia de Jesus em 1551. Logo depois foi acometido de uma doença, talvez tuberculose óssea, que muito o abalou fisicamente. Aos 19 anos, sem ser padre ainda, veio para o Brasil com a expedição de Duarte da Costa, em 1553.

Chegando ao Brasil, foi logo enviado ao sul para habitar na capitania de São Vicente. Em 1554, com outros jesuítas, funda o colégio de Piratininga, do qual seria professor de latim. Tal colégio foi o embrião da cidade de São Paulo. Já no ano de 1555 esboçava uma gramática da língua tupi.

Naquele mesmo ano, os franceses estabeleciam-se no Rio de Janeiro, tentando criar uma colônia no Brasil. Apoiados pelos índios tamoios, iriam dificultar a vida dos colonos portugueses. Em 1560 os franceses são derrotados por Mem de Sá, mas não se retiram definitivamente. Em 1562, os tamoios e seus aliados atacam a vila de São Paulo. São repelidos. Em 1563 os franceses voltam para o Rio de Janeiro. Os índios, de Bertioga a Cabo Frio, com o apoio dos franceses, unem-se contra os portugueses numa aliança chamada "Confederação dos Tamoios", que buscava lutar, antes de mais nada, contra sua escravização.

A colonização portuguesa no sul do Brasil estava ameaçada. Nesse momento, Anchieta e Nóbrega buscam pacificar os tamoios. Vão para Iperoig a fim de propor a paz aos índios, oferecendo-se como reféns enquanto durassem as conversações com os portugueses em São Vicente. As conversações se estendem por meses, durante o ano de 1563. No tempo em que permaneceu refém dos tamoios, Anchieta escreveu o Poema da Virgem, *todo em latim, compondo-o sobre as areias e decorando os versos um a um, para escrevê-los meses depois.*

A paz é temporariamente conquistada. Porém, instigados pelos franceses, os tamoios voltam a organizar sua confederação em 1564. Nesse ano, chega a Santos a esquadra de Estácio de Sá para preparar a expulsão definitiva dos franceses.

Em 1566, Anchieta dirige-se a Salvador a fim de fazer ao governador Mem de Sá um relato sobre a guerra. Naquele mesmo ano ele é ordenado sacerdote.

Mem de Sá organiza uma esquadra para reforçar a ofensiva contra os franceses. Chega ao Rio de Janeiro em janeiro de 1567. Os franceses foram derrotados e os tamoios quase exterminados. É, então, fundado o povoado de São Sebastião do Rio de Janeiro. Anchieta ali permaneceu até 1573.

Em 1577, Anchieta é nomeado provincial da Companhia de Jesus no Brasil, o mais alto cargo daquela ordem religiosa no país. Em 1587, após deixar o cargo de provincial, decide ir para a aldeia de Reritiba, no Espírito Santo, para ali catequizar os índios.

Em 1595 é publicada sua gramática tupi, esboçada já em 1555, com o título de Arte de Gramática da Língua mais Usada na Costa do Brasil. *Dois anos depois, em junho de 1597, Anchieta morre em Reritiba.*

25 · Tupã sy-eté

Padre José de Anchieta, século XVI

Anchieta e a virgem (Autor anônimo)

O¹ Virgem Maria,	Ó Virgem Maria,
Tupã sy-eté,	mãe de Deus verdadeira,
abápe 'ara pora²	que habitante do mundo
oîkó nde îabé?³	há como tu
Nde momba'eté	Honrou-te
Tupã, nde raûsupa,	Deus, amando-te,
nde ybỹîa pupé	dentro de tuas entranhas
pitangamo oúpa.	como criança estando deitado.
Tupana rerupa,⁴	Levando a Deus,
i por nde rygé.⁵	está cheio teu ventre.
Abápe 'ara pora	Que habitante do mundo
oîkó nde îabé?	Há como tu?
São João pitangĩ,	São João nenenzinho,
tygé-pe o endá-pe,⁶	estando no ventre,
nde rura andupá-pe,	ao perceber tua vinda,
opó-opor-ĩ,⁷	ficou saltando,
Îesu, o îarĩ,	Jesus, seu senhorzinho,

lição 25 • Tupã sy-eté

kuapa aûnhenhẽ.	reconhecendo imediatamente.
Abápe 'ara pora	Que habitante do mundo
oîkó nde îabé?	há como tu?
N'i tybi tugûy	Não houve sangue
nde membyrasá-pe.[8]	em teu parto.
Endé, nde îybá-pe,	Tu, em teus braços,
Îesu eresupi	Jesus ergueste
i poîa-mirĩ [9]	para alimentá-lo um pouco
nde kama pupé.	em teu seio.
Abápe 'ara pora	Que habitante do mundo
oîkó nde îabé?	há como tu?
O Îara reká,	Seu Senhor procurando,
Reîá basembá-pe,	ao chegarem os Reis,
i îetanongá-pe,	ao presenteá-lo,
sory nde py'a.	alegra-se teu coração.[10]
Pitanga robá	O rosto da criança
sesãî i xupé.	está alegre para eles.
Abápe 'ara-pora	Que habitante do mundo
oîkó nde îabé?	há como tu?
Nde pó-pe ogûapyka	Em tuas mãos sentando-se,
osó kunumĩ,	vai o menino,
Tupã-Tuba ri	por Deus-Pai
nde reroîeaŷbyka,[11]	fazendo-te curvar a cabeça,
nde moapysyka	consolando-te,
og uba resé.	por seu próprio Pai.
Abápe 'ara pora	Que habitante do mundo
oîkó nde îabé?	há como tu?

Vocabulário

nomes e verbos

basem (intr.) – o mesmo que **gûasem** – chegar

eroîeaŷbyk (trans.) – fazer inclinar a cabeça (para si mesmo); **îeaŷ byk** (intr.) – inclinar a cabeça; abaixar-se

esãî (r-, s) – alegre

îetanong (ou **nhetanong**) (intr.) – presentear; fazer oferendas. Recebe complemento posposicionado com **esé (r, s)**: A-*nhetanong* paîé *resé*. – Fiz oferenda para o pajé. (*VLB*, II, 55) (As oferendas eram feitas ao pajé para que algum objetivo fosse atingido.)

kama – seio

343

membyrar (xe) – dar à luz

moapysyk (trans.) – fartar, consolar

momba'eté (trans.) – honrar, enaltecer

poî (îo) (trans.) – alimentar, dar de comer

por (intr.) – saltar, pular

por (xe) – estar cheio, abundar

pora – habitante

Reîá – +Reis Magos

ybỹîa – entranhas, o interior

ygé (t-) – barriga, ventre

outras categorias

aûnhenhẽ – imediatamente, logo

Comentários ao texto

1. **O Virgem Maria** – Anchieta usou a própria interjeição do português, provavelmente por questões de métrica.
2. *Abá-pe?*, além de *quem?* (interr.), pode também significar *qual? quê?* (interr.).
3. V. § 93.
4. **Tupana rerupa** (**er-ub** ou **ero-ub** – *fazer deitar consigo*. Gerúndio: **eroúpa** ou **erupa** – *fazendo deitar consigo*) – O sujeito participa, assim, da ação que causa. Daí o uso da voz *causativo-comitativa*.
5. **I por nde rygé**: v. § 467
6. **Tygé-pe o endá-pe** [verbo **in / en(a) (t-)**, *estar sentado, estar quieto* + **-(s)ab(a)** + **-pe**]: *em seu tempo de estar deitado no ventre; estando ele deitado no ventre* (v. § 403).
7. **O-pó-o-por-î**: v. § 473.
8. **Nde membyrasá-pe** [**membyrar** + **-(s)ab(a)** + **-pe**] – Lit., *no tempo do nascer do teu filho*, i.e., *no teu parto*.
9. **I poîa-mirī** – **I poîa**, *alimentando-o*, e **mirī**, *um pouco*. O tema nominal compôs-se com o tema verbal **poî**; contudo, manteve-se entre eles o sufixo **-a** (**i poî-a-mirī**). Isso, às vezes, acontece nos textos de Anchieta, talvez como licença poética.
10. Ordem direta: *Ao chegarem os Reis (Magos), procurando seu senhor, ao presentearem-no, alegra-se teu coração.*
11. **Nde r-ero-îeaŷbyka** – *Fazendo-te inclinar a cabeça*. Usa-se a voz causativo-comitativa porque quem causa tal ação está envolvido nela.

Explicação gramatical

Os usos de PORA

467 **PORA** é um substantivo que significa *conteúdo, o que está contido em, o que está dentro de, o habitante.*

Ex.:

'ara pora — o habitante do mundo (Anch., *Poemas*, 116)

kamusi pora — o conteúdo do pote (Anch., *Arte*, 31v)

lição 25 • Tupã sy-eté

oka pora — o que está dentro da casa (Anch., *Arte*, 31v)
xe pysá pora — o conteúdo de minha rede (Anch., *Poemas*, 152)

Assim, como todo substantivo possuível em tupi pode tornar-se adjetivo, dizemos:

Kamusi *i por*. – O pote está cheio. [Lit., *O pote está conteúdo, está contido (por coisas).*]
(...) N'i *por*-i bé'ĩ xe aîó. – Não contém mais nada minha bolsa. (Anch., *Teatro*, 46)

A expressão da comparação em tupi

468   A comparação de igualdade constrói-se, em tupi, com as partículas ÎÁ (*como*),
ÎABÉ, ÎAKATUNHẼ, ÎAKATUTENHẼ etc., que têm o mesmo sentido. Elas se
pospõem sempre.
Ex.:
Soryb xe *îabé* xe ruba tupinakyîa. – Está tão alegre quanto eu meu pai tupiniquim.
(Anch., *Poemas*, 110)
Nde *îabé* ixé i kuabi. – Eu o sei como tu. (*VLB*, II, 124)
(...) o îe-aûsuba *îabé* asé abá raûsuba-no (...) – amar também as pessoas como o
amor a si mesmo. (Araújo, *Cat. Líng. Bras.*, 1686, 111)

469   As orações subordinadas adverbiais comparativas do português que levam
assim como... assim também vertem-se em tupi com ÎABÉ...ÎABÉ.
Ex.:
Akó 'y asé reté moîasuka *îabé*, akûeîa *îabé*: Tupã asé 'anga reî.
Assim como essa água lava o corpo da gente, assim aquela também: Deus lava a
alma da gente. (Anch., *Cat. Bras.*, I, 201)
(Lit., *Assim como (é) a lavagem do corpo da gente dessa água, assim é o daquela:
Deus a alma da gente lava.*)

Oîepé nhõ o sy suí asé sema *îabé*, akûeîa *îabé*: oîepé nhõ asé nhemongaraíbi.
Assim como a gente sai uma só vez de sua mãe, assim é aquele (sacramento): uma
só vez a gente se batiza. (Anch., *Cat. Bras.*, I, 202)

Akó îukyra so'o monem-ukare'yma *îabé*, akûeîa *îabé*.
Assim como esse sal não deixa a carne ficar fétida, assim também aquele (i.e., *o sal
bento não deixa*). (Anch., *Cat. Bras.*, I, 203)

470   A comparação de superioridade constrói-se, em tupi, com as posposições SUÍ
ou SOSÉ.
Ex.:
Xe katu-eté nde *suí*. – Eu sou melhor que tu. (Anch., *Arte*, 43)
(...) opabĩ nde momoranga, karaibebé *sosé*.
(...) embelezando-te completamente, mais que aos anjos. (Anch., *Poesias*, 97v)
Kûarasy ...oberá,
Nde-te ereberá i *xosé*.
O sol ...brilha,
mas tu brilhas mais que ele. (Anch., *Poesias*, 146)
Aîkuab mba'e nde *sosé*. – Sei as coisas mais que tu. (Fig., *Arte*, 121)

471 Na comparação de superioridade, pode-se juntar ao primeiro termo **ETÉ** (*muito*) ou **BÉ** (*mais*), ou ainda **BÉ'Ĩ** (*um pouco mais*), **PYRYBĨ** (*um pouquinho mais, um tanto mais*).

Ex.:
Aîkuab-*eté* nde suí. – Sei mais que tu. (Anch., *Arte*, 43)
Ahẽ n'akó i angaturã *be'ĩ*.
Ele é um pouco melhor. (*VLB*, II, 29)
I aysó n'ipó îasy (...),
endé-te, pa'i Îesu
nde moaysó-*eté* i xuí.
É formosa, certamente, a lua,
mas a ti, ó Senhor Jesus
fez-te mais formosa que ela. (Anch., *Poesias*, 146)

O sufixo -'Ĩ e a partícula NHẼ com temas verbais

472 Como já vimos na lição 9 (§ 179), o sufixo -'Ĩ forma o diminutivo dos substantivos.

Ex.:
São João pitang*ĩ* – São João nenenzinho (Anch., *Poemas*, 118)
Îesu, o Îar*ĩ* – Jesus, seu senhorzinho (Anch., *Poemas*, 118)

473 Com verbos, o sufixo -'Ĩ dá a ideia de que o processo verbal é realizado sem nenhum propósito especial, de que se faz algo por fazer. Aparece com verbos com tema terminado em consoante.

Ex.:
São João pitangĩ tygé-pe (...) opor-opor-*ĩ*.
São João nenenzinho no ventre ficou saltando (sem motivo, sem finalidade, por vontade de saltar, por saltar). (Anch., *Poemas*, 118)
Aîme'eng-*ĩ*.
Dei-o (por dar, de graça, sem finalidade, porque quero). (*VLB*, I, 90)
Arur-*ĩ*.
Trouxe-as por trazer (sem interesse, sem nenhum propósito especial). (Léry, *Histoire*, 344)

Sarapó
Peixe de água doce da família dos gimnotídeos; produz pequenas descargas elétricas (Marc., *Hist. Nat. Bras.*)

474 Com verbos de temas terminados em vogal, usa-se **NHẼ** em vez de -'Ĩ para expressar a mesma ideia.

Ex.:
Asó *nhẽ*. – Fui (por ir, sem necessidade, sem finalidade alguma). (Fig., *Arte*, 144)
Aîuká *nhẽ*. – Matei-o por matar, matei-o sem necessidade.

lição 25 • Tupã sy-eté

475 NHẼ, muitas vezes, apenas reforça o sentido de determinado verbo, não se traduzindo, geralmente. Significa, também, nesse caso, *com efeito, efetivamente*. Pode ser usado com outras classes gramaticais.

Ex.:

Te'õ rupîara *nhẽ*, tekobé îara! – Inimiga da morte, senhora da vida! (Anch., *Poesias*, 86)

Setá *nhẽ* ygasabusu. – São muitas, com efeito, as grandes igaçabas. (Anch., *Teatro*, 24)

I angaturam ko'yré, Pa'i Tupã raûsupa *nhẽ*-ne (...). – Serão bons, doravante, amando o senhor Deus. (Anch., *Teatro*, 50)

Exercícios

I   Responda em tupi às seguintes perguntas sobre o texto inicial desta lição:

1. Marãngatupe Tupã Maria momba'etéû? 2. Mba'e resépe Maria rygé pori?
3. I tybype tugûy Tupã sy membyrasá-pe? 4. Mba'e resépe o îybápe Tupã sy o membyra rupiri? 5. Abápe obasem Îesu supé?* 6. Abápe sesãî Reîá basembaba resé? 7. Umãpe Îesu gûapyki oína?

Vocabulário

*supé – além dos sentidos já apresentados antes, **supé** significa também *diante de, perante, junto a, junto de*

II   Substitua pelo gerúndio ou pelo infinitivo com a posposição **-(R)EME** o deverbal com **-(S)AB(A)** mais a posposição **-PE**, conforme o modelo. Traduza as frases. (Atenção! Só se usa o gerúndio se os verbos tiverem o mesmo sujeito.)

Mod.:

São João, tygépe o endá-pe, opó-opor-ĩ.
São João, ao estar no ventre, ficou pulando por pular.
São João, tygépe *oína*, opó-opor-ĩ.
São João, no ventre estando, ficou pulando por pular.

1. Nde rura andupá-pe, xe rorybi. 2. Reîá basembá-pe, pitanga resé i îetanongi. 3. Maria pópe o gûapyká-pe, Îesu rorybi. 4. Îesu kuapá-pe, Reîá ruri. 5. O îybápe Îesu rupisá-pe, Maria i poî. 6. Pindobusu îukasá-pe, peró îababi. 7. Ka'ioby reîkeá-pe, xe reni. 8. 'Ybotyra gûapyká-pe, i keri. 9. 'Ybotyra gûapyká-pe, xe keri. 10. Îesu rusá-pe, Reîá rorybi.

III   Para praticar a comparação em tupi, faça conforme o modelo:

Mod.:
<u>I xy asaûsub. (Pedro)</u>

I xy asaûsub-eté ⎡ Pedro suí.
⎣ Pedro sosé. – Amo a mãe dele mais do que Pedro.

Pedro îabé i xy asaûsub.   – Amo a mãe dele tanto quanto Pedro.

<u>Xe porang. (Araryboîa)</u>
Xe porang-eté Araryboîa suí (ou *Araryboîa sosé*). – Eu sou mais belo que Arariboia.
Xe porang Araryboîa îabé. – Eu sou tão belo quanto Arariboia.

1. Xe resãî. (nde) 2. Kûarasy oberab. (îasytatá) 3. Nde roryb. (xe sy) 4. Kunhã aîmoapysyk. (i membyra) 5. Xe rura erenhandub. (Karamuru) 6. Pitangî opor. (kunhã) 7. Nde rygé i por. (xe rygé) 8. Aîmoapysyk xe sy. (Ka'ioby) 9. Xe Îara asaûsub. (nde) 10. Nde kyrá. (xe ruba)

Nhanduaba
Enfeite de penas de nhandu
(Staden, *DVB*)

IV   Para praticar o uso do sufixo -'Î e da partícula **NHẼ** com temas verbais, verta para o tupi:

1. Pulei por pular. 2. Fiquei por ficar. 3. Trouxe por trazer minhas roupas. 4. Levo o neném por levar. 5. Caminhei por caminhar. 6. Levantei o neném por levantar. 7. Entrei sem motivo. 8. Vim sem motivo. (Vim por vir.)

V   Traduza:

1. Xe angaturam-eté nde suí. (Fig., *Arte*, 123)
2. Aîkuab mba'e nde sosé. (Fig., *Arte*, 122)
3. Asepîakî nde angaîpaba. (Fig., *Arte*, 141)
4. – I porang-eté-pe erimba'e seté? – I porang-eté, kûarasy sosé oberapa oîkóbo. (Anch., *Cat. Bras.*, I, 170)
5. – Mba'e-eté[1] Tupã repîaka? – Mba'e-eté: a'e anhõ opakatu i potarypyra sosé. (Anch., *Cat. Bras.*, I, 173)
6. – Oîeroky[2]-pe asé Îandé Îara ra'angaba[3] supé, Santa Maria ra'angaba supé, santos ybakypendûara[4] ra'angaba supé bé? – O-îeroky. – Ybakype oîkóba'e moeté îabépe asé sa'angaba moetéû? – I îabé. (Araújo, *Cat. Líng. Bras.*, 22)
7. – A'e-pe *hóstia* pupé Îesus Cristo rekóû? – I pupé. – Ybakype o ekó îabépe sekóû i pupé? – Ybakype o ekó îabé. (Anch., *Cat. Bras.*, I, 215)
8. Akó iraîtytataendy asé resapé[5] îabé, akûeîa îabé: asé Tupã rerobîara asé 'anga resapéû. (Anch., *Cat. Bras.*, I, 221)

Vocabulário

1. eté também significa *muito bom*

2. îeroky (intr.) – inclinar-se, fazer mesura

3. a'angaba (t) – sinal, +imagem

4. ybakypendûara – os que estão no céu

5. esapé (s) (trans.) – iluminar

Leitura complementar

A poesia de Anchieta filia-se às escolas quinhentistas, principalmente à lírica dos cancioneiros ibéricos. Na sua forma, ela emprega o que era mais comum na Península Ibérica e de mais sabor popular.

Anchieta escreve poemas líricos tanto em tupi quanto em português e em castelhano, sem considerarmos o Poema da Virgem, *todo ele em latim.*

Se o colono português estava acostumado à rima, isso não acontecia com os indígenas, que muito apreciaram a sonoridade que ela introduzia nos textos. Os poemas eram geralmente musicados para serem cantados. Dotados de uma alma musical, os indígenas receberam bem a novidade introduzida por Anchieta, que conseguia, assim, aumentar a eficiência de seu apostolado.

A poesia tupi de Anchieta vai atacar de frente elementos da cultura tradicional dos índios, como a antropofagia e a comunicação com os mortos, além das práticas de curandeirismo e de transe, que eram encaradas como demoníacas. Sua poesia e seu teatro em tupi reproduzem, muitas vezes, um mundo dividido entre as forças do bem e as do mal, que comandariam as ações dos índios. Mas há, às vezes, nesses poemas, momentos de grande singeleza e ternura.

Se Anchieta, porém, traduzia em seus poemas uma visão de mundo alheia ao Renascimento, sua forma será mais próxima do Renascimento que da Idade Média. Ele realiza, muitas vezes, segundo Bosi (1979), um "enxerto clássico numa substância ingenuamente medieval".

Eduardo de Almeida Navarro, *Poemas de José de Anchieta.*

26 · O pai-nosso

(Versão do Padre Antônio de Araújo, 1618)

Cabana dos fundadores de São Paulo, construída por Tibiriçá (Museu do Pátio do Colégio, São Paulo)

Oré rub, ybakype tekoar,[1]
Nosso Pai, o que está no céu,
i moetepyramo nde rera t'oîkó.[2]
como o que é louvado teu nome esteja.
T'our nde Reino!
Que venha teu Reino!
T'onhemonhang nde remimotara[3]
Que se faça tua vontade
ybype
na terra,
ybakype i nhemonhanga îabé![4]
como o fazer-se dela no céu!
Oré remi'u, 'ara-îabi'õndûara,[5]
Nossa comida, a que é de cada dia

eîme'eng kori orébe.

dá hoje para nós.

Nde nhyrõ oré angaîpaba resé orébe,[6]

Perdoa tu nossos pecados a nós,

oré rerekomemûãsara supé

como aos que nos tratam mal

oré nhyrõ îabé.[7]

nós perdoamos.

Oré mo'arukar umẽ îepé tentação pupé,

Não nos deixes tu fazer cair em tentação,

oré pysyrõ-te îepé[8] **mba'e-aíba suí.**

mas livra-nos tu das coisas más.

Índios tupinambás (De Bry)

Vocabulário

nomes e verbos

erekomemûã (trans.) – maltratar, tratar mal

pysyrõ (trans.) – livrar, salvar, socorrer

outras categorias

-ndûara (suf.) – v. § 476

Comentários ao texto

1. *Oré rub ybakype tekoar* – Veja que **tekoara** (*o que está*; lit., *o estador*) relaciona-se a **oré rub**, que está no vocativo. Fica sem o sufixo nominal **-a**, pois também está em função de vocativo: **tekoar**. Veja, por outro lado, que usamos a forma exclusiva **oré** ao nos dirigirmos a Deus. No vocativo nunca empregamos a forma inclusiva **îandé** porque o ouvinte não pode incluir-se nela.
2. **I moetepyramo nde rera t'oîkó.** – Como você sabe, a construção **ikó / ekó (t-) + -(r)amo** equivale, em tupi, ao verbo *ser* do português (v. § 317). Em vez de *seja louvado teu nome*, dizemos o equivalente a *como o que é louvado teu nome esteja*.
3. **T'onhemonhang nde remimotara** (...) – *Faça-se tua vontade...* – O pronome reflexivo **-îe-** (cuja forma nasal é **-nhe-**) tem também função apassivadora em tupi, semelhante ao *se* do português em: *escreve-se a carta* (i.e., *a carta é escrita*), *fala-se português* (i.e., *português é falado*).
4. **I nhemonhanga îabé** – A partícula **-nhe-** também tem, aqui, a função apassivadora: *fazer-se*, i.e., *ser feito*. O verbo é tomado na sua forma substantiva e está em relação genitiva com **i** (*o fazer-se dela*). **Îabé** estabelece uma comparação: *como o fazer-se (a execução, a realização) dela no céu*.
5. V. explicação gramatical, § 476.
6. **Nde nhyrõ oré angaîpaba resé orébe.** – Como você deve lembrar-se, um verbo da 2ª classe (adjetivo predicativo) tem, no imperativo, a mesma forma que no

351

indicativo: **nde ma'enduar** – *tu lembras ou lembra tu!*; **nde nhyrõ**: *tu perdoas ou perdoa tu!* **Nhyrõ (xe)** exige a posposição **esé (r-, s-)** com relação à coisa que se perdoa e **supé** com relação à pessoa a quem se perdoa: **Xe nhyrõ i angaîpaba resé Pedro supé** – *Perdoo a Pedro por suas maldades.* Mas Anchieta também usou **supé** para aquilo que se perdoa, como no exemplo seguinte: **Asé remikuakuba** *supé* **nhõpe Tupã nd'i nhyrõî konipó opá asé angaîpagûera** *supé?* – *Somente o que a gente esconde Deus não perdoa ou todas as maldades passadas da gente?* (Anch., *Cat. Bras.*, I, 211)

7. **Oré rerekomemûãsara supé oré nhyrõ îabé...** – *Erekomemûã* significa *injuriar, maltratar* (lit., *tratar mal*). O verbo **erekó**, que significa *ter*, ou melhor, *fazer estar consigo*, também tem o sentido de *tratar*. Observe que o sufixo **-(s)ar(a)** aparece depois do tema nominal **memûã**, *mal*, que aqui tem valor adverbial, estando em composição com o tema verbal e passando a formar uma unidade de sentido com ele.

8. **Oré pysyrõ-te îepé**: *Mas livra-nos tu...* – A conjunção *mas* do português é traduzida, em tupi, pela ênclise **-te** (v. § 181). Lembre-se de que **îepé** significa *tu* (v. § 209).

Explicação gramatical

O sufixo -SÛAR(A) / -NDÛAR(A)

476 O sufixo **-SÛAR(A)** [ou **-NDÛAR(A)**] nominaliza (i.e., torna substantivo ou adjetivo) os adjuntos adverbiais ou complementos circunstanciais. Pode ser traduzido como *o que é, o que está*. Após palavras terminadas em consoante, o sufixo assume a forma **-IXÛAR(A)**. A forma **-NDÛAR(A)** é mais usada que **SÛAR(A)**, sobretudo após nasais.

Ex.:
Veja a frase: **Ikó opytá** *iké*. – *Este fica aqui* (*aqui* é adjunto adverbial de lugar).
Podemos nominalizar **iké** (*aqui*) dizendo:
Iké-ndûara **n'ikó**. – *O daqui é este.* (*VLB*, II, 74)

Eîme'eng orébe tembi'u *'ara îabi'õ* (*'ara îabi'õ* é adjunto adverbial de tempo).
Dá-nos a comida a cada dia.
Tembi'u *'ara-îabi'õ-ndûara* **eîme'eng (...) orébe.**
A comida cotidiana (i.e., *a de cada dia*) *dá para nós.* (Araújo, *Cat. Líng. Bras.*, 13v)

T'oîkó pabẽ *yby-pe-sûara* **nde remimotara rupi.**
Que vivam todos os que estão na terra segundo tua vontade.
(Araújo, *Cat. Líng. Bras.*, 27)
Oîerokype (...) asé santos *ybak-ype-ndûara* **ra'angaba supé bé?**
A gente se inclina diante das imagens dos santos que estão no céu também?
(Araújo, *Cat. Líng. Bras.*, 22)
Xe resé-ndûara **ebokûea**. – *Isso é o que é a meu respeito* (isso é o que me interessa).
(*VLB*, II, 74)

Mba'e oub yby-bo. – A coisa está pelo chão.
Nominalizamos **yby-bo** (*pelo chão*), dizendo:
mba'e-*yby-bo-ndûara* – coisa que está pelo chão (Fig., *Arte*, 139)

477 Os nomes formados com **-SÛAR(A) / -NDÛAR(A)**, sendo substantivos, podem receber os marcadores de tempo nominal **(R)AM(A), (P)ÛER(A), (R)AMBÛER(A)**.
Ex.:
temi'u 'ara-îabi'õ-ndûar-*ûera*   a comida *que* foi de cada dia
temi'u 'ara-îabi'õ-ndûar-*ama*   a comida *que* será de cada dia
temi'u 'ara-îabi'õ-ndûar-*ambûera*   a comida *que* seria de cada dia

478 A forma negativa dos nomes com **-SÛAR(A) / -NDÛAR(A)** é feita com **-E'YM(A)**.
Ex.:
(...) supi-ndûar-*e'yma* mombegûabo... – contando o que não é verdade. (Araújo, *Cat. Líng. Bras.*, 132)

479 Perdendo o **-A** final (que também é um sufixo), **-SÛAR(A)** [ou **-NDÛAR(A)**] pode ser usado em predicados, como um adjetivo.
Ex.:
Pa'i, marã-pe gûarinĩ-me na *nde pó-pe-sûar*-**i?** – Padre, por que na guerra não estás armado? (Lit., *Não és o que tem nas tuas mãos*) (Cardim, *Tratados da Terra e Gente do Brasil*, 212)

Os sufixos com as composições

480 Se um tema verbal estiver em composição com um tema nominal com valor adverbial, ao receber sufixos [p.ex., de gerúndio **-ABO**, nominalizadores **-BA'E, -(S)AR(A), -(S)AB(A), -PYR(A)** etc.], ou os marcadores de tempo nominal **PÛER(A), RAM(A)** etc., estes se colocam, geralmente, após o tema nominal em composição.
Ex.:
Eîori, Pa'i Tupã, xe 'anga moingó-katû-*abo* (gerúndio).
Vem, senhor Deus, para fazer estar bem minha alma. (Anch., *Poemas*, 92)
Abápe omendar-ypy-*ba'e*? – Quem é o que se casou primeiro? (Anch., *Cat. Bras.*, I, 226)
(...) **îandé raûsub-*etébo*** – ...amando-nos muito (Anch., *Cat. Bras.*, I, 215). (Se não houvesse aí o tema nominal **eté**, em composição, o gerúndio teria a forma **aûsupa**.)

Tatuapara
Tatu-bola, mamífero da família dos dasipodídeos, que se encurva por ocasião de perigo, ficando como uma perfeita bola (Marc., *Hist. Nat. Bras.*)

Exercícios

I Responda em tupi às seguintes perguntas sobre o texto inicial desta lição:

1. Mamõpe Tupã rekóû? (Anch., *Diál. Fé*, 222)
2. Ereîepysyrõ-mbotar-ype îepi mba'e-aíba suí?
3. Oîpotá-katu serã Tupã îandé rerekomemûãsara supé îandé nhyrõ? (Anch., *Diál. Fé*, 230)
4. Abá supépe asé "*Oré Rub*" i 'éû? (Anch., *Diál. Fé*, 219, adapt.)

II Para praticar o uso de **-SÛAR(A)** [ou **-NDÛAR(A)**], transforme as frases abaixo conforme o modelo, traduzindo-as. Se o verbo da frase apresentada for intransitivo, ele não aparecerá na frase que você construirá.

Mod.:
Tupã *ybakype* oîkó.	*Ybakypendûara* Tupã.
Deus está no céu.	O que está no céu é Deus.
Aîapó kaûî *kûesé*.	*Kûesendûara* kaûî xe remiapopûera.
Fiz cauim ontem.	O que é de ontem é o cauim que eu fiz.

1. **'Y pupé** morubixaba pytáû. 2. **Kunumĩ supé** tembi'u aîme'eng. 3. Abaré ybyku'i **'arybo** mba'e-poranga oîkûatiar. 4. 'Ybotyra **nhũ-me** o-ín. 5. Miapé aîapó **kori**. 6. Gûyrá'ĩ **ybyrá sosé** oín. 7. Maraká **pupé** itá aîonong. 8. Tembi'u aîapó **kûesé**. 9. Pirá kangûera arasó **xe pindá-ramo**. 10. Nde sy **kunumĩ supé** aoba ogûerur. 11. **'Ara îabi'õ** miapé aîapó. 12. Îagûara asepîak **ka'a-pe**. 13. **Xe aseî** xe membyra arasó. 14. **Ybytyra apyri** gûyrá'ĩ reni. 15. **Okara pyteri** kunhã rekóû. 16. Aîkó **paîé-ramo**.

Vocabulário

kangûera – osso (fora do corpo)

maraká – chocalho

miapé – pão

nong (-îo-) – pôr, colocar

Mulheres a pintar o ibirapema e o rosto do prisioneiro (Staden, *DVB*)

III Use o sufixo **-SÛAR(A) / -NDÛAR(A)** ao verter para o tupi as frases abaixo:

1. Amo meus companheiros de sempre. 2. Os daqui conhecem a vontade de Deus. 3. O que está no céu dá-nos a comida de cada dia. 4. O que é para os meninos é a comida que você fez. 5. O que está no mar é o navio. 6. O que está dentro do mar é o homem que morreu. 7. O que está sobre a pedra é a faca. 8. Não quero esse pão duro. Quero o pão de hoje.

lição 26 • O pai-nosso

IV   Para praticar o uso dos sufixos [-BA'E, -(S)AR(A), -PYR(A), -ABO etc.] com composições (neste caso, temas verbais + temas nominais com sentido adverbial), verta para o tupi as frases abaixo. Use, se preciso, os marcadores de tempo nominal **(P)ÛER(A), (R)AM(A), (R)AMBÛER(A)**:

1. **A-nhe'eng-atã**. – Falo duramente.
      a) O que fala duramente sou eu. b) Vou para falar duramente.
2. **Kaûî ereîapó-katu**. – Fazes bem o cauim.
      a) O que farás bem será o cauim. b) O que é bem feito é o cauim. c) Vim para fazer bem o cauim. d) O bom fazedor de cauim sou eu.
3. **Ka'ioby arekomemûã**. – Trato mal Caiobi.
      a) O que trata mal Caiobi sou eu. b) Vim para tratar mal Caiobi. c) O que é maltratado é Caiobi. d) O que eu tratarei mal será Caiobi.
4. **Ereker-eté**. – Dormes muito.
      a) O que dorme muito és tu. b) Vieste para dormir muito.

V   Traduza:

1. I mombe'u-katu-pyr-amo ereîkó kunhã suí,[1] i mombe'u-katu-pyra bé nde memby--ra Îesu. (Anch., *Cat. Bras.*, I, 139)
2. Quatorze asé abá raûsubasaba.[2] Sete, abá reté-resé-ndûara, nã[3] e'i[4]:
      – Ambyasybora poîa.
      – 'Useîbora[5] mbo'y'u.[6]
      – Ikatupendûara[7] moaoba.[8]
      – Mba'easybora repîaka.
      – Atara[9] mombytá.[10]
      – I momiaûsubypyra[11] renosema.[12]
      – Te'õmbûera tyma. (Araújo, *Cat. Líng. Bras.*, 18-18v)
3. Arobîar asé resé ybyrá-îoasaba resé i moîarypyrûeramo, i îukapyrûeramo, i tymymbyrûeramo sekó. (Anch., *Cat. Bras.*, I, 150)
4. – A'epe o angaîpagûera moasykatûabo, i mombe'ukatûabo, sepyme'ēngatûabo, mamõ i xóû-ne? – Ybakype. (Anch., *Cat. Bras.*, I, 176)
5. – Abá abé-pe asé resé Tupã mongetasar[13]-amo sekóû? – Santos-etá ybakype tekoa-ra. (Anch., *Cat. Bras.*, I, 190)
6. – Mba'e-pe te'õ? – Asé reté suí asé 'anga sema. – Sasy-eté-katu-pe? – Sasy-eté-katu, opakatu ikó 'ara pupîara[14] mba'easy sosé. (Anch., *Cat. Bras.*, I, 221)
7. – Abápe o mendarypyba'e? – Îandé rubypy[15], Adão, Eva seryba'e. (Anch., *Cat. Bras.*, I, 226)

Vocabulário

1. suí – dentre

2. abá raûsubasaba – modo de se compadecer dos homens, +obras de misericórdia

3. nã – assim

4. e'i – aqui significa *enunciam-se*

5. 'useîbora – sedento. **Seî** é um tema verbal que só se usa em composições e que significa *querer*

6. mbo'y'u (trans.) – fazer beber água, dar de beber

7. ikatupendûara – os que estão nus

8. moaob (trans.) – vestir, pôr roupas em

9. **atara** – viandante, peregrino

10. **mombytá** (trans.) – fazer ficar, acolher, hospedar

11. **momiaûsub** (trans.) – escravizar

12. **enosem** (trans.) – retirar, redimir

13. **mongetá** (trans.) – rogar, +rezar

14. **pupîara** – o mesmo que **pupé-ndûara**

15. **uba** (t-t-) – além de *pai* também significa *os pais, os progenitores*

27 · Pitangĩ-moraûsubara

Padre José de Anchieta, século XVI

Imagem de Nossa Senhora da Conceição
diante da qual rezava Anchieta
(séc. XVI – Itanhaém, São Paulo)

Pitangĩ-moraûsubara,[1]	Neném compadecedor,
Îandé Ruba, Îandé Îara!	Nosso Pai, Nosso Senhor!
Pitangĩ Pa'i Îesu	O Senhor Jesus criancinha
ogûeîy[2] îandé rekoá-pe[3]	desceu aonde nós estamos
îandé 'anga raûsupá-pe,[4]	por amar nossa alma,
ybaté suí oú.	vindo do alto.
Îandé raûsubá[5]-katu	Compadeceu-se muito de nós
pitangĩ-moraûsubara,	o neném compadecedor,
Îandé Ruba, Îandé Îara!	Nosso Pai, Nosso Senhor!
I nhyrõngatu-potá[6]	Quer bem perdoar
îandébo, îandé raûsupa,	a nós, por nos amar,
Maria rygé-pe oúpa,	no ventre de Maria estando deitado,
îandé ri oîese'a.[7]	unindo-se a nós.
Peîori, t'îarobîá	Vinde, creiamos
pitangĩ-moraûsubara,	no neném compadecedor,
Îandé Ruba, Îandé Îara!	Nosso Pai, Nosso Senhor!

Na abá bykaba[8] ruã
Maria, i xy-poranga.
I pupé onhemonhanga,[9]
onhemomirĩ Tupã.
Peîori, peîaîuban
pitangĩ-moraûsubara,
Îandé Ruba, Îandé Îara!

Não é objeto de tocar de homem
Maria, sua mãe bela.
Dentro dela gerando-se,
fez-se pequenino Deus.
Vinde, abraçai
o neném compadecedor,
Nosso Pai, Nosso Senhor!

Kó putuna ri[10] syari[11]
Maria rygé suí.
I xy n'i membyrasyî,[12]
na sugûyî, n'i mara'ari,
nd' îa[13]-î-momarã-potari
pitangĩ-moraûsubara,
Îandé Ruba, Îandé Îara.

Nesta noite tomou origem
do ventre de Maria.
Sua mãe não teve dor de parto,
não sangrou, não ficou doente,
não a quis fazer sofrer
o neném compadecedor,
Nosso Pai, Nosso Senhor.

Îa[14]-î-momboreaûsu ro'y,
i moîasegûá-segûabo.[15]
I xy, i aso'ikatûabo,[16]
oîopîá[17] ro'y suí.
I poreaûsu-mirĩ
pitangĩ-moraûsubara,
Îandé Ruba, Îandé Îara!
(...)
Îase'o porarasá-pe,
kunumĩ-poranga ruî;[18]
kapi'ĩ sosé kó[19] tuî
tapi'irusu karûá-pe.
Okerĩ,[20] o moupá-pe,
pitangĩ-moraûsubara,
Îandé Ruba, Îandé Îara.

Fá-lo sofrer o frio,
fazendo-o ficar chorando.
A mãe dele, cobrindo-o bem,
defende-o do frio.
É um pobrezinho
o neném compadecedor,
Nosso Pai, Nosso Senhor!
(...)
Suportando o choro,
o belo menino está deitado;
eis que sobre o capim ele está deitado
no lugar de comer dos bois.
Dorme, sem cuidados, ao porem-no deitado,
o neném compadecedor,
Nosso Pai, Nosso Senhor.

I 'ara kuapa bé,
sygûasumẽ rerekoara
oîosu-potá o îara,

Sabendo também de seu nascimento,
os guardadores de cabras
querem visitar seu senhor,

kabará[21] reru i xupé.
Sorybĩ tura[22] resé
pitangĩ-moraûsubara,
Îandé Ruba, Îandé Îara.

cabras trazendo para ele.
Está alegrinho por sua vinda
o neném compadecedor,
Nosso Pai, Nosso Senhor.

T'îasó, îandé îabé,
Îandé Îareté repîaka,
îandé 'anga moîegûaka
serasóbo sobaké.
T'oma'ẽ îandé resé
pitangĩ-moraûsubara,
Îandé Ruba, Îandé Îara.

Vamos, como nós,
para ver Nosso Senhor verdadeiro,
nossa alma enfeitando
para levá-la diante dele.
Que olhe para nós
o neném compadecedor,
Nosso Pai, Nosso Senhor.

(in *Poesias*, 344-345)

Piaba
Piau, peixe de rio da família dos caracídeos (Marc., *Hist. Nat. Bras.*)

Vocabulário

nomes e verbos

aîuban (ou anhuban) (trans.) – abraçar

aso'i (trans.) – cobrir

byk (intr. compl. posp.) – tocar [em alguém: complemento com a posposição esé (r, s)]: Osetobapé-pyté-pe erimba'e, sesé obyka bé? – Beijou suas faces, nele tocando também? (Araújo, *Cat. Líng. Bras.*, 54)

ekoaba (t-) – lugar de estada, morada

erekoara (t-) – pastor, guardador (lit., *O que faz estar consigo*)

erobîar (trans.) – crer em, acreditar em

îase'o – choro

îese'ar (intr.) – unir-se, juntar-se

kabará+ – cabra

kapi'ĩ – capim

mara'ar (xe) – adoecer, ficar doente

mara'ara – doente; doença

membyrasy – dor de parto

moîase'o (trans.) – fazer chorar

moîegûak (trans.) – enfeitar

momarã (trans.) – fazer sofrer, fazer mal, fazer adoecer

momboreaûsub (trans.) – fazer penar, fazer sofrer

momirĩ (trans.) – fazer pequeno (Com o reflexivo temos nhe-momirĩ: fazer-se pequeno.)

pîar (-îo-) (trans.) – defender, escudar

pitangĩ – neném, criancinha

porará (trans.) – suportar

poreaûsub – miserável, coitado

putuna – o mesmo que pytuna – noite

syar (intr.) – tomar origem, nascer

sygûasumẽ – cabra

tapi'irusu – +vaca, boi

Comentários ao texto

1. **Pitangî-moraûsubara** – *Neném compadecedor.* Temos aqui o verbo **aûsubar (s)**, *compadecer-se de*, que recebe objeto (**moro-**): *compadecer-se de gente.* Como verbo intransitivado, ele pode funcionar como substantivo ou adjetivo. No exemplo acima, ele aparece em composição.
2. **Ogûeîy** – Anchieta emprega, aí, a variante dialetal de São Vicente, em que as consoantes finais dos temas verbais caem no indicativo na forma afirmativa. A manutenção de tais consoantes era própria da variante dialetal dos tupinambás, dos potiguaras etc.
3. V. § 403.
4. V. § 403.
5. Não traduza **(r)-aûsubá** por *amar* ou *amando.* É o verbo **aûsubar (s)**, que, em composição com **katu**, perde o **-r** final, como **potar**, *potá* etc. O gerúndio de *amar*, em tupi, é **aûsupa** e o infinitivo é **aûsuba** e não "aûsubá".
6. **I nhyrõ-ngatu-potá(r)** – *Ele quer bem perdoar.* Temos, aqui, um verbo de 2ª classe (**nhyrõ**) em composição com **katu**, como objeto de **potar** (verbo de 1ª classe). Vimos na lição 10, § 189, que a conjugação, nesse caso, faz-se pelos pronomes pessoais **xe, nde, i** etc., porque o verbo de 2ª classe vem anteposto ao verbo de 1ª classe. Assim, dizemos, por exemplo: **Xe ma'enduá'-potar** – *Eu quero lembrar*, e não "A-ma'enduá'-potar".
7. **Îandé ri oîese'a** – *Unindo-se a nós.* O verbo **îese'ar** exige a posposição **ri** ou **esé** (**r-, s-**).
8. **Nda abá bykaba ruã** – Lembre-se de que **nda...ruã** nega predicados que são substantivos (v. § 196). **Bykaba** é um substantivo deverbal que está em relação genitiva com **abá**: *objeto de tocar de homem.* Negando-se o sintagma **abá bykaba** usa-se **nda...ruã** e chega-se à ideia de *virgem*, i.e., *que não é objeto do tocar de homem.*
9. **I pupé o-nhe-monhanga** – *Dentro dela gerando-se.* O reflexivo **-îe-** (ou **-nhe-**) intransitiva o verbo. Ele passa, assim, a ser tratado como intransitivo e recebe, então, o prefixo **o-** do gerúndio dos verbos intransitivos, como **o-nhe'enga** – *falando ele* ou **o-gûatábo** – *andando ele.* Chamamos a tais verbos de **intransitivados** (v. § 356).
10. **Kó pytuna ri** – a posposição **ri** [e **esé (r-, s-)**] tem também sentido temporal: *nesta noite* (v. § 381).
11. No original lemos **cyarí.** Empregou-se, aqui, o verbo **îar / ar(a) (t-, t-)**, *tomar* (não confunda com **'ar** – *cair, nascer, embarcar*, que você já estudou) no modo indicativo circunstancial, tendo por objeto **sy** (*mãe*, mas também *origem, raiz, aquilo donde algo procede*).
12. **I xy nd' i membyrasy-î** – *Sua mãe não teve dor de parto.* Como você deve lembrar-se, um tema nominal, quando usado predicativamente, expressa a ideia de *ter* do português (v. § 81).
13. V. explicação gramatical, § 481.
14. V. explicação gramatical, § 481.
15. **I moîasegûá-segûábo** – *Fazendo-o ficar chorando.* Temos, aqui, o gerúndio do verbo **îase'o** – *chorar*, reduplicado, a expressar continuidade da ação (v. § 223 e § 450).

16. **I aso'ikatûabo** – *Cobrindo-o bem*. Se um tema verbal se compõe com um tema nominal com sentido adverbial e vai para o gerúndio, o sufixo **-abo** do gerúndio vai geralmente depois do tema nominal em composição (v. § 480).
17. Por ser monossílabo, o verbo **pîar** leva **-îo-** como pronome objetivo de 3ª pessoa.
18. No modo indicativo circunstancial, o verbo **îub / ub(a) (t-, t-)** pode assumir as formas **ruî, tuî** (v. § 443).
19. **Kó** – tem, aí, sentido adverbial: *eis que*.
20. **O-ker-ĩ**– *Dorme* (por dormir, sem cuidados) (v. § 473).
21. **Kabará** – *Cabra*. Veja, aqui, a criação de um termo em tupi, tomado de empréstimo ao português. Isso ocorreu porque a cabra não é originária do continente americano.
22. **Tura** – Lembre-se de que, com o verbo **îur, ur(a) (t-, t-)**, o pronome de 3ª pessoa com as formas nominais é **t-**: *vinda dele* (v. § 401).

Tapiti
Coelho-do-mato, roedor leporídeo
americano (Marc., *Hist. Nat. Bras.*)

Explicação gramatical

O prefixo número-pessoal ÎA- de 3ª pessoa

Você já estudou na lição 1 que os prefixos número-pessoais dos verbos da 1ª classe em tupi são **A-, ERE-, O-, ORO-, ÎA-, PE-**. Assim:

pytá – *ficar*

a-pytá
ere-pytá
o-pytá   (3ª pess.)
oro-pytá   (1ª pess. pl. excl.)
îa-pytá   (1ª pess. pl. incl.)
pe-pytá
o-pytá

Dizemos, assim:
Kunumĩ îagûareté o-îuká. – O menino matou a onça.

No exemplo acima, *menino* é aquele de quem fazemos um comentário (*matou a onça*). Menino é o *tópico principal*, o centro de nosso interesse, o foco do discurso. Agora:

Kunumĩ îagûareté îa-îuká.
A onça o menino matou-a.

Neste último caso, queremos dar realce para a onça, queremos que ela seja o centro do discurso, o tópico principal sobre o qual fazemos um comentário (*que o menino a matou*).

Assim,

481 Usamos **ÎA-** como prefixo número-pessoal de 3ª pessoa quando o tópico principal, i.e., o termo sobre o qual fazemos um comentário (ou o *foco do discurso*) é o objeto e não o sujeito. Quando o sujeito é o centro de nosso interesse (o foco), usamos **O-**.

Ex.:

<u>Pedro</u> mboîa o-îuká. – Pedro matou a cobra. O foco, aqui, é o sujeito *Pedro*, i.e., Pedro é aquele de quem se faz um comentário (que ele matou a cobra), para quem se dá mais atenção.

Pedro <u>mboîa</u> îa-îuká. – A cobra matou-a Pedro. O foco, agora, é a cobra. É ela o centro do discurso, é sobre ela que se faz um comentário (que Pedro a matou), é para ela que se dá mais atenção.

<u>I xy n'i membyrasy-î</u>, <u>nda sugûyî</u>, <u>n'i mara'ari</u>; <u>nd'îa-î-momarã-potar-i pitangî-</u>
      1   2   3   4
moraûsubara...

> Sua mãe não teve dor de parto, não sangrou, não ficou doente; não quis fazê-la sofrer o neném compadecedor... (Anch., *Poesias*, 343)

Veja que estamos falando de *sua mãe* (Maria) nas três primeiras orações. Nessas três orações ela é sujeito e ela é também o foco, i.e., o centro de nossa atenção. Na quarta oração, ela ainda é o foco, que não é mais sujeito, mas, sim, objeto (e **pitangî-moraûsubara** é o sujeito). Quando o foco se torna objeto, nós usamos **ÎA-** com o valor de **O-** de 3ª pessoa.

Outro exemplo:

Kunumî îa-î-momboreaûsub ro'y. – O menino, fá-lo sofrer o frio. (Veja que o objeto da oração é **kunumî**.) (Anch., *Poesias*, 343, adapt.)

Usamos **ÎA-** em vez de **O-** porque se considera, aqui, que o foco (i.e., o centro de nossa atenção) é o *menino* (**kunumî**), que é objeto, não o *frio* (**ro'y**), uma vez que é do menino que se falou em quase todo o poema.

Outro exemplo:

<u>Morubixaba</u> mondá o-î-nambi'ok-ukar. – <u>O juiz</u> mandou desorelhar o ladrão.
                                                  (Anch., *Arte*, 36v)

ou

Morubixaba <u>mondá</u> *îa-î-nambi'ok-ukar*. – <u>O ladrão</u> o juiz mandou desorelhar.
                                                  (Anch., *Arte*, 36v)

No primeiro caso, o foco, o tópico principal, é *o juiz* (**morubixaba**), que é também o sujeito da oração. No segundo caso, o foco é *o ladrão* (**mondá**), que é o objeto da oração. É para ele que damos mais atenção, agora. Assim, em esquema:

482 O sujeito é o foco: prefixo **O-**
O objeto é o foco: prefixo **ÎA-**

Tapiireté
Tapiira, anta, mamífero perissodáctilo
da família dos tapirídeos; é o maior
animal da fauna silvestre do Brasil,
atingindo até 180 quilogramas
(Marc., *Hist. Nat. Bras.*)

Exercícios

I   Responda em tupi às seguintes perguntas sobre o texto inicial desta lição:

1. Mamõ suípe pitangĩ Pa'i Îesu gûeîybi? 2. Mba'erama resépe Pa'i Îesu îandé rekoá-pe i gûeîybi? 3. Abá-abá supépe Îesu nhyrõngatu-potari? 4. Umãmepe Îesu nhemonhangi? 5. Erimba'epe Îesu 'ari? 6. I membyrasype Maria Îesu 'areme? 7. Oîmomarãpe Îesu o sy? 8. Mba'epe oîmomboreaûsub Îesu? 9. Marãnamope Îesu îase'o-se'oû? 10. Marãngatupe ro'y suí Maria o membyra pîari? 11. Abá-abá-pe oîosu-potar Îesu? Mba'epe ogûerur i xupé?

II   Para praticar o uso de **ÎA-** como prefixo número-pessoal de 3ª pessoa, torne o objeto das orações abaixo o foco do discurso. Traduza as frases obtidas, colocando, na tradução, o objeto em foco no início. Sublinhe o objeto que você colocou em foco.
Mod.:
Maria pitangĩ o-s-aûsubar. – Maria se compadece do neném.
Tratando o objeto como foco, temos:
Maria <u>pitangĩ</u> îa-s-aûsubar. – Do <u>neném</u> Maria se compadece.

1. Tuba o a'yra o-s-aûsub. 2. Maria pitangĩ o-î-aîuban. 3. Kunumĩ so'o o-î-momboreaûsub. 4. Maria kunumĩ o-îo-poî-potar. 5. Morubixaba o emirekó o-gûerobîar. 6. Kunhã o membyra o-î-momarã. 7. Oré îara abá o-î-moîase'o. 8. Kunhã kunhataĩ o-î-petek. 9. Maria kunumĩ-poreaûsubĩ o-î-aso'i. 10. Maria kunumĩ o-gûerub. 11. Abá kunumĩ o-î-nupã. 12. Morubixaba mboîa o-îuká. 13. Morubixaba mondá o-î-pysyk. 14. Kunumĩ kururu o-î-mosykyîé. 15. Kunhã pitangĩ o-î-moakub.

Vocabulário

moakub – esquentar, aquecer

mondá – ladrão

Nhandu-açu
Aranha caranguejeira, da família dos
terafosídeos
(Marc., *Hist. Nat. Bras.*)

III   Verta para o tupi:

1. Quero perdoar aos que me capturaram (lit., *aos ex-capturadores de mim*). 2. Os índios uniram-se contigo para me matar. 3. Jesus gerou-se dentro do ventre de Maria. 4. Maria não teve dor de parto quando nasceu Jesus [lit., *ao nascer de Jesus*. Use a posposição -(r)eme]. 5. Nosso Senhor não fez sofrer sua mãe. 6. Maria cobriu bem seu filho para ele não chorar. 7. O homem coitado quer defender seu filho do frio. 8. O neném chora, estando deitado nos braços de sua mãe. 9. A boa mulher alimenta o menino. 10. Tua mãe ficou doente quando tu nasceste [use -(r)eme]. 11. Vinde para abraçar o neném compadecedor. 12. Fico chorando quando tu vens.

Vocabulário

nomes e verbos

abraçar – aîuban, anhuban

alimentar – poî (-îo-)

as alturas, o alto – ybaté

cobrir – aso'i

coitado – poreaûsub

compadecedor – moraûsubar

defender – pîar (-îo-)

descer – gûeîyb

dor de parto – membyrasy

fazer sofrer – momarã

ficar doente – mara'ar (xe)

frio – ro'y

gerar-se – nhe-monhang

perdoar – nhyrõ

unir-se – îese'ar – leva complemento com a posposição ri ou esé (r-, s-)

vinde! – pe-îori!

outras categorias

quando – (r)eme

IV   Traduza:

(Dois diabos discutem, um afirmando perverter os brancos, o outro, os índios. Um anjo intervém no final.)

Diabo 1
  (...) Maíra[1] é
  xe nhõ xe nhe'eng-apîá,
  xe nhe'enga rupi nhẽ
  oîkomemûãmo memẽ,
  o monhangara reîá.
Diabo 2
  Anhẽ ipó
  karaíba amõ-amõ
  i angaîpá, nde rerobîá,
  nde rekó-poxy potá,

o monhangara rekó
abỹabo, seîtyka[2] pá.
(...)
Kó Gûaraparî-ygûara[3]
xe rekó rupi tekoara;
xe nhõ xe nhe'eng-endu,[4]
xe nhõ semierobîara.
(...)
Na xe reroŷrõî gûaîbî,
kunhã sygûaraîy[5]-bora.
Aîpopûar,[6] aîapytî;[7]

lição 27 • Pitangĩ-moraûsubara

kunhãmuku taba pora
xe py'a pupé anhomĩ...
(...)

Anjo da aldeia
Pe rory tenhẽ îandu,[8]
kó taba ri pepu'ama:
Tupã ra'yra retama
asarõ-potá-katu;
n'i tybi pe rembiarama.

Aîkobé[9] pe mondoarama,
pe mosema...
Ma'ẽ![10] Kó xe itangapema[11]
xe pópe nd'oîkóî tenhẽ,
pe mombokaûama[12] é.
Nd'ogûerobîari mo'ema
ikó xe ra'yreté.

(Anch., *Poesias*, 677-679)

Vocabulário

1. **maíra** – pode designar, além do francês, o homem branco em geral
2. **eîtyka** é o gerúndio de **ityk / eîtyk(a) (t-)** – atirar, lançar fora
3. **Gûaraparĩ-ygûara** – habitante de Guaraparim
4. **endu** – o mesmo que **endub (s)** (trans.) – ouvir, escutar
5. **sygûaraîy** – prostituta, meretriz
6. **popûar** (trans.) – atar as mãos a

7. **apytĩ** (trans.) – atar, amarrar
8. **îandu** – como de costume, como sempre
9. **ikobé** – pode ser traduzido, aqui, por *estar presente, aqui estar*
10. **ma'ẽ** – o mesmo que **ema'ẽ** – olha! (imper.)
11. **itangapema** – o mesmo que **itaingapema** – espada de ferro
12. **mombok** (trans.) – estourar

28 · Colóquio de chegada ao Brasil

Jean de Léry, 1580

Tupinambá com franceses (De Bry)

Após a chegada dos portugueses ao Brasil, em 1500, os franceses passaram a frequentar o litoral de nosso país para traficar o pau-brasil e para conseguir o apoio e a amizade dos indígenas. A partir de 1555 seu objetivo passou a ser a criação de uma colônia francesa em terras brasileiras.

Vemos, no texto abaixo, um francês, Jean de Léry, que trouxera uma caixa cheia de mercadorias, a conversar com um índio tamoio que tinha interesse em vê-las:

— Ereîupe?[1] — Vieste?

— Pá, aîur.[2] — Sim, vim.

— Té, aûîé nipó![3] Marãpe nde rera? — Oh! Muito bem! Qual é teu nome?

— Reriûasu.[4] — Ostra Grande.

— Ereîeakasó-p'iang? — Imigraste, por acaso?

— Pá. — Sim.

— Eîori nde retamûama repîaka. — Vem para ver tua futura terra.

— Aûîebé! — Perfeitamente!

— Îandé repîaka our! Îandé repîaka our é xe ra'yra! Té our-eté — Veio para nos ver! Para nos ver é que veio o meu filho! Ah, veio de fato

lição 28 • Colóquio de chegada ao Brasil

kybõ Reriûasu mã![5] Ereru
nde karamemûã?[6]
– Pá, a-rur.
– Moby?[7] Ma'epe ererur nde
karamemûã pupé?
– Aoba.
– Marãba'e?
– Soby-eté,[8] pirang, îub,
sun,[9] soby-manisob,
pirian, pykasu-ab, ting.[10]
– Ma'e-pe amõ?[11]
– Akangaob-urupé.
– Setápe?[12]
– I katupabẽ.
– Aîpó nhõ?
– Erimã!
– Esenõî-mbá.[13]
– Koromõ.
– Ne'î.
– Mokaba, mororokaba,[14]
mokaku'i-uru.
– Marãba'e?
– Tapi'irusu 'aka.
– Aûîekatutenhẽ![15]
– Ma'epe sepyrama?[16]
– Arurî.[17]
– Hé ...[18]
– Aru itá-ygapema.[19]
– N'asepîaki xo-pe-ne?
– Mbegûé irã![20]
– N'ereruripe îyapara?[21]
– Arur.
– I katupe?
– Îyapareté.
– Abápe omonhang?[22]

para cá o Ostra Grande! Trouxeste
tua caixa?
– Sim, trouxe-a.
– Quantas? Que trazes dentro de tua caixa?

– Roupas.
– De que tipo?
– Elas são azuis, vermelhas, amarelas,
elas são pretas, elas são verdes-maniçoba,
listradas, pena de pomba, elas são brancas.
– Que mais?
– Chapéus-cogumelo (i.e., do tipo cogumelo).
– Eles são muitos?
– Eles são muitíssimos.
– Isso somente?
– Absolutamente!
– Nomeia-as (i.e., as coisas) completamente.
– Logo mais.
– Eia! (I.e., vamos!)
– Armas de fogo, arcabuzes grandes,
recipientes de pólvora.
– De que tipo?
– Chifres de boi.
– Excelente!
– Qual é o preço delas?
– Trouxe-as por trazer.
– Hã...
– Trouxe espadas.
– Não as verei?
– Devagar!
– Não trouxeste foices?
– Trouxe.
– Elas são boas?
– Foices muito boas.
– Quem as fez?

367

– Paîegûasu[23] remimonhanga.

– (...) Asepîakymo mã!

– Karamosé.

– T'asepîak taûîé!

– Eambé ranhẽ.

– Ererupe itá-kysé amõ?[24]

– Aruretá.[25]

– Obra de um grande pajé.

– Oxalá as veja!

– Outro dia.

– Que eu as veja logo!

– Espera, primeiro.

– Trouxeste algumas facas de ferro?

– Trouxe muitas.

(*Histoire*, 341-346)

Vocabulário

(Lembre-se de que o sinal + indica palavras que apareceram com a colonização europeia ou que assumiram sentido diferente com ela.)

nomes e verbos

aba (s-, r-, s-) ou aba (t-) – pena; pelo

'aka – chifre

akangaoba – +chapéu (lit., *roupa de cabeça*)

ambé (intr. irreg.) – esperar. Só se emprega no imperativo, na forma **e-ambé**!

epy (t-) – troco, o que se dá em troca, resgate, preço

eté (r-, s-) – Além dos sentidos já vistos, significa também *muito bom, ótimo*.

îeakasó (intr.) – mudar-se (de aldeia, de terra); imigrar; emigrar

itá-kysé – +faca de metal

itá-ygapema – o mesmo que **itangapema** e **itaingapema** (v. nota 18)

îyapara – lit., *machado torto*; + foice

mokaba – +arma de fogo; tiro [lit., *instrumento* (-aba) de *estouro* (**poka**)]

mokaku'i – +pólvora [lit., *pó* (**ku'i**) *de arma de fogo* (**mokaba**)]

mororokaba – arma de fogo pesada, arcabuz grande [lit., *instrumento* (-aba) de *explosão, de estrondo* (**pororoka**)]

oby-manisob (r-, s-) – verde-maniçoba (maniçoba é uma planta semelhante à mandioca)

pirian – listrado (ao comprido)

pykasu – rola; pomba

reri – ostra

ting – v. expl. gram., § 488

un (r-, s-) – preto

uru (r-, s-) – recipiente, vasilha; bainha

urupé – variedade de cogumelo

outras categorias

aûîebé – muito bem! perfeitamente!

aûîekatutenhẽ! – excelente!

aûîé nipó – muito bem!

erimã – absolutamente não; de modo algum

hé! – hã... (v. nota 17)

iang? – por acaso? porventura?

karamosé – algum dia; outro dia, não agora

katupabẽ – muitíssimos

koromõ – logo mais, daqui a pouco, em breve

kybõ – para cá

marãba'e? – de que tipo?

lição 28 • Colóquio de chegada ao Brasil

mbegûé irã! – com o tempo; depois, devagar!

ne'ĩ! – eia! vamos!

ranhẽ – antes, primeiro

taûîé – logo, depressa

té – oh! eta!

té...mã! – ah! oh! (v. § 486)

Comentários ao texto

1. **Ereîupe?** – Empregou-se, aqui, o tema verbal **îur** sem a consoante **r** final.
2. No original **aiout** (*aîut*), uma variante (como **xe ra'yt** etc.), descrita por Anchieta (*Arte*, 8v).
3. V. explicação gramatical, § 483.
4. **Reriûasu** – A semelhança sonora entre o nome *Léry* e *reri* fez com que os índios passassem a chamar o francês recém-chegado desta segunda maneira, mesmo porque sua língua não possuía o fonema l.
5. **Té...mã** – V. § 486.
6. **Ereru nde karamemûã?** – A língua oral às vezes dispensava o uso de **-pe** interrogativo.
7. **Moby?** – V. nota 5.
8. **Soby-eté** – Ao se responder à pergunta *de que tipo?*, foram usados predicativos: *elas (são) azuis...* etc. Veja que os adjetivos uniformes não receberam i (**pirang**, em vez de *i pirang*). Isso porque ele ficava subentendido, em razão do que havia sido dito antes: usou-se **S** – (*ele*) com **oby** e deixou-se de repetir o pronome de 3ª pessoa sempre que era possível. **Oby (r-, s-)**, em tupi, significa tanto *azul* quanto *verde*. O uso do adjetivo **eté** esclarece que se trata do azul, pois essa é a cor primária e verde é cor secundária.
9. **Un (r-, s-)** – É um adjetivo pluriforme [como **oby (r-, s-)**: **xe run** – eu (sou) preto, **nde run** – tu (és) preto, **sun** – ele (é) preto etc.]. (V. § 169.)
10. **Ting** – É um adjetivo irregular. V. explicação gramatical (§ 488).
11. **Mba'epe amõ** – Lit., *Que outra (coisa)? Que mais?*
12. **Setápe?** – V. § 169.
13. **Esenõî-mbá** – V. explicação gramatical (§ 487).
14. **Mororokaba** – Temos, aqui, o sufixo **-aba**, que forma deverbais que expressam circunstâncias, com o tema verbal **pororok** (*estrondear, explodir*). É o próprio Léry quem nos diz em sua obra *Viagem à Terra do Brasil* que **mokaba** é toda espécie de arma de fogo, dando a entender que **mororokaba** é uma arma mais potente, que não somente produz *estouro* (**poka**), mas também *estrondo* (**pororoka**).
15. **Aûîekatutenhẽ** – V. explicação gramatical, § 484.
16. **Ma'epe sepy-rama?** – *Qual é o preço disso?* **Epy (t-)** significa *o troco, o que se dá em troca, o resgate, o preço.* O índio queria saber o que o francês queria em troca das mercadorias que tinha em seu poder.
17. **Arur-ĩ** – *Trouxe* (por trazer, i.e., sem nenhum objetivo). Vimos tal emprego de –'ĩ na lição 25, § 473.
18. **Hé** – Léry nos diz que "é uma interjeição que costumam proferir quando, pensando no que ouvem, desejam responder. Calam-se, todavia, para que não sejam tidos por importunos".

19. **Itá-ygapema** – Originalmente isso significava *tacape de pedra*. Com a coloniza-ção europeia, houve um deslocamento semântico e **itá** passou também a sig-nificar *ferro* ou *metal* e **itá-ygapema** passou a significar *espada de ferro*. Também encontramos as formas **itaingapema** e **itangapema**.
20. **Mbegûé irã** – A partícula **irã** significa *futuramente, depois, mais tarde*. Às vezes não se traduz, mas sempre indica futuro. Por outro lado, **mbegûé** significa *devagar*.
21. **Îy-apara** – Lit., *machado torto, + foice*. Termo composto, criado com a coloniza-ção.
22. Observe que não se usou aqui o pronome objetivo -î- (empregou-se **o-monhang** e não **o-î-monhang**). Isso porque os verbos com **mo-** causativo (como é o caso de **monhang**) aceitam tal construção (§ 288). Mas isso era característico de São Vicente (v. nota 1).
23. **Paîeûasu** – Léry não tinha termo para designar o *artesão*, o *artífice*, o *fabricante* das foices que ele havia trazido. Ele usa, então, o termo **paîeûasu** para expres-sar aquela ideia. Isso porque, na sociedade dos tamoios, o pajé era alguém com muitas habilidades.
24. **Ererupe itá-kysé amõ?** – *Trouxeste algumas facas de ferro?* Veja, aqui, nova-mente, o sentido novo que **itá** assume no período colonial brasileiro.
25. **Arur-etá.** – O tema nominal **etá**, que é usado geralmente com substantivos, foi usado, aqui, com um verbo, em composição, com um sentido adverbial: *em grande número, abundantemente*.

Explicação gramatical

As partículas

O texto de Jean de Léry é muito rico em partículas, que eram muito usadas pelos primitivos índios da costa do Brasil. Muitas partículas são intraduzíveis em português. Algumas já foram estudadas ao longo do curso. Apresentaremos, aqui, mais algumas:

483 **IPÓ, NIPÓ** – Tem sentido afirmativo (*certamente, com certeza, com efeito*) ou dubitativo (*talvez, provavelmente*).
Ex.:
(Com sentido afirmativo):
Amanõ *ipó* **ixé-ne**. – Morrerei, certamente. (Anch., *Cat. Bras.*, I, 212)
Asó *ipó*. – Vou, com certeza. (Fig., *Arte*, 126)
Memẽ-te *nipó* **pe 'anga amotá. (...)** – Mas sempre, com certeza, querem bem a vossas almas. (Veja que o verbo **amotar** foi para o gerúndio – v. § 504.) (Anch., *Teatro*, 54)
(Com sentido dubitativo – com frequência vem com as partículas **re'a** para homens e **re'î** para mulheres):
Osó *ipó re'a*. – É quase certo que foi. Deve ter ido. (*VLB*, I, 102)

484 **AÛÎÉ** é um tema nominal que expressa *aprovação, satisfação* com uma notí-cia. Pode ser acompanhado por partículas ou por outros temas nominais.

Ex.:

Aûîé! – Muito bem!

Aûîebé! – Muito bem! Ótimo! Perfeitamente! (Léry, *Histoire*, 341)

Aûîebeté! – Muito bem! Ótimo! Que bom!: *Aûîebeté* ereîkó xe îar-y gûé! – Que bom que existes, ó meu senhor! (Araújo, *Cat. Líng. Bras.*, 86)

Aûîekatutenhẽ! – Excelente! (Léry, *Histoire*, 344)

Aûîé nipó! – Certamente é bom! Que bom! Muito bem! (Anch., *Teatro*, 74)

485 **TÉ** – *enfim, finalmente, eis que, até que enfim*. Leva o verbo que o segue para o gerúndio.

Ex.:

Té **osyka**. – Enfim chegou. (Anch., *Arte*, 57)

Té **ixé gûixóbo**. – Eis que eu vou. (*VLB*, I, 109)

T'ou *té* **muru ranhẽ**. – Que venha, enfim, primeiro, o maldito. (Anch., *Poesias*, 309)

486 **TÉ** significa também *ah!, oh!*, podendo aparecer com **...MÃ!** no final do período.

Ex.:

Té **xe resemõ toryba**. – Ah, sobra-me alegria. (Anch., *Teatro*, 10)

Té **temõ oú mã!** – Oh, se chegasse! (Anch., *Arte*, 57)

Té **morapitîara ixé. (...)** – Ah, eu sou um assassino. (Anch., *Teatro*, 90)

Particularidades do verbo PAB

487 **PAB** (ou **PÁ**) é um tema verbal (*acabar, concluir-se, completar-se*). Pode compor-se com outros verbos ou com nomes, significando *todos (as), tudo* ou ter sentido adverbial: *totalmente, na totalidade, completamente*. Às vezes comporta-se como mera partícula, sem se compor com o verbo. Pode vir acompanhado por temas nominais ou por partículas: **pabẽ, pakatu** etc.

Ex.:

Sory-*pakatu* **apŷaba**. – Felizes completamente estão os homens. (Anch., *Poesias*, 303)

Esenõî-*mbá*. – Nomeia-os completamente (ou *Nomeia tudo*). (Léry, *Histoire*, 343) (aqui houve nasalização de **P** – v. § 78)

Omanõ-*mbá*. – Morreram todos. (Anch., *Arte*, 3v)

Aîybõ-*mbá*. – Flechei todos eles. (Anch., *Teatro*, 132)

Eresapîá Îandé Îara, i nhe'enga mopó *pá*. – Obedeces a Nosso Senhor, suas palavras cumprindo-as todas. (Anch., *Teatro,120*)

T'ou serasóbo *pá*. – Que venha para levá-los todos. (Anch., *Teatro*, 184)

As particularidades do substantivo TINGA

488 O substantivo **TINGA**, *o branco, a brancura*, não aceita o pronome **I** de 3ª pessoa. Quando for adjetivo predicativo, também não recebe o pronome pessoal **I**.

Ex.:

itá-ting-a – pedra branca

aó-ting-a – roupa branca

gûyrá-ting-a – pássaro branco

Itá ţing. – A pedra é branca.

Aoba ţing. – A roupa é branca.

Gûyrá ţing. – O pássaro é branco.

489 Interrogativas com MARÃ (síntese)

Quê? – *Marã* e'ipe asé karaibebé o arõana mongetábo? – Que diz a gente, rezando para o anjo seu guardião? (Araújo, *Cat. Líng. Bras.*, 23v)
Qual? – *Marãpe* nde rera? – Qual é teu nome? (Léry, *Histoire*, 341)
Por quê? – *Marãpe* xe soe'ymi? – Por que não vou eu? (Fig., *Arte*, 98)

Há também os seguintes interrogativos que se constroem com **MARÃ**:

marãngatu? – quão bem?; de que maneira?: *Marãngatupe* asé rekóû Tupãokype oîkŷabo? – Como a gente procede, entrando na igreja? (Araújo, *Cat. Líng. Bras.*, 24)
marãnamo? – por quê? Tem o mesmo significado de **mba'e resé-pe?**: *Marãnamope* asé o sybápe îoasaba moíni? – Por que a gente põe a cruz na testa? (Araújo, *Cat. Líng. Bras.*, 21)
marãngoty? – para onde? na direção de quê? em que lado?: *Marãngotype* i angaturamba'e nongi-ne? – Em que lado colocará os que são bons? (Araújo, *Cat. Líng. Bras.*, 47)
marãba'e? – qual? de que espécie?: *Marãba'e* kunhã-pe...? – Que espécie de mulher? (Araújo, *Cat. Líng. Bras.*, 30v)
marãneme? – em que horas? em que ocasiões? (lit., *por ocasião de quê?*): *Marãneme*-te-pe asé îobasabi-ne? – Em que ocasiões, pois, a gente se benzerá? (Araújo, *Cat. Líng. Bras.*, 21v)

Exercícios

I   Responda em tupi às seguintes perguntas sobre o texto inicial desta lição:

1. Marãpe maíra rera? 2. Mba'e-pe maíra ogûerur? 3. Mba'e-mba'e-pe ogûerur maíra o karamemûã pupé? 4. Mobype akangaoba maíra seruri? 5. Osenõîpe maíra opakatu mba'e oinyba'epûera o karamemûã pupé? 6. Marã o'îabo-pe maíra o mba'e reruri? 7. Umãpe maíra mokaku'i nongi? 8. Abápe oîmonhang îyapara, maíra remierura? 9. Osepîá-potarype abá opakatu karamemûãpupendûara? Marã e'ipe maíra i xupé? 10. Ogûerobîarype abá maíra 'esaba?

II   Para praticar o uso de **-PA(B)** em composições, faça conforme o modelo.
Mod.:
Opá abá sóû. – Todos os homens foram. (Anch., *Arte*, 54v)
Abá o-só pá. – Os homens foram todos. [Agora não usamos mais **opá(b)** anteposto ao verbo, razão pela qual este vai para o modo indicativo. Lembre-se de que **opá(b)** e seus compostos podem levar o verbo que os sucede para o modo indicativo circunstancial (v. § 302).]

1. Opá kunumî re'ôû. 2. Paîegûasu opá îyapara oîmonhang. 3. Opá i pytáû. 4. Maíra opá mba'e ogûerur. 5. Karamemûã pupé maíra opab aoba moíni. 6. Maíra opá mba'e osenõî. 7. Maíra tapi'irusu 'aka pupé opá mokaku'i oîonong. 8. Ixé opá itá-ygapema asepîak.

lição 28 • Colóquio de chegada ao Brasil

III   Faça perguntas usando **MARÃ** para o termo em destaque, traduzindo as frases.
Mod.:
Domingo pupé **Pedro Tupãokype i xóû amẽ.** – Aos domingos Pedro vai à igreja.
Marãnemepe **Pedro Tupãokype i xóû?** – Em que ocasiões Pedro vai à igreja?

1. **Nde repîaka** aîur.
2. **Aîpó taba koty** Ka'ioby sóû.
3. Maíra aó-**piranga** ogûerur.
4. **Pytunyme** karamemûã ererur.
5. Maíra our **paîé repîaka**.

6. **Ko'ẽ-me** abá gûasemi amẽ.
7. Aîeakasó **kó paîé supa**.
8. Abá ybyrapem**oby** ogûerur.
9. Paîegûasu **rera** Tatamirî.

IV   Traduza:

1. O mba'e nipó asé o py'a pupé saûsubi.
   (Anch., *Poesias*, 150)
2. – Abápe endé? – Saraûaîa, aîuruîub[1]-
   upîarûera. – Aîpó nhõ p'ipó nde
   rera? (Anch., *Poesias*, 159)
3. *Quatro diabos tentam levar consigo uma
   alma. Aparece, então, um anjo*:
   Diabo 1 – Ké urutaûrana[2] ruri!
   Diabo 2 – Karaibebé-p'iã?[3]
   Diabo 3 – Karaibebé serã.
   Alma – Anhẽ pe mondyîa turi.
   Diabo 4 – Xe pixã[4] kori-ne, mã!
   Anjo – Pepo'i[5]
   xe remiarõ suí!
   Marãpe peîkó sesé?
   Diabo 2 – Oré rembiarûera é
   akûeîme o ekó-poxy
   mombe'u[6]-e'ym'iré.
   (Anch., *Teatro*, 178)
4. Aûîebeté,[7] t'a-'u-pá Îakaregûasu pepyra.[8] (Anch., *Poesias*, 168)
5. Anga îa,
   angaîpabora aîuká,
   xe ratápe sero'á[9]-ne.
   Apŷaba, gûaîbî, kunhã-ne,
   ko'arapukuî[10] xe rembiá,
   serasóbo, i gûabo pá-ne.
   (Anch., *Poesias*, 186)
6. Amanõ ipó ixé-ne. (Anch., *Cat. Bras.*, I,
   212)
7. Nde poxy, ûî! Nd'ere-'u-î xo
   kori xe remindu'u[11]-ne!
   Xe nhõ a'u pakatu-ne. (...)
   T'asóne, gûî![12] T'aka'u-ne!
   (Anch., *Poesias*, 140)

8. *Chama Guaixará o diabo Aimbiré:*
   To![13] Mamõpe ahẽ[14] rekóû?
   (*Aimbiré aparece*)
   – Ereké-pipó eîupa?
   Aîmbiré:
   – Erimã é. Taba supa,
   ybytyrype xe sóû,
   îandé boîâ rerokupa.[15]

   Sorykatu xe repîaka,
   xe aîuban, xe mombytábo,
   ko'arapukuî okagûabo,
   oporaseîa, oîegûaka,
   Tupã rekó momburûabo.

   Té, xe resemõ[16] toryba
   sekopoxy repîaká-pe;
   xe apysykatu sekoápe.[17]
   Opabî tekoaíba
   mondebikatu[18] o py'a-pe.
   (...)
   Aîmbiré:
   – Marataûã[19]-me tekoara
   ogûerobîá xe nhe'enga;
   opá 'ypa'û[20]-me-ndûara,
   opá Paraibygûara[21]
   xe pópe o 'anga me'enga.
   (Anch., *Poesias*, 140-141)

Vocabulário

1. **aîuruîuba** (lit., *papagaio amarelo*) – nome dado aos povos de cabelo claro: +francês; +inglês

2. **urutaûrana** – falso urutau, pseudourutau. O urutau é uma ave de rapina. (A respeito do adjetivo **ran**, v. *O Tupi em nossa Toponímia e no português do Brasil*, nesta lição)

3. **-p'iã** = **-p'iang** – iã tem, aqui, valor de demonstrativo: isso, aquilo (pode ser visível ou não visível – v. § 36)

4. **pixã** (= **pixam**) – beliscar, bicar

5. **po'i** – partir, apartar-se

6. aqui há referência ao sacramento da confissão (**nhemombe'u** é *confessar-se*)

7. **aûîebeté** = **aûîebé** + **eté** (v. § 484)

8. **Îakaregûasu pepyra** – banquete do Jacaré-guaçu (nome de chefe tribal)

9. **ero'ar** – fazer cair consigo, cair com

10. **ko'arapukuî** – sempre [lit., *no decorrer deste mundo, "enquanto o mundo durar"* (Fig., *Arte*, 129)]

11. Aqui há referência à fabricação do cauim, para a qual se mastigavam vegetais (v. § 294).

12. **gûĩ** – o mesmo que **ũĩ** – demonstrativo com sentido adverbial: *eis que*

13. **tó** – ah! oh!

14. **ahẽ** – o mesmo que **a'e** – ele

15. **erokupa** – gerúndio de **erokub** – fazer estar consigo (v. verbo **kub** no § 252)

16. **esemõ (s)** – preencher, abarrotar, sobrar a

17. **ekoaba (t-)** – modo de ser, procedimento, costume

18. **mondeb-i-katu** – veja que, aqui, o advérbio **katu** veio após o sufixo **-i**, do indicativo circunstancial

19. **Marataûã** – nome de um antigo lugar do Rio de Janeiro

20. **'ypa'ũ** – ilha

21. **Paraibygûara** – os habitantes do Paraíba, i.e., os que viviam às margens do rio Paraíba do Sul

O tupi em nossa toponímia e no português do Brasil

1. Sabendo que, em tupi antigo e nas línguas gerais coloniais, o adjetivo **ran** (ou **rana**) significa *falso*, *pseudo-*, *semelhante a*, *o que imita*, tente explicar os significados dos seguintes nomes:
a. **taturana** (do tupi *tataûrana*: de t-atá + ran);   b. **Sagarana** (nome de uma obra do escritor Guimarães Rosa); c. **campinarana**; d. **canarana**; e. **tupinambarana**.

2. Com base no vocabulário do texto inicial desta lição, explique por que chamamos **pororoca** a um conhecido fenômeno natural da foz do rio Amazonas.

3. Que deve significar o nome **Ji-paraná** (município de Rondônia), da língua geral amazônica?

4. Por que o escritor Monteiro Lobato deu o nome de *Urupês* a uma de suas obras? Quem são os *urupês* de seu livro?

Leitura complementar

Os franceses no Brasil

Na atual baía da Guanabara, numa ilha perto da barra, projeta-se a sombra de um enorme bloco de pedra e terra. Os portugueses chamavam-no de Pão de Açúcar, *os franceses de* Pote de Manteiga *(*Pot au Beurre*).*

Em 1555, exatamente no dia 10 de novembro, chegava àquela ilha, na entrada da barra, uma esquadra francesa: dois navios bem armados, uma chalupa de mantimentos, armas, munições, ferramentas, material de construção e seiscentos homens. Comandava-a Villegaignon, com muito dinheiro para as despesas.

Nicolau Durand de Villegaignon nascera por volta de 1510, na França. Dele se diz que foi quem raptou, na Inglaterra, a Princesa Maria Stuart, levando-a para a França. Em 1531 foi feito cavaleiro; depois, lutou contra os mouros em Argel, contra os otomanos na Hungria, contra os ingleses na Escócia, contra os turcos em Malta. Villegaignon não era apenas um guerreiro: helenista e latinista, interessava-se por questões de teologia, e manteve correspondência com Calvino. Não demonstrava, entretanto, preconceitos religiosos e na sua expedição ao Brasil viriam católicos e protestantes.

Ao desembarcar em 1555, Villegaignon iniciou a construção de um forte na ilha que teria o seu nome e projetou a fundação de um povoado em terra firme, núcleo inicial da sua "França Antártica". Ao forte deu o nome de Coligny. *A cidade deveria chamar-se* Henriville, *em homenagem ao rei francês.*

Nos primeiros tempos as coisas correram bem. Os índios tamoios, inimigos das tribos aliadas aos portugueses, logo foram conquistados pela serenidade e gentileza dos comandantes franceses, passando a ajudá-los.

Aos poucos, entretanto, os recém-chegados, que trabalhavam na construção do forte, sob um sol a que não estavam acostumados, foram obrigados a comer o que comiam os índios: farinha de mandioca, peixes e raízes. Com suas reservas de alimentos esgotadas, bebendo o que conseguiam recolher num único depósito de água de chuva, a tensão foi tomando conta do acampamento francês.

Por fim, explode o conflito, quando o comandante francês tenta obrigar seus homens a se casarem com as companheiras índias. Improvisa-se um motim, mas Villegaignon o descobre e condena os revoltosos a trabalhos forçados. O chefe da rebelião consegue fugir e passa a viver entre os índios; convence-os de que fora obra de Villegaignon a peste que matara oitocentas pessoas no Rio e, por pouco, os tamoios não se voltam contra os franceses.

In *Grandes Personagens da Nossa História.*

29 · Colóquio de chegada ao Brasil (II)

Jean de Léry, 1580

Tupinambá com franceses (De Bry)

– Xe rorykatu
nde rura ri. Ne'ĩ, t'ereîkó
pa'i Nikorá¹ irũ. Ne
ererupe nde remirekó?
– Arur irã
xe rekó² aûîéreme.
– Marãpe nde rekorama?
– Xe rokûama.
– Marãba'e oka?
– Sé!³ Nd'a'éî xe rekorama
kuapa ranhẽ.
– Ne'ĩ!⁴ T'ereîkuab
nde rekorama.

– Eu estou muito contente
por causa de tua vinda. Eia, que mores
com o senhor Nicolau. Tu
trouxeste tua esposa?
– Trago-a futuramente,
quando completar meus afazeres.
– Quais teus futuros afazeres?
– Minha futura casa.
– Que espécie de casa?
– Sei lá! Não conheço
ainda minha vida futura.
– Eia! Que conheças
o que será tua vida.

lição 29 • Colóquio de chegada ao Brasil II

– Pe retama repîak'iré.
— Após ver vossa terra.

– Nd'ereîkóî xope
nde anama[5] irũ?
— Não estarás
com tua nação?

– Marãnamope?
— Por quê?

– Aîpó nhẽ![6] Xe putupá
nhẽ nde ri.
— É isso mesmo! Eu estou admirado
por tua causa.

– Na peîamotare'ymipe
oré rubixaba?
— Não detestais
nosso chefe?

– Erimã!
— De modo algum!

(...)
(...)

– N'eresóî xop' irã gûarinî-(namo)?[7]
— Não irás futuramente à guerra?

– Asó irã-ne. Marãpe
pe robaîara rera?
— Irei futuramente. Qual
é o nome do vosso inimigo?

– *Tobaîara, Marakaîá, Gûaîtaká,*
Gûaîanã, Karaîá, Kariîó.
— *Tobajaras, Maracajás, Goitacazes,*
Guaianás, Carajás, Carijós.

(...)
(...)

– Emombe'u nde retama ixébe.
— Descreve tua terra para mim.

– Aûîebé! Nde ranhẽ eporandub!
— Muito bem! Tu, primeiro, pergunta!

– (...) Marãpe nde retama rera?
— (...) Qual é o nome de tua terra?

– Rouen.
— Ruão (cidade da França).

– Tabusupe ûî?
— Essa é uma cidade grande?

– Pá.
— Sim.

– Mobype pe rubixakatu?
— Quantos são os vossos chefes maiores?

– Oîepé.
— Um.

– Marãpe sera?
— Qual é o nome dele?

– Henri.
— Henri (é o rei Henrique II, da França).

– Tera i porang!
— O nome é bonito!

– Marãpe pe rubixabetae'ym?[8]
— Por que vós não tendes muitos chefes?

– Nd'oroerekóî nhẽ oré ramyîa abé.[9]
— Não os temos desde nossos avós.

– Marãp'iang peẽ?[10]
— Como sois vós, por acaso?

– Oroîkó nhẽ.[11] Oré ma'e îara[12].
— Bem, somos... Nós somos donos de riquezas.

– A'epe n'oerekóî[13] pe rubixaba ma'e?
— E vosso chefe não tem coisas?

– Oerekó. Oré mba'e îara ahẽ pé.[14]
— Tem. Nós somos portadores de riquezas para ele.

(...)
(...)

377

– I porangype pe retama? — É bonita vossa terra?
– I porãngatu. — Ela é muito bonita.
– Anga îápe pe roka?[15] — Como estas são vossas casas?
– Oîkoekatu. — Diferem muito.
– Marãba'e? — De que modo?
– Itá gûetépe.[16] — Inteiramente de pedra.
– Turusupe?[17] — Elas são grandes?
– Turusukatu. — Elas são muito grandes.
(...) (...)
– Anga îápe pe roka ybỹia?[18] — Como o destas é o interior de vossas casas?
– Erimã. — De modo algum.

Vocabulário

nomes e verbos

amotare'ym (trans.) – odiar

anama – nação, raça

auîé (adj.) – acabado; concluído, pronto

ekó (t-) – ser, estado; lei; afazeres; compromisso; vida

gûaîanã – guaianá (nome de grupo indígena)

gûaîtaká – goitacá (nome de grupo indígena)

gûarinĩnamo só – ir à guerra

îara – o portador, o que detém

irũ – o mesmo que irũnamo (v. nota 1)

karaîá – carajá (nome de grupo indígena)

kariîó – carijó (nome de grupo indígena)

ma'e – o mesmo que mba'e

marakaîá – maracajá (nome de grupo indígena)

mombe'u (trans.) – contar, narrar, confessar; descrever, proclamar

putupab – maravilhado, admirado, espantado

taba – +cidade

tobaîara – tobajaras (nome de grupo indígena)

turusu – v. nota 17

ubixaba (t-) – chefe; cacique

ubixakatu (t-) – chefe maior; maioral, cacique; + rei

outras categorias

ahẽ – ele, aquele

gûetépe – inteiro, inteiramente (v. nota 16)

îá – como (de compar.) (v. § 468)

irã – futuramente

ne'ĩ – eia! vamos! (para a 2ª pess. sing.)

pé – variante de supé (v. § 175)

ranhẽ – v. expl. gram., § 490

sé! – sei lá!; não sei

xó – o mesmo que xûé

Pirá-pixanga
Peixe da família dos serranídeos
(Marc., *Hist. Nat. Bras.*)

Comentários ao texto

1. O **Pa'i Nikorá** mencionado no texto é o cabeça do empreendimento conhecido como "França Antártica", Nicolau Durand de Villegaignon. Veja que se usou **irũ** em vez de **irũnamo**, uma outra possibilidade de se traduzir a preposição *com*.
2. **Xe rekó auîéreme** – Lit., *Quando completar meus afazeres*. **Ekó (t-)** tem vários sentidos diferentes, como você já pôde perceber.
3. V. explicação gramatical, § 495.
4. V. explicação gramatical, § 493.
5. **Anama** – Também significa *nação, raça*. No texto, trata-se dos franceses que acompanharam Villegaignon.
6. **Aîpó nhẽ!** – É uma expressão idiomática que traduz *é isso mesmo!*, *essa é a questão!*
7. **N'eresóî xop'irã gûarinĩ namo?** – Temos, aqui, uma expressão idiomática. Ao pé da letra, **gûarinĩ namo só** significa *ir como guerreiro, ir na condição de guerreiro*. Podemos traduzi-la, porém, por *ir à guerra*. No original, **-namo** está omitido.
8. Veja o uso adjetival do substantivo, a incluir o sentido de *ter*. **Tubixabetae'yma** – *sem muitos chefes, ausência de muitos chefes*. **-E'ym(a)** dá a ideia de privação (v. § 214). Tirando-se o sufixo **-a** de **-e'yma**, adjetivamos a palavra, incluindo a ideia de *ter*: **Xe rubixabetae'ym** – *Eu tenho poucos chefes* ou *eu sou sem muitos chefes*.
9. **Abé** ou **bé** pode ser, também, posposição: *desde* (v. § 341).
10. **Marãp'iang peẽ?** – Aqui se deseja saber que tipo de pessoas são os franceses.
11. **Oroîkó nhẽ.** – Esta expressão idiomática significa *vamos indo*, semelhante à expressão castelhana *estamos, no más*.
12. **Oré ma'e îara.** – O francês estava afirmando, aqui, que em sua sociedade havia a propriedade e o acúmulo de bens, fato que os índios do Brasil não conheciam. Veja o emprego da variante **ma'e** em lugar de **mba'e**.
13. **N'oerekóî** – Veja que não houve, aqui, inserção da semivogal **û**, como é comum nos textos dos missionários, que diriam, mais possivelmente, **n'ogûerekóî**, com a anteposição de **g** ao ditongo formado (v. § 48).
14. **Ahẽ pé** – **Ahẽ** é um dos poucos termos com **h** aspirado em tupi.
15. **Anga îápe pe roka?** – *Como estas são vossas casas?* Lembre-se de que **anga** é um demonstrativo para coisas visíveis ou não (v. § 36).
16. **Itá gûetépe** – *De pedra, inteiramente* (lit., *pedra na sua matéria*). **Gûetépe** (*gû-eté-pe*): no seu próprio corpo, na sua própria matéria, na sua própria substância. **Eté (t-)**, além de *corpo*, também significa *matéria, substância*.
17. V. explicação gramatical, § 506 e § 507.
18. **Ybỹîa** – Designa *as entranhas, o oco, o vão* de alguma coisa.

Explicação gramatical

Outras partículas

490 RANHẼ – Usada com verbo negativo, significa *ainda* e vai para o final da frase. Com verbo afirmativo, **RANHẼ** significa *primeiro, adiante, antes*.

Ex.:

Pedro *ranhẽ* osó. – Pedro foi primeiro. (Anch., *Arte*, 45v)

T'asóne *ranhẽ*. – Hei de ir primeiro. (Fig., *Arte*, 144)

Nd'a'éî saûsupa *ranhẽ*. – Não o amo ainda. (Anch., *Arte*, 56)

491 RA'E – Na afirmativa, significa *conforme dizem, diz-se que, dizem que, portanto, na verdade*. Na interrogativa, **RA'E** significa *por acaso? será que? então? enfim?*

Ex.:

Osó *ra'e*. – Dizem que foi. (*VLB*, I, 104)

Eresó *ra'e*. – Diz-se que vais. (Anch., *Arte*, 57v)

Mba'e-p'asé ogûeroŷrõ *ra'e*-ne? – Que a gente detestará, então? (Anch., *Cat. Bras.*, I, 204)

492 ÎANDU (ou **NHANDU**) significa *como de costume, costumeiramente*.

Ex.:

Aîmoaûîé *îandu*-ne. – Vencê-los-ei, como de costume. (Anch., *Teatro*, 136)

Oîkó-potá sesé *îandu*. – Quer ter relações sexuais com ela, como de costume. (Araújo, *Cat. Líng. Bras.*, 108v)

493 NE'Ĩ (ou **ENE'Ĩ**); PE'Ĩ (ou **PENE'Ĩ**) – Só se usam na 2ª pessoa. Significam *eia! coragem! pois! pois sim! vamos!* Com a 2ª pessoa do singular usa-se **NE'Ĩ** (ou **ENE'Ĩ**) e com a 2ª do plural usa-se **PE'Ĩ** (ou **PENE'Ĩ**).

Ex.:

– ***Ne'ĩ!* T'ereîkuab nde rekorama.** – Eia! Que conheças tua futura vida. (Léry, *Histoire*, 352)

– **Esenõîmbá! – Koromõ. – Neĩ!** – Nomeia-as totalmente! – Daqui a pouco. – Vamos! (Léry, *Histoire*, 343)

– ***Pe'ĩ*, peîpûá muru!** – Eia! Amarrai os malditos! (Anch., *Teatro*, 42)

494 NE'Ĩ (ou **ENE'Ĩ**); PE'Ĩ (ou **PENE'Ĩ**) podem levar o verbo para o gerúndio.

Ex.:

Ne'ĩ mba'e *monhanga*. – Eia, faze algo. (Fig., *Arte*, 163)

Pene'ĩ *pesóbo*. – Eia, ide! (Anch., *Arte*, 56v)

495 SÉ corresponde às expressões *sei lá, não sei, nem imagino*, do português.

Ex.:

– **Marãba'e oka? – *Sé*!** – Que espécie de casa? – Sei lá! (Léry, *Histoire*, 352)

– **Abá ra'yrape ûî? – *Sé*!** – Filhos de quem eram esses? – Sei lá! (Anch., *Teatro*, 48)

496 BYTER (ou também **BYTÉ, BYTERĨ** ou **MBYTÉ**) significa *ainda*. Seguindo-lhe o verbo, vai este para o gerúndio.

Ex.:

Xe pûeraî *byté*. – Eu estou cansado ainda. (Anch., *Poesias*, 308)

A'é *byter* nde raûsupa. – Ainda te amo. (Fig., *Arte*, 161)

lição 29 • Colóquio de chegada ao Brasil II

497 BIÃ expressa a frustração dos fins para os quais se realiza uma ação ou um processo. Expressa algo contrário ao que se espera, algum impedimento. Às vezes se traduz por *embora, apesar disso, apesar de*.

Ex.:

Asó *biã*. – Fui (mas sem conseguir nada). (Anch., *Arte*, 21v)

Kunhã iké sekóû *biã* mã! – Ah, se houvesse uma mulher aqui (mas não há)! (Anch., *Cat. Bras.*, II, 93)

Nde moîasuk ipó *biã* pa'i, nde mongaraípa. A'e ré, ereîkomemûã. – Batizou-te certamente (em vão) o padre, benzendo-te. Depois disso, procedeste mal. (Anch., *Poesias*, 318)

Xe resy Ror̃e -ka'ẽ, xe morubixaba *biã*. – Assa-me o Lourenço tostado, embora eu seja um rei. (Anch., *Teatro*, 90)

Diabo 1: – **Xe momotá-pakatu**
aîpó pe nhe'enga biã.
Diabo 2: – **A'epe ko'y marã?**
Diabo 1: – **Aryryî, xe momburu,**
xe moarûá pa'i Tupã!
(Anch., *Poesias*, 314)

– Atraem-me totalmente essas vossas palavras (mas sem resultado). – E agora? – Tremo, amaldiçoa-me, estorva-me o Senhor Deus. (I.e., apesar de atraído pelas palavras, nada será feito, pois ele tem medo.)

498 Partículas que podem levar o verbo para o gerúndio

499 NÃ – *assim*:

Kori, *nã*, îandé rekó îandé *moarûapa* angá (gerúndio de **moarûab**, *impedir*). – Hoje, assim, nossa estada de modo nenhum nos impedem. (Anch., *Poesias*, 311)

500 TENHẼ, T'E'I NHẼ – *deixa, deixai; embalde, não importa*:

***T'e'i nhẽ* nde reté *o-manõmo* (...)** (gerúndio de **manõ**, *morrer*). Não importa que teu corpo morra (...). (Anch., *Poesias*, 91)

501 ETÉ UMẼ / PETÉ UMẼ – *guarda-te de* (somente nas 2ªs pessoas):

***Eté umẽ* kori marana *rerekóbo* xe resé** (gerúndio de **erekó**, *ter*). Guarda-te, hoje, de ter guerra comigo. (Anch., *Poesias*, 339)

***Peté umẽ* pe *poxyramo* angiré** [gerúndio de **poxy (xe)**, *ser mau*]. Guardai-vos de serdes maus doravante. (Anch., *Poesias*, 324)

502 E'I É T'IPÓ, E'I É IPÓ – *tempo virá em que*:

***E'i é t'ipó* xe *rapîâ*-ne** [gerúndio de **apîar (s)**, obedecer]. Tempo virá em que me obedecerão. (Anch., *Poesias*, 146)

503 ÎÁ, IÎÁ, IÎÁ ÎABY, IÎA MURU etc. – *ainda bem que*:

***Iîá* muru *senonhana*!** (gerúndio de **enonhan**, *fazer correr consigo, correr com*). Ainda bem que o maldito corre com ele! (Anch., *Poesias*, 317)

Iîá omanõmo! (gerúndio de **manõ**, *morrer*)
Ainda bem que morreu! (Anch., *Diál. Fé*, 208)

504 MEMẼ – *sempre*; **MEMẼ TÉ, MEMẼTIPÓ** – *ainda mais, com maior razão, quanto mais:*
Tupã omanõ, *memẽtipó* asé *omanõmo*. – (Se) Deus morreu, com maior razão nós morremos. (Fig., *Arte*, 163)

Tupinambás e
tupiniquins em guerra
(De Bry)

Partículas com o verbo 'I / 'É, como auxiliar

Como vimos na lição 15, § 294, o verbo 'I / 'É pode ser usado como auxiliar de verbos que, nesse caso, vêm no gerúndio.

505 Como auxiliar, 'I / 'É pode vir acompanhado de partículas.
Ex.:
Nd'a'éî xe rekorama kuapa *ranhẽ*. (Léry, *Histoire*, 352)
Não conheço meus futuros compromissos ainda.
(Lit., *Não me mostro, não me encontro conhecendo meus futuros compromissos ainda.*)
A'é *tenhẽ* nde raûsupa. – Amo-te em vão. (Lit., *Estou em vão amando-te.*) (Fig., *Arte*, 161)
Nd'a'éî gûixóbo *ranhẽ*. – Ainda não vou. (Fig., *Arte*, 162)

Alguns temas nominais especiais

Vimos na lição 28, § 488, o substantivo **TINGA**, que apresenta certas particularidades. Vejamos mais alguns termos semelhantes:

506 **EBURUSU (R-, S-), URUSU (T)** – *grande*. O adjetivo *grande* do português verte-se, em tupi, com esses dois temas.
Ex.:
xe *r-eburusu*   – eu sou grande
nde *r-eburusu*   – tu és grande
s-eburusu ou *t-urusu*   – ele é grande (Anch., *Arte*, 13v)
kunumĩ *s-eburusu* ou kunumĩ *t-urusu*   – o menino é grande

507 Como *qualificativos*, **EBURUSU (R-, S-)** e **URUSU (T-)** são pouco usados. Para se exprimir a ideia de *grande*, qualificativo, usam-se, então, os sufixos **-USU** ou **-(G)ÛASU**. Como predicativos, sempre **T-URUSU** (que só se emprega com a 3ª pessoa) ou **EBURUSU (R-, S-)**.

lição 29 • Colóquio de chegada ao Brasil II

Ex.:
Como qualificativo:
ok-*usu* – casarão, casa grande (Anch., *Arte*, 13v)
îu-*gûasu* – espinhos grandes (Anch., *Poemas*, 122)

Como predicativo:
Xe roka *turusu*-eté (...). – Minha casa é muito grande. (Fig., *Arte*, 80)
Kunumî *turusu*. – O menino é grande. (Fig., *Arte*, 75)

508   Atenção! **-(G)ÛASU** e **-USU** são sempre sufixos (-ão). Não se pode dizer nunca "kunumî i gûasu", pois este não é adjetivo.

509   **TURUSU** pode também significar *muito* em quantidade, à diferença de **ETÁ (R, S),** que significa *muitos*, em número.
Ex.:
Sugûy *turusu*... ybype osyryka.
Seu sangue era muito,... na terra escorrendo. (Anch., *Poesias*, 109)
***Turusu* xe kane'õ.**
É muito meu cansaço. (Anch., *Poesias*, 339)

510   **YNYSEM (R-, T-)** – *cheio, repleto, abundante, transbordante.* Segue os outros adjetivos pluriformes como **OBY (R-, S-),** mas, com a 3ª pessoa, em lugar de **S-** recebe **T-.**
Ex.:

xe r-ynysem	– eu estou repleto, cheio
nde r-ynysem	– tu estás repleto, cheio
t-ynysem	– ele está repleto, cheio
uru t-ynysem	– a vasilha está cheia
oré r-ynysem	– nós estamos cheios (excl.) etc.

Como qualificativo: **ygasab-*ynysem-a*** – talha cheia
Como predicativo: ***T-ynysem* memẽ ygasaba.** – Estão sempre cheias as talhas. (Anch., *Teatro*, 34)

511   O complemento de **YNYSEM (R-, T-)** vem com a posposição **ESÉ (R-, S-).**
Ex.:
***Tynysẽ*ngatupe Santa Maria aîpó mba'e-eté "graça" 'îaba resé?** – Está muito repleta Santa Maria daquela coisa muito boa chamada "graça"? (Araújo, *Cat. Líng. Bras.*, 31v)

512 A negação em tupi (síntese)

Já vimos em lições anteriores as diferentes formas de negação em tupi. Faremos, aqui, uma síntese final, acrescentando algumas informações.

513   **N(D)A...-I:** com verbos da 1ª ou 2ª classes no modo indicativo.
Ex.:
Marãpe *nd'*erenhemim-*i*? – Por que não te escondes? (Anch., *Teatro*, 32)

383

514 N(D)A...RUÃ: para negar predicativos substantivos ou nominalizados ou para negar termos da oração que não sejam o predicado.

Ex.:

Na xe ruba supé *ruã* aîme'eng. – Não foi a meu pai que o dei. (Anch., *Arte*, 47v)
     (Veja que não negamos o predicado verbal, que contém o verbo **me'eng**, mas um outro termo da oração.)

Na abaré *ruã* ixé. – Eu não sou padre. (Anch., *Arte*, 46v) (Neste caso, usamos **ruã** porque o predicativo **abaré** é um substantivo – v. § 196.)

Nda mba'e supé *ruã* Tupã îa'é. – Dizemos Deus não para alguma coisa. (Anch., *Cat. Bras.*, I, 192)

A'e kó (...) *nda* asé îabé *ruã*. – Ele é o que não é como a gente. (Anch., *Cat. Bras.*, I, 193)

A'e kó *nda* seteba'e *ruã*. – Ele é o que não tem corpo. (Anch., *Cat. Bras.*, I, 193)

A'e kó *nd'i* ypyba'e *ruã*. – Ele é o que não tem começo. (Anch., *Cat. Bras.*, I, 193)

515 N(D)A...-I XÛÉ, N(D)A...-I XÓ: com o futuro, o condicional e o optativo.

Ex.:

*N'*aîuká-î *xûé*-ne. – Não o matarei. (Fig., *Arte*, 34)
*N'*i ma'enduar-i *xûé*-ne. – Eles não se lembrarão. (Fig., *Arte*, 40)

516 UMÊ: com o imperativo e o permissivo.

Ex.:

E-porapiti *umê*. – Não assassines gente. (Araújo, *Cat. Líng. Bras.*, 69v)
T'osepîak-y bé *umê* kûarasy. – Que não vejam mais o sol. (Anch., *Teatro*, 60)

517 E'YM: com o infinitivo, o indicativo circunstancial, o gerúndio e os deverbais.

Ex.:

Pysaré kó i ker-*e'ym*-i. (...) – Eis que a noite toda ele não dormiu. (Anch., *Teatro*, 32)
N'oîpotaripe Tupã xe re'õ-*e'yma* (...)? – Não quer Deus que eu não morra? (D'Abbeville, *Histoire*, 351v)

Usos particulares de -E'YM

518 Podemos usar **-E'YM** em vez de **N(D)A...-I** para fazer a forma negativa do modo indicativo.

Ex.:

N' aîuká-î.	ou	Aîuká-*e'ym*. – Não o mato. (Anch., *Arte*, 20)
Na pe rubixabetá-î.	ou	Pe rubixabetá-*e'ym*. – Vós não tendes muitos chefes. (Léry, *Histoire*, 362, adapt.)

519 Com verbos da 1ª classe, tal uso de **-E'YM** em lugar de **N(D)A...-I** é raro.

520 A dupla negação **N(D)A...E'YM-I** equivale a uma afirmação enfática. É usada com modos que aceitam **N(D)A...I** na forma negativa. Equivale a *não deixar de, não que não*.

lição 29 • Colóquio de chegada ao Brasil II

Ex.:
N'aîuká-e'ym-i.   – Não o deixo de matar; não que não o mate. (Fig., *Arte*, 34)
N'aîmonhang-e'ym-i.   – Não o deixo de fazer; não que não o faça. (Fig., *Arte*, 34)

521   Com o infinitivo, o indicativo circunstancial e o gerúndio, a dupla negação se faz com **N(D)A...-E'YM...RUÃ**. Com o permissivo e o imperativo, com **...-E'YM UMẼ**.
Ex.:
***"Mba'epe pesekar?"*, e'i, na semiekara kuabe'*yma ruã*.**
"Que procurais?", disse, não que não soubesse o que eles buscavam. (Araújo, *Cat. Líng. Bras.*, 1686, 75)

Exercícios

I   Responda em tupi às seguintes perguntas sobre o texto inicial desta lição:

1. Marã e'ipe abá maíra supé tureme? 2. Moirãpe maíra o emirekó rerurine? 3. Oîkuabype umã maíra o ekorama? 4. I putupápe abá maíra rura ri? 5. Oîamotare'ymype abá maíra rubixaba? 6. Marãmarãpe abá robaîara rera? 7. Osópe maíra gûarinĩnamone? 8. Marã e'ipe maíra abá supé o etama mombe'u îanondé? 9. Marãpe maíra rubixakatu rera? Mamõpe sekóû? 10. Setápe maíra rubixakatu? 11. Marãpe maíra retama rera? 12. Ogûerekópe maíra rubixaba mba'e? 13. Oîkoépe maíra roka abá roka suí? Marãba'e okape maíra serekóû? 14. Turusupe maíra roka?

II   Para praticar o uso de **RANHẼ** (*ainda*) com o auxiliar **'I / 'É**, faça conforme o modelo.
Mod.:
Aîkuab xe rekorama. – Conheço meus futuros afazeres.
N'a'éî xe rekorama <u>kuapa</u> ranhẽ. – Não conheço meus futuros afazeres ainda.

1. Xe rorykatu nde rura ri. 2. Arur xe remirekó. 3. Xe retama eresepîak. 4. Nde putupab xe ri. 5. Abá maíra oîamotare'ym. 6. Tubixaba gûarinĩnamo osó. 7. Oroîmombe'u oré retama ndebe. 8. Nde retama resé aporandub ndebe. 9. Opakatu taba pesenõî. 10. Opá tubixaba aîkuab.

III   Verta para o tupi:

1. – Tua futura casa é grande? – Sei lá! Não a fiz ainda. 2. – Não vi ainda tua aldeia. – Eia, vê minha aldeia! 3. – O índio conhece o francês? – Sei lá! Não lhe perguntei ainda a respeito dele. 4. – Tua caixa é grande? – Ela é muito grande! 5. A vasilha grande é diferente? – É muito diferente! 6. A casa grande é alta? – Sei lá! Não a vi ainda. 7. – A aldeia em que moras é grande? – Sei lá! Não a vi totalmente, ainda. 8. – As casas que estão em tua aldeia são grandes? – Sim, são muito grandes. 9. O rio está cheio de peixes. 10. Tu estás cheio

de alegria. 11. O rio que está cheio de peixes é grande. 12. O rio grande é cheio de peixes. 13. A talha grande está cheia de cauim. 14. A talha que está cheia de cauim é grande. 15. – Não sei o nome de teu chefe ainda. – Eia! Lembra-te dele! Já o conheces! 16. – Por acaso o francês trouxe sua esposa? – Sim, dizem que ela veio. 17. – Por acaso o francês morará aqui? – Sim, dizem que ele fará sua casa aqui. 18. – O chefe veio? – Sim, diz-se que ele veio. 19. Eles querem cantar, como de costume. 20. Ele foi, como de costume.

Vocabulário

nomes e verbos

alegria – oryba (t-)

caixa – karamemûã

cheio – ynysem (r-, t-) [de algo: com esé (r-, s-)]

grande – eburusu (r-, s-); t-urusu (3ª pess.)

perguntar – porandub (intr.) – usa-se supé para a pessoa a quem se pergunta e esé (r-, s-) para aquilo por que se pergunta. Ex.: Aporandub Pero supé tuba resé. – Pergunto a Pero a respeito de seu pai. (VLB, II, 84)

ser diferente – ikoé / ekoé (t-)

vasilha – uru (r-s-)

outras categorias

a respeito de – esé (r-, s-); ri

ainda – ranhẽ

como de costume – îandu

dizem que; diz-se que – ra'e

eia! – ne'ĩ (2ª pess. sing.); pe'ĩ (2ª pess. pl.)

por acaso? – iang? iã?

sei lá! – sé!

sim – pá (h.), eẽ (h. e m.)

IV   Para praticar o uso de **RANHẼ** e **TENHẼ** com o auxiliar **'I / 'É**, faça conforme o modelo.

Mod.:

Ereîmombe'u nde retama. – Descreve tua terra.

Eré ranhẽ nde retama mombegûabo. – Descreve primeiro tua terra. (Lit., *Mostra--te, primeiro, descrevendo tua terra*.)

Eré tenhẽ i mombegûabo. – Descreveste-a em vão.

1. Ereîmonhang nde rokûama. 2. Nde retama eresepîak. 3. Pe remirekó perur. 4. Pe rubixaba peîkuab. 5. Eresó gûarinĩnamo. 6. Ereporandub maíra resé.

V   Verta para o tupi:

O francês já veio. O índio está alegre por causa de sua vinda:

– Queres estar com o senhor Nicolau? Já fizeste tua casa?

– Não. Farei minha casa após ver tua aldeia. Não conheço tua aldeia ainda. Quero conhecê-la.

– Não estarás futuramente com o senhor Nicolau? Por acaso o odeias?

– De modo algum!

– Não irá teu chefe à guerra contigo futuramente?

lição 29 • Colóquio de chegada ao Brasil II

– Irá futuramente. Ele ainda não conhece bem teus inimigos.
– Quantos chefes tens na tua pátria?
– Um só. Seu nome é Henri.
– Não descreverás tua pátria para mim?
– Sim, logo.
– Eia, nomeia as cidades todas que conheces.
– Pergunta primeiro pelo que queres saber.
– Tua casa é como esta?
– Não, minha casa difere muito. Minha casa é grande, é alta. Seu interior é bonito.

Vocabulário

nomes e verbos

cidade – +tabusu

descrever – mombe'u

diferir – ikoé / ekoé (t-)

interior – ybỹîa

ir à guerra – gûarinĩnamo só

odiar – amotare'ym

pátria – etama (t-)

outras categorias

futuramente – irã

VI   Para praticar o uso da dupla negação em tupi, faça conforme o modelo, traduzindo as frases obtidas.
Mod.:
Asepîak xe ra'yra. – Vejo meu filho.
N'asepîake'ymi xe ra'yra. – Não deixo de ver meu filho.

1. Xe remirekó arur. 2. Xe rekorama aîkuab.
3. Ereporandub abá supé. 4. Maíra o etama ixébe oîmombe'u. 5. Orosó irã gûarinĩnamone. 6. Oré roka oîkoé-katu. 7. Ko'yr maíra retama aîmombe'u. 8. Tubixabetá arekó. 9. Opakatu taba eresenõî.

Aramaçá
Peixe da família dos soleídeos, que possui ambos os olhos em um mesmo lado do corpo e muda de cor conforme a iluminação (Marc., *Hist. Nat. Bras.*)

VII   Para praticar o uso de **E'YM** com predicados nominais (ou *verbos da 2ª classe*), faça conforme o modelo. Traduza as frases apresentadas.
Mod.:
Xe putupab nde rura ri. – Eu estou admirado por causa de tua vinda.
Na xe putupab-i nde rura ri.
Xe putupab-e'ym nde rura ri. – Eu não estou admirado por causa de tua vinda.
     (Faça a forma negativa das frases abaixo das duas maneiras anteriormente mostradas. Traduza a frase apresentada na afirmativa.)

1. Xe rorykatu nde rura ri. 2. Ygara i puku. 3. Nde roka turusu. 4. Xe roka iî ybaté. 5. Oré retama i porang. 6. Peró i pytu-katu. 7. Maíra setá. 8. Peró soryb. 9. Gûaîtaká i aob. 10. Xe rub.

VIII   Traduza:

1. *Diálogo entre um índio e um francês:*

– Eîaso'îabok[1] nde karamemûa t'asepîak nde ma'e (= mba'e).
– Anhemosaînan.[2] Asepîakukar irã ndebe.
– N'aruri xope irã ma'e ndebe?
– Ma'epe ererupotar?
– Sé! Nde ma'epe ereîpotar?
– So'o, gûyrá, pirá, u'i,[3] îetyka,[4] komandagûasu,[5] komandamirî,[6] murukuîagûasu[7] (...).
– Marãba'e so'o[8] ereî'useî?
– N'asepîaki kybõygûara.
– Asenõî ndebe.
– Ne'î.
– Tapi'irusu, sygûasu,[9] taîasu, akuti, paka, tapiti.[10]
– Esenõî gûyrá ixébe.
– Îaku,[11] mutũ,[12] makukagûá,[13] inambugûasu,[14] inambu,[15] pykasu (...).
– Setápe pirá seba'e?[16]
– Nã:[17] kurimã,[18] parati, akaragûasu,[19] akarapeba, akarapytanga, akaramirî, ûará,[20] kamurupyûasu.[21]
– Mamõpe nde retama?
– Karioka. (...)
– Mobype tubixakatu kybõ?[22]
– Setá nhẽ.
– Esenõî oîepé nhõ bé ixébe.
– Nã: Îapiró-îuba.[23]
– Mamõpe setama?
– Kariokype. (Léry, *Histoire*, 346-350)

2. *Ave Maria, graça* resé tynysemba'e,[24] nde irũnamo Îandé Îara rekóû. (Araújo, *Cat. Líng. Bras.*, 13v-14)
3. Xe roka turusueté nde roka sosé. Xe roka turusueté nhẽ opakatu oka sosé. (Fig., *Arte*, 80)
4. Nd'a'éî gûimanõmo ranhẽ. (Fig., *Arte*, 144)
5. Nd'eréîpe esóbo ranhẽ? (Fig., *Arte*, 144)
6. Ne'î nde ranhẽ esóbo. (Fig., *Arte*, 160)
7. Pe'î pesóbo ranhẽ. (Fig., *Arte*, 160)
8. Ne'î mba'e monhanga. (Fig., *Arte*, 163)

9. Sugûy turusu,
       i 'anga apypyka,[25]
       ybype osyryka[26]
       mityma[27] pupé. (Anch., *Poesias*, 109)

10.

Nde reburusu[28] riré,
Tupã syramo ereîkóne.
Nd'oré poreaûsubi xûéne
nde pyri oroîkóbo nhẽ;
nd'oroîkotebẽ béî xóne. (Anch., *Poesias*, 303)

11.

Nd'aruri amõ parati,
oîepé xe pysá[29] pora.[30]
Nd'ere'uî xûémo, Senhora;
i angaîbaratã[31] moxy suí![32]
Endéte, nde resemõ
ariama,[33] taîasu.
Nde pyri mba'e t'a'u:
turusu xe kane'õ. (Anch., *Poesias*, 339)

12.

Guaixará: – Ne'î! T'eresó taûîé!
                 Nde apûan![34]
Saravaia: – Anhãngatu-ne.

(*Saravaia parte. Guaixará diz aos outros diabos:*)
Guaixará: – Îaîebyîeby[35] ranhẽ;
                 Saraûaîa rur'iré
                 îamombá[36] taba îandu-ne.

(*Volta Saravaia:*)
Aimbiré: – Ké muru ruri obébo?[37]
Guaixará: – Irõ,[38] n'i ate'ymangáî![39]
                 Ereîupe, Saraûaî?
Saravaia: – Eẽ.[40] Îandé moetébo
                 apŷaba nhemosaraî.[41]
                 Nde rory:
                 tynysẽ[42] umã kaûî,
                 setá nhẽ ygasabusu. (Anch., *Poesias*, 147-148)

13.

Diabo 1:   – Ikó tabape, marã[43]
                 nd'eréîpe i xupé ranhẽ?
Diabo 3:   – Nd'a'éî, xe pûeraî[44] mbyté,
                 xe boîá tupinambá
                 retama reîar'iré.
                 Koromõ,
                 ké-ygûara[45] temiminõ
                 moaûîébo, asapekó-ne.
Diabo 1:   – Aã! Nd'ereîtyki xó-ne.
                 I porãngatu sekó.[46]
                 Nde reroŷrõ, nde mombó-ne. (Anch., *Poesias*, 308)

389

14. – A'epe Tupã omanõ? – Nda i Tupã[47] ruã omanõ, seté anhõ. (Anch., *Cat. Bras.*, I, 167)
15. – Abá supépe, mba'e supépe *"Tupã"* îa'é? – Nda mba'e supé ruã *"Tupã"* îa'é. (Anch., *Cat. Bras.*, I, 192)
16. A'e kó[48] nd'i ypyba'e ruã, nd'onhemonhangyba'e ruã, na tubi, na tamỹî erimba'e. (...). A'e kó nda seté-ba'e ruã, nda asé îabé ruã. (Anch., *Cat. Bras.*, I, 193)
17. Ene'ĩ eîkokatûabo, nde rekomemûã[49] moasykatûabo. (Anch., *Cat. Bras.*, I, 195)
18. Mosapyr Tuba, Ta'yra, Espírito Santo, nda mosapyr ruã-te Tupã, oîepé nhõ; a'e nhõ Tuba, Ta'yra, Espírito Santo. (Anch., *Cat. Bras.*, I, 193)

Vocabulário

1. **aso'îabok** (trans.) – descobrir, destampar [lit., *arrancar* ('**ok**) *a cobertura* (**aso'îaba**)]

2. **nhemosaînan** (intr.) – cuidar de, preocupar-se com

3. **u'i** – farinha

4. **îetyka** – batata-doce

5. **komandagûasu** – fava

6. **komandamirĩ** – feijão

7. **murukuîá** – maracujá

8. **so'o** designa, além de *animal* (quadrúpede), *bicho, caça*, também *carne* de caça, de animal quadrúpede

9. **sygûasu** – veado

10. **tapiti** – coelho, lebre do mato

11. **îaku** – jacu (nome de ave)

12. **mutũ** – mutum (nome de ave)

13. **makukagûâ** – macucaguá (nome de ave)

14. **inambugûasu** – inambuguaçu (nome de ave)

15. **inambu** – inhambu ou nhambu (nome de ave do tipo da perdiz)

16. **é** (r-, s-) – gostoso, saboroso

17. **nã** – essa partícula, que significa *assim*, pode ser usada para introduzir uma enumeração de coisas ou para anunciar o que se vai dizer, traduzindo-se, então, por *eis*

18. **kurimã** – curimã (var. de tainha)

19. **akará** – acará ou cará (nome de peixe, cujas variedades o texto apresenta)

20. **ûará** – guará (nome de ave parecida com a garça, de cor vermelha)

21. **kamurupy** – camurupi (nome de peixe)

22. **kybõ** – por aqui

23. **Îapirõ-îuba** – nome próprio de um cacique da Baía da Guanabara

24. **ynysem** (r-, t-) – cheio, pleno, transbordante

25. **apypyk** – oprimir, maltratar

26. **syryk** – além de escorregar, também significa *escorrer* (p.ex., líquido) e *afastar-se, arredar-se*

27. **mityma** – plantação, horto

28. **eburusu** (r-, s-) – grande, crescido

29. **pysá** – puçá – pequena rede de pesca

30. **pora** – conteúdo

31. **i angaîbar-atã** – ele está duramente ressequido

32. **moxy suí** – *de deterioração, por deterioração*. **Moxy** significa *maldade, ruindade*, mas também *estrago, deterioração*, falando-se de alimentos. (Montoya, *Tesoro*, 312 v). Por outro lado, a posposição **suí** também expressa causa: **Eresabeyporype kaûĩ suí** (...)? – Ficaste bêbado de cauim? (Araújo, *Cat. Líng. Bras.*, 111v)

33. **ariama** ou **arinhama** – nome de ave parecida com a galinha; + galinha

34. **apûan** (xe) – apressar-se; ser ligeiro

35. **îebyîebyr** – passear

36. **mombá** = **mombab**

37. **obébo** = **obebébo** – gerúndio de **bebé**, voar: voando

38. **irõ** – logo, portanto

39. **n'i ate'ymangáî** – *ele não é, de modo algum, preguiçoso*. Se intercalarmos a partícula **angá**

entre o tema verbal e o sufixo -i, reforçamos a negação

40. Veja que o diabo respondeu **eẽ**, em vez de **pá** (*sim*). Com efeito, aquela partícula podia ser usada também por homens, mas nunca **pá** poderia ser empregada por mulheres

41. **nhemosaraî** (intr.) – divertir-se, brincar, fazer festa. Usou-se, no texto, o modo indicativo circunstancial: **nhemosaraî-î > nhemosaraî**

42. **ynysẽ = ynysem**. Como você viu no § 510, **ynysem (r-, t-)** também significa *transbordante*

43. **marã** – aqui quer dizer *maldade*, significação já apresentada anteriormente (lição 23)

44. **pûeraî** – cansado, esgotado

45. **ké-ygûara** – os habitantes daqui, os daqui

46. **ekó (t-)** – aqui significa *vida, procedimento*

47. **i Tupã** – sua divindade, sua natureza divina

48. **a'e kó** – ele é esse que, ele é o que...

49. **ekomemûã (t-)** – vida má, pecado

Puçá
Pequena rede de pescar de malhas miúdas e presa por vara comprida e arqueada na ponta
(C. Cardoso)

Leitura complementar

Os índios e o cristianismo

O projeto de transpor para a fala do índio a mensagem católica demandava um esforço de penetrar no imaginário do outro, e este foi o empenho do apóstolo (i.e., Anchieta). Na passagem de uma esfera simbólica para outra, Anchieta encontrou óbices por vezes incontornáveis. Como dizer aos tupis, por exemplo, a palavra pecado, *se eles careciam até mesmo da sua noção, ao menos no registro que esta assumiria ao longo da Idade Média europeia? Anchieta, neste e em outros casos extremos, prefere enxertar o vocábulo português no tronco do idioma nativo; o mesmo faz, e com mais fortes razões, com a palavra* missa *e com a invocação a Nossa Senhora:*

Ejorí, Santa Maria, xe anama rausubá!
Vem, Santa Maria, para se compadecer de minha família!

Tais casos são, porém, atípicos. O mais comum é a busca de alguma homologia entre as duas línguas, com resultados de valor desigual:
Bispo é Pa'i-guaçu, *quer dizer, senhor maior. Nossa Senhora às vezes aparece sob o nome* Tupã-sy, *mãe de Tupã. O reino de Deus é* Tupãretama, *Terra de*

Tupã. Igreja, coerentemente, é Tupã-oka, *casa de Tupã. Alma é 'anga, que vale tanto para sombra quanto para o espírito dos antepassados. Demônio é* anhanga, *espírito errante e perigoso. Para a figura bíblico-cristã do anjo, Anchieta cunha o vocábulo* karaibebé, *profeta voador...*

A nova representação do sagrado assim produzida já não era nem a teologia cristã nem a crença tupi, mas uma terceira esfera simbólica, uma espécie de mitologia paralela que só a situação colonial tornara possível.

Começando pela arbitrária equação Tupã-Deus judeu-cristão, todo o sistema de correspondências assim criado procedia por atalhos incertos. Tupã era o nome, talvez onomatopaico, de uma força cósmica identificada com o trovão, fenômeno celeste que teria ocorrido a primeira vez com o arrebentamento da cabeça de uma personagem mítica, Maíra-Monã. De qualquer modo, o que poderia significar, para a mente dos tupis o nome de Tupã com a noção de um Deus uno e trino, ao mesmo tempo todo-poderoso, e o vulnerável Filho do Homem dos Evangelhos?

Alfredo Bosi, *Dialética da Colonização*.

30 · Karaibebé

Padre Cristóvão Valente, 1618

Anjos (São Miguel das Missões, RS)

Peîori, apŷabetá,[1]	Vinde, homens,
oîepé,[2] t'îaîmoeté[3]	todos juntos, para que louvemos
îandé Karaibebé.[4]	nosso Anjo (da Guarda).
Xe rarõana, ybakygûara,	Meu guardião, habitante do céu,
Karaibebé-poranga,[5]	anjo da guarda belo,
eîmbo'ekatu xe 'anga	ensina bem minha alma,
t'oîkuab ybaka pîara,	para que conheça o caminho do céu,
Tupana remimonhanga.	o que Deus faz.
Nde îepi oré posanga;	Tu és sempre nosso remédio;
nde resé orogûatá:[6]	contigo caminhamos:
t'îasapîar umẽ Anhanga.	que não obedeçamos ao diabo.
Peîori, apŷabetá,	Vinde, índios,
oîepé, t'îaîmoeté	todos juntos, para que louvemos
îandé Karaibebé.	nosso Anjo (da Guarda).

Tupã robaké eîkóbo,	Estando tu diante de Deus,
xe suí nd'eresyryki.	de mim não te afastas.
Na xe mopy'atytyki[7]	Não me faz palpitar o coração
Anhanga, xe rapekóbo.	o diabo, frequentando-me.
Nd' e'i te'e[8] moxy osóbo	Por isso mesmo o maldito vai
o atápe, xe reîâ.	para seu fogo, deixando-me.
Nde resé nhõ gûitekóbo,	Contigo somente estando eu,
asenõî apŷabetá:	chamo os homens:

Peîori t' îaîmoeté	Vinde para que louvemos
îandé Karaibebé!	nosso Anjo (da Guarda)!

Nde raûsuba poepyka,	Retribuindo amor a ti,
xe reté, xe 'anga abé,	meu corpo e minha alma,
o ekopoxy reîtyka,	sua própria maldade lançando fora,
oîpotakatu nde 'é	querem muito que tu digas
Tupã nhõ mba'e-eté.[9]	as coisas verdadeiras de Deus, somente.
Anhanga t' îaîpe'a	Que afastemos o diabo
ko'yr aûîeramanhẽ.	agora e para sempre.

Peîori, apŷabetá,	Vinde, homens,
oîepé, t' îaîmoeté	em uníssono, para que louvemos
îandé Karaibebé.	nosso Anjo (da Guarda).

(Araújo, *Cat. Líng. Bras.*, 1618, V-VII)

Vocabulário

nomes e verbos

Anhanga – nome de entidade maligna dos índios; +diabo

apekó (s) (trans.) – frequentar, visitar frequentemente

apŷaba – homem (em oposição a m.); índio forro

arõ (s) (trans.) – guardar, proteger

ekopoxy (t-) – vida má, maldade, pecado

ityk / eîtyk(a) (t-) – v. § 523

karaibebé – +anjo, anjo da guarda

mopy'atytyk (trans.) – fazer palpitar o coração (de tytyk – palpitar; tremer) moxy – maldade; maldição; desgraça; maldito

piara – caminho (v. § 522)

poepyk (trans.) – retribuir; revidar

syryk (intr.) – afastar-se, arredar-se

Tupana – o mesmo que **Tupã**

outras categorias

oîepé – v. § 527 e § 528

te'e – v. § 524

Diferenças entre (A)PÉ (R-, S-) e PIARA

522   **(A)PÉ (R-, S-)** é o *caminho* em relação a quem passa por ele: **s-apé** – caminho *dele* (Fig., *Arte*, 78); **tatu-apé** – caminho *de tatus*; **tapi'ir-apé** – caminho *de antas*; **Asó xe ruba** *rapépe*. – Vou no caminho de meu pai. (*VLB*, II, 111) **PIARA** é o *caminho* em relação ao lugar aonde ele leva: **ybaka piara** – o caminho do *céu* (Valente, *Cantigas*, V, in Araújo, *Cat. Líng. Bras.*), **kó piara** – o caminho da *roça*, **Kariîó-piara** – caminho da (*aldeia*) Carioca. (Léry, *Histoire*, 352)

523 Verbo irregular ITYK / EÎTYK(A) (T-) – *lançar, jogar fora, atirar fora; vencer*

Formas verbais propriamente ditas (originadas de **ityk**):
<u>indicativo</u>: **aîtyk, ereîtyk, oîtyk** etc.
<u>imperativo</u>: **eîtyk! peîtyk!**
<u>permissivo</u>: **t'aîtyk, t'ereîtyk, t'oîtyk** etc.
<u>deverbais</u>: **oîtykyba'e** – o que lança

Formas nominais [originadas de **eîtyk(a)**]:
<u>infinitivo</u> (*forma absoluta*): **teîtyka** – lançar; (*formas relacionadas*): **xe reîtyka** – lançar--me, **nde reîtyka** – lançar-te; **seîtyka** – lançá-lo; **o eîtyka** – seu próprio lançar
<u>indicativo circunstancial</u>: **xe** (obj.) **reîtyki, seîtyki** etc.
<u>gerúndio</u>: **xe reîtyka** – lançando-me, **nde reîtyka** – lançando-te, **seîtyka** – lançando-o etc.
<u>deverbais</u>:
eîtykara (t-) – o que lança, o lançador
eîtykaba (t-) – tempo, lugar, modo etc. de lançar
seîtykypyra – o que é lançado
emieîtyka (t-) – o que (alguém) lança

Comentários ao texto

1. **Peîori, apŷabetá.** – *Vinde, homens.* Vemos, às vezes, o emprego do adjetivo **etá** (r-, s-) como flexão de número. Ex.: **kunumĩ** – *menino*; **kunumĩ-etá** – *meninos*.
2. V. explicação gramatical, § 527 e § 528.
3. V. explicação gramatical, § 526.
4. **Karaibebé** – Os caraíbas eram, entre os antigos índios da costa do Brasil, homens dotados de poderes sobrenaturais, profetas que anunciavam a Terra sem Mal. Era com esses que os espíritos dos mortos se comunicavam, de preferência. Para traduzir a ideia bíblica de *anjo*, os missionários usaram o termo **karaíba** e acrescentaram-lhe **bebé** – *voar; voador*, donde **karaibebé** – o *profeta voador*, o *anjo*.

5. **Xe rarõana, ybakygûara, Karaibebé-poranga.** – Apesar de se empregar aí vocativo, não caiu o sufixo **-a**, conforme deveria acontecer. A frase deveria ser: *xe rarõan, ybakygûar, Karaibebé-porang*. O mais provável, aqui, é ter sido mantido o sufixo **-a** pela busca de rimas, i.e., por uma licença poética.
6. Poderíamos dizer também: **Nde resé oré gûatáû**. Nas 1as pessoas o uso do modo indicativo circunstancial é facultativo (v. § 269). **ESÉ (R-, S-)**, no exemplo acima, significa *com* (v. § 381).
7. **Na xe mopy'atytyki** – *Não me faz palpitar o coração*. Veja: **Xe py'a otytyk**. – Meu coração palpita (verbo intr.). **Xe py'atytyk**. – Eu (tenho) coração palpitante (predicado nominal). Usando o prefixo causativo **mo-**, tornamos a forma **py'atytyk** um verbo transitivo: **mopy'atytyk** – *fazer palpitar o coração*.
8. V. explicação gramatical, § 524.
9. Vimos que, no texto, o objeto (**Tupã nhõ mba'e-eté**) sucede o verbo **'I / 'É**, o que não é comum. Ocorreu isso, talvez, por exigências métricas e pela busca de rima.

Explicação gramatical

Outras partículas

524 **TE'E** – *sem razão, à toa, sem causa, por engano, por modo diverso*. Acompanha, geralmente, o verbo **'I / 'É** como auxiliar (v. § 505). Com este verbo na negativa, significa *por isso mesmo, de propósito, não sem razão, não sem motivo*. Leva o verbo para o gerúndio.
Ex.:
Nd'e'i te'e moxy osóbo o atápe, xe reîá. (Valente, *Cantigas*, VI, 1618)
Por isso mesmo o maldito vai para seu fogo, deixando-me.
(Lit., *Não se mostra, sem razão, indo o maldito para seu fogo...*)
Nd'a'éî te'e saûsupa. (Anch., *Arte*, 56)
Por isso mesmo o amo. (Lit., *Não estou, sem motivo, amando-o.*)

525 **IRÕ** – *logo, portanto, como vês, enfim, pois, pronto!*
Ex.:
Irõ! xe îar, abebé: kó tatá xe soagûera.
Pronto!, meu senhor, voei: eis o fogo pelo qual eu fui. (Anch., *Teatro*, 146)
Aîtyk pá tekomemûã. Irõ, oîepé tiruã pecado n'aromanõî!
Lancei fora totalmente a vida má. Portanto, não
morri com um pecado sequer! (Anch., *Poesias*, 320)
Irõ, xe ratãngatu, anhanga, maranyîara.
Portanto, eu sou muito forte, um diabo, um senhor
de guerras. (Anch., *Poesias*, 310)

Mulheres fazendo roça (Staden, *DVB*)

526 A expressão da finalidade em tupi (síntese)

As orações subordinadas do português que expressam finalidade, tais como: Venho <u>para te matar</u>, vou <u>para que ele volte</u>, vertem-se em tupi:
a. Pelo **gerúndio**. Isso somente quando o sujeito da oração subordinada e o da principal for o mesmo (v. § 415).
Ex.:
Eîori i *mosykyîébo*. – Vem para amedrontá-lo. (Valente, *Cantigas*, II, 1618)

b. Por um deverbal em **-(S)ABA** com as posposições **ESÉ (R-, S-)** ou **-PE** (v. § 403), quando houver ou não o mesmo sujeito.
Ex.:
Kó oroîkó (...) nde 'ara *momorangá-pe*. – Aqui estamos para festejar teu dia. (Anch., *Teatro*, 118)
Oîkó karaibebé (...) asé *rarõaûama resé*. – Existem os anjos para nos guardarem. (Bettendorff, *Compêndio*, 37)

c. Pelo **permissivo** (v. § 137), quando os sujeitos da oração principal e da subordinada forem diferentes. Pode-se usar a partícula enclítica **-NE**, geralmente com as 1ªˢ pessoas.
Ex.:
Peîori, apŷabetá (...), *t'îaîmoeté* îandé Karaibebé.
<u>Vinde</u>, índios, para que <u>honremos</u> nosso Anjo (da Guarda).
(Valente, in Araújo, 1618)

suj. – **vós**   suj. – **nós**

Eru pirá *t'a'u*-ne.
Traze peixe para que eu coma. (Anch., *Arte*, 23)

Ikó abá arur iké (...) ta peîkuab.
Este homem trago aqui para que o reconheçais. (Araújo, *Cat. Líng. Bras.*, 60v)

Os numerais (complementação)

527   Os numerais, em tupi, podem também ser usados adverbialmente. Nesse caso, eles geralmente antecedem o verbo e expressam quantas vezes algo ocorreu.
Ex.:
Oîepé asó. – Fui uma vez. (Anch., *Arte*, 10v)
– **Mbobype aîpó i 'éû i xupé?** – **Mokõî.** – Quantas vezes ela disse isso para ele? – Duas vezes. (Araújo, *Cat. Líng. Bras.*, 57)
Mosapyr ipó xe boîá-ramo nde rekó ereîkuakub *mokõî* gûyrá sapukaî'e'ymebé-ne. – Três vezes negarás que és meu discípulo antes que o galo cante duas vezes. (Araújo, *Cat. Líng. Bras.*, 57v)

528   **OÎEPÉ** pode também ser usado adverbialmente com o significado de *em uníssono, em unidade, todos juntos, todos*.

Ex.:
Peîori apŷabetá, *oîepé*! – Vinde, homens, todos juntos! (Valente, *Cantigas*, in Araújo, *Cat. Líng. Bras.*, 1618)

O sufixo -YGÛAR(A) / -YGÛAN(A)

529 O sufixo **-YGÛAR(A)** [ou **-YGÛAN(A)**] forma *nomes de procedência* ou *naturalidade*. Pode ser traduzido por *o que é de, o que está em, o habitante de, o natural de.*
Ex.:
ybak-ygûara – o celestial, o que é do céu (Valente, *Cantigas*, in Araújo, 1618)
mamõ-ygûara – o que é de longe, o forasteiro (*VLB*, I, 141)
ka'a-ygûana – o silvestre, o que vive pela mata (*VLB*, II, 41)
nhũ-ygûana – o campestre, o que é do campo (*VLB*, II, 41)
Pakatá-ygûara – o natural de Pakatá (*VLB*, II, 41)
ké-ygûara – o habitante daqui (Anch., *Teatro*, 136)
asé 'anga-pupé-ygûara – o que está dentro da alma da gente (Bettendorff, *Compêndio*, 75)

Exercícios

I Responda em tupi às seguintes perguntas sobre o texto inicial desta lição:

1. Abápe Pa'i Cristóvão oîmoeté? 2. Oîmbo'epe karaibebé apŷabetá? Mba'e resépe? 3. Abápe ybaka piara monhangara? 4. Marã e'ipe Pa'i Cristóvão apŷaba supé senõî-me?

II Transforme as orações abaixo conforme o modelo. Traduza as frases obtidas.
Mod.:
N'asaûsubi. N'asapekóî. – Não o amo. Não o frequento.
N'asaûsubi: n'a'éî te'e sapekóbo. – Não o amo; por isso mesmo não o frequento. (Lit., *...não me mostro, por isso mesmo, frequentando-o.*)

1. Aîmoeté-potar. Aîur. 2. Eresepîa-potar nde irũ. Eregûasem. 3. Karamuru xe mbo'ekatu. Amba'ekuab. 4. Kunumĩ o sy n'osapîari. Osyryk i xuí. 5. Aîamotare'ym aîpó abá. Aseîar. 6. Peîmoeté-potar karaibebé. Peîur taûîé. 7. Aîpoepyk nde xe raûsuba. Tekopoxy aîtyk. 8. Asepîá-potar Tupã. Anhanga aîpe'a. 9. Kunumĩ ybaka piara oîkuá-potar. Karaibebé oîmoeté. 10. Xe raûsub îepé. Nde py'a otytyk xe repîak-eme.

Sepultamento de um índio (Thevet)

III   Para praticar as formas de expressão da finalidade em tupi, transforme as orações seguintes conforme o modelo. Traduza as frases obtidas.
Mod.:
Abá asapekó. – Frequento os índios. **Aîmbo'e.** – Ensino-os.
Abá asapekó i *mbo'ebo*. Abá asapekó i *mbo'esaba resé*.
Frequento os índios para os ensinar. (O sujeito é o mesmo: eu).
Mod.:
Abá xe rapekó. – Os índios me frequentam. **Aîmbo'e.** – Ensino-os.
Abá xe rapekó t'aîmbo'e-ne.
Os índios me frequentam para que (eu) os ensine.

Os sujeitos, neste caso, são diferentes.

1. Karaibebé our. Apŷaba osarõ. 2. Kunumĩ ereîmbo'e. Kunumĩ onhe'ẽ'ngatu. 3. Aîmoeté nde ruba. Endé eresapîar. 4. Kunumĩ eresenõî. A'e n'osyryki nde suíne. 5. Xe renôî îepé. Aîuryne. 6. Nde ruba eresenõî. Endé eresepîakyne. 7. Xe rekopoxy aîtyk. Xe moeté îepé. 8. Oré kunumĩ orosenõî. Kunumĩ ouryne. 9. Agûatá. Taba piara aîkuabyne. 10. Anhanga aîpe'a. Tupã oîkó xe irũnamone.

IV   Para praticar o uso da partícula **BYTER** (v. § 495 e § 505) com o verbo **'I / 'É** como auxiliar, faça conforme o modelo, traduzindo as frases obtidas.
Mod.:
Kunumĩ aîmbo'e. – Ensino o menino.
A-'é *byter* kunumĩ mbo'ebo. – Ainda ensino o menino.
(Lit., *Mostro-me ainda ensinando o menino*.)

1. Pindá aîmonhang. 2. Mba'eporanga aîkûatiar. 3. Mboîa suí asyryk. 4. Ka'ioby rokype asó. 5. Abaré apŷabetá osenõî. 6. Xe rekopoxy aîtyk. 7. Kunumĩ robá aîoseî. 8. Tembi'u arasó.

V   Para praticar o uso do verbo **ITYK / EÎTYK(A) (T-)** e do sufixo **-YGÛAR(A), -YGÛAN(A)** em tupi, verta as frases abaixo:

1. Desgraça! Os que lançaram a velha no mar fugiram! 2. Quero que tu lances fora tua maldade. 3. O lançador de pedras sumiu. 4. A aldeia donde se lançam flechas [use deverbal em -(S)AB(A)] é Nhoesembé. 5. Vim para lançar flechas contra os habitantes da mata. 6. Desgraça! A flecha que tu lançaste assustou os habitantes da aldeia! 7. O que foi lançado não foi flecha, mas uma pedra. 8. O habitante do campo, com quem lancei a flecha [use deverbal em-(S)AB(A)], fugiu. Maldito! 9. Ontem eu lancei pedras contra os habitantes de Ilha Grande. 10. Vens para lançar a rede (de pescar) dentro do rio. 11. Os homens, todos juntos, dentro do rio lançaram a rede (de pescar). 12. Vinde para que lanceis, todos juntos, os habitantes de Nhoesembé no mar.

Piranha
Peixe carnívoro da família dos caracídeos; possui muitos dentes e ataca pessoas e animais que entram na água
(Marc., *Hist. Nat. Bras.*)

Vocabulário

nomes e verbos

desgraça! – moxy!

habitante – use o sufixo -ygûar(a) / -ygûan(a). Pode-se traduzir também por pora (v. § 467)

Ilha Grande – 'Ypa'ûgûasu

lançar (fora) – ityk / eîtyk(a) (t-)

maldade – ekopoxy (t-)

maldito! – muru!

rede (de pescar, em geral) – pysá

outras categorias

contra – supé

todos juntos – oîepé

VI   Traduza:

1. A'é byter nde raûsupa. (Fig., *Arte*, 161)
2. Nd'a'éî te'e gûixóbo. (Fig., *Arte*, 161)
3. Nd'e'i te'e omanõmo. (Fig., *Arte*, 161)
4. A'é tenhẽ nde raûsupa. (Fig., *Arte*, 161)
5. Nd'eréîpe mba'e monhanga ranhẽ? (Fig., *Arte*, 162)
6. (...) Karaibebé amõ amõ oîemoangaîpab,[1] Tupã rerobîare'yma. Nd'e'i te'e Tupã a'eba'e[2] reîtyka tatápe, anhangamo i moingóbo, a'eba'e rekobîaramo îandé rerekó-potari.[3] Nd'e'i te'e îandé rubypyrama monhanga, îandé nhemonhanga-bamo.[4] (Anch., *Cat. Bras.*, I, 193)
7. *Dança*

Eîmoingó-puku-katu
kó taba Tupã resé.
    Ybytyrygûara bé,
    oré pyri t'ereru.

Eru Paraibygûara
oré retama irumõmo.[5]
Ta setá nde raûsupara,
nde resé oîepysyrõmo.

(Anch., *Poesias*, 346)

8. Dança de dez meninos (em homenagem à visita do provincial Pe. Marçal Beliarte à aldeia de Guaraparim, provavelmente no ano de 1589)

1º
Xe retama moorypa
ereîu, xe rub-y gûé!
Xe abé, nde robaké
aîu, ûiîembory-mborypa.
2º
Kó xe anama ruri pá
nde rapépe, nde repîaka;
xe abé, xe moîegûaka,
nde moorykatu-potá.
3º
Tapuî[6]-pepyra[7] gûabo
xe ramũîa[8] poraseî.

Xe Tupã rekó aî'useî,[9]
xe ruba rekó pe'abo.
4º
Xe ruba, xe monhangara,
nde raûsu, xe irũmo bé.
Endéte, xe rubeté,
pa'i Îesu rekobîara.
5º
Ko'y, kó taba rerupa,[10]
Oroîkó-katu bé'î.[11]
Serapûã[12] Gûaraparî,
Tupãoka rerokupa.[13]

lição 30 • Karaibebé

6º
Gûaraparî, serumûana[14]
oroîty-potá i xuí.
Santa Maria ko'y
i porang,[15] i moerapûana.[16]
7º
Tupã sy-moraûsubara
oré 'anga oîpysyrõ;
nde abé ereîpytybõ,[17]
oré 'anga mbo'esara.[18]
8º
Pecado amotare'yma
asaûsu pa'i Îesu.
Ta xe pytybõngatu,
o py'a pupé xe mima.

9º
Eseîyîukar umẽ
iké suí xe retama.
T'oîkó pabẽ xe anama
Tupana rekó resé.
10º
Îori,[19] pa'i Marasá[20]
ikó taba mongatûabo,[21]
pa'i Îesu mongetábo,
i xupé saûsubuká.

(Anch., *Poesias*, 84)

Vocabulário

1. **moangaîpab** – tornar mau; fazer pecar

2. V. § 38

3. (...) a'eba'e rekobîar-amo îandé rerekó-potari. – quis-nos ter como substitutos daqueles

4. traduza, aí, o sufixo -(s)ab(a) por *meio*

5. **irumõ** – aumentar

6. **tapuîa** – o mesmo que **tapy'yîa**

7. **pepyra** – festa ritual (de comer, beber), banquete

8. **amũîa (t-, t-)** – o mesmo que **amỹîa (t-, t-)**

9. (...) xe Tupã rekó aî'useî (...) – lit., *eu quero comer a lei de Deus*. Há, aqui, referência à antropofagia, praticada pelos antepassados dos índios da aldeia de Guaraparim. Incorporado no verbo **seî**, o verbo **'u** pode levar o pronome pessoal **-î-**

10. (...) kó taba rerupa (...) – assentando esta aldeia

11. **bé-'ĩ** – um pouco mais

12. **erapûan (r-, s-)** – famoso

13. **erokub** – fazer estar consigo, ter

14. **umûan** – antigo, velho

15. **Santa Maria ko'y i porang** (...) – Anchieta suge-re que o nome indígena *Guaraparim* deveria dar lugar a um nome cristão, *Santa Maria*, i.e., que este último deveria ser o nome da aldeia. Com efeito, o povoado indígena foi renomeado pelos jesuítas como *Santa Maria de Guaraparim*, em 1585

16. **moerapûan** – tornar famoso, afamar

17. **pytybõ** – ajudar

18. **mbo'esara** – mestre, instrutor

19. **îori** – o mesmo que **eîori** – vem!

20. **Marasá** – versão tupi de *Marçal*, nome do pro-vincial jesuíta que visitava a aldeia

21. **mongatu** – tornar bom, fazer bom

31 · Na aldeia de Guaraparim

Padre José de Anchieta, século XVI

(Ilustração de C. Cardoso)

No texto abaixo, o diabo Anhanguçu está a reclamar da presença dos missionários na aldeia de Guaraparim, que ele dominava outrora.

Akaî! Aseká(r) îepé[1]	Ai! Por mais que eu esteja
mytasaba[2] amõ gûitekóbo,	procurando alguma pousada,
erî!, xe mosẽ memẽ	irra!, faz-me sair sempre
taba suí abaré,	da aldeia o padre,
kûepe-katu xe mondóbo.[3]	para bem longe me fazendo ir.
Oporombo'ea'u,	Ensina falsamente as pessoas,
Tupã nhe'enga ra'anga.	pronunciando a palavra de Deus.
I xy mombe'uporanga	A bela proclamação de sua mãe
xe moingotebẽngatu,	me aflige muito
omombuk-y bé xe akanga.	e fura minha cabeça.
Sãî xe îukae'ymi	Apenas não me matou
Tupã sy rera abaîté.	o terror ao nome da mãe de Deus.

lição 31 • Na aldeia de Guaraparim

Serenduba rupibé,[4]	Logo ao ouvir o nome dela,
amõngoty xe nhemimi,	em outra parte eu me escondo,
xe putunusu pupé.	dentro de minha grande noite.
Akûeîme[5] kó tabygûara	Antigamente estes habitantes da aldeia
xe pó guyrybo sekóû.	sob minhas mãos estavam.
Tupã sy, xe momburûara,	A mãe de Deus, a que me ameaça,
opakatu xe rembiara	todas as minhas presas
xe pó suí serasóû.	de minhas mãos as levou.
Akaîgûá!	Ai!
N'i tyb-angáî[6] xe boîá,	Não há absolutamente servos meus,
xe ratãngatu irũmbûera.[7]	os ex-companheiros de meu poder.
Umãpe Tatapytera?[8]	Onde está Tatapitera?
Umãpe Ka'umondá?[9]	Onde está Caumondá?
Umãpe Moroupîarûera?[10]	Onde está Moroupiaruera?

(Aparece, então, o diabo Tatapitera, companheiro de Anhanguçu, dizendo:)

Kó aîkó[11] xe renõîndá-pe.	Eis que aqui estou por me chamares.
Eîerobîá xe resé.	Confia em mim.
Xe ratãngatu pupé,	Com minha grande força,
nde nhe'enga moposá-pe	ao realizar tuas palavras,
kó taba aîpobu memẽ.	esta aldeia transtorno sempre.
Aîpobu gûaîbĩ py'a,	Transtorno o coração das velhas,
i moŷrõmo, i momarana.	irando-as, fazendo-as brigar.
Nd'e'i te'e moxy onhana	Por isso mesmo as malvadas correm
tatá piririka îá	como faíscas de fogo
abá repenhã-penhana.[12]	para ficar atacando as pessoas.

Xilogravura do século XVI, mostrando uma aldeia tupinambá e diabos a andarem por ela (De Bry)

403

Vocabulário

nomes e verbos

a'ang (s) (trans.) – provar, experimentar, tentar; pro-
    nunciar

abaîté – terror; terrível; medonho

atã (t-) – dureza, rigidez; força, poder

embiara – v. verbo îar / ar(a) (t-, t-), v. § 530

îar / ar(a) (t-, t-) – v. § 530

îerobîar (intr. compl. posp.) – confiar [em alguém: o
    complemento exige a posposição esé (r-, s-)
    ou ri]: Eîerobîar xe resé. – *Confia em mim.*
    (Anch., *Teatro*, 128)

moingotebē (trans.) – afligir; arruinar; prejudicar

momaran (trans.) – fazer brigar

momburu (trans.) – ameaçar; desafiar; amaldiçoar

mopor (trans.) – cumprir; completar; realizar

moŷrõ (trans.) – irar

mytasaba – pouso; pousada

piririka – faísca, fagulha

pobur (trans.) – revirar; revolver; transtornar

putuna – o mesmo que **pytuna** – noite

outras categorias

akaî! (de h.) – ai! (de dor, desgosto, irritação)

akaîgûá! (de h.) – ai! (de dor ou raiva)

akûeîme – antigamente

amõngoty – mais para lá, para longe, em outra parte

angá – de modo algum, absolutamente não

erĩ ! – irra! maldição! (partícula que expressa raiva,
    desprezo)

îepé – por mais que, apesar de (v. § 539)

kó – v. expl. gram., § 534

kûepe – a alguma parte, por aí afora, para outra
    parte, longe

memẽ – sempre

sãî – apenas, unicamente, tão somente

530 Verbo irregular ÎAR / AR(A) (T-, T-) – *tomar, pegar, apanhar, prender, colher*

É pluriforme somente nas formas nominais [originadas de AR(A) (T-, T-)]. No
indicativo e permissivo recebe -GÛ- após os prefixos pessoais O- e ORO-.

Formas verbais propriamente ditas [originadas de îar, com alternâncias com o
    tema ar, assinaladas com *]:
indicativo: aîar, ereîar, ogûar,* orogûar,* îaîar, peîar, ogûar*
permissivo: t'aîar, t'ereîar, t'ogûar,* etc. (que tome, que tomes, etc.)
imperativo: eîar! – toma-o! peîar! – tomai-o!
derivados: ogûaryba'e – o que toma

Formas nominais [originadas de ar(a) (t-,t-)]:
infinitivo (*absoluto*): **tara** – tomar; (*formas relacionadas*): **xe rara** – o tomar de mim;
nde rara – o tomar de ti; **tara** – o tomar dele; **o ara** – o tomar dele próprio
indicativo circunstancial: **xe** (obj.) **rari, tari** etc.
gerúndio: xe **rá, tá,** abá **rá** etc. (tomando-me, tomando-o, tomando o índio etc.)

lição 31 • Na aldeia de Guaraparim

derivados:
tasara – o que toma, o apanhador
tasaba – lugar, tempo, modo, instrumento etc., de tomar, de apanhar
tarypyra – o que é tomado, o que é apanhado
temiara ou **tembiara** – o que alguém toma, o que se toma, a presa

Comentários ao texto

1. V. explicação gramatical, § 539.
2. V. explicação gramatical, § 532.
3. **(...) kûepe-katu xe mondóbo. – Kûé** é demonstrativo. Com a posposição **-pe** passa a ter função adverbial locativa (v. § 43). Perceba também que **katu**, tema nominal, foi usado, aqui, com uma forma não nominal (**kûepe**).
4. **Serenduba rupibé (...)** – *Logo ao ouvir o nome dela...* **Upibé (r-, s-)** vem sempre com infinitivo. É o que acontece com a maior parte das orações subordinadas em tupi, que se reduzem a um termo da oração principal (v. § 334).
5. **Akûeîme** – *Antigamente*. O demonstrativo **akûeî** – *aquele* – foi usado com a posposição **-(r)eme**, assumindo função adverbial: *por ocasião daquele (tempo), antigamente*.
6. **N'i tyb-angáî (...)** – *Não há absolutamente, de modo algum*. Na forma negativa do indicativo usamos **n(d)a ...-i**. Se intercalarmos **angá** entre o verbo e o sufixo **-i**, reforçamos a negação.
7. **(...) xe ratãngatu irũmbûera (...)** – *Os ex-companheiros de meu poder*. **Atã (t)** é *rigidez, dureza*.
8. **Tatapytera** – Nome de um dos diabos amigos de Anhanguçu. Lit., significa *chupar fogo, o chupa-fogo* (**pyter** – *chupar*).
9. **Ka'umondá** – Nome de outro diabo. Significa *ladrão* (**mondá**) de *cauim* (**kaûî**).
10. **Moroupîarûera** – Nome do terceiro diabo citado no texto. Significa *antigo adversário de gente*: **moro- + upîara** – *adversário* + **ûer(a)** – *antigo, passado*.
11. **Kó aîkó** – *Eis que aqui estou*. V. explicação gramatical, § 534.
12. **Abá repenhã-penhana** – *Para ficar atacando os índios*. Temos, aqui, o gerúndio de um verbo reduplicado: **epenhan (s)** – *atacar*, que dá a ideia de *continuidade* ou *duração* (v. § 450).

Explicação gramatical

O prefixo M- (MB-) de forma absoluta de substantivos

531 Vimos em lições anteriores que os prefixos de forma absoluta são **T-** (só para os substantivos pluriformes) ou **MORO-** (para quaisquer substantivos possuíveis que se referirem a pessoas).
Ex.:
t-ugûy – sangue (absoluto)
moro-mbo'esara – mestre (absoluto)
mor-ubixaba ou **t-ubixaba** – senhor, chefe (absoluto)

t-ûaîa – rabo, cauda (absoluto)
t-atá – fogo (absoluto)

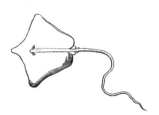

Jabebiretê
Raia-lixa, peixe elasmobrânquio, hipotremado, da família dos dasiatídeos; tem o aspecto de um papagaio de papel
(Marc., *Hist. Nat. Bras.*)

Ocorre, agora, que

532   A forma absoluta dos substantivos possuíveis começados por **P-** é feita, geralmente, com o prefixo **M-** (ou **MB-**), que substitui **P-**.
Ex.:

pó (mb-) – mão	**xe pó** – minha mão **kunhã pó** – a mão da mulher <u>**mbó**</u> – mão (absoluto)
pytasaba (m-) – pouso	**xe pytasaba** – meu pouso, minha pousada <u>**mytasaba**</u> – pouso (absoluto)
py (mb-) – pé	**xe py** – meu pé **abá py** – o pé do homem <u>**mby**</u> – pé (absoluto)
poranduba (m-) – pergunta; novidade	**nde poranduba** – tua pergunta; tua novidade <u>**moranduba**</u> – pergunta; novidade (absoluto)
pokaba (m-) – arma de fogo	**peró pokaba** – arma de fogo do português <u>**mokaba**</u> – arma de fogo (absoluto)
potyrõ (m-) – trabalho em grupo	**oré potyrõ** – nosso trabalho em grupo <u>**motyrõ**</u> – trabalho em grupo, mutirão

533   Alguns substantivos começados em **P-** não necessitam sempre de prefixos, mesmo na forma absoluta.
Ex.:
T'oroîtyk oré poxy, *paîé* rerobîare'yma.
Que lancemos fora nossas maldades, não crendo no pajé. (Anch., *Poesias*, 201)
Osekyî kunhã *maîé* Karuara. – Invocam as mulheres o pajé Caruara. (Anch., *Poesias*, 312)
No primeiro exemplo, lemos **paîé** e, no segundo, **maîé**, ambos empregados absolutamente.

Os demonstrativos com função adverbial

534   Os demonstrativos, em tupi, podem também ser usados adverbialmente, a indicar *lugar, tempo, modo*. Traduzem-se, então, por *eis que, eis que aqui, eis que já, aqui, certamente, efetivamente, por acaso?, acaso?* etc. Podem, assim, levar o verbo para o modo indicativo circunstancial se aparecerem antes dele na frase. Geralmente, o mesmo que se disse sobre a distinção dos demonstrativos

(§ 35) quanto à proximidade e à visibilidade, podemos dizer também dos demonstrativos com função adverbial.
Ex.:
Kó xe rekóû (ou **Kó** aîkó). – *Eis que aqui* estou. (Anch., *Poemas*, 104; *Poesias*, 306)
↓
próximo e visível

Aîpó xe me'engarama ruri. – *Eis que aquele* meu futuro traidor veio (referência a alguém já mencionado ou não visível, como no caso de só se ouvir sua voz). (Araújo, *Cat. Líng. Bras.*, 53v)
Ebokûé i xóû. – *Eis que aí* ele vai (visível e próximo do ouvinte). (*VLB*, I, 109)

Outros exemplos:
Kó sekóû kó. – Eis que ele está aqui. (*VLB*, I, 109)
Pysaré kó i kere'ymi. – A noite toda *eis que* ele não dormiu. (Anch., *Teatro*, 32)
Aîpó turi. – *Eis que* esse vem (sem visibilidade, não se vê a pessoa, mas somente se ouve sua voz). (*VLB*, I, 109)
Ebokûé moropysyrõana ruri. – *Eis que* o salvador veio. (Araújo, *Cat. Líng. Bras.*, 5)
Îesus boîá ã ikó. – Eis que este é discípulo de Jesus. (Araújo, *Cat. Líng. Bras.*, 1686, 79)

535 O demonstrativo em função adverbial pode também pospor-se ao verbo principal ou vir acompanhado por partículas. Pode, então, trazer novos sentidos (*por acaso?, de fato, efetivamente, certamente* etc.).
Ex.:
Aîur ikó. – *Eis que* venho. (Fig., *Arte*, 141)
Eresó ûî. – *Eis que* vais. (Anch., *Arte*, 21v)
Ixé n'iã Ka'umondá. – Eis que eu sou, de fato, Caumondá. (Anch., *Poesias*, 308)
Kûeîsé rakó amõ kanhemi, ogûeîypa Magûeápe.
Ontem, eis que alguns sumiram, descendo para Maguéá. (Anch., *Poesias*, 141)
A'e, rakó, i angaîpá, oîemopaîê-paîêbo.
Elas, certamente, são más, ficando a fazer feitiços. (Anch., *Poesias*, 142)
Nd'ereîpotari-p'iã xe ruba remimotara rupi xe re'õ? – Não queres, por acaso, que eu morra segundo a vontade de meu pai? (Araújo, *Cat. Líng. Bras.*, 1686, 76)
Ereîeakasó-p'iang? – Mudaste de aldeia, por acaso? (Léry, *Histoire*, 341)

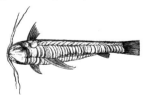

Tamuatá
Tambuatá, peixe da família dos caliquitídeos
(Marc., *Hist. Nat. Bras.*)

O pronome pessoal recíproco

Em português, se dissermos *eles se mataram*, ficamos em dúvida se eles se mataram uns aos outros ou se eles se mataram a si mesmos. Quando dizemos *nós nos amamos* não fica claro se *nós amamos uns aos outros* ou se *nós amamos a nós mesmos*. Isso porque, em português, com a mesma forma do pronome reflexivo podemos, nas pessoas do plural (nos, vos e se), exprimir também a reciprocidade da ação, i.e., indicar que a ação é mútua entre dois ou mais indivíduos. Porém,

536 Em tupi, o pronome recíproco é -ÎO- ou -NHO- (com nasais) e é diferente do pronome reflexivo, que é -ÎE- ou -NHE-.
Ex.:
Os meninos se furaram: **Kunumĩ o-_îo_-kutuk**. (Os meninos furaram uns aos outros).
Kunumĩ o-_îe_-kutuk. (Os meninos furaram a si mesmos).

Em português, a frase acima tem duplo sentido. Em tupi não temos, aí, duplo sentido, porque o pronome recíproco é diferente do pronome reflexivo.

Outros exemplos:
O-_îo_-aûsub – Amam-se (i.e., *amam-se um ao outro ou uns aos outros*).
Oro-_îo_-epîak – Vemo-nos (i.e., *vemos um ao outro ou uns aos outros*).
Pe-_îo_-îuká – Matai-vos (i.e., *matais um ao outro ou uns aos outros*).

O-îo-a'o-a'o gûaîbĩ, o-îo-amotare'ỹ (...).
Ficam-se insultando as velhas, odeiam-se umas às outras. (Anch., *Poesias*, 707)

Hans Staden está sendo objeto de conhecimento das mulheres (Staden, *DVB*)

537 O pronome recíproco pode ser usado, também, com verbos na forma substantiva ou com substantivos, significando, então, *mútuo, recíproco, comum* etc. Às vezes somente nominaliza, sem sentido de reciprocidade.
Ex.:
îo-a'o	– injúria (*VLB*, II, 12)
Tupã îo-aûsuba	– amor a Deus (sem ideia de reciprocidade) (Anch., *Cat. Bras.*, I, 202)
ybyrá îo-asaba	– paus intercruzados (é o nome que se usava para designar a cruz no período colonial) (Araújo, *Cat. Líng. Bras.*, 59v)
nho-mongetá	– fala, conversa (*VLB*, II, 84)
oré îo-mba'e	– nossas coisas mútuas (Anch., *Arte*, 16)

T'okanhẽ pe rekó-pûera (...) îo-apixaba, marandûera.
Que desapareçam vossas leis antigas, o ferir-se mutuamente, as antigas guerras. (Anch., *Poesias*, 324)
Angaîpaba oîporará îo-nupã. – Os maus padecem açoites. (Anch., *Arte*, 35)

538 Em tupi, o pronome recíproco pode vir anteposto ao objeto incorporado.
Ex.:
o-_îo_-pó-pysyk-yba'epûera – os que tomaram a mão um do outro, os que se casaram (Araújo, *Cat. Líng. Bras.*, 95)

lição 31 • Na aldeia de Guaraparim

A expressão da concessão em tupi

539 As orações subordinadas, em português, que expressam *concessão*, tais como: *embora você venha eu não posso ficar, por mais que ele grite, não o escuto*, vertem-se, em tupi, com **ÎEPÉ** (*por mais que; embora, ainda que, apesar de*), **AÛÎETÉ, AÛÎEBÉ-TE** (*embora, ainda que*) ou com **TIRUÃ (-MO)** (*embora, ainda que, mesmo, até mesmo*). O verbo substantiva-se ou permanece, às vezes, com os prefixos pessoais, como numa autêntica subordinação.

Ex.:

Aseká *îepé* mytasaba (...) xe mosẽ memẽ (...) abaré.
Por mais que eu procure um pouso, expulsa-me o padre sempre. (Anch., *Poesias*, 306)
Aûîeté a'e semimonhangûera, karaibebé amõ-amõ oîemoangaîpab.
Embora eles (fossem) obra d'Ele, alguns anjos tornaram-se maus. (Anch., *Cat. Bras.*, I, 193)
I mbo'a *tiruã*-pe i xy-angaturama rekóû virgem-ramo?
Apesar de o dar à luz, sua mãe bondosa estava como virgem? (Anch., *Cat. Bras.*, I, 165)
Maranî n'oîkóî *îepé*, ereropûar ybyrá nde remirekó resé.
Embora não houvesse delito, bateste com o pau na tua esposa. (Anch., *Poesias*, 318)
Ereîpysyrõ *îepé*-ne, nde pó suí anosẽ-ne.
Embora os hajas de libertar, de tuas mãos retirá-los-ei. (Anch., *Poesias*, 157)
Aûîebétemo xe nupãû, anhe'engĩmo. – Ainda que me castigasse, falaria. (*VLB*, I, 28)

Exercícios

I Responda em tupi às seguintes perguntas sobre o texto inicial desta lição:

1. Mba'epe Anhangusu osekar oîkóbo? 2. Marãnamope Anhangusu mytasaba amõ supé i gûaseme'ymi? 3. Mamõpe abaré Anhangusu mondóû? 4. Mamõpe Anhangusu nhemimi Tupã sy rera renduba rupibé? 5. Abápe Anhangusu akanga oîmombuk? 6. Mba'e resépe tabygûara Anhangusu pó gûyrybo sekoe'ymi? 7. Abá-abápe Anhangusu irũmbûera? 8. Abápe our Anhangusu o enõîme? 9. Oîmoporype Tatapytera Anhangusu nhe'enga? 10. Marãpe gûaîbî rekóû (*como agem as velhas*) Tatapytera o py'a pobur'iré? 11. Oîmoingotebẽpe Anhangusu o embiara?

Vocabulário

gûasem (intr. compl. posp.) – encontrar, achar (o objeto vem com a posposição supé)

II Verta para o tupi as frases abaixo. (Atenção! Se um substantivo possuível iniciado em **P-** estiver sendo usado absolutamente, você deverá trocar o **P-** por **M-** ou **MB-**. Se estiver em relação genitiva, o **P-** mantém-se.)

409

1. O diabo procura sua pousada. Não vê a pousada porque o padre o faz sair da aldeia [use **-(r)eme**].
2. – Eu vi uma ferida no rosto do menino. – Não era ferida, aquilo era lepra.
3. Estas mãos são belas. Minhas mãos são belas.
4. – O índio esconde-se de mentira, mas eu vejo seu pé, que não está escondido (use **-pyra**). – Não vejo pés, mas vejo mãos.
5. Tua pele está escura. Pele bonita!
6. – Qual é o preço desta roupa? – O preço não sei.
7. Trazes falsas novidades.
8. Pedro trouxe seu remédio. Remédio gostoso!
9. Por causa das faíscas de fogo a velha sai de sua pousada.
10. Nosso (excl.) trabalho em grupo ajudou a velha. Os pobres ajudam-se uns aos outros.

Vocabulário

nomes e verbos

ajudar – pytybõ

diabo – Anhanga

escuro – un (r-, s-)

faísca – piririka

falso – a'ub

fazer sair – mosem

ferida – pereba (m-)

gostoso – é (r-, s-)

lepra – piraíba (m-)

novidade – poranduba (m-)

pele – pira (m-)

pobre – mba'ee'yma

pousada – pytasaba (m-)

trabalho em grupo – potyrõ (m-)

outras categorias

de mentira – a'ub

um(ns) ao(s) outro(s) – îo (v. § 536)

III   Para praticar o uso do verbo ÎAR / AR(A) (T-, T-), *tomar, pegar, apanhar*, e dos demonstrativos com função adverbial (v. § 534), verta para o tupi as frases abaixo (vocabulário na série IV):

1. Eis que aqui pego o animal.
2. Eis que ali está Tatapitera, o que apanha as velhas. (vis.)
3. Eis que ali apanha o diabo os habitantes da aldeia. (vis.)
4. Eis que vem como faísca de fogo para apanhar o menino. (n. vis.)
5. Eis que aí está o que te apanhará! (vis.)
6. Eis que os índios chegaram. Ouço suas vozes. (n. vis.)
7. O que eu apanhei na mata é uma anta. Eis que ali está! (vis.)
8. Eis que aqui vamos (excl.) para pegar a paca. Queremos que o índio apanhe uma onça para nós.
9. A mata em que apanhei a onça é bonita. Eis que ali moram os tupiniquins. (n. vis.)

lição 31 • Na aldeia de Guaraparim

IV   Para praticar o uso do pronome recíproco -ÎO- e das orações concessivas, verta para o tupi as frases abaixo:

1. Embora nós (excl.) nos amemos, nós nos prejudicamos. 2. Por mais que nos ensinemos (excl.), não o sabemos bem. 3. Nós (excl.) nos procuramos, embora não nos amemos. 4. Quero que vos ameis uns aos outros. 5. Os índios terríveis matam-se, mesmo chorando eu. 6. Embora os servos se amem, amaldiçoariam um ao outro. 7. Mesmo furando o homem a cabeça dele, o inimigo não morreria. 8. Vós vos atacais, embora acrediteis em Deus.

Vocabulário

nomes e verbos

acreditar – erobîar

amaldiçoar – momburu

ensinar – mbo'e

prejudicar – momoxy

servo – boîá

Tatapitera – Tatapytera

terrível – abaîté

outras categorias

eis que (aqui, ali, aí) – v. § 534

embora – îepé; aûîeté

mesmo – tiruã

nos (recípr.) – v. § 536

por mais que – îepé

se (recípr.) – v. § 536

vos (recípr.) – v. § 536

V   Traduza:

1. A'e Tupã-Ta'yra îandé ro'o ogûar, îandé îabé pitangamo onhemonhanga, o sy rygé suí o'a, anhẽ o kakuab'iré i îeîuká-uká, omanõmo îandé resé ybakype îandé 'anga sorama resé. (Anch., *Cat. Bras.*, I, 131)
2. – Mba'epe Santa Madre Igreja? – Cristãos-etá[1] oîepegûasu îasûara,[2] i îoerekó[3] anhẽ. (Anch., *Cat. Bras.*, I, 178)
3. – Abá suípe cristão aîpó o erama rari? – Îandé Îara Îesus Cristo suí. (Anch., *Cat. Bras.*, I, 185)

(*Sobre o sacramento da confirmação:*)
4. – I nhyrõ bé-pe Tupã asé angaîpaba supé, ikó mosanga asé tareme? – I nhyrõ bé. (...) – Mobype asé ikó mosanga rarine? – Oîepé'ĩ nhõte. (Anch., *Cat. Bras.*, I, 208)
5. – Marãpe amõaé sacramento, îandé 'anga posanongaba? – Tupã rara.[4] (...) – A'epe hóstia pupé Îesu Cristo rekóû? – I pupé. (...) – I pupé i Tupã rekóû, seté, i 'anga abé? – I pupé. – Mba'erama ri-pe (= mba'erama resépe?) sekóû i pupé? – Îandé ogû aragûama resé. – Abápe tasarama? – Onhemombe'u-katuba'e. – O'u ranhẽ-pe asé mba'e tar-y îanondé? (v. § 344) – Nd'o'uî. – Umãba'e[5] 'ara resépe asé tari Santa Madre Igreja i mombe'u rupi[6]-ne? – Îekuakupabusu[7] kûab'iré, 'aregûasu[8] 'areme, o manõ îanondé[9] abé. – *Aîá-p'ixé Tupã-ne*? e'ipe asé abaré supé, onhemombegûabone? – Aîpó e'ine. (Anch., *Cat. Bras.*, I, 214-217)

411

6. – I abaeté-katupe Anhanga asé 'anga supé asé re'õ mo'ang-[10]eme? – I abaeté-katu. (...) – Mba'epe asé moesãîndaba[11] a'ereme? – Asé îemongaraíbagûera, o 'anga posanga asé taragûera. (Anch., *Cat. Bras.*, I, 220)

7. (*Sobre os sacramentos da ordem e do matrimônio:*) – A'epe amõ mokõî mosanga rare'yme nd'osóî xûé asé ybakype? – Osó nhẽ-ne; abá remimotara rupi tarypyrama é amõaé mokõî. (Anch., *Cat. Bras.*, I, 223)

8. – Oîoaûsu-katupe omendaryba'e-ne? – Oîoaûsu-katu, o îeaûsuba îabé-ne. (Anch., *Cat. Bras.*, I, 227)

9. Nd'oîaby-angáîpe omendaryba'e Tupã rekó, oîopotá? (Anch., *Cat. Bras.*, I, 228)

10. Ebokûeî Pedro sóû. (Fig., *Arte*, 94)

11. N'aîpotar-angáî. (Fig., *Arte*, 146)

12. *Dança de doze meninos em louvor a São Lourenço, que foi martirizado por volta de 258 D.C. por Valeriano, censor do imperador Décio, de Roma. Ele foi açoitado, esfolado e posto sobre grelhas em brasa.*

1º
Kó oroîkó oronhemborypa
nde 'ara momorangá-pe.
T'ou, nde îeruresá-pe,
Tupã oré moorypa,
opytábo oré py'ape.
2º
Oroîerobîá nde ri,
São Lourenço-angaturama.[12]
Esarõ oré retama
oré sumarã suí.
T'oroîtyk oré poxy,
paîé rerobîare'yma,
moraseîa, mbyryryma,[13]
karaimonhanga ndi.[14]
3º
Tupã rerobîá-katu
nde py'a suí nd'oíri.[15]
T'orogûerobîá, nde pyri,
îandé rubeté, Îesu.
Oré 'anga t'oîosu,
sekopoxy mosasãîa.[16]
Nde abé, i moesãîa,
Îesu irũmo tereîu.
4º
Tynysem Tupã raûsuba
nde nhy'ãme erimba'e.
Ema'ẽ oré resé!
T'orosaûsu Îandé Ruba,

îandé monhangareté.

5º
Eresapîá Îandé Îara,
i nhe'enga mopó pá.
Eîori, oré raûsubá,
t'oroîmomorang kó 'ara,
nde rekó-poranga rá.
6º
Supibé[17] eremombûeîrá[18]
mara'abora, sobasapa.
Nde ra'yra i mara'a,
Anhanga rekó potá...
Eîori-no,[19] i mombûeîrapa!
7º
Îandé Îara mombegûabo,
te'õ ereîporará.
T'oré pyatã,[20] angá,[21]
mba'easy porarábo
Tupana resé, nde îá.
8º
Osykyîé nde suí
Anhanga, nde moabaetébo.
Eîori i mosykyîébo,
t'oîkó umẽ oka rupi
oré 'anga monguébo.[22]
9º
Tupã momburûareté
tatá pupé nde resyri.[23]
Opá nde reté raíri[24]
itá-atîaîa[25] pupé.
T'oroîase'o memẽ
Pa'i Tupã repîaka'upa;

lição 31 • Na aldeia de Guaraparim

t'our, kó 'ara pupé,
oré 'anga moakupa.[26]
10º
Oryry,[27] nde îuká ré,
Tupã sumarã reîá.[28]
Eîori oré rekyîa,[29]
t'oroîkó nde ypype nhẽ,
oré sumarã mondyîa.
11º
Nde îukasarûera osó
okaîa Anhanga ratápe.
Endé, Tupã rorypápe

aûîeramanhẽ ereîkó.
Nde îabé, t'orosaûsu
Pa'i Tupã oré nhy'ã-me.
T'orogûerekó, setã-me,
nde pyri, tekopuku.[30]
12º
Oré rerekoareté,
nde pópe oré 'anga ruî;
oroby'a[31] nde resé.
Oré raûsubá îepé
oré rekobé pukuî.
(Anch., *Poesias*, 201-203)

Vocabulário

1. cristãos-etá — v. § 22

2. oîepegûasu îasûara — o que é como uma grande unidade

3. i îoerekó — uma comunidade deles

4. **Tupã rara** — tomar Deus, i.e., receber a hóstia consagrada

5. **umãba'e?** — qual?

6. **i mombe'u rupi**... — segundo o que proclama

7. **îekuakupabusu** — o grande jejum, i.e., a Quaresma. **Îekuakub** é *jejuar*, o que os índios homens faziam quando lhes nascia um filho, prática conhecida como *couvade*; **îekuakupaba** é o *tempo do jejuar*

8. **'aretegûasu** — dia muitíssimo bom, i.e., a Páscoa

9. **o manõ îanondé** — antes de seu morrer, antes de sua morte. Você aprendeu na lição 21, § 400, que o verbo *morrer* tem dois temas: **manõ / e'õ** (t-). Sem os prefixos pessoais, usa-se **e'õ** (t-), que é a forma nominal do verbo. Anchieta, porém, no texto acima, usou o tema **manõ** sem prefixos pessoais, o que deveria ser uma característica do tupi de São Vicente.

10. **mo'ang** — supor, pensar

11. **moesãîndaba** — causa de alegrar; **moesãî** é *alegrar*

12. **São Lourenço-angaturama** — embora aqui se trate de um vocativo, Anchieta empregou o sufixo nominal **-a**, evidentemente por questão de rima

13. **pyryrym** — rodopiar, donde **mbyryryma**, *o rodopio*. Era o que acontecia nas cerimônias religiosas comandadas pelos pajés

14. **karaimonhanga ndi** — com feitiços

15. **ir** (intr.) — desprender-se, desgrudar-se, separar-se

16. **mosasãî** — dispersar

17. **supibé** — da mesma maneira

18. **mombûeîrá** — o mesmo que **mombûerab** — curar

19. **-no** — v. § 74

20. **pyatã** — valente, corajoso

21. **angá** — partícula que, na afirmativa, significa *oh!, ó sim!*

22. **mongué** (leia *mon-gu-é*, com três sílabas) — agitar, abalar, afrouxar, menear

23. **esyr (s)** — assar (na brasa)

24. **aír (s)** — riscar, fazer incisão em

25. **atîaî** — pontudo, pontiagudo, eriçado

26. **moakupa** — gerúndio de **moakub**

27. **ryry** — o mesmo que **ryryî**

28. **reîâ** — +reis. Alusão a Valeriano e a Décio, que mandaram matar São Lourenço na Antiguidade.

29. **ekyî (s)** — puxar, arrastar; traduz-se, melhor, aqui, por *arrebatar*

30. **ekopuku (t-)** — vida longa, +vida eterna

31. **by'a(r)** — apegar-se

Refeição entre os tupinambás; vê-se, à esquerda, Hans Staden. (De Bry)

32 · No horto

Padre Antônio de Araújo, 1618

Agonia de Cristo (São Miguel das Missões - RS)

– Mamõpe i xóû o mba'e'u-pab'iré?[1] — Para onde ele foi após acabar de comer?
– Amõ abá remitỹ(ma)-me.[2] — Para o horto de certo homem.
– Abápe ogûerasó o irũnamo mitỹ-me?[3] — Quem levou consigo para o horto?
– Mosapyr o boîá, *S. Pedro, S. Tiago, S. João* seryba'e. — Três discípulos seus, os que tinham nome *S. Pedro, S. Tiago* e *S. João*.
– Umãmepe amõaé reîari? — Onde deixou os outros?
– Mitỹ-mbiarype.[4] — No caminho do horto.
– Marã e'ipe o boîá mosapyr supé mitỹ-me o eîké ré? — Como disse a seus três discípulos após sua entrada no horto?
– *"Nãetenhẽ ã tekotebẽ xe 'anga apypyki"* e'i; *"iké nhẽ peîkó xe rarõmo, xe pyri, pekere'yma"*[5] e'i. — *"Eis que grandemente a aflição minha alma oprime"*, disse. *"Aqui estaí esperando-me, perto de mim, não dormindo"*, disse.
– Oîeîyîpe a'e — Afastou-se ele

o boîâ mosapyr suí a'ereme?
– Oîeîyî.
– Marã oîkó-potápe?[6]
– Og[7] uba mongetá potá.
– Marãpe seni og uba mongetábo?
– O endypy'ãe'y-bo,[8] ybype oîeaŷbyka.
– Marã e'ipe, oîerurébo?
– "T' i rambûer[9] iã
xe remimborará-rama,
xe rub-y gûé!" e'i. (...)
– Marã e'i bépe i xupé?
– "Aîpó xe re'õnama
rambûera abaí-me,
t'onhemonhang umẽ xe r-emimotara"
e'i. "Nde i potasá-bo-katu é[10]
t'onhemonhang" e'i;
"t'a-manõ-ne!" e'i.
– Ou-îebype erimba'e[11]
o boîá reîasagûerype?[12]
– Ou-îebyr.
– Marãpe i boîá rekóû?[13]
– Oker okûapa[14] tekotebẽ suí nhẽ.
– Marã e'ipe Îandé Îara i xupé?
– "Pesa'ang îepé, pe ûî korite'î nhõte
xe pyri pekere'yma" e'i.
"Xe reté ã n'oîkoetéî,
omembeka, xe 'anga-t'iã
n'i marani,[15] oîkó-eté-tekatûabo"
e'i.
– Osó-îebype og uba mongetábo
seîâ-no?[16]
– Osó-îebyr o îeruresagûera[17]
resebé oîerurébo-no.

de seus três discípulos, então?
– Afastou-se.
– Querendo fazer o quê?
– Querendo orar a seu pai.
– Como esteve ele orando a seu pai?
– De joelhos, na terra curvando-se.
– Que disse, rezando?
– "Que se frustre isso
que eu sofrerei,
ó meu pai!", disse.
– Que disse mais para ele?
– "Essa minha futura morte
se for difícil frustrar-se,
que não se faça minha vontade",
disse. "Querendo-a tu muito,
faça-se (ela)", disse;
"que eu morra!", disse.
– Voltou a vir
aonde havia deixado seus discípulos?
– Voltou a vir.
– Que seus discípulos faziam?
– Estavam dormindo de aflição.
– Que disse Nosso Senhor para eles?
– "Embora tentásseis, eis que só pouco
tempo perto de mim não dormistes", disse.
"Eis que meu corpo não é corajoso,
enfraquecendo, mas eis que minha alma
não está aflita, estando muito corajosa",
disse.
– Voltou a ir para orar a seu pai,
deixando-os novamente?
– Voltou a ir com seus companheiros de
oração para rezar novamente.

(Cat. Líng. Bras., 1618, 52v-53)

Vocabulário

nomes e verbos

apypyk (trans.) – oprimir; maltratar

boîá – +discípulo

ekotebẽ (t-) – necessidade; aflição

(e)mityma (r-, s-) – horto, plantação

endypy'ã (t-) – joelho; **endypy'ãe'ybo** – de joelhos

îeaŷbyk (intr.) – abaixar-se; curvar-se

îeîyî (intr.) – afastar-se

îeruré (intr. compl. posp.) – pedir; + rezar; orar [*pedir a alguém*: com **supé**; *por alguma coisa*: com **esé** (r-, s-)]:

Aîeruré aoba resé Pedro supé. – Peço a Pedro por roupa. (Anch., *Arte*, 44)

ikoeté / ekoeté (t-) (intr.) – ser valente, ser corajoso

maran – aflito, enfermo

membek (intr.) – enfraquecer, amolecer, estar mole

rambûer (xe) – falhar, frustrar

outras categorias

nãetenhẽ – grandemente

nhõte – somente

tekatu – muito

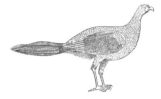

Mutum
Ave galiforme da família dos cracídeos
(Marc., *Hist. Nat. Bras.*)

Comentários ao texto

1. (...) **o mba'e-'u-pab'iré** (...) – O verbo **'u**, sendo transitivo, não pode ser usado sem objeto. Não se especificando um objeto, usa-se o objeto genérico **mba'e** (v. § 355).
2. **Amõ abá remitỹ-me**. – Lit., *para o que planta certo homem*, i.e., *para a plantação, para o horto de certo homem*. A posposição **-pe**, após nasal, assume a forma **-me** e faz cair a consoante **m** anterior (v. § 57).
3. (...) **mitỹ-me** – *No horto*. Mityma é um deverbal que pode perder o **e-** do prefixo **-emi-** na forma absoluta (v. § 352), apresentando-se como se não fosse um pluriforme. Nas formas relacionadas isso geralmente não acontece: **xe r-emityma** – *meu horto*; **s-emityma** – *horto dele*.
4. **Mitỹ-mbiar-ype**. – Lembre-se de que **piara** é *caminho* em relação ao lugar aonde ele leva (v. § 522). Usou-se o termo em composição, ocorrendo, então, nasalização de **p** (v. § 78).
5. (...) **pekere'yma** (...) – *Não dormindo vós*. Forma negativa do gerúndio (v. § 242).
6. **Marã oîkó-potá-pe?** – Temos aqui o verbo **potar**, *querer*, no gerúndio, com o tema verbal incorporado **ikó** (*estar, fazer*). **O-** é o prefixo pessoal do gerúndio.
7. **Og uba** – Entre o pronome pessoal **o** e uma vogal inicial **u** pode dar-se a inserção de **û**, representado nos textos antigos por **g-** ou **gû-** (v. § 48).
8. **O endypy'ã-e'y-bo** – *De joelhos*. A posposição **-bo** forma várias expressões (v. explicação gramatical, § 544).
9. **T'i rambûer iã** (...) – V. explicação gramatical, § 540.
10. **Nde i potasá-bo-katu é** (...) – V. § 403 e explicação gramatical, § 543.

11. **O-u-îebyr erimba'e (...)?** – *Voltou a vir?* (Lit., *Voltou a vir outrora?*) – **Erimba'e** significa *antigamente, outrora,* mas aqui não se traduz.

12. **(...) o boîá reîasagûer-ype.** – Temos, aqui, **eîar (s)** (*deixar*) + -(s)ab(a) + ûer + -pe.

13. **Marãpe i boîâ rekóû?** – *Como seus discípulos estavam?* (Ou *que seus discípulos faziam?*). **Marã** significa *como?, qual?* O verbo **ikó / ekó (t-)** pode também significar *fazer* (v. explicação gramatical, § 541).

14. **Oker okûapa** (...) – Não confunda **kuapa** (do verbo **kuab**, *conhecer*), com **kûapa** (de **kûab**, *estar*). V. § 252.

15. (...) **xe anga-t(e) iã n'i marani** (...) – *Mas eis que minha alma não está aflita. Mas,* em tupi, verte-se pela ênclise **-te**, após um nome ou um verbo (v. § 181).

16. **No** – *novamente.* V. § 74.

17. (...) **îeruresagûera** (...) – o sufixo **-(s)ab(a)**, nominalizador de circunstâncias, significa, neste caso, *companhia, companheiro* (v. § 382).

Explicação gramatical

O uso de DE PÛER(A), RAM(A) e RAMBÛER(A) como predicativos

540 Vimos na lição 8 (§ 143 e § 144) que **PÛER(A), RAM(A)** e **RAMBÛER(A)** são usados para indicar tempo nominal, em composições, como se fossem verdadeiros sufixos. Eles, na verdade, são substantivos e podem também ser usados como *adjetivos predicativos.*

Ex.:

pûer (xe) – estar velho; estar superado, extinto; passar; acabar, extinguir-se: **I *pûer* tekoaíba.** – Passou a maldade. (Anch., *Arte,* 33v)

ram (xe) – haver de ser; haver de estar; haver de existir: **Xe *ram*** – eu serei, eu hei de ser; **nde *ram*** – tu hás de ser, tu serás; **i *ram*** – ele há de ser, ele será. (Anch., *Arte,* 33v)

rambûer (xe) – falhar; frustrar-se, não chegar a ser: **I *rambûer* xe só.** – Frustrou-se minha ida (Anch., *Arte,* 34); **T'i *rambûer* iã xe remimborará-rama.** – Que se frustre esse meu futuro sofrimento. (Araújo, *Cat. Líng. Bras.,* 53)

Outros usos do verbo IKÓ / EKÓ (T-)

O verbo *fazer,* em português, pode expressar principalmente as seguintes ideias: a) *Uma transformação de algo, uma mudança de estado* (*fazer* comida, *fazer* anzol, *fazer* horta, *fazer* roupa); b) *Um simples estado, sem transformação da realidade exterior* (*fazer* plantão, *fazer* hora, *fazer* a sesta).

Se se perguntar a alguém que está parado, sem fazer nada: – *Que fazes aqui?,* a resposta poderá ser – *Espero um amigo* ou – *Estou descansando,* i.e., considerou-se que *esperar* ou *descansar* são um *fazer algo,* mas não passam, na verdade, de estados, de situações sem modificação da realidade exterior.

541 Em tupi, o verbo *fazer* que expressa *transformação* é traduzido por **MONHANG** ou **APÓ**, e o *fazer* que expressa somente *estado, comportamento*

lição 32 • No horto

ou *situação* (significando também *proceder, agir*), sem modificação ou transformação de algo exterior, é traduzido por **IKÓ / EKÓ (T-)** (que também significa *estar, morar, haver*).

Ex.:

Aîmonhang oka. – Fiz uma casa. (*VLB*, I, 108)

– Marã *oîkóbo*-pe a'e og ugûy mo'ẽ-ukari? – Omanõmo. – Procedendo como, ele fez verter seu sangue? – Morrendo. (Anch., *Cat. Bras.*, I, 167)

Marãngatu-pe asé *rekóû* Tupãokype oîkéabo? – Como a gente procede, entrando na igreja? (Anch., *Cat. Bras.*, I, 191)

Emonãnamope Tupã îandé rubypy arukanga nhẽ *apóû* semirekó-ramo? – Portanto Deus fez de uma costela de nosso pai primeiro a esposa dele? (Anch., *Cat. Bras.*, I, 228)

Ixé aé emonã *aîkó*. – Eu mesmo fiz assim. (*VLB*, I, 135)

O verbo fazer, do português, pode também ser usado com o sentido de *tratar, proceder com, dar um fim a, dar encaminhamento a*, na expressão *fazer com*. P.ex.:

Que fez ele com os parentes?   (i.e., *como tratou os parentes?*)

Que fez ele com a roupa?   (i.e, *que fim deu à roupa?*)

542   O verbo tupi que traduz *fazer com, tratar, proceder com, dar um fim a* é também **IKÓ / EKÓ (T-)**, na voz causativo-comitativa: **EREKÓ** (v. § 313).

Ex.:

I aogûera-pe, marãpe *serekóû*? – As roupas que foram dele, que fizeram com elas? (Araújo, *Cat. Líng. Bras.*, 1686, 89)

Marãpe abaré asé *rerekóû* asé moîasuk'iré? – Como o padre procede conosco, após nos batizar? (Anch., *Cat. Bras.*, I, 204)

I amotare'ymetébo, pe*rekó*-aí-aí. – Detestando-os muito, tratai-os muito mal. (Anch., *Teatro*, 40)

Usos particulares da posposição -BO

543   A posposição **-BO** pode ser usada com os deverbais em **-(S)AB(A)** com os mesmos sentidos da posposição **-PE** (v. § 403).

Ex.:

Nde i *potasá-bo*-katu é, t'onhemonhang. – No caso de a quereres muito, que se faça ela (i.e., tua vontade). (Araújo, *Cat. Líng. Bras.*, 53)

544   A posposição **-BO**, com substantivos, forma muitas locuções com função adverbial. Tais substantivos são usados em sentido vago, genérico, indefinido e quase sempre com o pronome **O** (reflexivo), mesmo com a 1ª ou a 2ª pessoas.

Ex.:

o puku-bo – de comprido, de longo (lit., *em sua extensão, em seu comprimento, em sua longitude*): **O *pukubo* taba reni**. – A aldeia está assentada de comprido. (Anch., *Arte*, 43)

o aîur-y-bo – pelo pescoço (Anch., *Arte*, 43)

o atukupé-bo – de costas (Fig., *Arte*, 122)

419

o endypy'ãe'y-bo – de joelhos (*VLB*, I, 92)

o emimotar-y-bo – por sua própria vontade (Anch., *Diál. Fé*, 164) – Essa locução admite emprego de pronomes de 1ª e 2ª pessoas – *Xe remimotar-y-bo* asó. – Vou por minha vontade. (*VLB*, II, 147)

O *pó-bo* agûatá. – Ando de gatinhas (lit., *pelas mãos*). (Fig., *Arte*, 122) – Veja que o verbo está na 1ª pessoa do singular, mas o pronome usado é O, de 3ª pessoa. Será quase sempre O com tais locuções com a posposição -BO.

O *endypy'ãe'y-bo* aín. – Estou de joelhos. (*VLB*, I, 92)

A'epe asé aé nd'oîkóî xûé marã o *emimotar-y-bo* é o angaîpaba repyme'engagûama reséne? – E a gente mesma não fará algo por sua própria vontade para resgatar seus pecados? (Anch., *Cat. Bras.*, I, 212)

Aîmondeb o *aîur-y-bo*. – Meto-o pelo pescoço. (Anch., *Arte*, 43)

Exercícios

I   Responda em tupi às seguintes perguntas sobre o texto inicial desta lição:

1. Ogûerasópe Îesu opá o boîá mitỹ-me? 2. Umãmepe amõaé boîá reni, Îesu rarõmo? 3. Ogûerasópe Îesu o boîá oîerurébo? 4. Osarõpe i boîá okere'yma? 5. Oîerurépe Îesu og uba supé o'ama? 6. Mba'e resépe tekotebẽ Îesu 'anga apypyki? 7. I abaíbypemo Îesu re'õnama rambûera? 8. Marãpe Îesu boîá rekóû i îebysá-pe? 9. Oîkoetépe Îesu reté, mityma suí tureme? 10. Oîpotarype Îesu o emimotara nhemonhanga konipó og uba remimotara nhemonhanga? 11. Omembekype i 'anga, mityma suí Îesu îebyreme?

II   Traduza:

1. Xe kupébo[1] erenhe'eng. (Fig., *Arte*, 122)
2. Xe pó gûyrybo ereîkó. (Fig., *Arte*, 122)
3. Marãpe ereîkó? (Fig., *Arte*, 166)
4. – Marã oîkóbope asé sóû ybakypene? – Tupã rerobîá (...), Tupã nhe'enga rupi oîkóbo-no. (Anch., *Cat. Bras.*, I, 133)
5. – Marã-pe erimba'e Tupã îandé rubypy rerekóû emonã sekoagûera ri?[2] – Oîmosem Paraíso Terreal, sekoaba suí. – Oîmoasype a'e riré a'e 'ybá 'uagûera? – Oîmoasy. (Anch., *Cat. Bras.*, I, 162-163)
6. – Marãpe sekóû ikó 'ara pupé, o sy suí o 'ar'iré? – Mba'e tetiruã nhẽ oîporará oîkóbo, ambyasy, 'useîa,[3] mba'e tetiruã porarábo îandé resé. (Anch., *Cat. Bras.*, I, 165)
7. – Marãpe Tupã serekóû emonã sekó-reme? – Anhang-amo i mondóû, tatápe seîtyka. (...) – Marãpe sekóû? – Asé ra'ã-ra'ang oîkóbo, asé moangaîpá-potá. (Anch., *Cat. Bras.*, I, 160)
8. – Marãpe abaré asé rerekóû asé moîasuk'iré? – Aó-tinga oîonong asé resé. (Anch., *Cat. Bras.*, I, 204)
9. – Marãngatupe asé rekóû Tupãokype oîkéabo?[4] – Oîeypyî[5] 'y-karaíba pupé. (Anch., *Cat. Bras.*, I, 191)

lição 32 • No horto

10. Anhanga remiaûsu-pabẽ-ramo ikó yby pora rekó-reme,[6] ybakype îandé só rambûerá-me,[7] Tupã-Ta'yra ruri, kunumĩ -namo onhemonhanga, o eté-rama rá.
(Anch., *Cat. Bras.*, I, 194)
11. – Marãpe erimba'e i boîá-etá rerekóû, i xupé[8] oú? –Tupã raûsuba resé i 'anga
porakari.[9] (Anch., *Cat. Bras.*, I, 170)

Vocabulário

1. kupé – costas

2. ... emonã sekoagûera ri – ... por causa de seu proceder assim

3. 'useîa – forma originada de 'y'useîa – querer beber
água, sede

4. oîkeabo – o verbo iké / eîké (t-), no gerúndio,
também pode ser ikeabo (além de ikébo)

5. îeypyî – aspergir-se

6. Comece a traduzir a partir de -reme, que, nesse caso,
significa *por, por causa de* (v. § 414)

7. rambûerá-me = rambûer +-aba +-(r)eme – *por
se frustrar*

8. supé – também significa *junto de, para junto de*

9. porakar – encher [de algo: leva complemento com
a posposição esé (r, s)]

III   Verta para o tupi:

1. Que fazem teus discípulos? (i.e., como agem teus discípulos?) 2. Fiz anzóis
para ti. 3. O que faz assim (desta maneira) é feliz. 4. Ele fez a casa de comprido. 5. – Que faço para me casar contigo? – Não frustre minha vontade. 6.
Fizemos (incl.) cauim para eles. 7. Trato bem os que fazem (use -ba'e) assim
(dessa maneira aí). 8. Não se frustrará minha volta (futura). 9. Fiz tua vontade,
pedindo por tua (futura) vinda de joelhos. 10. Como fazes com teus companheiros? 11. Minha mãe fez comida para mim para que eu não me afaste. 12.
Como faremos (excl.) para que não se frustre nossa vontade? 13. – Quem
assim (desta maneira aqui) fez? – Deus.

Vocabulário

nomes e verbos

afastar-se – îeîyî (leia *jejý i*)

discípulo – boîá

falhar – rambûer (xe)

fazer (proceder, realizar, agir) – ikó / ekó (t-)

fazer com (tratar) – erekó

frustrar (trans.) – morambûer

frustrar-se – rambûer (xe)

pedir – îeruré [*por algo*: com esé (r-, s-)]

tratar – erekó

volta – îebyra

outras categorias

assim (*desta maneira aqui*) – nã (*dessa maneira aí*)
– emonã

de comprido – o pukubo

de joelhos – o endypy'ãe'ybo

421

O tupi em nossa toponímia e no português do Brasil

Algumas palavras portuguesas de origem tupi demonstram o largo emprego que o prefixo **m-** (ou **mb-**) tinha naquela língua (v. §§531 e 532):

Mutirão – Do tema **potyrõ** com o prefixo **m-**: **motyrõ** – *trabalho em comum.*

Emboaba – Nome que os paulistas davam aos portugueses no século XVIII, nas Minas Gerais. De **pó, mbó** (forma absoluta) – *mão, pata* + **ab** – *peluda: pata peluda.* Era nome atribuído, na língua geral meridional, às aves calçudas, isto é, àquelas cujas pernas são cobertas de penas, as quais os portugueses imitavam com seus calções de rolos e por nunca largarem as meias e os sapatos...

Boraceia – Nome de município de São Paulo. De **poraseîa, mboraseîa** (forma absoluta): *dança.*

Miruna – Rua de São Paulo. De **pira, mira** (forma absoluta) – *pele* + **un (r-s-)** – *preto, escuro: pele escura.*

Leitura complementar

O teatro de Anchieta

O teatro foi um importante instrumento pedagógico e evangelizador usado pelos jesuítas desde sua origem, em seus colégios e em suas igrejas. Seu objetivo era aperfeiçoar o latim de seus alunos ou oferecer diversão proveitosa com conteúdo evangélico. Tais representações se faziam em datas festivas ou para comemorar a chegada de algum visitante ilustre.

Nos dez anos em que Anchieta esteve no cargo de provincial da Companhia de Jesus no Brasil, ele compôs importantes peças teatrais, entre as quais o famoso Auto de São Lourenço *e o auto* Na Aldeia de Guaraparim. *Este último foi escrito exclusivamente em tupi.*

As peças eram representadas na frente e no interior das igrejas, em certas ocasiões solenes. Nelas percebe-se uma forte influência de Gil Vicente, o fundador do teatro popular português. Nos anos em que Anchieta viveu em Portugal, ele certamente entrou em contato com o teatro de Gil Vicente, que tinha grande acolhida tanto pelo povo quanto pelos nobres.

No auto Na Aldeia de Guaraparim, *vemos diabos a disputarem com um anjo a posse da alma de uma pessoa que havia acabado de morrer. Queriam eles também dominar a aldeia de Guaraparim (no atual estado do Espírito Santo). O anjo salva a alma, protegendo a aldeia.*

Já o Auto de São Lourenço *é a mais longa e rica peça de Anchieta, atraindo, ainda hoje, a atenção de muitos estudiosos da história, da literatura e da língua nacionais. Ele foi escrito em três idiomas, tupi, português e castelhano, à semelhança de muitos autos de Gil Vicente, que mostraram a situação de bilinguismo vigente em Portugal no século XVII. Do ponto de vista da linguística americana, essa peça é das mais importantes, pois mostra como o tupi da costa era efetivamente falado, uma vez que nela há longos trechos que reproduzem diálogos.*

Nesse auto, vemos os diabos Guaixará, Aimbirê e Saravaia a tentar perverter a aldeia, no que são impedidos por São Lourenço, por São Sebastião e por um anjo. Aparecem em cena certos personagens da Antiguidade, como os imperadores romanos Décio e Valeriano, que são vistos a queimar por seus males cometidos. Anchieta recorre muito às alegorias, isto é, personificação de nomes abstratos ou atribuição de qualidades humanas a seres inanimados, recurso também muito empregado por Gil Vicente em seus autos. Assim, vemos no Auto de São Lourenço *o Amor e o Temor de Deus como personagens, a aconselharem aos índios a caridade e a confiança em São Lourenço. Essa concretude era eficiente para a transmissão dos conteúdos doutrinários cristãos, dada a concretude do pensamento mítico no qual o mundo indígena estava inserido.*

Eduardo de Almeida Navarro, *Anchieta, Vida e Pensamentos.*

33 · Monólogo de Guaixará

Padre José de Anchieta, século XVI

Diabos atacam uma aldeia tupinambá (De Bry)

No texto abaixo, vemos o diabo Guaixará a lamentar-se das mudanças acontecidas na aldeia com a chegada dos missionários e a exaltar aquilo que ele próprio ensina.

Xe moaîu-marangatu,[1]	Importuna-me bem,
xe moŷrõ-eté-katûabo,	irando-me muitíssimo,
aîpó tekó-pysasu.	aquela lei nova.
Abá serã ogûeru,	Quem será que a trouxe,
xe retama momoxŷabo?	estragando minha terra?
Xe anhõ	Eu somente
kó taba pupé aîkó,	nesta aldeia morava,
serekoaramo ûitekóbo,[2]	sendo seu guardião,
xe rekó rupi i moingóbo.	fazendo-a estar segundo minha lei.
Ké suí asó mamõ[3]	Daqui ia para longe
amõ taba rapekóbo.	para frequentar outras aldeias.

lição 33 • Monólogo de Guaixará

Abá serã xe îabé?	Quem será que é como eu?
Ixé serobîarypyra[4]	Eu, o que deve ser acreditado,
xe, anhangusu-mixyra	eu, o diabão assado
Gûaîxará seryba'e,	que tem nome Guaixará,
kûepe i moerapûanymbyra.[5]	que é afamado por aí afora.
Xe rekó i porangeté:	Minha lei é muito bela:
n'aîpotari abá seîtyka,	não quero que os índios a lancem fora,
n'aîpotari abá i mombyka.	não quero que os índios a façam cessar.
Aîpotá-katutenhẽ	Quero muitíssimo
opabî taba mondyka.	todas as aldeias destruir.
Mba'e-eté ka'ugûasu,	Coisa muito boa é uma grande bebedeira,
kaûî moîeby-îebyra.[6]	ficar vomitando cauim.
Aîpó saûsukatupyra.[7]	Isso é o que deve ser muito estimado.
Aîpó anhẽ! Îa-mombe'u	Isso, na verdade! Afirmamos que
aîpó i momorangymbyra![8]	isso é o que deve ser festejado!
Serapûan kó mosakara,[9]	São famosos esses moçacaras,
i kaûîgûasuba'e,[10]	que são muito beberrões,
kaûî mboapŷareté.	que esgotam verdadeiramente o cauim.
A'e marã monhangara,	Eles são fazedores de maldades,
marana potá memẽ.	querendo guerra sempre.
Moraseîa é i katu,[11]	A dança é que é boa,
îegûaka, îemopiranga,	enfeitar-se, pintar-se de vermelho,
sá-mongy,[12] îetymã-gûanga[13]	untar as penas, tingir-se as pernas,
îemoúna, petymbu,	pintar-se de preto, fumar,
karaimonhã-monhanga,	ficar fazendo feitiços,
îemoŷrõ, morapiti,	irar-se, trucidar gente,
îo'u, tapuîa rara,	comer uns aos outros, pegar tapuias,
agûasá, moropotara,	a mancebia, o desejo sensual,
manhana, sygûaraîy:	a alcovitice, a prostituição:
n'aîpotari abá seîara.	não quero que os índios as deixem
	(i.e., essas coisas).

425

Anga ri,
aîosub abá koty,
"ta xe rerobîar", ûi'îabo.
Ou tenhẽ xe pe'abo
"abaré" 'îaba,[14] kori,
Tupã rekó mombegûabo.

Oîkobé
xe pytybõanameté,[15]
xe pyri marãtekoara,
xe irũnamo okaîba'e,
tubixakatu Aîmbiré,
apŷaba moangaîpapara...

Por causa disso,
visito os aposentos dos índios,
dizendo: – *"que acreditem em mim"*.
Vêm em vão para me afastar
os ditos "padres", hoje,
para proclamar a lei de Deus.

Existe
o que há de ser meu verdadeiro auxiliador,
que trabalha junto de mim,
que arde comigo,
o chefão Aimbiré,
o pervertedor dos índios ...

(*Poesias*, 137-139)

Vocabulário

nomes e verbos

aba (s-, r-, s-) – pena (subst. plurif. irreg.): sá-mongy – untar penas (para grudá-las no corpo)

agûasá – mancebia, concubinato, adultério; mancebo

erapûan (r-, s-) – famoso

gûang (-nho-) (trans.) – tingir com urucum

îegûak (intr.) – enfeitar-se; adornar-se; pintar-se

îemopirang (intr.) – avermelhar-se, tingir-se de vermelho

îemoún (intr.) – pretejar-se, pintar-se de preto

karaimonhang (intr.) – fazer feitiços, realizar rituais próprios dos profetas chamados *caraíbas*

ka'u – bebedeira

koty – canto, aposento

manhana – espia; alcovitice (o ato de intermediar as relações amorosas)

marãtekoara – o que trabalha, trabalhador

mboapy (ou moapy) (trans.) – esgotar (bebida ou vasilha)

mixyr – assado (adj.)

moaîu (trans.) – importunar

moangaîpab (trans.) – fazer pecar; estragar, arruinar, perverter

moerapûan (trans.) – tornar famoso

moîebyr (trans.) – fazer voltar; vomitar

moingó (trans.) – fazer estar (mo- + ikó)

mombyk (trans.) – fazer cessar (mo + pyk – cessar, parar)

momorang (trans.) – enaltecer, festejar, embelezar, apreciar

momoxy (trans.) – estragar; arruinar; sujar (mo- + poxy)

mondyk (trans.) – concluir; destruir

mongy (trans.) – untar

moraseîa – dança

mosakara – v. nota 9 em *Comentários ao texto*

pysasu – novo; fresco

pytybõ (trans.) – ajudar

sygûaraîy – meretriz, prostituta; prostituição

tapuîa – o mesmo que **tapy'yîa**

outras categorias

katutenhẽ – muitíssimo, bem, bastante

kûepe – por aí afora, por aí

mamõ – fora, para fora, por aí afora; longe, para longe

opabĩ – o mesmo que **opá**

tenhẽ– em vão, debalde

Para saber mais

Guaixará é o nome de um cacique tamoio que lutou contra os portugueses, ao lado dos franceses, em 1566 e 1567, em Cabo Frio e na Baía da Guanabara. **Aimbiré** é o nome de outro chefe tamoio, aliado dos franceses, que tentou matar Anchieta quando ele ficou como refém em Iperoig. Tanto **Guaixará** quanto **Aimbiré** passaram a ser, no texto anterior, nomes de demônios.

Comentários ao texto

1. **Xe moaîu-marangatu** (...) – *Importuna-me bem*. O adjetivo **marangatu** aparece, aqui, com função adverbial. Anchieta, em outro verso (*Poesias*, 650), empregou-o com a mesma função: **Pirá asekyî-*marangatu*...** – *Peixes pescava bem...*
2. (...) **serekoar-amo ûitekóbo** (...) – Lembre-se de que **ikó** e a posposição **-ramo** traduzem, em tupi, o verbo *ser* do português.
3. **Ké suí asó mamõ** (...) – Veja que o uso do modo indicativo circunstancial com a 1ª pessoa é facultativo (*ké suí asó* ou *ké suí xe sóû*).
4. **Ixé serobîarypyra** (...) – *Eu, o que deve ser acreditado*. Não há, em tupi, verbo correspondente a *dever*, no sentido de *ter a obrigação de*. O sufixo **-pyr(a)** inclui também a ideia de *dever* (v. § 370). Outros exemplos: **Aîpó saûsukatu-*pyra*.** – *Isso é o que é muito estimado, isso é o que <u>deve</u> ser muito estimado*; **i moeté-*pyra*** – *o que é louvado, o que <u>deve</u> ser louvado*.
5. (...) **I moerapûanymbyra** – Lit., **moerapûan** é *fazer o nome ligeiro*: **mo-** (prefixo causativo) + **era** – *nome* + **apûan** – *ligeiro*. A nasal final produz transformação fonética no sufixo **-pyr(a)**: **moerapûan-y-*mbyra*.**
6. (...) **kaûî moîeby-*îebyra*** (...) – Temos, aí, a reduplicação do tema verbal **îebyr**, que nos dá a ideia de continuidade (v. § 450).
7. V. nota 4.
8. V. nota 4.
9. **Mosakara** – *Os moçacaras* eram, entre os índios da costa, homens honrados por suas façanhas, por matarem muitos inimigos, por sua valentia. Eram respeitados por todos.
10. (...) **i kaûî gûasuba'e** (...) – *os que têm muito cauim, os que são muito beberrões*. Usou-se, aqui, o substantivo **kaûî** como predicado (v. § 81). Por outro lado, empregou-se **-gûasu** em função adverbial (v. § 545).

11. **Moraseîa é i katu** (...) – *A dança é que é boa*. Veja que, em **moraseîa**, o **m-** inicial é prefixo de forma absoluta (v. § 532). A partícula **é** reforça o seu sentido (v. § 281).

12. (...) **sá-mongy** (...) **[s-a(ba) + mongy]** – *Untar as penas*, i.e., emplumar o corpo após untar penas de aves que se grudam nele.

13. (...) **îetymã-gûang** (...) – *Tingir-se as pernas* (com urucu). O urucu é uma planta arbustiva cujos frutos são cheios de uns grãos pequenos que, esmagados, produzem uma tinta muito vermelha com que os índios pintavam-se (às vezes o corpo todo).

14. (...) **abaré 'îaba** (...) – Os ditos *padres*, os chamados *padres*. O verbo **'i / 'é**, *dizer*, não tem deverbal em **-emi-** (*o que eu digo*) e em **-pyr(a)** (*o que é dito*). Substitui-os seu deverbal em **-(s)ab(a)**. **'Îaba** significa, assim, *o dito, o chamado* ou *o que alguém diz*.

15. (...) **xe pytybõ-an-am-eté** (...) – *Meu verdadeiro auxiliador futuro* (**pytybõ** – *ajudar, auxiliar*). Veja que o sufixo **-(s)ar(a)** nasalizou-se em **-an(a)** por causa da sílaba **bõ**, com fonema nasal: **pytybõ-ana** – *o auxiliador, o que ajuda*.

Explicação gramatical

O uso dos sufixos -(G)ÛASU e -USU com adjetivos e verbos

Vimos na lição 10 que **-(G)ÛASU** e **-USU** são sufixos aumentativos (levam, às vezes, a alguns deslocamentos de sentido):
apebusu – rechonchudão (*VLB*, I, 37)
kunumîgûasu – mancebo; moço (*VLB*, II, 30)
ygarusu – navio (Araújo, *Cat. Líng. Bras.*, 41v)

545 **-(G)ÛASU** e **-USU** podem também ser usados com temas nominais ou verbais, com função adverbial, significando *muito*.

Ex.:
Aîopoîusu – Alimento-os muito. (Anch., *Arte*, 13v)
Arurusu – Trago muito. (Anch., *Arte*, 13v)
Aîemoorybusu... – Alegro-me muito. (D'Abbeville, *Histoire*, 341-342)

Algumas partículas importantes

546 **KÁ / KY** exprimem uma decisão, resolução, determinação de fazer alguma coisa. **KÁ** é usada somente por homens e **KY** somente por mulheres. Tais partículas podem seguir **-PE** ou **-NE** e são somente usadas com a 1ª pessoa (do singular ou plural).

Ex.:
Asó *ká*. – Hei de ir. (Fig., *Arte*, 139); **Asó-*ne ká*.** – Hei de ir. (Fig., *Arte*, 139); **Xe katu-*pe ká*.** – Hei de ser bom. (Anch., *Teatro*, 38); **Aîmoetekatu-*pe* xe ruba ká.** – Hei de honrar muito a meu pai. (Araújo, *Cat. Líng. Bras.*, 25v); **Asó-*ne ky*.** – Hei de ir. (Fig., *Arte*, 139)

lição 33 • Monólogo de Guaixará

Exercícios

I   Responda em tupi às seguintes perguntas sobre o texto inicial desta lição:

1. Abápe Gûaîxará? 2. Umãpe Gûaîxará rekóû erimba'e? 3. Mba'epe Gûaîxará oîmoŷrõ? 4. Oîpotarype Gûaîxará abá sekopûera reîtyka? 5. Mba'e tekópe taba oîmomoxy, Gûaîxará nhe'enga rupi? 6. Osapekópe Gûaîxará taba amõaé? Mba'erama resépe? 7. Serapûanype Gûaîxará tá-pe? 8. Mba'e-mba'e-pe i momorangymbyra, Gûaîxará nhe'enga rupi? 9. Abá-abá-pe oîmboapy kaûî? 10. Marã o'îabope Gûaîxará abá koty subi? 11. Abá-abá-pe Tupã rekó oîmombe'u, Gûaîxará pe'abo? 12. Abápe Gûaîxará pytybõanama? 13. Oîmoangaîpabype Aîmbiré apŷaba?

II   Traduza:

1.
Arobykatu-pe ká
i porang-epîá-katûabo.
(Anch., Poesias, 96)

2. *O diabo Saravaia tenta esconder-se de São Lourenço:*

Saravaia: – Aîemî'[1]-ngatu-pe ká.
                 Aûîeté[2] na xe repîaki...
S. Sebastião: – T'aîybõ-ne! Eîepe'a!
                 Ekûá[3] ké suí ra'a![4]
(Anch., Poesias, 153)

3.
O ekó moasy riré,
abá sóû îemombegûabo,
"*xe katu-pe ká...*" o-'îabo.
Osobasab abaré,
Tupã monhyrõngatûabo.
(Anch., Poesias, 156)

4.
Nde moîasuk ipó biã
pa'i, nde mongaraípa.
A'e ré, ereîkomemûã.
(Anch., Poesias, 318)

5. *Fala o imperador Décio, que mandou queimar São Lourenço e agora sofre os castigos no inferno:*

Xe rakubeté kó mã!
Xe resy Lorẽ-ka'ẽ,[5]
xe morubixaba biã.
Erĩ! xe rapy Tupã,
o boîá repyka nhẽ!
(Anch., Poesias, 84)

6. *Presos dois demônios, fala o Anjo a um terceiro demônio, Saravaia, que ficara escondido, e diz:*

Anjo: – Mba'epe ké tuî opyka?[6]
       Andyrá[7] ruã-pe[8] é
       Panama[9] koîpó[10] gûaîkuíka?[11]
       Enẽ,[12] rõ, kururu-asyka![13]
       Erî, sarigûeîa[14] é!

       Eîori,

mba'e-nẽ,[15] mba'e-poxy,
mborá,[16] mîaratakaka,[17]
sebo'i,[18] tamarutaka![19]
Saravaia: – Xe pûeraî, xe ropesyî![20]
       Aûîé! Té umẽ[21] xe mombaka!

Anjo: – Abápe endé?

Saravaia: – Saraûaîa,
aîuruîub-upîarûera.
Anjo: – Aîpó nhõ-pipó nde rera?
Saravaia: – Xe abé taîasugûaîa,[22]
xe manhana, manembûera[23]...
Anjo: – Nd'e'i te'e nde ru'umusu,[24]
abá 'anga momoxŷabo.
Mba'e-u'uma, taîasu,
oro-apy kori, îandu!
Saravaia: – Akaî! Té umē xe rapŷabo!
T'ame'ē-ne pirá ruba[25]
endébo, ûîîepyme'enga.
Ereî'useîpe u'i-puba?[26]
Ere-î-potá-pe itaîuba?[27]

Anjo: N'asendubi nde nhe'enga.
Nde remi-mimbûera, anhē,
umāme-pe nde mondá?[28]
Abá rokype erekûá,[29]
tá, nhemim-y îanondé?
Ererureté serā?
Saravaia: – Aani, mosapy nhõ.
Karaíb-okype ûitekóbo,
xe pópe nhõte arasó.
Ûiporabykŷabo ûixóbo,
n'i pori be'î[30] xe aîó.[31]
Irūmbûera,[32] akûeîme bé,
kaûî repyrama ri,
aîme'eng abá supé.
Kaûîaîa[33] 'useîa é,
opakatu amboapy.

Anjo: – Îori, t'ereîá sekó.[34]
T'asepy[35] nde mondagûera.
Saravaia: – Aan umē-ne![36] Asabeypó...
(...)
Xe rybyt,[37] nde nhyrõ xebo,
xe rasy, xe mara'a.

Kó bé[38] xe rembiaretá,
t'ame'ē-ne[39] amõ endébo,
i akanga t'ereîoká.[40]

Eîerok moxy resé,
ta nde rerapûāngatu.
Anjo: – Mbype[41] erebasē i xupé?
Saravaia: – Aîké nhãîmbiara[42] pupé;
angaîpaba aîpokosu.[43]
(...)
Amarra-o o Anjo e diz:
– Nde poxypotara'ub.
T'eresó rõ nde ratápe,
aûîerama t'ereîub
moreaûsuba monhangá-pe.[44]
Irõ, oro-pokosub!

Saravaia: – Aîmbiré!
Aimbiré: – Oî![45]
Saravaia: – Xe pysyrõ îepé!
Xe pysyk kó makaxera![46]
Aimbiré: – Xe abé i-î ybõmbyrûera
Bastião[47] xe moaûîé:
n'i tyby xe abaeté[48]-pûera...

Saravaia: – Akaîgûá!
Ereképe, Gûaîxará?
Nd'ereîuri xe repyka?
Guaixará: – Teté[49] marã e'îabo mã!
Roré-ka'ē xe popûá,
xe rapŷabo, xe apypyka.

Anjo: – Iîá mosapyr-y bé
pekaî oîepegûasu-ne.[50]
I angaturā ko'yré,
Pa'i Tupã raûsupa nhē,
xe remiarõ îandu-ne.
(Anch., *Poesias*, 159-162)

Vocabulário

1. **îemim** = esconder-se

2. **aûîeté** – certamente (não confunda com **aûîeté**, *embora* – v. § 539)

3. **kûá** (intr.) – o mesmo que **kûab** – ir, passar (v. § 103)

4. **ra'a** – já

5. **Lorē-ka'ē** – Lourenço tostado

6. **pyk** (intr.) – estar quieto, aquietar-se, estar calado, absorto

lição 33 • Monólogo de Guaixará

7. **andyrá** – morcego

8. **ruã-pe** – será que? por acaso?

9. **panama** – borboleta

10. **koîpó** – o mesmo que **konipó**

11. **gûaîkuíka** – cuíca, mamífero marsupial

12. **enẽ** – o mesmo que **ene'ĩ**

13. **asyk** – cortado, aleijado, maneta

14. **sarigûeîa** – sarigûé, gambá

15. **nẽ** = nem

16. **mborá** – variedade de abelha preta, de pequeno porte, que não possui ferrão

17. **mîaratakaka** – maritacaca (mamífero carnívoro do tamanho de um gato grande)

18. **sebo'i** – verme

19. **tamarutaka** – tamburutaca (crustáceo mais ou menos semelhante à lagosta)

20. **opesyî (r-, s-)** – estar com sono; sonolento

21. **té umẽ** – o mesmo que **eté umẽ** (§ 501)

22. **taîasugûaîa** – porco doméstico

23. **manema** – poltrão; pessoa imprestável

24. **u'um (r-, s-)** – sujeira; borra

25. **uba (t-, t-)** – ova (de peixe)

26. **pub** – mole, pubo. **U'ipuba** é a *farinha mole, farinha d'água, farinha puba*, feita de certo gênero de mandioca (**aîpĩ**), amolecida em água durante vários dias

27. **itaîuba** – ouro (lit., *pedra amarela*)

28. **mondá** – roubo; furto; ladrão; **mondá (xe)** – roubar, furtar

29. **kûá** – v. nota 3

30. **nd'i pori bé'ĩ** – não contém nada mais. **Por (xe)**, além de estar cheio, também significa *conter*; **be'ĩ** significa *um pouco mais, algo mais*, na afirmativa; *nada mais*, na negativa

31. **aîó** – bolsa, saco

32. **irũ** – o pronome pessoal **i** de 3ª pessoa contrai-se com o **i** inicial desse tema: **i irũ** > **irũ** – companheiro(s) dele(s)

33. **aî (r-, s-)** – ácido, azedo; **kaûĩaîa** – +vinho

34. **t'ereîar sekó** – para que recebas sua lei (i.e., a dos cristãos)

35. **epy (s) (trans.)** – restituir, devolver, pagar

36. **aan umẽ-ne** – o mesmo que **aani xûé-ne**, i. e., uma negação referente a um fato futuro

37. **ybyra (t-, t-)** – irmão mais moço (do h.) – v. § 232 e § 234

38. **kó bé** – eis aqui, eis que aqui

39. **t'ame'ẽ-ne** – veja que aqui se omitiu o pronome objetivo **-î-**, o que era comum, no tupi de São Vicente, com o verbo **me'eng** e com os verbos que possuem o prefixo causativo **mo-**

40. Anchieta faz, aqui, referência a um fato importante da cultura dos índios tupis da costa, ou seja, à dignificação do homem pela prática de matar os inimigos aprisionados, quebrando-se-lhes as cabeças. Ao fazer isso, o guerreiro dava-se um outro nome e adquiria mais prestígio social e respeito em sua sociedade

41. **mbype** – perto. Usou-se, aqui, a forma absoluta com o prefixo **m-** por não haver um determinante

42. **nhãîmbiara** (**nhãîa** – *fonte* + **piara** – *caminho*) – caminho de fonte, caminho que conduzia a rios, a bicas d'água ou a nascentes

43. **pokosu(b) (trans.)** – apanhar de surpresa

44. **moreaûsuba monhangá-pe** – no lugar de fazer sofrimento, i.e., *no inferno*

45. **oî** – partícula usada para responder a um chamado

46. **Makaxera** – era o espírito maligno dos caminhos.

47. **Bastião** – o mesmo que S. Sebastião

48. **abaeté** – o mesmo que **abaîté**, significando, aqui, *poder de aterrorizar; terribilidade*

49. **teté** – partícula que expressa desgosto, decepção, podendo traduzir-se por **ai!** Leva o verbo para o gerúndio.

50. **oîepegûasu** – em conjunto, todos juntos (v. . § 528)

431

(Ilustração de Thevet)

Na ilustração acima, vemos representadas várias cenas que eram comuns na vida dos antigos índios da costa do Brasil, falantes do tupi antigo. À esquerda, vemos uma mulher a carregar um feixe de lenha, função que era exclusivamente feminina. No centro, vemos um índio a fumar um rolo de folhas de tabaco. À direita, vemos um homem a produzir fogo. Está ele a usar uma **ybyragûyba**, i.e., uma variedade de planta com vara fina de que, depois de seca, são cortados pauzinhos da grossura de um dedo que esfregam um no outro para produzir um pó que o calor da fricção acende, produzindo fogo.

34 · A negação de Pedro

(Versão do Padre Antônio de Araújo, 1618)

São Pedro (Museu de Arte Sacra de São Paulo)

– Oîké umûã-pe S. Pedro¹ Caiphás rokype a'ereme?

– Já entrara S. Pedro na casa de Caifás, então?

– Oîké umûã.

– Já entrara.

– Marãpe sekóû?

– Como estava? (i.e., que fazia?)

– Te'yîpe nhẽ i gûapyki² tatá ypype, oîepegûabo.

– Publicamente sentava-se junto ao fogo, esquentando-se.

– Marã e'ipe a'epe tekoara i xupé?

– Como disse a que morava ali para ele?

– "Îesu boîá ã ikó", e'i.

– "Eis que este é discípulo de Jesus", disse.

– Mbobype aîpó i 'éû i xupé?

– Quantas vezes ela disse isso para ele?

– Mokõî.

– Duas vezes.

– Marã e'ipe S. Pedro?

– Como disse S. Pedro?

– "*N'aîkuabi a'e abá*", e'i, "*Tupã resé*" o'îabo tenhẽ,[3]

– Disse: "– *Não conheço aquele homem*", dizendo falsamente: "– *por Deus*",

o emo'emamo,[4] Tupã rera renõîa.

mentindo, invocando o nome de Deus.

– Oîaby-etekatu serã Tupã nhe'enga[5] aîpó o'îabo?

– Será que transgrediu muito a palavra de Deus, dizendo aquilo?

– Oîaby-etekatu.

– Transgrediu-a muito.

– N'oîkuabipe a'e ré o angaîpaba?

– Não reconheceu depois disso seu pecado?

– Oîkuab, o îo-esé Îandé Îara ma'ẽ-neme.[6]

– Reconheceu-o, ao olhar para ele Nosso Senhor.

– Marã tekó resé bé-pe i kuabi?

– E por causa de qual fato mais o reconheceu?

– Gûyrá sapukaîa resé bé.

– Por causa do canto da ave (i.e., do galo) também.

– Marãpe?

– Como?

– Îandé Îara nhe'engûera resé bé o ma'enduaramo.

– Das antigas palavras de Nosso Senhor também lembrando-se.

– Marã e'i umûãpe Îandé Îara i xupé?

– Como dissera já Nosso Senhor para ele?

– "*Mosapyr ipó xe boîá-ramo nde rekó ereîkuakub,*

– "*Três vezes, certamente, o teu estar na condição de meu discípulo negarás*

mokõî gûyrá sapukaî' e'ymebé-ne", e'i.

antes de cantar o galo duas vezes", disse.

– Marãpe S. Pedro rekóû o angaîpaba kuab'iré?

– Que S. Pedro fez após reconhecer seu pecado?

– Osẽ okarype oîase'o-asy-katûabo.[7]

– Saiu para o terreiro, chorando muito dolorosamente.

(Cat. Líng. Bras., 57-57v)

lição 34 • A negação de Pedro

Vocabulário

nomes e verbos

aby (s) (trans.) – transgredir

ekó (t-) – além dos outros sentidos já vistos, significa também *fato.*

emo'em (r-, s-) – mentir

enõî (s) (trans.) – invocar

îepe'e (intr.) – esquentar-se (ger. – îepegûabo – v. § 223)

kuakub (trans.) – esconder, negar, encobrir

outras categorias

a'ereme – então (lit., *por ocasião disso*)

ipó – decididamente, certamente

mbobype? – quantas vezes?

mokõî – duas vezes (v. § 527)

mosapyr – três vezes (v. § 527)

o îo-esé – v. § 547 e os seguintes

te'yîpe – publicamente [de e'yîa (t-) – *multidão, bando.* Lit., *na multidão*]

umûã (o mesmo que umã) – já

Comentários ao texto

1. **Oîké umûã-pe S. Pedro** (...) – *Já entrara S. Pedro...* Veja que a forma do verbo no modo indicativo pode traduzir o presente, o pretérito perfeito, imperfeito e mais-que-perfeito e também o futuro. O que define o sentido exato são as partículas:

> o-îké – entrou ou entra
> o-îké umûã (ou umã) – já entrou ou já entrara
> o-îké-ne – entrará

Isso porque o verbo tupi não expressa tempo (v. § 8).

2. **Te'yîpe nhẽ i gûapyki** (...) – *Em público ele se sentava.* Usou-se, aqui, o modo indicativo circunstancial pois se expressou, antes do verbo, uma circunstância.

3. (...) **"Tupã resé" o'îabo tenhẽ.** – *"por Deus", dizendo falsamente.* Aqui se faz a referência à proibição bíblica de jurar por Deus em vão.

4. (...) **o emo'emamo** (...) – *mentindo (ele).* Lembre-se de que o gerúndio dos verbos da 2ª classe é obtido com o acréscimo de **-(r)amo** ao tema verbal (v. § 240).

5. **Oîaby-etekatu serã Tupã nhe'enga** (...)? – *Será que transgrediu muito a palavra de Deus...?* **Serã** substitui **-pe** nas interrogações. Veja que **eté** e **katu** são dois temas nominais, com função adverbial, que se reforçam, tendo quase o mesmo sentido (*bem, muito*).

6. (...) **o îo-esé Îandé Îara ma'ẽ-neme.** – *Ao olhar Nosso Senhor para ele.* O verbo **ma'ẽ**, *olhar*, recebe complemento com a posposição **esé (r-, s-).** Para compreender a forma o **îo-esé**, v. explicação gramatical, § 548.

7. **Osẽ** (...) **oîase'o-asy-katûabo.** – *Saiu, chorando muito dolorosamente.* O tema **asy**, *dolorido, doloroso*, tem, aqui, função adverbial: *dolorosamente, doloridamente.* Também o tema **katu** (*bom*) tem função adverbial na frase acima: *muito, bem.* Veja que, ao se colocar o verbo **îase'o** no gerúndio, o sufixo **-abo** pospôs-se a temas

435

nominais em composição, como já vimos na lição 26, § 480. Veja também que o verbo **sem** aparece aí na forma **sẽ**, típica do tupi de São Vicente (v. a *Introdução*).

Explicação gramatical

Posposições reflexivas e recíprocas

547 As posposições podem ser acompanhadas por pronomes reflexivos ou recíprocos.
Ex.:
A-î-mosem Anhanga xe *îo-suí* (ou **xe îe-suí**). (posposição reflexiva) – Faço sair o diabo de mim mesmo. (Fig., *Arte*, 81)
E'ikatupe o *îo-esé* omendá? – Podem casar-se um com o outro? (posposição recíproca) (Araújo, *Cat. Líng. Bras.*, 82v)

548 As posposições reflexivas recebem **ÎO-** ou **ÎE-** e perdem prefixos se forem pluriformes (**SUPÉ** perde o **S-** inicial). São usadas quando se referirem ao próprio sujeito da oração. As posposições recíprocas recebem sempre **ÎO-**.
Ex.:
T'oîmosem Îurupari o *îo-suí* (ou **o *îe-suí***). – Que faça sair o diabo de si mesmo. (A posposição refere-se ao sujeito da oração.) (Fig., *Arte*, 81)
A-rekó Tupã xe *îo-pupé*. – Tenho Deus dentro de mim mesmo. (Fig., *Arte*, 81)
(A posposição refere-se ao sujeito da oração. Não se poderia dizer, aqui, "A-rekó Tupã xe pupé".)
I kanga îepotasaba pe'abo o *îo-suí*. – As juntas de seus ossos afastando umas das outras. (Araújo, *Cat. Líng. Bras.*, 62)

Veja a diferença:
Aîmonhyrõ Tupã *i xupé*. – Faço Deus perdoar a ele.
Não se usa a posposição reflexiva porque a posposição não se refere ao sujeito da oração.
Aîmonhyrõ Tupã xe *îo-upé*. – Faço Deus perdoar a mim mesmo. (Fig., *Arte*, 81)
(Usa-se a posposição reflexiva **ÎO-UPÉ** porque a posposição refere-se ao sujeito: **xe**.)

Outros exemplos:
Oîkuab o *îo-esé* Îandé Îara ma'ẽ-neme.
Soube-o ao olhar para ele Nosso Senhor. (Araújo, *Cat. Líng. Bras.*, 57)
(O sujeito e o complemento são a mesma pessoa.)
Pe *îo-upé* seîké-potá, peîtyk pe angaîpaba. – Querendo que ele entre para junto de vós mesmos, lançai fora vossas maldades. (Araújo, *Cat. Líng. Bras.*, 5)
E'ikatupe o *îo-suí* opo'i? – Podem deixar um do outro? (Araújo, *Cat. Líng. Bras.*, 94v)

549 As posposições reflexivas ou recíprocas [exceto com **ESÉ (R-,S-)**, **SOSÉ** e **SUPÉ**] podem também ser antecedidas somente pelo pronome **O** em todas as pessoas. Na 3ª pessoa podem-se omitir os pronomes **ÎO-** e **ÎE-**.
Ex.:
Îaîepe'a o *îo-suí*. (ou **Îaîepe'a îandé *îo-suí*.**) – Afastamo-nos uns dos outros. (Anch., *Arte*, 16)

lição 34 • A negação de Pedro

550   Como as posposições recíprocas recebem sempre ÎO-, podem ser confundidas, às vezes, com as posposições reflexivas, que também recebem geralmente ÎO- em vez de ÎE-. Os duplos sentidos dissolvem-se, quase sempre, no contexto.
Ex.:
Orosykyîê *oré îo-suí*. – Temos medo uns dos outros (ou *temos medo de nós mesmos*).
Pe ma'enduar *pe îo-esé*. – Lembrai-vos uns dos outros (ou *lembrai-vos de vós mesmos*).

551   O pronome ÎO- pode também expressar, além da reciprocidade e da reflexividade, a consecutividade entre dois ou mais seres.
Ex.:
o *îo*-akypûeri – um atrás do outro (*VLB*, I, 154)
o *îo*-akypûé-kypûeri – uns atrás dos outros (*VLB*, I, 154)

Exercícios

I   Responda em tupi às seguintes perguntas sobre o texto inicial desta lição:

1. Umãmepe S. Pedro reni oîepegûabo? 2. Marã e'ipe Caiphás rokype tekoara S. Pedro supé? 3. Osykyîépe S. Pedro i 'esaba suí? Mba'erama resépe? 4. Semo'emype S. Pedro, "*n'aîkuabi a'e abá*" o'îabo? 5. Oîabype S. Pedro Tupã nhe'enga, "*Tupã resé*" o'îabo tenhẽ? 6. Abápe oma'ẽ S. Pedro resé Îesu boîâramo sekó kuakubeme? 7. Mbobype gûyrá sapukaî, S.Pedro mosapyr Îesu boîâramo sekó kuakupa? 8. Mba'e resépe S. Pedro ma'enduari, Îesu boîâramo o ekó kuakupa? 9. Oîase'o-se'ope S. Pedro, o angaîpaba kuab'iré? 10. Umãmepe S. Pedro îase'o-se'oû?

II   Para praticar as posposições reflexivas e não reflexivas, verta para o tupi as orações abaixo:

1. Trouxe roupa branca para ti. Trouxe roupa amarela para mim. 2. Olhei para mim mesmo no espelho. Tive medo de mim. 3. Ele disse aquilo para si mesmo. Escondeu suas palavras dentro de si. 4. Lembraste-te de ti? Lembraste-te de mim? 5. Pedro deu o galo para mim. 6. Pedro se esquece de si mesmo, lembrando-se de mim, somente. 7. Falo a mim mesmo. 8. Tens nojo de ti mesmo. 9. O que tem medo de si mesmo não pode olhar-se no espelho. 10. Trabalhamos (excl.) por nós mesmos.

Vocabulário

nomes e verbos

galo – gûyrá-sapukaîa

palavra – nhe'enga

poder – 'ikatu / 'ekatu

Tangará
Pássaro da família dos piprídeos
(Marc., *Hist. Nat. Bras.*)

III   Para praticar o uso das posposições recíprocas, faça conforme o modelo, traduzindo as frases obtidas.

Mod.:

Aîme'eng aoba Pedro supé.   – Dou roupa para Pedro.
Pedro oîme'eng aoba ixébe.   – Pedro dá roupa para mim.

Oroîme'eng aoba oré îo-upé. – Damos roupas um para o outro.

1. Xe ma'enduar nde resé. Nde ma'enduar xe resé. 2. Asykyîé nde suí. Eresykyîé xe suí. 3. Pedro opytá Maria robaké. Maria opytá Pedro robaké. 4. Oronhe'eng peême. Penhe'eng orébe. 5. Aín nde robaké. Ereín xe robaké. 6. Ama'ē Pedro resé. Pedro oma'ē xe resé. 7. Aîpó a'é ndebe. Aîpó eré ixébe. 8. Oroîeguaru pe suí. Peîeguaru oré suí. 9. Aîme'eng pindá ndebe. Ereîme'eng pindá ixébe. 10. Arur aoba Pedro supé. Pedro ogûerur aoba ixébe. 11. Xe resaraî nde suí. Nde resaraî xe suí. 12. Aporabyky nde resé. Ereporabyky xe resé. 13. Oré nhyrō peême. Pe nhyrō orébe.

IV   Traduza:

(*Sobre os que se casam:*)

1. – Opo'ipe irã o îo-suí-ne? – Nd'opo'iri xûé-ne. – Pecado-tubixaba[1]-pe omendaryba'e oîmonhang, o îo-suí omondarōmo?[2] – Pecado-tubixaba oîmonhang. (...) – O-marãmonhangype, o-îo-endy[3]-ne? – Aani xûé-ne. (...) – Marãngatupe kunhã rekóû, o mena o aûsupagûama reséne? – I kunusãî[4] abá supé onhe'enga, abá resé oma'ēmo, o mena o mondá-mondara[5] suí[6]-ne. (...) (Anch., *Cat. Bras.*, I, 227-228)

2. Atupãmongetá xe îo-esé. Eîmongetá nde îo-esé. Pedro t'oîmongetá o îo-esé. (Fig., *Arte*, 81)

3. Ãûa o îo-irûnamo sekóû. (Fig., *Arte*, 81)

4. Nde eîmonhyrō Tupã nde îo-upé. Pedro t'oîmonhyrō Tupã o îo-upé. (Fig., *Arte*, 81)

5. *Discurso do anjo*:

Angiré
peporeaûsub umē.
Ta sesãî kó pe retama,
'ara momoranga nhē.
T'i ma'enduá pe resé
Tupã sy-angaturama.
T'osó pá tekoangaîpaba
kó Gûaraparî suí.
T'okanhē tekopoxy;
Tupã tekomonhangaba
t'i-mopó[7] memē îepi.[8]

Xe ikó. Asaûsu pe 'anga,
sarōmo, i poreaûsuboka,
ko'arapukuî i pokoka,[9]

i moaysóbo,[10] i momoranga,
tekopûera rekoaboka.[11]
Ma'ē, anhanga aîmondó,
satápe muru reîtyka.
N'aîpotari pe ri i xyka,
memē nhē opo-apekó,
pe rarōmo, pe repyka.
Peté umē
pe poxyramo angiré,
t'okanhē pe rekopûera
– ka'u, agûasá-nembûera,
temo'ema,[12] marã 'é,
îo-apixaba,[13] marandûera.[14]

(Anch., *Poesias*, 324-325)

Vocabulário

1. **tubixab** – enorme, grandíssimo

2. **mondarõ** (trans.) – roubar, furtar; ser traidor (do cônjuge)

3. **endy (s)** (trans.) – cuspir

4. **kunusãî** – modesto

5. **mondar** (trans.) – suspeitar de, ter ciúmes de

6. **suí** – a posposição **suí** tem um sentido especial, que até agora não foi estudado: ela pode introduzir uma finalidade negativa, significando *para não*. P.ex.: **Îori Anhanga mondyîa, oré moaûîé** *suí.* – Vem, para espantar o diabo, para não nos vencer. (Anch., *Poemas*, 102). Assim, **o mena o mondá-mondara suíne** traduz-se por *para não ficar suspeitando de si seu marido*

7. **t'i-mopó** – o mesmo que **t'îa-mopó**

8. **memẽ îepi** – sempre

9. **pokok** (trans.) – guiar

10. **moaysó** – tornar formoso; **aysó** – formoso

11. **ekoabok (s)** (trans.) – modificar, mudar

12. **emo'ema (t-)** – mentira

13. **îo-apixaba** – ferimentos mútuos

14. **marandûera** [marana + (p)ûer(a)] – antigas guerras

35 · Na corte do rei da França

Claude d'Abbeville

O índio Itapuku na França (D'Abbeville)

Em 1612, os franceses tentam novamente estabelecer uma colônia no Brasil, desta vez no Maranhão. Comandados por Daniel de la Touche, os franceses buscam criar a França Equinocial, fundando São Luís, em homenagem ao rei Luís XIII. Em 1613, índios brasileiros são levados para a França, onde se apresentam diante dos reis e da corte. O índio Itapuku, no palácio do Louvre, diante de centenas de pessoas, fez o seguinte discurso:

"**Yby îar, nde angaturam-eté erima'e, apŷaba, morubixaba, kyre'ymbaba**
"Senhor da terra, tu foste muito bondoso, enviando homens, chefes e guerreiros,
mondóbo xe retama pupé.[1] Pa'i, oré sepîak-y îanondé, oré mo'e-potar
para minha terra. Os padres, antes de os vermos, quiseram ensinar-nos
Tupã nhe'enga ri, oré pysyrõmo apŷá-memũã suí.
na palavra de Deus, para nos livrar dos homens maus.
Oré oroîkó pe rerekoaretéramo. Kûesenhe'ỹme oroîkó Îurupari ra'yramo,
Nós somos vossos legítimos guardiães. Antigamente estávamos como filhos do diabo,
oroîo'u raka'e.[2]
comíamos uns aos outros.

lição 35 • Na corte do rei da França

Xe putupab ne reburusu resé, ne repîaka, apŷaba opakatu

Eu estou admirado por tua grandeza, vendo-te, por todos os homens

ne remimbo'e sekóreme. (...)[3]

serem teus súditos.

Aîemoorybusu nde robaké ûitu, ne repîaka potá, Tupã ra'yra kuapa

Alegro-me muito, vindo diante de ti, querendo ver-te, para o filho de Deus conhecer

pe îabé nhẽ.

como vós.

Kûesenhe'ỹme Îurupari ra'yra oroîkó. Nde angaturameté erima'e,

Antigamente éramos filhos do diabo. Tu foste muito bondoso outrora,

apŷaba mondóbo xe retama pupé, Pa'i Tupã ra'yreté,

mandando homens para minha terra, filhos verdadeiros do Senhor Deus,

oré sepîaky îanondé. Aûîekatu, erima'e i xóû oré retama pupé;

antes de nós os vermos. Muito bem, eles foram outrora para nossa terra;

n'osóî tenhẽ ebapó.

não foram em vão para lá.

I îekuapabamo, oré rubixaba oré mbourukar pe retama pupé.

Como reconhecimento disso, nosso chefe nos mandou fazer vir para vossa terra.

Nde resé i îeruréû[4] nde remimbûaîa ri t'oroîkó. Oroîeruré bé nde resé

Pede a ti que estejamos entre teus súditos. Pedimos também a ti

t'oîeme'eng[5] apŷabangaturama oré retama pora ri, pa'i-îemo'esaba

que se deem homens bons para habitantes de nossa terra, padres doutos

Tupã resé i'ekatuba'e,[6] oré mo'esara a'e t'oîkó, kyre'ymbaba abé

que saibam acerca de Deus, para que sejam eles nossos mestres, e guerreiros,

oré pysyrõ irã t'oîkó. Opakatu xe yby pora[7] nde remimbûaîamo sekóû.

para que sejam nossa libertação. Todos os habitantes de minha terra são teus súditos.

Apŷaba karaíba é atuasaba kori oîkó".

Os índios e os cristãos hoje são companheiros".

(Histoire, 341v-342)

Vocabulário

nomes e verbos

atuasaba – companheiro; aliado; +compadre

eburusu (t-) – grandeza

emimbo'e (t-) – discípulo, súdito

emimbûaîa (t-) – súdito (lit., *aquele em quem alguém manda* – de **pûaî** – mandar)

îekuapaba – sinal, marca (lit., *meio de se reconhecer*)

karaíba – cristão

kyre'ymbaba – guerreiro, homem valente e ditoso nas guerras

outras categorias

ebapó – ali, para lá (que também remete ao que já foi dito antes – v. §39); aí (vis.)

kûesenhe'ym – antigamente

raka'e – v. nota 2

Comentários ao texto

1. **(...) mondóbo xe retama pupé.** – (...) *enviando para minha terra.* – Veja que a posposição **pupé** foi usada com o sentido de *para*, a expressar deslocamento ou movimento. Esse emprego ocorre às vezes nos textos tupis, embora não seja o mais comum.
2. **(...) oro-îo-'u raka'e.** – A partícula **raka'e** significa *outrora, antigamente* e também é usada para expressar o pretérito imperfeito: **Ixé raka'e.** – (Era) eu. (*VLB*, I, 121)
3. **(...) apŷaba opakatu ne remimbo'e sekóreme (...)** – Lit., *por estarem teus súditos todos os homens.* Aqui se omitiu a posposição **-ramo** após **emimbo'e (t-)** (v. §317).
4. **Nde resé i îeruréû (...)** – O verbo **îeruré**, *pedir*, admite, além da posposição **supé** para pessoa (pedir *para* alguém), também a posposição **esé (r-, s-)**.
5. **(...) T'o-îe-me'eng apŷabangaturama oré retama pora ri (...)** – *Que se deem homens bons para futuros habitantes de nossa terra.* – O afixo **-îe-** pode formar a voz passiva em tupi. Seria o mesmo que dizer *que sejam dados homens bons...* (V. nota 3 de *Comentários ao texto* da lição 26.)
6. **(...) Tupã resé i'ekatuba'e (...)** – A forma verbal **e'i**, do verbo **'i / 'é** apresenta uma variante que é **i'e**. Com **katu**, tem o sentido de *poder, ser capaz, ser apto*, e também *saber*: **N'a'ekatuî.** – *Não sei.* (*VLB*, II, 8)
7. **Opakatu xe yby pora (...)** – *Todos os habitantes de minha terra* (...) – **Yby** significa *terra*, no sentido de *chão, solo, superfície terrestre*, e também *pátria, terra em que se vive*. Neste último caso, é um substantivo possuível, podendo receber possessivos: **xe yby** – *minha terra*.

lição 35 • Na corte do rei da França

Exercícios

I   Traduza:

Da Prisão do Senhor
– Abápe i me'engaramo turi?
– Amõ i boîá, Judas seryba'e.
– Setápe Judeus îandé îara pysyka semierasopûera?
– Setá.
– Mba'e-mba'epe i popesûaramo?[1]
– Itá mimbuku,[2] (...) itangapema, ybyraŷsanga[3], sesaý[4] pytumimbyka[5] rupi pé resapébo.
– Oîkuapá[6]-me'eng umãpe Judas Îandé Îara Judeus supé erimba'e?
– Oîkuapá-me'eng umã.
– Marã o'îabope?
"– *A'e asetobapé[7]-pyté[8]-ne*" o'îabo, "*peîpysykatu kori, i popûá, i xamoína,[9] sesé
    pema'enãngatûabo*" o'îabo.
– Osetobapepytépe erimba'e, sesé osyka bé?
– Osetobapepyter, "*eîkobekatu,[10] xe mbo'esar gûy,[11]*" o'îabo.
– Marã e'ipe Îandé Îara i xupé?
"– *Mba'e resépe ereîur, xe remiaûsukatu gûy?*", e'i; "*te'õ supé xe me'eng, xe robá
    pyter îepé*", e'i.
– A'epe Judeus supé marã e'i?
"– *Mba'epe pesekar?*", e'i (...)
– Marã e'ipe Judeus?
"– *Jesus Nazareno orosekar*", e'i.
– Marã e'ipe Îandé Îara?
"–*Ixé aé ã*", e'i.
– Marã îabépe[12] Judeus rekóû a'ereme?
– Opá i îeakypûé reroîebyri,[13] o atukupé-pyterybo[14] o'á ybype.
– Oporandu bé nhẽpe Îandé Îara i xupé, "*abápe pesekar?*" o'îabo?
– Oporandu bé nhẽ.
– Marã e'ipe Judeus, i piaretá,[15] i xupé?
"– *Jesus Nazareno ikó orosekar*", e'i.
– Marã e'ipe Îandé Îara?
"– *Ixé aé ã, a'é umã n'akó peẽmo[16]*", e'i: "*xe ipó xe rekar peîepé: t'e'i nhẽ ã xe boîá
    (...) rerasóbo re'a[17]*", e'i.
– Marãpe Judeus rekóû a'ereme?
– Opá i xyki Îandé Îara resé, i popûábo.
– Marãpe i boîá rekóû emonã o îara rerekó repîaka?
– São Pedro itangapema osekyî, morubixaba rembiaûsuba Malko seryba'e apixapa,[18]
    i nambi mondoka.[19]
– Marã e'ipe Îandé Îara i xupé?
"– *Eîmondeb itangapema suru[20]-pe*", e'i: "*nd'ereîpotari-p'iã xe ruba remimotara rupi
    xe re'õ?*", e'i.
– Oîposanongype Îandé Îara a'e i nambi-mondokypyra?[21]
– Oîposanong, i nambi atõîa[22] nhõte, aûnhenhẽ i monga'ẽmo,[23] i moîepotá.[24]

443

– Marãpe i boîá rekóû îandé îara gûá i popûareme?
– Oîabab i xuí, seîá, osóbo, Judeus suí osykyîébo, o mbo'esara reîá.

(Araújo, Cat. Líng. Bras., 1686, 74-76)

Vocabulário

1. (...) **i popesûaramo** – ... como arma deles; **popesûara** – o que está na mão, a arma
2. **itá mimbuku** – lanças de ferro
3. **ybyraŷsanga** – maça, clava
4. **sesaý** (ou **ysysaý**) – facho de luz
5. **pytumimbyka** – escuridão
6. **kuapaba** – meio de reconhecer, meio de conhecer
7. **etobapé (t-)** – face, bochechas
8. **pyter** (trans.) – chupar, beijar
9. **samoín** (trans.) – amarrar com corda
10. **eîkobé-katu** – fórmula de cumprimento: *vive bem!*
11. **gûy** – o mesmo que **gûé**, *oh!* (de h.)
12. **marã îabé-pe?** – como?
13. **opá i îeakypûé reroîebyri** – lit., *todos eles voltaram com as próprias pegadas*, i.e., *todos eles voltaram para trás*
14. **o atukupepyterybo** – de costas (lit., *no meio de suas costas*)
15. **piara** – perseguidor
16. **a'é umã n'akó peẽmo** – já vos disse isso
17. **re'a** – esta partícula tem vários sentidos. No texto acima, expressa expectativa de quem fala e não se traduz
18. **apixab (s)** (trans.) – ferir
19. **mondok** (trans.) – arrancar
20. **uru (r-, s-)** – você viu esse substantivo nas lições 7 e 28. **Uru (r-, s-)** é *vasilha, recipiente, receptáculo, bainha*, em relação à coisa guardada e **(ep)uru (r-, s-)** o é com relação à pessoa que o possui: **peró repuru** – bainha do português; **itangapema ruru** – bainha da espada
21. **mondok** (trans.) – cortar, partir
22. **atõî** (trans.) – tocar
23. **monga'ẽ** (trans.) – secar, enxugar
24. **moîepotar** (trans.) – colar, juntar

Tupinambás trocam produtos com franceses (De Bry)

36 · Carta do índio Diogo Camarão

Buscando estabelecer uma colônia no Brasil, os holandeses invadiram Pernambuco em 1630. Poucos anos depois, já em 1640, chegaram a dominar vasto trecho do litoral nordestino, especificamente Pernambuco, Paraíba, Rio Grande do Norte, Bahia, Sergipe e Maranhão. Em 1645, porém, inicia-se a *Insurreição Pernambucana*, que visava a expulsá-los do Brasil. Esse movimento era comandado por *André Vidal de Negreiros, Henrique Dias* e *Felipe Camarão*, este último um índio potiguara, falante do tupi. Felipe Camarão comandou os índios cristianizados do Nordeste que lutaram contra o domínio holandês no Brasil, dentre os quais seu primo *Diogo Camarão*. Contudo, alguns índios, insatisfeitos com os portugueses, passaram para o lado dos holandeses, aí se incluindo *Pedro Poti*, outro primo de Felipe Camarão, e o cacique *Antônio Paraopeba*.

Nesta carta, vemos Diogo Camarão, índio potiguara, a pedir a seu primo Pedro Poti que passe para o lado dos portugueses, pois, segundo ele, os holandeses eram hereges. Avisa-o também que ele os retiraria da região que então ocupavam.

Este é um dos poucos textos conhecidos que foram escritos por um índio no período colonial brasileiro, estando guardado seu original na Real Biblioteca de Haia, na Holanda.

tam ramo nderecõ mara erejmo Canheng motarete Catu
pe Chrjstam ramo nderecõ mara erejmo Canheng mo
taretepe Pajtupa rajramõ nderecõ mara erejõ potarete
pe tecosuabejmamõ erenhemoCanheng mõtatela Catu
Ende anhe ejcobo mobigpe Chrjstam Canhema erecejõ
Carajba xa o Canheng bae rua maranamõ Chrjstam
ramo Ebrima dej Catuj Pajtupa Tmocanhema Ilobe orõ
Ite pererocema mõta jnor Capitaõ mor An.to Ihellope
Camaraõ nheenga rupi opabenhe Carajba rubixaba
nheenga rupixejutupa bete a quiteuibo perere
oretij punheguacema rapiaca napeanama ndatepe
orõ maereupe oremota rejj pijepe ore nerome
nhongi maeajbamõ poemonej pae napejmonhongi
maeajbamõ orebe Emoquejbe Capitaõ mor Papera Cou
Endebe Emoquejbe An.to paraupaba Cupe amõ Capitaõ
mor Papera Cou Pajtupa teuõ ojque pepiopamõ Chrjstam
que aemõ peuemõ orerorubeteho peremami meme
percpia Camõ Emoquejbe Mosoj Cunha ajmodo peeme
moraduba reraCobo tomobeu quererue Endebe —
Ajponho Moraduba Cou pejCobe Catu dejCobo Pajtu
pa tojeo Pejrunamõ oje 27 deoutubro 1645 byunoj
nderibira nderouCupara Sargento mor Dom Diego
Pinheyro Camaraõ

lição 36 • Carta do índio Diogo Camarão

Ao sñor capitão Pedro Potî Îandé Îara Pa'i Tupã tekobé-katu t'ome'eng endébe. Ikó xe papera endé sepîak-y îanondé, xe rorykatu ã opabenhẽ pe marane'yma resé gûiporandupa, xe abé ã na xe marani nhẽ gûitekóbo. Peẽme ma'e monhangagûama resé, ma'e pe remimotara, ma'e monhangagûama resé, aîmondó ã xe soldados ebapó nde rapé ypype pe sema resé, "*pekûaî ãgûa amõ sema repîaka*", gûi'îabo. Aîmondó capitão Diogo Costa, "*peîpysyk abá amõ koîpó kunhã amõ ta peîmongetá. Pe renosema ikó oroîur*" peîé i xupé. "*Peîmongetá ranhẽ. I mongetá roîré, ta peîmondó ãgûa mongakuapa*", gûi'îabo. Pa'i Tupã Îandé Îara reminguabamo, ikó xe nhe'enga aîmondó endébe, Sr. Pedro Potî. Marãnamo xe ã nde anama retekatu? Eîor esema Anhanga ratá nungara suí. Eîkuab cristãoramo nde rekó. Marã ereîmokanhẽmotaretekatupe cristãoramo nde rekó? Marã ereîmokanhẽmotaretépe Pa'i Tupã ra'yramo nde rekó? Marã ereikopotaretépe? Tekó kuabe'ymamo, erenhemokanhẽmotaretekatu endé anhẽ eîkóbo. Mobype cristão-kanhema eresepîá? Karaíba na okanhemba'e ruã. Marãnamo cristãoramo sekóreme, nd'i katuî, Pa'i Tupã i mokanhema? Ikó bé oroîkó pe renosema motá, sr. Capitão-mor Antônio Felipe Camarão nhe'enga rupi, opabenhẽ karaíba rubixaba nhe'enga rupi bé. Xe putupabeté ã gûitekóbo pe resé, oré suí pe nhegûasema repîaka. Na pe anama ruãtepe oré? Ma'e resépe oré amotare'ym peîepé? Oré n'oromonhangi ma'eaíba amõ peẽmo. Neî, peẽ na peîmonhangi ma'eaíba amõ orébe. Emokûeî bé capitão-mor papera sóû endébe. Emokûeî bé Antônio Paraopeba supé amõ capitãomor papera sóû. Pa'i Tupã temõ oîké pe py'a-pe-mo, cristão gûé! A'emo pesẽ me oré rorybetémo, pesẽmemo, memẽ pe repîakamo. Emokûeî bé mokõ î kunhã aîmondó peẽ me moranduba rerasóbo, t'omombe'u ké xe rekó endébe. Aîpó nhõ moranduba sóû. Peîkobé-katu peîkóbo. Pa'i Tupã t'oikó pe irûnamo. Hoje 21 de outubro, 1645 anos. Nde rybyra, nde raûsupara, Sargento-mor Dom Diogo Pinheiro Camarão.

Ao senhor capitão Pedro Poty Nosso Senhor Deus dê a ti uma vida boa. Antes de veres esta carta, eis que eu estou muito feliz, perguntando pela saúde de todos vós, eu também não estando mal.

Para vos fazer coisas, as coisas que vós desejais, para vos fazer coisas, enviei meus soldados aí, perto dos teus caminhos, para vossa saída, dizendo: "– *Ide para ver sair alguns deles*". Mandei o capitão Diogo da Costa, dizendo "– *prendei alguns homens ou algumas mulheres para que converseis*". Dizei a eles: "– *Eis que viemos para vos retirar*". Conversai com eles primeiro; depois de conversar com eles, que os envieis para dar notícias àqueles.

Como coisa sabida do Senhor Deus, Nosso Senhor, estas minhas palavras envio a ti, senhor Pedro Poti. Por que é que eu sou a parte boa dessa tua família? Vem para sair do que é parecido ao fogo do diabo. Saibas que és cristão! Por que queres fazer perder verdadeiramente tua vida como cristão? Por que queres verdadeiramente fazer perder teu estado de filho do Senhor Deus? Que queres fazer na verdade? Sem saber os fatos, tu, na verdade, estás querendo muitíssimo perder-te a ti mesmo. Quantos cristãos perdidos viste? O cristão é o que não se perde. Por que, sendo cristãos, não são bons, fazendo-os perder o Senhor Deus?

Eis que aqui estamos, querendo vossa retirada, conforme as palavras do senhor capitão-mor Antônio Felipe Camarão, e também conforme as palavras do chefe de todos os brancos. Eis que eu estou muito admirado convosco, vendo-vos fugir de nós. Não somos nós vossa família? Por que vós nos odiais? Nós não fizemos nada mau para vós. Eia, vós não fizestes nada mau para nós.

Para aí também vai a ti a carta do Capitão-mor. Para aí também vai outra carta do Capitão-mor para Antonio Paraopeba. Oxalá o Senhor Deus entrasse em vossos corações, ó cristãos. E ficaríamos muito felizes se saísseis, para vos ver sempre. Para aí também enviei duas mulheres a vós para levar notícias e para que contem a ti como aqui estou. Vão estas notícias somente. Que estejais vivendo bem. O Senhor Deus esteja convosco. Hoje, 21 de outubro de 1645 anos. Teu primo e teu amigo Sargento-mor Dom Diogo Pinheiro Camarão.

Vocabulário

nomes e verbos

aûsupara (t-) – amigo (lit., *o que ama*)

eîor – o mesmo que eîori [imperativo de îur / ur(a) (t-, t-)] – vir

eté (t-) – parte principal, parte mais importante

marane'yma – saúde, bem-estar

mongakuab (trans.) – dar notícias a, informar

nhegûasem (intr.) – fugir

nungara – o igual, o semelhante a

papera+ – carta, papel

outras categorias

a'e – e (v. §77)

āgûa – o mesmo que āûa – eles (as), aqueles (as)

emokûeî (adv.) – o mesmo que ebokûeî – aí, lá, para aí, para lá

Cambuí
Árvore da família das mirtáceas
(Marc., *Hist. Nat. Bras.*)

Comentários ao texto

1. **Ao sñor capitão** – Veja que, aí, Diogo Camarão não empregou a posposição **supé** do tupi, mas a preposição *a* e o artigo *o* do português. Sendo bilíngues, os índios Camarões podiam entender-se dessa forma. O uso de sentenças ou de termos em português ocorre de vez em quando no texto.
2. O verbo **me'eng** às vezes não incorpora o pronome pessoal -î-. Isso talvez se deva ao fato de ser o **m** inicial remanescente do prefixo **mo-**, que comumente pode dispensar o pronome incorporado (v. §288).
3. Observe a ausência do discurso indireto em tupi antigo. O autor reproduz fielmente o que ele disse para o Capitão Diogo da Costa e o que esse capitão deveria dizer para as pessoas que ele apanharia.

Leitura complementar

Felipe Camarão, "Um índio destro em ler e escrever"

Um fato de grande importância para a linguística americana foi ter havido, no período colonial brasileiro, índios alfabetizados que escreveram em tupi antigo, sua língua materna. Um exemplo desses foi o capitão-mor Felipe Camarão:

"Nasceu Antônio Felipe Camarão em Pernambuco, no ano de 1600 ou 1601 (...) Não se conhecem os nomes de seus pais, embora se tenha menção de que o índio Jaguarari era seu tio e Dom Diogo Pinheiro Camarão – seu sucessor na capitania--mor dos índios – era seu primo. Pelo ano de 1629 residia ele na aldeia Meretibi, onde então ensinava a doutrina o Padre Manuel de Morais. Em 1630, estava na Aldeia de São Miguel ou Mussuí, capitaneando os índios de sua tribo. Era dela superior o mesmo padre.

Educado pelos jesuítas, era ele, segundo Frei Manuel Calado, 'destro em ler e escrever e com algum princípio de latim'; exagerava-se nos escrúpulos de correção gramatical e de pronúncia do português, pois 'era tão exagerado em suas coisas, que, quando falava com pessoas principais, o fazia por intérprete (posto que falava bem o português) dizendo que fazia isto porque, falando em português, podia cair em algum erro no pronunciar as palavras, por ser índio'. A letra de sua assinatura é firme e parece indicar destreza de mão em escrever, ao contrário de seu compa-nheiro Henrique Dias. As suas atitudes eram comedidas e 'mui cortesão em suas palavras e mui grave e pontual, que se quer mui respeitado'.

Faleceu entre 29 de abril e 19 de maio de 1648".

José Antônio Gonsalves de Mello, *D. Antônio Felipe Camarão, Capitão-mor dos Índios da Costa do Nordeste do Brasil*, pp. 16-17, 48-49.

Bibliografia

ABBEVILLE, Claude d', *Histoire de la Mission des Pères Capucins en Isle de Maragnan et Terres Circonvoisines*. Paris, 1614.

ALENCAR, José de, *O Guarani*. São Paulo, Editora Ática, 1979.

ALMEIDA NOGUEIRA, Batista Caetano de, Esboço gramatical do Abáñeê ou língua guarani, chamada também no Brasil língua tupi ou língua geral, propriamente Abañeenga. *Anais da Biblioteca Nacional do Rio de Janeiro*, vol. VI, pp. 1-90. Rio de Janeiro, 1879.

Vocabulário das palavras guaranis usadas pelo tradutor da Conquista Espiritual do Padre A. Ruiz de Montoya. *Anais da Biblioteca Nacional do Rio de Janeiro*, vol. VII. Rio de Janeiro, 1879.

Manuscrito guarani da Biblioteca Nacional do Rio de Janeiro sobre a primitiva catequese dos índios das missões, composto em castelhano pelo Pe. Antônio Ruiz de Montoya, vertido para o guarani por outro padre jesuíta, e agora publicado com a tradução portuguesa, notas, e um esboço gramatical do Abáñeê. *Anais da Biblioteca Nacional do Rio de Janeiro*, vol. VI. Rio de Janeiro, 1879.

ANCHIETA, José de, *Arte de Gramática da Língua mais usada na Costa do Brasil*. Edição fac-similar da Biblioteca Nacional do Rio de Janeiro. Imprensa Nacional, Rio de Janeiro, 1933.

Cartas, Informações, Fragmentos Históricos e Sermões. Publicação da Academia Brasileira de Letras, Livraria Civilização Brasileira, S. A. , Rio de Janeiro, 1933.

Diálogo da Fé (Organização, tradução e notas do Pe. Armando Cardoso). Edições Loyola, São Paulo, 1988.

Poesias (Organização, tradução e notas de Maria de Lourdes de Paula Martins). Editora Itatiaia, Belo Horizonte; Editora da Universidade de São Paulo, São Paulo, 1989.

Catecismo Brasílico, I (Doutrina Cristã) (Organização, tradução e notas do Pe. Armando Cardoso). Edições Loyola. São Paulo, 1993.

Catecismo Brasílico, II (Doutrina Cristã) – Doutrina Autógrafa e Confessionário. (Organização, tradução e notas do Pe. Armando Cardoso). Edições Loyola, São Paulo, 1993.

Poemas – Lírica Portuguesa e Tupi (Organização, tradução e notas de Eduardo de Almeida Navarro). Editora Martins Fontes, São Paulo, 1997.

Teatro de Anchieta (Organização, tradução e notas de Eduardo de Almeida Navarro). Editora Martins Fontes, São Paulo, 1999.

ANDRADE, Mário de, *Macunaíma*. Editora Itatiaia, Belo Horizonte, 1986.

ARAÚJO Antônio de, *Catecismo Brasílico da Doutrina Cristã*. Edição fac-similar da 2ª edição de 1686, corrigida por Bartolomeu de Leão. Júlio Platzmann., B. G. Teubner, Leipzig, 1898.

Catecismo na Língua Brasílica. Reprodução fac-similar da 1ª edição (1618), com apresentação do Pe. A. Lemos Barbosa. Pontifícia Universidade Católica do Rio de Janeiro, Rio de Janeiro, 1952.

ARRONCHES, João de, *O Caderno da Língua ou Vocabulário Português-Tupi* (Notas e comentários à margem de um manuscrito do século XVIII por Plínio Ayrosa). Imprensa Oficial do Estado, São Paulo, 1935.

BETTENDORFF, João Felipe, *Compêndio da Doutrina Cristã na Língua Portuguesa e Brasílica*. Miguel Deslandes, Lisboa, 1678.

BETTS, La Vera, *Dicionário Parintintín-Português / Português Parintintín*. SIL, Brasília, 1981.

BOSI, Alfredo, *Dialética da Colonização*. Companhia das Letras, São Paulo, 1992.

BOUDIN, Max H., *Dicionário de Tupi Moderno* (Dialeto Tembé Ténêtéhar do Alto Rio Gurupi). Conselho Estadual de Artes e Ciências Humanas, 1966.

CAMINHA, Pero Vaz de, *Carta a El-Rei D. Manuel*. Imprensa Nacional, Casa da Moeda, Lisboa, 1974.

CARTAS DOS CAMARÕES, *Arquivos da Companhia das Índias Ocidentais*. Real Biblioteca de Haia, Holanda.

CLASTRES, Hélène, *A Terra sem Mal* – O profetismo Tupi-Guarani. Editora Brasiliense, São Paulo, 1978.

Estudos sobre Línguas Tupi do Brasil. Série Linguística, nº 11. SIL, Brasília, 1984.

CARDIM, Fernão, *Tratados da Terra e Gente do Brasil*. J. Leite & Cia., Rio de Janeiro, 1925.

CASCUDO, Luís da Câmara, *Dicionário do Folclore Brasileiro*. Ediouro, Rio de Janeiro, 1996.

CASTILHO, Pero de, *Os Nomes das Partes do Corpo Humano pela Língua do Brasil*. Edição de Plínio Ayrosa, Revista dos Tribunais, São Paulo, 1937.

CUNHA, Antônio G., *Dicionário Histórico das Palavras Portuguesas de Origem Tupi*. Edições Melhoramentos, São Paulo, 1982.

DALL'IGNA RODRIGUES, Aryon, Diferenças Fonéticas entre o Tupi e o Guarani. In *Arquivos do Museu Paranaense*, vol. IV (Curitiba, 1945), pp. 333-54.

A categoria da voz em Tupi. In *Logos*, ano II, nº 6, Curitiba, 1947, pp. 50-3.

A reduplicação em Tupi. In *Gazeta do Povo*, Curitiba, 31-III-1950.

Esboço de uma introdução ao estudo da Língua Tupi. In *Logos*, ano VI, nº 13, Curitiba, 1951, pp. 43-58.

A composição em Tupi. In *Logos*, ano VI, nº 14, Curitiba, 1951, pp. 63-70.

Análise morfológica de um texto Tupi. In *Logos*, ano VII, nº 15. Tip. João Haupt & Cia. Ltda., Curitiba, 1952, pp. 55-57.

Morfologia do Verbo Tupi. in *Letras*, nº 1. Curitiba, 1953.

Phonologie der Tupinambá-Sprache (Tese de Doutorado). Universidade de Hamburgo, 1959.

O Sistema Pessoal do Tupinambá. In *Ensaios Linguísticos* 1, 167-73. Belo Horizonte, 1978.

Línguas Brasileiras – Para o conhecimento das línguas indígenas. (Coleção Missão Aberta, 11). Edições Loyola, São Paulo, 1986.

Descripción del Tupinambá en el Período Colonial: El Arte de José de Anchieta. Colóquio Internacional sobre a Descrição das Línguas Ameríndias no Período Colonial. Ibero-amerikanisches Institut, Berlin, 1995.

As Línguas Gerais Sul-Americanas. In *Papia*, Revista de Crioulos de Base Ibérica, vol. 4, nº 2, 1996.

Argumento e Predicado em Tupinambá. *Boletim da Associação Brasileira de Lingüística*, nº 19, 1996.

O Conceito de Língua Indígena no Brasil, I: Os Primeiros Cem Anos (1550-1650) na Costa Leste. ANPOLL, mesa redonda inter-GTs sobre ideias linguísticas no Brasil, 1996.

Estrutura do Tupinambá. Inédito.

DOOLEY, Robert, *Vocabulário do Guarani*. SIL, Brasília, 1982.

EDELWEISS, Frederico G., *O Caráter da Segunda Conjugação Tupi*. Publicações da Universidade da Bahia, Salvador, 1958.

Tupis e Tupi-Guaranis. Livraria Brasiliana Editora, 1969.

EVREUX, Ives D', *Viagem ao Norte do Brasil* (Tradução de César Augusto Marques). Rio de Janeiro, 1929.

FERNANDES, Florestan, *A Organização Social dos Tupinambá*. Instituto Progresso Editorial, São Paulo, 1948.

FERREIRA FRANÇA, Ernesto, *Crestomatia da Língua Brasílica*, Leipzig, 1859.

FIGUEIRA, Luís, *Arte da Língua Brasílica*. Manuel da Silva, Lisboa, 1621.

Arte de Gramática da Língua Brasílica. Miguel Deslandes, Lisboa, 1687 (Ed. de Júlio Platzmann, sob o título *Gramática da Língua do Brasil*). B. G. Teubner, Leipzig, 1878.

GÂNDAVO, Pero M., *Tratado da Terra do Brasil; História da Província de Santa Cruz*. Editora Itatiaia, Belo Horizonte; Edusp, São Paulo, 1980.

GRANDES PERSONAGENS DA NOSSA HISTÓRIA. São Paulo, Abril Cultural, 1969.

GREGÓRIO, José, *Contribuição Indígena ao Brasil*. União Brasileira de Educação e

Ensino. Belo Horizonte, 1980. (3 vols.)

GRENAND, Françoise, *Dictionnaire Wayãpi-Français*. Peeters / Selaf, Paris, 1989.

GUASCH, Antonio, *Diccionario Guarani-Castellano y Castellano-Guarani*. Ed. do Autor, Buenos Aires, 1948.

KAKUMASU, James e KAKUMASU, Kiyoko, *Dicionário por Tópicos Urubu-Kaapor-Português*. FUNAI / SIL, Brasília, 1988.

LEMOS BARBOSA, Antônio, *Juká* – o paradigma da conjugação tupi. Estudo etimológico-gramatical. In *Revista Filológica*, ano II, nº 12 , Rio de Janeiro, 1941, pp. 74-84.

Pequeno Vocabulário Tupi-Português. Livraria São José, Rio de Janeiro, 1951.

Curso de Tupi Antigo. Livraria São José. Rio de Janeiro, 1956.

Pequeno Vocabulário Português-Tupi. Livraria São José, Rio de Janeiro, 1970.

LÉRY, Jean de, *Histoire d'un Voyage Faict en la Terre du Brésil*, 1578 e 1580.

MELATTI, Júlio Cézar, *Índios do Brasil*. Editora da Universidade de Brasília / Hucitec, São Paulo-Brasília, 1993.

MELLO, José A. G., D. Antônio Felipe Camarão, *Capitão-Mor dos Índios da Costa do Brasil*. Universidade do Recife, 1954.

MARCGRAVE, George, *História Natural do Brasil*. Imprensa Oficial do Estado, São Paulo, 1942.

MÉTRAUX, Alfred, *A Religião dos Tupinambás*. Companhia Editora Nacional; Editora da Universidade de São Paulo, São Paulo, 1979.

MONTOYA, Antônio Ruiz de, *Arte de la Lengua Guarani, ó más bién tupi*. Viena – Paris, 1876.

Vocabulario de la Lengua Guarani. Viena-Paris, 1876.

Tesoro de la Lengua Guarani. Viena-Paris, 1876.

Catecismo de la Lengua Guarani. Ed. de Júlio Platzmann, B. G. Teubner, Leipzig, 1876.

Manuscripto guarani da Bibliotheca Nacional do Rio de Janeiro sôbre a primitiva catechese dos indios das Missões, vertido para o guarani por outro padre jesuita, e agora publicado com a traducção portugueza, notas, e um esbôço grammatical do Abáñeẽ por Baptista Caetano de Almeida Nogueira. *Annaes da Bibliotheca Nacional do Rio de Janeiro*, vol. VI, Rio de Janeiro, 1879.

NAVARRO, Eduardo de A., *A Problemática Linguística do Renascimento às Missões e as Gramáticas da Língua Tupi de José de Anchieta e Luís Figueira*. Tese de Doutoramento pela Faculdade de Filosofia, Letras e Ciências Humanas da Universidade de São Paulo. São Paulo, 1995.

Anchieta, Vida e Pensamentos. Editora Martin Claret, São Paulo, 1997.

Poemas de José de Anchieta. Editora Martins Fontes, São Paulo, 1997.

Dicionário de Tupi Antigo: a língua indígena clássica do Brasil. Global Editora, São Paulo, 2013.

Dicionário da Língua Brasílica – Língua Tupi das Origens do Brasil (inédito).

NÓBREGA, Manuel da, *Cartas do Brasil*. Editora Itatiaia, Belo Horizonte; Editora da Universidade de São Paulo, São Paulo, 1988.

ORTIZ-MAYANS, António, *Nuevo Diccionario Español-Guarani y Guarani-Español*. Buenos Aires, Libreria Platero Editorial, 1973.

RESTIVO, Pablo, *Arte de la Lengua Guarani*. Ed. de C. F. Seybold. Guilherme Kohlhammer, Stuttgart, 1892.

Vocabulario de la Lengua Guarani. Ed. de C. F. Seybold. Guilherme Kohlhammer, Stuttgart, 1892.

SALVADOR, Vicente do, *História do Brasil de 1500 a 1627*. Editora Itatiaia, Belo Horizonte; Editora da Universidade de São Paulo, São Paulo, 1982.

SOUSA, Gabriel Soares de, *Tratado descritivo do Brasil em 1587*. Companhia Editora Nacional, São Paulo, 1938, 3ª edição.

STADEN, Hans, *Duas Viagens ao Brasil*. Editora Itatiaia, Belo Horizonte; Editora da Universidade de São Paulo, São Paulo, 1974.

STRADELLI, E., Vocabulário da Língua Geral: Português-Nheengatu e Nheengatu--Português. *Revista do Instituto Histórico e Geográfico Brasileiro*, 104 (158). Rio de Janeiro, 1929.

THEVET, André, *La Cosmographie Universelle*. Pierre l'Huillier, Paris, 1575, tomo II.

Singularidades da França Antártica. Prefácio, tradução e notas de Estevão Pinto. Companhia Editora Nacional, São Paulo, 1944.

VALENTE, Cristovão, Poemas Brasílicos, In: ARAÚJO, Antônio de, *Catecismo Brasílico da Doutrina Cristã*, 1686.

VIEIRA, Antônio, *Cartas*. Edição de Lúcio de Azevedo, 3 vols. Coimbra, 1925-1928.

VIOTTI, Hélio, *Anchieta, O Apóstolo do Brasil*. Edições Loyola, São Paulo, 1980.

VOCABULÁRIO NA LÍNGUA BRASÍLICA (1ª edição publicada por Plínio Ayrosa, 1938 e 2ª edição revista e confrontada com o Ms. fg. 3144 da Biblioteca Nacional de Lisboa por Carlos Drumond). Faculdade de Filosofia, Ciências e Letras, Boletim nº 137, Etnografia e Tupi-Guarani, nº 23, Universidade de São Paulo, São Paulo, 1952.

WEISS, Helga Elisabeth, *Para um Dicionário da Língua Kayabí*. Tese de doutoramento pela Faculdade de Filosofia, Letras e Ciências Humanas da Universidade de São Paulo. São Paulo, 1998.

Índice do vocabulário (tupi-português)

Os números são os das páginas em que as palavras aparecem numa lista.

A

aan 45
a'ang (s) 144; 182; 217; 404
a'angaba (t) 154; 349
aani 137
abá 22
aba (s, r, s) 368; 426
aba (t) 368
-aba 278
abá-pe? 22; 51
abá-abá-pe? 51
abá mba'e-pe? 51
abá suí-pe? 51
abá supé-pe? 51
abaeté 221; 431
abaíb 147
abaîté 404
abaré 45
abaregûasu 231
abati 65
abé 33; 236
aby 167
abŷare'ym 312
a'e 33; 301; 448
a'ebé 231
a'epe 316
a'ereme 273; 435
ãgûa 448
agûasá 426
ahē 374; 378
aî (r, s) 431
ãîa (t) 265
aíb 154; 316
Aîmbiré 301
aîó 431
aîpĩ 236
aîpó 33
aír (s) 413
aîuban 359
aîura 336
aîuri 336
aîuruîuba 374
aîxé 165
aîxó (t) 165
'aka 368
akaî! 404
akaîgûá! 404
akaîu 67
akangá 250
akanga 55
akangaoba 368
akangatara 236

akará 390
akub (r, s) 285
akuba (t) 265
akûeî 33
akûeîme 217; 404
akûeîpe 45
aku'i 131
akuti 265
akypûera (t) 231; 336
akypûeri (r, s) 336
amana 301
amanusu 117
ambé 231; 368
ambyasy 59; 82
amē 265
ãme 328
amĩ 67
amõ 45; 250
amõaé 145; 250
amõngoty 404
amota(r) 183
amotare'ym 378
amotare'ymbara 154; 328
amũîa (t, t) 401
amŷîa (t, t) 165
amyîpagûama (t) 316
amyniîu 265
amynyîu 265
anam 182
anama 45; 378
andub (nh) 107
andyrá 431
angá 404; 413
'anga 56; 117; 265
angaîpab 147
angaîpaba 56; 77; 117
angaîpabora 246
angaturam 76
angekoaíb 287
angiré 287
'angûera 217
Anhanga 56; 394
Anhanga ratá 231
anhē 144
anhē serã 312
anheté 316
anhõ 76; 155
a'o 339
aoba 55
(a)pé (r, s) 102
apek (s) 115
apekó (s) 182; 394

apekũ 312
apîar (s) 115
apin 323
apiramõ 217
apirõ (s) 265
apiti 158
apixab 439; 444
apixara 217
apó (s, r, s) 59; 299
apor (xe) 182
apûá (t) 217
apu'a 101
apûan (xe) 390
apy (s) 339
apŷaba 118; 236; 394
apykaba 231
apypyk 390; 417
apyra 336
apyri 336
apysyk (xe) 154; 231; 323
apytera 217; 336
apyteri 336
apytĩ 250
'ar 71; 131; 137; 236
'ara 82; 217; 328; 336
'araba 131
'areté 217
'areteguasu 413
'are'yma 154
'ari 108; 336
ariama 390
arõ (s) 154; 231; 328; 394
arõaba (t) 231
arõana (t) 167; 231
arugûá 186
arukanga 245
aruru 147
arybé (xe) 265
'arybo 122; 328
asab (s) 115; 312
aseî 336
aseîa 336
asem (r, s) 121
aso'i 359
aso'îaba 236
aso'îabok 390
asy (t) 137; 265
asyk 431
atã (r, s) 121; 250
atá (t) 137; 404
atãngatu (t) 339
atara 356

atá-u'uba (t) 205
atîaî 413
ati'yba 287
atôî 444
atuá 336
atuá-î 336
atûasaba 301; 442
auîé 378
aûîebé 368
aûîebeté 374
aûîekatutenhẽ 368
aûîé nipó 368
aûîerama 167
aûîeramanhẽ 316; 273
aûîeté 323; 431
aûnhenhhẽ344
aûsu 154
aûsub (s) 107
aûsubar (s) 115
aûsupara (t) 448
aybu (xe) 121
a'yra (t, t) 90

B
basem 343; 183
bé 312
bebé 121
bé'î 401
berab 121
-bo 328
boîá 182; 316; 417
-bor(a) 328
by'a(r) 414
byk 359
byr 323

E
é 117
é (r, s) 390
ebapó 312; 442
eburusu (r, s) 390
eburusu (t) 442
e'ẽ (r, s) 260
eî (-îo-s) 182
eîar 147
eikûarugûy (t) 265; 448
eîori 167
eîyî (s) 202
ekar (s) 180; 186
ekate'ym (r, s) 167
ekó (t) 145; 312; 378; 391; 435
ekoaba (t) 359; 374
ekoabok (s) 439
ekó-aíba (t) 118
ekó-angaîpaba (t) 231
ekobîara (t) 231
ekokatu (t) 90; 154
ekokatûaba (t) 246
ekomemûã (t) 391
ekomonhang (s) 245; 273; 301

ekomonhangaba (t) 90
ekopoxy (t) 394
ekopuku (t) 414
ekotebẽ (t) 417
ekyî (s) 171; 414
embé (t) 236
embi- 250
embiara 404
embiaûsuba (t) 145; 147; 130
emi- 250
emimbo'e (t) 442
emimotara (t) 90; 285
emirekó (t) 145
(e)mityma (r, s) 417
(e)mo'em (r, s) 273
(e)mo'ema (r, s) 339
emokûeî 448
emonãnamo 183
endaba (t) 202
endé 22
endu (s) 365
endub (s) 107
endy (s) 439
endy (t) 312
endybaaba (t) 291
endypy'ā (t) 417
endyra 147
enẽ 431
ene'î 167
(e)nha'ẽ (r, s) 102
(e)nimbó (r, s) 265
enõî (s) 107; 435
enõîndaba (t) 312
enonhen 339
enosem 265; 356
e'õ (t) 117; 250
e'õmbûera (t) 167; 277
epenhan (s) 121
epîak (s) 107
epîak-a'ub (s) 147
(ep)uru (r, s) 102
epy (s) 431
epy (t) 368
epyk (s) 250
epyme'eng (s) 301
era (t) 90
erapûan (r, s) 401; 426
erapûana (t) 287
(e)rasó 221
(e)rekó 131; 202; 221; 316
erekoara (t) 231; 359
(e)rekomemûã 351
erî! 404
erimã 368
erimba'e 117; 229
erimba'e? 186; 152
(e)ro'ar 231; 374
(e)robak 131
(e)robasem 231
(e)robîar 155; 359

erobîara (t) 231
(e)robyk 287
(e)rogûeîyb 229
(e)roîeaŷbyk 343
(e)roîebyr 221
(e)roîeupi(r) 301; 246
(e)roîké 221
(e)rok (s) 273
(e)roker 221
(e)rokub 401
(e)rokupa 374
(e)romanõ 231
(e)ropo(r) 287
(e)rosyk 301
(e)roŷrõ 154; 167; 221
(e)rub 229
(e)rur 221
esá (t) 101
esãî (r, s) 343
esapé (s) 349
esaraî (r, s) 121
esé (r, s) 137; 278
esebé (r, s) 147; 167
eseî (r, s) 336
eseîa (t) 336
esemõ (s) 374
esyr (s) 413
etá (r, s) 22; 121
etama (t) 291
eté (r, s) 33; 56; 349; 368
eté (t) 101; 117; 448
eté-eté 246
etobapé (t) 444
etymã (t) 250
e'yî (r, s) 246; 312
-e'ym 316
-e'ymebé 236

GÛ
gû- 260
gûá 250
gûaîanã 378
gûaîbî 137
gûaîkuíka 431
gûaîtaká 378
gûaîu 171
Gûaîxará 301
gûang (-nho-) 426
gûapyk 27
gûaraobanhana 217
gûarapuku 217
gûarinî 115
gûarinĩnamo só 378
guasem 82; 409
-gûasu 122
gûatá 27
gûatukupá 217
gûé 71
gûeb 312
gûeîyb 30; 180

456

gûetépe 378
gûî 374
gûy 444
gûyrá 121
gûyra 336
gûyrá'î 121
Gûyrapepó 121
gûyrá-sapukaîa 137
gûyrá-tinga 29
gûyri 336
gûyrybo 171
gûyrype 182

H
hé! 368

I
-'i 122
-'î 122
i tyb 71
îá 378
'îaba 312
îabab 158
îabé 131; 291
îabi'ô 236
îaby 312
Îagûanharô 171
îagûara 42; 65; 107
îagûareté 107
îakaré 29
îakatu 217
îaku 390
îandu 365
iang 368
îanondé 217
îar / ar(a) (t, t) 182
îara 90; 378
îareré 171
îase'o 82; 359
îasytatá 107
îeakasó 368
îeaŷbyk 343; 417
îebyîebyr 390
îebyr 33
îe-erok 205
îegûak 426
îeguaru 71
îeîŷî 417
îekok 182
îekuakupaba 413
îekuakupabusu 413
îekuapaba 144; 442
îekyî 217
îemim 430
îemombe'u 246
îemooryb 147
îemopirang 426
îemoún 426
îepé 147; 404
îepe'e 435

îepi 90
îepinhẽ 182
îeporakar 171
îepotar 22
îerobîá(r) 182; 404
îerobîasaba 260
îeroky 349
îeruré 167; 417
îeruresara 167
îese'ar 359
îetanong 343
Îetu'u 217
îetyka 390
îeypyî 421
ikatupendûara 355
iké 82; 131
iké / eîké (t) 316
ikó 22; 231; 339
ikobé 39; 144; 365
ikoé 33
ikoeté / ekoeté (t) 417
ikotebẽ / ekotebẽ (t) 202
inambu 390
inambugûasu 390
inĩ 265
îó! 71; 82
îobasab 339
îomongetá 231
îori 167; 401
iperu 82
ipó 144; 435
ir 413
irã 144; 378
iré - v. (r)iré
iraîtytataendy 260
irõ 390
irũ 59; 378
irũmo 171; 401
irũnamo 33; 301
itá 55
itaingapema 339
itaîuba 431
itá-kysé 368
itangapema 365
itá-ygapema 368
ityk / eîtyk(a) (t) 182; 231; 394
îu! 71; 82
îuatî 147
îub 76; 121
îuká 59; 145
îundi'a 171
îur / ur (a) 82
îuru 265
îuru'ar 77
îurukûá 288
Îurupari 316
îusana 231
ixé 33
ixébe 122
îy 198

îyapara 368
îybá 131; 265
îyboîa 42

K
ká (-îo-) 205
ka'a 29
kabará 359
ka'ẽ 82
kaî 137
Ka'ioby 29
kakuab 260
kama 343
kamuri 171
kamurupy 390
kane'õ 305
kanga 85; 118
kangûer 147
kangûera 354
kanhem 147
kanhema 202
kanindé 137
kapi'î 359
karaîá 378
karaíb 118
karaíba 33; 442
karaíbebé 42; 154; 394
karaimonhang 426
karamemûã 39
karamosé 368
Karamuru 213
karííó 378
karu 27
karuka 147
katu 29; 39
katupabẽ 368
katutenhẽ 427
ka'u 231; 236; 258; 426
kaûî 236; 339
kaûîaîa 431
ké 82; 312
ker 27
keygûara 231; 391
kó 33; 155; 182; 291; 404
ko'arapukuî 271; 374
kó bé 431
ko'ema 213
koîpó 431
kok (-îo-) 339
komandagûasu 390
komandamirî 390
konipó 76
kori 108
korite'i 186
koromõ 231; 368
koty 122; 202; 426
ko'y(r) 131; 186
ku'a 336
kûá 22; 431
ku'a 217; 339

kûab 117; 277
kuab 59; 278
ku'aî 336
kuakub 260; 435
kuapaba 444
kûara 29
kûarasy 108
kûatiar 265
kûepe 131; 182; 246; 404; 427
kûesé 171
kûesenhe'ym 442
ku'i 323
kunapu 217
kunhã 39
kunhãmuku 130
kunhãmuku'î 147
kunhataî 165
kunumî 39
kunumîgûasu 121
kunusãî 439
kupé 421
kurimã 390
kurimatá 171
kuruba 118
kuruk 27; 137
Kurupira 121
kururu 76
kutuk 59; 265
ku'uka 217
kûybõ 231
ky'a 56; 71
kybõ 368; 390
kyrá 76
kyre'ymbaba 442
kysé 55
kytî 164

M
mã! 278; 316
ma'ē 108
ma'e 365; 378
ma'enan 273
ma'enduar 71
maíra 130; 186; 365
makukagûá 390
mamõ-pe? 22; 52
mamõ suí-pe? 52
mamõygûara 147
mandi'oka 258
mandubi 137
manema 431
manhana 426
manõ 39
marã 316; 391
mara'ar (xe) 359
mara'ara 131; 217; 359
marãba'e? 368; 374
marã îabé-pe? 444
maraká 354
marakaîá 378

marakanã 137
marã-marã-pe? 90; 301
maran 417
marana 221
maranamo? 202; 374
marãneme? 152; 236; 374
marane'yma 448
marangatu 85
marãngatu? 236; 243; 374
marã-ngoty? 186; 374
marã-pe? 82
marãtekoara 426
mbá 182
mba'e 55
mba'easy 265
mba'easybora 265
mba'e-eté 202
mba'e-mba'e-pe? 52
mba'e-mba'e-reme-pe? 152
mba'e-pe? 52
mba'e pupé-pe? 243
mba'e-rama resé-pe 108
mba'e-reme-pe? 152
mba'e resé-pe? 76
mba'e suí-pe? 52
mbegûé 231; 328
mbegûé irã! 369
mboapy 426
mbo'a(r) 231
mboasy 118
mboby-pe? 71; 76; 435
mbo'e 260; 291
mbo'esaba 108
mbo'esara 401
mboîa 85
mborá 431
mboryb 246
mbotyra 202
mbour 217
mbo'y'u 355
mburu 202
mbype 431
mbyryki 103
me'eng 121
membek 417
membyra 45
membyrar (xe) 344
membyrasaba 131
membyrasy 359
memē 301; 404
memē îepi 439
memûã 167
mena 59
mendar 117; 278
miapé 354
mîaratakaka 431
mim (-îo-) 59
minga'u 82
mityma 390; v. (e)mityma
mixyr 426

-mo 316
moabaibe'ym 312
moabaîté 167
moaîu 217; 426
moakub 363
moakupa 413
moakym 291
mo'ang 260; 413
moangaîpab 231; 401; 426
moangaturam 217
moaob 355
moapysyk 344
mo'a(r) 158; 231
moarybé 265
moasy 30; 182
moaûîé 167
moaysó 439
moby-pe? 76
mobyry-pe? 76
moeburusu 202
mo'ema - v. (e)mo'ema
moerapûan 401; 426
moesãî 217; 413
mogûeîyb 258
moeté 90
moîa'ok 339
moîar 205; 301
moîase'o 359
moîasuk 154
moîebyr 205; 426
moîegûak 217; 359
moîekosub 202
moîepotar 444
moín 202; 236
moingé 205
moingó 167; 312; 426
moingobé 167
moingoé 202
moingokatu 155
moingotebē 404
moîrã-pe? moîrã? 152
mokaba 368
moka'ē 82; 154
mokaku'i 368
mokambu 217
mokanhem 155; 205
mokó 103
mokõî 101; 435
mokõîa 90
moma'ē 182
momarã 117; 359
momaran 404
mombá 390
mombab 231
momba'eté 155; 344
mombak 182; 205
mombeb 202
mombe'u 167; 273; 378
mombok 365
mombo(r) 231

momboreaûsub 246; 359
mombûeîrá 413
mombûerab 312
mombuk 236
momburu 167; 404
mombyk 426
mombytá 356
momendar 260
momiaûsub 356
momirĩ 359
momorandub 231
momorang 202; 426
momosem 167; 291
momota(r) 154
momoxy 167; 426
mondá 363; 431
mondá (xe) 431
mondar 439
mondarõ 439
mondeb 202; 236
mondó 131; 250
mondok 444
mondyî 217
mondyk 137; 426
monem 231
monga 182
monga'ẽ 444
mongakuab 448
mongaraíb 217
mongatu 401
mongaturõ 301
monger 205
mongetá 117; 265; 328; 356
mongué 413
mongy 426
monhang 59
monhangara 90
monhegûasem 231
monhyrõ 144
moobá-ybak 182
mooryb 147
mopen 301
mopor 131; 202; 236; 404
moporará-a'ang 182
mopu'ã 339
mopûerab 265
mopupur 236
mopyatã 167
mopy'atytyk 394
morapiti 246
moraseîa 426
moraûsubar 167
moraûsubara 260
moreaûsuba 246
morepy 328
morerekoara 273
moroapirõana 265
moroapirõsara 265
moropotara 183
mororokaba 368

moro-upé 260
morubixaba 29; 33
mosakara 427
mosanga 121
mosapyr 90; 435
mosapyra 90
mosasãî 413
mosem 205
mosykyîé 158
motar 231
motekokuab 260
mote'õ'ar 231
motimbor 265
moting 217
moub 186
moxy 137; 231; 395
moŷrõ 404
mũ 103
mu'amagûera 221
mu'ambaba 205
mundé 67
muru 167
murukuîá 390
musurana 250
mutũ 390
mytasaba 404

N
nã 355; 390
nãetenhẽ 417
nambi 299
nda abá ruã 245; 265
ndebe 122
-ndûar(a) 351
-ne 137
ne'ĩ 301; 369; 378
nem 71
nha'ẽ 82; 102 - v. (e)nha'ẽ
nhãîmbiara 431
(nh)ambé 231
nhan 27
nharõ 231
nhẽ 71; 137
nheangerur 312
nhe'ẽmonhãmonhang 273
nhe'eng 22; 137
nhe'enga 33; 90; 108
nhe'engar 147
nhe'engixûera 301
nhegûasem 448
nhemboryryî 301
nheme'eng 182; 205
nhemim 205
nhemima 231
nhemokyrirĩ 33
nhemombe'u 260; 374
nhemomirĩ 359
nhemomotar 231
nhemongyrá 221
nhemonhang 167

nhemoryryî 183
nhemosaînan 246; 390
nhemosaraî 391
nhemoŷrõ 339
nhõ 85
Nhoesembé 29
nhõte 417
nhũ 59
nhy'ã 131; 250
nhyrõ (xe) 77
nimbó 265
nipó 42
-no 413
nomun 236
nong (-îo-) 354
nongatu 167
nungara 448
nupã 164

O
obá (t) 137
obaîara (t) 165
obaîtĩ (s) 167
obaîxûar (s) 115; 202
obasab (s) 202
obasem (r, s) 231
obébo 390
oby (r, s) 121
oby-manisob (r, s) 368
oî 431
o'íabo 186
oîeí 82
oîepé 90; 395
oîepegûasu 431
oîoirundyk 101
oîrã 186
'ok (-îo-) 65
oka (r, s) - 45; 102
okara 158
o'o (t) 154
opá 90; 202
opab 90
opabĩ 427
opakatu 90
opar (r, s) 202
opesyî (r, s) 431
opytá (t) 186
oro- 147
oryb (r, s) 121
orypaba (t) 182; 246

P
pá 45; 131
pab 167; 221
pabẽ 182
pabẽngatu 154
pa'i 82
paîé 265
pak 213

paka 29
panama 431
panem 76
papera 448
Paragûasu 29
Paraibygûara 374
paranã 55
pari 118; 171
pé - v. (a)pé (r, s)
-pe 22
pé 378
pe'a 154
peasaba 118; 186; 278
peb 102; 328
pe'ï 202
pem 103
pepó 121; 258
pepyra 401
pereba 137
pererek 27
peró 22
petek 30; 137
petymbu 137
p'iã 374
piaba 171
pîar (-îo-) 205; 359
piara 395; 444
pindá 67
pindaîtyk 215
pinda'yba 171
pindoba 130
Pindobusu 59
p'ipó? 231
pira 115
pirá 39
pirabebé 171
piraîuba 171
pirang 76
pirian 368
piririka 404
pitanga 205
pitangĩ 117
pixã 374
pó 55
poasem (xe) 312
pobu 217
pobur 339; 404
poepyk 182; 395
poî (-îo-) 217; 344
po'i 374
po'ir 144; 205
pokok 287; 439
pokosu(b) 431
popûar 250; 365
por 344
pora 245; 312; 344; 390
porabyky 186
porakar 421
porandub 305
porang 45

porapiti 231
porará 167; 316; 359
poraseî 182; 236
poraûsubá-katûaba 301
poraûsubar 131
poreaûsub 131; 359
poro- 250
poropotare'yma 217
poru 158; 250
posanga 154
posanong 137
posanongaba 117
posanongara 265
posema 205
potaba 171
potar 108
Potĩ 171
potyr 285
poûsub 183
poxy 76; 182; 217
pûaî 246
pu'am 167
pûar 202; 287
pub 431
pûer(a) 108
pûeraî 391
puká 164
puku 71; 336
pukuî 236; 336
pupé 22; 59; 82
pupîara 356
puru 202
putuna 131; 359; 404
putupab 378
putu'u 301
py 55; 217
py'a 131; 147
pyatã 413
py'i 59
pyk 339; 430
pykasu 368
pyky'yra 165
pypora 291
pyra 336
-pyr(a) 265
pyri 167; 336
pyryrym 413
pysá 390
pysaré 236
pysasu 312; 427
pyse'ong 339
pysyk 59
pysyrõ 154; 351
pytá 22; 336
pytaî 336
pyter 444
pytera 287; 336
pytéri 336
pytu (xe) 71
pytumimbyka 444

pytuna 137; 359
pytunybo 328
pytybõ 401; 427

R
ra'a 231; 430
raka'e 442
rakó 217
ram(a) 108
rambûer (xe) 417
-(r)amo 155; 182; 221
ranhē 231; 369; 378
rasó - v. (e)rasó
ré 260
re'a 444
reîá 344
rekó - v. (e)rekó
-reme 147
rera 82
reri 217; 368
Rerityba 45
resé 71; 131
ri 59; 278
rimba'e 312
(r)iré 33
rõ 231
robîar - v. (e)robîar
ro'y 137
ruã 137
ruã-pe 431
rung 265
rur - v. (e)rur
ryry 413

S
-(s)ab(a) 278
sabeypor 236
sãî 404
samoín 444
sapukaî 278
sapy'a 301
saraûaîa 287
sarigûeîa 431
sé! 378
sebo'i 431
seî 355
sem 22
serã 154; 265
seri - v. siri
serubu 217
sesay 444
siri 29
só 22
sokó 42
so'o 59; 164; 390
sorok 278
sosé 328
sosok (-îo-) 236
sub 59
suban 265

-sûer(a) 328
suí 22; 265; 355; 439
sumarã 56; 316
Sumé 291
supé 22; 260; 347; 421
supibé 413
su'u 164
su'u-su'u 236
sy 39
syar 359
sye'ym 147
sygûaraîy 365; 427
sygûasu 228; 390
sygûasumẽ 359
syk 22
sykyîé 22
syryk 137; 390; 395

T
taba 45; 378
taîasu 115
taîasugûaîa 431
takûara 137
tamarutaka 431
tapi'ira 103; 339
tapi'irusu 359
tapiti 390
tapuîa 301; 401; 427
tapyîtinga 312
tapy'yîa 278
tatá 67
Tatá-mirĩ 171
Tatapytera 71; 339
tatu 29
taûîé 183; 369
té 369
-te 144
té...mã! 369
te'e 395
tekatu 417
tekokatu 56
te mã 231
tembi'u 59
temiminõ 231
temõ 316
tenhẽ 246; 273; 427
tepiti 236
tera 55
teté 431
tetiruã 90
te'yîpe 435
tĩ 55; 246; 305
timbó 171
ting 368
tining 82
tiruã 131
tó 374
tobaîara 378
tobatinga 118
tororõma 137

tubixab 439
tugûy 85
tuîba'e 316
tuîuka 137
tukura 121
Tupã 90
Tupã rara 413
Tupana 287; 395
Tupãoka 164
tupinakyîa 33
Tupinambá 217
turusu 378
tutyra 55
ty 118
-tyb(a) 328
tym (-îo-) 65

U
'u 82
ûam(a) 108
ûará 390
uba (t, t) 90; 356; 431
ubixaba (t) 231; 378
ubixakatu (t) 378
ugûy (t) 101
u'i 390
ûîme 71
uka(r) 231; 265
umã 82
umãba'e? 413
umã-me-pe? 52
umã-pe? 52
umẽ 147
umûã 435
umûan 401
un (r, s) 368
unguá 236
upaba (t, t) 55; 155; 328
upanema 71
upi (r, s) 137
upîara (t) 202
upir (s) 131; 265
uru (r, s) 368; 444 - v. (ep)uru
    (r, s)
urupé 368
urutaûrana 374
usaba (t, t) 155
'useîa 421
'useîbora 355
u'u (xe) 71
u'u 265
u'uba 55
u'um (r, s) 431

X
xó 378
xûé 137; 378

Y
y (t, t) 236

'y 22
ybá 245
ybaka 55; 108
ybakygûar(a) 90
ybakypendûara 349
ybaté 71; 183; 217
ybõ 59
'ybotyra 45; 202
yby 118; 121; 265; 312
ybỹîa 131; 344
ybyku'i 328
ybyrá 55; 82
ybyra (t, t) 336; 431
ybyrá-îoasaba 301
ybyrapara 158
ybyrapema 205
ybyrapytanga 186
ybyraỹsanga 444
ybyri 336
ybytinga 301
ybytugûasu 217
ybytygûaîa 312
ybytyra 55
ybytyrusu 130
'ye'ẽ 158
'yembe'yba 158
ygapenunga (r, t) 328
ygara 22
ygarusu 22
ygasaba 236
ygé (t) 131; 344
yke'yra (t, t) 158
ynysẽ (r, t) 391
ynysem (r, t) 391
'ypa'ũ 374
'ypa'ũgûasu 29
ypy 90; 137; 144; 245
ypyî (s) 117
ypype 137
'ytab 71
ytu 71

Índice do vocabulário (português-tupi)

Os números são os das páginas em que as palavras aparecem numa lista.

A

a (para) 28
a, as (pron. obj.) 66
abraçar 364
acender 143
achegar-se 28
acreditar 411
afastar-se 421
agora 198
água 214
ainda 386
ajudar 410
ajuntamento 68
aldeia 45
alegre 127; 129
alegria 386
algodão 244
algum (-a, -ns, -as) 259
ali 79
alimentar 364
alto 79
alturas, o alto 364
amaldiçoar 411
amanhã 198
amar 116
amarrar 259
amendoim 143
andar 40
animal (quadrúpede) 66
anzol 102
apanhar 66
após 41
Araribóia 102
a respeito de 386
árvore 129
às costas 338
assado 259
assim 421
assustar 164
atacar 128
atrás de 338
atravessar 244
avó 162
avô 162
azul 127

B

barro 244
barulho 68
belo 322
bem 28
bica d'água 143

bom 68
bondoso 100
bonito 53
branco 68
brilhante 129
brilhar 128
buraco 40
buriqui 100

C

cabeça 68
cachoeira 79
cacique 28
cada 272
cada um 272
Caiobi 28
cair 271
caixa 68
calar-se 40
camarão 68
caminho 100
campo 66
cana-de-açúcar 68
canoa 28
cansado 68
capturar 259
cara, rosto 143
carijó 100
Carioca 284
carne 100
casa 53; 100
caudato 127
celestial 100
cerrado 68
céu 128
chamar 200
chefe 100
chegar 28
cheio 386
chorar 164
chuva 68
cidade 387
cobra 40
cobrir 364
coitado 364
colar 338
com 41; 66
com efeito 143
começar 143
comer 40; 86
comida 66
como de costume 386

como? 86
compadecedor 364
companheiro 66
comprido 100
conhecer 66
contra 400
conversar 338
convidar 259
corda 259
corpo 100
correr 40
costumar 271
criança 214
cruz 313
cujo 284
Cunhambebe 41
curar 143
cuspir 259

D

dança 68
dar 129
de 28
de comprido 421
de costume 272
de joelhos 421
defender 364
defumar 271
deixar (cessar) de 143
de mentira 410
dentado 127
dentro de 28
depois de 41
descer 364
descrever 387
desenhar 271
desgraça! 400
Deus 102
dia 102
diabo 410
diferir 387
difícil 100
discípulo 421
dizem que 386
dizer 198
diz-se que 386
doce 259
doente 271
dor de parto 364
dormir 40
duramente 129
duro 200

E

eia! 386
eis que (aqui, ali, aí) 411
em 28
em direção a 128
embarcar 79
embora 411
em cima de 338
enroupado 127
ensanguentado 127
enseada 28
ensinar 411
enterrar 79
entrada 214
entregar 214
enviar 259
esbofetear 143
esconder 66
escorregar 143
escuro 410
espelho 200
espetar 66
esposa 163
espremer 244
esquecer-se 129
estar 28
estar deitado 128
estrela 116
ex- 117

F

faca 66
faísca 410
falar 28
falhar 421
falso 410
família 53
farinha 40
fazer (proceder, agir) 421
fazer 66
fazer cair 164
fazer com (tratar) 421
fazer sair 410
fazer sofrer 364
fedorento 79
feio 127
feliz 127
fenda 68
ferida 410
ficar 2
ficar doente 36
fígado 68
fileira, fila 1
filha (de m.) 16
filha (de h.) 16
filho (de m.) 16
filho (de h.) 102
finalidade 285
fio 27
flauta 25

flecha 66; 10
flechar 6
fogo 143
fojo 164
fome 66
francês 198
frio 364
frustrar 421
frustrar-se 421
fruta 66
fugir 164
fumar 143
fumo, tabaco 68
furar 214
futuramente 387

G

gafanhoto 128
galinha 143
galo 437
garça 28
gente 259
gerar-se 364
gordo 68
gostoso 410
gota 68
grande 386
gritar 128

H

habitante 400
hálito 68
hoje 117
homem 244
homem branco 40
honrar 100

I

ida 285
índio 28
inimigo 164; 285
interior 387
ir 28
ir à guerra 387
ir aos pulos 143
irmã mais nova (de h.) 163
irmã mais nova (de m.) 163
irmã mais velha (de h.) 163
irmã mais velha (de m.) 163
irmão mais novo (de h.) 163
irmão mais novo (de m.) 163
irmão mais velho (de h.) 163
irmão mais velho (de m.) 163
Itajibá 198

J

já 129
jacaré 28
jazer 284
junto a 338

Jurupari 322

L

lago 66
lamaçal 143
lançar (fora) 400
lembrar-se 79
lepra 410
leproso 68
levantar 272
levar 259
língua, idioma 40
longo 322
lugar 285
lugar de fazer anzóis 68

M

madeira 244
mãe 40
maldade 400
maldito! 400
mandioca 66
mão 66
mar 40
marido 66
mas 128
mata 66
matar 66
mau 100
menina 214
menino 40
mesmo 200; 411
milho 40
mingau 129
moço 129
moquear 164
morar 28
morrer 128
morte 322
muito 102
muitos (as) 28; 127
mulher 40
mundo 244

N

nada 244; 272
nadar 79
na frente de 338
não 117
navio 28
neném 338
ninguém 272
nojento 198
nome 100
no meio de 338
nos 411
nosso (-a, -os, -a) 66
novidade 410
nuvem 68

O

ó 79
o, os (pron. obj.) 66
ocara 164
odiar 387
ofegante 128
olhar 116
olho 102
onça 86
onde? 28
orelha 214
osso 68
outro, a, os, as 259
ouvir 116
oxalá! 322

P

paca 28
padre 41
pai 100
palavra 437
pão 259
papagaio 100
para 28; 117
para que 117; 129
Paraguaçu 284
parecer 143
parente 100
passarinho 68
pássaro 129
pátria 387
pau-brasil 198
pedir 421
pedra 40
peixe 40
pele 410
pensar 143
pequeno 200
perdoar 364
perguntar 386
perto de 143; 338
pescoço 338
pião 68
pisar 271
plantar 66
pobre 410
poder 437
pontudo 313
por 338
por acaso? 386
por causa de 66; 79; 272
por mais que 411
por quê? 86; 117
porto 198
português 28
Potira 41
pousada 410
prantear 272
prato 40
prejudicar 411

preto 127
procurar 198

Q

quais? 102
quaisquer 102
qual? 66
qualquer 102
quando 364
quantos? 79
que 117; 284
quebrar 214
queimar (-se) 143
quem? 28
querer 68

R

rachar 285
rede (de pescar) 400
rede (de dormir) 68
redondo 313
região 68
remédio 129
Reritiba 41
resmungar 86
respirar 79
retirar 272
rio 28
romper-se 285

S

saber 116
sair 28
santo 127
sapecar 143
sapo 79
se 322; 411
sei lá! 386
sempre 66
senhor 102
sentar(-se) 40
sentir 116
ser diferente 40; 386
será que? 272
servo 322
seu(s) 66
silencioso 68
sim 128
siri 28
sobre 117; 338
sofrer 322
sogra (de m.) 163
sogra (de h.) 163
sogro (de m.) 163
sogro (de h.) 163
sol 116
sua (s) 66
sugar 272
sujo 68

T

talvez 272
também 214
tapuia 284
Tatamirim 198
Tatapitera 411
tatu 28
temer 28
ter medo 28
ter nojo 79
terceiro 102
Terra sem Mal 322
terra, chão 129
terrível 411
tia materna 162
tia paterna 162
tio materno 162
tio paterno 162
tirar 214
toca 66
todo (a, os, as) 102; 214
todos juntos 400
tornar padre 214
tornar pajé 214
tossir 79
trabalhar 198
trabalho em grupo 410
tratar 421
trucidar 164
tudo 214
tupiniquim 40

U

um(s) ao(s) outro(s) 410
unir-se 364
usar 164

V

vasilha 100; 386
velha (subst.) 143
velho (subst.) 322
velho (adj.) 117
ver 117
verde 127
vermelho 68
vinda 102
vinde! 364
vir 86
virtude 100
visitar 66
voar 129
volta 421
voltar 40
vontade 100
vos 411
voz 117